中国企业跨境并购：
理论与实践

崔洪军　主编

中国财经出版传媒集团
中国财政经济出版社

图书在版编目（CIP）数据

中国企业跨境并购：理论与实践/崔洪军主编. —北京：中国财政经济出版社，2018.7

ISBN 978 – 7 – 5095 – 8226 – 8

Ⅰ.①中… Ⅱ.①崔… Ⅲ.①跨国公司-企业兼并-研究-中国 Ⅳ.①F279.247

中国版本图书馆 CIP 数据核字（2018）第 087240 号

责任编辑：王　丽　　罗伶一　　罗　荀　　　　责任校对：杨瑞琦
封面设计：陈宇琰

中国财政经济出版社 出版

URL：http：//ckfz.cfeph.cn

E – mail：cfeph@cfeph.cn

（版权所有　翻印必究）

社址：北京市海淀区阜成路甲 28 号　邮政编码：100142

营销中心电话：010 – 88191537

天猫网店：中国财政经济出版社旗舰店

网址：https：//zgczjjcbs.tmall.com

北京富生印刷厂印刷　各地新华书店经销

710×1000 毫米　16 开　25.5 印张　532 000 字

2018 年 7 月第 1 版　2018 年 7 月北京第 1 次印刷

定价：130.00 元

ISBN 978 – 7 – 5095 – 8226 – 8

（图书出现印装问题，本社负责调换）

本社质量投诉电话：010 – 88190744

打击盗版举报热线：010 – 88191661　　QQ：2242791300

编 委 会

主　　　编　崔洪军

副 主 编　顾希雍　　周绍妮　　谢纪刚

编委会成员　尹　璐　　黄　健　　王　洵　　冼柏昌　　张　瀚

　　　　　　谢　煜　　王　琰　　冯玉苹　　张红芳　　赵丽霞

　　　　　　李超锋　　杨　青　　王雪颖

前 言

2008年世界金融危机爆发后,中国企业跨境并购规模连升两级,从之前的年度并购交易总额不足100亿美元,直接跳涨至300亿美元,2012年后再跃升至500亿美元以上,形成了跨境并购浪潮。尽管近年来关于中国企业跨境并购的文章写了不少,但是跨境并购失败的剧情仍在不断上演,亟须厘清中国企业跨境并购的成败之道。

本书由东方花旗证券有限公司和北京交通大学中国企业兼并重组研究中心合作完成,宗旨是立足于中国企业跨境并购实践,从理论上揭示其中的经济和管理规律,帮助中国企业放心大胆地走出去。这契合东方花旗证券"策略先行"的公司精神和"成为连接客户与国内外资本市场的桥梁,协助客户走向成功的"的公司愿景。

本书分为两部分,第一部分是跨境并购理论,包括跨境并购的动因、能力、目标选择、估值、交易结构、整合、绩效评价以及风险管理。跨境并购动因从企业内外两方面分析,指出企业利益相关者并购动机的博弈形成了跨境并购动机。跨境并购能力基于资源基础理论和动态能力理论,构建了跨境并购能力分析矩阵,总结出提升中国企业跨境并购能力的两条路径。跨境并购目标选择强调并购方基于其战略筛选目标行业,从政治、法律、文化、经济等维度扫描目标区域,依据并购双方匹配程度确定最终的目标公司。跨境并购估值是评估一种投资价值,包括目标公司市场价值和并购双方的协同价值,其中协同价值评估是关键。跨境并购交易设计不仅要全面了解目标公司所在国家的政治和法律环境,还需要熟悉交易主体设立、融资和支付方式安排等各种因素,使得交易结构既合法合规,又满足各方利益诉求。跨境并购整合贯穿于并购的全过程,分为整合前评估阶段、规划阶段、执行阶段以及整合后评价阶段,每个阶段都有关键控制点。跨境并购绩效评价必须考虑丰富多样的跨境并购动因，提出了基于动因的跨境并购绩效评价方法。跨境并购风险存在于跨境并购全过程，风险防范就是按规律办事。

第二部分是中国企业跨境并购实践。首先将中国企业跨境并购划分为三个阶段，即起步阶段（2007年以前）、发展阶段（2008~2012年）和井喷阶段（2012年以后），总结了不同阶段跨境并购的特征，接着介绍跨境并购实务操作流程，梳理中国企业跨境并购涉及的法律法规，阐述中介机构在跨境并购中的作用和地位，然后选取了一批典型案例进行理论剖析，通过"复盘"来分享中国企业跨境并购成功的经验，总结中国企业跨境并购失败的教训。

跨境并购是企业的巨额投资，不能彩排和预演，风险巨大。只有了解跨境并购的规律，才能懂得其中的收放之道，掌握其中的借力和左右逢源之术，从而最大程度地控制风险。我们将本书的读者定位于从事并购相关实务与并购管理的专家和从事并购学术研究的人员。本书首次尝试总结和提炼中国企业跨境并购的规律，将随着我们今后研究的深入以及读者的反馈不断修订，真诚欢迎您将意见和建议反馈给我们。

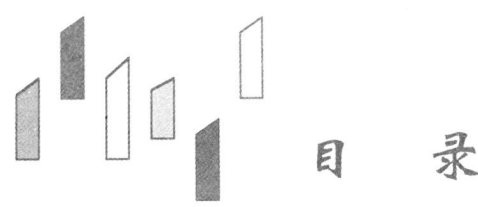

目 录

上篇 理论部分

第一章 跨境并购动因 ··· (3)
    第一节 跨境并购的一般理论 ··· (3)
    第二节 跨境并购动因系统 ·· (5)
    第三节 中国企业的典型跨境并购动因 ···································· (11)

第二章 跨境并购能力 ··· (21)
    第一节 跨境并购能力相关理论 ·· (21)
    第二节 企业跨境并购能力构成 ·· (23)
    第三节 企业跨境并购能力提升 ·· (32)

第三章 跨境并购目标选择 ··· (38)
    第一节 跨境并购目标产业选择 ·· (38)
    第二节 跨境并购目标区域选择 ·· (41)
    第三节 跨境并购具体目标企业选择 ······································· (46)
    第四节 中国企业跨境并购目标选择 ······································· (49)

第四章 跨境并购的价值评估 ·· (56)
    第一节 跨境并购价值识别 ·· (56)
    第二节 跨境并购价值评估 ·· (60)
    第三节 跨境并购交易定价 ·· (64)

第五章 跨境并购交易设计 ··· (73)
    第一节 跨境并购交易结构概述 ·· (73)

第二节　跨境并购交易实施主体设计 …………………………………（76）
　　第三节　跨境并购收购方式设计 ……………………………………（82）
　　第四节　跨境并购支付方式设计 ……………………………………（85）
　　第五节　跨境并购融资方式设计 ……………………………………（89）

第六章　跨境并购整合 ………………………………………………………（101）
　　第一节　跨境并购整合概述 …………………………………………（101）
　　第二节　跨境并购整合模式研究 ……………………………………（104）
　　第三节　基于跨境并购全过程的并购整合流程设计 ………………（112）
　　第四节　中国企业跨境并购常见整合问题 …………………………（116）

第七章　跨境并购绩效评价 …………………………………………………（122）
　　第一节　跨境并购绩效评价的一般方法 ……………………………（122）
　　第二节　基于动因的跨境并购绩效评价 ……………………………（126）

第八章　中国企业跨境并购风险与防范 ……………………………………（135）
　　第一节　跨境并购风险概念及理论分析 ……………………………（135）
　　第二节　跨境并购准备阶段风险及防范 ……………………………（139）
　　第三节　跨境并购交易阶段风险及防范 ……………………………（146）
　　第四节　跨境并购整合阶段风险及防范 ……………………………（153）

下篇　实践部分

第九章　中国企业跨境并购实践总体分析 …………………………………（167）
　　第一节　中国企业跨境并购的发展与统计 …………………………（167）
　　第二节　中国企业跨境并购的一般流程 ……………………………（177）
　　第三节　中国企业跨境并购涉及法规制度 …………………………（180）
　　第四节　中介机构在中国企业跨境并购中的地位和作用 …………（184）

第十章　中国企业跨境并购经典案例评析 …………………………………（190）
　　案例一　以小博大：联想集团并购IBM-PC业务 …………………（190）
　　案例二　知己知彼：中国五矿高效收购OZ矿业 …………………（210）
　　案例三　草根的华丽转身：吉利控股并购沃尔沃汽车 ……………（222）
　　案例四　买壳进行产业整合：均胜集团收购德国普瑞 ……………（238）

案例五　从"走出去"到"走上去"：海尔系列跨境并购 …………………… (251)
案例六　快速响应之战：三一重工收购德国普茨迈斯特 ………………… (265)
案例七　增强全球化布局：中海油收购尼克森 …………………………… (284)
案例八　生死之战：天齐集团并购泰利森 ………………………………… (301)
案例九　医药业的 PE：复星医药的并购之道 …………………………… (315)
案例十　强强联手：双汇国际收购史密斯菲尔德 ………………………… (337)
案例十一　周期底部出手：洛阳钼业收购世界级资源 …………………… (352)
案例十二　洋媳妇爱上穷小子：艾派克收购 Lexmark ……………………… (369)

参考文献 ………………………………………………………………………… (389)

上篇 理论部分

第一章　跨境并购动因

——知其所以然，才能知其然

本章在跨境并购一般理论的基础上，从企业内外两方面阐述了跨境并购的动因系统，指出企业利益相关者并购动机的博弈形成企业跨境并购动机。中国企业跨境并购动机具有阶段性特点，早期多为获取资源，之后以获取技术为主，近期则为获取技术和市场并重。海尔集团跨境并购是体现阶段性并购动因的一个典型案例。

第一节　跨境并购的一般理论

跨境并购的一般理论，是本书探究中国企业跨境并购规律的基础，主要包括产业经济学相关理论和国际贸易相关理论。

一、产业经济学相关理论

（一）产业组织理论

产业组织理论认为，企业的最小有效生产规模、核心技术和政府对产业进入的限制，都可能对企业的行业进入形成产业壁垒。企业通过并购行业内企业，从而获得其生产能力、技术等资源，就可以有效降低或消除行业壁垒，规避政策限制，最终有效进入某个行业。

对于国际市场而言，跨国公司由于市场熟悉度、政策限制及文化等因素导致他们面临着更高的产业壁垒。因此，并购成为公司在考虑进入某国某种产业的方式之一。

（二）产品生命周期理论

产品生命周期就是产品的市场寿命，即一种新产品从开始进入市场到被市场淘汰的整个过程。产品生命是指市场上的营销生命，如同人的生命一样，要经历形成、成长、成熟、衰退这样的周期。就产品而言，也要经历一个引进、成长、成熟、衰退的阶段。然而，这个周期在不同技术水平的国家里，发生的时间和过程是不一样的，期间存在一个较大的差距，从而表现出不同国家在技术上的差距，它反映了同一产品在不同国家市场上的竞争地位的差异，从而决定了国际贸易和国际投资的变化。

1. 引入期

引入期指产品从设计投产到投入市场进入测试阶段。新产品投入市场，便进入了介绍期。此时产品品种少，顾客对产品还不了解，除少数追求新奇的顾客外，几乎无人实际购买该产品。生产者为了扩大销路，不得不投入大量的促销费用，对产品进行宣传推广。该阶段由于生产技术方面的限制，产品生产批量小，制造成本高，广告费用大，产品销售价格偏高，销售量极为有限，企业通常不能获利，反而可能亏损。

2. 成长期

当产品在引入期的销售取得成功之后，便进入了成长期。成长期是指产品经过试销后效果良好，购买者逐渐接受该产品，产品在市场上站住脚并且打开了销路。这是需求增长阶段，需求量和销售额迅速上升。生产成本大幅度下降，利润迅速增长。与此同时，竞争者看到有利可图，将纷纷进入市场参与竞争，使同类产品供给量增加，价格随之下降，企业利润增长速度逐步减慢，最后达到生命周期利润的最高点。

3. 成熟期

成熟期指产品走入大批量生产阶段，并稳定地进入市场销售。经过成长期之后，随着购买产品的人数增多，市场需求趋于饱和，此时，产品普及并日趋标准化，成本低而产量大。销售增长速度缓慢甚至下降。由于竞争的加剧，导致同类产品生产企业之间不得不在产品质量、花色、规格、包装服务等方面加大投入，在一定程度上增加了成本。

4. 衰退期

衰退期是指产品进入了淘汰阶段。随着科技的发展以及消费习惯的改变等原因，产品的销售量和利润持续下降，产品在市场上已经老化，不能适应市场需求，市场上已经有其他性能更好、价格更低的新产品来满足消费者的需求。此时，成本较高的企业就会由于无利可图而陆续停止生产，该类产品的生命周期也就陆续结束，直至最后完全撤出。

二、国际贸易相关理论

（一）比较优势理论

比较优势理论认为，国际贸易的基础是生产技术的相对差别（而非绝对差别），以及由此产生的相对成本的差别。

根据比较优势原理，如果一国在两种商品生产上较之另一国均处于绝对劣势，但只要处于劣势的国家在两种商品生产上劣势的程度不同，处于优势的国家在两种商品生产上优势的程度不同，则处于劣势的国家在劣势较轻的商品生产方面具有比较优势，处于优势的国家则在优势较大的商品生产方面具有比较优势。两个国家分工专业化生产和出口其具有比较优势的商品，进口其处于比较劣势的商品，则两国都能从贸易中获利。也就是说，两国按比较优势参与国际贸易，都可以提升福利水平。

（二）垄断优势理论

垄断优势理论又称所有权优势理论或公司特有优势理论，是最早研究对外直接投资的独立理论。该理论认为跨国公司进行直接投资的动机源自市场缺陷。首先，不同国家的企业常常彼此竞争，但市场缺陷意味着有些公司居于垄断或寡占地位，因此，这些公司有可能利用市场地位优势通过同时拥有并控制多家企业而牟利。其次，在同一产业中，不同企业的经营能力各不相同，当企业拥有生产某种产品的优势时，就自然会想方设法将其发挥到极致，从而产生进行扩张的想法。这两方面都说明了跨国公司和直接投资出现的可能性。海默进一步指出，跨国公司的优势有一种补偿的作用，即它们起码足以抵消东道国当地企业的优势。

垄断优势理论主要是通过列示企业进行对外直接投资应该具备的条件，进而回答企业要不要进行对外直接投资的问题。一个企业之所以要对外直接投资，是因为它有比东道国同类企业有利的垄断优势，这种垄断优势可以划分为两类：一类是包括一切无形资产在内的知识资产优势；另一类是由于企业规模较大而产生的规模经济优势。

（三）内部化理论

内部化理论又称市场内部化理论。内部化理论主要回答了为什么和在怎样的情况下，到国外投资是一种比出口产品和转让许可证更为有利的经营方式。

内部化理论是西方学者跨国公司理论研究的一个重要进展。以前的理论主要研究发达国家（主要是美国）企业海外投资的动机与决定因素，而内部化理论则研究各国（主要是发达国家）企业之间的产品交换形式与企业国际分工和生产的组织形式，认为跨国公司正是企业国际分工的组织形式。

与其他理论相比，内部化理论属于一般理论，能解释大部分对外直接投资的动因，因而有助于对跨国公司的成因及其对外投资行为进行深入理解。

第二节 跨境并购动因系统

一、基于企业的动因

（一）协同效应理论

1. 经营协同

企业并购最常见的动机便是追求经营协同效应。新古典经济学理论假定存在规模经济，在并购之前，企业的经营活动达不到实现规模经济的潜在要求。通过并购，可以扩充和调整企业规模，达到最佳规模经济或范围经济。

经营协同效应认为，由于机器设备、人力资源等因素的不可分割性，产业往往存在规模经济的可能性。跨境并购是实现经营协同效应的方式之一。通过跨境并购，并购企业和被并购企业既可以实现优势互补，又能提高资源配置效率和经营能力，从而最终实现经营上的协同效应。

2. 财务协同

财务协同效应是并购后给企业财务方面带来的种种货币经济效益。在跨境并购中，财务协同效应的范围进一步扩大，两国之间的税率差异、会计政策的差异等因素都有可能给企业并购带来财务上的协同效应。财务协同效应的来源主要有四个：

自由现金流量的充分利用。成熟企业（往往是收购企业）资金充足，但缺乏可行的投资机会，而快速发展的企业（往往是被收购企业）往往有好的投资机会但缺乏自由现金流量，外部融资成本较高，收购企业可能会向被兼并企业提供成本较低的内部资金。

减少经营资本需求量。并购后对现金、应收账款和存货等进行集中管理可以降低营运资本的占有水平。另外，可以出售一些多余或重复的资产，将所获得的资金用于偿还债务，以提高资本的利用效率，达到资本需求量的减少。

合理避税。税收是企业经营决策的一个重大影响因素，各个国家不同类型的企业在资产、股息收入与利息收入等资本收益的税率及税收范围方面有很大差异。正是这种差异的存在，使得企业可以通过并购实现合理避税。

降低企业融资成本，提高企业举债能力。并购扩大了企业规模，一般情况下，规模大的企业更容易进入资本市场。由于发行数量多，相对而言股票或债券的发行成本就降低了。

3. 管理协同

管理协同的概念源于效率差异化理论，该理论认为企业并购的动因在于优势和劣势企业在管理效率上的差别，通过并购其他企业的方式来进行"管理的溢出"，使其管理资源得到充分的发挥，不仅使目标企业的效率提升至同样水平，而且会比原先两个企业产出之和还大，即所谓的"1+1>2"。

对于单个企业而言，管理协同效应的意义体现在以下三个方面：

为解决管理能力过剩提供可行的方法。一般而言，企业试图通过解雇员工来解决管理能力过剩的问题是不可行的。管理人员的能力培养是以企业花费大量成本形成的。管理人员的流动可能会将企业秘密带出企业，对企业构成潜在威胁，使企业得不偿失。企业管理能力过剩并不一定是由于管理人员过剩造成，所以解雇并不是最为合理的方法。企业并购过程中管理能力自由的转移就为解决这一问题提供了可行的方案。

解决管理能力较低的企业增加专属能力的问题。发展时间短，有形增长较快的企业，可能会需要补充管理能力，但是管理能力的培养需要漫长的时间和先进理论的指导，先进的企业可以并购落后的企业，从而把先进的管理架构、制度、文化、理论"移植"到被并购企业中。然而，通过发挥企业并购中的管理协同效应，却可以令这一问题迎刃而解。

解决企业间管理资源的转移问题。通常企业之间不可能通过签订合约的方式来转移管理资源。一是为了防止企业专属信息的外漏；二是个别管理人员未必可以真正起到提高管理水平的作用。只有在并购发生之后，在合并企业的内部，管理资源才可能自由流动。

（二）市场势力理论

市场势力是指公司影响和控制所售产品价格的能力。该理论认为公司间的并购可以增加对市场的控制力。通过并购同行业企业，在减少竞争者的同时扩大了优势企业的规模，优势企业可以增加对市场的控制能力，从而导致市场垄断。

该理论认为企业通过并购扩大规模后，可以提高企业的市场支配能力。当一个行业由一家或少数几家企业控制时，能有效地降低竞争的激烈程度，使行业内企业保持较高的利润率。同时，与企业相关的要素市场供求格局也会发生变化。企业通过并购还可以拓展品牌领域，影响消费者观念，提高企业知名度。

（三）多元化理论

多元化经营战略是指企业在多个相关和不相关领域中谋求扩大规模获取市场，创造效益的长期经营方针。多元化分为相关多元化和非相关多元化。前者可能产生若干经济效益的改善，这种因增加相关产品种类而导致的节约是一种"范围经济"。后者的具体原因有以下三点：

企业进行多元化扩张是为了充分利用和开发公司现有资源。多数公司都存在剩余资源，并且这些资源都难以出售或出租，即使存在可分割的资源，由于其较高的交易成本或资源的独特性，公司也只能将它们保留在公司内部，因此可通过多元化扩张使其被运用到新的业务领域而提高回报水平。

降低风险，实现多元投资组合的综合效益。周期变动较大的企业通过兼并一个周期稳定的企业，不但可以分散企业自身特有风险，还可以在一定程度上通过风险抵消，降低投资组合的投资风险。

寻求企业成长的新空间。企业在一种产业之内发展是有极限的，极限来自于市场和法律两个方面。市场集中度高时，企业想继续扩张十分困难，并且政府反垄断法也不允许单个企业在某一市场内独占鳌头。一个企业想要持续成长，多元化经营是其寻找新的发展空间的必然趋势，并购是实现多样化经营的最常见方法。

（四）获取优质标的资产

成功企业的自身优势主要有较高的技术和管理水平、广阔的销售市场、良好的品牌、独有的资源等，然而企业在上述方面的优势仅依靠自身的创造和积累在短时间内很难形成，所以当企业通过并购方式获得优势资产比通过内部培育更加经济和快速时，并购就是一个更加具有优势的策略。

企业的优势资产往往具有整体性和排他性。如果企业关注独占性资源和排他性资源的获取，那么通过并购就可以达到获取优质标的资产的目的。当国内市场无法满足企业需求时，企业自然会将目标放在资源更为丰富的国际市场。

二、基于外部环境的动因

（一）价值低估理论

企业价值低估理论认为企业的真实价值或潜在价值未能得以反映，目标企业价值低估也是跨境并购的主要原因之一。实证研究表明,在信息不对称的条件下,当买方发现卖方企业价值被低估时,就会实施并购,特别是在外币升值、实际购买力超过名义价值的情况下,外资就通过并购获得价值被低估的资产,从而实现进入东道国市场,进行低成本扩张的目的。

(二) 卖方出售标的

在当今企业跨境并购市场上,比较普遍的现象是卖方在寻找符合其要求的买家,通过确定出售规则和出售条件、选择出售标的、调整标的出售价格,对标的出售交易起到了推动作用。从出售动因来看,当卖方资金链紧张,急需资金或其投资到期需要退出时,其推动并购成功的愿望和力量就相对强大;当卖方待价而沽,不急于出售时,其推动并购成功的愿望和力量就相对弱小。

从出售标的看,如果因卖方经营不善或估值倍数差异,标的企业运营价值小于转让价值,卖方出售控股权给更具经营经验或享受更高估值倍数的买家的愿望和力量就相对强大;如卖方继续经营的价值大于转让价值,除非是反收购过程中恶意出售买家看重的优质资产,卖方出售的愿望和力量通常比较小。

(三) 管制放松

并购活动涉及众多利益方的博弈,可以对国家经济发展、市场结构等产生重要影响,需要在政府法律、法规和政策的框架下进行,大公司之间的并购活动还会涉及垄断方面的问题。

威斯通认为,法律和制度的放松刺激了收购进程。制度放松通常反映了新技术及竞争的加剧,促使公司通过并购来寻找新的发展机会。同时,法律和制度的放松也使企业进入新领域更加容易,并购可以使企业占领先机,减少潜在竞争对手,达到迅速获取竞争优势的目的。

(四) 股票市场驱动

股票市场对公司价值的错误估计是并购的影响因素之一。并购交易的主要驱动力是收购方股票的市场价值,股票市场会错误估计收购方、目标企业和整合后的企业价值,但企业的管理者是完全理性的,他们会通过并购决策来利用这一点。

三、企业跨境并购动因系统

(一) 内部视角

在现代企业制度下,所有权和控制权的分离产生了委托代理问题,公司的并购决策需要在公司治理的框架下进行。因此,从企业内部视角研究并购动机,公司治理就成为所需要考虑的最重要的问题。

并购是企业的重要决策,会广泛影响各利益相关者的利益,而各利益相关者之间的利益也会进行相互博弈。所以,从各利益相关者的角度出发,探寻各利益相关者动机对于企业并购动机的作用机制,可以帮助我们更深刻地认识企业的并购动机。

1. 股东并购动机

在公司治理机制下，股东是公司治理的主体。作为所有者，股东需要对管理层的决策权力和行为进行约束，以确保资本安全和增值。并购是企业发展的方式，企业发展的种种好处最终都会回馈给股东。另外，并购会导致股票市场对企业股票的评价发生改变，引起强烈的股价波动，形成股票投机机会，这也可能增加股东的资本利得，所以在并购决策中，股东的并购动机就是在提高收益的同时尽可能控制住风险。

当然，尽管我们认为股东都是理性的，但股东和股东之间对于风险的喜好是不同的。对于并购项目，控制股东除了谋求剩余收益外，无论是否通过关联交易，都有可能谋求控制权私利。不同的利益偏好和利益冲突，通过不同的公司治理机制解决，例如关联交易的关联方回避表决、中小股东谋求委托投票权等。

2. 管理层并购动机

在现代企业制度下，所有权和控制权的分离必然带来委托代理问题。由于法人财产权和终极所有权的不一致性，从而导致管理层和股东的利益不一致，这可能使得管理层与企业的并购动机发生偏离，最终使得并购活动损害企业价值。

解决代理问题，一般可以考虑两个方面的途径：①组织机制方面的制度安排。法玛和詹森指出，在企业的所有权与控制权分离的情况下，将企业的决策管理与决策控制分开，能限制代理人侵蚀股东利益的可能性，通过报酬安排以及经理市场可以减缓代理问题。②市场机制方面的制度安排。股票市场为企业股东提供了一个外部监督机制，低股价会对管理者施加压力，使其改变行为方式，并且忠于股东的利益。管理主义理论认为兼并活动只是与管理者低效率的外部投资有关的代理问题的一种表现形式，并购公司的管理人员在进行公司收购时，追逐的是管理人员自身的利益，即分散经营风险，扩大控制权。

综合来看，由于委托代理问题的存在以及管理层与股东利益的不一致，使得管理层存在最大化自身利益的动机。在并购活动中，这可能导致管理层的并购决策和股东利益发生偏离。为了避免上述情况发生，企业需要通过一系列手段，使管理层的并购动机与企业并购动机相协调，保证并购决策的科学化，最终维护公司各方利益。

3. 债权人并购动机

在并购活动中，公司的债权人也可以对并购决策施加影响。当合并企业的一部分经营失败时，债权人可以从企业其他部分的获利中得到补偿，这可以降低债务风险，从而增加债务价值，增大的价值来自于合并企业股东财务的转移，而在没有发生并购的情况下，不会有这样的企业无偿为另一个企业的债务承担如此的担保责任。所以，债权人的并购动机主要是出于对企业并购后偿债能力变化的考虑。

此外，由于企业员工、消费者、供应商、政府等其他利益相关者与公司之间存在不同程度的利益关系，这就为他们参与或影响公司治理提供了可能。在客户、供应商和政府影响比较大的企业，并购过程征求这些利益相关人的意见，往往是非常重要的，他们对于并购的态度往往决定着并购的成败。

(二) 外部视角

企业是市场中的竞争主体，在一定的市场结构下，市场中企业的行为之间相互影响、相互制约。我们借鉴新古典经济学把企业看成基本的市场参与者，企业的内部看作一个黑箱，企业并购行为的起点就可以称作企业的并购动机。如果我们认为市场中体现出来的企业行为是企业内部各利益团体综合博弈的最终结果，那么其并购行为就是企业并购动机的外在表现。

借鉴心理学家阿特金森（Atkinson，1964）的成果，我们类比考察企业的并购活动。并购活动蕴涵着大量的机会和风险，对于企业的发展有着不可替代的促进作用。企业的动机可以被归纳为五种内驱力和四种诱因，内驱力和诱因都正向影响企业的并购动机。另外，企业在进行并购决策时，也会评估并购活动成功的概率（期望）。我们将企业并购动机表示为内驱力、诱因和期望三者的乘积关系，用下式表示：

$$M = dce$$

其中，M：并购动机强度；d：内驱力的作用；c：诱因的作用；e：期望。上式将企业并购动机分解为内驱力的作用和诱因的作用，结合企业对并购活动期望的估计，得出企业并购动机强度。企业并购都要服务于企业目标的实现，并购的诱因需要通过内驱力来起作用，而内驱力最终都可以归结为最大化企业价值。可见，并购的内驱力和诱因在决定并购动机上的最终作用是一致的。另外，企业并购动机的强度还和并购活动成功的概率成正相关关系。如果企业的管理层认为并购成功的概率（期望）很高，那么企业的并购动机就很大，并购就很可能会发生。

（三）综合作用

在公司治理机制下，企业跨境并购决策是受多方因素影响的结果，在企业制定跨境并购决策时，需要考虑企业众多的内外部因素。

从动机的静态上分析，企业的跨境并购动机由利益相关者的并购动机共同影响。在这个内部结构中，有的动机起主导作用，这种动机是决定动机系统内部结构特点的主要成分，而其余的非主导动机则处于相对次要的地位，但最终决定企业并购行为的，往往是各种利益相关者组成的并购动机系统产生的合力。

从动机的动态上分析，跨境并购动机系统内的各种动机都处于相互作用、不断变化之中，其动态特征表现在动机的冲突、合成和转化三个方面。

动机冲突是指由于各利益相关者利益的不一致，加之他们对并购活动的价值判断可能存在差异，导致各利益相关者的并购动机之间不可避免地会存在冲突的关系，比如在委托代理下股东与管理层的动机冲突，管理层与员工的动机冲突等。动机合成是指当企业为达到某一目标进行并购活动时，其动机受内部利益相关者并购动机的合力支配。成功的并购往往克服了企业动机系统内部利益相关者动机的消极作用，最大限度地协调各种动机指向同一方向，从而形成最大的合力。动机转化是指由于企业并购动机受到其内部和外部各种条件的制约，当内外条件发生变化时，企业动机系统内部的利益相关者动机也会发生转化。

综上所述，企业内部各利益相关者并购动机之间的博弈产生企业跨境并购动机。企业跨境并购动机需要在企业目标的框架下与并购活动的目标保持一致。有了明确的跨境并购动机的企业，才能清楚地评价公司内外部环境，更好地协调公司内外部资源，充分挖掘和培育自己的竞争优势，通过跨境并购实现企业超常规的发展。

第三节　中国企业的典型跨境并购动因

回顾中国企业的跨境并购历程，阶段性特点较为明显：起航阶段多为资源获取，调整阶段多为技术获取，增长阶段主要表现为市场获取和技术获取并重。

一、资源获取型跨境并购

中国占有的煤、油、天然气人均资源不及世界人均水平，由于长期沿用以追求增长速度、大量消耗资源为特征的粗放型发展模式，在由贫穷落后逐渐走向繁荣富强的同时，自然资源的消耗也在大幅度上升，致使非再生资源呈绝对减少趋势，可再生资源也表现出明显的衰弱态势，中国的资源、能源供需矛盾也愈加突出。

（一）石油能源的跨境并购

随着经济的增长，伴随着中国原油消费量的持续性增长，原油净进口量几乎呈直线上升。2016年9月，中国原油进口量超过美国，成为全球最大的原油进口国。近年来中国中央企业频频进行大规模的跨境并购，尤其是中海油、中石油、中石化等企业。

如表1-1、表1-2所示，中国每年进口原油已经超过1亿吨，所以石油对于中国的重要性不言而喻。中海油作为中国三大石油公司之一，掌握着中国的海上油田资源，但是开发较少。

表1-1　　　　　　　　中国原油进口量　　　　　　　（单位：万吨）

时间（年）	2006	2007	2008	2009	2010	2011	2012	2013	2014	2015
数额	14 517	16 316	17 888	20 365	23 768	25 378	27 103	28 174	30 837	33 550

数据来源：国家统计局。

表1-2　　　　　　　　中国原油出口量　　　　　　　（单位：万吨）

时间（年）	2006	2007	2008	2009	2010	2011	2012	2013	2014	2015
数额	634	389	424	507	303	252	243	162	60	287

数据来源：国家统计局。

2005年，中海油拟以185亿美元收购美国优尼科公司，后遭失败；2006年1月以22.68亿美元收购尼日利亚130号海上石油开采许可证45%的工作权益；2008年以171亿元人民币成功收购挪威海上钻井公司；2010年3月斥资31亿美元入股阿根廷Bridas Corporation 50%权益，将间接持有阿根廷第二大油气勘探与生产商Pan American Energy（PAE）约 20% 股权；2011 年 7 月收购加拿大油砂开发商 OPTI 全部股份，该交易总价约为 21 亿美元；2012 年 2 月完成收购英国图洛石油公司在乌干达 1A、2A 和 3A 勘探区各 1/3 的权益，交易总对价约为现金 14.67 亿美元；2013 年 2 月 26 日中海油完成收购加拿大尼克森公司的交易，收购尼克森的普通股和优先股的总对价约为 151 亿美元。中海油称，尼克森分布在加拿大西部、英国北海、墨西哥湾和尼日利亚海等全球最主要产区的资产中包含了常规油气、油砂以及页岩气资源，是对中海油现有资产的良好补充，同时也使中海油全球化布局得以增强。

中石油进行海外收购，也是同样的道理。仅 2013 年中石油对外公布了四起海外收购：2 月 20 日，中国石油将获取美国康菲石油公司位于西澳大利亚海上布劳斯（Browse）盆地波塞冬（Poseidon）项目 20% 的权益，以及陆上凯宁（Canning）盆地页岩气项目 29% 权益（未公布收购金额）；3 月 15 日，中石油斥资约 255 亿人民币（42 亿美元），收购了意大利石油集团埃尼运营的关键区块 20% 的权益，标志着中石油进军东非的第一步；11 月 28 日，收购埃克森美孚公司下属公司持有的伊拉克西古尔纳 - 1 期技术服务合同 25% 的权益（未公布收购金额）；11 月中石油以 26 亿美元成功收购巴西能源秘鲁公司全部股份，此举标志着中国能源企业在秘鲁最大的收购案圆满落幕。据了解，秘鲁是拉美地区投资环境较好的国家之一，而三个目标资产属规模优良石油资产，预期具有良好经济效益。中石油表示，该项目的成功获取有利于扩大中国石油拉美地区油气合作规模和促进中国石油海外业务持续发展。

（二）有色金属及铁矿石矿产资源的跨境并购

国际金融危机点燃了国内企业海外"淘金"的热潮，海外的各类矿藏成为中国企业竞相追逐的对象。中国有色矿业集团有限公司（简称"中国有色集团"）成为代表，其在 2009 年收购了赞比亚卢安夏铜业公司 80% 的股权，成为澳大利亚特拉明矿业公司和英国恰拉特黄金公司的第一大股东，这起并购为中国有色集团新增铅锌资源 430 万吨、含铜金属 257 万吨。

除此之外，中国矿企在有色金属矿产领域具有代表性的并购交易主要有：2006 年 11 月，宝钢集团、金川集团以及国家开发银行斥资 10 亿美元全资收购菲律宾棉兰老岛的一家镍矿。2007 年 4 月，厦门紫金铜冠投资发展有限公司以 14 亿元人民币现金收购英国蒙特瑞科公司 50.17% 的股份。英国蒙特瑞科公司是一个主营矿产资源勘探、开发的上市公司。2007 年 12 月，五矿集团联手江西铜业股份有限公司以 4.55 亿加元成功收购加拿大上市的北秘鲁铜业公司。2014 年，中国核工业集团公司以 1.9 亿美元的价格，从澳大利亚帕拉丁能源有限公司手中收购其位于纳米比亚的兰杰·海因里希铀矿 25% 的股权。

在国际铁矿石领域，铁矿资源一直由必和必拓等几家全球最大的矿业公司控制。在国际铁矿石价格年年上涨的背景下，中国钢厂用户始终处于被动地位。2006 ~ 2008 年，中国进口铁矿石价格分别上涨约 19%、9.5%、65%。自金融危机爆发以来，欧美等发达国家资源能源类公司股价大幅下滑，使得其矿业资产对外国投资者吸引力大增,中国一些企业抓住了这一历史机遇。2008 年澳大利亚同意中国首钢收购吉布森山铁矿公司。2009 年,中国矿企的海外并购呈现加速发展态势:2 月 5 日,中金岭南投资 45 007 万澳元(约合人民币 2 亿元)收购 PEM 公司获得圆满成功;2 月 24 日,湖南华菱钢铁斥资 7.7 亿美元收购了澳大利亚第三大铁矿业公司 Forteseue Metals Group 16.5% 的股份。

二、技术获取型跨境并购

中国企业在高新技术领域与西方发达国家相比,仍有较大差距,国内许多企业很难拥有自主研发的核心技术,因此通过并购具备核心技术的外国先进企业,成为中国企业解决技术难题的一条捷径。与自主研发相比,跨境并购是对现有的企业及其所拥有的技术要素的投资,同时跨境并购可以快速建立国外的生产销售网络,大大缩短投入产出周期,有利于中国制造业抓住有利时机,变技术优势为市场优势。

2008 年下半年以来,欧美一些行业龙头企业、技术领先企业先后陷入财务困境。在这些国家,金融危机正在演变为深层次的经济危机,这给了中国企业"激活休克鱼"的机会。目前,汽车行业、IT 高科技企业、装备制造企业等都是技术获取型海外并购的主力军。

(一)汽车行业的跨境并购

汽车产业是一项技术密集和资本密集型的产业,自加入 WTO 后中国已逐渐成为世界上主要的汽车生产国,中国汽车行业经过几十年的发展也已经建立起较为成熟的产业体系,但是对于核心技术并没有掌握,尤其是发动机的技术及设计的能力。同时,发展过程中"重整车轻零件"的政策倾向,使得汽车零部件企业一度陷入"技术空心化"的发展危机。

国家现代化战略《中国制造 2025》明确提出,汽车产业将不再以产能和规模扩张作为首要发展目标,而是将锻造核心竞争力、提升自主整车和零部件企业引领产业升级与自主创新能力摆在首要位置,这为当前"大而不强"、"落后产能过剩"的汽车工业带来了严峻挑战。

在汽车企业的收购中,除了广为人知的吉利收购沃尔沃外,还有上汽收购罗孚公司成功打造了荣威和名爵,北汽收购萨博打造了绅宝,东风入股 PSA 推出东风风神 L60 等。国外汽车企业所拥有的完整的技术产业链对于中国汽车企业来说是一笔宝贵的财富。

除了汽车企业之间的并购之外,中国汽车企业也涉足对国外零部件公司的收购。吉利不单单收购了沃尔沃,其于 2009 年也收购了澳大利亚 DSI 变速器公司。DSI 自动变速器公司是全球仅有的两家独立于汽车整车企业之外的自动变速器公司之一。通过收购 DSI,吉利强化了吉利自动变速器的研发与生产能力,进一步丰富了产品线。2012 年,东风公司宣布已成功收购瑞典 TEngineering 公司(简称"T 公司")。T 公司除了长期专注于内燃机、混合动力和电动车、传动系统和底盘的控制系统研发外,在汽车软件和电子产品生产开发方面也拥有多年的经验。通过本次收购，东风公司拥有了一支国际一流的完整的电子控制团队，使东风在整车及动力总成①电子控制商品化开发领域跻身国际先进水平。从汽车企业并购到收购零部件公司，汽车关键技术和零部件技术基本被中国汽车企业所掌握，相信未来中国汽车企业、中国品牌逆袭的进程必将加速。

（二）制造业的跨境并购

中国制造业的跨境并购主要集中在新兴成长领域，比如高铁装备、智能制造、机器人及核心部件、航空装备、新能源等。美的耗资逾40亿欧元收购机器人巨头库卡成为业内人士津津乐道的经典案例，作为一家可追溯到1898年的老牌制造业企业，库卡是全球四大机器人巨头之一，而中国已连续三年成为全球最大工业机器人消费市场。美的收购库卡机器人背后，折射出当前中国制造业升级的迫切需求。

中国家电行业并购热潮其实一直存在，企业旨在通过收购来打开国外中高端市场，开拓市场的同时也提升了自身品牌的知名度和影响力。2011年海尔收购日本三洋在日本和东南亚地区的洗衣机和冰箱等电器业务；2012年海尔收购斐雪派克；2014年博世以30亿欧元收购西门子；2015年创维收购机顶盒品牌企业Strong集团和德国高端电视机制造商Metz等。2016年，家电企业在海外收购上力度仍然非常大。

2016年在海外收购中表现活跃的美的并购包括东芝白色家电业务和意大利中央空调企业Clivet 80%的股权。东芝白电在日本、东南亚等国家和地区都有较高的市场占有率，因此此收购东芝白电业务时，美的方面表示，双方的供应链网络及渠道优势将有助于产品在全球市场铺开。在收购Clivet时，美的董事长方洪波也表示，这是美的"入欧"的机会。此外，2016年在家电对外收购中表现活跃的还有富士康所属的鸿海以及乐视。2016年7月末，鸿海以总计3 890亿日元收购夏普66%的股权。2016年7月，电视行业乐视公司全资收购美国最大智能电视巨头Vizio，收购价格为20亿美元。对于乐视来说，收购Vizio同样也是其进军美国市场的捷径。

三、市场获取型跨境并购

随着中国企业的快速发展及国内竞争对手的增多，国内市场已经不能满足企业的发展需求，于是这些企业开始开拓国外市场。根据市场势力论，横向并购可以实现规模经济和提高行业集中程度，而纵向并购企业将关键性的投入——产出关系纳入企业的控制范围，从而提高对采购市场和销售市场的控制能力。

跨境并购是企业快速进入海外市场的重要途径。2008年9月，机械企业中联重科携手投资公司收购了世界三大混凝土机械制造商之一的意大利CIFA 100%的股权，完成收购以后，中联重科一跃成为世界混凝土机械的行业龙头。通过本次交易，公司

---

① 动力总成指的是车辆上产生动力，并将动力传递到路面的一系列零部件组件，广义上包括发动机、变速箱、驱动轴、差速器和离合器等。

不仅为在短时间内进入东欧、俄罗斯、印度等具有发展潜力的新兴市场找到了捷径，而且节约了开拓欧洲市场的高昂费用，积累资金拓展其他市场，并通过品牌互动，迅速提高中联品牌在国际市场的地位。

跨境并购能够帮助企业避开贸易壁垒。TCL收购德国家电厂家施耐德，从而避开了欧盟市场对中国电子产品的反倾销壁垒，并使其获得了欧洲市场超过41万台彩电的市场份额，超过了欧盟给予中国7家家电企业40万台配额的总和。

（一）金融行业的跨境并购

2006年12月11日起，中国金融业全面对外开放，越来越多的外资金融机构进入中国。中国金融企业面临前所未有的激烈竞争，要想在保住已有市场份额的前提下有所突破，有必要开拓海外市场。近年来，中国金融机构竞争实力的不断提高，经济全球化的不断深化以及国内外环境的变化为中国金融机构跨境并购带来了难得的机遇。收购海外金融机构，还能为中国企业获得国外的客户资源、多元化的资产、先进的管理技术和理念，提供更多的便利条件，而这对经营管理相对单一的国内金融企业也是一个极大的激励。

复星国际和安邦保险在近年来海外并购中风头正劲。安邦保险在2014年10月开始的半年多时间里，花费逾220亿元人民币先后将纽约华尔道夫酒店、比利时保险公司FIDEA、比利时德尔塔·劳埃德银行、荷兰VIVAT保险公司以及韩国东洋人寿公司纳入怀中。复星国际连同其管理的基金则自2010年起，先后投资了希腊时尚品牌Folli Follie、全球领先的激光美容品牌Alma Laser、意大利高端定制男装Caruso、美国高端女装St. John、顶级旅游度假酒店三亚亚特兰蒂斯、好莱坞电影制作公司Studio8、英国休闲旅游集团Thomas Cook等。5年时间里，复星的海外投资总额约达75亿美元，共在15个国家投资了25个项目。

除此之外，银行业在近年来的跨境并购中表现也十分突出。并购相比在海外设立机构，投入产出时间更短，更能直接获取到当地的网络、客户和业务基础，更容易形成可持续的发展模式。国家开发银行、工商银行、民生银行先后高调参与海外并购，中国银行业正在加快海外扩张的步伐。以工商银行为例，跨境并购给工商银行的国际化带来了非常大的影响，由于并购的推动，工行在海外40个国家和地区设立了331个机构，总资产超过2 300亿美元。近年来，境外的并购带来的成长性非常好，国内的银行利润增长稍有下行，而境外机构的利润仍然保持50%的增长，净利润增长40%，而且维持着较快的成长速度。

（二）其他服务业的跨境并购

除了传统行业，服务业、旅游业等第三产业也加入到跨境并购的行列。

作为综合性旅行服务公司，携程在线旅行服务居市场领先地位，在已经主导国内市场的情况下，这家中国领先的网上旅行公司正在探索拓展海外市场的途径。2016年10月，携程对纵横、海鸥和途风三家美国旅行社发起了战略投资，其中纵横、海鸥分别是美国东、西部规模最大的两家华人地接社，在北美中国游客入境接待中占有超过50%的市场份额;途风是北美市场份额领先的在线旅游平台。与此同时,携程在11月宣布以120亿元人民币收购英国天巡公司,致力于开拓欧洲市场。

国内酒店企业收购海外酒店早已不是热闻。在2015年国内消费及服务行业并购案例中,规模最大的锦江股份(600754.SH)通过全资子公司卢森堡海路以现金15.87亿美元收购Star SDL Investment拥有的卢浮集团(GDL)100%的股权。本次交易将有助于锦江股份实施品牌战略,积极拓展国际市场,为锦江股份拓展新的业务发展空间,打造可持续发展的经营模式。

四、中国企业跨境并购动因具有阶段性特点

根据跨境并购动因,我们将中国企业的跨境并购划分为三个阶段:启航阶段(2008年之前)、调整阶段(2008~2012年)、增长阶段(2012年之后)。

(一)启航阶段:资源获取为主

2008年之前,中国分别经历了1978年的改革开放、2001年的加入WTO及2007年的次贷危机,此阶段企业的跨境并购动因主要是获取资源,特点是海外并购活动日趋活跃,并购数量增多,并购金额较大,并购对象所在地域逐步多元化。

以1984年中银集团和华润集团联合收购香港康力投资有限公司为标志,中国企业踏上了跨境并购的征程。这一阶段,中国的改革开放事业刚刚起步,国家正从计划经济体制逐步转向市场经济体制,"走出去"战略适时提出并逐步渗入企业经营理念。中国的大型企业集团以及珠江三角洲、东南沿海地区的一些实力较强的企业开始探索跨境并购之路。

2001年中国加入WTO后,经济逐步实现与国际接轨,全球投资贸易便利化规则和治理体系的逐渐完善为跨境并购提供了切实保障。党的十六大和十七大相继提出了坚持"引进来"和"走出去"相结合的战略,这一时期,中国企业的海外并购活动日趋活跃,并购数量增多,并购金额较大,并购对象所在地域逐步多元化。一些标志性的海外并购引起了业界的较大关注,如2003年,净资产不到20亿元人民币的京东方以3.8亿美元100%收购韩国现代集团的TFT-LCD业务;2004年联想集团以6.5亿美元现金及价值6亿美元股票的代价收购了IBM的PC业务。

2007年美国次贷危机的爆发以及随后欧元区经济的持续低迷,给中国企业带来了海外快速扩张的良好机遇,因此这个阶段中国企业跨境并购呈现出快速增长的势头。

2008年之前的并购动因主要是资源获取。企业涉足国际资源能源市场,必须要有雄厚的实力以及承担风险的能力,而中国的中央国有企业多为规模超大的企业,基本上是行业内的龙头企业(2008年,中国有19家中央国有企业进入世界500强)。资源能源行业的特性决定了中国进行此类跨境并购要以中央国有企业为主体,实践中,前期中国大型的跨境并购也正是以央企为主。中国民营企业也开始积极参与跨境并购,主要集中在铁矿石资源和油气能源等矿产资源初级产品领域,如2007年,重庆民营企业收购圭亚那矾土矿项目和北京民企在老挝收购矾土矿等项目，以及大型民营企业沙钢、华菱钢铁等对国外铁矿的并购等。

（二）调整阶段：技术获取为主

2008~2012年作为一个过渡阶段，中国企业跨境并购的动因有了新的变化，由之前侧重于资源获取转变为技术获取，突出表现为增长势头迅猛，并购行业拓宽。

由次贷危机而引发的全球金融危机，势必会给世界经济发展格局带来新的变化，所以，2008~2012年对中国企业的跨境并购活动可以是一个独立阶段。

虽然金融危机使得全球跨境并购交易剧降，但是中国企业的跨境并购活动却反其道而行之。2008年中国铝业集团和美国铝业公司合作，以140亿美元收购英国力拓矿业12%的股份；中石化集团以约136亿元人民币收购加拿大石油开采商Tanganyika Oil的全部股份；2009年中国五矿集团以13.86亿美元100%收购澳大利亚OZ公司主要资产；中石油完成对新加坡石油公司45.51%的股份收购；中石化以72.4亿美元收购Addax石油公司，创下中企海外并购新纪录；苏宁电器注资控股日本老字号电器连锁企业Laox公司，成为第一家收购日本上市公司的中国企业；2010年3月吉利以18亿美元收购沃尔沃的股权和相关资产。2010年第一季度已披露的中国企业海外并购交易额就达到13.71亿美元，中国企业海外并购依然十分活跃。

此阶段中国企业跨境并购活跃主要有以下三个原因：

首先，金融危机使资产贬值，并购成本下降。由于金融危机的影响，企业资产严重贬值，在二级市场进行并购的成本低于其重置成本的情况下，企业不仅能以较低的成本购得优质资产，还以较小的代价获得参与全球竞争的机会，有利于促进中国企业产业升级。

其次，金融危机背景下，海外并购的监管和审查放松。金融危机之前，中国企业的境外并购屡屡受挫。金融危机之后，为筹集资金而疲于奔命的欧美企业和相关政府部门都放松了对中国国有企业的监管和审查，减少了跨境并购的政治障碍和隐性成本。

最后，中国企业跨境并购还受政策影响。2008年12月9日，中国银监会正式发布了《商业银行并购贷款风险管理指引》，允许符合条件的商业银行开办并购贷款业务，以满足企业大规模战略性并购的融资需求，这无疑为企业整合、上市公司并购、海外收购等并购活动打开了广阔的空间。

（三）增长阶段：技术获取和市场获取并重

2012年之后，中国企业跨境并购正在经历第三个发展阶段，企业的跨境并购进入蓬勃发展时期，越来越多的国内企业为了获取先进的技术和国际大市场，积极通过跨境并购的方式走出去，所涉及的行业也越来越广泛，由原来资产雄厚的央企到高新技术企业、金融企业和医药行业等等。

自"走出去"、"一带一路"国家战略实施以来，国家陆续出台了系列配套政策，为跨境并购提供了战略和政策支持。2010年以来，国务院、发改委、商务部及外汇管理局颁布一系列政策简化跨境并购外汇管理，大幅放宽跨境并购的政府核准权限，简化了核准内容，尤其是2013年上海自贸区挂牌以来，为跨境并购提供了投融资政策支持，有效提升了企业跨境并购能力。同时，发达国家企业意识到与中国企业合作的重要性。在此背景下，中国企业借助跨境并购实现企业转型升级的战略意图日趋明显，旨在获取国外先进的技术、品牌和管理经验，占领新市场并成为全球竞争的领导者。

2012年之后，中国呈现出明显的产能过剩，此阶段企业关注技术获取和品牌获取。以2015年为例：中国企业境外并购行业主要集中在金融、工业和零售业。2015年，金融行业在中国企业已公布的境外收购案中占据21%的市场份额，交易规模达256亿美元，较2014年增长273%，金融企业成为中国企业最重要的收购标的。同时，工业和零售行业跻身三甲，分别占据18%和14%的市场份额，交易金额分别为219亿美元和163亿美元，均实现三位数的同期增长率。与2014年相比可见，金融业一直是中国企业境外收购的重点行业，两年排名都在热点行业的前五。

从具体境外并购项目来看，2015年公布的最大规模的三笔中国企业境外收购案分别为：华润集团收购其子公司华润实业剥离的Ondereel Ltd等资产，规模为140亿美元；中国信达资产管理有限公司对南洋商业银行的全资收购，交易金额达87.7亿美元；中国石化集团出资设立的马可波罗工业控股公司通过强制要约收购意大利著名的轮胎公司倍耐力。虽然这三笔交易目标行业分别为零售、金融和工业，但发起收购的中国公司均处于金融行业，这一趋势值得注意。

2016年以高科技作为标的的跨境并购保持高速增长态势。2016年上半年以高科技行业企业为标的的交易额达到253亿美元，2015年全年为159亿美元。其中最大的一笔收购案是腾讯以86亿美元收购芬兰移动游戏开发商Supercell Oy，紧随其后的是海航集团旗下的天津天海投资发展股份有限公司对美国科技与供应链公司Ingram Micro Inc.的收购案以及两家公司联合对美国上市公司Lexmark International Inc.的收购案。可见，中国企业希望通过购买知识产权和高科技或收购品牌以提升自身在市场上的竞争力。

章后案例

海尔集团系列并购的阶段性动因

近年来，中国的家电行业经历了一段特殊时期。一方面，一些著名的家电企业在行业竞争中被迫退出；另一方面，一些大型家电企业借助自身优势，逐步实现了产品和服务的多元化，生产也向规模化方向发展。一些著名家电企业为了在今后市场中进一步扩大优势，选择了通过并购方式加强企业竞争力。海尔集团作为中国家电企业的杰出代表之一，率先开启了对中国家电企业实施跨境并购之路的探索，给其他企业提供了有益的经验和教训。

一、海尔集团简介

海尔集团创立于 1984 年，从开始单一生产冰箱起步，拓展到家电、通讯、IT 数码产品、家居、物流等领域，成为全球领先的美好生活解决方案提供商。在经营过程中，海尔通过并购，特别是跨境并购，实现了海尔产品种类的丰富、企业规模的扩张、销售市场的扩大等竞争优势，使企业竞争力大大增强。2014 年，海尔全球营业额为 2 007 亿元，利润总额为 150 亿元，利润增长 3 倍于收入增长，线上交易额为 548 亿元。据消费市场权威调查机构欧睿国际的数据，2014 年海尔品牌全球零售量份额为 10.2%，连续六年蝉联全球大型家电第一品牌。2016 年度（第十三届）《世界品牌 500 强》排行榜中，海尔位列上榜中国品牌第五位，连续两年入围世界品牌百强。

海尔作为一个中国企业，其并购过程同样也遵循了中国企业的跨境并购阶段。在过去几年中，海尔先后并购了意大利迈尼盖蒂公司下属子公司、日本企业三洋电机、美国通用（GE）家电公司，以实现其全球化战略目标布局。

二、并购的阶段性动因

（一）第一个阶段：获取资源的协同效应

在早期发展阶段，海尔希望有更多的海外工厂，为实现其全球化战略目标打下基础。2001 年，海尔迈出了海外收购的第一步，用 700 万美元买下意大利迈尼盖蒂公司下属的一家冰箱制造厂，但这次收购针对的只是制造能力和一些上游零部件的采购，不包括品牌的使用权。此后，海尔通过在海外设厂和收购同时进行的方式，获取了海外的大量资源，提升了自身实力。

（二）第二个阶段：技术获取

2011 年，在全球经济持续恶化背景下，中国企业跨境并购和对外投资引起各国广泛关注。在亚洲经济危机的"重灾区"日本，许多大企业开始纷纷出售旗下公司，这其中就包括松下电器，松下电器决定抛售旗下子公司三洋电机以保证自身正常经营。2001 年 10 月 18 日，海尔就收购三洋电机在日本的洗衣机和家用冰箱业务以及在印度尼西亚等地的洗衣机、家用冰箱和其他家用电器业务正式签署收购协议，协议中，海尔将多地的设计与研发中心收入囊中，实现了此次收购重要目的之一，即获取技术及东南亚市场。

通过此次收购，海尔集团将著名洗衣机品牌 AQUA 收归旗下，并推出同系列新产品，同时将日本及东南亚等地作为海尔亚洲总部和研发中心。据海尔发布数据显示，2012 年海尔在日本实现了 483 亿日元的销售额，市场占有率达到 13%，整合效果良好，提高了资源配置效率，同时在东南亚市场也占据一定市场份额，发挥了很好的经营协同效应。

（三）第三个阶段：获取技术、品牌和市场

2016年6月7日，海尔以收购价55.8亿美元完成了对美国通用电气公司家电业务（GE）的收购。GE是全美第二大家电品牌，在美国家电市场占有率近20%，在美国5个州拥有9家工厂，拥有约1.2万名员工，其中约96%都在美国，并已获得上千项专利，在美国、中国、韩国和印度拥有4个研发中心。海尔的此次收购是中国家电业迄今为止最大的一笔海外收购，这既是海尔国际化进程的里程碑事件，也是中国家电进军国际发展史上的重大事件。

在欧美市场，GE、惠而浦、博世等家电品牌长期霸占中高端市场，这恰是中国企业最难攻下的领地，而海尔想要打通走向国际化中高端市场的大门，并购是最好的办法。并购成功意味着拥有大量高端市场的用户，这对于极力拓展国际化的海尔而言尤为重要，比联想收购IBM的意义还要大。根据产业组织理论，海尔正是通过并购，打破了由于市场熟悉度及文化因素导致的产业壁垒，有效进入美国中高端市场。

从双方签署的《股权与资产购买协议》中不难看出，海尔此次收购的动因是多方面的：海尔获得GE家电的全部研发制造能力是出于技术获取的考虑，取得在美国5个州的9家工厂占据了美国家电市场20%的份额，同时GE遍布全球的渠道和售后网络更是为海尔的全球化和网络化战略打下基础，而GE在美国发展的百年历史，为海尔获取品牌和用户认可打开了通道。

海尔此次收购还有两个主导原则：一是承接引领的市场目标，首先在北美市场进一步发挥GE品牌资产价值，提升其品牌活力；二是最大限度保证GE优秀团队继续发挥自身创造力。海尔通过并购GE家电的方式来进行"管理的溢出"，使其管理资源得到充分的发挥，不仅使GE家电的效率提升至同样水平，而且会比原先两个企业产出之和还要大，即产生了所谓的"1+1>2"的效果。

三、小结

从海尔集团的系列跨境并购中可以看出，海尔做出并购决策是受多方因素影响的结果。在企业制定并购决策时，需要考虑企业众多的内部外部环境因素，并购动机也是多方面的。海尔并购海外工厂、收购三洋及通用，都在不同程度上实现了协同效应，同时也满足了追求市场力量、获取目标公司优质资产、进行产业组织这几种并购动因，其最终都是为了企业在市场竞争中能生存、发展和获利，创造股东财富。同时，法律和制度的放松、股票市场的驱动作为海尔并购动机的外部有利条件通常是可遇而不可求的，最终海尔将这些因素结合到自身发展状况及经营理念中，做出并购决策，实现其飞跃式发展和全球化目标。

第二章 跨境并购能力

——心虚根柢固，指日定干霄

本章基于资源基础理论和动态能力理论，从企业资源和并购过程两个维度梳理出企业在跨境并购中所需要具备的能力要素，分析这些能力要素在并购不同阶段中的重要性，由此构建企业跨境并购能力分析矩阵，并提出中国企业从内外部提升跨境并购能力的两条路径。

第一节 跨境并购能力相关理论

一、资源基础理论

资源基础理论认为，企业拥有的资源状况是决定企业能力的基础，由资源所产生的生产性服务发挥作用的过程推动知识的增长，而知识的增长又会导致管理力量的增长，从而推动企业演化成长。企业的长期竞争优势来源于企业拥有并控制的无法复制、难以交易的特殊资源，包括实物资源、人力资源和组织资源。资源的特征可以进一步概括为有价值的、稀缺的、难以模仿的、不可替代的。

基于资源基础理论，学者们从不同的角度对资源进行了分类：一类观点把资源定义为与企业具有半永久联系的资产，比如，品牌名称、内部的技术性知识、熟练的雇员、贸易合同、机械设备、高效的程序等；另一类观点认为资源包括企业所控制的全部资产、能力、组织流程、企业特征、信息和知识等，这些资源可以是企业构思和实施那些能改善组织效率和效益的战略，进一步可以分为实物资本资源、人力资本资源和组织资本资源或技术资源、制造资源、与顾客相关的资源和财务资源；还有一种观点提出根据可模仿性障碍对资源进行分类，即以产权为基础的资源和以知识为基础的资源，其中，以产权为基础的资源是指企业拥有的合法产权的资源，包括财务资本、实物资本、人力资源等；而以知识为基础的资源则是指企业的无形技术诀窍和技能，属于隐形资源。

资源基础理论视角下，并购被认为是一种企业资源边界的一次重构，通过这种资源边界的突破可以快速地获取市场上稀缺的和有价值的资源，从而保持竞争优势，从这个角度看，资源基础论对企业并购行为有着较好的解释力度。资源基础论揭示了企业如何通过各种资源的组合配置进行生产进而实现企业价值的提升，企业通过并购提升价值也和其拥有的资源密切相关。并购活动需要人力、物力、财力、知识等各种资源要素的投入，没有相应的资源支撑，并购活动是难以持续的，因此，企业所控制的资源是并购能力的物质基础。

二、动态能力理论

20世纪90年代以来，随着经济的全球化和市场的国际化，企业经营环境变得愈加复杂多变，资源基础观、核心能力观等战略管理理论越来越难以回答企业如何构建可持续竞争优势的问题。在这种背景下，动态能力框架的提出为变化的环境中竞争优势的构建提供了一个分析方法。

动态能力是企业整合、构建和再配置内部与外部的竞争力以应对迅速变化环境的能力。企业运用动态能力来创建、扩展或重构其资源基础的途径有两个：一是在企业内部开发新的产品或服务，对现有的组织惯例进行变革；二是跨越企业边界寻求新的资源。并购就是企业跨越现有边界实现快速成长的一种重要方式，不但能帮助企业摆脱现有惯例的约束，而且还能为企业提供更多机会和资源。正是动态能力与企业并购之间的这种契合，促使许多学者运用动态能力理论来研究企业并购问题，并且基于并购视角来丰富动态能力理论。

一方面，动态能力理论在解释当今复杂动荡环境下企业如何取得并购成功具有一定的优势。资源基础观饱受诟病的一个重要原因就在于它的静态性使它不能充分解释企业如何在复杂多变的环境下取得竞争优势，核心能力观、知识基础观也因为传承了资源基础观的静态属性而同样饱受质疑，在资源基础观、核心能力观和知识基础观的基础上发展起来的动态能力理论强调组织学习、知识创造和创新的重要作用，更能反映当今瞬息万变的知识经济时代的特点，为复杂环境下的企业并购提供了更加合理的理论框架。另一方面，从动态能力的定义来看，并购过程就是企业运用动态能力的过程。并购往往伴随组织结构的调整，涉及对现有惯例的变革和更新。在并购后整合的过程中，无论是把并购企业的既有能力复制到目标企业还是重组并购双方的能力，都是企业运用动态能力的例证。

根据动态能力的定义，并结合企业并购过程，学者提出了基于并购的动态能力概念，并把这种动态能力定义为企业通过并购获取新资源的能力，这种动态能力由三个部分组成：一是并购选择能力，是指企业在选择获取资源的途径时判断并购战略是否合适的能力；二是并购识别能力，是指企业进行尽职调查以识别合适的目标企业并与其谈判的能力；三是并购重构能力，是指并购后对双方资源进行重新配置和组合从而创造新资源的能力。

第二节 企业跨境并购能力构成

一、基于要素的企业跨境并购能力

(一) 资源要素

并购能力强调的是通过并购突破企业之间的资源边界,有效地配置和整合资源,实现企业价值的提升。现有的企业资源观所指的资源都是企业广义上拥有的资源。与企业资源论中对资源宽泛的分类不同,跨境并购是企业特定的重大对外投资,其所需资源的分类有着专门的属性。

1. 人力资源

跨境并购需要人力资源的支持。在跨境并购准备阶段,需要派出有经验和胜任能力的专员去寻找潜在的目标方,此时需要对这项并购的可行性进行全方位的尽职调查,并与企业的高级管理团队进行充分的讨论和风险分析。在跨境并购整合阶段,往往需要成立专门的整合工作小组来制定整合策略,确定整合的内容和范围并细致实施。整合过程中会涉及战略、业务流程、组织结构、人力资源、企业文化等诸多方面,这要求企业投入大量的人力和物力来保证整合工作的顺利进行,没有足够合格的人力资源投入的整合工作是难以成功的,而跨境并购中的整合成败更是直接关乎整个并购的成败。

如果一个企业能设立专门的并购管理职能机构以及并购管理专职的人员,那么其会获得一个更好的并购绩效。该团队往往至少包括拥有丰富产业运营及企业管理经验的公司核心管理团队及包括投资银行、律师、会计师、公关公司在内的中介服务团队。

其中,公司核心管理团队的价值与地位毋庸置疑,他们贯穿于整个并购的过程,是并购战略的执行者和并购交易的主导者。他们需要不断深入地理解公司与标的公司的战略关联性,以不断优化交易前期所制定的整合规划,并形成交易完成之后完善的战略整合方案;需要对经营管理、资本市场规则有着深刻的理解,并拥有清晰的决策路线,以确保能够快速处理影响交易的偶发因素以及在不同时点做出最终决策。

但是,对于懂产业、懂市场、懂管理的公司核心管理团队而言,可能相对缺乏并购战略执行和操作的经验,亦缺乏系统性的并购整合经验,因此,公司还需要为并购交易聘请第三方中介服务团队。以联想为例,在并购IBM PC业务时,组成了以联想集团CFO马雪征为核心的谈判团队,同时行政、供应链、研发、IT、专利、人力资源、财务等部门均派出了专门小组全程跟踪谈判过程。除内部团队外,联想还聘请了诸多专业公司协助谈判,麦肯锡担任战略顾问,高盛担任并购顾问,安永、普华永道担任财务顾问,奥美公司担任公关顾问。

在各类中介机构中,投资银行是跨境并购交易中至关重要的角色。一般而言,投资银行作为买方顾问,在一项交易中通常拥有四大角色,分别是:(1)因为能与企业保持通畅的沟通渠道及意见影响力,可以试图基于企业的并购战略而发动交易,并依据对资本市场的理解进而提出并购的构想;(2)寻找、分析潜在并购标的与买方的战略匹配度,评估财务及经营协同效用,形成并购后初步的整合方案,继而制定交易策略;(3)组织、协调交易各方工作,确保交易有序进行,设计交易结构(包括安排并购融资);(4)与政府及监管部门保持良好沟通,起草完成交易所需要的各种交易文件。

2. 财务资源

财务资源无疑是企业进行跨境并购的先行条件。对于一项跨境并购交易,买方往往要支付巨额的对价,如果没有足够的剩余财务资源则很难完成交易。例如,在并购目标识别中,企业需要花费一定的财力进行尽职调查,寻找潜在的对象。此外,在并购估值、交易谈判以及对价支付方面都需要大量财力的支持。

并购资金需求。并购的资金需求指的是买方为完成并购所需要的资金的数量,它和融资数量、融资方式及融资时间安排都有直接的关系,主要由并购支付对价、并购直接费用和承担目标企业表外负债和或有负债所需的支出三项内容构成。

并购支付方式。并购活动中,现金和股票是两种主要的支付手段,在不同的支付方式下,买方对于并购交易的支付能力是不同的,换句话说,并购支付方式影响买方可以完成的最大并购交易的规模。表2-1比较了现金和股票两种支付方式需要考虑的因素和运用条件。

表 2 - 1 并购支付方式的比较

支付方式	考虑因素	运用条件
现金	为买方股东提供确实价值; 可能影响买方的信用评级和融资的灵活性; 目标方股东可套现但存在税收影响	买方具有较强的融资能力和较低的融资成本; 目标方股东希望套现; 目标方具有较高的税基而股东可享受较低的税率
股票	根据股价变动计算交易价值; 需要对买方的股价做出长期评估; 目标方股东存在股价下跌的风险; 买方存在股价过高支付的风险	买方股票的市盈率较高,存在较小摊薄风险; 股价波动不大或采用限价减少股价波动风险; 目标方股东希望继续参与业务经营或避免现时赋税

资料来源:全球并购研究中心、全球工商联经济技术委员会著:《并购手册》,中国时代经济出版社2002年版。

然而,由于受到政策制约等多重因素影响,中国企业在跨境并购中基本采用现金支付方式,多元的支付方式至今没有得到充分发展,企业在跨境并购支付方式的选择上受到很大局限。

3. 实物资源

这里的实物资源主要指厂房、设备、土地、资源储备、信息系统等固定资产。从企业资源论中稀缺性和不可替代性的角度来看，其一般可以被财务资源所替代，也就是说，可以通过财务资源在市场上获取或构建这些资源，为并购的完成和整合创造价值，因此一般不作为跨境并购中获取竞争优势的源泉。

4. 无形资源

在跨境并购中，买方不仅拥有上述有形资源，还拥有许多无形资源，其中包括有产权的无形资产，即企业无形资产中的商标权、土地使用权、商誉等。相对于可以计量的无形资产，企业还拥有许多其他无形资源，如品牌、惯例、流程、采购及销售网络等，虽然这些无形资源无法满足确认和计量的条件而不能在报表中得到具体的反映，但它们对于企业顺利实施跨境并购更为至关重要。

对于企业跨境并购活动，构成公司并购能力的无形资源主要指品牌、社会资本（关系）、知会（Know-How）和知谁（Know-Who）等。

（1）品牌。品牌被公认为一种重要的企业专属资源，并对企业在市场上的成功至关重要，这样的市场型的无形资源可以降低成本或增加利润。品牌还是稀缺的、难以模仿、难以替代的资源，它需要长期的构建。在跨境并购中，买方良好的品牌可以增强目标方股东的认同感，减少目标方利益相关者的顾虑，有利于保证并购过程得到目标方的良好合作。同时，良好的品牌也有利于市场对并购后企业产生较好的预期，更有利于实现预期的协同效应。可以认为，在其他条件相同的情况下，具有良好品牌的企业的并购能力要大于不具有良好品牌的企业的并购能力。

（2）社会资本（关系）。社会资本代表着个体通过社会关系网络可获得的关系资源。买方的社会资本对于跨境并购活动的影响往往是十分巨大的，买方应该在并购前对自身的社会资本进行全面考察和评估。在考察社会资本时，应关注纵向联系（供应商、渠道、客户）、横向联系（竞争者）、赞助型联系（政府关系、债权人关系）等社会资本的价值。

（3）知会（Know-How）。知会（Know-How）通常指的是实际知识、技能、窍门，属于知识的一部分。对于跨境并购而言，相关操作性知识存在于不断翻新的投资银行等中介机构关于并购的指南、模板及业务指导书中。但是，由于跨境并购活动的复杂性和保密性，成文性的资料往往难以全部表达并购活动的全貌，并且并购涉及并购双方利益相关者多方的利益，对于买方的管理能力提出很高要求，在这种情况下，隐性的知会往往具有更重要的作用。并购经验对于跨境并购能力具有提高和强化的作用，因为经验有助于并购知识的积累，尤其是那些难以外化的隐性知识的积累。

思科公司是运用并购实现迅速发展的典型，公司有一个内部团队专门从事并购工作，他们在没有聘请外界投资银行的情况下完成了大多数的并购活动，不断地并购使得该团队积累了丰富的并购经验，为公司发展提供了强有力的支持。但是，结合现实中的并购案例，在其他条件具备的情况下，有些没有并购经验的企业也同样进行了成功的并购。可见,并购经验并不是形成并购能力的必要条件,只是一个起增强作用的因素。但事实同样证明,较之没有并购经验的公司,具有并购经验的公司,并购成功的概率会提高。所以,并购经验对于并购能力的形成起到的是增强的作用,而其背后的并购知会是形成并购能力真正起作用的内在决定因素。

(4) 知谁 (Know – Who)。知谁 (Know – Who) 也是一种知识,涉及谁知道和知道谁可以做某事的信息,它包含了特定社会关系的形成,即有可能接触有关专家并有效地利用专家的知识。在跨境并购活动中,这种类型的知识集中体现于并购双方对于中介机构的选择。在专业分工越来越细致的当今商业社会,知谁也越来越体现出其重要性。例如,在中介机构的选用方面,买方均会聘请财务顾问设计购买方案、控制实施节奏,财务顾问在并购活动中常常起到协调律师、会计师等中介机构的作用。发达国家的中介机构在作为买方公司的财务顾问时,往往还作为其融资顾问,负责融资方案的设计和资金的筹措,支持买方顺利完成并购计划。所以,对于买方来说,了解并选择适合自己企业的并购财务顾问也是十分必要的。

(二) 公共关系要素

公共关系是买方通过多元且公开的沟通管理和沟通技巧,利用不同的大众传播媒介,和标的方、政府、社会群体等不同的公众建立良好的关系。基于此认识,公共关系包括国际关系和外交,前者指的是以跨境企业为主体针对他国公众的公共关系活动,后者指的是以跨境企业为主体针对他国公众的外交活动。

1. 国际公共关系能力

对于企业跨境并购而言,国际关系指以跨境企业为主体进行的跨境企业国际公共关系。维系国际公共关系的目的,是为企业的发展提供一个良好的国际环境。

从国际公共关系视角来看,企业跨境并购过程中可能产生危机的根源,从外部来讲,主要有五个方面:一是人们质疑并购双方业务、品牌、文化、渠道等资源的匹配与整合;二是质疑买方的资金来源及交易的公正性;三是对标的方品牌的历史和文化情结;四是对企业人事变动高度敏感;五是对标的方的信任与信心。从内部来说,主要存在四个障碍:一是买方与标的方互不信任;二是两种不同企业文化与体制的冲突与碰撞;三是员工对企业资源配置的争议;四是标的方员工的职业忧虑。因此,建立良好的公共关系对企业并购至关重要。国际关系是衡量企业并购能力的重要因素。

首先,建立良好公共关系的前提是明确与谁建立公共关系。跨境并购的企业所面对的目标国公众主要有:①政府。目标国政府既是法律法规的制定者,有时也是跨境企业的合作伙伴、资源供应者或消费者。根据文化维度理论,权力距离得分比较高的国家,政府在跨境并购中往往有着相当大的话语权。②跨境并购目标企业。目标企业是跨境并购国际公关的主要公众,同目标企业管理层的有效沟通能为跨境并购创造有利的并购氛围。③工会。不同国家工会的力量、地位不同。对跨境企业来说,工会通常是必须小心应付的抵制性力量。④舆论机构。主要指目标国的报纸、杂志、广告公司等大众传播媒介和公共关系公司、广告公司等传播代理机构,这些舆论机构的态度和宣传倾向,对于企业跨境并购的国际形象会产生很大影响。⑤行业组织、贸易组织等经济性组织,以及其他团体,如学术团体、道德团体、环保组织等。这些不同类型的公众,它们之间互有区别又相互联系、相互影响,都是跨境企业开展国际公关时要加以考虑的工作对象。

其次,明确如何塑造企业国际形象。"中国制造"多年来因其价格低廉一直服务于世界众多人口,而这些国家的人们一方面享受着它带来的方便和低成本,另一方面又不断对其指责、诟病,甚至一些国家为此筑起了对中国的贸易壁垒。在国际市场中,企业的产品、经营方式、提供的服务很大程度在消费者那里构成了对其所属国家的第一印象。国际公共关系的运作都是在充分了解交往对方所属国家的政策、社会趋向、风俗民情和宗教信仰等的基础上,向交往国相应组织和公众团体传达自己的各类信息,以赢得对方的了解、支持和合作,从而为本组织在国际上树立良好的信誉和形象。具体而言,应该着重宣传企业的经济角色,通过影响国外的媒体引导国外民间和政府的想法,打造一个公平竞争的市场化主体形象。同时,善于利用国际公共关系进行有效的沟通和协调,为并购创造有利的舆论环境。

在信息全球化的今天,如何利用国际关系与国际公众进行有效的沟通,树立良好的企业并购形象,进而达到影响跨境并购目标企业决策或实现本企业并购意愿的目的,对企业并购至关重要。

2. 外交能力

外交是政府与社会组织或社会公众之间的互动,其外交主体与对象具有多元化的特点。外交主体既可以是政府,也可以是社会组织或者公众群体,如媒体、大学、民间组织和非政府组织等,也涵盖了各方面的精英人物(如社会活动家、宗教领袖等)和广大公众。

企业的海外行为关乎国家形象,从并购开始的舆论宣传,到并购期间的运营过程以及并购之后的资源整合都关系着并购目标国政府和公众的切身利益,因此,企业的一举一动都会成为舆论关注的焦点。在信息全球化的今天,还存在着被过分放大和歪曲的风险,在中国企业跨境并购中,常常遭遇经济问题政治化,常被冠以"威胁者"、"入侵者"的名字,以"中国威胁论"为借口,一些国家以知识产权、国家安全、环境保护为由阻碍中国企业的海外并购活动,在中国企业海外并购失败的案例中,非经济因素的影响直线上升,使得原本单纯的经济问题变得复杂化。

目前,中国已逐渐开始重视外交的重要作用,在公共外交管理机制、公共外交投入等方面都取得了很大进展。然而,以政府为主体的公共外交建设本身存在着一些局限和不足,需要企业参与进来,完善公共外交体系的建立。以国家活动、政府行为为主要内容的公共外交举措具有单向性,因为其本身带有浓重的"官方色彩",有些时候则会受到部分群体和公众的抵制和指责,而这种从上到下的输出方式也忽视了公共外交双向互动的本质特征。随着信息化时代的到来和公民社会的陈述,公共外交作为改善国家形象的重要举措已然不能由政府垄断。企业海外利益是政府公共外交的重要载体之一,因此参与跨境并购的企业必然要在输出产品、服务的时候完成对宏观投资环境的建造,公共外交则是构建环境的有力一环。

二、基于过程的企业跨境并购能力

(一)并购准备阶段能力的构成

并购的目标识别是并购的第一步,也是关乎整个并购能否成功的基石。正确的选择是在正确的识别之后做出的,因此,正确地识别潜在并购目标可以使后续的并购交易和整合变得顺畅,达到事半功倍的效果。跨境并购中目标识别能力包括初步筛选、深入尽职调查和匹配分析以及目标识别决策三个方面。

1. 初步筛选

初步筛选是目标识别的第一步,分为确定并购方向和初步搜集信息两个方面。企业可以根据自身并购动因,即本书第一章所述不同的并购动因来确定自己的购买方向,进而筛选合适的目标企业。与此同时,买方需要具备良好的信息搜集能力以初步筛选并购目标,如果所用的外部信息作假或者参考标准选择失误将会直接影响并购取得成功。在复杂的并购市场上,买方一旦根据并购战略确定了潜在目标的筛选标准,就要尽可能地从多种渠道搜寻相关信息,尽可能地罗列出有价值的潜在目标。搜寻的渠道包括自身对行业内相关信息的掌握,与合作伙伴例如供应商、客户、银行等机构的信息交换,通过与政府的良好关系获得有用的信息等。此外,买方要善于利用中介机构在信息搜集和识别中的重要作用,尤其是在跨境并购中,买方可能对目标企业的相关信息更加缺乏了解,而中介机构在这方面更加专业,可以利用多种渠道筛选潜在的并购目标,为买方提供较多有利的帮助。

2. 深入尽职调查和匹配分析

在初步筛选过后,如果发现合适的拟并购目标,则进入深入尽职调查和匹配分析的阶段。深入尽职调查就是在初步搜集信息的基础上对特定的潜在目标进行细致的调查,主要包括企业的基本情况、企业的经营状况、企业的盈利状况以及所在行业的状况等。在充分的搜集与并购标的相关的信息之后需要对其进行匹配分析,作为并购决策的基础,可以从实物资源匹配分析能力、人力资源匹配分析能力、文化的匹配分析能力、组织机制的匹配能力等四个方面进行分析。

在这一过程中,信息不对称普遍存在,潜在的目标方往往出于各种各样的利益驱动而刻意隐瞒一些重要的信息,如巨额或有负债、重大的产权纠纷等。收购方需要准确地搜集和识别这些信息,为后续的并购交易是否值得进行提供参考意见。此外,对目标方各项资产和负债的深度挖掘是其进行协同分析和价值评估的基础,直接关系到并购交易能否顺利进行以及后续的整合。

3. 目标识别决策

目标识别能力的最终目的是筛选合适的并购标的,因此,信息的搜集和分析服务于信息的决策,是决策的基础。并购是企业重大的对外投资活动,企业领导层的意志影响或决定着企业的行为，其应当为并购决策负责，这有利于接下来各个并购流程的实施和推动。目标决策过程主要包括并购业务团队向管理层提交分析报告、高级管理层对报告进行可行性分析、高级管理层决策拟并购的目标等过程。

（二）并购交易阶段能力的构成

并购交易能力是企业跨境并购中的关键能力，顺利完成交易才能进行后期的并购整合。本章中所指的并购交易能力主要包括三个方面，即目标估值能力、交易谈判能力和并购融资能力。

1. 目标企业估值能力

对于目标企业的价值进行合理的评估是并购过程中的重要一环，其直接影响到后续的并购交易是否能够顺利进行，如果对潜在标的定价过高，则会损害买方股东的利益，使得并购交易难以进行。在并购中，买方和卖方的收益总和是均衡的，如果卖方获得额外的收益就会损害买方的收益，因此，对标的合理定价，可以保护买方股东的切身利益，是交易得以进行的基础。极端情况下，如果买方支付过高的溢价，甚至可能会影响到最后并购整合的资金投入，从而对并购后的整合也造成不利的影响；如果对标的定价过低，则会损害卖方的积极性，从而导致交易破产的概率增大。综上，在并购交易阶段的首要任务就是对目标企业进行一个合理的价值评估。

目前在国内的并购市场中，主要的评估方法包括资产基础法、收益法和市场法等，具体详见本书第四章。然而，在实际操作层面上，评估机构给出的价值区间基本上是买方意志的体现。因此，在此处的讨论重点不在于评估方法本身，而在于收购是否对目标方的某些关键资产的风险和收益有充分的认识，以体现在评估报告中，这直接决定了目标方价值评估最终结果的合理性。要想具备这一关键能力，就要求收购方在评估前具备良好的信息收集和识别能力，尤其是对无形资产，例如品牌、技术、人力资源等。

2. 交易谈判能力

在实际的跨境并购操作中，选定了合适的目标方以后，目标方可能并不愿意将股权转让，交易谈判能力就显得很重要。此外，交易的谈判还涉及最终的定价问题，定价是整个并购的核心敏感问题，大部分并购交易的失败都源自双方对于价格的分歧。目标方不同的并购动机和需求会使得定价出现较大的波动，所以，需要买方具备良好的接洽和谈判技巧，使交易以相对合理的价格成交，不仅能提高对方交易的积极性，还能保证自身的利益。因此，在并购交易能力系统中，交易谈判能力是重要的一个组成部分，是并购交易能够顺利完成的前提条件。

3. 融资能力

在并购融资前，企业需要针对并购的各个环节进行评估。并购融资区别于一般企业融资的特殊之处在于并购企业在融资时除了自我评估外，还要将自身状况和目标企业状况结合起来考虑。并购企业应当对自身及目标企业的经营状况和财务状况进行评估，对融资能力做一个全面的审视，充分挖掘并购融资资源和潜力，为融资提供参考，以保证整个融资过程的顺利进行。因此，在并购融资决策之前，要根据各融资渠道、融资方式和一般特征，根据公司自己的具体特征，进行并购融资能力的评估，评估内容包括融资可行性、融资规模、融资成本和融资期限。

（1）融资可行性评估。每个主并企业都有自己的优势和劣势，融资决策的前提之一就是财务人员判断哪些融资渠道对本公司是可行的，也就是不考虑融资成本、融资规模、融资时间，首先要判断"能不能"，对于根本不可能采用的融资渠道，只能排除在融资决策的视野之外。

（2）融资规模评估。在融资可能性预测之后，对于可以采用的融资渠道、融资方式，要进行融资规模预测，一般而言这里指的是最大可能规模，这样可以在更详细的时间及成本预测基础上进行总体的融资方案选择。融资规模可以用并购投入总额来衡量，并购投入总额由收购价格、维持被收购公司正常运营所需的营运资金以及资产评估、咨询、广告宣传等各项相关费用组成。

（3）融资成本评估。融资成本包括资金的筹资费用和资金的占用费，是融资决策的重要依据。很多的融资渠道，对于不同的并购动机而言具有不同的融资成本。

买方若想长期持有股份，则会加大投入。从目标公司的长远利益考虑，一方面要对其生产技术、经营体制进行改进，另一方面维持长期的发展要有良好的资产负债比率和良好的资本结构，这都要求加大资金投入。若想等待时机再行出售，则会减少投入。无论买方是想让目标公司整体出售还是部分出售，他都不愿有太大的并购投入，因为单项资产的价值或整个企业的价值都无法靠短期的资金投入来迅速增值，能保证买方利益最大化的方法之一就是尽可能减少投入，降低成本。从风险规避方面考虑，买方将尽可能让目标公司自行举债，减少自己的资金投入。如果目标公司自己可以解决部分营运资金或负债，将大大减少买方的资金投入压力。

（4）融资期限评估。融资期限包括资金到位时间和资金可供使用时间两方面。资金的到位时间必须满足并购对资金的时间要求；资金可供使用时间要考虑债务资金的偿还时间和未来公司的现金流相吻合。

（三）并购整合阶段能力的构成

整合过程涉及对并购企业和目标企业流程和惯例的调整和合并，因此，并购整合能力是一种十分重要的动态能力。此外，在并购后整合的过程中，动态能力可以通过两条途径来实现企业能力的向外延伸和扩展：一是将并购企业的能力复制到目标企业，实现对目标企业原有能力的替换；二是对目标企业的能力重新进行部署和组合，使之转化为新的能力。不仅如此，并购后对整合过程的控制也是企业动态能力的一个重要组成部分。对于跨国公司来说，海外并购是一种十分重要的公司战略，通过整合各种资源，为并购后的国外子公司构建竞争优势的能力，是母公司必须掌握的一种非常重要的动态能力。

整合能力是企业跨境并购能力中的核心组成部分，是并购到底能否带来价值提升的实质性程序。关于并购整合的内容，详见本书第六章跨境并购整合。

三、跨境并购能力分析

通过前文基于要素和基于过程两个维度对企业跨境并购能力的分析和总结，我们可以知道，在跨境并购中，企业要具备充分的并购能力才能使并购行为获得成功，而这些并购能力从要素的维度进行划分，可以分为：①资源要素，包括人力资源、财务资源、实物资源与无形资源等要素；②公共关系要素，主要是指企业在跨境并购中与目标国政府之间的沟通以及公共外交能力两方面。从并购过程的维度划分，并购能力可以分为：①并购前对目标企业的识别与选择合适目标企业的能力；②并购过程中对目标企业的正确估值能力、与目标企业的交易谈判能力和融资能力；③并购完成后的整合能力，主要包括对战略整合、管理整合、经营整合、企业文化整合和人力资源整合等方面的能力。

因此，我们可以把企业跨境并购能力综合在一个矩形图中，如表2-2所示，行列分别列示了企业在并购行为中要具备的基于要素和基于过程的两个维度的并购能力，企业可以根据自身实际情况及对目标企业的了解利用矩形图对自身能力进行评估，综合分析自身所拥有的能力、需要外部获取的能力以及尚未具备的能力，这样才能更好地为跨境并购活动做好能力方面的准备，企业也可以在多次并购活动中积累并购经验并进一步提高自身的并购能力，为并购活动的成功以及并购后续的整合奠定能力基础。

表2-2　　　　　　　　　　跨境并购能力分析矩阵

基于过程	基于要素	资源要素				公共关系要素
		人力资源	财务资源	实物资源	无形资源	
并购准备阶段	识别与选择	5	1	1	3	3
并购交易阶段	目标估值	3	1	1	3	1
	交易谈判	5	1	1	4	5
	融资能力	4	4	1	4	1
并购整合阶段	战略整合	5	2	1	4	3
	文化整合	5	2	1	5	5
	管理整合	5	2	1	4	4
	经营整合	4	2	2	4	4
	人力资源整合	5	2	1	5	5

注：1~5分表示重要性程度递增。

一次成功的跨境并购需要企业具备多种能力，而在并购的各个阶段，企业所需具备的各种能力的重要程度并不完全相同。例如，企业在并购后续的整合过程中，对人力资源的整合是企业的现有人力资源运用人力资源整合能力完成的，企业既要管理好自身剩余人力资源，又要管理好目标企业方的人力资源，因此在人力资源整合过程中，企业的人力资源能力就显得尤其重要；而在交易谈判过程中，企业既需要强大的谈判团队来为公司争取最大利益，又需要具备同目标方所在国政府的外交能力和与媒体维持良好关系的公关能力来保证并购谈判的顺利进行。所以，并购能力矩形图可以帮助企业更好地认识和分析现有能力和能力缺陷，以便企业更好地认识自己和进一步提升自己的能力。

第三节　企业跨境并购能力提升

实际上，跨境并购能力是可以提升的。跨境并购能力的提升有两条路径，一是基于企业内部的并购能力，提升途径主要是战略规划能力、国际化人才的培养；二是充分利用外部中介机构。

一、企业内部跨境并购能力提升

（一）战略规划能力提升

跨境并购要建立在企业能力的基础上，要量力而行。虽然从外部环境看，中国企业到了去海外抄底的时候，但是"打铁还要自身硬"，一定要具备跨境并购和跨文化管理的能力才能采取行动。跨境并购的高风险和高失败率也说明这是一项对企业管理能力要求很高的战略举措，而中国企业缺乏的正是这方面的能力。与国外的企业相比，中国企业管理能力相差 10~20 年，从中国企业这些年较有影响力的跨境并购案就可以看出来，中国企业还需要大力培养企业并购后的整合能力和跨文化管理能力，并注意防范来自各方面的风险。

在中国企业跨境并购时，要进行系统的战略分析，首先，要确定国际化的战略目标，通过分析确定要采用跨境并购的具体战略，然后根据企业自身的能力再在分析并购目标国具体环境的基础上制定相应的跨境并购战略。并购能力是基础，如果中国企业具备了跨境并购的能力，跨境并购要尽快实施，因为在并购的同时，也能提升企业的能力；如果不具备这种能力，而是盲目地去进行跨境并购，也许这样的机会是陷阱而不是馅饼，搞不好就会让企业深陷泥淖。要不要进行跨境并购，说到底，最终是要看这个企业具不具备跨境并购的能力。

1. 中国企业跨境并购的战略选择

无论是何种原因进行跨境并购，企业的最终目的都是希望跨境并购的战略决策能够实现，借助并购能发挥企业自身的优势，弥补自身的不足，提高自身能力，增强自己的长期优势，因此，中国企业跨境并购必须是基于企业战略的并购，是在企业战略规划指引下进行的。跨境并购战略是中国企业跨境并购顺利进行的前提和基础，对未来的并购整合及发展具有重要影响。说到底，跨境并购是企业实施国际化战略的一种手段，也是企业获得战略性成长的一种方式，因此跨境并购战略的发展与企业发展的战略必须是同步的,企业的发展战略直接决定着并购的方式和类型。不同企业的发展战略通常可以采用不同的并购方式来达到目的。例如企业若存在尚未完全开发或潜伏在其现在产品和市场中的机会,则可以采用密集增长战略,然后根据具体战略采用相应的并购类型等,具体情况如表2-3所示。

表2-3　　　　　　　　　企业战略与并购类型的匹配关系

企业战略类型	具体战略	并购类型
密集型发展战略	市场渗透 市场开发 产品开发	横向并购 纵向并购 混合并购
一体化发展战略	后向一体化 前向一体化 水平一体化	纵向并购 纵向并购 横合并购
多元化发展战略	同心多元化 水平多元化 混合多元化	混向并购 混向并购 混向并购
核心竞争力战略	体现在技术、市场、资源、品牌等企业形象的独特性上	要根据核心能力确定

2. 跨境并购的战略评价标准

当企业在选择跨境并购战略时,可以参照以下面的标准来评价其战略。

跨境并购战略是否和企业的国际化战略乃至发展战略相吻合。从企业战略层次上讲,跨境并购战略是企业总体发展战略和国际化战略的一个分战略,作为一个低层次的战略必须要服从和服务于更高层次的战略,必须与总体战略和国际化战略相一致,只有这样,才有利于企业总体战略的实施和企业国际化战略目标的实现。

跨境并购战略能不能使企业很好地抓住外部市场的机遇。在这个瞬息万变的信息社会,企业所面对的机会实在太多,战略规划时的选择就是企业学会如何在充满诱惑与陷阱的商业社会作出判断,然后做出最正确的战略选择。就如此次金融危机虽然倒下了一批企业,但通过并购重组,重新洗牌,一些企业将更加壮大,更有实力。

跨境并购战略能不能增强企业的国际市场竞争能力。企业能力是企业具有持续竞争优势的基础,企业能力只有不断培养才能不断增强。通过跨境并购使目标企业的经营活动和并购企业互为补充和加强,使企业能力得到明显提升。跨境并购作为企业经营活动的一个战略选择,要以增强企业的能力为目标,尤其是增强企业国际市场竞争的能力。

企业的资源和能力能不能达到需要。有多大能力才能干多大的事情,在中国企业进行跨境并购的时候,一定要考虑企业自身的能力,如资金、管理、人才等,如果企业自身不具备这些能力而强行并购,则最终将自己拖入泥潭。

企业有没有能力克服并购带来的风险。跨境并购时企业面临的风险极大，导致成功率不高，中国企业在进行跨境并购前就要对并购时可能会面对的风险考虑清楚，确定企业当前所冒的风险是正确的，并拿出相应的解决方案，对企业面对这些风险的克服能力进行分析，并为最终的跨境并购战略决策做依据。

企业能不能有效整合并购，产生协同效应。中国企业在跨境并购时的整合能力相对来说比较差，就更需要在选择跨境并购战略时，把并购整合作为重头对其进行研究，充分考虑在整合过程中要面对的问题和解决方案，并购整合过程也是检验跨境并购战略选择正确与否的重要依据。

（二）国际化管理人才培养

国际化人才短缺是导致对外投资失败和跨国经营能力较低的最大瓶颈，是中国企业亟待解决的问题之一。

总体来说，按照跨境并购流程来看，中国企业海外并购需要的国际化人才一般分为三类：第一类是在跨境并购前期，熟悉国际并购规则、具备国际投资分析能力的人才；第二类是在并购过程中，了解跨境并购业务的企业兼并的财务和管理型人才；第三类是在跨境并购完成后，能胜任在异国工作的管理和专业技术人才。20 世纪 90 年代以来，大量投资银行等中介机构的兴起，承担了跨境并购的专业顾问和媒介任务，这类人才多存在于大型国际投资银行中。第一类和第三类人才存在于企业中，是影响企业跨境并购成败的关键人才。例如在 2013 年中海油收购美国优尼科的过程中，就是因为在并购前期，缺少熟悉当地的法律规则、政治游戏规则和商业游戏规则的人才，导致中海油提出收购的时机欠佳，最终导致国会议员的反对；2005 年上汽并购韩国双龙后，如果上汽具有懂韩语的中高级管理人员，就不必保留双龙的原有管理团队，与双龙工会的沟通会更加通畅，从而可以缓解韩方人员的民族主义情绪，避免很多不同意见迟迟得不到解决的局面。

为了提升企业跨境并购能力，企业可以加大全球招聘的力度，提高管理队伍的国际化水平。首先，招聘制度上与国际接轨，吸引国际人才。中国企业内部工资有等级，体制内的也有工资标准，而在招聘国际化人才时，必须要建立一个新的、随着市场变化的标准，参考全球人才国际定价。其次，聘请有国际经验的专业人士担任董事或独立董事。在这方面，联想堪称表率，其董事中有一半以上是拥有外国国籍的专业人士。最后，加强本土国际化人才的培养。本土国际化人才的累积是根治中国企业国际化人才短缺的根本途径。目前，中石油等大型国有企业拥有充足的资金，有能力对员工进行国际化能力培训，但是民营企业在这方面普遍不具备资金等培训条件，中国政府和社会组织在扶持民营企业走出去的过程中，可以考虑将人才培养和培训列为重点。

二、借助外部中介机构提升并购能力

跨境并购是一个系统而复杂的工作。在这一系列复杂过程中，涉及信息收集、资产评估、融资和法律确认等方方面面的工作，专业性极强，作为购买方的企业一般不可能同时具备上述各项能力。因此，只有依靠相关的中介机构，并购才能顺利、成功完成。此外，并购过程中购买方和目标公司之间存在着严重的信息不对称，这种情况的存在，给并购后兼并企业进行成功整合带来了很大的不确定性，也给企业并购带来了不可忽视的信息不对称成本。为了减少这种信息不对称成本，中介机构也不可或缺。

同时应该注意，在跨境并购中，国际投行基于自身利益诉求往往过度追求短期利益，如在联想并购 IBM 的案例中，投行要求短期业绩而造成联想错失长期发展的良机。当然，国际投行有这种想法无可厚非，但是，如果这种基于投行主导的整合过度追求短期利益，而使得这种短期的策略与企业的长期战略背道而驰的话，就很有可能将企业引向错误的方向或导致企业走了弯路，错过了发展品牌效应、争夺市场的大好时机。因此，企业在选择中介机构时可以通过订立某些协议以避免投行追求短期利益，从而使企业能实现长久发展。

章后案例

中铝收购力拓的并购能力

一、基本情况

2008 年 1 月 31 日，世界第二大氧化铝生产企业及中国最大有色金属企业——中国铝业公司，在伦敦股市收市前 5 小时内，通过新加坡全资子公司联合美国铝业以场外协议转让方式，出价 140.5 亿美元，闪电般收购力拓英国上市公司 12% 的股份，约占力拓集团总股份的 9%，中铝一举成为全球第三大矿产资源公司——力拓的最大单一股东，拉开了该笔并购交易的序幕。2009 年 2 月，受累于全球金融危机，力拓面临 387 亿美元巨额债务压力，不得不向中铝请求资金解决难题，最终双方达成协议，中铝通过认购可转债以及在铁矿石、铜和铝资产层面与力拓成立合资公司向力拓注资 195 亿美元。如果此次交易顺利达成，中铝所持股份将达 18%，并可向力拓派驻两名董事，然而事情并非想像的那样顺利，2009 年 3 月，澳大利亚投资审查维权会决定，为使政府充分考虑该笔交易，延长了该笔交易的审查时间，2009 年 6 月 4 日，中铝收到了力拓撤销交易的通知，宣告中铝收购失败。

二、跨境并购能力

从并购能力的视角，中铝并购的失败主要是以下两项重要能力缺失。
（一）缺乏外交及公关能力
首先在并购之初，澳大利亚人就不停地提出反对意见，将中国企业纯粹平等市场经济行为演变成政治事件，受到民众乃至媒体的无理阻挠。在 2009 年 2 月 13 日力拓宣布中铝注资的第二天，反对党——国家党领袖巴纳比·乔伊斯就在议会明确阻拦该并购行为："最好还是区分一下主要客户和拥有人。"在野党领袖马尔科姆·特恩布尔也呼吁澳大利亚政府谨慎审查中铝对力拓的投资。绿党议员鲍勃·布朗又提出，对决定外国机构在澳大利亚收购中的政府责任进行评估，看其是否与澳大利亚国家利益一致。相反，中铝的竞争对手必和必拓利用其娴熟的公众媒体宣传和院外游说能力，鼓动民众情绪，影响政府决策者的判断，必和必拓牢牢抓住中铝的国有背景，渲染中国色彩和澳大利亚经济命脉概念。澳大利亚反对党和民族主义者认为："中国国有公司代表的是中国政府，其背后是中国政府的意志，澳洲公司卖给了中国政府而不是中国公司，因为国企的背后资金是无限的，违反了市场经济公平竞争的原则。"其次，中铝未能及时回应国内媒体对中铝收购力拓利益的过度宣传，如同国有银行引入战略投资者引发的"贱卖论"一样，引起了澳大利亚民众的强烈不满。但与此同时，中铝在海外媒体刻意保持低调，反而失去了正面宣传的机会。中铝还将力拓股东视为一个利益整体，缺乏与每个重要股东足够的沟通，在利用院外游说集团方面，中铝更显得经验不足。

（二）缺乏并购交易能力

国际金融海啸肆虐之初，力拓的债务高达 387 亿美元，亟须大量融资。国际上有能力迅速提供巨额资金的长期投资者固然不少，但受全球经济衰退的影响，有胆量入股力拓的投资者不多。作为战略投资者的中铝也在寻找提升自身实力的战略投资机会，国际市场促使两者迅速达成初步合作协议。但是，中铝高估了自身抗风险能力，2009 年 2 月 12 日，中铝高调宣布注资力拓 195 亿美元，持有其股份升至 18%，并将向力拓董事会派出两名董事，力拓也同意中铝提出的条件。然而，市场形势剧变，随着各国全力干涉经济，全球经济形势明显复苏，大宗长期战略投资商品价格快速回升。"世易时移，变法宜矣。"力拓借助全球经济回升之力，抓住市场风险变化时机，迅速提升合作协议要价，并与必和必拓等投资者广泛接触。力拓董事会主席杜立石说明了拒绝中铝入资的真实原因："金融市场已显著改善，因此产生了以下两点影响：第一，使得与中铝交易条款的价值显著下降；第二，使得我们有资格提出更符合我们利益、更具吸引力的交易条款。"同时，中铝对市场风险急剧变化视而不见，对力拓合作风险变动置若罔闻，对自身市场风险未进行预防，特别是对高达 59% 反对者的理由，即中铝首轮投资巨大亏损、利润下降 99% 的市场风险避而不谈，未采取风险预警、防控措施，反而得到了中国四大银行的优惠贷款，中铝投资额度等于其资产总额的信用保障，也是其无法回避的另一市场风险。中铝发布的公告根本无法解决困扰外界的上述疑问，导致力拓股东对中铝市场风险承担能力提出严重质疑。

三、小结

中铝与力拓的并购案原本是有很大希望获得成功的，但最终却以力拓取消收购协议结局，令人遗憾。对于海外并购，国有企业要注意淡化国有身份，加强与标的国政府、媒体的沟通，提升自己的公共关系和外交能力，以在跨境并购中占据主动权。同时，在交易结构设计上，可以利用在海外所在地注资新公司，设立海外投资基金，联合海外跨国企业，让民营企业打头阵等诸多"变通"收购的办法。

第三章 跨境并购目标选择

——命运不是机遇,而是选择

目标企业选择关系到并购后整合的难易程度,是决定跨境并购成败的关键环节之一。并购方应根据自身发展战略来选择目标产业,从政治、法律、文化、经济等维度筛选并购目标所在的区域,并结合企业的财务与非财务因素确定最终的并购目标。

第一节 跨境并购目标产业选择

对于跨境并购目标的选择,必须全面考虑产业、区域和企业自身因素,才能保证做出正确的跨境并购目标决策。跨境并购目标选择的决策过程具体如图 3-1。

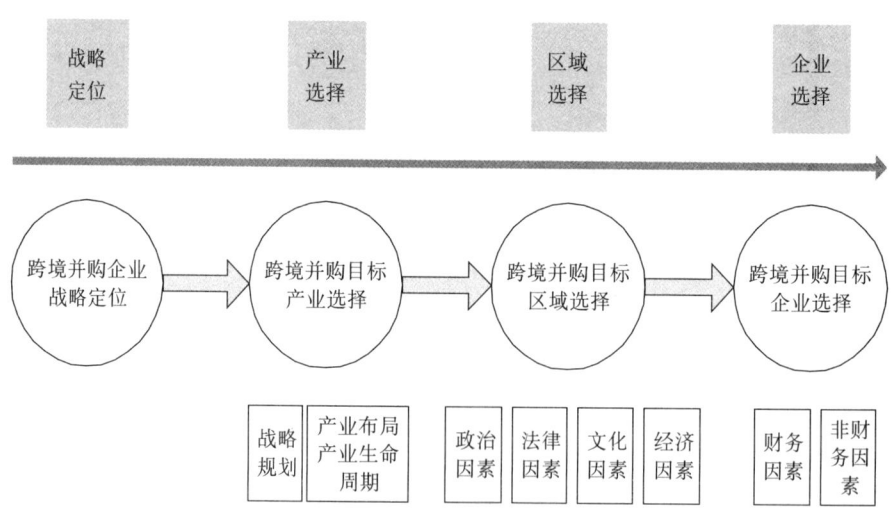

图 3-1 跨境并购目标选择的决策过程

本节首先关注跨境并购如何进行目标产业选择。

一、从战略规划选择产业

战略规划对企业的跨境并购目标产业选择有着巨大的影响。这里所说的战略规划包括国家产业战略和企业战略规划。国家产业战略规划主要是根据本国的具体情况和发展的需要对跨境并购的产业进行合理的规划，使得本国能够通过跨境并购获得需要的资源和技术等，表现为国家的各项产业政策。企业层面的战略规划主要是与企业的整体发展方向密切相关，指导着企业对与战略相关的产业进行并购，从而最终实现企业的战略。通过跨境并购赢得市场霸权，进行产业布局重组，构建核心竞争优势，寻求战略合作，是跨境并购目标产业选择的根本目的。在并购目标产业的选择上，并购方会在顺应国家产业发展战略的基础上，根据自身发展的需要，并主要参考东道国的产业发展与国际分工状况，来进行跨境并购目标产业选择。

（一）国家产业战略规划

随着全球化进程的推进以及世界经济的不断发展，各国为了提升自己的国际地位和促进国家经济的发展，纷纷鼓励企业跨境并购以加强国家整体的竞争实力和开拓国际市场。这些国家战略推动着企业进行跨境并购，以达到获取资源或资本扩张的目的，而国家战略中的产业战略对企业跨境并购目标产业选择有着巨大的影响，指导着企业进行并购目标产业选择，从而增加并购成功的概率和减少并购的成本。

西方国家的经济和技术都走在世界的前列，国家会积极地鼓励资本扩张，实行全球化的发展战略，通过跨境并购将本国先进的技术和过剩的资本引入被并购国，占领被并购国未开发的市场，获得利润和更大的市场。例如美国推行的是全球经济一体化，并以此渗透到其他国家的各个领域，在这种战略的指引下，美国企业的跨境并购目标产业往往没有具体的规定，而是一种多元化的状态，会顺应市场经济的法则进行。

对于发展中国家，国家战略的制定往往和本国的具体需求相关，或是为了资源，或是为了先进的技术，或是为了过剩的劳动得到利用，或是为了调整本国的产业结构以实现产业优化等，这些与国家需求密切相关的产业战略会具体落实在跨境并购目标的产业选择上。例如，中国制定的"一带一路"的发展战略对于跨境并购目标产业选择有具体指向，即提倡中国传统产业向境外转移，因此中国企业的跨境并购目标产业将集中在传统产业。企业在进行跨境并购目标产业选择的时候要结合本国的产业发展战略，做出合理的决策，以减少并购的阻力，增加并购成功的可能。

（二）企业战略规划

企业的战略规划是企业发展的指导方针，决定了企业发展的方向。企业跨境目标产业选择往往受到企业战略规划的影响。如果企业是专业型，并购的目的是进行横向一体化，扩大市场份额，实现规模经济，降低生产成本，那么进行跨境并购目标选择时会考虑同行业的企业；如果并购目标是实现上下游一体化，节约交易成本，保证投入质量，控制稀缺资源，那么进行跨境并购产业选择时会考虑相关产品的材料供应商或者产品的分销商,即纵向并购。多元化经营具体分为相关多元化和非相关多元化。如果并购目标在充分利用原有资源的基础上实现多元化战略,那么企业可能选择与原有产品的技术、工艺、销售渠道相同或相近的产业进行收购,即相关多元化;如果并购目标通过收购、兼并其他行业的业务,或者把业务领域拓展到其他行业中去,那么企业可能把其他行业的企业作为自己的并购目标,即非相关多元化。

企业进行跨境并购除了有其自身发展战略的指导,也受到其自身需求的影响。如果企业想通过跨境并购来获得所需要的自然资源、先进的技术和活跃的市场等,那么企业就会选择拥有这些资源的产业进行跨境并购以实现自己的目标。

二、目标国家的产业布局和产业生命周期

企业进行跨境目标选择的时候往往会考虑欲进入国家的产业布局和产业生命周期,因为产业的选择是企业进行经营活动规划的基础和战略目标实现的前提,而目标国家的产业布局和产业生命周期在很大程度上影响了企业跨境并购目标的产业选择。

(一) 目标国家的产业布局

在经济全球化之后,全球范围内的产业布局有了新的格局。发达国家为了防止通货膨胀和增加出口将加工制造业向劳动力成本低廉的发展中国家转移,但是对于像非洲和南美的落后国家,主要靠种植经济作为出口创汇的手段,发展其他工业更加困难,故而形成了单一的经济体系,因此发达国家会对其进行压价,而这些国家的选择很有限,但是由于发展中国家制造商品的成本低廉,所以发达国家更倾向从发展中国家采购,赚取不菲的贸易利润,这带动了很多巨型连锁店的出现,如沃尔玛、宜家,也因此造成了欧美国家基础制造业的萎缩。一些发展中国家和发达国家形成了单一经济国家,不同之处在于前者是农业经济,后者是第三产业。

对于中国而言,中国产品最早走出国门的是轻工业里的纺织业。面对中国庞大的制造能力和价格优势,无数国家的纺织企业被击垮。在新的产业布局下,中国企业想要谋求进一步的发展就必须了解目标国家的产业布局,以降低业务拓展成本。中国企业考虑目标国家的产业布局往往是通过改变进入产业的市场结构,获取垄断地位并谋求超额利润。中国企业跨境并购也可以选择技术有比较优势的国家,实现技术缺口弥补,同时进行技术垄断,因此,我们进行跨境并购目标的产业选择的时候要关注拥有先进的技术且科技产业领域份额大的国家,以获取所需的资源。

(二) 目标国家的产业生命周期阶段

产业生命周期是指从产业出现到完全退出社会经济活动所经历的时间,一般分为初创阶段、成长阶段、成熟阶段和衰退阶段。在产业的初创时期,目标企业国家的产业发展有很大的上升空间,目标企业真正的价值在未来创造,而现在目标企业的价值被低估,此时对目标企业进行并购能够以较低的成本获得未来较高的收益。企业也可选择在被收购企业的国家产业的成熟阶段进行并购,主要考虑到成熟行业的竞争比较激烈,并购的价格相对便宜,并且技术也相对成熟。中国企业可以根据对产业生命周

期的偏好和自身具备的资源等做出跨境并购目标的产业选择，例如国内机械制造业竞争激烈，业务处于饱和状态，三一重工为了打开国际市场，扩大销售的范围，并购德国普茨迈斯特主要是考虑到它属于机械行业，有着52年的历史，产业发展成熟，销售体系完善，有助于自己在国际市场快速发展。

西方发达国家在亚非等发展中国家积极地进行跨境并购，也主要是考虑了发展中国家的产业布局和产业生命周期。一方面，发展中国家的技术和经济相对落后，处于产业生命周期的初创期，并购的成本低，却有很大的市场和发展的空间；另一方面，发展中国家还处在工业发展的时期，制造业比较发达，市场竞争激烈，价值被低估，人力成本低，并购后的经营费用相对较低。西方国家有资本扩张的需求，发展中国家也有通过跨境并购获取资源技术，改善产业结构的需求，例如中国制造业在过去几十年已经得到了长足的发展，呈现出产能过剩的局面，去产能成为产业结构变革的重点。中国的制造业可以通过寻找技术相对落后国家的企业进行跨境并购来实现其走出去的战略，充分发挥中国制造业的水平，占领落后国家的市场，实现过剩产能的增值。对于为了资源和技术进行的跨境并购，则应该选择资源大国或者是拥有先进、成熟技术的国家进行目标选择。例如，中国五矿并购澳大利亚的OZ矿业，就是看中了澳大利亚是资源大国，矿业是重点产业；中国企业在美国等发达国家并购先进的技术也是因为其高新技术处于产业生命周期的成熟阶段。

第二节 跨境并购目标区域选择

一、政治因素

在对跨境目标进行区域选择时，政治因素无疑是首要因素，这是因为政治给企业带来的影响异常巨大和明显，政治因素也会影响企业跨境并购的其他因素。因此，要综合考虑东道国的政治局势、国家战略、两国的政治关系和对跨境并购的态度，以及政府的当局政策是否有利于跨境并购的实施。

（一）东道国政治局势是否稳定

在考虑东道国的政治环境时，首先要看其政治局势是否稳定，若该国局势不稳、政府频繁换台、战争频繁等，则不宜在此进行投资，例如在战争频发的中东地区就不宜进行投资。

东道国的政治局势是否稳定会影响跨境并购的优惠政策，会使财产和人员安全受到威胁，同时会使东道国加强审查和限制外来投资的主体，影响企业的投资方式、投资区域的选择和投资产业的选择。近年来，中国跨境并购屡次因政局变动而遭遇挫折。例如，缅甸国内政治局势的变化导致中缅合资的项目被叫停，中国在缅甸的跨境并购活动也逐渐趋弱；泰国政局动荡导致中泰"高铁换大米"计划流产；中海油收购优尼科和中铝并购力拓失败的直接原因均是商业问题政治化。在利比亚、南苏丹等一些政治不稳定和社会动荡的国家与地区，中资企业面临着巨大的人员生命和财产安全风险，一旦政党出现更替，境外企业很可能成为东道国国内政治斗争的牺牲品，因此，跨境并购务必要选择政治局势稳定的国家。

（二）国家整体战略

在选择并购区域时，国家整体战略也起着至关重要的作用。在世界范围内掀起的第五次并购浪潮期间，各国为了提高国家综合实力，保护本国企业在全球竞争中的利益，普遍加快了投资、贸易和资本市场的自由化进程，放松了对跨境并购的管制，还积极鼓励企业进行跨境并购，提高国内市场开放程度，增加了并购的机会。在此时期，在积极参与全球化的国家之间，跨境并购频繁发生。在发达国家中，日本颁布的国家战略对跨境并购的影响首屈一指。20世纪六七十年代，日本实行经济开放，促进国际间汇兑、贸易、资本的自由化，这有力地推动了企业的跨境并购。此后，日本又制订了由制造业和贸易大国向资本强国转变的国家战略，在日元升值的条件下，大量企业进行跨境并购，尤其是对资本雄厚的美国企业展开了大规模的并购，希望紧追甚至赶超美国成为资本强国，最终却被迫将高价收购的企业低价卖掉，且难以摆脱美国产业和金融资本对日本的控制。于是，21世纪后，日本开始推进对国内的经济结构改革，政府逐渐放松诸多管制，日本经济逐渐好转，再次加大对欧美地区的跨境并购。

（三）两国政治关系及东道国对跨境并购的态度

在考虑政治因素时，还要考虑两国的政治关系及东道国对跨境并购的态度。随着中国的快速发展，经济实力和综合实力日益增强，一些国家开始散布"中国威胁论"，认为中国的强大是对世界的威胁，使境外国家对中国企业产生较强的戒备心理，认为中国企业的跨境并购会影响他国企业的生存及发展，甚至上升到政治安全、国家安全方面。因为中国跨境并购主体多是国有企业，东道国认为中国国有企业与政府联系密切，跨境并购是有国家政治意图，所以对中国企业的跨境并购多加干预。尤其是西方发达国家，害怕中国的飞速发展会影响其利益与安全，于是多次以此为借口设置各种条件阻止中国企业跨境并购或使并购中途夭折。2004年9月，五矿收购加拿大诺兰达，因国会议员夹攻，并购受阻终止；2005年8月，中海油并购美国优尼科，因国会的反对，最终失败收场；2009年6月，中铝收购澳大利亚力拓，因政治干预无奈撤销等。诸多案例均是由于政府的干预而失败，即使并购双方均已谈妥，或并购实质对双方均有利，但最终也因政府的重重干预而不得不终止。在中亚、拉美等地，中国因长期以来都与其保持友好的政治关系，企业并购多有所获。

（四）政府政策

政府政策也深刻影响着企业跨境并购区域的选择。政府建立基础设施、给予该国企业在某地区投资的优惠政策或提供销售渠道等，会促进企业在该地区进行跨境并购。例如，在2015年，中国开始实施贯穿亚欧非大陆的"一带一路"倡议，以及发起建立亚洲基础设施投资银行、设立丝路基金等全面战略规划,有助于推动中国企业产品、服务及资本的境外输出,加速中国企业国际化进程,为中国传统的优势制造业打开了更为广阔的市场空间,特别是为包括中国高铁、核电、输变电在内的一系列具备较强国际竞争力的先进制造业创造了全新的发展契机。国际金融数据服务商Dealogic数据显示,2016年上半年,中企跨境并购交易笔数达401笔,总额为1 353亿美元,这一战果很大程度归功于"一带一路"倡议以及各项配套措施的出台。由此可见,"一带一路"倡议为中国跨境并购提供了显著有利条件。

因此,选择并购目标国时必须重视政治因素,为了提高并购的成功率,应首选政局稳定、国家安全,且政治与外交态度友好的国家。此外,国家战略和政府政策也深刻影响着企业跨境并购的成败。

二、法律因素

法律法规也是企业在选择目标区域时要着重考虑的因素之一。一国法律的相关规定将是继政治因素后又一个直接影响并购方能否进入该企业的重要因素,并且还会直接影响到并购的相关成本。需要考虑的法律因素主要包括东道国引入外资的法律法规、国家安全法律审查和其他法律法规。

(一) 东道国引入外资的法律法规

首先,要考虑东道国关于外资引入的法律法规,明确投资相关的限制与要求,这是实施并购的企业能否进入东道国企业的前提条件。其次,还要注意东道国相关的反垄断、反倾销条款。如果忽视东道国引入外资的法律法规及反垄断、反倾销条款,一方面会增加企业跨境并购成本,另一方面也提高了并购的难度,甚至直接导致并购的失败。如2006年7月,中集集团收购荷兰博格工业公司时就遭到了欧盟反垄断机构的调查,被认为此项收购将会使中集集团获得垄断地位,严重阻碍了欧洲经济区内的有效竞争,最终不得不调整收购方案,导致未能收购到核心资产。

随着跨境并购日益频繁,各国也越来越重视利用法律对跨境并购加强监管。美国是最早对公司并购进行管制的国家,因此在该方面的立法和监管相对比较健全,且能较好地反映世界经济形势的发展及变化。在美国,联邦政府、州政府及地方性的法律都影响着跨境并购。例如,在联邦层面,有《反托拉斯法》《证券法》以及有关美国国家利益保护的相关规定。在美国进行跨境并购首先要考虑的是反垄断问题,而且如果外国企业欲并购的目标企业是上市公司,还必须遵守美国的《1933年联邦证券法》《1934年联邦证券交易法》及《1968年威廉斯法》。从美国国家利益保护的角度考虑,则有1988年美国国会通过的《1950年国防产品法》。在州层面,有《公司法》与《并购法》,除此之外,美国各州的公司法还规定了公司并购的程序和法律效果。

(二) 国家安全法律审查

法律因素中需要重点考虑可能面临的国家安全审查。国家安全审查涉及范围广泛,但目的都是为了保护国家免于受到威胁,也是为了防止对本国的经济发展造成不利影响。国家安全审查的初衷是好的,但是近年来,随着中国对外投资增速惊人,一些发达国家害怕中国的发展会对其造成威胁,便想尽办法对中国的跨境并购进行阻挠。例如,华为2007年和2010年两次尝试收购美国科技公司3Com和3Leaf,因"国家安全风险"遭美国海外投资委员会CFIUS反对而以失败告终。据统计,中国在2015年对美直接投资高达157亿美元,占据中国境外投资很大比例,因此,美国对中国跨境并购的安全审查是决定中国投资成败的又一关键因素。虽然外国的安全审查存在一定不合理的地方,但是也有一定的规律可循,中国企业应该在熟悉了解东道国审查制度的基础上,积极准备、精心策划,跨境并购成功还是有很大希望的。

跨境并购中因法律因素存在的冲突最直接的表现是对交易的审批,有的来自被并购方,也有的来自并购方。在选择并购区域时,应选择容易被本国政府审批通过的国家,而且本国政府的审批流程也直接影响到并购区域的选择。目前中国企业进行跨境投资时,通常需要三方面的审批:一是发改委;二是商务部;三是外管局。如果是国资企业,还需要国有资产管理部门的审批手续;如果是上市公司,则还要履行上市公司的交易程序审批和信息披露。中国政府对跨境投资的最新政策于2014年后已经发生了重大变化。2014年之前进行跨境并购,发改委、商务部门对于交易的审批都非常严格,并购双方签署交易协议仅仅是协议成立,只有拿到批准后协议才真正生效。2014年以后,很多跨境并购则将获得审批作为交割条件,而不作为协议生效条件,可见,目前已经在很大程度上缩减了中国企业跨境并购交易流程,这有利于提高国内审批通过的可能性,从而加大企业并购西方发达国家企业的信心。

(三) 其他法律法规

此外,还应了解东道国的《公司法》《劳工法》《工会法》等法律法规,根据并购区域法律的严苛性以及自己不触碰法律的可能性选择合适的并购区域,如TCL并购汤姆逊就遇到了严苛的法国《劳工法》。法国的《劳工法》规定,企业解雇职员需要发出一份具有法律效力的辞退证明,并列明原因,否则职员可将雇主告上法庭。雇主解雇雇员,需要经过预先谈话,然后发出符合法律规定的辞退通知书这两个程序,并且企业应支付雇员不低于6个月工资的补偿。月工资包括不低于1 200欧元的工资(最低工资保障) 和约800~900欧元的社会保险和医疗保险金,另外还必须支付一定数额的失业救济保险金。TCL总裁李东生介绍了他们在欧洲遭遇和工会谈判异常艰难的情况,两年的时间都没有和工会达成一致意见。企业解雇雇员属于正常且不可避免的现象,TCL在选择并购区域时,如若注意到法国劳工法的严苛性,或许将在很大程度上避免此问题。中国企业必须要熟悉国际规则,掌握国际惯例,特别是了解和研究目标企业所在国的法律制度和文化环境,在此基础上进行目标区域选择。

三、文化因素

企业文化是企业的灵魂,是推动企业发展的不竭动力,它包含着丰富的内容,其核心是企业的精神和价值观,企业的战略也深受企业文化的影响,而企业深处在国家的大环境之下，一个企业的文化也必然深受国家文化的影响，因此在讨论企业跨境并购目标选择时，文化因素也尤为重要。从近几年的实际情况来看，在跨境并购选择目标国时，企业较少考虑文化因素，如中国企业并购往往以经济与科技发达，但政治上对中国有敌意、法律法规完善、文化差异很大的西方国家作为并购的目标，而这也正是中国企业跨境并购失败的重要原因。影响两国企业跨境并购目标选择的文化因素主要包括东道国的民族主义意识和两国的文化差异。

（一）东道国的民族主义意识

如果一国的民族主义意识过于强烈，势必使民众对并购方的并购产生抵制情绪，由此滋生不利的舆论环境，将对企业的并购活动产生极大的干扰，尤其是民族保护主义意识特别强烈的国家，他们认为其他国家对本国的投资有辱本国的尊严，完全不接受外国的投资，甚至举行示威游行或者采取其他极端的行为进行阻止。这一现象在金融业尤为明显，当主导并购的企业跨境收购金融机构，尤其是外国银行时，受到的阻止力度更大。因为金融行业是一国经济的基础，若被他国收购，他们会认为这是有辱民族尊严和国格的事情，因此，在选择目标企业时，要充分考虑到这一点，借鉴成功例子，多方面吸取经验和教训。此外，所有的民族基本都有民族优越感的倾向，对自己的文化有强烈的认同感，认为自己的文化是至高无上的，倾向于贬低外国的文化，以自己的文化为中心，不能正确地看待彼此的文化。

（二）两国的文化差异

两国的文化差异也是影响企业跨境并购极其重要的一个因素。东西方企业的跨境并购在文化整合方面成功率尤其低，主要因为东西方文化在价值观念、风俗习惯、宗教信仰、行为方式、经营哲学、团队协作等方面存在很大差异与冲突。两国的文化差异折射到企业中，就是双方在企业文化上的差异。众多跨境并购案例中，整合失败的原因大多数都是因为文化整合的失败。例如，吉利收购沃尔沃受到原沃尔沃工程师工会的阻挠，就是因为工会担心两家公司存在较大的文化差异。因此，从并购目标选择时就应该将文化因素作为选择的重要参考指标，即在并购前必须认真考虑并购双方的区域文化、国家文化与企业文化的特点，了解潜在的文化差异，减少文化障碍，保证能够处理并购后引发的文化冲突，以降低并购风险。当然从这个因素考虑，并购以东方文化为主的地区或国家的公司有利于文化融合，提高并购的成功率。

近年来，随着中国的综合国力日益增强，中国也逐渐意识到文化传播的重要性，更加注重与其他国家文化的交流，加强彼此的了解，减少两国文化差异。例如，孔子学院在众多其他国家受到欢迎，让世界人民更加了解中国，减少对中国的误会，让"中国威胁论"的语言不攻自破。文化的交流也间接提高中国企业在国际上的影响力和吸引力，并且提高了中国企业在国际上的地位，减少中国企业并购其他国家企业的阻力，增加并购区域的选择性。

四、经济因素

与影响企业跨境并购的其他因素相比，经济因素对企业跨境并购目标选择的影响更为直接。因为如果跨境并购其他地区的企业之后，产品要在东道国和其他国家销售，要雇用当地的员工，要使用当地的货币，要与同行业打交道，要缴纳当地相应的税款等。

（一）国家或地区居民收入水平、消费水平和需求结构差异

一个国家或地区经济发达程度不同，该国家或地区的居民收入水平、消费水平和需求结构也不同，这将直接影响市场的规模和类型，也将涉及到底要不要选择并购该国或地区的企业，因为企业并购的目的是为了企业的发展，如若不利于企业发展，将没有并购的必要。当地的劳动力成本也是一重要因素，近年来，随着中国经济的发展，劳动力成本越来越高，不少中国企业并购非洲的企业，以期获得更低的劳动力成本。此外，东道国的经济发展状况也决定着该国的社会基础设施、信息服务条件等市场环境，而这些条件也影响着整个企业的经营运作。

（二）东道国经济或技术发达程度差异

企业在选择跨境并购目标时，首先，东道国的经济或技术发达程度不同，并购的侧重点也不同。如在经济、技术较为发达的国家和地区，并购方可以通过并购获取先进技术和管理经验，并且通过参与到国际市场竞争中来磨炼自己，提高企业的国际竞争力；而对于经济、技术稍为落后的国家和地区，企业则是想通过并购该地企业，发挥自己在技术上的比较优势，从而在该地市场中处于领先地位，实现在该地市场的扩张，也有利于提高企业的竞争力。其次，东道国的经济景气程度也影响了不同行业的企业对并购目标的选择，如果东道国经济不景气，对于某些急于获取技术的企业来说是"乘虚而入"的好时机，因为此时能以较低价格并购正值资产价值缩水的国外企业，而且该地区的劳动力、生产要素等都比较廉价，对于某些急于在短期内打开海外市场的企业来说则不利，因为经济不景气，消费市场也会处于萎靡状态。

（三）汇率差异及全球经济状况的影响

在跨境并购影响因素中，货币相关制度也是极其重要的影响因素，尤其是汇率，对跨境并购的影响极其重要。一般来说，相对价值的增加，通过股票价值或是货币价值，都能够反映实际财富的增加，都能增强公司进行融资并购的能力。因此，货币资产的相对预期回报率的增加会带来货币的升值，在此基础上又能够引起东道国与目标国相对价值的变化，从而反映并购方的财富增加，最终能够激励公司的并购决策。

另外，跨境并购目标的选择还受全球经济状况的影响。例如，2008—2009年，全球处于金融危机时期，大量资产缩水，创造了许多跨境并购的机会，而当时中国受金融危机影响相对较小，因此，当时是中国企业实施跨境并购的好机会，如五矿收购澳大利亚OZ，吉利收购沃尔沃等就发生在这一时期。

第三节　跨境并购具体目标企业选择

在进行跨境并购的时候，也需要关注微观层面上企业自身的因素，选择恰当的时

机进行并购。这些因素包括目标企业的成长性、营利性、公司规模等财务因素,也包括了目标企业的企业文化、组织结构、管理水平、治理机制等非财务因素。同时,进行目标选择不能单纯地从目标企业来看,而应该衡量并购双方的匹配。在一个竞争的市场中,对并购双方匹配程度缺乏充分考虑的并购是难以创造价值的,只有在满足收购企业战略需求的情况下,目标企业才能创造出最大的价值。

一、目标企业的财务因素

企业进行跨境并购的动因是利用企业闲置的现金寻求有利可图的投资机会或者降低企业资本成本,追逐控制权溢价带来的超额资本收益或者寻求业务扩张,而目标企业自身的财务因素往往会影响收购方日后的收益以及资本退出的难度,因此中国企业进行跨境并购的时候要充分考虑目标企业的财务因素和并购带来的财务协同效益。

(一) 目标企业的成长性

由于企业跨境并购的根本目的是实现资本的增值,获得收益,因此公司的成长性一般都是跨境并购目标企业选择关注的重点。

当企业拥有过剩资源但投资机会有限时,通过并购处于高增速行业的目标企业来代替并购方所处的增长缓慢的行业。目标企业的成长性与并购方未来经营活动产生的收益成正比,即并购高成长性的企业能够迅速地扩大国外市场的份额。

但是,如果并购方希望在未来通过对目标公司实施重组等手段实现价值增值或者对目标公司进行改造满足自己集团企业的发展需求时,通常选择低成长性的目标公司且以超低的价格进行收购。低成长性的目标企业进行重组的阻力小,能够更快速地达到并购方所希望达到的重组效果。另外,低成长性的公司的业务基本处于饱和的状态,没有发展的空间,因此其并购的成本一般都很低,不会对并购方的现金流产生很大的影响。

(二) 目标企业的营利性

对目标企业的营利性的要求与并购方的并购动机相关。如果并购方希望通过并购扩大生产规模、开拓国际市场,那么营利性就不是特别重要。一方面,绩效不佳的目标企业的并购成本往往较低,更容易成为并购的目标;另一方面,由于经济体制的影响导致的绩效不佳可以通过并购方的经营管理来改善。

如果企业想要通过并购来改善利润状况,提高报表质量,那么对目标企业的营利性的要求就会相当高。例如,有些上市企业试图通过关联交易提升利润,其并购的对象就需要有较好的盈利记录,以便能通过合并报表的形式增加利润;有些企业并购的目的是买壳间接上市,则其并购的目标企业需要有较好的盈利记录,最好是能满足年净资产收益率都在10%以上,以便能通过配股筹集资金,再收购控股母公司的资产,减少收购的现金流的压力,达到间接上市的要求。

(三) 目标企业的规模

企业可能出于不同的考虑选择规模大的或者规模小的目标企业进行跨境并购。

一般情况下，出于对成本的考虑，收购方往往会选择对规模小的公司进行并购。这是因为如果目标企业由于规模小、破产风险大等因素导致资本成本较高，而并购方却拥有较多的资源来降低资本成本之时，并购行为就可以降低并购后企业的综合资本成本。公司规模越大，总股本就越大，外资要实现一定控制权的并购所需动用的资金量就越大。目标公司的抵抗、与其他并购意向者的竞争以及对目标公司的整合等各种交易成本也与目标公司的规模呈正相关关系。

中国企业跨境并购也可能出于另外一种考虑，选择规模较大的目标企业。因为在一定程度上目标企业的规模越大，对市场的影响就越大。并购这些大规模的上市公司能迅速地享用这些企业建立的营销渠道，实现相应的市场份额。

但是，企业最好选择与自身规模实力相近的目标企业，不要盲目选择并购规模太大或与企业实力相差太大的企业，以免加大企业的财务压力，也不要选择规模太小或实力太弱的企业，这就违背了企业欲通过并购来扩大规模、提高实力的目的。例如，2004年陕西秦川机械收购联合美国工业（uAl）公司时考虑到自身实力，并未进行100%收购，而是采取"股份收购+增资扩股"的并购模式，最后拥有60%的股权，这样既实现了控股经营又降低了投资风险。

二、目标企业的非财务因素

目标公司的企业文化、管理水平和公司治理水平等往往会影响并购后的整合部分，而且这种影响是整体上的，如果不能在这些方面很好地整合，则可能导致并购无法达成最初的绩效目标。因此，我们进行目标企业选择的时候也要关注它的非财务因素。

（一）企业文化

企业文化是企业的灵魂，是推动企业发展的不竭动力，是一个企业区别于其他企业的核心标志。目标企业的企业文化由于其不易察觉的特点往往被收购方忽视，然而在与另一种文化短兵相接的时候，比如并购后的整合，企业文化问题就突显出来，且由于企业文化的稳定性，在并购后整合的过程中会内生出保护自身的力量，抵制外来文化的干预，影响并购后的整合。驱动并购的战略决定了双方"交迭"的程度，当"交迭"程度较高时，发生文化冲突的可能性会比较大，这时，双方文化的匹配就尤为重要。当双方对异质文化比较宽容时，会减轻企业文化差异对并购绩效的负面影响。并购双方文化的不兼容可能造成并购的失败，如上汽收购双龙就因为企业文化的冲突最终失败。成功的并购要求文化的兼容，文化的差异对并购绩效可能存在负面的影响。

（二）管理水平和公司治理水平

管理风格、评估与报酬系统、治理结构等方面对并购绩效和并购潜在价值实现也有很大的影响。如果目标企业是风险偏好型，而并购方是风险厌恶型时，在进行项目或者投资决策时往往会出现分歧，难以达成一致观点，进而会影响企业的经营和发展。报酬和评估体系明确了员工与所在组织之间的交易关系，如果员工已经适应了一种报酬体系，那么他就很难适应与此相反的报酬体系。如果并购方考虑用报酬和评估体系来强化管理，那么在整合中任何对现存体系的改变或强行替换都会激起强烈的反应，甚至导致关键管理、技术人才的流失。因此，收购方在进行跨境目标企业选择的时候要选择与本企业的管理风格、报酬和评估体系相近的企业。由于代理问题的存在，公司的治理就变得尤为重要，对管理层进行有效的监督是企业长远发展的基础。只有在目标企业的治理水平较高的情况下，并购方才能保证成为目标企业新的股东后获得更大的价值，同时可以减少并购后整合的成本，大大缩短投资周期。因此在跨境并购时，企业一般选择具有良好管理基础和规范治理结构的目标公司。

在进行跨境目标企业选择时，同时也要关注双方财务因素和非财务因素方面的匹配程度。目标企业的有形资产、无形资产只有与并购方需求匹配，收购方才能充分地利用被收购公司的优势实现经营和财务协同效应。这种匹配在很大程度上决定了收购方能否能使资源得到充分利用，能否实现自己的并购目标，在未来获得有效的积累资源。非财务因素往往是企业区别于其他企业的重要标志，也是一个企业生存和发展的根基。在进行跨境并购目标企业选择的时候，要结合自己的一些非财务因素，考虑两个公司是否能够匹配，避免给企业带来不必要的损失。综上所述，企业在进行跨境目标选择时，需考虑的产业、区域和企业的具体影响因素、具体内容概括见表3－1。

表3－1　　　　　　　　　　跨境并购目标选择一览表

目标选择的影响因素		具体内容
目标产业选择	根据战略规划选择产业	国家对外发展战略，"一带一路"产业规划，企业战略规划
	目标国家的产业布局、产业生命周期	产业布局、产业生命周期市场占有率、技术垄断、成熟企业、供给侧改革、缓解产能过剩、进入弱国产业领域
目标区域选择	政治因素	政治局势、两国政治关系、对跨境并购的态度、政府政策
	法律因素	外资引入，反垄断与反倾销条款。国家安全审查，审批程序，《公司法》、《劳工法》等条款
	文化因素	民族主义意识，文化差异，文化交流
	经济因素	东道国经济发达程度（居民收入、消费水平、劳动力成本、税率、货币等）、技术发达程度、汇率差异、全球经济状况
目标企业选择	财务因素	成长性、市盈率、股利支付率、企业规模
	非财务因素	企业文化、管理风格、评估与报酬系统

第四节　中国企业跨境并购目标选择

自中国改革开放以来，经济得到了高速增长，国内市场已不能满足中国企业的发展,再加上"全球化"日益增强,中国企业随之成长并逐步走出去,越来越重视开展国际化经营,跨境并购也越来越多。中国企业的跨境并购活动始于20世纪80年代,至今已经走过了30多年的历程,从数量和规模上都取得了巨大发展,跨境并购逐渐成为中国企业迅速获取海外市场、资源和技术,提高企业国际化水平和国际竞争力的重要途径。30多年的并购历程,呈现出较明显的阶段特征,不同阶段的中国企业跨境并购在产业选择、区域选择和目标选择方面也呈现出该阶段目标选择的特质。

一、目标产业选择历程

国家的产业政策在很大程度上影响了跨境并购的目标产业选择。改革开放以来,为了促进产业发展,中国大力推行了产业政策。在产业结构方面,政府利用政策工具大力推动中国产业结构优化升级。在产业组织政策方面,政府积极培育具有规模经济的大企业,以提高生产效率。由政府引导,并通过企业兼并收购、资产重组等多种手段进行产业重组,组建大型企业集团,以提高企业竞争力。在产业技术政策方面,确定了技术创新的优先顺序,采取措施提高可持续创新能力,加大力度扶持高新技术产业的发展。

在这些产业政策和企业自身积极寻求海外市场等需求的推动下,中国跨境并购不断发展。在探索起步阶段,中国跨境并购涉及的行业是贸易类,主要包括承包工程、资源开发、航运服务、加工装配、金融服务、保险等领域。非贸易类的海外投资活动主要集中在建筑工程、餐饮、咨询服务。

在逐步扩大阶段,中国跨境并购涉及的行业不断扩大,所设立的海外企业遍及资源开发、服务业、工农业生产加工等几大产业内的各个行业部门。在稳步调整阶段,中国跨境并购涉及的行业已不再以贸易方面为主,而是逐渐拓宽到自然资源开采加工、工业加工、交通管道运输、承包工程、旅游餐饮服务、科研开发、农业及农产品综合开发等各个行业部门。出于寻求市场、资源、高效投资收益和获取新技术的目的,在稳步增长阶段,跨境并购目标产业主要集中在金融、批发和零售、商务服务、采矿、制造和交通运输六大行业,租赁和商务服务业存量居首位,流量呈波动上升趋势,但存量占比呈下降趋势。

2008~2011年,经济全球化带来了机遇与挑战,跨境并购的产业仍然集中在金融业、批发和零售业、商务服务业、采矿业、制造业和交通运输业这六大产业。租赁和商务服务业存量居首位,所占比重逐年上升;批发和零售业流量投资额波动增长,比重却在前三年连年下降,2011年有所回升;资源开发型行业的细分行业跨境并购不足;制造业跨境并购保持平稳上升趋势;金融业对外直接投资流量金额逐年减少,所占比重逐年下降;交通运输、仓储和邮政业流量和存量仍呈增加趋势。

"十二五"规划提出加快培育和发展节能环保、新一代信息技术、生物、高端装备制造、新能源、新材料、新能源汽车等战略性新兴产业,加快产业结构升级的新思路。跨境并购目标产业也向节能环保行业靠近,同时加大了对高新技术行业的并购力度。

现阶段，国内企业在经历前期高速发展后面临技术升级、品牌发展、行业整合等多重问题，急需产业升级和技术创新。因此，欧洲正在成为中国企业海外并购的第一选择，其原因有三方面：第一，目前中国企业的跨境并购以制造业为主，而欧洲与中国制造企业具有广泛的互补性；第二，美国与中国企业的互补性更多体现在科技领域，但美国对中国企业收购设置了非常高的门槛；第三，愿意出售的欧洲企业相较于美国企业而言，对中国企业更有价值（见图3-2）。

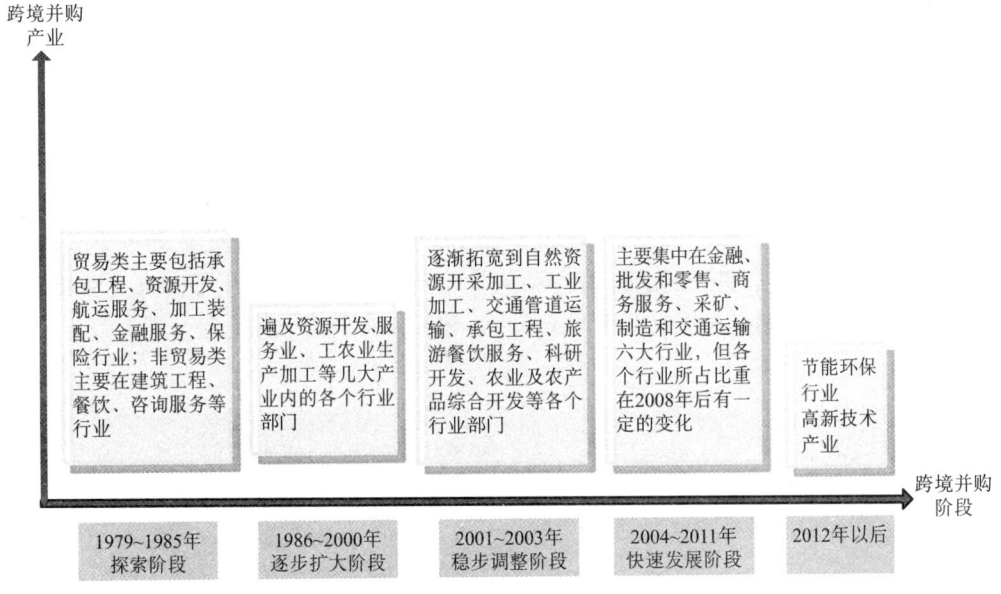

图3-2 中国企业跨境并购目标产业选择分布

二、目标区域选择历程

改革开放政策的实施，促使中国企业"走出去"进行对外直接投资。这一时期，中国企业刚刚进入境外并购市场，处于初步探索时期，中国跨境并购交易数量较少，且这一阶段主要是由政府主导。受政府政策的影响，多是持有对外经营特权的进出口公司和各级国际经济技术公司进行跨境并购，而这些以贸易为主的公司多投资到原来进出口市场分布的区域，具体表现为以亚洲为主的区域。相比而言，国际经济技术公司主要集中投资在中东和非洲地区。

随着中国开放程度的不断深化，政府逐渐放宽审批程序，跨境并购活动逐渐增多，中国进入跨境并购逐步扩大阶段。在这一阶段，政府提出"珍惜资金、讲究投资效益"的原则，当时国内建设急需某些短缺资源，于是跨境并购也多发生在资源丰富的国家和地区。政府鼓励有能力的企业以国产设备或技术为条件，向发展中国家投资。因此，该时期大部分投资仍集中在亚洲各发展中国家及港澳地区，并加大了对发展中国家，尤其是委内瑞拉、印度尼西亚等资源丰富国家的并购活动。

在2001年,中国加入了世界贸易组织,国内企业开始面临越来越大的国内外竞争压力,企业融入经济全球化的内生动力不断增强。与此同时,中国政府将"走出去"战略提高到国家战略层面上来。国家为鼓励有实力的企业"走出去",相关部门相继启动了政策调整的步伐,为企业"走出去"提供了良好的政策支持平台。在这一阶段,中国企业开始积极参与国际竞争,不断拓展国际市场,中国跨境并购进入迅速发展阶段,从区位分布来看,中国香港、美国和澳大利亚仍然是中国企业跨境并购的主要目标国家(地区);在亚洲和西欧的并购逐渐活跃,不仅对一些重要目标国进行系列并购,而且分布范围空前广泛;在日本、新加坡的并购交易数都超过50起;在英国、德国、法国三国的总交易数接近100起。

据统计,中国企业的跨境并购表现出明显集中于发达国家的特征,这与国际直接投资的地域分布存在较大的差异性。1982~2012年,中国企业的跨境并购的数目和金额在各大洲的排序从高到低依次为:亚洲、北美洲、欧洲、大洋洲、南美洲和非洲。中国在北美洲、欧洲和大洋洲的并购金额累积达到中国跨境并购总金额的47.44%,并购数目累积达到中国跨境并购数目总量的47.53%,而在南美洲和非洲的并购金额和数目累积占比仅分别为11.59%和4.66%(见图3-3)。

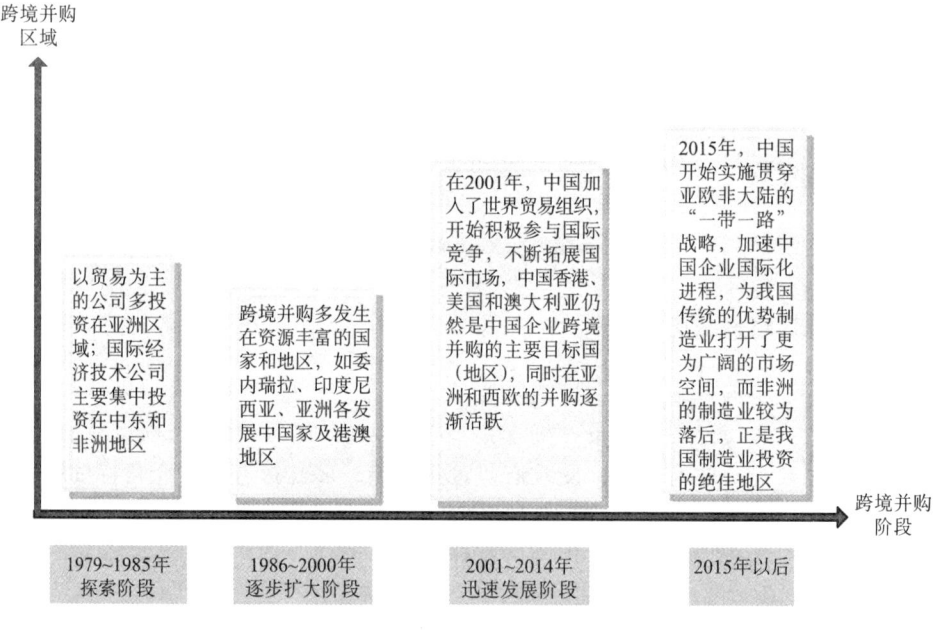

图3-3 中国企业跨境并购目标区域选择分布

2015年,中国开始实施贯穿亚欧非大陆的"一带一路"战略,以及发起建立亚洲基础设施投资银行、设立丝路基金等全面战略规划,目的之一就是加快投资便利化进程,消除投资壁垒,为中国传统的优势制造业打开更为广阔的市场空间,特别是为包括中国高铁、核电、输变电在内的一系列具备较强国际竞争力的先进制造业创造了全新的发展契机,而非洲的制造业较为落后,正是中国制造业投资的绝佳地区。因此,系列政策的推出将促进中国跨境并购区域的平衡化,并再次深入促进中国企业跨境并购的发展。

三、目标企业选择

企业的并购目的影响着目标企业的选择。例如中海油、中石化、中石油频频海外并购,收购的均是油田、天然气开采企业或业务;首钢、五矿、兖州煤业海外并购是为了获得矿产资源、得到一个可靠的原料基地,因此他们海外投资收购的目标企业分别是秘鲁铁矿、澳大利亚地区磁铁矿项目、澳大利亚OZ、澳大利亚菲力克斯资源有限公司(Felix);TCL收购施耐德与阿尔卡特、联想收购IBM个人电脑业务为的是获得国际品牌、开拓国际市场。

从中国企业已经发生的海外并购案例来看,中国企业主动寻找最合适并购目标的情况比较少,一般都是在已经出现并购机会的情况下发生的。跨境并购目标多是那些已经在该产业内没有任何竞争优势的企业,更多的是为甩包袱才决定出售的企业,这样的目标企业大多"收购价格"较低,可能有利于中国企业"抄底",但这样的企业继续经营的风险较大。许多企业在考虑跨境并购目标选择的时候,往往只关注那些价值被严重低估的企业,而不考虑企业自身的需要,只为了抓住这样一个好的机会,当然也有不少企业抓住这个并购机会获得了超额收益。

但是,就目前中国企业跨境并购目标企业的选择来说,总体上缺乏战略性眼光,并购的目标企业通常是在全球竞争中不再具备竞争优势的老牌跨国公司或者知名跨国公司的某些业务,且这些公司或业务处于破产或长期巨额亏损中。虽然它们给中国企业实施国际化战略提供了机会,但也给不太成熟的中国企业国际化经营带来了困难和机会陷阱。例如,2005年海尔竞购美泰克,原本是想利用美泰克的品牌渠道将海尔产品打入美国市场,但美泰克的现状是亏损严重、员工人数多,而且相对于美泰克而言,海尔既没有品牌优势,又没有技术优势,两家企业合并无法在生产和销售领域形成有效的互补,在产品线方面互补性也不强,最后并购以失败告终。

现阶段,随着全球经济的复苏,被严重低估的企业大大减少,以此为并购动机的跨境并购事件也大大减少了,企业开始注重以企业的战略为导向进行跨境并购活动。

章后案例

中国五矿并购OZ矿业的目标选择

一、基本情况

中国五矿集团公司成立于1950年,是以金属、矿产品的开发、生产、贸易和综合服务为主，兼营金融、房地产、物流业务，进行全球化经营的大型企业集团，主要的海外机构遍布全球 28 个国家。由于其强大的国有企业背景，中国五矿集团受到国家政策的大力扶持，出于国家战略的考虑，中国五矿在 2008 年及以后进行了一系列的跨境并购。

OZ 矿业公司是澳大利亚大型矿业集团之一，作为澳大利亚第三大多金属矿业公司，OZ 拥有世界第二大露天锌矿等多种资源。公司在锌、铅、铜、镍、金、银等资源上拥有可观储量，在澳洲、亚洲和北美都有发展项目。2008 年下半年由于金融危机的爆发，OZ 公司陷入债务危机，无力偿还近 5.6 亿澳元的债务，并自 2008 年 11 月 28 日起股市停盘，公司高管在全球奔走寻找合作伙伴以求生存。

2009 年 3 月 27 日，澳大利亚政府出于国防安全原因，否决了中国五矿出资 26 亿元全面收购澳大利亚 OZ 矿业的交易。五矿与澳大利亚政府积极协商，迅速做出调整方案，放弃收购 OZ 矿业最优质的 Prominent Hill 铜金矿资产，并做出必要承诺，如将所购矿产的经营管理总部设置在澳大利亚，以澳大利亚管理团队为主体进行经营，保持和提高当地的就业水平、尊重与当地社区达成的协议等，化解了跨境并购常常面临的政治阻碍。方案调整后的收购金额为 12.06 亿美元（约合 17.5 亿澳元），并且不再承担 OZ 矿业 11 亿澳元的全部债务，同时签订了捆绑协议，即一旦 OZ 矿业拒绝被收购，则必须向中国五矿支付 1.2 亿美元的赔偿金。为了阻止这场收购，澳咨询公司 PFC 集团和加拿大皇家银行在最后一次股东大会前向 OZ 矿业提出了 12 亿美元的融资替代方案，同时，澳大利亚著名投资银行麦格理集团也向 OZ 矿业提出计划通过 25.4 亿美元的配股发行来筹得 14 亿美元的融资。面对竞争威胁，中国五矿的捆绑协议对 OZ 矿业起到了约束的作用，2009 年 6 月 11 日，中国五矿集团公司以加价 15%，总价 13.869 亿美元的交易价格收购 OZ Minerals 公司主要资产，获得了公司 100% 的股权。

二、跨境并购的目标选择

中国五矿将 OZ 矿业作为自己的并购目标是综合考虑了产业、国家和企业层面因素。

从产业层面来看，中国五矿集团是资源型的企业，它的并购目的是希望获取资源，扩大市场份额，而同行业的 OZ 矿业以丰富的矿产资源著称，这一点正符合五矿的并购意图，符合资源匹配的条件。同时，OZ 矿业属于快速发展的时期，仅仅是因为资金瓶颈制约了其发展，而中国五矿考虑把 OZMinerals 作为平台注入其他海外资源类资产，并通过该平台整合其他海外资源，是一个不错的选择。中国五矿雄厚的资金能够解决 OZ 矿业的资金问题，使其实现快速发展。

从国家层面来看，澳大利亚的政局比较稳定，没有战争，国家比较安全。2008 年，受金融危机的冲击，两国为了应对世界经济格局的变化，建立了良好的经济伙伴关系。就法律而言，澳大利亚的《外资并购法》规定：外资并购需要澳大利亚政府的批准，但是由于两国关系友好，能够对出现的问题进行协商。就文化而言，澳大利亚是一个多民族的移民国家，奉行多元化的文化，有很强的包容性，对于外资企业的并购并不抵触。就经济而言，OZ矿业受到金融危机的影响，处于财务困境，公司的价值被低估，收购成本也相应较低，能够通过资本的注入，获得超额的收益。

从目标企业层面来看，OZ矿业的自然资源储备丰富，在锌、铅、铜、镍、金、银等资源上拥有可观储量，开拓了多个市场，在澳洲、亚洲和北美都有发展项目，具有很好的平台优势，能够满足中国五矿整合海外资源的目的。此外，OZ矿业还具有管理优势，其管理团队成员都是职业经理人，且五矿和OZ矿业有长达3年多的合作，充分了解OZ矿业，能够比收购的竞争者更快地对OZ进行调查和考察，明确优质资产的所在，迅速做出决策。

综上所述，从产业、国家和目标企业层面来看，OZ矿业都满足中国五矿的并购目的，是一个不错的并购目标。

三、小结

中国五矿综合考虑国家、产业和目标企业三个层面的因素，选择了澳大利亚OZ矿业作为其跨境并购的目标。正是由于考虑了这三个层面，中国五矿并购澳大利亚OZ矿业的阻力减小了，交易的成本也相应地降低了。最终，通过中国五矿的不懈努力，这次并购取得了成功，成为中国有色金属矿业对外投资首次成功的交易。这次交易将有效增加中国锌、铜、铅等金属矿产资源的储备，缓解有色金属的供需矛盾，对增加中国企业在国际舞台上的"话语权"有重要的意义。

第四章 跨境并购的价值评估

——你不能衡量它,就不能管理它

并购估值反映的是一种投资价值,包括目标企业的市场价值和并购预期带来的协同价值。并购交易定价是在并购估值的基础上双方博弈的结果,并购估值不仅是并购交易定价的参考依据,也为并购后整合及其绩效评价提供线索和指明方向。

第一节 跨境并购价值识别

一、标的市场价值

标的的市场价值是买方与卖方进行并购交易谈判的价格基础,它代表受经济利益驱动的卖家愿意接受的最低价格,因为作为标的所有者的卖家当期正享受着这个价值所提供的利益。市场价值取决于很多要素,包括现有的替代品、技术的变革和通货膨胀等,且不同资产市场价值的变化趋势也往往不同,如交通工具的市场价值有迅速下降的趋势,而房地产通常有增值的趋势。

中国的《资产评估价值类型指导意见》是这样定义市场价值的:市场价值是指自愿的买方和卖方在各自理性行事且未受任何强迫的情况下,评估对象在评估基准日进行正常公平交易的价值估计数额。这个定义与《国际评估准则》中的定义很相似:自愿买方与自愿卖方在评估基准日进行正常的市场营销之后,所达成的公平交易中某项资产应当进行交易的价值的估计数额,当事人双方应当各自精明、谨慎行事,不受任何强制压迫。简言之,标的市场价值即标的在评估基准日的最佳使用状态下,在公开市场上最有可能实现的交换价值的估计值。

但是在跨境并购交易中,合理地确定标的的市场价值往往面临着比境内并购更多的挑战。一是距离及文化政治因素使得买卖双方的信息不对称问题比境内并购更加严重,这给买方确定标的的市场价值提升了难度;二是买方管理层在进行跨境并购时具有比境内并购更强烈的帝国构建目的,这往往导致买方高估标的市场价值;三是买方可能出于获取境外资源的政治因素而迫切需要获得标的,这也导致买方在确定标的市场价值时,高估其价值。

二、并购协同价值

实现协同效应是买方进行并购交易的动因之一,而这些协同效应带来的协同价值是进行价值评估时必须研究的问题。下文就并购中协同价值的来源、分配、实现和损失进行介绍。

(一) 协同价值的来源

协同价值来源于协同效应。协同效应是20世纪70年代以来金融经济学家解释公司并购的著名理论之一,但协同效应这一概念本身应如何界定还是一个颇有争议的问题。一种解释是"协同效应就是二加二等于五的那种效应",即并购后两公司的效益之和大于并购前两公司的效益之和。仔细研究后,我们不难发现这一定义有失偏颇,因为它没有考虑并购前并购双方本身就具有的增长潜力。也就是说,根据这一定义计算出来的值没有包括并购双方由于本身就具有的增长潜力而在并购后表现出来的业绩增长。另一种关于协同效应的解释是由 Mark L. Sirower(1997)提出的,他认为协同效应是"合并后的公司在业绩方面应当比原来两家公司独立存在时曾经预期或要求达到的水平高"。他还指出,"并购后有可能出现业绩改进,但如果这些业绩改进是已经预期到的,那就称不上是协同效应"。虽然 Mark L. Sirower 对协同效应所做的定义考虑了并购双方原有的增长潜力,更为合理,但是"原本可以预期的成长水平"往往是难以估计的。所以,在学术界,这两种解释都被普遍采用。

协同效应根据产生的原因可分为经营协同效应、管理协同效应和财务协同效应,相关内容在第一章跨境并购动因中已有介绍,本章不再进行赘述。

(二) 协同价值的分配

协同价值的分配对并购双方能否获益有直接影响。并购中可能存在以下三种协同价值的分配情况:协同价值在并购双方均得到分配,股东的价值都将增加;目标企业分配到全部的协同,其股东价值增加,而并购方股东价值维持不变;并购方得到全部的协同价值,并购方股东价值增加,目标企业股东价值将保持不变。

协同价值的大小和协同价值的分配与买方支付的价格有关。

图4-1中,P为交易支付对价,V_2是并购企业所获协同价值与目标企业内在价值V_0之和,V_1是标的企业市场价值。V_1、V_2、V_0与P的关系,决定了并购过程中获得的协同价值的分配情况。

当$V_0 < P < V_2$时,即交易价格大于目标企业的内在价值但小于目标企业的内在价值与协同价值之和时,并购双方都能从并购中获得好处;当$P > V_2$时,协同价值全部为目标企业的股东占有,目标企业获得超额回报,而并购企业不仅不能获得协同价值的好处,而且还损失了$P - V_2$的价值;相反,当$P < V_0$时,目标企业股东价值会受到损失,并购方不仅获得全部协同,而且将获得低于目标公司内在价值成交的利益$V_0 - P$。

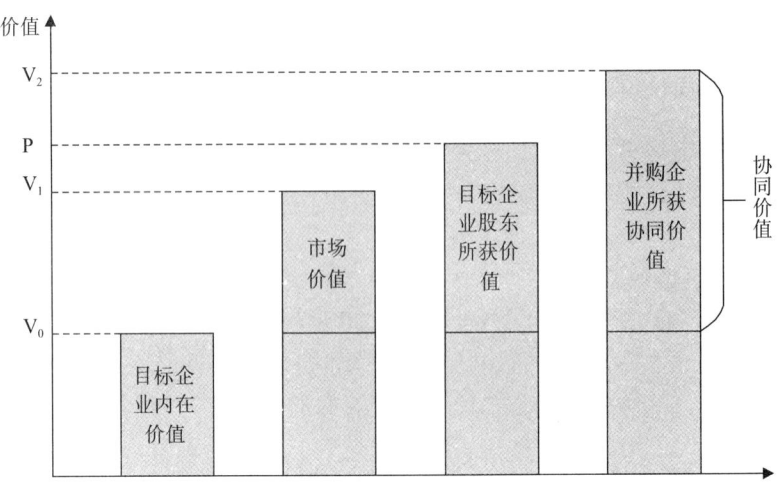

图 4-1 协同价值与支付对价

但是在完全竞争的并购交易市场中,企业间完全竞争,买方是无法取得高于其所支付溢价的协同价值的,只有当市场是不完全竞争时,并购方股东才可能获得超额回报。有三种情况可以使并购交易市场成为不完全竞争市场:(1)并购双方存在特殊且非公开的协同,即当某个并购企业和目标企业间存在比其他企业和目标企业间要高的协同价值,且没有其他潜在的并购者了解这一特殊的协同价值时,公司控制市场就是不完全竞争的。这时,目标企业价格上升到能够反映公众对目标企业的期望价值,当并购交易完成后,超过公众预期的业绩改进即协同价值全部为并购企业占有。(2)某个并购企业和目标企业间存在不可模仿、特殊的协同,此时即便它的潜在并购者了解这一特殊的协同,但却无从模仿,竞价的结果是并购方支付的溢价上升到其他潜在并购者和目标企业间最高的协同价值时为止,剩下的一部分协同为并购方占有。(3)某个并购企业和目标企业存在非预期的协同,这部分协同是由于存在不可预料的事件导致公众无法预期的协同价值,从而使并购方受益。

可见,并购方要获得协同价值带有一定的偶然性。需要指出的是(1)、(2)两点只有在与目标企业具有特殊协同价值的潜在并购者数量少于能够给并购企业带来超额回报的目标企业数量这一条件下,并购企业才有可能获得协同价值的好处,否则众多的潜在并购者仍会导致竞购,使协同价值从并购方股东转移到目标企业股东那里。对于跨境并购而言,买方往往需要支付比境内并购更高的溢价来达成收购协议。所以,对于跨境并购而言,买方将更加难以分配到并购取得的协同价值。

(三)协同价值的实现与损失

从管理学的角度来看,协同效应的存在意味着并购后的公司将表现得比任何人对并购前两公司的已有预期还要好。从企业的角度考虑,通过并购整合提高了企业获取自由现金流的能力,同时降低了企业的资金成本;从市场竞争的角度考虑,获得协同效应,意味着收购方获得了更强的竞争力,这种竞争力可能来源于规模经济、范围经济、生产技术的提高以及市场占有率的提升等。

但不能忽略的是，协同效应并不容易完全实现。麦肯锡公司通过对116项并购计划进行事后分析时发现只有23%的并购计划成功地实现了预期的协同效应，61%是失败的，而其余的则是结果难定。在协同效应实现的过程中，存在着潜在协同、预期协同和现实协同的差异（见图4-2）。

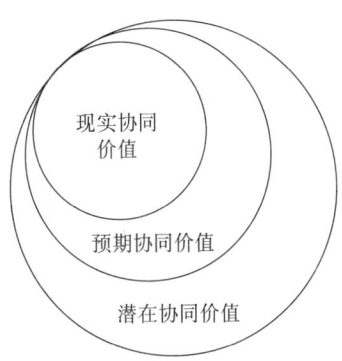

图4-2 协同效应损失

潜在协同是可能产生的最大协同，假设标的的资源可以全部转移到买方，在转移过程中不存在损失，并且理论上的协同效应可以在整合过程中完全产生。这是一种理想化的条件，在现实中是不存在的。

预期协同是在潜在协同的基础上考虑了资源转化损失的协同效应。在实际过程中，标的资产的转移往往伴随着资产在转移过程中的损耗。例如，在联想收购IBM的PC业务中，看重的是ThinkPad的市场和品牌，但是在收购后，联想面临着消费者因ThinkPad不再由IBM出品而放弃购买的问题。如果这种情况大面积发生，将会造成联想收购过程中花费巨资购买的市场没能真正转移到自己手中，造成资源转化损失。

现实协同是买方在收购后可以真正获得的协同效应。现实协同是在预期协同的基础上扣除整合效益损失得到的。造成整合效益损失的原因，可以从如下三方面进行考虑：

一是两个企业发生并购后，竞争对手会做出相应干扰措施。企业并购一旦实施就会加剧市场竞争，竞争对手会想尽办法保持和扩大现有市场地位，采取一切可能的措施削弱并购企业的竞争优势。如果没有将未来市场竞争对并购后企业价值的影响在价值评估中加以考虑，就会导致企业过高估计企业并购的协同价值。

二是组织协调费用的影响。交易费用理论认为，当市场交易费用大于组织协调费用时，企业规模会扩大，当组织协调费用大于市场交易费用时，企业规模会缩小。并购交易使得企业规模扩大，相应的内部组织协调费用上升，这种上升会损害企业并购的协同效应，尤其在跨境并购中，由于企业需要大量较高成本的国际运营人才去经营跨境并购得到的资产，并且由于买方与标的的地理距离和文化距离远大于境内并购，致使这种协调费用的上升往往是大于境内并购的。

三是知识性资产的转移程度。跨境并购已成为中国企业获取其他国家企业拥有的技术、品牌、分销渠道等无形资源的方式之一。与西方发达国家的跨国公司相比,中国企业自身技术落后,而选择的目标企业的技术往往处于世界领先地位,知识差距的存在导致知识转移的难度增加。此外,知识主体的转移意愿也是影响知识性资产转移程度的关键方面,以机器设备或专利形式存在的通过相应的并购协议条款还可以顺利转移,但对于嵌入员工头脑中、组织结构中的隐性知识技术,具有高度的内隐性和复杂性,可获取性低、转移难度大,特别是知识主体的保护意识主观上也造成了知识转移难度增大。

第二节 跨境并购价值评估

一、资产基础法

资产基础法是以资产负债表为导向的评估方法,一般做法是以各个资产的账面价值为基础,先将其调整为市场价值,且在这些科目的调整中要加上不在资产负债表上的具有市场价值的资产,删除资产负债表中缺乏市场价值的资产,然后加总总资产价值再扣减无息流动负债和递延税款来计算其价值。

跨境并购中当买方的收购目的是获取目标企业所拥有资产的控制权时或目标企业价值仅限于具体的有形资产总额时,多采用资产基础法对目标企业的价值进行评估。此外,在目标企业是资产密集型企业时,或者在可以出售有价值的非经营性资产来弥补一些收购成本的跨境并购中也可选用该方法。从跨境并购的动因来看,当买方希望通过并购方式获得优势资产时,往往会关注目标企业的独占性资源和排他性资源,通常多采用资产基础法来评估目标企业的价值。

选用资产基础法时,应注意不同国家的会计政策的差异性,如德国企业在确认资产时允许将与资产相关的政府补助扣减,而中国只允许确认为递延收益,并在相关资产使用寿命内平均分配,计入当期损益。因此,在用该方法确定标的的价值时,需要先对其商业环境、会计政策等做深入的分析,正确理解财务报表所反映的信息的实质含义。

二、市场法

市场法是指将评估对象与可比上市公司或者可比交易案例进行比较以确定评估对象价值的评估方法。该方法的理论基础是在市场公开、交易活跃的情况下,相同或相似资产的价值也是相同或相似的。当目标企业是上市公司时,可以选择使用该方法;对于非上市企业的估值,目前也有类比同类上市公司来确定价值的做法,但是也有人对此提出了质疑，认为无法用类比上市公司法估值非上市公司，因为公开资本市场和私募市场有很大区别。

市场法的应用实际上是假设存在一个反映企业价值的财务变量（这个变量可以是盈利水平、净资产或销售收入等），一般情况下，盈利越多，净资产越大，销售收入越大，企业价值越大。并且，企业的价值与这个财务变量的比率在两个类似的企业间应该具有相近的比值，这种思路用公式表示为：

$$\frac{V_1}{X_1} = \frac{V_2}{X_2}$$

V_1 为目标企业的价值；V_2 为可比企业（参照物）价值；X_1 为被评估企业与企业价值相关的可比指标；X_2 为可比企业与企业价值相关的可比指标；$\frac{V}{X}$ 称为可比价值倍数。式中 X 参数通常选择利息、息税前利润、企业自由现金流量、净现金流量、净利润、销售收入及净资产等财务指标。

跨境并购中，运用市场法的关键在于可比指标的选择要与标的企业的价值直接相关，通常现金流量和利润是最主要的候选指标。在指标选择时一定要谨慎，因为以不同维度的经营业绩或财务状况指标为基础计算的倍数反映着目标企业不同的信息，目标企业所处行业的特征、业绩状况等也可能只允许使用某些倍数。例如，在一些新兴行业，许多类比公司还处在发展阶段或相对较新，甚至还无法创造利润，收入可能是仅有的经营指标，倍数指标的备选项十分局限。此外，可比指标所属时间段的选择也十分重要，合理的做法应该是类比公司可比指标的时间段和目标公司可比指标的时间段基本一致，通常可选最近一个财年、最近 12 个月、未来预期的 12 个月或过往若干年的均值。具体在操作时，需要结合目标企业所处行业的特征、市场活动周期等合理选择，如当目标企业所处为周期性行业时，可能仅仅一个季度的时间差异就会带来很大的影响；又如在金融危机期间，类比企业的相关交易数据或经营数据往往不是一家健康企业价值的准确反映。

企业不同于普通的资产，每一个企业都存在不同的特性，除了所处行业、规模大小等可确认的因素外，影响企业盈利能力的无形因素更是纷繁复杂，很难找到与被评估企业一模一样的类似企业。为了降低单一样本、单一参数所带来的误差和变异性，国际上比较通用的做法是采用多样本、多参数的综合方法，即选择多个（一般为三个以上）可比企业，选择并计算各可比对象的价值比率，然后协调出一个价值比率即可得到对应于被评估企业的可比价值倍数，利用此倍数便可依据前述思路对目标企业的价值做出评估。常用的价值比率见表 4-1。

表 4-1　　　　　　　　　市场法常用的价值比率

价值比率	特点
市盈率（P/E）	该指标将股票价格与当前企业的盈利状况联系在一起，并且反映了市场中投资者对企业的看法，在价值评估中应用广泛

续表

价值比率	特点
企业价值比率（EV/EBITDA）	该指标对于评估重资产高折旧的公司具有帮助，当可比公司的财务杠杆差异较大时，该指标能够消除这一差异
市净率（P/B）	净资产为累计数值且通常为正，当市盈率指标失效时往往市净率指标仍可使用；每股净资产比每股收益更加稳定，当每股收益剧烈波动时市净率指标往往更加有用，但当可比公司具有显著规模差异时市净率可能具有误导性
市销率（P/S）	市销率对于经营亏损的公司依旧适用；相对于每股收益和账面价值，销售收入往往难以被操纵或扭曲；市销率不像市盈率那样波动剧烈
市现率（P/CF）	这里的现金流是净利润加上折旧和摊销等非现金费用，并未考虑其他影响经营性现金流量的因素。市现率比市盈率也更加稳定，而且现金流较利润更难被管理层操纵，对于盈利质量而言，现金流比利润更加值得信赖

除上述价值比率外，对于带有明显行业特征的一些企业需要特别分析，例如 App 类的互联网企业采用活跃用户（用户规模）、网站用点击量等来进行类比估值。对于非上市企业的估值，目前使用最广泛的是用类比同类上市公司来确定价值，但是也有人对此提出了质疑，认为无法用类比上市公司法估值非上市公司，因为公开资本市场和私募市场有很大区别。

此外，运用市场法中选取可比企业时，应注意资产所在地区或地段条件对资产价值的影响是有差异的，这一点在房地产行业的体现尤为明显。对于跨境并购而言，地域因素的影响作用更加显著，不同资本市场的估值水平是不同的。这一方面是源于不同国家的经济情景的差异，例如一个开展国际旅游业务的公司建立在非洲的某一贫困国家，其未来的收益能力定然不及将公司建立在人均福利水平较高的欧洲国家；另一方面是源于不同国家资本市场投资者的差异，投资者抗风险能力、投资经验、文化层次等具有明显的地域差异，而这些会影响其对某一投资项目的价值判定。例如，2016年4月1日，北京首旅酒店（集团）股份有限公司支付现金及发行股份购买如家酒店集团 100% 股权交易完成交割，该笔收购中首旅支付现金持有如家 65.13% 的股权，发行股份直接及间接持有如家 34.87% 的股权。在本次发行股份购买资产的交易中，首旅在上海证券交易所以 15.69 元/股的价格发行股份 246 862 552 股，换取如家酒店集团在 Nasdaq Global Market 上市的 33 621 685 股，对应的如家酒店集团股权的交易价格为每股普通股 114.29 元人民币及每股美国存托股份（每股美国存托股份为两股普通股）228.59 元人民币，据此确定本次发行股份购买资产的标的资产交易价格合计为 38.73 亿元人民币。在这次换股交易中，换股的比率清晰地体现了中、美两国资本市场股票估值水平的差异。

三、收益法

收益法的逻辑是一项投资的价值等于它未来利益的现值，它从企业整体获利能力出发,通过一个能反映目标企业投资风险水平的回报率,贴现其未来能够产生的现金流来确定目标企业的现实价值。在使用收益法对目标企业进行价值评估时,一个必要的前提是判断企业是否具有持续的盈利能力,只有当企业具有持续的盈利能力并且预期收益能够被可靠地预测时,收益法才有使用意义。其基本的技术思路可用下式表示:

$$V = \sum_{t=1}^{n}[R_t(1+r)^{-t}] + \frac{R_n(1+g)}{r-g} \times (1+\gamma)^{-n}$$

式中,V 是目标企业评估价值;R_t 是企业未来每年的收益;r 是折现率;g 是目标企业从（n+1）年起预期收益每年的固定增长率;$\sum_{t=1}^{n}[R_t(1+r)^{-t}]$ 是目标企业前 n 年（详细预测期）的预期收益现值之和;$\frac{R_n(1+g)}{r-g} \times (1+\gamma)^{-n}$ 是目标企业（n+1）年起的相对稳定的阶段的预期收益现值之和。

由本章第一节的内容我们已经了解到,并购所带来的协同价值在实现过程中是有损失的,所以在跨境并购中对目标企业进行估值时,应该在潜在协同效应带来的现金流的基础上,考虑真正能够实现的现金流的比例（即实现系数）以及现金流量的归属问题（即分配系数）。如此,协同价值的评估值便为:

$$V_2 = \alpha_1 \times \alpha_2 \times V'$$

其中,V' 为潜在的协同效应创造的价值,α_1 为实现系数,α_2 为分配系数。

此外,收益法应用的另一关键便是对折现率的合理选择。折现率本质上说是一种特定条件下的收益率,其确定首先要遵循一些基本原则。例如,存在正常的资本市场和产权市场的条件下,折现率不应低于投资的机会成本,政府发行的国库券利率和银行储蓄利率就可看成是其他投资的机会成本,亦即无风险报酬率;行业基准收益率不宜直接作为折现率,但是行业平均收益率可以作为折现率的重要参考指标。在跨境并购中,折现率的确定要特别注意如下事项的影响:一是被评估企业所在行业在国民经济中的地位。例如,标的企业是一家汽车制造商,若其所属国为德国等汽车制造强国,则买方对其回报率可能就报以较高的预期。二是企业在未来经营中可能承担的风险,这种风险既包括国家政治、安全风险对国家经济稳定性的削弱,也包括经济不景气、通货膨胀等带来的经济风险,需要将这些风险成分加到里面。近年来,实务界对于 β 值的确定是应该基于标的企业所在的资本市场,还是基于买方所在的资本市场也存在一些争议。

估值方法对比见表 4-2。

表 4-2　　　　　　　　　　　估值方法对比

评估方法	优点	缺点
资产基础法	操作简单,资料比较可靠,人为因素的干扰较少,评估结果可以具体到资产负债的明细项目上,便于会计账务处理	不能反映企业未来的盈利能力;忽视了目标企业自身的整体性以及并购所带来的协同效应

续表

评估方法	优点	缺点
市场法	相关参数较为容易获得；得出的结果较为接近企业的真实价值	很难对可比公司业务、财务上的差异进行准确调整，较难将行业内并购、监管等因素纳入考虑；如何选取相对可比的交易，如何根据相关公司最新经营情况选取适当的参数并进行估值比较具有一定的难度
收益法	受市场短期变化和非经济因素影响少；能够比较方便地量化关键的价值决定因素；可以把合并后的经营战略、协同效应结合到模型中	不适用于评估处于投资期企业的价值，因投资期企业的获利前景以及股利支付比例等尚不确定，而收益法假设企业处于比较稳定的状态；不适用于经济周期有较大变化的企业因财务模型中变量较多、假设较多，具体参数取值难以获得非常充分的依据

第三节　跨境并购交易定价

一、跨境并购交易定价与评估价值

跨境并购的交易定价是并购重组的一个核心问题，也是一直以来困惑实务界的最难处理的问题。需要指出的是，目标企业价值的评估值交易价格，企业价值与交易定价是两种不同性质、不同结果的工作。从评估角度讲，企业价值评估是由独立的评估机构完成的，具有第三方评价的性质，其评估的结果一般看作是标的在评估时点的公允价值，而企业的股票市价有可能高于或低于该价值，即资本市场对企业价值的高估或低估。从交易定价的角度讲，其确定主体是跨境并购交易双方的管理层和董事会，价值评估的结论一般只作为并购交易定价的参考依据之一，财务顾问也会从旁给出有价值的参考意见。在整个定价的过程中，交易双方考虑的因素既有相同也有不同，双方经过一番博弈后达成最终的成交价格。

在定价决策的过程中，对于卖方来说有价格下限，就是标的现在的价值，也即其市场价值，而对于买方而言存在一个价格上限，就是其对标的价值的评估值，即其投资价值（见图4-3）。价格下限和价格上限构成了买方和卖方协商价格的动态区间，最后确定的交易价格处在买方和卖方升值价值的中间。

（一）跨境并购买方的定价立场

从跨境并购买方的角度来看，交易定价一定要为并购的价值创造留下空间，但同时也需要能够保证并购协议的达成。若从目标企业的市场价值出发，买方首先会在此

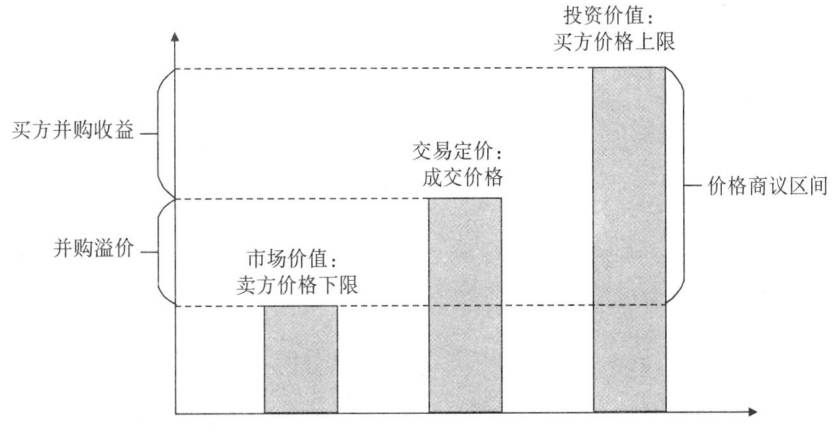

图4-3 并购价格协商空间

基础上考虑跨境并购的协同效应价值，看由于并购协同为整个企业集团带来的利益，此时需要考虑并购之后目标企业经营带来的未来现金流，同时也要看并购整合使企业集团创造的价值中，超过两个企业单独创造价值之和的部分。跨境并购的买方除了使并购交易定价低于其投资价值，也要考虑跨境并购实现的困难，以及定价对于减少这些困难起到的作用。例如，中国企业在跨境并购时经常会遇到许多强劲的国际竞争者，此时便可能通过提高交易定价来确保并购协议的顺利达成。另外，由于文化制度差异以及心理因素，跨境并购的整合过程容易受到卖方员工及管理层的抵触，较高的交易定价往往给卖方员工及管理层带来好感，从而在一定程度上减少整合过程中的困难。

同时，不可忽视的是，跨境并购中买方也面临因对协同效应实现可能性的错误估计，而导致的出价过高的风险。具体而言，一方面，买方对于并购预期协同的价值做出估计时，是在潜在协同的基础上考虑了资源转移的损失，而在跨境并购中，由于信息不对称等因素，对并购项目持有乐观态度的买方有时会过高估计项目的资源转移效率，即忽略或低估了某些方面的资源转移损失，如此便高估了预期协同效应的价值，从而高估协同效应价值，最终导致并购的交易定价过高。从另一方面讲，现实协同的价值是预期协同价值减去并购整合效益的损失而形成的。在跨境并购中由于并购双方文化制度差异大、并购易遭到目标企业抵制等因素，其整合过程中往往存在着高于预期的困难。当买方没有意识到并购整合的难度而过高估计整合效率，即低估了整合效益损失时，便会高估并购的现实协同效应，从而高估并购项目的协同效应价值，最终导致过高的并购交易定价。

（二）跨境并购卖方的定价立场

从跨境并购卖方的角度来看，最终的交易定价不能损害其作为并购标的的股东的利益，因此会首先考虑交易定价与股票市值之间的关系。并购基准日的个股价格处于历史的什么位置，是高、是低、还是中间价，与大盘是吻合还是不吻合，如果股价处于历史高位或在大盘之上,则卖方需要在企业价值评估的基础上加价。另外,卖方还会考虑假设继续拥有标的能够获得的未来现金流折现值,以及用并购所获得的收益去投资其他企业的价值等,即接受并购的机会成本。如果交易定价或将并购后收益用于投资创造的价值小于继续拥有标的所能带来的收益,则卖方可能就会拒绝被收购。此外,跨境并购交易定价的形成与支付方式有关,由于卖方接受换股支付后会受到中国政策的影响,股权流通性受到阻碍而不易变现,因而会提出比接受现金支付时更高的交易定价。

(三)跨境并购双方定价博弈

并购交易定价的达成除了跨境并购双方站在自身的立场上进行定价的决策外,很重要的就是双方在各方面的博弈以及谈判过程。首先,并购交易定价与并购双方的状况有关,一般来说,当标的企业处于经营不善的情况甚至被并购后更容易走出困境时,则更有利于买方压低价格。其次,要考虑买卖双方的交易动机,如果有一方迫于出售或迫于购买,则显然受迫的一方占劣势,而主动的一方占优势。另外,跨境并购交易定价还与并购双方的信息对称性有关,对于对方信息掌握的程度决定了交易谈判的难易程度。信息对称对于买方尤为重要,因其对于目标海外企业的了解大部分来自于中介机构,对于"二手"信息质量的鉴别和利用能力就成为交易定价决策和谈判的决定因素。并购双方谈判的能力也是影响最终定价的因素之一,有时结论的形成与谈判当场的表现有着很大的关系。

此外,当跨境并购交易定价由于双方立场不同而出现在价格上存在较大争议的情形,即买卖双方可接受的价格区间没有交汇点,卖方往往会强调标的的长处、优势和良好的前景,而买方往往强调标的的弱点、困难和其对前景的担忧。此时便可以附带对赌协议,即只约定基本定价,之后再根据目标企业的业绩来进行调整。对赌协议通常是买方在并购交易价格上做出让步,卖方用现金或股票承诺未来如出现业绩差距则予以弥补。这种协议的签订至少不会使并购双方遭受额外的损失,因此在出现价格争议时一般会受到跨境并购双方的认可。

综上所述,跨境并购的交易定价必然处于卖方能接受的最低价格和买方愿意接受的最高价格之间,即标的的市场价值与投资价值之间。若低于市场价值,卖方权益受损必然不愿意出售;若高于投资价值,买方当次的并购成本过高,之后获得并购带来收益的空间就减小。出于种种因素的考量,并购交易定价成为一个需要全方位考虑、多方面能力共同作用的复杂问题。

二、跨境并购溢价问题

跨境并购溢价是指并购中买方支付对价超过标的市场价值的部分,可以看作是卖方在并购交易中从买方处获得的补偿。

买方在并购交易中的收益是"协同价值-并购溢价"的部分,因此,确定自身能够接受的溢价,要以并购所创造的价值为基础。跨境并购交易标的被收购后,所创造的价值增量要能够补偿支付的并购溢价，否则买方自身的利益会遭受损害。在跨境并购的实践中，并购溢价也是促进并购交易成功的因素之一。中国买方跨越重重阻碍收购境外企业，其所期待的收益较境内并购往往会更高，因而也需要更加谨慎地权衡收购的支付对价和并购投资价值，确定可以接受的溢价，从而在不阻碍并购项目进行的同时尽量提高收益。

从全球跨境并购的情况来看，并购的高溢价早已成为一种普遍存在的经济现象。在欧美国家，20 世纪 80 年代至今的三十年间，美国企业实施跨境并购的平均溢价高达 30%～50%；2015 年荷兰皇家壳牌公司宣布收购英国天然气集团（BG），壳牌为每股 BG 股票支付 3.83 英镑现金与 0.4454 股壳牌 B 股股票，相对 BG 集团 90 个交易日的平均股价来看，收购溢价约为 52%。对于亚洲国家，跨境并购的高溢价现象更为明显。例如，19 世纪泡沫经济期的日本，日元骤然升值，国内企业在全球范围内大肆溢价购买资产，以三菱高溢价并购美国洛克菲勒中心为代表，曾经被称为"日本溢价"；2001 年，新加坡发展银行以 60% 的高溢价收购香港道亨银行，业内人士称之为"新加坡溢价"。中国企业跨境并购的高溢价现象，被很多业界人士认为是继续走上日本和新加坡的高溢价道路，因而被类似地称为"中国溢价"。

中国企业溢价收购的标志性源头是 1992 年 11 月首钢集团以 1.2 亿美元现金买下秘鲁处于瘫痪之中的国营秘鲁铁矿公司，交易价格比卖方提出的交易底价 2 200 万美元高出了约 6 倍，并许诺进行后期投资和承担债务，涉及资金总额为 3.12 亿美元。2008 年全球金融危机爆发后，中国企业的海外并购热潮以及"中国溢价"便不再是个别现象，而是普遍出现。2012 年，三峡集团收购葡电集团的报价相对于葡电股份当日股市收盘价溢价 53.6%、中海油对尼克森的要约收购价较尼克森的股价溢价 61%，创造了"中国溢价"的记录。如今，中国企业跨境并购的"中国溢价"现象更加普遍，高溢价收购已经屡见不鲜，似乎已经成为跨境并购的必然路线。据 2016 年的一项研究显示，中国买家在并购国外上市公司的交易中平均支付高于前一周股价 35%～45% 的溢价，而西方买家往往仅支付 20%～25% 溢价。在 2016 年受到关注较多的跨境并购案例中，美的集团收购库卡机器人溢价率达 36%，引起了广泛的关注，更引发了中国证监会审核的问询。从买方的角度，愿意付出高溢价，是全球经济大衰退时期中国企业立足于长远战略选择通过高溢价提高并购的成功概率的表现。高溢价的跨境并购，一方面反映出中国企业现在对技术平台和关键资产需求的迫切程度，另一方面也是为使跨境并购取得成功而采取的无奈之举。仔细想来，中国企业跨境并购高溢价的原因主要有以下五个方面：

（一）控制权转移的溢价

许多中国企业的跨境并购是为了取得目标企业的先进技术或关键资产。在这种情况下，并购方更偏向于能够取得目标企业的控制权，而不是只进行单纯的资产收购，从而可以避免资产转移时的繁琐程序和风险，也能缩短收购的时间，节约相应的成本。如果并购意味着目标企业控制权的转移，那么并购方不得不提出比目标企业市场价值更高的价格,以高溢价来获得目标企业股东同意转移企业的控制权。目前国际上普遍认为,具有控制权的股东可以获得许多没有控制权的股东所无法获得的利益,这个无法获得的额外利益就是控股股东相对于没有控制权股东的控制权溢价。

(二) 易于跨境并购的后期整合

由于文化、管理等各方面的差异,并购后的整合成为中国企业跨境并购过程中的一大困难,也是决定并购交易成功与否的关键因素。因此,中国并购方更希望在整合时得到被并购方的配合与支持,能够在他们的协助下更为顺利地完成并购后的整合任务。较高的并购溢价往往可以引起被并购方管理层及普通员工的好感,减少他们对于被并购的抵触和反感,避免出现管理层在并购完成后"撒手不管"的现象,进而更容易为之后的管理获得协助和支持,为并购的整合与协同带来益处。

(三) 克服政治、文化等因素的阻碍

由于西方社会在意识形态领域对中国的歧视以及冷战思维,其经常以"掠夺全球资源""威胁其他国家安全"为借口,将中国企业海外并购冠以"政治色彩",再加上本身中西方的文化差异,使中国企业跨境并购阻力重重。在跨境并购的竞价及国外审核的各个过程中,中国企业都受到政治、文化等因素的阻碍,在这种情况下中国企业如果不采取溢价并购的手段,更加难以取得跨境并购的成功,从而影响到整个企业的发展战略的实施。

(四) 弥补跨境并购股权支付的流通性损失

跨境并购的支付方式主要有现金支付、股权支付以及二者同时存在的混合支付。当跨境并购涉及股权支付时,要考虑到卖方持有中国企业股权的流通性。由于政策等方面的因素,境外企业持有的中国企业的股权往往流通性较低,难以变现,这对于卖方来说无疑加大了其直接获取享有收益的成本。在这种情况下,中国买方企业往往只能通过提高并购价格来弥补股权流通性低所导致的卖方股东承受的股权支付的损失,进一步保证并购协议的达成。

(五) 其他因素

中国企业的跨境并购交易还面临很多其他致使中国企业不得不接受高溢价的因素,在这诸多因素中,投资银行等中介机构的能力被认为会产生最重要的作用。在中国,企业的跨境并购项目往往通过投行等中介机构进行,中介机构在尽职调查、价值评估、交易谈判等方面的工作对并购项目会产生直接的影响,其业务水平不成熟而造成信息不对称、标的价值被夸大、谈判博弈劣势等,被认为是导致中国企业跨境并购高溢价的重要因素。

除此之外,高溢价现象也与买方自身有关。例如,跨境并购买方高管的自利和过度自信的心理特征往往造成其对于跨境并购项目过于乐观的估计,从而会接受较高的交易定价,造成跨境并购高溢价现象。

章后案例

美的集团并购 KUKA 的价值分析

一、交易概述

美的集团在 2016 年 6 月 16 日向 KUKA Aktiengesellschaft（以下称"KUKA"）发出全面要约收购文件，拟通过境外全资子公司 MECCA 以现金方式全面要约收购 KUKA 的股份，要约收购价格为每股 115 欧元。通过本次收购，美的集团最低意图持股比例为 30% 以上。若 KUKA 除 MECCA 以外的其他股东全部接受要约（MECCA 持有 KUKA13.51% 股份），按照要约价格为每股 115 欧元计算，本次收购总价约为 292 亿元人民币。2016 年 8 月 4 日，本次要约收购的额外要约期结束，接受本次要约收购的 KUKA 股份数量合计为 32 233 536 股，占 KUKA 已发行股本的比例约为 81.04%。2017 年 1 月 6 日，该项收购交割完成，美的集团通过境外全资子公司 MECCA International（BVI）Limited 合计持有库卡集团的股份为 37 605 732 股，约占库卡集团已发行股本的 94.55%。

（一）买方——美的集团

美的集团是一家全球性的集大家电业务、小家电业务、电机业务和物流业务四大板块于一身的民营企业，提供空调、冰箱、洗衣机、厨房家电及各类小型家电等多元化产品，2013 年实现整体挂牌上市。2015 年福布斯全球企业榜中，美的集团进入世界 500 强。

在国内业务发展良好的情况下，美的集团持续关注海外市场的发展，实现在全球范围内配置资源，推动产业升级。自 2007 年美的集团于越南开设了第一家工厂，打开其海外扩张的大门，美的集团先后在白俄罗斯、埃及、巴西、阿根廷、印度等 6 个国家建立了生产基地。

近年来，美的集团的现金持有量维持在较高水平（见表 4-3），2013 年其现金持有量曾达到资产的 16%，截至 2015 年底，财务报表显示其约有 119 亿元的货币资金，如何提高这些现金的回报收益，成为美的集团管理层需要面对的问题。

表 4-3　　　　　　　　美的集团货币资金情况

时间（年）	2013	2014	2015
货币资金（万元）	1 557 368	620 328	1 186 198
货币资金占全部资产比重	16.06%	5.16%	9.21%

资料来源：根据美的集团 2013~2015 年年报数据整理。

当前宏观经济依然面临较大下行压力，房产市场分化加剧，原料价格持续震荡，汇率波动日益频繁，中国家电及暖通空调系统行业进入库存消化、结构调整、产品与消费升级的运营新周期。据产业在线数据统计，2016年上半年中国家用空调总销量约5 800万台，同比下降15%；冰箱总销量约3 894万台，同比下降1.4%。家电行业正处于发展的拐点，逐步进入智能化升级的时代，美的集团也加快推进"智慧家居+智能制造"的"双智"战略，全面整合提升公司智能制造水平，并在2015年新成立了机器人业务部门，在机器人新产业拓展上全面布局。显然，将闲置资金用于"双智"战略投资较之用于传统家电业投资能获得更高的回报率。

（二）目标公司——KUKA

KUKA是一家在德国法兰克福证券交易所上市的公司，是全球领先的机器人及自动化生产设备和解决方案的供应商之一、全球机器人四大企业巨头之一。它拥有优秀的工艺技能，和前沿的机器人技术，在工业机器人和自动化解决方案等领域积累了丰富的成功经验，全球客户涵盖医疗、电子、食品、消费品、航空、太阳能等诸多细分行业，目前拥有KUKA机器人（Robotics）板块、KUKA系统（Systems）板块和瑞仕格（Swisslog）板块三大业务板块。

二、并购估值

KUKA截至要约收购报告书签署之日，一直没有向美的集团提供详细的尽调资料，以供制作完整的评估报告或估值报告，因此本次收购未进行资产评估及估值。本次要约收购价格是美的集团在综合考虑资产状况、盈利水平、品牌影响力、技术水平、市场稀缺性、协同效应等因素的基础上，参考战略投资者收购德国上市公司的溢价水平而确定的。2007年以来，标志性的战略投资者收购德国上市公司的收购溢价率在30%~69%之间，平均值为46%，综合参考并购交易溢价情况以及标的公司KUKA各方面因素，美的集团最终确定要约价格为115欧元/股，较美的集团召开董事会通过发出要约议案的前一天（2016年5月17日）的股票收盘价（84.41欧元/股）溢价36.24%。该溢价率在中国跨境并购中属于比较高的情形，但综合来看，此次并购交易定价还是具有一定的合理性。

（一）KUKA市场价值

KUKA在2016年3月31日账面资产总额为23.7亿欧元，股权权益为7.76亿欧元。KUKA有较好的发展前景、资产获利能力较强，市场价值更能反映其独立价值。

下文通过对比国内外相似企业的估值水平，帮助读者对KUKA的估值范围有一个清晰的认知。考虑到所对比企业处于不同资本市场，为弱化其影响，采用企业价值倍数（企业价值/EBITDA）和市销率（企业价值/销售额）指标来反映所选企业的估值水平。

根据机器人行业企业的核心技术及规模情况，目前KUKA为世界范围内四大机器人公司之一，其余三家大型机器人公司为ABB、发那科、安川电机。其估值情况对比见表4-4。

表4-4　　　　　　　　　　　境外同行业上市公司估值对比

同行业上市公司	企业价值/EBITDA	企业价值/销售额
ABB	10.8	1.4
发那科	10.3	3.9
安川电机	7.6	0.9
平均值	9.6	2.1

注：①企业价值中的股权价值以2016年5月19日收盘价计算并采用2016年3月31日财报数据；②EBITDA、收入为以2016年3月31日为基准日的前十二个月数据。

资料来源：Capital IQ。

境内上市公司主营机器人或智能制造相关业务的上市公司有机器人、博实股份等8家公司，其估值情况见表4-5。

表4-5　　　　　　　　　　　境内同行业上市公司估值对比

同行业上市公司	企业价值/EBITDA	企业价值/销售额
机器人	71.2	21.4
博实股份	54.1	16.7
三丰智能	201.7	18.7
亚威股份	43.0	5.3
佳士科技	40.8	5.1
软控股份	61.8	7.0
埃斯顿	93.4	14.0
平均值	70.1	10.8

注：①企业价值中的股权价值以2016年5月19日收盘价计算并采用2016年3月31日财报数据；②EBITDA、收入采用2015年全年数据。

资料来源：Wind资讯。

从境外上市公司估值情况看，其企业价值/EBITDA的范围约为7.6~10.8，企业价值/销售额约为0.9~3.9，美的集团对境外公司KUKA的估值定价应在此范围内进行，但考虑到美的发展战略以及此次收购KUKA机会难得，企业可能会在一定程度上提高估值水平；从境内上市公司估值情况来看，其企业价值/EBITDA的范围约为40.8~201，企业价值/销售额约为5.1~21.6，明显高于境外企业。

最终，本次交易的收购价格对应的企业价值倍数为18.2，较境外可比上市公司高；市销率为1.6，处于可比境外上市公司区间，比平均值低。显然，本次收购对应的估值倍数远低于境内可比上市公司估值倍数。结合之前所述定价时考虑的战略投资者收购德国上市公司，以及标的公司KUKA的特性，KUKA的定价还是较为合理的。

（二）并购协同价值

美的收购KUKA后所带来的巨大协同效应也是支撑其要约价格的因素之一。该次并购的协同价值主要来源于以下两个方面：

1. 广阔的中国机器人市场

美的在中国家电制造、销售及市场推广方面有深厚的专长积累，KUKA 被美的集团收购后，其在工业机器人与系统解决方案领域领先的技术实力加上美的集团在中国的市场地位优势，两者优势互补，将会开拓包括工业机器人在内的多领域的中国机器人市场，带来巨大的协同收益。

2. 高速发展的物流行业

中国第三方物流行业伴随着电子商务将继续高速发展，特别是中国已经成为全球快递行业最大的市场，美的集团更是有着巨大的仓储和物流需求。瑞仕格板块是 KUKA 在 2014 年收购的业务板块，主要提供医疗、仓储、物流等领域的自动化服务。KUKA 被美的集团收购后，可以协助美的集团发展第三方物流业务，既能帮助美的完成在物流领域的布局，同时也为 KUKA 带来一定的协同收益。

三、小结

美的集团认为，高价收购库卡以及 2017 年 2 月与 Servotronix 达成战略合作是其进入机器人和工业自动化领域的标识之一。美的选择进入机器人行业，一是为了寻求新的业务增长点，二是为了多元化的发展，集团业务从 B2C 向 B2B 延伸。

按照美的集团副总裁顾炎民的说法，美的已经不再满足于外界所认知的小家电公司，而是要成为"一家全球领先的消费电器、暖通空调、机器人及工业自动化系统的科技集团"。虽然美的集团这次大手笔收购看起来颇有起势，但接下来，美的将要面临的问题也很明显，那就是库卡这样的强技术导向公司如何融入美的固有的劳动密集型生产中。此外，高昂的收购价格也将面临投入产出比的考验。

第五章 跨境并购交易设计

——知己知彼，百战不殆

中国企业在进行跨境并购时，无论出于何种战略与动因，做出何种目标选择，都要考虑的一个重要问题就是如何投资、怎样融资，以及设计什么样的交易结构来合法合规地降低风险，满足各方利益相关者的诉求。因此，中国企业必须对海外被投资企业进行全面的了解，对被投资国或地区的政治生态、投资环境、法律政策进行全面的了解，从而设计一个合理有效的交易结构，提高中企跨境并购的成功率。

第一节 跨境并购交易结构概述

一、跨境并购交易结构的基本要素

交易结构是指买卖双方以合同条款的形式所确定的、协调与实现交易双方最终利益关系的一系列安排。设计一个好的交易结构可以节约时间、资金，获得税收减免，而不合理的交易结构则会导致很多问题，如法律纠纷、税收过高、溢价过多等。因此，如何设计一个最有利的交易结构是决定中国企业跨境并购成功与否的关键因素之一。

在跨境并购中，交易结构设计的牵涉面比较广，通常涉及交易实施主体的确定、收购方式的设计、支付方式的选择、融资方式的安排等诸多重要方面的内容。

（一）交易实施主体

在跨境并购中，交易实施主体设计主要是指买方基于法律、税收、风险等方面的因素确定一个合理有效的收购实施主体。中国企业在开展境内并购时，往往更关注对投资标的的选择、投资价格的谈判、支付方式或融资方式的设计等，这是并购过程中非常重要的环节，但在跨境并购中有一个环节的设计至关重要，即交易实施主体的设计。相对于境内并购，跨境并购交易过程监管较严，因此选择什么样的主体开展并购对并购规模、并购节奏、并购整合以及相配套的资本运作均有十分重要的影响。

根据中国企业目前参与跨境并购的模式来看，中企在开展跨境并购时，在交易实施主体的设计上主要有三种方案：①由境内公司成立境外子公司作为投资主体直接开展并购；②由境内公司大股东/母公司或 PE 并购基金作为跨境并购主体；③由境内公司大股东或 PE 并购基金与境内公司先同时收购境外公司部分权益，再将剩余境外公司剩余权益继续注入境内公司（具体每一种方案的设计及考虑因素，请参见本章第二节内容；收购方式设计、支付方式设计、融资方式设计下同）。

（二）收购方式

通常而言，收购方式是指收购企业通过何种方式来获得标的公司的控制权。在中国企业跨境并购的环节中，当标的公司已确定，交易实施主体也已合理安排后，买方将要面临的首要问题就是采取何种收购方式进行收购，并且收购方式的确定可能直接影响到支付方式、融资方式等下一个环节的决策，甚至也可能关系到收购的成败，所以设计一个有效合理的收购方式对于中国企业跨境并购来说同样不可或缺。

按照标的类型是股权还是资产，可将收购方式划分为股权收购和资产收购；按照是否通过证券交易所公开交易划分，可将收购分为要约收购和协议收购。在中国企业跨境并购中，选择资产还是股权为标的，需要视标的公司的行业特性，并综合考虑企业的战略意图、风险偏好、后续计划、回报要求等因素而定。

（三）支付方式

所谓并购支付方式是指买方为了得到对标的公司的控制权而采用的支付方式，即买方拿什么来换取标的公司的控制权。中国企业跨境并购理论上可以采用的支付手段主要有现金支付、股份支付及资产支付，同时也存在上述多种方式同时使用的混合支付方式，但实务中绝大多数交易采用现金交易。然而，随着首旅酒店采用跨境换股的支付方式收购如家酒店成功获得商务部批准后，未来对于 A 股上市公司以跨境换股方式进行境外并购或许是一项利好。

总体来说，中国企业跨境并购中支付方式较为单一。制约中国企业跨境并购支付方式单一的主要原因包括但不限于以下几点：监管制度限制、资本市场不成熟、中国企业证券化和国际化程度不高、中介机构在跨境并购中没有完全发挥应有的作用等。

（四）融资方式

并购融资是指并购企业为顺利完成并购，对并购双方的资本结构进行规划，通过各种渠道、运用各种手段融通资金的行为。近几年来，中国企业跨境并购的规模不断扩大，单项并购交易金额不断攀升，仅靠企业自有资金很难满足跨境并购所需的巨额资金。因此，在跨境并购中，并购融资是一个非常重要的环节，直接影响着并购交易的成败。通常而言，并购融资主要债务融资、权益融资、混合融资、特殊融资四类。在中国企业跨境并购中常用的融资方式主要有银团贷款、大股东借款、联合并购基金以及私募可交换债等。

二、跨境并购交易结构设计原则

设计交易结构的首要出发点就是在不违反法律法规的前提下，选择一种法律安排，尽可能满足交易双方的意愿，在交易双方之间平衡并降低交易成本和交易风险，最终实现并购交易。具体而言，跨境并购当中设计交易结构主要是基于以下因素考虑：规避跨境并购中的法律障碍；合理避税；提高跨境并购交易的可行性；降低并购成本；锁定交易风险；为后续管理创造条件等。

同时，在跨境并购交易结构设计时还应遵循一定的原则，包括综合效益原则、系统性原则、创新原则、稳健原则。

（一）综合效益原则

综合效益原则是指企业在进行投资活动时要注重经济效益、社会效益、生态环境效益和人的发展效益之综合。

中国企业进行跨境并购活动，虽然直接动因各不相同，但基本目的却是一致的，即通过资本运作，实现业务整合，以达到综合效益最大化。所以，跨境并购的成功与否不只是交易的实现，更在于企业的整体实力、盈利能力是否提高。因此，在跨境并购交易结构设计时，不单要考虑资本的接收，更要顾及资本运作后业务的整合目标能否实现，即所谓的综合效益原则。

（二）系统性原则

系统性原则也称为整体性原则，它要求把决策对象视为一个系统，以系统整体目标的优化为准绳，协调系统中各分系统的相互关系，使系统完整、平衡。因此，在决策时，应该将各个小系统的特性放到大系统的整体中去权衡，以整体系统的总目标来协调各个小系统的目标。

跨境并购交易结构的设计通常要涉及六个要素：第一，法律，包括并购双方所在国的法律环境、不同收购方式的法律条件、企业内部法律；第二，财务，包括企业财务和并购活动本身的财务；第三，人员，包括企业的高级管理人员、高级技术人员等；第四，市场网络；第五，特殊资源，包括专有技术，独特的自然资源、政府支持等；第六，环境，即企业所处的"关系网"。在跨境并购交易结构设计时应该将各个要素系统性地作为一个整体要素考虑。各要素之间彼此相互联系，又互为条件。

（三）创新原则

中国企业参与跨境并购的目的各不相同，标的企业的状况各异，不同国家、地区、行业的企业所处的法律环境亦存在很大差异，加之许多企业对并购具有高度防备，因此，交易结构设计中创新就显得尤为重要。所谓创新就是在复杂的条件约束下，找出买卖双方的契合点，或在现有的法律结构的缝隙中寻找出实现并购的最佳（最经济、最易实现）途径或构建反并购的屏障。事实上，目前存在的多数并购模式或反并购模式都是以往投资银行专业人员在交易结构设计中创新的结果。

（四）稳健原则

跨境并购活动通常是企业经营发展中的战略性行为，其成败得失对交易双方均有重大影响，甚至决定公司的存亡。因此，投资银行作为企业的财务顾问，在帮助企业设计交易结构方案时，一定要把握稳健原则，把风险控制到最低水平。一般而言，战略性并购活动属于处心积虑之行为，往往处置慎重，考虑周详，务求圆满成功；机会性并购活动，则常常会因为某一方面的利益诱因而忽略了潜在风险。中国企业跨境并购时，在未完全搞清标的企业真实情况或交易双方对未来经营策略可能难以达成共识的情况下，交易结构设计一般考虑分段购买或购买选择权的方案，以有效控制交易风险，确保稳健。

第二节 跨境并购交易实施主体设计

一、交易实施主体设计应考虑的因素

相对于境内并购，跨境并购交易过程监管较严，因此境内企业出于规避风险、合理避税及融资策略的考虑，通常不会直接作为并购主体对境外公司展开收购，而是选择在境外搭建一个项目投资公司，围绕这个项目投资公司创建一个具有明确目标导向和精心设计的实施方式。

中国企业在跨境并购中，买方会为某个特定的跨境并购项目设立一家项目投资公司（特殊目的公司），并由后者来完成投资。通常情况下，这个项目公司设立在某个自由港，如英属维尔京群岛、百慕大以及开曼群岛等。买方在设计这个项目投资公司时一般会综合考虑以下多方面的因素。

（一）合理避税

设立项目公司考虑的主要因素是合法避税。项目投资公司通常设立在具有"税务天堂"之称的自由港，这些国家或地区对设立于此的公司在本地注册，经营所获利润实行免税和低税政策，因此备受跨境并购买方的青睐。以选择在开曼群岛设立项目投资公司为例，开曼群岛不对海外公司及其股东征税，海外公司有权从开曼群岛政府处得到保证，开曼群岛对利润、所得、收益、增值征税的立法，以及对房地产和遗产征税的立法将不适用于海外公司和其股东，也不能以预提方式征收。这些政策使得在开曼群岛设立项目投资公司在税收上较为有利。

（二）法律因素

法律因素也是跨境并购交易实施主体设计考虑的一大因素。跨境并购是发生在不同国家之间的现代经济行为，跨境投资的东道国与母国的法律环境约束了跨境并购交易能否实现以及以何种方式实现，因此，要求在不违反法律法规的前提下，选择一种法律安排，尽可能满足交易双方的需求，降低交易成本和风险，最终实现并购交易。中国的企业进行跨境并购会受到国内多部门的严格监管，离岸的项目投资公司可以帮助中国企业有效规避跨境并购中的监管。国内企业通过在境外设立项目投资公司，然后由这个项目投资公司进行后续的并购交易，因此，该并购交易不需要中国的外资管

理部门的批准、工商登记部门的变更登记以及外汇部门的监管,大大提高了交易的速度与效率。另一方面,买方通过项目投资公司持有标的公司股份以达到对该标的公司的控制,还可以通过投资银行、私募股权基金及其他合作伙伴设立的项目投资公司,根据互相之间的代持协议,持有标的公司的股票,从而达到间接控制该标的公司的目的。因此,项目投资公司的实际控制人较为隐蔽,能有效地规避东道国产业领域的限制或禁止,降低并购的风险,降低外资控股的政治敏锐性。

(三) 有效退出

能否实现合理有效的退出也是决定跨境并购交易能否成功的重要因素,因此,在交易实施主体设计中也应该着重考虑这一因素。在离岸公司设立项目投资公司,买方就不用直接出售标的公司的股份,而是直接出售该项目投资公司,可以规避该并购案在东道国的登记、备案或审批。离岸地通常具有较为宽松的监管环境与优惠的税收政策,更容易为境外公众投资者所接受。

(四) 规避风险

跨境并购实施主体设计还应该考虑的一个重要因素是收购标的公司后的经营风险。通过设立项目投资公司,可以有效降低经营风险。项目投资公司具有独立法人资格,承担有限责任,且出资人也仅对出资承担有限责任。一旦发生投资或并购损失,只有该项目投资公司承担责任,跨国公司可以选择出售或关闭清算该项目投资公司而实现"金蝉脱壳"。

除此之外,跨境并购实施主体设计还应该考虑买方战略和交易动机、交割和后续整合等因素。若跨境并购的买方仅仅是作为一个财务投资者进行跨境并购,那么在进行并购实施主体设计时应着重考虑安排合理的退出方式;若跨境并购买方作为一个战略投资者进行跨境并购,那么并购实施主体应有利于并购双方的交割与后续整合,后续整合的成功是并购取得成效的重要保证。

二、交易实施主体具体设计

(一) 由境内公司成立境外子公司作为投资主体直接开展并购

该种方式是通过跨境并购买方设立在境外的控股子公司对境外标的资产进行并购。该结构的基本思路是:由境内公司通过设立境外项目投资公司(通常情况下表现为特殊目的载体,即 Special Purpose Vehicle,以下简称"SPV")收购境外标的资产。该方案主要有下列优势:缩短境外审批部门对并购交易审核的时间;可利用控股项目投资公司(SPV)所在地政策享受税收上的优惠,节约税收成本;可利用控股子公司(SPV)隔离风险并可方便退出。另一方面,该方案也存在一定的缺陷,此方案对买方资金实力或借贷能力要求较高,而且也增加了买方的资金风险、财务成本费用和债务压力,因此该种方案适用于现金流充足、贷款能力强的公司,该种公司有能力使用现金进行跨境并购(见图 5-1)。

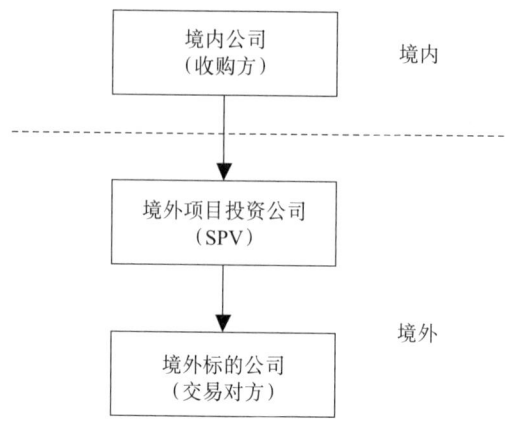

图 5-1 交易结构图

2008 年 1 月 25 日,中金岭南通过一项重要决议,公司与印度尼西亚安塔公司 PT AntamTbk 将共同参与投资收购澳大利亚先驱资源公司 Herald Resources Ltd. 100% 股权及成立合资公司 SPV 等相关事宜。本联合要约将通过一家特殊目的公司（SPV）以场外收购竞标形式实现,该 SPV 公司将由公司和安塔公司分别按 60% 和 40% 的比例拥有（见图 5-2）。

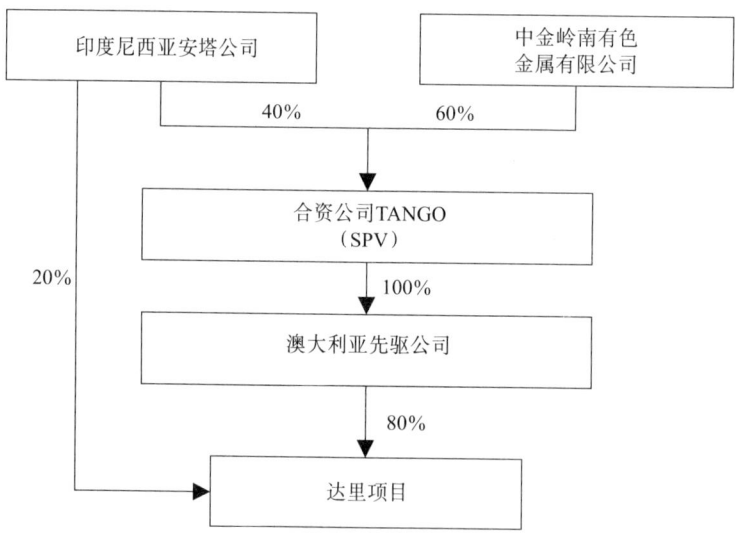

图 5-2 中金岭南收购先驱公司交易结构图

（二）由境内公司大股东/母公司或 PE 并购基金作为跨境并购主体

该方案可采用两步走的方式：第一步,由境内公司的大股东/母公司或联合并购基金收购境外资产；第二步,由境内公司通过发行股份购买该资产或定增融资并收购的方式将境外资产注入本公司。

该方案优势为：由大股东/PE并购基金先行收购，有效预先锁定标的公司，避免境内公司为上市公司时的复杂决策流程和信息披露监管要求，避免贻误收购时机，缩短交易时间；化解境内公司为上市公司时直接面对境外并购的风险；通过增发增加了境内公司收购的资金实力，为境内公司提供多元化的支付手段。该方案的劣势在由境内公司大股东或境内公司参与设立的PE基金先行收购的情况下较为突出：对控股股东及该基金的资金实力具有较高的要求，并提高了其资金成本（因其为非上市公司难以通过资本市场进行融资）；若境内公司为上市公司则定增存在股东大会和证券监管部门的否决的风险以及定增通过后的发行风险；存在潜在的同业竞争以及后续的关联交易问题。

比如，在天齐锂业收购澳洲泰利森锂矿项目中，天齐锂业通过以下三步实施该海外收购：第一步，天齐锂业控股股东天齐集团通过子公司天齐集团香港收购文菲尔德（系天齐锂业专为收购泰利森设置的持股公司，母公司持股65%，中投公司持股35%）65%的股权；第二步，天齐锂业非公开发行募集资金，发行对象全部为机构投资者，上市公司通过非公开发行募集资金31.29亿元，本次非公开发行股份数占发行完成后的总股本比例为43.19%，上市公司2012年总资产额为15.69亿元；第三步，天齐锂业用非公开募集的资金向控股股东现金购买其持有的文菲尔德所有股权，完成整个交易（见图5-3）。

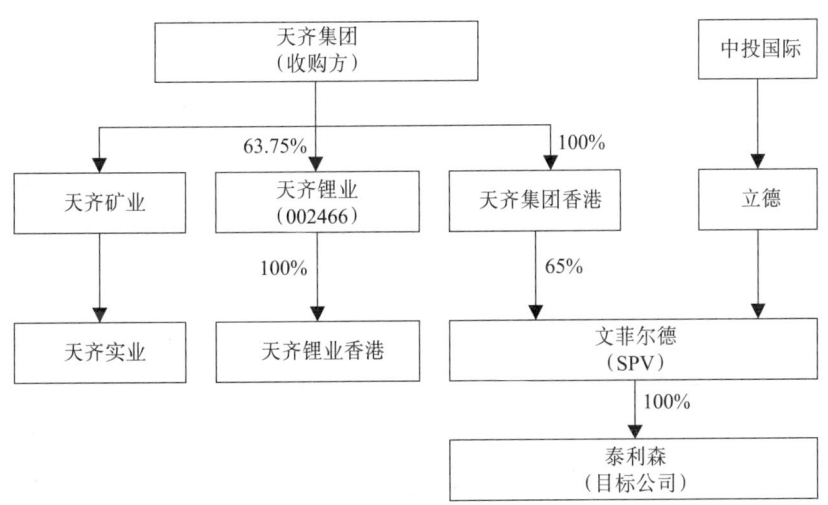

图5-3 天齐锂业收购泰利森前的交易结构图

天齐锂业收购泰利森后的股权结构见图5-4。

（三）先收购境外公司部分权益，再将境外公司剩余权益继续注入境内公司

该方案为改进方案，依然采用分两步走的方式实施：第一步是由境内公司大股东或并购基金与境内公司同时收购境外标的资产，通常境内公司先参股，以保证境内公司若为上市公司不构成重大资产重组；第二步是境内公司再通过非公开发行股份购买

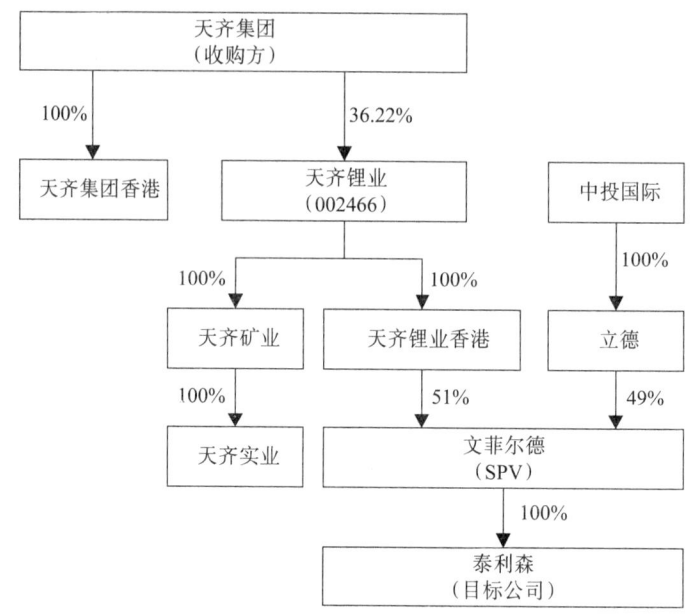

图 5-4 天齐锂业收购泰利森后的股权结构图

注：交易期间泰利森股权结构发生变化，天齐集团持股比例降至 51%。

资产的方式将境外标的资产全部注入本公司。该方案吸收了方案二的优点，并有效地弥补了方案二中买方在实施第二步时被股东大会否决的风险的不足，也能相对缓解公司的并购融资压力。逐步对标的公司进行了解和磨合，待时机成熟后再采取进一步收购，这样可以通过灵活安排收购节奏来控制交易风险，同时又锁定交易。

在上述并购基金中，境内公司也可能先参与设立该并购基金，由该并购基金购买海外公司，而后境内公司再接盘 PE 完成对海外公司的收购。该模式步骤为：第一步，由境内公司参与共同发起设立 PE 作为"桥梁"，由该 PE 购买海外资产；第二步，境内公司从 PE 手中接盘完成收购，从而实现对海外目标资产的收购。这一投资模式有利于境内公司产业资本借助资本杠杆以小博大，同时有效控制自身投资风险，体现了金融资本与产业资本的有效结合。较早的案例有中联重科收购意大利 CIFA 项目，该项目整体并购对价为 5.1 亿欧元，而中联重科只需动用自有资金 5 000 万美元，其奥秘主要依赖于联合高盛公司和弘毅投资进行的联合收购。

天保重装收购圣骑士公司 80% 的股权及圣骑士房地产公司 100% 的股权。第一步，由上市公司与东证融成共同发起设立东证天圣股权投资基金合伙企业（有限合伙，简称"东证天圣"）。东证天圣还设立了圣骑士环保科技有限公司（简称"SPV1"）。SPV1 于 2015 年 4 月 2 日在美国独资设立 Centrisys Capital, Inc.（简称"SPV2"），先由 SPV2 收购圣骑士公司 80% 的股权及圣骑士房地产公司 100% 股权。第二步，由天保重装通过此次定增募集资金从东证天圣处受让 SPV1 100% 的股份，从而实现对美国目标资产的收购（见图 5-5）。

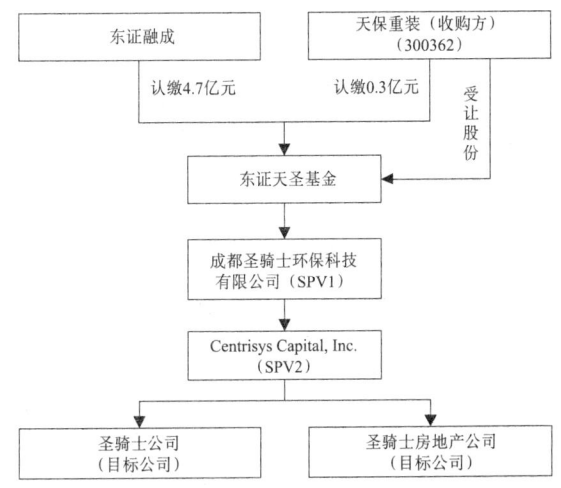

图 5-5　天保重装收购圣骑士公司及圣骑士房地产公司交易结构图

以上三种交易实施主体的设计各有利弊，企业在进行跨境并购时需要根据自身的具体情况设计出符合自身需求的交易实施主体（见表 5-1）。

表 5-1　　　　　　　　　三种交易实施主体设计的比较

并购主体	并购流程	优势	劣势
境内公司成立境外子公司	1. 境内公司设立境外 SPV； 2. 境外 SPV 收购境外标的资产	1. 缩短境外审批部门对并购交易审核的时间； 2. 享受税收优惠； 3. 隔离风险方便退出	对买方资金实力或借贷能力要求较高，增加了买方的资金风险
境内公司大股东/母公司或 PE 并购基金	1. 由境内公司的大股东/母公司或联合并购基金收购境外资产； 2. 境内公司通过发行股份购买该资产或定增融资并收购的方式将境外资产注入本公司	1. 有效避免复杂决策流程和信息披露监管要求，缩短交易时间； 2. 化解境内公司为上市公司时直接面对境外并购的风险； 3. 为境内公司提供多元化的支付手段	1. 对控股股东及并购基金资金实力要求较高； 2. 定增融资存在否决与发行风险； 3. 潜在的同业竞争及后续关联交易风险
大股东或 PE 并购基金与境内公司联合	1. 境内公司大股东或并购基金与境内公司同时收购境外标的资产，通常境内公司先参股，以保证境内公司若为上市公司则不构成重大资产重组； 2. 境内公司通过非公开发行股份购买资产的方式将境外标的资产全部注入本公司	1. 相对缓解公司的并购融资压力； 2. 收购节奏灵活，有效控制交易风险； 3. 有效避免交易方案被否决的风险	1. 对控股股东及并购基金资金实力要求较高； 2. 潜在的同业竞争及后续关联交易风险

（四）境外子公司 SPV 设立地考虑因素

总体而言，SPV 的直接目的是以尽可能低的成本（运作成本、管理费用、税负成本、时间成本等）持有一定资产，由此衍生出很多进一步的用处，比如证券化、资产剥离以及达到/规避特定法律要求等。从中国的跨境并购的实务操作来看，国内企业进行跨境并购设立 SPV 选择最多的三个离岸地点为百慕大群岛、开曼群岛以及英属维尔京群岛。各离岸地之间法律规定和管理体制还是有差异的，因此在具体交易中往往根据对上述各因素的不同偏重而有所取舍。

从公司设立批准的角度来看。在百慕大群岛，所有海外公司发行或转让股份都必须得到百慕大金融局批准，受益人必须向金融局公开身份，与申请书一起提交所有资料（公司大纲中包含的信息除外）对外公开。某些商务活动可能要求许可或者特别批准，而在开曼群岛和英属维尔京群岛，组建公司无须政府批准，但是可能要求许可或者注册登记。

从税收政策方面看。三个离岸地点均不对海外公司或其股东征税，在百慕大群岛和开曼群岛，海外公司可以从当地政府处得到承诺，对利润、所得、收益、增值征税的立法以及对房地产和遗产征税的立法将不适用于海外公司，但在英属维尔京群岛，政府对未来不征税不作担保和保证。因此，从税收政策方面来看，在英属维尔京群岛设立 SPV 的风险较大。

从对董事和高管的免责与赔偿方面来看。在百慕大，公司章程或者公司与任何高管人员之间达成的协议或者安排，可以免除或者赔偿公司官员因疏忽、过错、违约或违反信托责任而产生的责任或者损失，但不包括欺诈和不忠行为。在英属维尔京，《公司法》规定：公司董事和高管人员不能免除按公司大纲和章程管理公司业务而产生的个人责任；在开曼，《公司法》并未限定公司章程对公司高管人员和董事的赔偿程度。唯一的例外是规定了应由开曼群岛法院裁定某些赔偿条款是否违反公共政策（如赔偿因犯罪、不忠、恶意疏忽或过失所造成的损失）。

第三节 跨境并购收购方式设计

一、股权收购和资产收购

按照标的类型分类，可将收购方式分为股权收购和资产收购。在中国企业跨境并购中，选择资产还是股权为标的，需要视标的公司的行业特性，并综合考虑企业的战略意图、风险偏好、后续计划、回报要求等因素而定。

（一）股权收购

股权收购是指买方通过直接或间接的方式购买标的公司的部分或全部股权，达到对标的公司股权的控制，进而达到参与、控制标的公司的目的。股权收购已成为中国企业跨境并购成熟的交易模式，历史案例中约九成以上的跨境并购都是采用股权收购方式进行的。

股权收购相对资产收购而言操作简单，不涉及资产的评估，无须办理资产过户手续，不仅节省费用和时间，同时还能有效解决一些法律问题，比如能逾越目标国特定行业市场进入的壁垒，规避收购中关于特殊资产移转的限制等，且股权收购并未导致资产所有权发生变更，因此税收负担较小。此外，股权收购一般仍会保留标的公司的运营体系，公司收入受到的影响较小，因而在实践中，中企跨境并购大多采取该种方式进行。

股权收购的主要风险在于并购后作为目标企业的股东，要承担并购前目标企业可能存在的各种法律、债务等风险。实践中，由于信息不对称，尤其是异国之间的文化、法律差异较大时，买方不能全面了解标的公司的情况，并购后目标企业潜在风险的爆发常使得买方陷入困境，导致最终结果与最初的并购愿望相背离。因此，在中企跨境股权收购中，买方应事先做好尽职调查，充分掌握目标企业各方面的实际情况，并了解被收购企业所在国的相关法律法规，避免陷入异国法律纠纷。

（二）资产收购

资产收购是指买方依照其自身需要，购买标的公司主要或全部资产的投资行为，实质为资产的买卖行为。资产并购所购买的资产是标的公司实质性的全部资产、重大资产或主要资产，涉及标的公司的经营权变动，对标的公司的持续经营影响较大，属于标的公司的一种重大变动。资产收购中，影响收购的因素主要有资产的权属、资产价值评估、目标国法律限制、市场进入壁垒以及一些社会法定责任如环境保护等。

资产收购的最大优点是买方无须承担标的公司的债务或法律责任，因而其综合风险较低。因此，收购公司最主要的前期准备是了解目标国对境外企业资产收购的相关规定，对收购资产进行合理评估，挖掘标的公司出售资产的真实原因以及了解标的公司财务状况等，在此基础上将风险控制在合理范围内。

目前，资产收购方式在中国企业跨境并购中也较为普遍，主要集中在能源及矿产、航空、制造业、消费等行业，收购的资产多为油田、矿床、飞机、生产线、技术、品牌等。其他行业的海外资产收购虽然相对较少，但亦不乏国内龙头企业收购海外资产的成功案例，比如联想收购IBM的PC业务，海尔收购GE的家电业务等。

二、协议收购和要约收购

收购上市公司，按照是否通过证券交易所公开交易，可将收购分为协议收购和要约收购。

（一）协议收购

上市公司协议收购是指投资者在证券交易场所之外与标的公司的大股东就股票价格、数量等方面进行协商，购买标的公司股票，以期达到对标的公司控股的目的。协议收购主要强调收购的非场内性、非竞价性和协商性，从以往的实践看，协议收购主要用于非流通股的收购，但并不局限于非流通股，证券交易所挂牌交易的流通股也可以成为协议收购的对象。

协议收购的股份转让方是特定的股东。当协议收购的买方收购一个上市公司已发行的股份达到一定比例时，继续进行收购的，应当向该上市公司所有股东发出收购上市公司全部或者部分股份的要约，转化为要约收购。

随着中国跨境并购业务的兴起，跨国金融服务需求显著增加，由此也推动了商业银行跨境经营的飞速发展。在中国中资银行跨境并购案例中，中国工商银行发起的次数最多，金额最大，且并购整合较为成功。其中协议收购的经典案例要数中国工商银行协议收购南非标准银行，此次跨境并购可以提高中国工商银行国际化经营水平与品牌知名度，同时减少资金闲置，分散国内风险，加强国内外业务联动性。加之中国工商银行和南非标准银行分别为中国和非洲最大的商业银行，两者各自拥有本地市场的大量优质客户，这次并购有助于共享客户资源，更好地满足客户的跨国金融服务需求，分享亚、非之间的商业机会。

（二）要约收购

要约收购是指投资者向标的公司的所有股东发出要约，表明愿意以要约中的条件购买标的公司的股票，以期达到对标的公司控制权的获得和巩固。要约收购最大的特点是在所有股东平等获取信息的基础上由股东自主做出选择，因此被视为完全市场化的收购模式，有利于防止各种内幕交易，保障全体股东尤其是中小股东的利益。

根据要约的发出是否基于收购人的意愿，要约收购可以分为强制要约收购和自愿要约收购。强制要约收购是指投资者持有一个上市公司的股份达到一定比例时，如果愿意继续购入该公司的股份，应当依法向该上市公司的所有股东发出收购要约，表示愿意以收购要约中的条件购买该上市公司的股份。自愿要约收购是指在达到强制要约收购触发点之前，收购人自主决定通过发出收购要约以增持标的公司股份而进行的收购。根据要约收购股份的比例又可分为部分要约与全面要约，向被收购公司所有股东发出收购其所持有的部分股份的要约称为部分要约，收购其所持有的全部股份的要约称为全面要约。例如金亚科技（香港）要约收购哈佛国际100%的股权就属于全面要约收购，这是国内创业板上市公司以要约收购方式并购境外上市公司并且达到重大资产重组标准的首例。

协议收购相比要约收购，除了交易场地不同之外，对持有股份的比例限制也不同，因要约收购的方式更开放、更市场化，因此法律法规限制往往也更多。同时，两种方式的收购态度明显不同。协议收购是收购者与标的公司的控股股东协议转移公司股份，通常表现为善意转让；而要约收购的对象是标的公司全体股东持有的股份，不需要征得标的公司的同意，因此要约收购表现出一定的敌意态度。此外，两种方式对标的公司的股权结构也有不同的偏好。由于两种方式收购的交易主体不同，也就决定了不同收购方式对被收购公司股权结构偏好有所差异。协议收购的交易对象是标的公司大股东，因此更偏好股权集中、存在控股股东的标的公司，以较少的协议次数、较低的成本获得控制权；而要约收购中倾向于收购股权较为分散的公司，以降低收购难度。

第四节 跨境并购支付方式设计

一、跨境并购支付方式分析

所谓并购支付方式是指买方为了得到对标的公司的控制权而采用的支付方式,即买方拿什么来换取标的公司的控制权,以及在中国企业跨境并购中如何选择合适的支付方式。一方面,由于跨境并购交易规模较大,支付方式的选择对股权分布、公司财务杠杆、公司未来的管理和运营,以及公司未来的融资安排都会产生重大影响;另一方面,在跨境并购过程中,买方的支付方式设计又将受其股票价格、举债能力、杠杆率等财务指标的影响。对于像跨境并购这样设计大规模的并购来说,由于买方通常只有有限的现金,因此,现金收购通常又需要伴随着巨额融资。

中国企业跨境并购始于 20 世纪 80 年代后期,以中信、中化、首钢、华润为代表的企业积极寻求跨境并购,并取得了可喜成绩,但这一时期,跨境并购融资支付方式单一,主要是基于国家支持的银行借款为基础的现金并购。可喜的是,近几年中国企业已经开始寻求国际资本市场筹资来完成并购,这些都显示出中国企业一定的资本运作技巧。目前国际上常用的并购支付方式在中国企业跨境并购中都有采用,只是不同企业情况有所不同。

(一)现金支付

所谓现金支付是指买方支付一定数量的现金获得标的公司的所有权。一旦标的公司的股东收到其拥有股份的现金支付,就失去了对原公司的任何权益,这是现金支付的显著特征。

现金支付在中国企业跨境并购支付方式中占有很高的比例,常常是标的公司最乐意接受的一种支付方式,这主要是因为:现金支付交易简单、迅速,尤其在敌意收购时令对手猝不及防,可以迅速获取标的企业的有效控制权;使并购企业的竞争对手因一时无法筹措大量现金,而难以与其抗衡;使用现金支付不会使买方原有的股权结构发生变动,引起控股权的转移和收益的稀释。现金支付也有其固有的缺陷:首先,对于买方而言,是一项沉重的即时现金负担,公司必须在自有资金与额外融资这两种方法之间进行比较和选择;其次,对于标公司的股东而言,现金收购方式使他们无法推迟资本利得的确认,从而提早了纳税时间,不能享受税收上的优惠,因此目标方大股东会要求高出买方的出价。

(二)换股支付

换股支付是指在并购中买方将自身股票作为价金支付给目标公司股东的支付方式。通常做法是买方采用发行新股,包括普通股或可转换优先股来替换标的公司原来的股票,从而达到收购的目的。

换股支付的主要优点在于：买方不会被迫支付大量现金；标的公司的股东能自动转成新公司的股票，所有权得到有效转移，没有因此失去他们的所有者权益；出售方由于没有得到现金收益，避免了所得税支出。其不利的一面在于：由于增发新股在一定程度上改变了公司的股权结构，稀释了原有股东的所有权，甚至可能使某些老股东失去控制权；股本扩张可能稀释每股收益，导致股价下降；股票发行手续繁琐、迟缓，使得竞购对手有时间组织竞购，亦使不愿被并购的标的公司有时间部署反收购措施，因此换股支付多用于善意收购。

比较常见的换股支付方式是买方通过发行新股或从原股东手中购回股票来实现换股。中国企业在国内并购时，经常采用换股并购，但在进行跨境并购融资时，由于目标公司的股东有时不愿意接受中国企业的股票，或者只想通过并购交易变现资产以及中国监管等方面原因，使得跨境并购中真正采用换股支付并通过审批的案例较少。例如，商务部《关于外国投资者并购境内企业的规定》中就规定了与境内企业进行跨境换股的境外公司只有两种可能：一种是境外上市公司，一种是 SPV。该规定颁布后，鲜有境内企业经商务部批准完成跨境换股。市场上多数案例都是境外投资者以境内公司股权跟 A 股上市公司换股的案例，例如分众传媒借壳七喜控股，但境外投资者以境外公司股权跟 A 股上市公司换股获得中国证监会和商务部审批通过的案例很少见。2016 年 9 月，首旅酒店跨境换股收购如家酒店成功获得商务部审批是一个可喜的突破，对 A 股上市公司以股份作为支付手段进行境外并购是个重要的利好，使未来 A 股上市公司跨境并购的手段多元化。

（三）混合支付

混合支付是指收购公司对标的公司提出收购要约时，其支付方式中不仅仅有现金、股票，而且还有认股权证、可转换债券和公司债券等多种混合形式。例如，2002 年 11 月青岛啤酒股份公司在跨境并购中成功地发行了可转换债券，联想收购 IBM 的 PC 业务部采用国内的银团贷款另加股份，均属混合支付方式。

采用混合支付方式将多种支付工具组合在一起，吸收各种支付工具的长处，既可以少付现金，避免本公司的财务状况恶化，又可以防止控股权的转移。当然，如果搭配不当，则不仅不能取各种支付工具之长，反而集其所短。

发达国家企业在采用混合并购支付时大量使用一些既带有权益特征又带有债务特征的特殊融资工具，其中最常使用的一种混合型融资工具就是可转换证券，这已被越来越多的中国企业在跨境并购融资时所采用。

二、跨境并购支付方式选择

中国企业在跨境并购中，由于受到多重因素影响，多元的支付方式至今没有得到充分发展，使得企业在跨境并购支付方式的选择上受到很大局限。然而，支付方式的选择在交易结构设计中十分重要，它不仅关系到中国企业跨境并购的成败，还在更深的程度上影响着并购后公司的整合效果等。

(一) 跨境并购支付方式单一化的原因

目前在中国企业跨境并购现有案例中，绝大多数并购支付方式采取现金支付，导致这一现状的主要原因或者说中国企业在跨境并购中支付方式面临单一化的主要障碍有：

1. 监管制度的限制

尽管在法律法规层面上中国并没有对跨境换股做出明确禁止，但实务中能够通过中国证监会或商务部等监管层的案例比较罕见，因此，至少 A 股上市公司要以换股的形式支付跨境并购的对价，在监管上可以说是有限制的。

从现有法律法规来看，外国投资者要想成为 A 股上市公司的股东，需要适用《外国投资者对上市公司战略投资管理办法》，主要限制有：换股之后外国投资者在 A 股上市公司中的持股比例不得低于 10%；外国投资者境外实有资产总额不低于 1 亿美元或管理的境外实有资产总额不低于 5 亿美元或其母公司境外实有资产总额不低于 1 亿美元或管理的境外实有资产总额不低于 5 亿美元；商务部审批；锁定期三年等。

据此规定，只有符合特定条件的外国投资者经过商务部严格的审批程序后方可成为上市公司的股东，同时其持有的上市公司股份比例不得低于 10%，且必须锁定三年。如此严格的监管导致上市公司的股票缺乏流动性，这是造成目前上市公司境外收购支付方式单一化的主要原因。

2. 缺乏资本市场支撑，证券化和国际化程度不高

中国资本市场发展至今仍然不够成熟，国际化程度低，波动较大，通过股权支付的方式往往使境外的交易卖方面临巨大的交易风险。同时，中国企业在参与跨境并购时，资金来源多为自有资金或者银团贷款，支付手段和融资手段都很单一，而国外并购的主要方式如定向发股、换股合并、股票支付等国内企业都无法运用，发达国家盛行的换股并购和综合证券并购在中国则还处在起步阶段。这样一来，完成跨境并购的这些企业都面临比较大的经营现金流压力，加之企业的规模偏小，缺乏对全球资源进行高效配置和整合的能力，对各种支付方式手段的应用还没有成熟经验，往往会受到诸多局限，特别是企业跨境并购涉及的投资额巨大，在我们这样一个资本市场发展还不充分的国家，企业对银行信贷依赖程度很高，同时也面临金融信贷方面的诸多约束，包括受国内贷款额度与特定外汇额度的限制等，从而制约了企业跨境并购的国内融资能力。

此外，中国绝大多数企业为非股份制企业，由于国内 A 股市场的股票不是以自由兑换货币计价的股票，中国的资本市场也不是一个开放的资本市场，股票是不能在国际上被接受作为交易对价的。在国外，当企业发展到一定阶段后，国家界限已很模糊，股东是来自世界各地的投资者，公司总部在一个国家，但会在世界多个交易所上市，因而很容易获得各地投资者的认同。

3. 中国企业跨境并购经验相对不足

由于早些时期中国经济发展的滞后，中国企业跨境并购活动开始得较晚。最早的

国际并购活动开始于20世纪80年代，之后的十年也未有大的进展。虽然近些年在中国"一带一路""走出去"等倡议的刺激下掀起了一阵跨境并购的热潮，但总体来说，中国企业的跨境并购活动和西方发达国家相比仍然表现出经验相对不足的现状。相比而言，西方国家企业并购活动已有一个半世纪的历史，迄今为止全球共发生五次并购浪潮，最近两次带有跨境并购的显著特征，这个演进过程代表着西方大部分企业是在经历频繁的国内并购后才涉足跨境并购的。所以，国内并购发展的滞后使中国企业在跨境并购时缺乏经验，选择支付方式时不能依据双方情况和外部环境选择最适合自己的支付方式，而是更倾向于传统的现金方式。

4. 中介机构没有发挥应有的作用

中国企业在并购活动中，普遍采用了国际著名会计师事务所、财务顾问、投行、法律顾问和公关公司等的意见，反映出企业成熟度有所提高，对境外并购的策略安排已经专业化，但另一方面也折射出中国跨国投资专业中介服务机构发展之薄弱。在成熟的市场经济国家，由于有着庞大的非政府中介组织系统，不仅为企业跨境并购提供了从目标企业财务状况到所在国政府监管政策等各个环节的系列信息，而且还可以提供代理并购中涉及的诸多法律手续与业务，从而大大降低了跨境并购决策所依据的信息失真程度，降低了跨境并购运作的成本，为跨境并购的成功提供了额外保障。目前中国虽然也建立了一些商业与金融中介组织，但由于地方政府或行业主管部门插手太多，在提供国内企业信息与业务服务方面尚存在诸多问题，谈不上为企业跨国投资尤其是跨境并购提供有用信息与低成本的服务。中介组织能力的缺乏，无疑提高了中国企业跨境并购的风险。

（二）跨境并购支付方式的完善

1. 企业需重视对并购支付方式的选择

近年来，随着中国资本市场的不断开放，跨境并购时摆脱传统的现金并购模式逐渐被中国企业所重视，但一些企业还是习惯于传统方法或不结合企业自身情况盲目地选择支付方式。因此，中国企业在跨境并购过程中，不仅要考虑选择标的公司、收购股权的份额等因素，影响到企业并购最终成败及日后整合财务风险的支付方式也应得到重视，这样才能达到提高企业综合竞争力的最终目标。

2. 改革对外投资项目审批制度，逐步放开海外融资渠道

中国对外投资审批制度仍较为繁琐，决策较为迟缓，不利于企业迅速捕捉跨境并购的机会。中国政府应赋予大型企业集团以对外融资权，避免有些企业已具有股票境外上市或发行债券的条件，但由于受到额度和审批限制，坐失并购良机。

3. 开展金融创新，促进金融工具多样化

国外经验表明，健全、完善的资本市场是企业跨境并购赖以生存和发展的基础，国家必须十分重视和充分发挥资本市场在跨境并购中的积极作用，推进中国资本市场的改革和完善，促进中国债券和股票市场的协调、健康发展。多样化的融资渠道使得企业在并购支付方式上可以根据自身情况灵活选择，从而获得最好的资金来源和最低

的资金成本。我们可借鉴国外经验，在发展资本市场的同时审时度势地推出一系列行之有效的金融工具。

4. 银企联姻，促进金融资本和产业资本结合

目前，国际上对跨国企业的国际融资在政策上已有较大松动，发达国家如日本、韩国、美国、德国等已经放松了对银行业的管制，银行业务的国际化和金融工具的不断创新，为跨国企业融资提供了很多的机会。中国银行也可以借鉴国际上一些著名银行的经验，实行银企联合或战略性合作，为中国跨国企业决策进行咨询，为企业提供并购融资服务。通过资产置换、买壳上市、股权转让、以股换股、海外存托凭证等各种金融手段，为企业跨境并购融资开辟通道。

5. 培育金融中介服务机构

跨境并购决非单凭企业的力量就可以实现，它需要具有国际从业资格的投资银行、会计师事务所、律师事务所和资产评估事务所等诸多中介机构的参与。但目前，中国缺乏熟悉跨境并购的投资银行、资产评估等中介机构，所以应大力发展中介机构，尤其要培育大型投资银行，应充分发挥投资银行等金融机构的中介作用，充分运用投资银行、证券公司的资本实力、信用优势和信息资源，为企业并购开创多种多样的融资渠道。

第五节 跨境并购融资方式设计

一、跨境并购融资方式分析

并购融资是指并购企业为顺利完成并购，对并购双方的资本结构进行规划，通过各种渠道、运用各种手段融通资金的行为。与境内并购类似，跨境并购同样需要融资，而且企业希望用最有效的方式获得成本低、灵活性高的融资。但是，跨境并购与国内并购的不同之处在于其规模更大，涉及的国家更多，需要综合考虑不同国家之间的法律和税收等问题，在融资方面既需要获得国内资本市场的支持，也需要借助国际资本市场的力量。

在近几年中国企业跨境并购交易金额较大的典型案例中，多数中企均采用现金支付方式并购，并进行配套融资，资金来源主要包括但不限于以下几种：自有资金、贷款、引入PE并购基金、向大股东借款、发行私募可交换债、定向增发等。

其中，海尔收购GE家电业务、美的收购德国库卡都采用了银行贷款的融资方式；腾讯收购Supercell中引入中航资本、中信资本等多名投资者；首旅收购如家采用银团贷款并利用定向增发方式募集配套资金；海航集团旗下天海投资收购美国IT产品服务分销商英迈采用自有资金、联合投资者和银行借款的方式完成并购融资；中国化工收购先正达采用银团贷款、过桥贷款、中国主权财务基金组成财团参与出资的

方式完成并购；艾派克收购利盟更是采用了多元化组合融资的方式募集资金，采用了自有资金、大股东借款、股权质押、发行私募可交换债、银团贷款、引入联合投资者等方式。

整体来看，中国企业在跨境并购时采用的融资方式越来越多元化，出现了一些新兴的融资方式，如大股东发行私募可交换债券融资，甚至还有案例采用股份支付的方式，如首旅收购如家，航天科技收购海外资产等，但类似案例目前来看样本较少，仍均存在特殊性。

（一）内源融资

内源融资是企业的自有资金和生产经营过程中的资金积累，包括折旧和留存收益，但因为很少有企业预留大量现金以备并购之需，所以内源融资对企业自身的现金流要求较高，而且如果突然调配资金用于并购可能会对企业正常的生产和经营活动造成不利的影响。虽然内源融资不能满足大规模跨境并购的融资需求，但作为资金来源的一部分，其融资速度快，资金到位的风险小，在并购中发挥着重要的作用。

中国企业跨境并购时采用的最主要的内源融资方式是自有资金。比如，2012年3月，三一重工以其子公司三一德国有限责任公司作为SPV，完成了对德国普茨迈斯特的并购。整个项目从竞购邀约到完成收购仅4个月时间，由于时间紧迫，三一重工没有向金融机构借款，独自以现金形式支付了26.54亿元人民币的股价，整体融资结构的设计欠缺巧劲，自身承担了很大的现金流风险。

使用自有资金最大的优点在于融资的成本较低，但这种方式对企业的经营状况、财务状况都有很高的要求。如果企业自有资金不足就得依靠外部融资，通常债务融资包括银行信贷资金和债券融资。中国的资本市场还处于发展初期，通过银行获得债务资金的比例相对西方或其他亚洲国家要高一些。企业在跨境并购时，由于所需资金数额巨大，只进行国内银行贷款往往不能足额筹集到所需资金，此时可多利用银团贷款。例如，2016年12月，海航旗下天海投资（600751）斥资60亿美元收购全球最大IT分销商美国Ingram Micro Inc.的案例中，天海投资就大量使用了银团贷款。

（二）外源融资

外源融资方式包括债务融资、权益融资、混合融资、特殊融资等方式。其中，债务融资是指企业通过举债的方式进行融资。对于债务融资所获得的资金，企业需要支付利息，并在借款到期后向债权人偿还本金。权益融资则是通过扩大企业的所有者权益，如吸引新的投资者、发行新股、追加投资等来实现。权益融资的后果是稀释了原有投资者对企业的控制权。

中国企业在跨境并购中运用的债务融资方式主要是贷款和债券两种。贷款方式在跨境并购中运用较多的是银团贷款，此外还可以使用并购贷款、过桥贷款、内保外贷等方式。债券融资方式主要包括中期票据、公司债券、可交换债券等。企业通过发行债券筹集的资金，一般可以自由使用，不受债权人的具体限制，而信贷融资通常有许多限制性条款，如限制资金的使用范围、限制借入其他债务、要求保持一定的流动比率和资产负债率等。权益融资在跨境并购中的应用则主要包括定向增发普通股、联合私募股权投资机构等。总体来看，中国企业在近几年的跨境并购中常用的外源融资方式包含以下十种：

1. 并购贷款

并购贷款，是指商业银行向买方或其子公司发放的，用于支付并购交易价款和费用的贷款。

中国银监会 2015 年 2 月 10 日印发的《商业银行并购贷款风险管理指引》（银监发〔2015〕5 号）中明确要求银行业金融机构积极促进有竞争优势的境内企业"走出去"的同时，要持续强化并购贷款风险防控体系建设。因此，买方在申请并购贷款时，在依法合规经营、并购交易合法合规的基础上还应与标的企业之间具有较高的产业相关度或战略相关性。

另外，在年限和比例方面还规定：并购交易价款中并购贷款所占比例不应高于 60%，并购贷款期限一般不超过七年。针对跨境并购商业银行在评估并购贷款风险的基础上，还应分析国别风险、汇率风险和资金过境风险等。

2. 银团贷款

银团贷款是指由两家或两家以上银行基于相同贷款条件，依据同一贷款协议，按约定时间和比例，通过代理行向借款人提供的本外币贷款或授信业务。

银监会于 2011 年 8 月 1 日印发的《银团贷款业务指引》（银监发〔2011〕85 号）中规定：单家银行担任牵头行时，其承贷份额原则上不得少于银团融资总金额的 20%；分销给其他银团成员的份额原则上不得低于 50%。

现阶段，中资银行逐渐替代国际投行在跨境并购银团贷款中扮演着重要的角色。例如浦发银行在香港成立分行及投行子公司，在伦敦成立代表处，并在新加坡、伦敦和卢森堡等主要国际金融中心筹设分行满足客户对接当地市场的跨境并购需求。此外，政策性银行也在跨境并购中起到一定作用，例如海尔收购 GE 业务时国家开发银行为其提供了 33 亿美元的并购贷款；艾派克收购利盟时，中国进出口银行担任联合牵头安排行。

3. 过桥贷款

过桥贷款是一种短期贷款，一般是企业或个人在资金出现暂时性周转问题时使用，时间大多在一年以内。过桥贷款利率较高，通常比普通利率高出 2%~5%，融资成本高、资金风险大，在自有资金不足时达到与长期资金连通的作用避免资金链断裂。银行和投资银行或证券公司等非银行金融机构经常在跨境并购中扮演着过桥贷款的角色。有时也会采用私募股权基金（PE）的形式，上市公司先参与设立私募股权基金购买标的公司，再从私募股权基金手中获得标的公司控制权。过桥贷款适用于有短时大量融资需求，但自有融资方式暂时不到位且财务状况较好，有稳定还款能力的企业。过桥贷款一般起到"过渡性"贷款的作用，解决企业购买时机性融资需求，将来利用发行债券、股票或出售资产及业务等方式来偿还贷款。

4. 内保外贷

内保外贷是指境内银行为境内企业在境外注册的附属企业或参股投资企业提供担保，在额度内由境内银行开出保函或备用信用证给离岸中心，离岸中心再将境内银行开出保函或备用信用证交由境外银行发放相应贷款。

跨境并购中，商业银行投资银行部利用内保外贷的传统优势，以及境外分行标的资源，为企业提供跨境并购融资服务。内保外贷适用于境外企业，希望可以减少外管局审批手续且同一银行操作审批快、手续方便的企业。在跨境并购中，非融资性内保外贷还能助力境外隐蔽型收购，弱化中国企业背景，更好地打开当地市场。

5. 公司债券

公司债券，是指公司依照法定程序发行，约定在一定期限还本付息的有价证券。公司债券分为公开发行和非公开发行两种。上市公司、股票公开转让的非上市公众公司发行的公司债券，可以附认股权、可转换成相关股票等条款。企业债券作为并购贷款的补充手段，可以用于支付企业并购过程中的交易对价，利率相较贷款偏低，但发行债券需要满足一定的要求。

中国证监会于 2015 年 1 月 15 日公布《公司债券发行与交易管理办法》（证监会 113 号令）。资信状况符合以下标准的公司债券可以向公众投资者公开发行，也可以自主选择仅面向合格投资者公开发行：发行人最近三年无债务违约或者迟延支付本息的事实；发行人最近三个会计年度实现的年均可分配利润不少于债券一年利息的 1.5 倍；债券信用评级达到 AAA 级；中国证监会根据投资者保护的需要规定的其他条件。未达到资信状况标准的公司债券，应当仅面向合格投资者发行，中国证监会简化核准程序。非公开发行的公司债券仅限于在合格投资者范围内转让。转让后，持有同次发行债券的合格投资者合计不得超过二百人。

6. 可交换债券

可交换债券（Exchangeable Bond，EB）全称为"可交换他公司股票的债券"，是一种金融衍生品，上市公司股份持有者以其持有的上市公司股票作为质押发行公司债券，债券持有人有权在将来的某个时期内按照约定条件将其持有的债券交换债券发行人抵押的上市公司股权。可交换债券分为非公开发行的私募可交换债券（私募EB）、面向公众投资者的公募可交换债券和仅面向合格投资者的公募债券三种发行方式。私募可交换债相比公募可交换债方式灵活性更高、适用性更广。在跨境并购中，可交换债券可以通过股东借款的方式，将股东发行可交换债券募集资金注入上市公司，实现低成本融资。

可交换公司债券和可转换公司债券的主要区别在于发行主体不同，可交换公司债券的发行人为企业控股股东、实际控制人和一致行动人，可转换公司债券的发行人为公司自身。目前在中国境内，已有首旅酒店收购如家、艾派克收购 Lexmark 运用私募 EB 的方式进行融资。首旅酒店并购如家时，由首旅酒店控股股东向如家创始人及董事会联合主席等人发行可交换债，通过可交换债方式实现换股并购。可交换债券用于跨境并购，实现了跨境并购融资方式的拓展。

可交换债券融资具有利息较低，募集资金更多的优点，EB融资不用考虑发行人信用情况，也可以被非上市公司所使用，通常可以募集到被质押股权70%以上的金额。现阶段，上市公司股东非公开发行可交换债券的法律管理较为宽松，只需交易所核准、备案即可。债券发行后六个月即可进入换股期，方便机构投资者减持。投资者可以利用EB进行固定收益类投资，投资者在看涨上市公司股票价格时，可以选择换股，在看跌上市公司股票价格，或想撤资时也可以选择按照普通债权的方式到期一次还本付息，赚取利息，而不论何种选择，上市公司都实现了低成本融资，不增加自身总股本的目的。可交换债券不会增加上市子公司的总股本，只会降低母公司对子公司的持股比例，大股东通过帮助子公司改善业绩、完成并购活动、提高上市公司股价来实现盈利。

7. 定向增发普通股

普通股指的是在公司的经营管理、盈利及财产的分配上享有普通权利的股份，普通股享受偿付所有债权、优先股收益权和企业盈利后的剩余财产的索取权。上市公司为了再融资会有发行普通股的行为。值得注意的是，2017年2月17日，证监会完善了上市公司非公开发行股票规则，规范上市公司再融资行为。新规主要对上市公司非公开发行股份进行再融资的前提条件、规模、频率以及定价等几个方面进行了限制，重组新规中融资规模和发行股份定价的规定同样适用于重组配融。自2月17日以来的短短一个月内，已有46家上市公司终止再融资方案，36家对再融资方案进行调整，而同期新启动定增计划的公司仅有10家。同时，再融资新规也对中国企业跨境并购融资方面带来了影响，比如北京君正2017年3月27日晚发布《重大资产重组进展公告》，称公司正在进行的收购美国豪威重组方案"预计无法继续推进"，但其并未直接宣布交易终止，显然在方案的推进过程中遇到了非常大的阻力，这其中之一的阻力可能来源于再融资新规。

对于北京君正并购美国豪威这样总对价甚至大于上市公司总市值的巨额交易，人们通常认为最直接的影响是配融规模的限制给上市公司带来巨大的融资压力。北京君正目前总市值为80.54亿元，总股本为1.66亿股，最新收盘价为48.40元/股，2016年12月16日停牌。按照新规限制，据上述数据进行计算，北京君正此次交易配融所发行股份不得超过3 320万股，如股价不出现大幅上涨或大幅下跌，募资上限将在16亿元左右。交易方案中，北京君正的配融总金额为不超过21.56亿元。相比之下，募资规模虽然出现了一定下降，但相较于合计超过120亿元的交易来说，影响显然不足以让交易遇到难以克服的阻力。真正使此次交易"预计无法推进"的原因，更可能是"锁价配融"在新规下成为"泡影"。新规规定：定价基准日为该次非公开发行股票发行期的首日，且这一定价方式同样适用于重组配融。这意味着无论是定增还是配融，未来将只能通过市价非公开发行股票进行募资，交易将无法提前通过配融锁定各方利益。

8. 联合 PE 并购基金

资金短缺是中国企业在跨境并购过程中面临的一个难题，由于银行的融资条件较高且融资周期长，企业在跨境并购的过程中亟须拓宽融资渠道。因此，越来越多的企业开始与实力较强的私募股权投资机构（PE）进行合作，成立并购基金。并购基金在跨境并购中具有明显的优势，首先，PE 能为买方提供资金支持，缓解企业的资金压力；其次，PE 能淡化国家背景，尤其是减少国有企业在跨境并购时受到的政治阻力；最后，PE 作为专业化机构，并购经验比较丰富，能为并购方提供专业指导。例如，在艾派克联合太盟投资、君联资本收购美国 Lexmark，三一重工子公司联合中信资本收购德国普茨迈斯，中联重科联合弘毅投资、高盛、曼达林基金收购意大利 CIFA 公司等案例中，PE 均发挥了重要作用。

然而，在中国企业跨境并购热情持续高涨的同时，或许受资产荒和人民币贬值等因素的影响，监管层却做出了相关表态：短期将通过多种形式限制资金违规出海。这意味着身兼金融和实业属性的并购基金将可能面临重点监管，未来或许有相当规模潜在或在途的 PE 跨境并购基金"停摆"，且可能要给境外卖家支付高价"分手费"。

9. 国内外政府支持

国内外各级政府都有责任促进区域经济发展、减少失业率等，因此具有支持跨境并购项目的内在动力。例如，2010 年吉利以 15 亿美元并购沃尔沃的交易中，通过未来生产线落户上海、成都、大庆的方式获得三个地方政府融资平台提供的 70 亿元的融资支持，欧洲投资银行、比利时银行分别在瑞典政府、比利时弗拉芒地区政府的担保下也向沃尔沃提供了 6 亿欧元及 1.98 亿欧元的低息贷款用于并购后运营。

10. 卖方融资

跨境并购的融资一般为买方融资，但是当买方无法从银行等机构获得贷款或贷款利率较高时，也可以进行卖方融资。比如吉利与沃尔沃的并购交易中，沃尔沃的母公司福特为吉利提供了 2 亿美元的卖方票据融资。

二、跨境并购融资方式选择

（一）跨境并购融资方式运用存在的问题

1. 融资渠道狭窄，融资方式单一

在西方发达国家并购融资方式非常丰富，除了贷款融资、股票融资以外，可转换债券、认股权证、卖方融资、杠杆收购等都得到广泛运用，企业完全可以根据自身实际情况，通过多种融资方式组合，设计出最合适自己的并购融资方案。虽然目前我国企业跨境并购融资模式已呈现多元化发展趋势，但总体来说，跨境并购融资方式仍较为单一、落后。内源融资、银行贷款融资和发行股票融资仍是民营企业跨境并购融资的主要方式，而且都受到一定程度的限制。其他很多融资方式如发行债券、换股并购、可转换债券、杠杆收购、卖方融资等在中国受到较大的限制，发展缓慢，实际应用非常少。

2. 外汇管制趋严，影响并购融资

自2015年8月11日实行人民币中间价改革以来，中国外汇监管部门就出台了一系列严格的外汇管理措施。2016年11月，国家外汇管理局严控资本外流，要求资本项在500万美元或以上资金的汇出报外管局审批，并加大对大型跨境并购交易的外汇审查，包括此前已获得外汇额度的交易。2017年1月26日，国家外汇管理局又进一步发布了《进一步推进外汇管理改革完善真实合规性审核的通知》（以下简称《通知》）。该《通知》除了扩大境内外汇贷款结汇范围外，还强调了要加强境外直接投资的真实性、合规性审核。境内机构办理境外直接投资登记和资金汇出手续时，除应按规定提交相关审核材料外，还应向银行说明投资资金来源与资金用途（使用计划）情况，提供董事会决议（或合伙人决议）、合同或其他真实性证明材料。从以上政策可以看出，境内企业进行跨境并购涉及换汇时将面临更为复杂与严格的审查，外汇管制的从严导致了并购基金的暂时短缺，这也会对跨境并购的融资产生一定的影响。

对于已经进行了较好国际化的企业来说，在境外已经有充足资金的前提下，严格的外汇管制对于这些企业进行跨境并购来说，并没有实质性的影响，直接以其自由外汇作为并购资金即可。

对于那些自有外汇并不充足的境内企业来说，在并购资金短缺的情况下，跨境并购常见的两种融资渠道已经不适用，即内保外贷和境内企业直接用人民币对自己的境外子公司进行注资。然而，中国境内企业跨境并购需求不减，在这种形势下，跨境并购的融资安排必将着重考虑境外公司股权融资和债务融资。一方面，随着沪港通、深港通的开通，有能力的境内企业通过海外定向增发股权融资获取所需要的并购资金；另一方面，境内企业作为买方可以利用自己境外的资产和收购标的的资产进行质押融资。一般来看，境外的外资银行、中资银行的香港分行和其他金融机构都可以提供抵押融资的服务，但是如果属于初次申请并购贷款的话，通常会面临外资银行非常严苛的资信审查和相对境内银行比较高昂的资金成本。此外，在进行融资安排时，还可联合境外的并购基金，通过境外并购基金筹措并购所需要的资金。

总之，在国家外汇"宽进严出"的政策下，境内企业进行跨境并购如何解决并购融资已成为跨境并购交易结构设计时需要考虑的关键问题。

3. 中介机构作用不大，投资银行参与较少

中介机构在企业并购过程中有着非常重要的作用。投资银行、信用评级机构、会计师事务所和律师事务所等中介机构可以为并购双方提供咨询、信息、融资等服务。中国跨境并购活动起步较晚，为企业提供并购服务的中介机构发展历程短，数量少，规模小，真正能为企业并购提供全面优质服务的中介机构还不多，还不能充分发挥其在民营企业跨境并购融资中的作用，其中又以投资银行参与较少的问题尤为突出。

投资银行在企业并购融资中的作用非常大。它们凭借其丰富的并购行业从业经验和四通八达的信息渠道，可以为企业解决信息不对称问题，可以对目标企业价值做出准确的测算，为并购企业节约融资的成本，还可以为企业提供全方位的综合服务，如

制定并购融资策略、推荐优秀的律师事务所和会计师事务所等中介机构。目前中国国内主要是证券公司、信托投资公司及财务公司等从事投资银行业务，在企业并购融资中参与较少，还未能充分发挥作用。

（二）跨境并购融资方式的完善

1. 完善融资法律制度，放松金融管制

现阶段，中国并购融资的法律制度远远落后于企业并购的发展，中国企业在跨境并购融资中受到诸多法律法规的限制，这不仅阻碍了企业通过正常渠道融资，还造成一些企业在并购融资中违法操作的现象，严重扰乱了资本市场秩序。因此，中国立法部门应尽快修订和完善现有并购融资的法律法规，放松对企业并购融资的金融管制。

中国现阶段应进一步放松对商业银行并购贷款和企业发行债券的资格、用途等限制因素，放松对企业跨境并购的金融控制和外汇管制，改善跨境并购的审批制度，提高审批效率，解除各种政策壁垒的限制，广开渠道，允许各种社会资金进入并购融资领域。除了现有的银行资金可以用于企业并购融资之外，还应积极引导外资、投资银行、证券公司、社会保险资金、商业保险资金特别是民间资金等进入并购融资领域，为企业提供充足的并购资金来源。

2. 完善资本市场

资本市场的发育程度决定了并购企业能够获取的融资渠道状况，在一定程度上决定了企业并购融资方式的选择。健全完善的资本市场能够为企业并购提供丰富多样化的融资工具及融资组合，是企业并购资金来源的重要保证。因此，中国应当不断完善资本市场建设，为中国企业跨境并购融资创造良好的环境。在大力发展证券市场、债券市场的同时加强金融创新，促进金融工具多样化。

3. 发展中介机构

目前，中国很多民营企业在实施跨境并购时往往会选择与国外的投资银行、私募基金、私人投资公司等中介机构合作，但由于政治、文化等的不同，国外中介机构在为中国企业提供并购咨询服务时往往会有民族利益、国家利益等冲突，很难完全站在中国企业的立场。因此，中国应尽快促进本土中介机构发展，大力发展国内投资银行等中介机构，充分发挥其在企业并购融资中的作用。

4. 提高企业自身实力

企业是实施跨境并购融资的主体，其内部状况的好坏是决定融资成功与否的主导因素。因此，要解决民营企业跨境并购的融资问题，必须先要解决企业内部问题。具体来说要从建立现代企业制度、提高企业信誉度、加强企业形象和培养高素质人才等方面着手，切实提高企业的自身实力。

5. 发展多元化融资渠道，加强国际合作

企业应该积极开拓国际化的融资渠道，利用国际市场，通过在海外上市、发行可转换债券等方式来获得并购资金，还应该主动与银行建立良好的合作关系，为自身争取更多的银行贷款。同时，在进行跨境并购融资时除了要充分利用国内银行贷款，还要积极争取国际银团贷款。此外，多层次的债务、权益及其衍生工具相结合的新型融资方式，可以更大程度地降低并购融资成本，提高融资效率，组合出最佳的并购融资策略。因此，企业应积极探索创新并购融资方式，制定出最优的并购融资策略，并积极运用杠杆收购、换股并购、可转换债券、认股权证、可交换债券等新型融资方式。

章后案例

天海投资并购英迈国际的交易结构

历时4个多月，海航旗下公司天海投资收购美国IT分销商英迈国际终于尘埃落定。60亿美元的交易价格创下了中国企业收购美国IT集团的最高纪录，同时这起收购案例也因买方与被买方的净利润相差7倍、营收规模差400倍，被称为2016年来最疯狂的"蛇吞象"案例之一。那么，天海投资为何要斥巨资收购英迈？整个跨境收购又是如何进行的呢？

一、案例概述

（一）买方简介

天津天海投资发展股份有限公司曾用名为天津市海运股份有限公司，由天津市海运公司实行股份制试点改组而来。设立时有60.37%的国有股，经多次股本变动，公司控制权发生巨大变化。截至2014年12月非公开发行股票后，上市公司总股本增至2 899 337 783股。本次非公开发行后，海航物流持股比例为20.76%，成为控股股东（大新华物流持有公司9.23%的股份，为海航物流的一致行动人，与海航物流合计持有公司29.99%的股份）。

天津天海投资发展股份有限公司所处行业为海上运输，主营业务为国际近洋集装箱班轮运输、国内沿海集装箱班轮运输及船务代理和货运代理业务等。

2015年国内沿海航运市场景气呈现较大下滑，运价大幅下跌，持续低迷。天海投资2015年前三季度营业收入约为2.9亿元人民币，比2014年同期减少5%，归属于上市公司股东的扣除非经常性损益后的净利润约为-1 150.9万元，而2014年同期这一数字为9.6万元。

在这个背景下，天海投资开始寻求转型，称要打造物流供应链金融服务产业。此番收购英迈也符合天海投资的转型规划。

（二）标的简介

英迈（IMI）成立于1979年，总部位于美国，是全球最大的IT产品分销商，销售苹果、思科、惠普等国际大牌的电脑元件、消费电子类产品、网络设备等十大类别产品。英迈的核心业务是作为厂商与经销商之间的桥梁，通过其产品线整合分销、市场支持活动、外包储运服务、技术支持和资金周转服务等途径，为厂商和分销商创造商机和利润空间。

1999年，英迈进入中国，目前已覆盖全国760多个城市约10 000家客户。2014财年营业收入为465亿美元，超过全球第二大IT分销商Tech Data当年收入的68%，在2015年度财富全球500强企业中排名第230位，美国500强企业中排名第62位。英迈近年来并购了多家海外企业以扩充自身的业务和地域影响力，而以中国为主的亚太市场一直是英迈的软肋，2014年只占总收入的21%，北美和欧洲总占比为74%。最近三年英迈的股权结构分散，持股5%以上的主要股东均为机构投资者。

二、交易结构设计

（一）交易实施主体

天海投资收购英迈的这次交易是通过GCL和IMI合并的方式实施的，合并后GCL将停止存续，IMI作为合并后的存续主体成为公司的控股子公司。IMI原发行在外的普通股将全部注销（截至2016年5月18日，IMI发行在外的全部普通股为148 522 726股），原股权激励计划也相应终止和取消；IMI原普通股股东获得38.90美元/股现金对价，原股权激励计划的持有人获得相应偿付。这次交易的成交金额约为60.09亿美元，其中IMI全部普通股价值约为57.78亿美元，公司股权激励计划部分的偿付对价约为2.31亿美元。交易实施主体设计见图5-6。

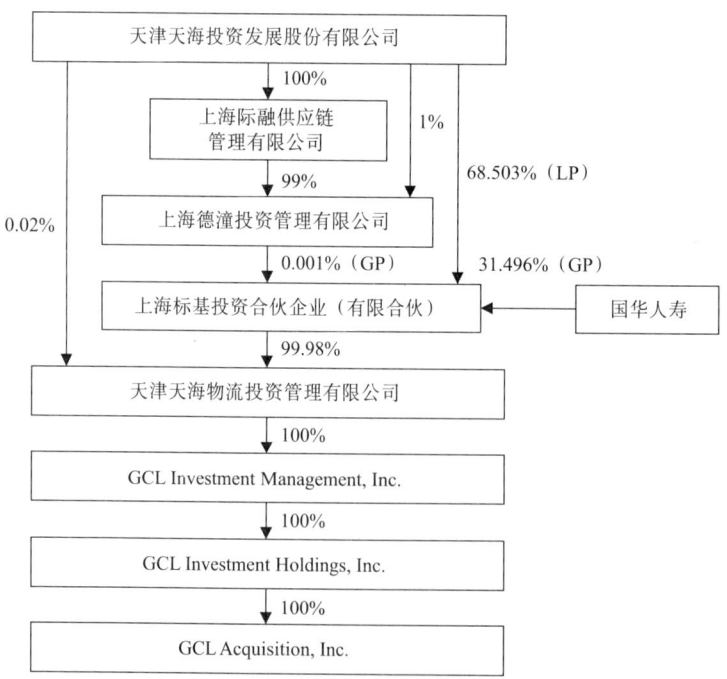

图5-6 天使投资收购美国英迈公司交易结构图

(二) 交易价格及支付方式

天海投资这次收购美国英迈公司采用了全现金的支付方式。资金来源主要为公司自有资金、联合投资及银团贷款等。此次交易对价综合考虑了英迈公司的品牌、管理能力、客户关系、融资渠道和市值等多种因素，协商确定为 38.90 美元/股。截至 2016 年 5 月 18 日，英迈公司发行在外的全部普通股为 148 522 726 股，本次交易的成交金额约为 60.09 亿美元，其中英迈全部普通股价值约为 57.78 亿美元，公司股权激励计划部分的偿付对价约为 2.31 亿美元。

在对英迈公司进行价值评估时，由于天海投资尚未取得对其的控制权，英迈也不能提供未来年度的盈利预测，因此不适用收益法评估，而 IT 分销行业公开的并购案例有限，与并购案例相关联的、影响交易价格的某些特定的条件无法通过公开渠道获知，无法对其相关的折扣或溢价做出分析，因此也不适用市场法中的交易案例比较法，但是与英迈有类似业务的上市公司比较多，且可比公司的市场信息、财务信息等披露充分，相关资料可以从公开渠道获得，因此可以采用市场法中的上市公司比较法评估。

根据市场法评估原理，在对英迈公司的可比上市公司进行选取和比较后，通过计算相关指标价值乘数得出上述结果，然而市场法下评估结果与账面价值相比有较大出入，增减值原因主要为：英迈在全球 45 个国家和地区设有经营实体，在阿根廷、保加利亚、哥斯达黎加、印度、菲律宾和波多黎各设有技术支持中心，业务遍及 160 个国家，拥有超过 20 万个客户群体。根据英迈年报，其信息技术供应链市场在北美和拉丁美洲排名第一，在欧洲和环太平洋经济区排名第二。英迈借助丰富的产品体系、规模经济效益和全球市场的广泛覆盖率，为合作伙伴提供前沿的科技和"一站式"采购服务。完整的产品体系降低了单一市场、产品和客户的市场需求波动，也为公司在如电子商务、大数据分析、全渠道零售等业务方面的发展提供了基础。

此外，英迈账面净资产值主要反映了其历史上的经营积累和股东的投入，不能反映其未来盈利及成长能力，难以体现其整体价值。英迈经过多年的经营，建立了业务平台和管理团队，拥有良好的客户资源以及供应商伙伴关系，在业内积累了一定的品牌优势，具备稳定的盈利能力和良好的增长预期。上述原因是形成这次交易评估值较账面值增值的主要原因。

(三) 融资方式及资金来源

天海投资此次收购的交易金额高达 60.09 亿美元（约合人民币 392.01 亿元），资金来源包括公司自有资金、联合投资和银行借款的内源融资和债务融资方式。其中，天海投资 87 亿元自有资金来源于募集资金用途改变，天海投资将原募投项目为购买 10 艘 VLCC 油轮、购买 4 艘 LNG 船的两个项目的全部募投资金 84 亿元及全部利息变更用途用于跨境并购。联合投资方国华人寿持有天海投资 14.45% 的股份，为天海投资关联方。国华人寿出资 40 亿元人民币控股上海标基投资合伙企业（有限合伙）约 31.5% 的股份，上海标基为本次重大资产购买的相关实施主体之一。剩余采用银行借款的债务融资方式，股东大会授权公司及公司子公司向金融机构申请不超过43亿美元的贷款。

截至2016年3月31日，公司前三大股东持股比例为：海航物流集团有限公司20.76%、国华人寿保险股份有限公司14.45%、大新华物流控股（集团）有限公司9.19%。此次跨境并购交易不涉及股权变动，交易完成后，海航物流仍为公司的控股股东，慈航基金会仍为公司的实际控制人。

截至2016年第三季度，天海投资公司资产负债率为11.17%，较2015年12月31日资产负债率4.35%大幅上升。交易完成后，公司将进入技术解决方案、移动设备全生命周期服务、供应链解决方案及云服务领域，将进一步提升公司的业务规模，提升公司盈利能力，构建新的战略格局。

三、小结

天海投资此次收购英迈国际是海航集团在追求业务的多元化和国际化道路上迈出的重要一步。从交易结构上看，此次收购并不是天海投资一方在单打独斗。400亿元的收购资金来源于三部分，分别是天海投资自有资金、联合投资和银行借款。其中，天海投资自有资金为87亿元，联合投资方国华人寿投资金额为40亿元，剩余部分为银行借款。

值得注意的是，天海投资在2017年1月7日发布了2016年借款公告，公告显示，截至2016年12月31日，天海投资公司及公司子公司借款余额为307.93亿元，较公司2015年借款余额400万元，增加了307.89亿元，占公司2015年经审计净资产1 222 659.05万元的251.82%。这一新增借款公告引发了外界的关注。在短短一个月内，公司新增借款307.89亿元。对于这部分借款的原因，天海投资则表示，主要为收购英迈所用。因此有媒体指出天海投资不惜借款近308亿元来收购英迈，"蛇吞象"未免有些太疯狂。

对于此次收购，兴业证券分析师在研究报告中称，收购完成后，天海投资大股东海航集团将利用其国内的资源和管理经验，帮助英迈开拓新的增长点。同样，民生证券分析师也在研究报告中称，中国市场或为英迈未来发展重点，英迈目前主要市场是北美和欧洲，亚太特别是中国市场具有很大的提升空间。

尽管如此，并购企业和原企业进行企业文化融合仍是并购后的一个重要环节。在全球物流行业里，由于原公司在收购公司当地文化或法律政策差异而产生的并购失败案例并不少见，加之海航收购英迈是全资收购而不是参股，后续的整合难度和风险或许更大，所以海航能否解决国际合并所面临的一系列困难实现协同效应，取得最终的成功，还将拭目以待。

第六章 跨境并购整合

——合则两利，分则两伤

跨境并购整合贯穿于跨境并购的全过程，具有动态性、阶段性。跨境并购整合可以分为整合前评估阶段、规划阶段、执行阶段以及整合后评价阶段，每个阶段都有相应的关键控制点。中国企业在跨境并购整合各个阶段中都存在一些问题，应当重视提前制订整合规划和实施方案。

第一节 跨境并购整合概述

跨境并购整合是通过跨境产业整合，以创造"1+1>2"的协同效应为目的，在获得卖方企业的资产所有权、股权或经营控制权之后进行的战略、管理、经营、文化、人力资源等企业资源要素的系统性安排，从而获得超越其单独经营所能达到的绩效。同时，通过跨境并购整合可以增强买方企业在产业内的竞争力，有利于拓展海外市场，提高企业的核心竞争力。

另外，跨境并购整合秉承"全过程观"，是一个过程的概念。虽起始于整合阶段，但其实在跨境并购整合阶段之前便要考虑整合的问题。在跨境并购准备阶段，针对标的选择则应开始考虑整合的可行性，如评估目标公司所在国的政治、经济、社会文化等风险；在执行交易阶段，进一步监控整合风险因子并做好基础整合规划工作，兼顾整合风险的防范和预期整合价值的兑现。此外，随着并购交易的完成，则要开始做好整合的基础准备工作，如成立专门的整合工作指导委员会，委派专门的整合经理，做好具体整合规划。

一、跨境并购整合的理论

并购整合理论的研究从20世纪90年代以后才开始被广泛关注。从国内外学者的研究来看，对企业跨境并购整合理论的研究主要归纳为四个学派：战略管理学派、资本市场学派、组织行为学派、过程学派。

(一) 战略管理学派

19 世纪 80 年代末,并购的研究被归于战略管理研究框架之下,战略管理学派的研究指出并购后的潜在协同效应来源于并购双方的资源联系性。该学派关注的是并购对企业的影响,重点研究并购双方的相关性以及战略匹配对并购绩效的影响。战略匹配关注的是卖方在技术、产业或市场等方面对买方战略的支撑程度。该学派的主要研究内容包括:(1) 并购类型对并购成败的影响。如行业类型对企业间进行并购行为有重要影响,相关并购比非相关并购能创造更高的价值。(2) 重组和协同能够提高并购价值。此外,并购不能仅考虑战略匹配性,更要重视并购后整合过程的研究。

(二) 资本市场学派

资本市场学派的理论涉及并购整合领域最基本的问题,即并购是否创造价值以及价值的来源,该理论主要从资本市场中股价的波动来反映并购整合的效果。20 世纪 60 年代,金融学家对"并购是否为股东创造价值"的分析研究结果表明:对买方而言,获得的财务收益接近于零甚至为负,而卖方的股东则从并购中获利,即并购能够创造价值。20 世纪 70 年代,金融学家将并购作为单个事件分离出来,根据资本市场上股价的波动来分析并购产生的经济影响,结果同样表明:卖方股东获得较多且稳定的收益,而买方股东获得的收益就很少,但是两者收益之和为正。如 2004 年年底联想集团宣布收购 IBM – PC 业务,在 2005~2010 年的 5 年整合过程中,资本市场的股价变动生动地折射出该并购事件的四个整合阶段,即整合预备期、短暂的双轨期、三种文化并行的冲突与融合期以及重生期。

(三) 组织行为学派

组织行为理论研究的是组织匹配性对并购绩效的影响,侧重于并购对个人的影响。该理论的研究内容一般包括三个方面:一是并购对人力资源的影响。并购双方员工对并购所持的态度、员工的思维方式、行事作风等都会对并购效果产生直接的影响。识别并购中存在的主要人力资源问题有助于买方企业更公平、冲突更少地解决整合中遇到的问题。二是文化的融和性(兼容性)。对于跨境并购,国内外不同企业间的文化差异以及管理者的风格会对整合产生显著影响。如一些研究者把并购整合看作是一种文化驱动的因素,认为并购双方高层管理者的管理风格差异会对并购绩效产生不利影响,所以尽量保持卖方的独立性并控制好并购双方的整合度来处理好企业间的文化差异。三是环境条件对价值创造的影响。基于此,在并购整合过程中,可以通过自上而下的目标设定、自下而上的反馈以及报酬机制的设定来引导组织环境改善。

(四) 过程学派

过程理论认为并购整合是一个长期持续不断的磨合过程,而不是一次性的购买行为,需要经历一个长期的磨合过程。该理论聚焦于整合过程对并购后绩效的影响。并购过程理论的主要观点有:一是并购通过战略能力的转移创造价值,以及通过并购双方不同组织层次间的相互作用产生竞争优势;二是在并购整合过程中,要同时考虑战略匹配与组织匹配两个维度,合理地选择吸收、共生、保护和控制四种整合模式;三是并购整合包括任务整合与人的整合。并购整合是成功收购和创造价值的重要保障，一般分为两大步骤：第一步是明确并购双方之间需要沟通交流的问题，为下一步实际的整合行动做准备；第二步是并购双方的管理人员展开一系列的实际行动来实现并购整合的目标。在并购整合实际过程中，第一步和第二步并没有严格明确地划分开来，并且第一步所需要的时间也会根据具体事件的特殊性而有所差异。

二、跨境并购整合的内容

跨境并购整合的内容与境内的一般并购整合内容相近，主要体现在以下五个方面：战略整合、管理整合、经营整合、企业文化整合和人力资源整合，其中相比境内并购，文化整合在跨境并购整合中尤为重要、不容忽视。

（一）战略整合

目前，战略性并购已经成为中国企业跨境并购的主要选择，在全球经济一体化的形势下，以增强企业核心竞争力为目标的并购整合已经成为全球并购的风向标，战略整合具体包括总体战略整合、业务单位战略整合、职能战略整合和国际化经营战略整合。并购完成之后，买方企业要将卖方企业的品牌、市场、渠道、技术等资源以及制造能力、研发能力、融资能力等统一协调起来，将卖方企业作为实现买方整体战略的一个推动力，使其与买方的各部门形成同一个方向的合力，从而促使并购双方战略和价值链的整合来实现协同效应。战略整合是其他并购整合的根本前提，衡量跨境并购成败的评判标准之一就是要看并购整合能否实现企业的战略目标。

（二）管理整合

管理整合是并购企业制定规范的、完整的管理制度和法规，替代原有的制度和法规，作为企业成员的行为准则和秩序的保障。一般情况下，买方企业均将优秀的管理制度移植到卖方企业中，以求双方在管理上的一体化与整合，但如果卖方企业原有的管理活动良好，买方企业则可善加利用。例如，中国台湾统一公司收购美国万哈姆（Wyndham）饼干公司的动机之一，就是希望引进该公司良好的配销制度。然而，新管理制度的推行往往会遇到各种阻碍，如当买方意欲改变卖方的经营和控制制度时，可能会遭遇对方员工的抵触。所以，在管理活动整合时，买方应首先了解卖方原有的制度，并根据并购双方间经营管理的差异，制定适合卖方情况的整合管理措施。此外，随着并购双方管理活动的整合，双方的组织结构也会发生变化，组织结构整合主要包括在战略指导下重新设立新的或调整成符合具体情况的组织架构以及组织结构再造。

（三）经营整合

经营整合是指要联合、调整和协调采购、产品开发、生产、市场营销、财务等职能活动，主要包括技术整合、市场整合以及财务整合等方面。并购后企业可以将一些业务活动合并，包括供应链、研发活动、分销渠道等，同时会放弃一些冗余的活动，如多余的生产环节、服务活动等，并协调好各种业务活动的衔接。首先，跨境并购的动因之一就是在最短的时间内获取对方的技术从而获取协同效应，提高企业的核心竞争力，所以能否将卖方的先进技术转移到并购后的企业生产活动中去，对买方企业以后的发展尤为重要。其次，如何对两个完全不同的市场进行定位分析，制定市场策略，是跨境并购后企业面临的又一问题，如定位于中低端市场的联想在并购了主打高端市场的 IBM-PC 业务后，如何进行有效的市场整合十分关键。最后，财务整合是指跨境并购中的买方对卖方企业的财务制度体系、会计核算体系进行管理和监控，使并购双方的财务制度统一、协调运营，最终达到对并购企业经营、投资、融资等财务活动实施有效管理和收益最大化。

（四）企业文化整合

企业文化整合是影响公司跨境并购战略与长期经营业绩的关键要素，也经常被看作是影响并购成功的最终标志。文化整合涉及双方价值理念、经营哲学、行为规范、工作风格等方面的整合，使优质企业文化取代劣质企业文化，形成理念趋同、规范一致的企业文化，从而提高企业组织的亲和力和凝聚力。企业文化整合的内容包括以下两方面：一是企业精神文化的整合。跨境并购中并购双方的企业必然带有不同的价值观，具体表现在员工对企业目标、企业的市场形象、对成功标准等问题有着不同的看法。企业不同的价值观念是企业文化的核心，如果不尽快调整价值观，必然给并购后的企业带来负面影响。因此，企业并购后，要把员工的价值观念规范为一种新的适应企业发展战略的价值观。二是企业物质文化的整合。物质层面的一些文化要素，如企业统一的服装，可以使员工产生纪律感和归属感以及企业的商标、标志物、厂房车间、工作环境等物质因素都会逐渐在员工思想行为上发挥影响。

（五）人力资源整合

人力资源的整合是贯穿整个跨境并购过程中的一条主线，体现在并购准备、并购实施和并购整合三个阶段，它是并购整合中难度较大也是影响并购效率的重要因素。企业跨境并购后的人力资源整合过程中，主要涉及四个关键问题：一是人力资源的保护，尤其是人才的保留，如高层管理人员、技术人才和熟练工人等；二是人力资源管理制度的完善和统一；三是集权和分权的安排；四是文化融合问题，即并购双方员工对另一方企业文化的接纳、包容程度，尤其对目标企业的员工来说，在知晓本企业即将被收购的情况下，前途未卜，难免忧心忡忡。

第二节 跨境并购整合模式研究

并购整合模式是指针对并购后双方整合程度、速度与方式的统筹安排，涉及战略、组织结构、管理体系等方面。

一、跨境并购整合模式设计的考量因素

（一）整合模式必须与整合目标相匹配

整合目标是整合模式设计的起点，体现了买方希望通过整合在多长时间里创造何

种类型、何种水平的价值。一般情况下,买方希望通过并购整合可获得以下四种类型的收益:一是替代效益,即通过转移与学习,以更高水平的技术取代原来的生产技术、产品技术,提升产品功能水平或性价比;二是互补效益,即结合双方优势创造独特价值,如将收购的新技术集成到新产品中,丰富产品功能;三是开拓效益,即以收购的产品技术为基础形成新的业务线、产品线,通常是高端或新兴的产品市场,降低进入成本,快速建立发展基础,形成某种期望的战略布局;四是能力提升效益,即企业获得稀缺的专业人才、研发团队,强化在某些领域的研发设计能力。基于上述四种收益类型,买方要根据自身整合目标所要获取的收益来选择合适的整合模式。

(二) 合理安排核心的、支持性的整合活动

实现整合目标需要开展相应的整合活动。借用波特的价值链模型,除了横向、纵向的系统整合这类直接活动,整合目标能否达成还依赖一些间接活动,包括建立整合领导机构、过程管理以及社会整合活动,其目的是在双方之间形成强有力的连接,即战略共识、互信关系以及解决不同意见的机制。2004年上汽收购韩国双龙汽车时目的明确,获得双龙的SUV汽车技术来发展自主品牌。然而,惮于韩方对技术敏感,上汽隐瞒了真实意图,敷衍地做出一些承诺和姿态,安然度过最初一段时间,但当其真正推动技术转移时(在中国设立合资工厂),却遭遇韩方强力抵制,双方激烈交火(中方撤换韩方高级经理,韩方工会组织长期罢工),结果是技术根本无法转移,并购彻底失败。从这个案例可以看出,并购双方在并购过程中没有合理安排核心的、支持性的整合活动来达成战略共识,最终导致整个并购事件的失败。

(三) 详细评估整合过程中遇到的挑战

不少企业在进行跨境并购时,经常把过多的人力、物力、财力等资源放在并购整合的前期,认为并购协议的签订便意味着此次并购事件的完成,其实不然。在买方正式完成对目标企业的收购时,真正的挑战才正式开始,一系列问题将会摆在买方管理层面前:并购双方不同的公司战略如何统一;不同文化、背景的两家公司如何融合;双方的优势领域如何互补;如何稳定被收购公司管理层和员工的抵触情绪;如何管理比自己实力强的公司;整合价值和内容能否迅速且有效处理并购后整合过程中的问题。这些才是整个并购成败的关键所在。所以,买方在整个并购过程中,而不仅限于并购整合过程,要详细评估整合过程中可能要遇到的各种挑战,做好应对措施,避免问题发生时手足无措,从而导致整个并购事件的失败。中国企业在跨境并购整合过程中面临的主要挑战将在本章第四节具体介绍。

(四) 实施和管理整合过程的能力

就技术并购来说,整合能力可粗分为技术整合能力与管理整合能力。技术整合能力是指并购企业理解、学习、应用目标技术的能力,如2005年上工申贝收购德国DA公司,从后者引入短板平缝机。然而,新引入的机型在中国市场遇到各种问题,需要改进调整,但是上工申贝的研发部门无法承担这样的工作,产品最终失败,体现了技术整合能力的价值所在。管理整合能力是指企业有效规划和管理整合过程的特殊能

力。如联想在收购 IBM 个人电脑业务时，一开始就提出了平等、尊重和妥协的整合原则，很好地保留了 IBM 原有的客户与员工，随后在整个整合过程中进退有据，借助引进的国际职业经理人团队来推进运营整合。2009 年，阿梅里奥辞任，备受期待的中国高官回归，原因在于阿梅里奥更多是在运营联想，而非考虑发展联想。这表明，管理整合能力不同于一般管理能力，它的核心是深入理解双方优劣势，并运用特定管理手段激励各方投入价值共创过程中，从而产生"1+1>2"的协同效应。

二、跨境并购整合模式分类

国内外学者对于跨境并购整合的模式基于不同的角度进行了多种分类，如基于并购动因将整合模式分为技术获取型、资源获取型以及市场获取型三类整合模式；基于跨境并购类型将整合模式分为横向整合模式、纵向整合模式和混合整合模式；基于时间维度的跨境并购将整合模式分为慢速整合模式、快速整合模式、中速整合模式；基于空间维度的跨境并购整合模式根据并购双方有没有发生经营性资源和功能性资源在企业边界之间的转移两个方面，将整合模式分为充分式整合、集约式整合、模糊式整合和粗放式整合；基于业务流程整合涉及的范围和整合的幅度将并购整合模式分为全面—移植模式、全面—新设模式、局部—移植模式、局部—新设模式和维持模式。本文主要从前三种分类对跨境并购整合模式进行具体分析。

（一）基于并购动因的跨境并购整合模式

根据并购动因，企业进行跨境并购主要为了获取卖方所拥有的矿产、油气等资源，先进的技术以及扩大市场占有率。因此，根据以上并购动因将并购企业的整合模式划分为资源获取型的跨境并购整合模式，技术获取型的跨境并购整合模式，以及市场获取型的跨境并购整合模式。

1. 资源获取型的跨境并购整合模式

加入 WTO 后，中国资源获取型跨境并购无论是交易量还是交易次数都有了较大的提升，并购标的多是获取中国经济发展所必需的矿产资源和油气资源，其中油气领域的并购活动最为活跃。在经济全球化和能源供给形势愈发严峻的情况下，中国资源型企业"走出去"进行跨境并购势在必行，特别是 2008~2012 年，中石化抓住机遇，积极进行了一系列资源整合型跨境并购，是中国大型国有型企业海外资本输出的典型。

在并购前的计划阶段，资源获取型的企业应制定完备的跨境并购政治风险防范策略，加强对跨境并购政治风险的评估，分析目标国的总体政治形势，尤其是对资源丰富但政治上很敏感的北美和欧洲地区，更要做好突发政治风险事件的应对准备。另外，中国资源型企业在跨境并购过程中要尽量淡化"中国色彩""政治色彩"，采取各种方法消除东道国的疑虑。

在并购整合的组织阶段，要选择合适的并购程度，循序渐进。从并购方式选择战略上看，中国资源获取型跨境并购方式不够灵活，很多企业期望通过一次跨境并购就能够控制海外资源,因而迫切希望获取卖方企业的控制权,所以在并购方案中往往会提出并购50%以上的股权,这样极易招致卖方的反对。因此,中国企业在整合方式的选择上应该更灵活一些,在卖方接受和认可中国企业之后,再通过增加注资取得目标企业的控制权。

在并购整合的执行阶段,要管理好卖方相关利益者的心理。中国经济的快速发展,致使西方国家炮制出种种"中国威胁论"来阻碍中国企业的跨境并购交易,致使很多并购交易中途夭折。所以,中国企业在进行资源型跨境并购整合时,要及时与卖方企业相关利益者进行沟通,明确地向对方传达收购目的,而非恶意收购。

在并购整合的评价阶段,资源获取型的跨境并购能否实现纵向一体化的发展,形成新的竞争优势,从而达到协同效应,是比较关键的问题。

2. 技术获取型的跨境并购整合模式

技术获取型跨境并购是企业通过跨境并购的方式来获得目标企业先进的技术,从而提升企业核心能力和竞争力,该整合模式则是基于此类并购动因来分析的。在技术并购整合模式的所有研究中最为著名的分类来自于 Haspeslagh & Jemison(1991)[①],他们从战略相互依赖性和组织自主性两个维度提出了并购整合的四种模式选择(见图6-1)。

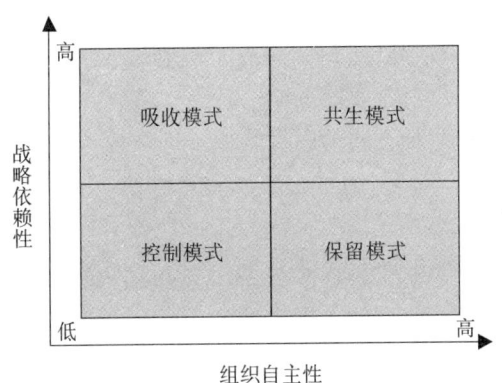

图6-1 Haspeslagh & Jemison 并购整合模式框架

(1)吸收型整合模式。该模式要求买方直接吸收目标方的业务,反映了并购双方具有较高的相互依赖性,同时给予目标方较低的自主性。在该并购整合模式下,两个企业合并为一个组织单元,将对并购双方的营销、文化、组织等方面进行高度融合。在吸收型整合下,经营资源需要共享以消除重复活动,业务活动、管理技巧和文化理念也需要重整、交流和融合,对企业资源进行合理化配置。经营地域重叠或业务性质相同的零售商等之间进行的横向并购,经常采用吸收型整合的方式。

---

① Philippe Haspeslagh 和 David Jemison 在他们1991年合著出版的《收购管理》一书中提出,企业并购整合后整合方式主要有四种类型。

（2）保留型整合模式。在保留型整合策略下，并购双方之间战略依赖性不强，但目标方的组织自主性需求较高。采用保留模式进行整合时，母公司应尽可能少地干预目标企业的日常经营，将干预严格限制在依存关系所要求的范围之内，只通过有限的干预来挖掘被并购企业的潜在价值，因此对目标企业实施较低程度的并购整合，允许目标方全面开发和利用自己的潜在资源和优势。在该模式中，保持了目标企业的进一步研发与生产的能力。

（3）共生型整合模式。该模式反映了高度的相互依赖性，并同时给予目标方高度的组织自主权，即并购双方在并购完成后依然保持各自的法人地位，但在战略上相互依赖。以共存为基础的并购更多的是从战略的角度来考虑的，企业之间更多的是管理方面的交流与沟通，所以在该模式下，无论是买方还是目标企业中有助于实现合并战略目标的业务流程都是完好的，而仅对那些相似的业务流程进行整合以减少冗余，因而进行部分整合。

（4）控制型整合模式。实行控制型整合模式的并购双方具有较低的战略依赖性，同时，目标方的组织自主性需求也很低。此时，买方实施并购的目的并不是寻求战略上的协同，而在于目标方的资产或营业部门。在这种情况下，并购完成后，并购企业更注重并购双方资产组合的管理，其采取的策略与措施就是最大限度地利用这些资产，充分发挥其能力和优势。

综上所述，企业在并购后以何种方式进行整合，主要取决于并购双方企业制度、组织和文化上的差异性以及企业发展战略的特点、要求。以上四种整合模式并不是相互独立的，企业整合往往针对不同的内容采用不同的模式进行整合，而不是单纯选择一种整合模式。

3. 市场获取型的跨境并购整合模式

市场获取型跨境并购多由民营企业主导，主要分布在消费品行业、金融服务业、零售和运输行业等，其整合模式基于技术获取型以及资源获取型两种模式。具体为，一方面，中国企业在发达国家与新兴工业化国家进行跨境并购，主要看重的是其高新技术产业，因为几乎所有大型家电企业都在美国或日本建有研发基地，信息产业的代表性企业如联想、四通也在美国等地方设有带研发特征的机构；另一方面，中国如今也拥有大量适用的成熟技术，非常适合那些市场容量较小、转让成本较低、技术要求层次低、就业压力较大的发展中国家和地区。这些发展中国家和地区由于自身经济发展水平以及接受技术的能力有限，中国的成熟、适用技术对他们很有吸引力。因此，通过跨境并购，将中国的成熟技术转到国外，不仅在国外获得了更好的发展，也为加快中国产业结构调整步伐提供了契机，同时扩大了中国企业在这些发展中国家的市场份额。

此外，市场获取型的跨境并购不是在一纸协议中规定中国企业享有目标方的品牌所有权，拥有目标方全部的销售渠道，就可以扩大自己的海外市场。买方应该在并购行动前就制定好相关的资源整合战略，特别是无形资源整合战略，因为无形资源不同于有形资源,其很容易随着目标企业的员工(尤其是人才)离职而流失,尤其是市场资源中最重要的客户资源。因此,无形资源整合计划的关键点就是如何留住企业原有的人才来为提高并购后企业的市场地位打下坚实基础。

(二) 基于并购类型的跨境并购整合模式

跨境并购类型与整合模式有着内在的相关性,不同的跨境并购类型在整合度、整合范围、整合方式的选择及整合重心上都有所区别。因此,从跨境并购类型出发,深入探讨不同并购类型的跨境企业所对应的整合模式并分析并购方式与整合模式的传导机制,具有一定的理论和实践意义。

1. 基于横向跨境并购的"横向整合"模式(见图6-2)

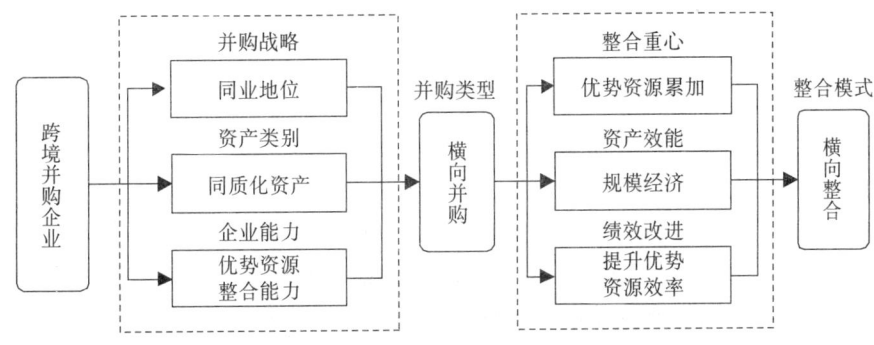

图6-2 基于横向跨境并购的"横向整合"模式

(1) 从并购战略导向机制来看,并购战略传导机制从制定并购战略出发,进而影响到并购方式的选择,而并购方式下整合重心又有所区别,从而决定了整合模式的不同。就并购方式与并购战略的关系而言,横向并购企业通过兼并同行业的竞争者,增强其在行业中的地位和竞争力,从而成为行业的领导者。这种竞争力来源于对该行业中优势资源数量增加及其结构调适所带来的单位成本减少,这要求企业整合的重心放在优势资源上,不仅使优势资源数量在同业中保持前列,也要保持优势资源结构的合理搭配,这种在同业竞争中对于优势资源的整合可以理解为"横向整合"。

(2) 从资产类别效能传导机制来看,整合模式对资产类别的需求也存在差异,只有获取相应的可整合资产类别,才能激活整合这一过程。依据并购方式所需资产类别的差异,可以将资产分为同质化资产、关联型资产和共享型资产。同质化资产指同行业中不同企业主营业务所使用的资产,获取同质化资产的企业选择横向并购的方式,同质化资产的积累能够产生规模经济效应和学习曲线效应,降低企业生产的单位成本,为企业创造效益,体现为对同质化资产这一点的整合。

(3) 从整合管理绩效机制来看,企业在整合阶段能力的差异对整合模式的选择也会有影响,企业能力的差异在结果上表现为整合绩效的不同,从而影响整合模式的选择。从企业自身能力与并购方式的关系上看,若企业具备很强的优势资源整合能力,则倾向于选择横向并购,提高优势资源数量积累和结构调适的效率和效果,有利于"横向整合"绩效的改进。

2. 基于纵向跨境并购的"纵向整合"模式（见图6-3）

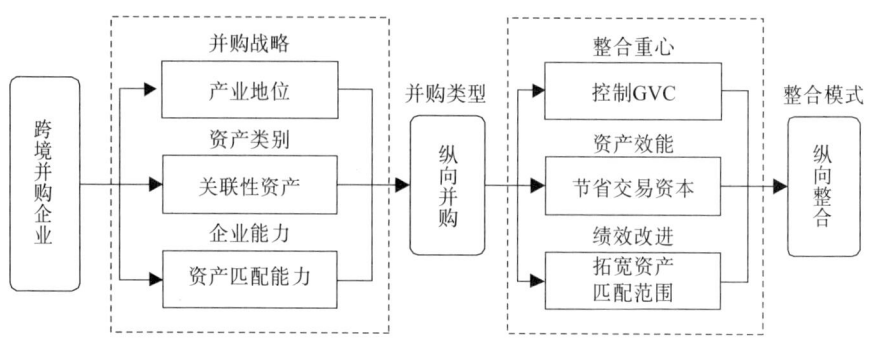

图6-3 基于纵向跨境并购的"纵向整合"模式

（1）从并购战略导向机制来看，纵向并购是企业通过兼并全球价值链上下游企业，增强其在全球价值链中的控制力，进而成为主导者，提高企业在产业链上的地位，这种控制力体现出企业能控制全球价值链（GVC）某些环节中不可替代的部分。企业为了增强GVC控制力而对GVC某些环节的整合可称为"纵向整合"。

（2）从资产类别效能传导机制来看，关联型资产是指存在于全球价值链上下游不同节点的相关资产。获取关联型资产的企业选择纵向并购方式，关联型资产引入企业后能将原本的外部市场交易成本内部化，建立起内部的产业链条以节省交易成本，为企业创造价值，体现在对GVC链条上关联型资产的整合。

（3）从整合管理绩效机制来看，若企业具备很强的资产匹配能力，则能够很快地识别出全球价值链上下游的关联型资产，适宜选择纵向并购，最大限度地积累能控制全球价值链的资产，改进"纵向整合"的绩效。

3. 基于混合跨境并购的"多元整合"模式（见图6-4）

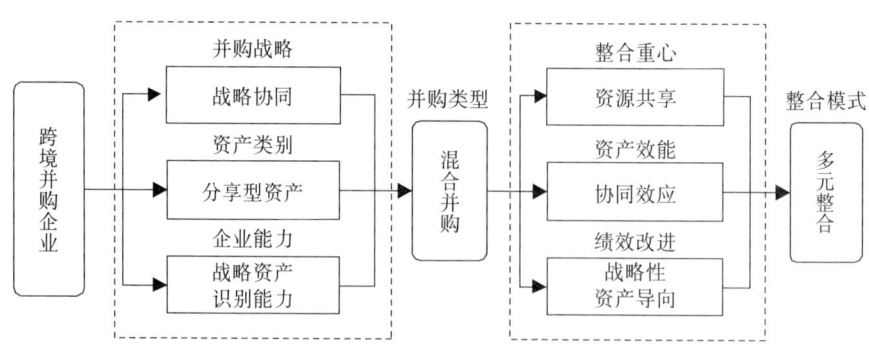

图6-4 基于混合跨境并购的"多元整合"模式

（1）从并购战略导向机制来看，混合并购是企业兼并无关联的企业，充分发挥其战略性资产的协同效应，使战略资产的价值最大化，实现战略资产在各战略业务单元（SBU）间的共享，从而围绕战略资产对 SBU 进行整合，可以解释为"多元整合"。

（2）从资产类别效能传导机制来看，共享型资产是指以企业战略性资产为主的能连接内部战略业务单元并使其收益的资产。获取共享型资产的企业选择混合并购，围绕战略性资产构建内部的 SBU，最大化战略性资产共享产生的协同作用，体现在对以连接 SBU 间的共享型资产的整合。

（3）从整合管理绩效机制来看，若企业具备很强的战略资产识别能力，则能够明确企业战略的发展重心，此时选择混合并购，能够紧紧地围绕战略性资产组建战略业务单元（SBU），使多元化企业的发展不会脱离企业战略，从而能够获得更高的协同效应，有利于"多元整合"绩效的改进。

（三）基于时间维度的跨境并购整合模式

该维度主要体现整合速度上的差异。并购后买方企业应在战略上尽快完成全球市场布局，形成核心竞争力，如重组生产线、供应链，采购合并等，特别是应该尽快进行人力资源的整合，降低企业不必要的管理成本。

1. 慢速式整合模式

该模式实质上是慎重并购，先进行业务上的接触，然后根据实际情况再决定是否并购，整合方案在考察期就预先制订。以万向集团的系列并购为例，介绍一种慢速式的整合模式，即控制型整合。万向并购中的后期整合大都历时数年，尤其是对于跨境并购，一般先由集团培育，待目标公司成熟后，上市公司收购它的部分股权，双方磨合，关系融洽之后上市公司再对它增资，最后在双方可以无缝衔接后，上市公司将目标公司彻底融入自己体内，最后将目标公司注销。另外，对于跨行业、跨领域的并购，其目标是追求资本利益最大化，但由于并购双方面对截然不同的企业文化、经营策略和人力架构等，则适合采用协同型整合。采用协同型整合的策略，即成为目标公司的第二大股东，并依托原来的大股东与管理层去发展。控制型整合和协同型整合两种模式的本质都属于慢速整合。

2. 渐进式整合模式

对于较为复杂的跨境并购整合，往往属于供应链导向型整合模式，涉及品牌、渠道、供应链重组、组织、文化与人力资源等方面的整合。由于整合涉及内容较多、难度较大，面临的整合风险也在增加，如果并购前没有较好的整合计划，则可能会失败。以联想收购 IBM-PC 业务为例，在业务整合方面，联想计划用 3 年完成对 IBM-PC 业务的整合，前 18 个月主要针对采购、渠道等环节，管理层仍保留 IBM 原有人才；在文化整合方面，注重双方沟通、改用英语为官方语言以及进行跨文化培训等。由于缺乏跨国管理经验和人才，尚不敢进行深层次整合。联想集团在自身企业文化不处于强势的时候，并不急于去整合被收购方的文化，而是允许并存、循序渐进。并购初期，联想这种渐进式的整合模式降低了并购的整合风险，积极学习对方文化中的优点，激励已有的经理队伍和吸引人才加盟。

3. 快速式整合模式

该模式主要适合于技术导向型的跨境并购,如果预先进行了较好的整合方案设计,并购交易后很快就可以开始整合。中国机床产业、明基、华立、京东方、网通、格林科尔等对国外相关企业的并购,大都属于技术导向型的快速式整合模式。如 2003 年 2 月,京东方收购韩国现代 TFT - LCD 业务,京东方此次跨境并购的目的是想获取直接进入国内显示器高端领域和全球市场的通道,获取其技术,通过跨境并购获得核心技术的整合速度远远快于其他目的的整合速度,但整合的速度也要结合自身的实力,切勿冒进。

第三节 基于跨境并购全过程的并购整合流程设计

跨境并购整合贯穿于并购活动的全过程,而不仅仅是在产权交接之后。在并购整合的不同阶段需要不同层次的人员执行该阶段的工作,以此来实现阶段性整合计划,最终实现整个并购整合活动的总体目标。本部分把跨境并购整合过程分为四大阶段,即整合前评估阶段、规划阶段、执行阶段和整合后评价阶段,具体分析如图 6 - 5。

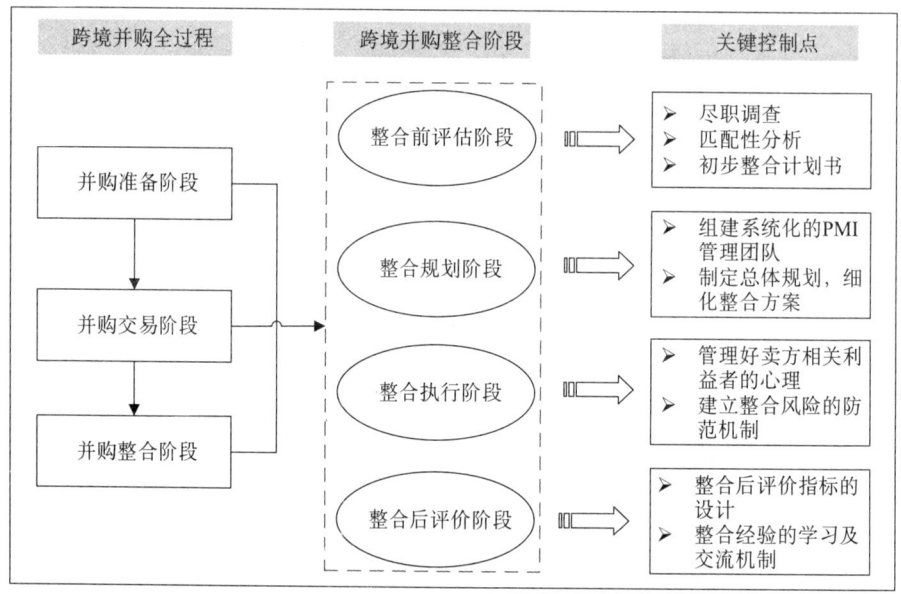

图 6 - 5 跨境并购整合的流程

一、整合前评估阶段及关键控制点

基于跨境并购的全过程来看,整合与并购并不是两个分立的过程,或者说整合并不仅仅是并购过程中的一个环节,而是贯穿于并购活动的全过程。此外,从整合风险的衍生路径来看，跨境并购整合风险虽发端于整合阶段，但实际上在并购决策阶段就早已埋下风险的"种子"，所以在并购审查评估阶段，就要充分讨论整合工作的难度。该阶段主要包括以下三个整合的关键控制点：

（一）尽职调查

基于并购过程中会出现财产权属、财务报告、文化差异等风险，整合前评估阶段应始于尽职调查。尽职调查是并购后整合实施的必要环节，调查范围包括主体资格、治理结构、产品服务以及评估目标公司所在国的政治风险、经济风险、社会文化风险等，全面获悉目标公司的信息，对并购后整合的难易程度进行评估。通过充分利用企业内外部尽职调查全面评估目标企业现状，有利于买方企业清晰定位整合目标，评价目标企业可能带来的资源价值，以及买方能够提供的资源及管理支持，初步识别整合风险。

（二）匹配性分析

在尽职调查的基础上，买方企业应明确匹配标准，从整合角度分析交易的可行性。具体体现为：在筛选目标企业时，买方企业应强调分析并购双方的战略、管理、经营、文化以及人力资源等方面的匹配性，以便确定并购目标能否实现，同时也为以后的整合实施奠定良好的基础。

（三）初步整合计划书

基于尽职调查和匹配性分析之后，管理工作组应制订初步整合计划书，运用项目管理的思想，进行优先性分析，明确整合目标，确定关键路径，分析资源估计费用并对其进行风险性分析，这样有助于整合小组迅速理清思路、统筹安排，在此还应特别关注整合范围的界定。

另外，海外市场环境的复杂程度远远超过国内市场，所以在完成收购过程中目标筛选、尽职调查、制定初步整合计划等一系列步骤之后，企业对新的商业环境和目标公司有了充分的了解，然后通过不断的修正和对细节的充分把握，结合卖方的实际情况，买方企业需要对公司整体国际化战略作必要调整，为并购后整合提供战略性指引。

二、整合规划阶段及关键控制点

本阶段主要任务是在整合管理工作组的指导下，成立专门的整合任务小组，各个任务小组按照相关要求及方法制订整合计划书，为并购实施设定相应的组织及原则，明确人、岗及职责对应，制定涉及战略、管理、经营、文化、人力资源的具体整合战略与策略。该阶段主要包括以下两个整合的关键控制点：

（一）组建系统化的 **PMI** 管理团队

PMI（Post－Merger Integration）管理是全过程、专业化、高效率、有重点、各部门协调配合的过程，但在很多案例中，整合的过程都缺乏自始至终的严格执行准则，其中的重要原因是在整合阶段高层领导人的参与难以保障，因此无法在交易时期获得高关注度和指导。

基于以上考虑，系统化地执行并购整合需要考虑以下三个层次的管理机构：第一层是整合指导委员会，是整合项目的最高决策机构，通常来源于买方高层管理人员、咨询机构的资深专家，决定整合行动的战略和方针，为整合提供方向，进行战略性指导；第二层是管理工作组，承担整合过程的全部工作，成员来源于并购双方的不同业务部门及职能部门的关键人员（战略、管理、经营、财务、人力资源等），负责制定整合规划，推动整合实施。此外还要聘用一名受人敬重、能力出众、经验丰富的整合经理，来把握整合方向、预测整合风险和解决整合冲突；第三层是整合任务小组，成员既包括来源于组织内部的全职整合工作人员，也包括来源于组织外部的兼职人员，具体实施整合规划（见图6-6）。

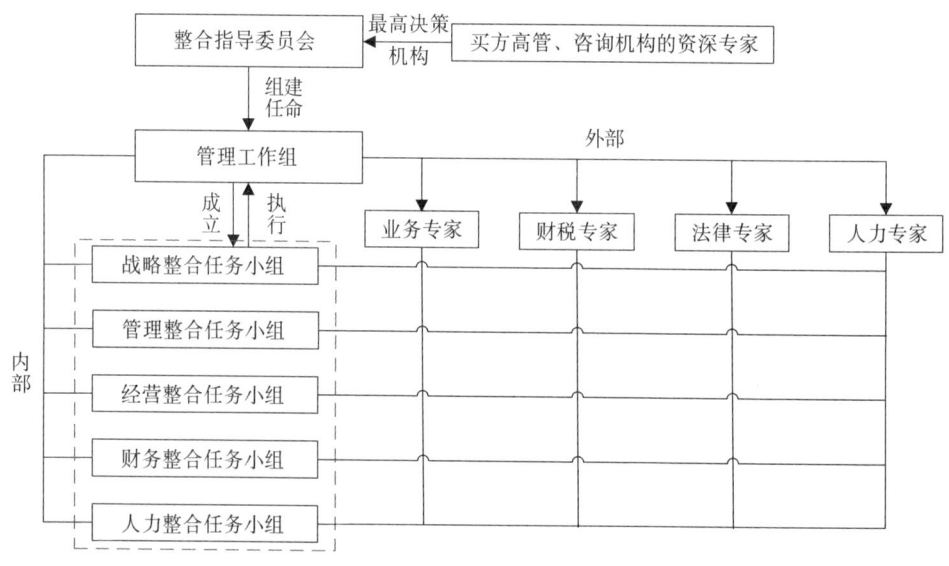

图6-6 并购整合管理架构的设置

（二）制定总体规划，细化整合方案

随着并购交易的进行直至完成，都要做好整合的基础工作。在成立了专门的整合工作指导委员会后，由管理工作组委派专门的整合经理，做好整合计划，其中包括确定整合模式、安排整合进度、识别整合风险的关键领域以及制定初步关键风险防控措施等。整合规划制定的方式一般有两种：一是并购方整合团队根据企业战略以及对目标公司的尽职调查结果直接设计制定整合计划；二是并购方整合团队与目标企业的某些关键人员一起，经过双方的充分沟通共同制定整合规划。在整合规划制定过程中，可以适当借助外部人员力量，但外部人员不应成为整合规划的主导因素。在明确了整合工具包和总体规划表之后，还要细化整合方案，制定涉及战略、管理、经营、文化、人力资源的具体整合战略与策略，由各整合任务小组具体实施整合方案。

三、整合执行阶段及关键控制点

整合执行阶段是整合工作的核心，这一阶段涉及管理层及员工的变动，以及战略、管理、经营、文化等各子系统的整合，因此该阶段也是整合成功的关键。在整合指导委员会和整合管理工作组的领导下，各整合任务小组根据具体整合规划推进整合进程，是一个不断修正和反馈的过程。该阶段主要包括以下两个整合的关键控制点：

（一）管理好卖方相关利益者的心理

并购和并购后整合将给被收购企业及其客户、供应商等外部合作伙伴带来改变，所以应将管理卖方心理情绪因素融入整合项目各方面的具体规划和实施中。在确立交易意向之后，立即建立负责总协调的整合项目组，指派人员专职于计划，推进各项沟通和公关活动；积极规划媒体报道，为后续收购的宣布和整合的实施奠定良好基调；在收购临近完成以及完成初期，及时进行客户沟通，在不同阶段采取不同的沟通方式，包括电话、邮件、拜访等，不给竞争对手任何攻击的机会以及尽早传递关键承诺信息，并言行一致地落实。另外，在符合公司发展所需能力的前提下，有选择地尽可能保留管理团队和员工。

（二）建立整合风险的防范机制

随着整合的推进，必须不断地对整合计划进行反馈和修正，因为跨境并购各个子系统的具体整合目标和整合计划都是在特定的时间和环境下指定的，而在整合计划的具体实施过程中，企业的内外部环境都可能随时发生新的变化，从而使实施效果与预期目标产生偏差。因此，整合任务小组要善于分析整合中出现的问题，找出产生问题的原因，并根据环境的变化，对计划进行适当的调整，从而使之后的整合工作更加有效和符合实际。

伴随着整合工作的进行、反馈以及修正等一系列过程，整合前评估阶段、规划阶段未识别的整合风险因子以及未予治理的风险因子，在这一阶段将会集中"爆发"，如文化整合风险等。整合执行阶段需要对所有风险要素进行动态监测、全面评价，针对每一类风险要素的关键点实施控制措施：一是要全员化，即风险评价主体不仅要有高、中层管理人员，还应有基层员工代表；二是要建立跨境并购整合风险的内部控制机制（包括控制环境、控制要素、控制关键点、控制主体、控制措施等）；三是要实施风险控制的内审评价。

四、整合后评价阶段及关键控制点

整合后评价是指在企业整合实施阶段完成后，对企业整合的整个过程进行综合性的评估，从而发现整合活动存在的缺点与不足而进行修正的过程。整合后评价阶段是整合工作的保障，由企业内部审计人员牵头组建评价小组，设定评估指标，按照评估程序，衡量整合活动是否达到目标，监控整合实施完成后公司的经营活动，确保并购价值的实现。此外，还能够展开组织学习，关注企业并购经验的积累。

（一）整合后评价指标的设计

并购评价指标选择和设计的合理与否直接关系到评价体系功能的发挥。另外，PMI 所涉及方面宽泛，面对的风险也是多元的，所以对于整合后评价应针对特定风险设定评价指标与方法，评价指标应由措施性指标和结果性指标构成。

（二）整合经验的学习及交流机制

根据评价结果和存在的问题，明确未来还需进行哪些方面的整合工作以及如何进行，对长期计划进行改进。此外，需要依据评估结果对于整合中已存在的问题进行修正，以及不断地完善，这是企业不断改善整合体系的关键步骤。

第四节 中国企业跨境并购常见整合问题

近年来，中国企业跨境并购十分活跃，但不能否认的是并购后的整合困难重重，所以在一定程度上可以说，签订并购协议取得目标公司的控制权，仅仅是迈出了跨境并购的第一步，并购后整合问题的控制是海外并购更为重要的主题。通过及时识别跨境并购中各类整合问题、风险和挑战，并予以阻断或清除，在吸收目标企业优点的基础上，培育出并购后企业新的核心竞争力。

一、中国企业跨境并购整合中存在的问题

中国企业跨境并购整合过程中的问题、风险和挑战，主要分布在三大环节：一是并购前，战略不清晰；二是并购过程中，尽职调查的专业能力不足，包括识别关键风险，了解海外业务环境等交易环节的挑战性比较大；三是并购后的整合困难，包括整合的规划不充分、文化冲突等。

（一）并购战略不清晰

并购战略是基于公司整体发展战略的实施制定的，企业是否事前制定了清晰的、可执行的并购战略及整合计划，直接影响了企业并购的效果。罗兰贝格发现，难以找到合适的并购目标是中国企业家认为的全球化的主要困难之一。一方面是由于中国企业将更多目光聚焦于价格较低的问题企业，限制了正确并购目标的筛选范围，不擅长充分利用目标地区成熟的第三方机构，造成并购信息获取渠道狭窄；另一方面更重要的是由于全球化战略缺位使部分中国企业没有形成"有的放矢"的主动性并购目标搜索筛选机制。

成功的并购活动不仅依赖于产业发展的环境、并购企业各目标企业的资源能力，更重要的是依赖于并购企业与目标企业的资源和能力的协同。中国企业在进行跨境并购时，关注更多的是目标企业的资源价值，忽视了整合过程中的长期性和复杂性，没有充分考虑并购双方的公司战略、经营方向、组织架构等是否能够协调。所以，在并购之前，买方并未就彼此制定合适的战略目标，并购之后，一旦遇到宏观经济下挫和

整合执行过程中的挑战,并购双方之间将会面临更为高昂的业务冲突内耗成本。

(二) 并购整合能力不足

尽管近年来中国企业跨境并购增速较快,但中国企业全球化程度仍然较低,与中国是全球第二大经济体相比,跨境并购总量和规模依然偏小。在经济全球化深入推进和国资国企改革的大背景下,中国企业跨境并购的潜力巨大,但并购后需要具备的整合能力,往往是大多数"走出去"的中国企业当前所面临的最大挑战,甚至成为难以摆脱的魔咒,直接影响到并购最终的成败。

一些学者认为东西方文化差异和制度差异是并购后整合困难的重要因素,但归根到底,还是由于买方自身经验的不足,人才和管理能力等短板所致,因为这些因素直接影响到并购前的尽职调查、风险评估、并购过程中的资源整合以及并购后协同效应的发挥等。基于此,中国企业必须强化跨境并购整合能力建设,加快推进中国企业"走出去"步伐,服务中国创新驱动转型发展的战略目标。

(三) 资源整合重"硬"轻"软"

中国企业在跨境并购的资源整合过程中,过于偏重"硬"资源整合,如固定资产、生产硬件资源等,而对人力资源、知识资源、核心能力等"软"资源重视程度不足。如公司往往存在对于被收购企业的原有供应商、客户等外部利益相关者的低效管理,被收购企业的关键管理层和技术人才流失等问题,无法保证被收购企业的业务能持续稳定地运行。2013年底,国美在线与库巴网两家旗下电商公司整合,新公司命名为"国美在线",但国美为实现盈利,只从节省成本开始,库巴员工便成为国美的"刀下鬼"。一家企业被收购的价值在于拥有经验丰富的员工、供应链和信息系统等,而国美在线收购库巴,从创始人离开,到90%以上原库巴员工被裁,说明国美没有利用库巴最有价值的资产,收购是一个败笔。

企业在资源整合时"重硬轻软"问题的出现一方面来自于企业对"软资源"整合带来的效果认识不足,另一方面"软资源"的整合需要更高的整合能力和技能,加之"硬资源"整合能够带来立竿见影的效果,导致企业资源整合的短视行为。如中国企业上市公司跨境并购后所表现出来的"第一年绩效提升,第二年绩效下降,第三年并购业务重新剥离"的现象,是资源整合"重硬轻软"后所呈现的必然趋势。据赛迪顾问对中国上市公司并购案例的研究表明,中国企业并购整合期间,目标企业核心员工流失率平均高达35%~40%,高于国外并购案例中人员流失比例近20个百分点,更加反映出中国企业对知识资源的整合和管理能力的不足。

(四) 文化本位主义严重

中国企业在跨境并购时对文化整合的认识普遍不够,并购前缺乏对并购企业和目标企业文化差异和整合的难度进行评估,并购后更多注重有形资源的整合,而不注重无形资源尤其是文化资源的整合,忽视了企业文化协同这一对并购绩效具有深层次影响的重要因素。具体表现如下:

首先,文化整合的关键点把握不准。对企业文化的内涵和外延认识不足,更加注重物质、制度层面的文化整合行为,而忽视了价值观和精神层面的文化整合。但企业文化整合的核心或关键点不在于统一的物质文化和制度文化,而在于共享的价值观指导下的精神文化。在这方面国内多数并购企业做得不够或把握不当,没有确立新企业的共同愿景,没有通过广泛的沟通动员,在管理层和员工中建立起共同的价值观和行为规范。

其次,文化整合节奏失调。跨境并购企业文化整合是一个循序渐进的过程,它起始于并购前双方企业的沟通、了解和初步信任。双方文化的融合需要一个适应与接受的过程,不能过快而强制"一刀切",但它又是在企业战略的指导下进行的,企业在一定时期内需要创造业绩来维持生存和发展,因此整合过程又不能过于拖沓而影响经营业绩。

二、提高中国企业跨境并购整合有效性的措施

(一)注重战略引领

中国企业进行跨境并购会面临更为复杂的海外市场环境,且其困难程度远远超过在国内市场进行的并购活动,但并不能成为并购问题企业的借口。罗兰贝格的建议是,中国企业未来应将并购目标从陷入危机的企业转向更广阔的范围,主动去寻找能够改变行业竞争格局的战略性并购目标和机会,这就需要中国企业在进行跨境并购时做好一系列工作。首先要通过尽职调查降低跨境并购整合中的信息不对称风险,并在此基础上制定详细周密的并购整合战略规划;其次是尽快形成"新企业"统一的战略愿景,用愿景告诉员工"应该做什么"和"如何做",消除整合中的迷茫感,并用愿景引领,形成企业的凝聚力;最后是通过战略能力的转移和扩散培育新核心竞争力。

(二)强化企业跨境并购整合能力建设

跨境并购整合能力建设是一个系统性的工程,贯穿于整个并购过程。首先,在并购前,就要具有厘清跨境并购战略的能力,充分利用"外脑"和内部资源,根据企业战略,结合政策走向、技术发展趋势、消费习惯变化等行业发展趋势,制定清晰的海外并购战略,确定海外并购的细分行业、交易方式、标的筛选流程及并购频次和时间点等。其次要具备有效执行跨境并购举措的能力,做好尽职调查、谈判和审查流程,鉴别交易风险,有效整合规划和执行规划,实现协同效应。最后,培养和提升与跨境并购相关的组织管理、风险管控等一系列核心能力,可以通过建立并购知识数据库、储备并留住国际化高端管理人才和优化并购流程管理等途径实现。全球经济新形势为中国企业"走出去"提供新机遇的同时也带来了挑战,中国企业在今后的跨境并购中应结合当地的产业政策、企业文化等,充分利用海外资本市场,提高并购整合能力。

(三)构建"以人为本"的管理体系

中国企业通过跨境并购来获取拥有特定知识的海外企业,是获取知识从而寻求发

展的有效手段,而通过知识转移和共享机制,促进知识的整合是跨境并购获得知识协同效应的关键,该机制包括知识转移机制、知识学习机制、冲突缓解机制和知识沟通机制等。上述机制的实现都需要卖方的人才来发挥作用,而并购整合不当往往造成企业并购最主要的软资源,即人才资源的流失,最终导致整个并购的失败。因此,制订合适的人才保留计划甚为关键。首先,并购企业要拟定一份人才保留计划名单,明确哪些是优秀人才,哪些是必须留用人才,哪些是可以留用人才,对于重点留用人才要重点关注,及早提拔任用,发挥他们的积极性。其次,通过留用的骨干来促使公司更快走上轨道,达到双赢局面。如联想在收购 IBM-PC 业务时,杨元庆和前 CEO 沃德领导成立了来自原联想和原 IBM 双方不同的人员组成的文化融合团队,负责收集和整理来自公司各部门员工的意见,并在此基础上对新联想的文化进行诠释。在整合第一阶段结束后,原 IBM 全球电脑业务的员工离职率不到 2%。

(四) 及时塑造"公司新文化"

在跨境并购整合过程中,对企业控制环境冲击最大的是文化冲突,跨境并购中跨文化管理与沟通的目标使双方能在企业未来价值、管理模式、制度等方面达成共识。为此,首先在并购前需要做好文化审慎调查,拟订与跨境并购目标相一致的文化整合计划,这样才能使并购企业对即将面临的文化冲突有充分的准备,保证重组后文化整合工作的顺利开展;其次是在文化整合的速度上不要急于求成,要循序渐进,给并购双方员工一个适应接受的过程,通过制度约束、愿景引领、跨文化培训、短期管理人员互换等进行跨文化管理与沟通,使并购双方在文化交流与沟通的过程中真正从内心去接纳、欣赏彼此的文化,进而缩小文化差异,使双方文化实现融合;最后,买方在自身战略发展和原有文化价值观的基础上,构建适应跨国文化的控制环境,求同存异,兼容并蓄,等到文化和团队的融合跨过危险期之后,效率必然会提升。

章后案例

上海一汽并购韩国双龙的整合分析

一、案例概述

上汽是中国三大汽车集团之一,主要从事乘用车、商用车和汽车零部件的生产、销售、开发、投资及相关的汽车服务贸易和金融业务。并购目标公司韩国双龙是韩国第四大汽车制造商,主要生产豪华型高档轿车、运动型多用途车及休闲车,拥有独立的整车设计、研发能力,由 93 家独家经销商组成海外销售网络。1997 年资不抵债而被大宇集团收购,1999 年大宇集团解散,双龙汽车公司分离出来,成为独立的上市公司。此后,由于经营不善,双龙汽车公司的债权债务出现严重倒置,企业濒于破产，最后被债权银行团接管。

为提升自主研发能力，上汽于 2004 年 7 月 28 日斥资约 5 亿美元收购韩国双龙汽车 48.92% 的股权；2005 年 1 月 27 日，上汽又通过证券市场交易，增持双龙股份至 51.33%，正式成为其第一大股东。在并购前，韩国双龙已出现经营不善，濒临破产，被上汽收购后初期开始扭亏为盈，负债率一度降到最低程度。2008 年，金融危机的出现影响了出口市场及人们的消费预期，全球汽车市场低迷，加之国际油价的高涨，双龙以生产 SUV 和大型车为主的弊病凸显，截至第三季度，双龙公司亏损达 1 000 亿韩元，再次濒临破产。2009 年 2 月 6 日，韩国首尔法院接受双龙破产保护申请的决定，根据法庭的判决，上海汽车将放弃对双龙的控制权，但保留对其部分资产的权力。至此，双龙集团由一个价值 5 亿美元的企业而变得一文不值，使得上汽集团付出了将近 40 亿元的代价。

二、从整合角度分析并购失败原因

（一）战略整合

从战略整合角度出发，并购失败主要源于战略目标矛盾及计划难以落实两个方面。首先，上汽和双龙的战略目标不一致。作为买方，上汽以获得海外先进汽车制造技术为目的，以收购整车制造行业的方式扩大企业的生产力，将双龙定位为技术平台；作为被收购方的双龙则更关心其在上汽全球战略中的位置和作用。双龙的员工担心收购后企业的核心技术、生产设备被转移到中国，致使双龙在韩国的工厂缩小甚至关闭。这种隔阂使得上汽很难进入双龙的研发中心，甚至无法接触到双龙的核心技术文件和试验规范。其次，有关双龙的国产问题也屡次遭到双龙高管和工会的强烈反对。2005 年 10 月 18 日，上汽宣布实施 S-100 计划，其核心内容是双龙与上汽在中国合资建厂，各持股 50%，目标是在 2007 年实现双龙产品的国产化，然而双龙工会通过罢工的形式以防止技术流失为借口强烈反对该计划的实施。

（二）人力资源整合

从文化治理整合角度出发，上汽在并购之初向双龙承诺不裁员，原双龙社长苏镇琯为代表的管理层继续留任，所有员工的雇佣也要得到保障，这使得人员和治理层整合遇到了极大的困难。首先，在整合过程中，以苏镇琯为代表的管理层在公司整合中处处施加反作用力，大大阻碍了上汽整合进度，而上汽对双龙人事的控制力很弱，难以罢免苏镇琯，否则工会将无人控制，但若不罢免他，上汽基本无法控制公司管理层。随着公司绩效的不断恶化，上汽才不得不决定，在 2005 年末相继罢免了苏镇琯及原管理层的一些主要人员的职务。除此之外，因并购初期上汽对工会的力量估计不足，给予工会过多的权力，从而制约了上汽控制权的发挥。双龙工会过多地反对或者阻挠上汽的决议，工会的管理已经俨然成为公司治理中的重要一环。2008 年 7 月 10 日，上汽向工会方面提出应裁减生产工人 728 人、管理层 204 人，共 986 人；8 月 9 日，150 名双龙工会成员聚在市政府门前，要求"上汽集团撤回与双龙汽车签署的技术转让合同，停止结构调整，增加国内投资"；8月16日，工会开始实行无限期的"玉碎罢工"，使得公司生产经营全部瘫痪。

（三）文化整合

在文化整合方面，因上汽对双龙企业文化不了解，未正确识别和有效融合双方文化差异，导致了整合效率差、协同能力差。首先，韩国是一个民族情节很重的国家，韩国国民把核心技术看得极为重要，任何有关技术泄露或者转移的消息都让他们紧张。上汽在整合之初并没有很好地做好文化评估，没有认识到两种文化的差异，在控制力不强的情况下想轻易获得核心技术信息显然过于理想化。第二，双龙的文化很注重论资排辈，员工很看重领导者的经验、背景和社交能力，上汽并购之后留用了以苏镇琯为代表的原管理层，这符合双龙的企业文化，而上汽向双龙公司加派的5名高层管理人员中，除蒋志伟58岁以外，其他人的平均年龄为44岁，对于韩方管理者和员工来说太年轻，没有经验。最后，双龙的企业文化还重视上下级间的广泛沟通。从工人做起来的苏镇琯在成为社长后依然经常进入生产车间，跟工会人员关系也十分密切。相比之下，上汽在弱控制环境中，显然无法选派足够多的管理人员到一线，导致企业内上下级间的沟通机会减少，也使得上汽的一些重要计划难以得到双龙职员的信任和认同。上汽在没有工会参加的情况下与双龙管理层签订的合作计划，也是因为缺少沟通才招致了工会的强烈抵制。

三、小结

上汽集团希望通过并购韩国双龙汽车公司来提高品牌知名度和获取先进技术，并结合自身的低成本优势，加快自主品牌研发，走国际化发展道路，但是最终以失败收场。分析其原因：首先，并购前期上汽对卖方并未做好尽职调查，未能准确评估对方的能力，对跨境并购风险识别不足。其次，上汽集团对韩国双龙的整合不到位，不能及时消除跨境并购整合中的阻力。跨境并购整合包含了一系列整合内容以及整合方式的运作，如果仅仅追求跨境并购的短期财务效应而不重视并购后的整合，则必将导致企业并购的失败。

第七章 跨境并购绩效评价

——成功的秘诀,在永不改变既定的目的

并购绩效通常采用事件研究法和财务指标法进行评价,但由于这两种方法对评价时点、评价周期比较敏感,有时无法对并购绩效得出一致结论。同时,考虑到并购绩效评价不应独立于并购动因,而且中国企业跨境并购具有明显的阶段性动因,所以应该结合并购动因进行跨境并购绩效评价。

第一节 跨境并购绩效评价的一般方法

跨境并购绩效的研究方法主要有事件研究法、单一财务指标法、综合财务指标法(包括比重评分法、熵值法、层次分析法、主成分分析法和因子分析法)等。

一、事件研究法

(一)事件研究法的定义

事件研究法(Event-Study Methodology)是由 Fama、Fisher、Jensen 和 Roll 在 1969 年提出的,是并购绩效检验中最为常用的方法之一。事件研究法认为特定事件对研究对象所产生的影响会通过相应的股票价格变动表现出来,其影响程度可以用非正常收益衡量。该方法把企业并购看作单个事件,确定一个以并购宣告日为中心的"事件期"(如 -1 天、+1 天),然后采用累计超常收益(CARs)方法来检验该并购事件对股票市场的价格波动效应。

事件发生时股价可能发生波动,相比正常的收益会产生差异,计算这个市场收益率与实际收益率的差值作为预期报酬率,然后在事件期内计算累计报酬率,用这个累计报酬率来衡量并购对公司股价的影响。如果累计的超常收益为正,说明并购增加了公司的价值,并购绩效是正面的;如果累计超常收益为负,说明事件发生对公司股价产生了负面影响。得出累计超常收益还不够,无法确定这种正负影响是否足够明显,所以还必须进行显著性检验。一般认为累计超常收益率是正的且变化明显,则可以说并购增加了股东价值,并购总体上是成功的。

(二) 事件研究法步骤

CAR 的常用算法具体可以分为市场模型法、均值调整法和市场调整法。

一是市场模型法，该方法是根据相关资产定价理论的模型计算（正常）预期收益，模型的基本形式是：

$$R_{it} = \alpha_i + \beta_i R_{mt} + \varepsilon_{it}$$

其中，R_{mt} 为市场第 t 天的指数（例如沪深 300 指数），β_i 反映的是 i 企业的市场风险敏感度，α_i 反映的是在考察期间内无法由市场来评定的企业平均收益，ε_i 是统计误差值，这里 $\sum \varepsilon_i = 0$。通过模型回归分析可以算出 α_i 与 β_i 的值，即 α_i' 与 β_i'。

把这些估算值，即 α_i' 与 β_i' 代入市场模型就可以得到每个企业在"事件期"内每天的预期（正常）收益，模型如下：

$$R_{it}' = \alpha_i' + \beta_i' R_{mt}$$

其中 R_{mt} 为事件期内实际每天的市场指数收益。

市场模型是对常均值收益模型改进的一种模型。它去除了与市场组合收益变化相关的收益部分，减少了非正常收益的方差，从而可能增强检测事件效应的能力。选择该模型的利与弊主要取决于该模型回归时的 R_2，R_2 越大，则非正常收益方差被去除的部分就越大，选择该模型就越有利，反之亦然。

二是均值调整法，均值调整法的前提是确定"清洁期"，即确定与事件相关的正常日期，然后估算企业在"清洁期"内的每日平均收益。"清洁期"的选择可以是在"事件期"之前和"事件期"之后，但是不能包含"事件期"。

计算企业在"事件期"内每天的预期收益，从而得到企业在"清洁期"内的日平均收益，即：

$$R_{it}' = \overline{R_i} = \sum_{t=-240}^{-41} R_{it}/200$$

此时，可根据预期（正常）收益 R_{it}' 的值计算累计超常收益。

三是市场调整法，市场调整法是三种方法中最为简单的，它的核心思想是假设股票在"事件期"内每天的预期（正常）收益率 R_{it}' 就是其市场指数的收益率，即 $R_{it}' = R_{mt}$。因为通常 α_i' 的值都很小，而 β_i' 的平均值为 1，因此市场调查法计算当样本企业 $\alpha_i' = 0$，$\beta_i' = 1$ 时，市场模型近似值是有效的。

(三) 事件研究法在跨境并购绩效评价中的应用

国内外文献运用事件研究法探究跨境并购对公司绩效的影响，观点不一。国内外学者一些实证研究发现收购公司的股东在事件窗口期获得了显著为正的平均累积超额收益率，跨境并购在一定程度上改善了企业经营绩效，但是有些学者研究发现，收购公司的股东获得了显著为负的平均累积超额收益率，跨境并购并未给公司带来稳定的交易绩效。另一些研究则认为跨境并购之后的制造企业的绩效并没有显著变化，或者短期内能为企业带来正向绩效，但就长期来说，绩效无显著提高。

事件研究法具有完善和严谨的理论基础，有较低的操作成本，并且能够有效避免其他方面对研究结论的影响，因此事件研究法是一个真正意义上的创新，是研究现代金融学的经典方法之一。通过观察超常收益率对事件产生的影响而进行精确和直观的判断，具有过程简单、前瞻性和线索清晰等优点。然而事件研究法也存在一些局限性，具体表现为两个方面。一方面是"事件期"长短的确定。事件研究法基于投资者能够准确估计合并公司未来现金流量和风险变化的核心假设，这取决于资本市场的效率和资本市场的微观结构运行。无论是在短期还是在长期，都不是完全有效率的，而且研究结果对"事件期"的选择非常敏感，"事件期"长度选择过长或者过短都会影响研究方法的有效性和适用性。另一方面是研究方法的局限性。事件研究法的运用建立在两个基本假设的基础上，即资本市场以及市场参与者都是理性的。由于其基本假设过于严苛，因此在非市场有效的情况下，不能盲目地使用事件研究法进行研究分析，否则分析的结论有可能缺乏合理性和客观性。同时，由于事件研究法主要依据公司股票价格的波动情况来评价并购的绩效，对证券市场要求较高，常常被用作国外发达资本市场中对并购绩效的评价标准。

二、财务指标法

财务指标法主要包括单一财务指标法及综合财务指标法。

（一）单一财务指标法

单一财务指标评价法使用起来比较简单、直观。资产回报率 ROA、销售回报率 ROS、股权回报率 ROE、每股收益 EPS 均可评价并购业绩。单一指标中最常用的是 ROE 值，能够综合反映并购业绩，在评价时只需计算出企业并购前后的 ROE 值，并对其进行比较。若并购后 ROE 值增大，表示并购后企业盈利能力比并购前有所提高，则并购是有效的，反之并购无效，但企业并购的绩效需要用多种类型的指标从不同角度反映企业综合实力的变化。

（二）综合财务指标法

1. 比重评分法

比重评分法最初是由亚历山大·沃尔于 1928 年提出的，选择 7 种财务指标，并分别规定它们在综合评价中所占的比重，使各指标的比重总和为 1 000，然后确定标准财务指标，并将实际财务指标值与标准指标相比较，评出每项指标的得分，最后利用各指标的比重作为权重得出最终的综合得分。比重评分法主要是利用主观判断的方法确定出各评价指标的比重，分析所得的评价结果缺乏客观性，在一定程度上影响了计算结果的科学性、准确性。

2. 熵值法

熵是事件包含信息量多少的量度。一个事件的不确定性愈强，其熵愈大。对于一个必然事件，其熵为 0。因此，根据熵的性质，我们可以判断一个事件的随机性，也可以由此判断某个指标的离散程度。一般来说，指标的离散度越大，其熵值越大。熵值法主要是从数据间的差异出发。在使用多个指标对事物进行评价时，若对某个指标个体之间的差异不大，则该指标在综合评价中所起的作用就小。反之，若对某个指标而言，个体之间取值的差异波动很大，即该指标的离散程度很大，则表明该指标对综合评价有很重要的影响。因此，可以利用熵值作为确定指标权重的依据。熵值法具有一定的客观性和科学性，但这种方法不能很好地反映相关指标间的关系。

3. 主成分分析法

主成分分析法是把多个指标转化为少数几个综合指标的一种统计分析方法。在多指标研究中，往往由于变量个数太多，并且彼此之间存在一定的相关性，因而使得所观测的数据在一定程度上反映的信息有所重叠，而且当变量较多时，在高维空间中研究样本的分布规律比较麻烦。主成分分析法可以在保证数据信息损失最小的前提下，经线性变换和舍弃一小部分信息，以少数新的综合变量取代原始采用的多维变量。主成分分析法是通过在多个指标中寻找主成分，用主成分来充分反映原来的信息，并通过主成分得分来确定权数，降维作用较明显，最后得出综合主成分值，所得的结果客观性强，但有时用此方法得到的主成分无明显的实际经济意义。

4. 层次分析法

层次分析法是一种定性分析和定量分析相结合的评价决策方法，它将评价者对复杂系统的评价思维过程数学化，其基本思路是评价者通过将复杂问题分解为若干层次和若干要素，并在同一层次的各要素之间简单地进行比较、判断和计算就可以得出不同替代方案的重要度，从而为选择最优方案提供决策依据。层次分析法的特点是：能将人们的思维过程数学化、系统化，便于人们接受；所需定量数据信息较少，但要求评价者对评价问题的本质、包含要素及相互之间的逻辑关系掌握得十分透彻。这种方法尤其可用于对无结构性的系统评价以及多目标、多准则、多时期等的系统评价。

（三）财务指标法在跨境并购绩效评价中的应用

财务指标分析考查的时间区域长，它是以并购年度末的报表数据为依据，能从较长的时间跨度上考查公司并购后成本、收益、资产质量等内在因素的变化，能更全面地反映公司并购对公司价值的影响。财务指标能直接测算，使用的数据既可方便取得，也容易理解。

然而，财务指标法也存在一些缺陷。首先，财务数据被设计来测算实际表现，使他们在经济意义上可能不准确。因为财务数据主要是基于历史数字，具有时点性，而不具有时效性，常常忽略了当时的市场价值，对投资者抑或对上市公司的经营管理者都有误导作用。其次，使用不同的会计方法和会计原则，使得同一会计数据对于会计事实有不同的表述，也会造成对公司并购绩效评价产生偏差，且由于财务报表容易被人利用做虚假包装，用财务指标评价法对公司并购绩效进行评价时，必须首先确定财务数据的真实性和可靠性。如果采用指标体系，通过构建综合指标来评价上市公司的经营绩效会相对科学合理。最后，财务指标多反映盈利能力、运营能力等，不能有效度量并购后企业品牌、商誉等非财务指标的变化对业绩带来的影响。

总而言之，财务指标法主要测算经济利益，适用于利润中心组织和独立企业。财务指标法可以有效促进获得经济利益，但这种方法容易引导组织追求短期的经济利益，从而忽视长期利益。

三、非财务指标法

基于财务数据的企业并购绩效研究存在两个问题：一是绝大多数上市公司公开的财务数据是多期的数据累加所得，因此不能区分公司规模对绩效的影响；二是上市公司公开的财务数据都是历史数据，不能研究预期结果。同时，单纯的财务绩效评价方法在信息的整合或是指标的处理技术上，都较难兼顾跨境并购活动的高度复杂性以及跨境并购前后投入及产出的价值效率。

企业并购绩效的非财务指标法应着手于微观和宏观两方面。具体从以下五方面考虑：（1）并购是否达到合理的规模经济。（2）并购是否实现深度关系变革。（3）并购是否协调了企业之间的关系。并购是一家企业吞并另一家企业，这种行为产生的一个重要动因是企业之间存在差异，具有各自不同的优势和缺点，所有这些差异，都要求企业之间相互协调彼此补充，以达到共同发展的目的。（4）并购是否有利于产业结构的调整。①观察是否能促成新兴技术部门的形成；②能否提高存量资产运行效率。（5）并购是否实现市场优势效应。构成市场优势地位，并不要求企业完全摆脱竞争压力，判断相关企业是否拥有市场优势地位，需要从企业的绝对规模和相对规模两个角度进行分析，而企业的相对规模主要应从市场份额、主导定价能力、资金优势、市场准入壁垒以及供应商或消费者对相关企业的依赖程度等方面进行考虑。

具体步骤为：第一，考察并购双方并购前后的技术水平，通过分析双方在并购完成后技术能力的变化，即并购行为是否有助于公司新产品的开发和技术水平的提升，来评价并购绩效。第二，考察并购双方并购前后的生产能力，通过对比双方在并购及整合行为前后各自生产能力的扩张情况，即并购行为是否带来了产能的扩大，来评价并购绩效。第三，考察企业市场占有率情况，通过比较并购双方在并购前后相关主业的市场份额的变化，即并购是否改善了公司的市场占有率和提升了公司相关产品的竞争力，来评价并购绩效。第四，从并购对公司营销渠道搭建等方面的影响综合评价并购绩效。

第二节 基于动因的跨境并购绩效评价

随着中国世界经济一体化步伐的加快，中国企业面临的经营环境越来越复杂，风险也越来越大，越来越多的企业由于品牌、技术等原因转而借助跨境并购的方式来提升整体竞争力，拟在市场中立于不败之地。然而，中国企业跨境并购失败率过高的呼声不绝于耳，一些企业或者未做好并购前的充分调研，或者因为没有较为周全的并购整合计划，导致并购整合失败。

国内外学者针对跨境并购的动因和绩效评价进行了大量的研究，但是大多数的文献都是从微观视角来对公司进行财务分析,看其业绩表现,研究视角较为单一。这些绩效评价的方法绝大多数都独立于并购动因而存在,基于并购动因的绩效评价指标更是少之又少。即使有少数从非财务角度进行了绩效分析,这些分析也没有相应的参考依据和明确的指标。从研究方法来看,传统的事件研究法和财务指标分析法既没有考虑并购者的并购动因,又忽视了利益相关者的利益诉求,不能对并购绩效做出科学评价。由于中国特殊的经济和社会环境,证券市场不完善,股票经常发生扭曲,以股价的变动来衡量上市公司并购绩效的事件研究法存在一定的局限,而财务指标法也过于片面。

此外,多年来国内外多位学者的研究和实证分析,都不能够对跨境并购绩效下一个准确的定义,学者们得出的结论往往不能达成一致,甚至相互矛盾。一些学者认为并购可以提升企业的绩效从而促进企业发展,另一些学者则认为并购不会为企业带来正的绩效改善,反而会降低企业的综合绩效。这些矛盾可能是样本容量小、数据难以获取、衡量并购绩效的方法和时点不一致造成的。基于上述情况,有必要进行更深一步的研究和探讨,采用一种相对适宜、相对全面的评价方法来分析企业并购的绩效,以更好地解释跨境并购绩效的问题,为企业制定跨境并购的决策提供参考。

并购是公司为了满足其并购动因而采取的一种投资行为,要检验并购的成败,首先就要看并购者的需求是否得到了满足,即并购结果是否达到公司的并购动因,这是并购行为的基本绩效,也是并购者的主观要求。不同理论的前提和分析方法不同,导致了研究的侧重点和结论都有所差异,但是梳理现有的理论可以发现,企业的跨境并购并没有脱离技术获取、资源获取、市场寻求这三类动因。因此,本文预期将跨境并购的动因分为技术寻求动因、资源寻求动因、市场寻求动因,再基于这三个动因进行跨境并购绩效评价指标设计,将这些指标用计分法统一单位再加权得出基于动因的绩效评价体系。以此体系,结合财务绩效,利用矩阵评价模型,得出跨境并购的绩效评价结论,如图7-1所示。

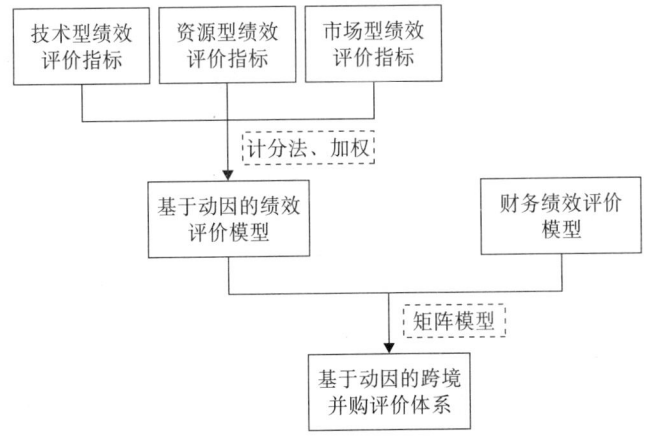

图7-1 本节研究内容框架图

一、基于动因的绩效评价指标的确立

(一) 技术获取型动因

企业为了实现技术追赶与跨越而选择的技术获取型跨境并购，是指企业通过跨境并购充分利用接近当地技术资源的优势，达到跟踪、学习和获取先进技术和适用技术的目的，这已成为企业增强国际竞争力、增强技术创新能力、扩大市场份额的重要战略。上述概念中对技术的定义可以从两方面进行界定。狭义的技术偏向生产方面，指为制造特定工业产品所需的组织、管理及技能方面的知识，即"专门技术"。广义的技术是指人类把科学知识、技术能力和物质手段等要素综合起来所形成的一个能够改造自然的运动系统。

基于技术获取型动因，寻求协同效应是中国企业进行跨境并购的重要目的。跨境并购后通过对目标企业的整合，实现资源优化配置和产生协同效应，最终提高企业的绩效。对于中国以技术创新驱动的跨境并购，协同效应不仅是静态的，更重要的是动态的，如互补性资源和技能的配合，提高并购后的创新能力，从而对市场份额和利润产生长期的积极影响，特别是在技术变化迅速和创新驱动的行业，动态的协同作用显得尤为重要。

企业在技术获取型跨境并购中获得了目标方企业具有相似性（Similarity）或者互补性（Complementarity）的资源，包括技术、管理经验、市场、产品等方面的资源。来自发展中国家的企业作为技术落后的并购方，需对相似性和互补性的资源进行整合产生协同效应，从而提升并购方企业自身的生产函数，获得技术进步。

技术获取型跨境并购首先可以获得的是经营协同效应。生产同类产品的两个企业，如果并购方在市场占有率方面有明显优势，被并购方在技术研究方面有自己独特的见解，则两个公司具有互补性，若二者之间发生并购，将会产生理想的协同效应。管理协同效应也是一些技术获取型企业选择跨境并购的重要目的。许多需要获取技术的企业都是传统的老牌企业，他们除了存在技术落后的问题，还存在经营者管理理念落后、管理水平低下等问题。这类技术和管理水平都落后的传统企业，在技术获取型的跨境并购动因下，并购了海外的技术型企业后，往往还能带来管理水平的提升，并购方还能获得管理上的协同效应。

为实现这些协同效应，本文设计了技术型跨境并购的绩效评价指标。本文的指标选取一部分参考了烟台万华并购匈牙利 BC 公司的案例。2011 年 1 月 31 日，烟台万华化学以 12.63 亿欧元取得了匈牙利 BC 公司 96% 的股权，成功实施了对 BC 公司的并购。匈牙利 BC 公司具有很高的 MDI、TDI 和 PVC 产能，也有优秀的研发团队和先进的研发成果。万华集团也是中国"火炬计划重点高新技术产业"，每年将销售收入的 3.5%~5% 用于研发，可见万华化学具有对国外先进技术的学习和创新能力。所以，通过并购 BC 公司不仅可以获得该公司的专利技术，还可以提高产品生产工艺、促进新型产品的开发。

从上述案例可以看出，基于技术获取的跨境并购动因，并购后的研发投入和专利数量都可以作为评价动因的绩效指标。并购后，企业吸收了国外先进技术并提高了创新能力，可以提高产品的生产工艺，从而在产品生产速度和产品质量上都有提高。企业还可以利用先进技术，促进新型产品的开发，所以新产品推广数量的变化也可以作为评价企业基于技术获取型动因的并购绩效的一个指标，并且在一定程度上能够反映经营协同的效益。

（二）资源获取型动因

资源获取型跨境并购是以获取资源为导向的跨境并购。"资源"本身的定义包括自然资源和社会资源两大类。其中，自然资源又包括土地、水利、生物、气候、海洋等。资源获取型跨境并购中所指的"资源"特指自然资源。

中国幅员辽阔，是资源丰富的大国，然而庞大的人口基数既导致了中国人均资源占有量的匮乏，又决定了中国是资源消费大国，每年对石油、天然气、铁、铝和稀有金属等重要资源需求量非常大。这样一来，满足中国工业化进程的能源缺口日益显现，中国在能源和大宗矿产资源上是必然短缺的，很难自给自足。中国市场的巨大需求推动中国企业通过海外并购获取当地资源。在中国所进行的资源获取型海外并购中，大部分都是为了获取目标公司所在国的能源和矿产类资源，其目的无外乎可以将这些资源稳定地被人们所利用。在中国的海外并购事件中，作为投资目标的资源主要包括石油、天然气等能源资源和铁矿石、有色金属等矿产资源。

按照交易成本的相关理论，通过上下游企业之间的纵向并购活动，资源获取型的跨境并购也可以达成经营协同效应。例如，A公司为某一产品的原材料供应企业，B公司为该产品的制造生产企业，A、B企业则为简单的上下游供销关系，当A和B发生并购之后，就可以有效地减少相关的交易成本，从而提高企业的整体运营效率。

2016年5月，洛阳钼业公告以15亿美元收购英美资源的巴西铌磷矿，以26.5亿美元及不超过1.2亿美元的或有对价（取决于2018~2019年的铜钴价格）收购自由港麦克米伦公司位于刚果的铜钴矿。标的资金总额折合269.75亿元人民币。在A股同步推出非公开发行最多56.78亿股新A股，每股作价不低于3.17元人民币，融资不超过180亿元人民币用于替换前期公司投入的收购资金。目前洛阳钼业的货币资金为134亿元人民币，需垫付的并购资金为269.75亿元人民币，那至少需要新增136亿元人民币过桥贷款，但是全球矿产资源位于阶段性周期底部，为资源类企业的并购整合提供了有利契机，所以不应关注短期的绩效。

资源获取型跨境并购进行的海外投资就是为了得到目标国的自然资源，这类投资的目的就在于将目标国的资源或是利用这些资源生产的产成品更加便利地销往主并企业所在国或者除主并双方所在国的国家，实现经营协同。根据这一目的，可以选取以下绩效评价指标：

1. 资源的数量、质量、种类

基于资源获取型并购，企业并购境外企业的时候所看重的资源数量、质量和种类未必在并购完成后得到实现,并购后真正获得的资源才是衡量企业并购绩效的指标。

2. 境外营业收入的提高比例

境外收入可以来自于目标企业所在国,或者是除主并企业所在国以外的国家。境外营业收入提高比例的计算公式为:(并购后境外营业收入占总收入的比例/并购前境外营业收入占总收入的比例)-1。

(三) 市场获取型动因

市场获取型对外直接投资是以占据和扩大海外产品市场为目的的对外直接投资行为。市场获取是中国对外直接投资中最为重要和普遍的动因。中国企业通过跨境并购开拓海外市场比重新设立一个新的跨国公司要有效率得多,因为跨境并购可以利用被并购企业原有的行销网络,迅速打开市场销路,甚至将原来的竞争对手变成合作伙伴。如果中国企业要跻身新行业、新领域,跨境并购可以使中国企业利用现有的品牌效应和市场网络,迅速在全新领域中创造效益。

2012年5月,大连万达集团和美国AMC影院公司签署并购协议,万达出资26亿美元,包括购买AMC100%股权和承担债务两部分。AMC作为世界排名第二的院线集团,旗下共拥有346家影院,2011年收入约为25亿美元,票房则达到上百亿美元。它还是全球最大的IMAX和3D屏幕运营公司,拥有共计5 028块屏幕,其中IMAX屏幕为120块,3D屏幕为2 170块。万达集团并购成功,必将利用其成熟的市场网络为自身企业开创新的发展空间。

万达通过此次并购,提升了财务协同效应,并购双方的举债能力均有所增强,内部资本替代外部资金使得综合资本成本下降。若并购方利用被并方经营的亏损,可以确认一定的递延所得税,也可以实现财务协同。基于市场获取型跨境并购,还可以获取经营协同效应。销售力量的合并及销售规模的扩张可以节约营销费用,例如销售人员裁员、销售机构合并及广告支出摊薄等,同时利用对方的销售网络进入新市场使得销售量增加。

对市场获取型跨境并购的绩效评价指标中,销售额的大小、占比、增长反映了一个企业在目标市场的市场份额。市场获取型对外直接投资的绩效评价可以从企业在目标市场的销售数量、市场占有率、市场增长率、市场增加值以及市场渠道的多元化等指标来进行量化。企业通过跨境并购可以直接获取被并购方的海外市场渠道资源、品牌资源,以进一步扩大企业的海外市场。

综上,基于三个并购动因的跨境并购绩效评价指标如表7-1所示。

表7-1　　　　基于并购动因的跨境并购绩效评价指标设计

跨境并购动因	并购评价指标	变量	绩效指标的权重
技术获取型	研发投入	T_1	$W_{1,1}$
	新产品推广数	T_2	$W_{1,2}$
	专利持有数	T_3	$W_{1,3}$
	产品生产速度	T_4	$W_{1,4}$

续表

跨境并购动因	并购评价指标	变量	绩效指标的权重
市场获取型	销售数量	M_1	$W_{2,1}$
	市场占有率	M_2	$W_{2,2}$
	销售增长率	M_3	$W_{2,3}$
	市场增加值	M_4	$W_{2,4}$
	市场渠道的多元化	M_5	$W_{2,5}$
资源获取型	资源的数量、质量、种类	R_1	$W_{3,1}$
	境外营业收入的提高比例	R_2	$W_{3,2}$

二、基于动因的绩效评价模型

表7-1中所列的绩效评价指标中既包括定量指标，又包括定性指标，既有财务指标又有非财务指标，每个指标的内容和量纲又各不相同，不能直接得出综合的评价结论，所以必须先将这些指标进行无量纲化处理和转化，消除原始变量（评价指标原值）量纲的影响，才能得出综合评价结论。一般来说，对每个指标进行打分是最为广泛采用的评价方法。它通过将指标的原值转化为评价分数的办法，实现了无量纲化处理，从而形成综合各种因素的评价结果。本文采用百分制计分，计算公式为：

评议指标总分 = ∑每位评议人员判定的评议指标分数/评议人员总数

从前面的表7-1可以看出，为了避免评价的偏颇，每个跨境并购动因的并购绩效评价指标都为多个，因此需要对每个并购动因所选取的绩效评价指标分别赋予权重。由于并购交易是非常专业的项目，本文所设计的并购绩效评价体系的运用需要具有深厚的跨境并购理论和跨境并购实践经验的专家指导，指标权重的设计适合采取专家根据每个指标的重要性确定的方法，至此才真正形成并购绩效评价指标体系，如表7-2所示。

表7-2　　　　　　　基于并购动因的跨境并购绩效评价体系

并购动因	评价指标	计算方法
技术获取型	研发投入	
	新产品推广数	
	专利持有数	
	产品生产速度	
市场获取型	销售数量	
	市场占有率	销售额/市场总额
	销售增长率	年销售增长额/上年销售额
	市场增加值	期末公司调整后的营业净利润 - 按期末公司资产的市场总价值计算的加权平均资本成本
	市场渠道的多元化	

续表

并购动因	评价指标	计算方法
资源获取型	资源的数量、质量、种类	
	境外营业收入的提高比例	并购后境外营业收入比例/并购前境外营业收入比例 −1

注：$W_{1,1} + W_{1,2} + W_{1,3} + W_{1,4} = 1$，其他同理。

当计算技术获取型绩效评价时，公式为：

$$XT = W_{1,1} \times T_1 + W_{1,2} \times T_2 + W_{1,3} \times T_3 + W_{1,4} \times T_4 \tag{1}$$

同理，市场获取型绩效评价公式为：

$$XM = W_{2,1} \times M_1 + W_{2,2} \times M_2 + W_{2,3} \times M_3 + W_{2,4} \times M_4 + W_{2,5} \times M_5 \tag{2}$$

资源获取型绩效评价公式为：

$$XR = W_{3,1} \times R_1 + W_{3,2} \times R_2 \tag{3}$$

XT、XM、XR 分别代表技术型、市场型、资源型的跨境并购绩效。

三、基于动因的跨境并购绩效评价体系

下面将结合基于动因的跨境并购绩效评价指标，即上市公司并购动因与并购结果的匹配程度（X）和经营绩效评价指标，即上市公司并购后经营业绩的改善程度（Y）来进行综合评价。

财务绩效分析不是本书讨论的重点，在此不多赘述。本书预期使用单一财务指标法，如净资产收益率（ROE）、资产回报率（ROA）、销售回报率（ROS）、每股收益（EPS）等指标通过筛选，选取一个进行财务绩效分析，最后将财务绩效的改善程度用 Y 表示。根据以上评价指标体系，用表 7 − 3 对上市公司并购绩效进行综合评价。

表 7 − 3　　　　　　　　　　跨境并购综合评价矩阵

	匹配 X1	不匹配 X2
改善 Y1	好	良好
未改善 Y2	较差	差

从以上矩阵，可以分析得出以下结论：

对于并购结果实现了并购动因，且并购后上市公司经营业绩得到改善的并购行为，即 X1Y1 组合，并购绩效好，是成功和理想的并购行为。

对于并购结果虽然没有实现并购动因，但并购后上市公司经营业绩得到改善的并购行为，即 X2Y1 组合，并购绩效良好。因为只有并购后上市公司质地的改善才能真正给社会创造财富，所以这种并购绩效虽然不是最理想，但仍不失为一种良好的并购行为。

对于并购结果实现了并购动因，但并购后上市公司经营业绩并未得到改善的并购行为，即 X1Y2 组合，可能仅仅是报表性的重组，并购绩效较差。

对于并购结果既未实现并购动因，并购后上市公司经营业绩也未得到实质改善的并购行为，即 X2Y2 组合，并购绩效最差，属并购失败。

章后案例

联想并购摩托罗拉的绩效评价

一、基本情况

2014年1月30日～10月30日的9个月时间里，联想集团以29亿美元从谷歌收购摩托罗拉移动。摩托罗拉移动的3 500名员工、2 000项专利、品牌和商标，以及全球50多家运营商的合作关系都归入联想移动业务集团，由联想集团高级执行副总裁刘军执掌。根据双方达成的协议，收购价约为29亿美元，包括在收购完成时支付14.1亿美元，其中包括6.6亿美元的现金和7.5亿美元的联想普通股股份支付，而余下的15亿美元将以三年期本票支付。

二、并购绩效评价

基于获取渠道和市场、获取品牌和技术及布局相关产业等动因，联想集团收购了摩托罗拉的移动业务。那么，此次并购的效果到底如何，以及联想集团是否实现了其并购动因，我们将从以下三个方面进行分析。

（一）获取渠道和市场

联想手机业务目前主要是在中国、东南亚、俄罗斯等新兴市场国家。摩托罗拉最强劲的市场表现在北美和南美洲，联想收购摩托罗拉，快速获得其营销渠道和运营商关系，减少渠道费用，缩短时间，将推动联想快速进入欧美成熟市场，为成为世界型企业打通了渠道障碍，布局全球市场。但是，联想的预期并未实现。联想接手摩托罗拉后，2015年联想手机业务全球销量同比下跌13%，官方表示主要是受中国和北美洲的表现下滑所致。2016年，联想的手机销量持续下滑，国内市场智能手机出货量下滑85%，仅仅售出了1 500万部智能手机，市场份额由2015年的第6位下滑到2016年的第11位。联想预期通过摩托罗拉的销售渠道扩展市场份额的目标并未实现。

（二）获取品牌和技术

完成此次收购后，联想获得了摩托罗拉的品牌、丰富的产品组合及让人羡慕的专利，还获得了摩托罗拉的核心团队。联想拥有因收购带来的2 000个专利，同时联想将可以使用21 000个交叉授权的专利，解决了联想手机进入成熟市场的专利保护问题。摩托罗拉在33个国家的3 500名员工也归联想，这3 500名来自芝加哥、纽约、南京、北京、深圳、上海等地的摩托罗拉员工在移动领域拥有丰富的研发经验，对研发薄弱的联想也将带来极大的技术支持。

(三) 布局与联想手机战略相匹配的业务和产业

联想在手机行业缺乏引领行业的技术内核和产品,单靠自身实力难以逾越行业龙头苹果、三星。联想将智能手机等移动产品作为战略核心,并购、收购其他竞争对手,增强竞争力量,实现了"1+1>2"的效应。

三、小结

综合来看,联想历时9个月对摩托罗拉移动并购后形成多赢的局面。MOTO被联想并购是一则利好消息,在此消息的影响下,摩托罗拉的季度营业额达到17亿美元,单季度销量也达到800多万部,营业额得到大幅增长,利润亏损减少。这样一来,摩托罗拉复兴有望;谷歌摆脱尴尬局面,专心做软件;联想通过并购MOTO获得海外成熟市场的通行证,离成为全球霸主目标又近了一步,跨境收购已成为联想积累专利、快速国际化的一种捷径。

第八章 中国企业跨境并购风险与防范

——不进行研究的投资,就像打扑克从不看牌一样,必然失败

英国《经济学人》中写道,"企业合并要比好莱坞明星结合的失败率更高",一语道出了并购的艰难。中国企业在跨境并购中不可避免会遇到各类风险,跨境并购的风险如果不能被及时识别与防范,将大大增加跨境并购的成本,甚至导致并购活动的失败。近年来,中国企业跨境并购失败的案例频频发生,表明中国企业对跨境并购中潜在的各类风险了解得不够全面和深入,缺乏相应的应对和防范措施。本章将从跨境并购风险概念与理论分析入手,依据中国企业跨境并购流程区分各类跨境并购风险,进而提出跨境并购风险防范措施。

第一节 跨境并购风险概念及理论分析

一、跨境并购风险的概念

学术界对风险有不同的定义,大体可分为两类:第一类强调风险的不可确定性;第二类强调风险损失的不确定性。无论哪种定义,风险与不确定性始终紧密联系在一起。因此,本书将风险理解为未来的不确定性对企业实现其既定目标的影响,或者是造成损失的可能性。

从风险的定义出发,跨境并购风险指的是企业在跨境并购经济活动中由于不确定因素的影响,导致企业无法实现预期目标的可能性以及由此给企业正常经营和管理所带来的影响程度。具体来说,是指由于外部环境的不确定性,跨境并购项目的难度与复杂性,以及买方自身能力与实力的有限性,导致并购企业达不到预期收益目标的可能性。这里会出现几种情形:一是并购企业因为前期准备不足和外界不确定性的影响未能按预期接管目标企业,自然难以实现预期并购目标;二是在并购协议签署之时,由于国家安全审查和审批等原因,使得并购计划半路夭折;三是并购企业通过一系列并购措施,最终接管了目标企业,但接管后整合效果不如预期,难以达到企业价值最大化的目标,所以说跨境并购风险自始至终都存在。只要存在跨境并购行为,就有可

能产生跨境并购风险,并贯穿于并购的全过程,而且预测期越长,不确定性因素越多,风险越大。如果企业在跨境并购过程中对风险处理不当,就会导致各种后果,如跨境并购失败、跨境并购后企业业绩下滑、跨境并购后被动出售或分离等。

二、跨境并购风险的分类

跨境并购风险分类方式繁多,客观上要从不同角度、按照不同标准对其进行分类,以便在并购实践中识别、分析并有效地防范并购风险。相较于其他分类,从跨境并购的实际操作流程为切入点分析风险,更有助于中国企业发现各个阶段可能存在的风险,从而及时地采取防范措施,故本书按照各个并购阶段将跨境并购风险划分为并购准备阶段风险、交易阶段风险以及整合阶段风险。

(一) 并购准备阶段的风险

在签署协议之前统称为准备阶段,主要包括拟定战略计划、组织和搜寻目标企业等工作,在此阶段主要存在战略决策风险、目标选择风险、法律风险和目标企业定价风险。企业的发展状况不尽相同,在进行跨境并购时应该选择不同的并购战略,战略决策恰当与否,对并购成败至关重要。以多元化并购战略为例,首先如果企业在没有核心能力支撑的情况下过度扩张和盲目多元化,就有可能造成主营业务不突出,使企业竞争力严重削弱,管理不力,陷入经营困境。其次,企业进行跨境并购时并购目标与战略不匹配或与并购目标的实现有较大偏差时,不仅失去了商业谈判的筹码,而且伴随的将是其后期持续经营中的隐忧。各国的法律制度有比较大的差异,对待外资有不同的法律规定,在并购的过程中必然遇到众多方面的法律风险。最后,由于并购企业对目标企业的资产价值和获利能力估计过高或过低,导致超过了自身的承受能力或并购失败牺牲前期投入。

(二) 并购交易阶段的风险

并购交易阶段风险指的是在并购协议签署之后交割时的各项流程,主要指的是国家安全审查风险、反垄断审批风险、并购方案修正风险、融资风险和支付风险。在交易执行过程中,面对卖方企业所在国的审批风险和反垄断调查,缺乏了解和有效防范,极易使跨境并购计划中途夭折。这一阶段由于买方和卖方对目标企业情况了解得不同,存在信息上的不对称,买方相对于目标企业而言是一个"局外人",对目标企业的资产负债情况了解不深,且由于支付方式不同等原因,使得并购企业存在财务上的风险,如资金成本过高或现金流量不足,则影响整个企业的生产经营。

(三) 并购整合阶段的风险

在很多跨境并购行为中,买方往往认为达成决议、接管了目标企业后,并购过程就已经完成,然而达成并购协议仅仅是完成了并购的一半,并购后期的整合工作对并购能否成功至关重要。跨境并购在整合阶段的风险最大,许多并购就是由于并购后产品链重叠,无法形成协同效应,甚至失去了原来的竞争优势,或者是由于目标公司管理人员大规模流失,造成资源流失,渠道不畅而导致失败的。这一阶段主要存在的风险有战略整合风险、组织结构整合风险、经营整合风险、企业文化整合风险和人力资源整合风险。并购后要对目标企业的各种有形资源和无形资源进行整合。在有形资源中，各种资产负债的整合对企业财务状况有着十分重要的影响，是并购成功的物质基础；经营的整合则涉及并购目标企业后期市场的融合、技术的承接以及财务体系的整合等；人力资源整合又涉及目标企业管理人员、技术人员及其他职工的优化组合，尤其是对高新技术企业的并购，能否留住优秀人才是决定并购成败的关键。此外，如果不能很好地处理并购双方文化的差异，并购后的企业亦很难顺利发展。

跨境并购流程的具体划分及各个阶段可能存在的风险如图 8-1 所示。

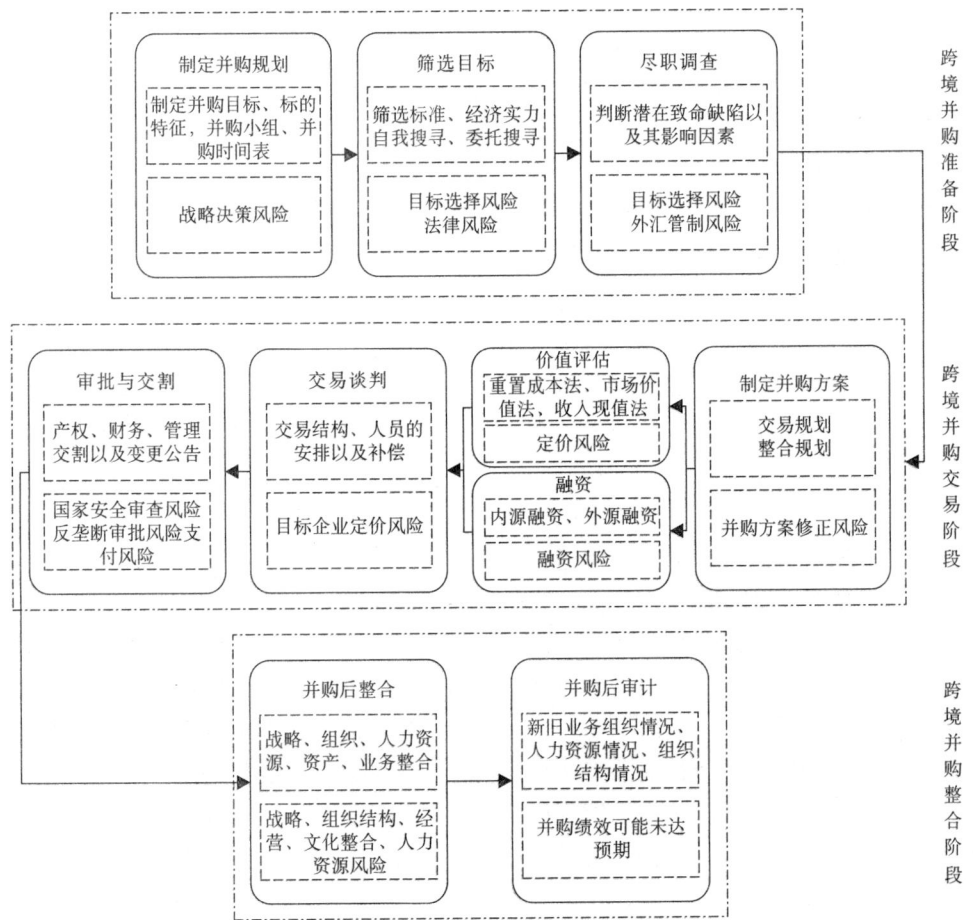

图 8-1 跨境并购流程

资料来源：张金鑫《企业并购》。

三、跨境并购风险的理论基础

为了系统深入地对企业跨境并购中存在的风险进行研究，本书将信息不对称理论和委托代理理论作为本章的理论基础,分析跨境并购风险产生的原因并针对不同的风险来源提出相应的防范建议。通过介绍相关理论基础,能够使得跨境并购风险的概念更容易被理解。

(一) 信息不对称理论

信息不对称理论认为,金融市场参与者拥有关于资产价值的信息是不完全的、是非对称的,并不像古典经济学的理性人假设那样。信息不对称现象普遍存在于金融市场的各个方面,也包括并购市场。信息不对称理论的存在会产生逆向选择和道德风险两个重要问题。所谓逆向选择,是指交易双方拥有的信息不对称,拥有信息不真实或信息较少的一方(不知情者)会倾向于做出错误的选择,即逆向选择。所谓道德风险,是指由于经营者或参与市场交易的人在得到来自第三方面保障的条件下,其所做出的决策及行为即使引起损失,也不必完全承担责任,或可能得到某种补偿。这将"激励"其做出风险较大的决策,以博取更大的收益。

在跨境并购当中,逆向选择主要体现在:由于目标企业自身拥有更多的信息,其"机会主义倾向"导致其提供虚假的财务报告、哄抬并购价格等逆向行为,而买方由于处于信息不对称的弱势地位,较难获得企业真实的价值信息,只愿意以重组市场的平均价格并购目标企业,双方的逆向选择干扰了企业重组活动的正常运行和发展,使得买方蒙受损失,而真正有重组价值却售价较高的企业往往被质量差的企业挤出重组市场。由于逆向选择的存在,买方可能由于信息不对称而产生并购决策的风险和定价风险,并最终影响并购绩效。道德风险主要体现在:企业财务杠杆导致管理者进行激进冒险的并购,企业财务的流动性遭受影响,债权人的利益受到损失的风险。信息不对称问题必须采取相应的措施来解决逆向选择和道德风险问题,因此,信息不对称理论成为研究跨境并购风险的重要理论基础之一。

(二) 委托代理理论

委托代理问题是指代理人为了个人利益最大化而不以委托人利益最大化为目标行事,引起委托人和代理人之间的利益冲突而产生的问题。委托代理理论将委托代理关系看作一种契约关系,在契约中委托人通过契约形式委托代理人根据委托人的利益从事某种活动,并相应授予代理人某些权利。在契约关系中,委托人能够主动设计契约形式,而代理人只能被动接受或拒绝该契约形式,但是由于人的有限理性,这种契约并不能完全保证委托人的利益。由于委托人和代理人是追求个人效用最大化的不同经济人个体,双方利益难以统一,在契约不完全和信息不对称的条件下,代理人能以较低的成本实施私利行为,在这过程中委托人的利益将受到侵害,从而出现代理问题。

在做并购决策时,股东与管理层之间以及控股股东与小股东之间的委托代理问题很有可能造成较高的决策风险。除此之外,由于跨境并购面临越来越多的政策、法律市场等风险,专业的交易中介服务机构在跨境并购中扮演着越来越重要的角色,对跨境并购的开展产生了润滑剂的作用。然而,在这个过程中的委托代理双方容易出现目标未充分理解或代理人为谋取私利牺牲委托人长期利益的情况。

因此，如何解决股东与管理层、控股股东与小股东以及中介机构与买方之间的委托代理问题在跨境并购中至关重要。对于如何解决委托代理问题，目前学术界提出了相应的措施。针对双方之间的信息不对称问题，需要定期或不定期地聘请中介机构对企业经营状况进行监督、审计、评价，并充分发挥表外数据和信息公开化的作用；针对代理双方目标不一致的问题，应完善激励机制与监督机制，建立对代理人的平等竞争机制和动态筛选机制，并完善内部控制。对于跨境并购中解决不同双方之间的委托代理问题，可以借鉴委托代理的解决方法，通过双方之间的信息沟通，明确双方目标，通过管理机制与合同使得买方内部以及与中介机构之间的委托代理问题能够得到缓解，降低跨境并购风险水平。因此，委托代理理论是研究跨境并购风险与防范问题的重要基础理论。

第二节　跨境并购准备阶段风险及防范

跨境并购准备阶段风险是指在跨境并购交易中并购双方签署并购协议前所面临的并购交易的不确定性。根据跨境并购的一般流程来说，并购双方签署协议需要经历并购决策、目标筛选、尽职调查、交易谈判与目标估值，最后拟定并购方案并签署协议这几个流程。其中在并购决策之前，首先，企业要对自身有一个明确的定位，根据不同的并购动因选择不同的并购目标，并充分考虑宏观环境风险，为目标决策奠定良好基础；其次，在选定目标之前需要对并购目标做充分的调查以减少信息不对称风险，为未来的并购整合打下坚实基础；最后，在签署协议前，存在一个谈判与估值的问题，在这个过程中更需要企业通过一定的技巧拿下并购目标并尽可能付出较少的代价，而这又与中介机构以及竞争风险息息相关。因此，本节将叙述跨境并购准备阶段买方所面临的风险并提出相应的防范建议以为降低并购整体风险打下坚实基础。

跨境并购准备阶段可能存在的风险，如图8-2所示。

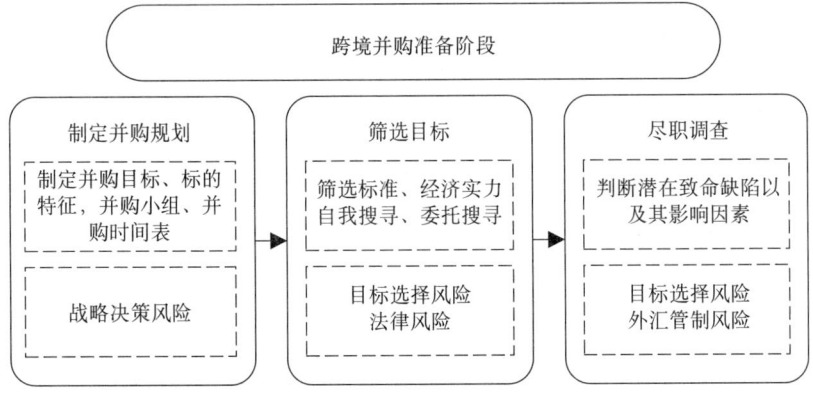

图8-2　跨境并购准备阶段及风险

一、跨境并购准备阶段风险

（一）战略决策风险

战略决策风险是企业在跨境并购谋略、规划和决策失败或不当导致的风险。跨境并购工作的起点是制定一个适合企业自身发展的并购战略规划，根据国内外市场、经济的发展形势，结合企业的发展阶段、自身的资源优势，制定一个符合企业实际情况的、详细的、从目标到具体实施细节的方案，从战略的选择定位，到行业和目标企业的确定，每一步都至关重要，并对以后的影响深远。战略决策风险的形成有以下四个原因。

1. 并购为管理层意志所驱使

买方的管理层在片面追求企业扩张以满足个人利益的动机诱惑下，往往将股东收益最大化或企业价值最大放在次要位置。管理层追求企业并购会对公司高层管理人员带来以下好处：一是管理层收入的增加；二是社会地位、知名度、成就感和满足感的提高；三是被收购与接管的可能性减少。因此，在这种盲目追求并购动机驱使下，并购企业在选择目标企业时，不是从自身的发展战略出发，而是单纯地将并购作为盲目扩张的手段。这样，并购后因规模过大而产生规模不经济，反而使企业背上沉重包袱。

2. 并购能力评估不当

企业是否能正确进行自我能力的定位，并在此基础上制定目标明确科学发展的战略规划是企业跨境并购决策前的重要步骤，否则可能导致并购战略与企业发展目标不一致或企业资源与战略规划的不匹配的风险。企业不仅要知道自己买什么，买了之后能怎么用，更要知道自己买的能力。中国很多企业由于对于自身的能力没有很好的评估，在跨境并购的进程中容易显现出急于扩张的意图，试图以最快的速度成为国际性的企业。因此，跨境并购的行为有很大程度的投机和机会主义，最终做出非理性的并购行为。

3. 并购战略不明晰

一般来说上市公司跨境并购都是为了实现企业间资源的整合，调整股权结构，做大做强。但是，不同并购的并购战略可能给企业并购带来的不同风险。横向并购的风险在于规模不经济，管理系统层次多而造成复杂性和低效性；纵向并购的方式却易使得上下游之间的企业风险关联性加大；如果是为了实行多元化的发展战略而采取跨行业并购，则容易造成主业优势削弱，盲目扩张造成经营上的风险。

4. 行业前景预测不准确

在跨境并购过程中，对行业前景判断很重要，不准确的判断将导致跨境并购无法实现。在 2004 年的 TCL 并购法国汤姆逊案中，TCL 收购后所获得的 CRT（阴极射线管）技术已经落后于时代，尽管 TCL 在完成并购后成为世界上最大的彩电生产厂商，但其大规模生产成本并未降低，且背负发达国家繁重薪资负担，影响盈利能力。因此，中国企业在跨境并购决策时，增强对行业未来发展趋势的分析及预测意识十分重要，一旦原有战略出现问题应当及时调整管理模式以确保盈利。

（二）目标选择风险

目标选择风险，顾名思义，是指企业进行跨境并购时并购目标与战略不匹配或与并购目标实现有较大偏差的风险。导致目标选择的风险主要因素包括政治环境风险、产业政策风险，以及由于与中介机构之间的委托代理关系而产生的目标选择隐患。

1. 政治背景风险

跨境并购政治风险指由于政府行为而可能对进行跨境并购的国际企业经营产生负面影响的不确定性。考察国内外跨境并购的案例可以发现，中国企业跨境并购政治风险产生的原因主要有以下五个方面：一是东道国对本国产业利益及国家安全的保护：原因在于跨境并购必然会对东道国的产业利益带来某种程度的影响，这就可能在一定程度上影响东道国的产业利益和经济安全；二是东道国"经济爱国主义"思潮的兴起：尤其是全球经济化发展到今天，美国、德国等其他国家纷纷对跨境并购进行严格监管，运用国家力量，实行保护措施，阻止外国企业并购本国的大企业；最后是国家体制风险：由于中国的体制与世界上大多数资本主义国家不同，而跨境并购有相当一部分是由政府部门强行撮合而实现的，在某些情况下政府容易以行政目标代替经济目标，过分强调优帮劣、强管弱、富扶贫的解困行为，使企业并购偏离资产优化组合的目标，从而使企业并购活动从一开始就伏下体制风险。

2. 产业政策风险

企业并购必须考虑国家产业政策的变化以及所进入行业的成长性和竞争的激烈程度，否则，将面临产业政策变动的风险。产业政策风险主要受以下因素影响：（1）所并购的目标行业在国家产业政策体系中的地位和发展前景，是朝阳产业还是夕阳产业，国家是否持扶持态度，行业的成长性是否放慢；以及所并购目标企业在行业中所处的地位、优势以及不足，通过并购实现的规模优势、技术优势、市场优势能否改善目标企业在所在行业中的地位等。（2）所并购目标企业的产品生命周期以及市场竞争的激烈程度。一般产品的生命周期包括研制、成长、成熟和衰退四个阶段，但人们可以通过技术革新、优化改良、升级换代来延长产品的生命周期。企业在并购之前必须研究目标企业产品所处的生命时段、技术革新的可行性以及通过一定的销售策略扩大市场份额的可能性等，否则也难于形成新的竞争优势。

3. 中介选择风险

中介选择风险是指在跨境并购中，由于选择的中介机构不仅无法解决信息不对称问题，反而由于委托代理问题导致并购目的无法实现的风险。由于跨境并购市场存在着高度的不确定性、交易流程复杂等特点，需要专业的中介服务机构降低信息成本，提高并购效率，加速并购进程，节约企业并购过程中的资源耗费，促进并购活动的开展。中介机构只有在对企业的需求有充分深刻理解的前提下，才能代表企业的最大利益。然而，大多数跨境并购的中介服务机构是为了某项交易临时选聘的，对企业缺乏了解。因此，中介机构容易设立不符合企业实情的交易结构，或以牺牲企业长期利益来换取交易的成功从而获得报酬，甚至有些中介可能存在国家歧视的问题或由于当地政府的施压，为企业选择较次的并购目标或与目标企业勾结故意抬高价码导致并购成本的上升。这些中介低成本私利行为的实施，将会给跨境买方造成巨大损失。

（三）法律风险

由于中国的法律制度和世界上很多地方的法律制度有比较大的差异，而且许多中国本土企业家对于被收购企业所在国家和地区的法律并不了解，因此，企业在并购的过程中必然遇到众多方面的法律风险。

1. 知识产权风险

中国企业普遍缺乏知识产权保护意识，不仅对自己的知识产权不加以重视，在跨境并购交易中也不重视境外企业的知识产权归属问题，常常让境外企业以此为由告上法庭。如2002年，在对外贸易中的"DVD专利使用费案件"，中国企业曾为缺少核心技术交过昂贵的学费：中国企业承诺今后生产销售每一台DVD将向外国联盟交纳4美元或每台4%（取其高者）的专利使用费。这就给中国企业谋求海外发展带来障碍，突出表现是外国动辄以中国企业侵犯其知识产权为名在本国提起诉讼，给中国企业的海外扩张带来不必要的麻烦。如2004年思科起诉华为一案，虽然华为最终胜诉，但是也为中国企业界敲响了警钟。

2. 反垄断审查风险

跨境公司负面效应的集中体现就是垄断。外资垄断会控制东道国市场，破坏东道国原有的经济秩序，制约东道国工业的成长和发展，影响东道国民族工业的独立性，甚至控制东道国的国家经济命脉，威胁东道国的产业安全和国民经济安全。因此，世界上许多国家都有自己的反垄断法，具体风险分析见本章第三节。

3. 违反国外劳工法规定的风险

在发达国家，工会制度相当健全，即使企业被并购之后，工人的权益仍受法律严格保护。比如说有些国家的法律规定，只要收购了大部分的资产并接收了其业务，就有安置员工的义务，所以这一点买方一定要在尽职调查过程中搞清楚。1992年首钢收购秘鲁铁矿，就是因为对当地的法律文化环境，特别是对当地的劳动法、工会法知之不深而交了昂贵的学费。

4. 违反国外环境法规定的风险

企业进行跨境并购出于追求超额利润的目的，往往无视东道国的环保法规，但这是要付出代价的。比如埃克森美孚在1989年的石油泄露事件中，产生了40亿美元的惩罚性赔偿；雪佛龙被指控在厄瓜多尔倾倒有毒废水，当地政府要求赔偿10亿美元的损失；壳牌在尼日尔三角洲有环境破坏，当地政府处以15亿美元的惩罚。1988年，中国国际信托投资公司收购美国一家特拉华公司——凤凰钢厂，因涉及劳工纠纷和环保问题，也遇到了不少麻烦。

5. 违法国际惯例的风险

在国际贸易的过程中，已经形成了众多的国际商业惯例，诸如 UCP500、《联合国国际货物销售合同公约》《2000 年国际贸易术语解释通则》等，实际上，交易方一旦选择了适用国际惯例，这些惯例就具有法律上的强制作用。中国企业走出国门，不可避免地会受到这些惯例的约束，如果违反，必然受到制裁。

二、跨境并购准备阶段风险防范措施

（一）战略决策风险的防范

1. 对自身进行定位分析

评估并购能力包括评估自身并购前、交易时和并购整合这三方面的能力。具体可参见本书第二章内容。并购能力的评估可以从交易阶段入手，对自身的能力和资源进行 SWOT 分析，包括内部条件和外部环境、资源的优势和劣势、外部环境的机会与威胁。

2. 在做好定位分析的基础上，制定出企业并购战略

企业的并购战略应契合企业的发展战略。通过制定企业并购战略了解企业目前需要什么，如何通过并购满足这种需要。具体动因的分类可以参见本书第一章内容。企业的并购动因不同，定位不同，自然会有不同的并购战略。因此，制定企业跨境并购战略需要在对自身的并购动因进行剖析的基础上才能制定出符合自身并购目的实现途径。

3. 聘请专业人员深入了解目标行业

上市公司进行并购投资要选择合适的目标企业，在选中目标企业后，还应该尽量收集目标企业生产经营及外部环境信息。由于信息不对称性和隐蔽性，而且专业化程度要求很高，需要聘请专业人员予以帮助。聘请专业人员对目标企业的市场环境信息、财务状况、经营能力、未来收益能力进行合理的预期，可以有效防范信息不对称的风险。需要注意的是上市公司并购投资在聘请专业机构时，一般应选择业内影响较大、专业素质较好、具有丰富并购经验的专业机构，还应该确保该机构与目标公司没有任何能够实质影响并购交易风险和利益冲突。

（二）目标选择风险的防范

对于上述提到的目标选择风险，可以采取以下具有针对性的措施加以有效防范。

1. 防范政治风险

（1）建立政治风险的超前预警机制。政治风险超前预警机制的建立可以从以下三个方面入手：一是通过各种渠道搜寻关于东道国政治环境的各种资料，包括政治制度、政党制度、经济政策等官方文件；国内外媒体对东道国政治环境的评价与评估的相关报告；东道国与中国的政治经济方面的相关协议及政治经贸往来的现状等。二是对东道国的政治环境、东道国与中国的政治经济关系及存在的问题进行全面深入的分析和评估。通过分析，判断哪些政治因素可能会影响中国企业对东道国企业的跨境并购，其发生概率和影响程度如何，原因何在，能否消除或削弱这些不利因素。三是在

分析评估的基础上制定企业应对政治风险的预案,对那些不能消除的、难以规避的政治风险,企业可以设法削弱其影响,通过改变企业的决策和采取灵活的策略来适应东道国的政治环境;对那些可以消除的政治风险,企业必须思考相应的对策措施,包括可以利用哪些途径、推出哪些措施、采用何种策略和方法,在政治阻挠还没有发生之前就开始在舆论和行动上超前布置和运作。

(2)采取渐进、灵活的并购策略。已有的跨境并购的失败案例为我们提供了反面教材。以中海油为例,如果早一点邀请美国的私募股权基金 The Carlyle Group、新加坡的淡马锡加盟并购团队,就很有可能不会遇到后来发生的政治阻挠。对中国企业来说,为了规避对敏感行业或企业的跨境并购可能遇到的政治风险,可以在并购之初就尝试渐进和灵活的并购策略。具体说来,有以下三种策略:一是邀请东道国的企业或投资机构加盟并购团队,通过并购主体多元化来避免并购被看成是国家行为,国有企业尤其应当加以注意。二是在并购东道国的目标公司时可以先以合资或合作的方式进行,待东道国的政治风向偏松时再考虑并购问题。三是可以先不进行全资并购而是进行控股性并购或接近于控股性并购,待条件成熟后再进一步并购。四是利用目标公司所在国的一家合资企业作为跨境并购的代理者,以避免东道国政府或当地政府干预。

(3)掌握政府游说和媒体公关的技巧。在跨境并购过程中,少不了与政府和媒体打交道,为保证舆论导向有利于并购的达成,企业对哪些人对并购的达成会起关键作用,哪些人的意见会左右媒体的舆论导向必须有清楚的认识和准确的判断,在此基础上才能对这些关键人物进行重点游说。除此之外,企业要善于"借力"。单凭企业的一己之力和一家之言进行公关游说绝不可能打动苛刻的东道国政府和公众,企业必须利用一切可能的途径和帮手,借助于媒体和团队的力量来进行公关游说。

2. 关注产业宏观经济及政策

一方面,上市公司进行并购投资要充分关注宏观经济,包括产业景气度、产业周期等方面。关注产业景气度、产业周期,寻找到合适的并购时点事关并购的成功与否。比如,在一个产业周期的启动初期和调整末期进行并购的话,企业并购的成功率相对大些,成本也相对较低。另一方面,上市公司由于对财政与货币政策的变化、内外贸易政策的变化、汇率政策的变化、资本运营与产业结构调整的反应非常敏感,因此,在进行并购投资时要格外关注这些变化因素,以便及时采取应对措施。

3. 与中介建立良好的沟通关系

跨境并购的发生与国内并购相比发生频率较低,且与目标方存在巨大的文化和经济差异。因此,如何选择中介,何时选择中介,聘用国内还是国外的中介对于买方来说有多种选择。一般来说,在跨境并购中不仅需要权衡聘用成本及效率之间的关系,还需要考虑中介的胜任能力以及目标的一致性。对于跨境并购发生频率较高的企业,可以选择与跨国的大型投行建立长期契约关系,以便随时为跨境并购提供参考。而对于跨境并购频率较低的企业来说,长期保持沟通关系会耗费大量成本,那么在选择中介的过程当中则需要考虑中介对目标范围的了解程度、经验水平以及成功率，同时谨慎地签订代理合同条款以降低风险。

聘用中介机构之后，要对目标企业的当地政府、目标企业的管理层以及目标企业的基本状况进行分析调查，了解政府和目标企业管理层对于并购的态度，协调与收购有关的各种关系，分析目标企业同意被并购的真实动机，实地调查目标企业财务状况等。并购企业在对搜集到的目标企业的信息进行全面、具体、细致地分析比较的基础上，还应依据并购目的对各目标企业进行筛选，并最终确定符合企业发展要求的目标企业。

（三）法律风险的防范

对于中国企业进行跨境并购可能遇到的法律风险，我们不能消极应付，而应积极防范。本书试图从法律角度提出一些促进中国跨境并购的对策建议。

1. 详细研究跨境并购的法律政策

充分了解并购双方所在国关于跨境并购的法律规定是做出企业跨境并购战略决策的先决条件。首先要对目标公司所在国的并购法规有一个详细的了解，详细研究其在跨境并购监管方面的政策，并对其法律作以下分析：该国对外资并购的一般态度；外国投资者在该国享受何种待遇；该国是否允许外国投资者并购其国内公司或有何鼓励性、限制性、禁止性规定；目标公司所从事的经营活动是否为限制或禁止外资进入的领域；该国法律对财产权的保护程度；该国法律对外资并购的程序性规定如何；该国民商法制是否完备、稳定和透明等。

除了要深入分析目标企业所在国的并购法规，还要重点区分发达国家与发展中国家。从目前中国企业的一些跨境并购案例中可以看出，中国企业跨境并购的目标市场主要在发达国家，这使得中国企业"走出去"的成本较高。从经济学角度看，国际化的利润通常来源于经济落差，即具有高层次的技术水平、商业水平的区域企业走向具有低层次的商业水平的区域会更容易赚取利润。按照这一规律，中国企业尤其是民营企业在实施跨境并购时更应该关注发展中国家的市场。从法律角度看，发展中国家市场的法律法规环境可能更加接近中国的国内法律环境，从而使中国企业在跨境并购时面临较少的法律障碍。

2. 由政府出面，与有关国家签订双边互惠条约

双边投资条约是调整两国间私人投资关系最有效的手段，对于促进国际投资和国际经济合作的发展，具有不可替代的作用。双边条约在国际法上对双方当事人具有法律拘束力，若当事人一方不遵守条约，就会产生国际责任，双边投资条约可以估计当时双方国家的特殊利益，因而易于在互利的基础上协调一致，可以为缔约双方的国民和企业预先建立投资关系所应遵循的法律规范结构和框架，可以避免和减少法律障碍，保证投资关系的稳定性，促进私人投资活动的发展。

第三节 跨境并购交易阶段风险及防范

并购交易阶段风险指的是在并购协议签署之后,交割时的各项流程中由于不确定性从而导致并购失败或并购效率降低的风险。从并购协议签署之后到标的交割时存在哪些风险呢?从跨境并购一般流程来看,企业在签署协议后最重要的一个任务是提交相关文件进行境内与境外审批,这也是与普通并购显著不同的地方。通常来说,涉及跨境并购的审批一方面很容易引起目标方所在国家的抵制和严查,另一方面由于审批的流程复杂、时间过长可能需要修正并购方案以满足不断变化的需求。此外,通过审批后,融资与支付方式的选择,也会为企业带来相应的风险。因此,本节主要讨论跨境并购交易阶段,买方将面临的风险以及为降低这些风险提出相应的防范建议。

跨境并购交易阶段可能存在的风险,如图 8-3 所示。

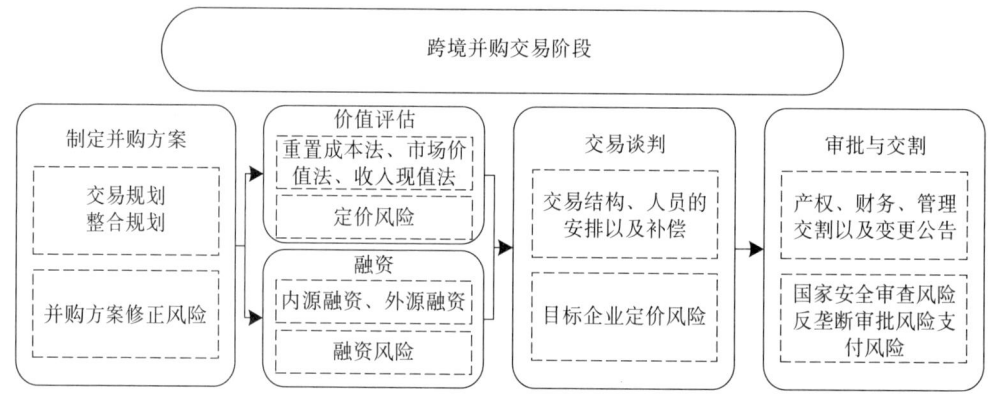

图 8-3 跨境并购交易阶段及风险

一、跨境并购交易阶段风险

(一)国家安全审查风险

在发达国家投资,经常听到的一个词是"国家安全审查"。比如,美国外国投资委员会负责对涉嫌国家安全的外资取得控制的交易进行审查,并且有权力制止或终止某项交易。每个国家都欢迎外国投资,但几乎没有国家不对外投资加以规制。没有外国投资,不利于本国经济发展;不规制外国投资,本国的经济安全、国家安全就没有保障。即使作为超级强国的美国,也在持续 30 多年(第二次世界大战结束至 20 世纪 70 年代)对外国投资的宽松政策后,开始进行国家安全审查,力图维持美国经济、科技和军事的霸主地位。

目前,国家安全审查已经成为中国企业跨境并购绕不过去的一道坎。由于中国企业跨境并购时常进入东道国敏感性行业(如资源、电信、基础设施、金融等),如中海油收购雪佛龙失败,中海油收购优尼科失败,中国铝业收购力拓失败,五矿收购诺兰达失败,都是这方面鲜明的例子。同时,因遭遇西方国家安全审查而导致并购失败的大多是中国的国有企业或国有控股的企业,这说明中国的社会性质及跨境并购企业主体的国有背景是遭遇目标国的国家安全审查的重要原因。因为在他们眼中,中国国有企业代表了中国的国家意志,执行着中国的国家战略,而不再是单纯的自主盈亏的企业单位,它们是中国国家主权和意志的延伸。因此,中国企业若是为了达到自身的战略目标而不讲究策略,继续直接在这些东道国所忌讳的敏感领域实施跨境并购,那么此种跨境并购安全审查风险将如影随形,且无法在短时期内消除。

(二) 反垄断审批风险

《反垄断法》是规制跨境并购的利器,反垄断法律风险对跨境并购行为的影响亦不可低估,因为反垄断调查程序一旦启动,并购企业将耗费大量的人力、物力、财力应对调查,对企业的并购行为乃至正常经营都会造成重大损害。反垄断调查的结果一般分为初步调查结果和最终调查结果,无论哪一个调查结果认为该项跨境并购行为构成垄断,该项并购就会立即被禁止,并购企业为实施并购所做的努力也将付诸东流。即使反垄断的初步调查结果表明该项跨境并购并不具有垄断嫌疑,东道国反垄断调查机构仍可以以需要进一步调查为由,继续调查,且申报审查程序的期限短则一两个月,长则三至六个月。更有甚者,部分国家采取事后申报审查制度,如果处理意见是禁止合并,那么给企业带来的损失将会比事前申报审查制度更大。

(三) 并购方案修正风险

跨境并购的审批流程以及审查过程一般较为漫长,在并购协议签署之后,由于各类特殊情况的发生,如国家层面要求修改并购方案,或由于市场的波动导致目标方要求提高价格等导致并购方案需要修正,如果无法快速制定好相应的并购方案,或者无法通过灵活处理审批过程中出现的问题以应对审批,则很可能导致并购协议还未生效便已不再适用。

(四) 目标企业的定价风险

目标企业的定价风险是指由于并购企业对目标企业的估值过高或过低,导致出价过高超过自身的承受能力,财务状况恶化,或者出价过低导致并购交易流产牺牲前期投入,从而产生损失。

1. 估值风险

目标企业确定后,交易价格就是并购双方最关心的问题,也是并购成功的重要基础,而合理的并购价格是以目标企业估值为前提。目前,中国企业的价值评估是遵循资产评估准则及其方法程序做出的估算,主要的评估方法有重置成本法、现金流量折现法和市场价值法等。但是,由于中国资产市场发展尚未成熟,目标企业估值主要采用收益法和资产基础法。西方经济发达国家由于具备成熟的资本市场,企业并购通常采用市场法和收益法为基础进行价值评估,并且在采用市场法估值时的价格乘数选取也存在一定差异。

2. 谈判风险

在企业并购中,最终交易价格是企业预期价值和评估价值之间的权衡。双方对"评估价值协同效应"的预期形成预期价值。对于目标企业而言,评估价值成为并购价格的底线,而且希望并购价格接近预期价值;对于买方来说,预期价值是并购价格的上限,价格越接近评估价值甚至低于评估价值越好。那么,最终的结果到底偏向于哪一方,其实就是一个双方谈判博弈的过程。在谈判过程中,能够掌握定价博弈技巧,拥有较强谈判能力的一方,往往能够占据较大的价格优势,并最终影响并购定价。

(五) 融资风险

定价是融资的前提,定价越高,买方需要的融资量越大,融资风险越高。并购企业融资风险实际上就是资金来源风险,包括资金是否在数量上和时间上有保证,融资方式是否适合并购动机,债务负担是否会影响企业的正常生产经营等。从已有的中国企业跨境并购案例来看,大型跨境并购大多属于自有资金难以满足并购所需资金,而需要通过外部融资来实现。根据外部融资资金的来源可以将融资风险分为权益融资风险和债务融资风险。

1. 权益融资风险

权益融资风险可以分为两部分:一是公司自我发展积累资金;二是公司通过发行股票获得的权益资金。在以股权资本为主的融资结构中,就上市公司而言,中国相关法律对股票融资要求比较苛刻,对首次发行股票、配股、增发等做了严格的规定,而且发股的申报材料要层层审批,所耗时间长,不利于抢占并购先机;另外,对外发行新股意味着将企业的部分控制权转移给了新股东,如果普通股发行过多,原股东的股权稀释,则有可能丧失控制权,并购企业反而面临被收购的危险。

2. 债务融资风险

债务融资包括借款、发行债券、短期债务与长期债务结构等。就中国企业现状而言,一些企业本身负债率已经很高,国有企业的平均负债率更是达到65%~70%,债务融资的容量有限。即使举债成功,并购后企业由于负债过多,资本结构恶化,在竞争中也会处于不利地位。当并购后的实际效果达不到预期时,实际经营利润率小于负债利息率时就可能产生利息支付风险和按期还本风险,使企业陷入财务危机。同时,贷款银行通常会与中国企业或者目标企业签订具有约束企业行为的协议,这会在一定程度上捆住参与并购双方的手脚,甚至当中国企业发现存在无法规避的并购风险时,想要抽身退出目标企业亦无计可施,从而使其陷入并购的泥潭而遭受更大的损失。

(六) 支付风险

支付风险指的是企业进行对价支付过程中面临的风险。由于跨境并购绝大多数属于现金并购,大量的现金支付可能会导致企业资金的流动性压力。同时,由于支付的是外币,可能会由于汇率的变动而使得企业面临汇率损失的风险。

1. 流动性风险

流动性风险是指买方在完成企业并购后，由于企业债务负担过重而发生支付困难的风险。对于采用现金支付方式完成企业并购的买方来说，企业产生流动性风险的可能性最大。大量现金流出企业使得企业内部流动资金减少，导致企业应对外部环境变化的调节和反应能力降低，使得企业的经营风险增加。对于采用举债融资方式完成企业并购的买方来说，目标企业过高的资产负债率会使并购后的企业长期负债和负债比率大幅上升，最终使买方企业面临十分严重的流动性风险。

2. 汇率风险

利用外币融资时，浮动汇率往往会给跨境并购增添附加成本，人民币与外国货币的相对强弱会影响中国并购企业的融资成本，影响买方企业的生产成本以及母公司的利润。当目标公司所在国货币相对于人民币趋于升值时，中国并购企业可能要支付更多的本币，增加融资成本，从而面临着目标国货币升值带来的风险损失。

除上述风险外，中国企业在进行跨境并购交易阶段还可能受到中国政府的跨境并购政策约束。周小川行长就曾对某些跨境并购的领域提出了批评。2017年3月，潘功胜副行长也再次发声，强调跨境并购中出现的非理性和异常行为，后期监管政策可能趋严，预计后期对于非主业的并购，以及房地产、酒店、影城、体育俱乐部领域的并购行为监管将明显强化。尽管目前相关政策尚未出台，企业也应时刻关注，尤其要十分谨慎对待跨境并购中常见的违约"保证金"约定，充分考虑外汇监管导向，避免不必要的损失。

二、跨境并购交易阶段风险防范措施

（一）国家安全审查风险的防范

1. 多元化并购主体

考虑到其他国家对中国大型跨境企业"国有"身份的疑虑，为了降低我们遭遇国家安全审查的风险，我们可以采取并购主体多元化的方法来化解这种风险。中国企业可以采取与他国企业先行联姻的方法，比如中国企业在进入美国市场时，可与美方企业合资或合作并购，以减少美方对国家安全的疑虑。此外，还可通过先期收购国家安全审查较松的地区的企业，如马来西亚、新加坡、德国、瑞典等国的企业，通过并购它们的企业或者与它们联姻，借用新的企业身份来完成随后在目标国家的并购，从而避免敏感身份，顺利达到自身目标。

组建跨境并购企业联盟。跨境并购企业联盟是指两个或两个以上有共同战略利益，且具有一定实力的企业，为达到进入目标市场的共同目标，组建并购企业联盟（同盟方既可以是国有企业，也可以是民营企业、合资企业或外资企业，甚至可以是外国本土企业）。这样做一方面可以壮大企业实力，另一方面也可利用同盟方的自身优势，充分获取各种跨境并购所需的信息，分散跨境并购所带来的风险，减少并购风险对本企业的冲击。中国网通并购亚洲环球电讯成功，华立集团并购菲利浦手机业务成功，都是借用了这一模式。

2. 多样化并购手段

中国企业在"走出去"时普遍缺乏跨境并购的经验，这是由于中国企业对外直接投资起步较晚造成的。对于某些国家的外资并购国家安全审查的门槛，如果贸然采取对其直接跨境并购的方式，容易因风险太大而被拒，这时可以通过采取一些渐进、灵活的策略，特别是丰富自身的并购手段和路径，可达到事半功倍的效果。

（1）采用非敏感领域并购策略。目前，多数国家对外资并购国家安全审查防范比较严的主要集中在两个领域：一是资源领域；二是科技领域。因此，中国企业为避免直接收购这些领域的企业而造成国家安全审查阻碍，可以先把并购的方向集中在汽车、家电、零售、服务等较不敏感领域的企业，然后在当地站稳脚跟，形成一定的口碑与规模，并完成在当地的本土化后，再向资源、高科技等敏感行业延伸并购，这样能灵活处理东道国所担忧的外国企业并购动机不纯等问题，为通过国家安全审查造好口碑，铺好前进之路。

（2）采用混合并购策略。跨境并购的模式有很多种，有横向并购、纵向并购、资产并购、整体并购、部分并购、股票并购、要约并购等。采用纵向并购和横向并购进行综合而成的混合并购的方式是成功绕过东道国国家安全审查进行跨境并购的一种利器。中国企业可考虑从该国别的相关行业或者该行业的下游产业并购入手，再通过逐层渗透进入目标领域，这样可以大幅减少直接并购带来的审查压力。

（3）采用渐进式并购策略。渐进式并购早先是由日本企业发明的，即对并购的目标公司通过分块、分时的方式进行渐进式的"蚕食"，以达到最终并购的目标。买方企业在早先开拓国际市场时，先以贸易公司方式打入东道国目标市场，以出口积聚口碑和实力，待时机成熟后，再收购目标公司的子公司和销售网点，然后进一步收购生产线，最后再一举并购其母公司。这种步步为营的并购策略，既防止了直接并购带来的不便，也避免了直接进入敏感领域给东道国带来的疑虑，并且还节省了自身的成本。

（二）反垄断审批风险的防范

1. 熟悉东道国的反垄断法律体系

跨境并购时，企业应该了解目标企业所在国关于并购的各项法律规定，从反垄断的角度来说，就是了解东道国关于并购的反垄断法律体系，并对之进行详尽的调查和确认。此外，还要了解目标企业所在国的相关政策和政治环境，尤其是所在国对特定并购事项的立场和看法，往往可能会直接影响到一项并购是否能够顺利进行。企业在进行跨境并购时，应尽可能地获取目标企业所在国政府的支持，至少应该最大限度地消除其顾虑，减少各种来自政府的阻碍。当出现阻碍时，应该寻求可行的渠道与政府进行有效的沟通和谈判，这种渠道可以是多元的，既可以通过外交渠道，也可以通过民间组织，目的在于使目标企业所在国消除和减少导致阻碍发生的顾虑。

2. 重视和东道国企业及相关机构的合作

从以往成功或失败的并购案例来看，开展本土化合作显得尤为重要。中国企业在跨境并购的过程中应该充分重视与目标企业所在国中介机构的合作，因为当地的律师事务所、会计师事务所等中介机构对本国的文化背景和相关政府审查机构的行为模式更为熟悉，且更容易与本地政府进行协调和沟通，其提供的资信更容易受到当地政府的认同，有利于帮助中国企业进行海外游说。从实践经验来看，中国企业的游说工作极为重要。中海油在并购过程中就极为重视游说工作，采用多种形式与美国国会进行沟通和交流，虽然最后并购失败，但仍不失为一种很好的实践经验。

（三）并购方案修正风险的防范

由于并购交易阶段有可能发生并购方案修正的问题，本节根据并购方案修正的原因提出以下建议以应对该风险：首先，应该制定更为灵活的并购方案，如定价可能出现的浮动情况及处理办法，充分考虑到各类情况下导致的并购方案的改变；其次，应该在并购协议中明确权责，如分手费的约定，审批无法通过时双方的责任等；最后，应该密切关注东道国以及国内审批政策的变化以及相应的行业要求变化，抓紧时机选择更好的并购方案，使得企业能够以较快速度完成修整继续达成并购。

（四）目标企业定价风险的防范

1. 合理评估目标企业的价值

在财务分析评估中，企业应区分上市与非上市公司、境内与涉外企业等财务指标，规范目标企业的信息。并购企业通过对财务报表、财务指标及比率的分析，了解目标企业的财务状况及其发展趋势，确定目标企业提供的数据是否真实，保证价值评估的准确性。

不同价值评估方法都有其适用范围，并购公司可根据并购动机、收购后目标公司的存在与否、掌握资料信息的充分与否等因素来决定采用合适的评估方法和模型。例如：对于销售相对稳定，所需投入的有形资本有限，而商誉及无形资产较多的公司，如广播公司或饮料公司，可用现金流量作为估价指标；对于大型的重工业企业，盈利状况不佳，一般用其有形资产的账面价值作为估价指标；对于经营杠杆较高的企业，如零售企业或消费品制造企业，经常用销售收入作为估价指标；对于业绩优良、分配规范的目标公司收购定价可选择股利折现法；对于那些垄断性强的公司（如电信、金融业）可以用现金流量作为估价指标。

2. 控制谈判风险

评估价格只能作为企业定价依据，企业最终的交易价格还需要并购双方进行不断谈判，价格谈判在整个并购活动中也占有非常重要的地位。谈判是双方博弈的过程，也是一个费时费力的过程。因此，应该尽量做到以下两点：

（1）减少谈判回合。并购谈判回合数越多，谈判时间越长，双方各自所获得的效用将越小，从并购双方整体来看，这也是一种资源的浪费。因此，在运用价值评估方法制定出谈判空间以后，再利用效用函数求出双方总效用最大时的交易价格，从而尽量减少效用损失，对买方来讲也起到了减少定价风险的效果。

（2）以信号博弈为手段进行价格谈判风险的控制。信号博弈控制价格谈判风险的前提是博弈双方必须以各自利益最大化为谈判目标。战略决策是建立在最大化目标函数基础上的。在信号定价博弈条件下，进行并购投资的上市公司由于处于信息劣势的地位，会根据目标企业的报价信号不断调整自己的还价策略，使得价格谈判的空间保持在真实价值与预期价值之间，价格谈判的底线变为真实价值，从而起到了控制定价风险的作用。另外，价格谈判是一个双方博弈的过程，需要专业的知识和谈判技巧，因此，在谈判的过程中最好寻求专业的机构和人士的帮助，避免不必要的风险的出现。

（五）融资风险的防范

1. 选择合适的融资方式

分析公司自身所处的环境，分析各种融资方式的利弊，选择合适的融资方式。买方在股价高涨且对公司的控制权比较稳定时，宜采用股票融资方式，反之则可采用债务融资方式。另外，在收购时即使中国企业有能力用自有资金支付并购款，也应该考虑从东道国筹集一部分资金，这样可以将一部分并购风险转嫁给东道国政府和银行，以减少中国企业由于信息不对称而造成的损失。为了有效防范融资风险，就要安排好融资顺序。上市公司内部自有资金融资阻力小、保密性好、风险小、不必支付发行费用，但是内部积累资金有限，容易受到经营现金流量的限制。对于内部自有资金无法满足的资金要求，必须选择合适的外部融资方式。银行等金融机构贷款融资具有速度快、弹性大、成本低及保密性好的优点，因此是信用等级高的上市公司进行外部融资的一个极好途径。另外，上市公司进行并购投资还可以考虑利用证券市场，发行有价证券获取融资。

2. 积极开拓国际化的融资渠道

在政府放松对企业金融控制的前提下，企业拥有独立的海外融资权。企业通过在国际金融市场上发行股票和债券等方式直接融资，利用国际资本扩展投资，进一步开展跨境并购。采用跨境兼并"买壳上市"，再通过该公司融资进而兼并其他企业是国际融资的更高境界。首钢兼并东荣，进而兼并香港三泰就是一个"滚雪球"式发展的典型案例。

（六）支付风险的防范

企业并购投资的支付方式有现金支付、股票支付和混合支付三种。目前，中国企业进行跨境并购很少选择现金支付以外的方式，但是由于现金支付的资金压力大，有可能带来企业资金周转的风险。资金雄厚的上市公司也可以结合自身财务状况，采取现金分期付款方式来支付并购投资所需要的资金。

1. 控制流动性风险

现实中采取哪些支付方式是多种因素作用的结果。首先，上市公司并购投资交易并不是由收购方单方面完成的，而是由并购双方经过反复的磋商博弈而达成的利益和风险权衡。其次，一般来说，单一支付方式在自有资金约束和反向利益驱动的条件下，不能满足并购双方利益最大化和风险最小化的要求，因此较好的支付方式必须是混合支付的形式。对于一个上市公司来说，最好是根据自身资源的流动性情况、每股权益的稀释情况、股权结构的变动情况、目标企业的税收情况等，将支付方式安排成现金、债务与股权等各种方式的组合，将支付风险等并购投资风险降低到最小化。值得注意的是，无论选择单一支付方式还是混合支付方式，其基本前提是资本市场能够提供多种支付方式，而且上市公司能够进行支付方式的自由选择。

2. 控制汇率风险

第一，可以选择适当的币种。跨境经营经常面临多种货币的选择，有两条选择原则：一是尽量收进汇率呈上升趋势的硬通货，抛出汇率呈下降趋势的软通货；二是在对汇率的变化趋势难以掌握的情况下，可以通过同时使用几种货币，形成一篮子货币以应对汇率的升降。第二，扩展资金来源，多角化筹资可以避开汇率波动所带来的风险。第三，在目标企业所在的东道国举债，借入该国货币，可以规避汇率风险。第四，可以运用远期交易和金融期货、期权等金融衍生工具，将汇率造成的损失锁定。

第四节 跨境并购整合阶段风险及防范

跨境并购整合风险是指在跨境并购交易完成后，买方企业在对卖方企业有形资源的重组和无形资源的整合过程中所面临的不确定性，如果未能将风险控制在预期范围内，双方将不能够有效地融合和增值，偏离或难以实现预期的跨境并购目标。跨境并购整合阶段是风险的高发阶段，分属于两个不同国家和成长环境的企业在整合中必然会产生种种冲突，包括战略目标、组织结构、高新技术、市场融合、财务、企业文化、人力资源等，这些冲突如果不及时加以识别和防范，就有可能会产生"蝴蝶效应"，从而导致跨境并购在最后的整合阶段遭遇失败。因此，本节主要讨论在跨境并购整合阶段买方将面临的风险以及为降低这些风险提出相应的防范建议。

跨境并购整合阶段可能存在的风险如图 8-4 所示。

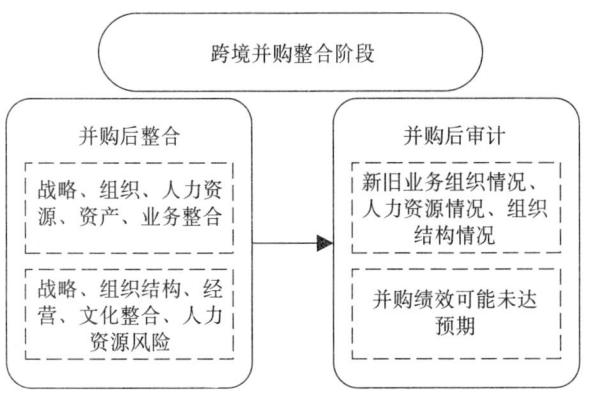

图 8-4 跨境并购整合阶段及风险

一、跨境并购整合阶段风险

（一）战略整合风险

近年来，中国企业跨境并购的失败率居高不下，其中战略整合不利是并购失败的重要原因。企业实施跨境并购的主要目的是为了取得协同效应，提升核心竞争力，使企业获得长久发展的动力。为达到这一目标，必须建立统一的总体目标，并能与复杂多变的环境相适应。因此，战略整合是跨境并购战略目标实现的必由之路。战略整合风险是指买方在战略整合过程中由于保证战略整合成功的必要条件不能满足，而导致对企业战略的损害。战略整合中会由于达不到企业战略的既定目标，或整合过程中出现买方与卖方的战略冲突，而导致企业整体经营受损和企业战略的发展条件产生变化。

经历跨境并购的企业，其企业的内部资源和面临的外部市场都发生了质的变化，犹如一个新的企业，要重新制定相应战略。对于买方而言，跨境并购行为是其集团总战略实施的一个步骤，因此新企业的公司战略应是集团战略下的一个子战略。新公司的战略决策是企业未来发展的方向，其他分部战略和非经营战略都要以企业总的经营战略决策为基础进行制定，稍有不慎，就会引导企业走入歧途，带来毁灭性打击。例如，按当时外部条件和企业内部资源情况，需要采取收缩战略，结果却错误采用了扩张战略，继续扩大规模生产本应淘汰的产品，最终会导致产品大量积压，巨额亏损。2004年TCL并购法国汤姆逊就属此例。TCL并购前的战略是结合国内的成本优势，利用汤姆逊的品牌、技术和销售渠道扩大市场占有率，然而在并购之后，市场发生急剧变化，液晶电视的大量面世和价格下调，使得传统电视很快滞销，面对突如其来的变化却未对战略及时做出调整，并购仅半年损失就达6.9亿元人民币。

（二）组织结构整合风险

组织结构整合风险指由于跨境并购双方管理理念和组织制度的差异带来的影响企业正常生产和经营的风险。跨境并购必然涉及管理理念碰撞、高层领导者的调整、组织结构的改变，以及分配制度、激励制度的调整。例如，企业并购扩张后，规模扩大，管理领域和管理层都有所增加，但由于管理幅度的限制，企业领导人能力的有限性，以及原高层管理人员的流失，都会影响决策的有效性，如联想并购IBM后，担任公司CEO仅一年的斯蒂夫·沃德宣布离职，与此同时，戴尔前高级副总裁阿梅里奥空降接任。虽然在联想公司新闻稿中称这只是"正常的人事变动"，但对于任何一家跨国型的上市公司，更换CEO都非常容易被市场解读为负面信号，会严重影响公司业绩。又如在跨境并购交易完成后，并购企业在调整组织结构时，可以将卖方企业作为相对独立的整体加以管理，也可以将其分解并入本企业的相应子系统，但无论选择哪种方式，两者之间的磨合过程过长或者方式太过强硬，各部门协调不好都会影响企业的经营效率，从而给整体的经营计划造成阻碍。

(三) 经营整合风险

1. 技术整合风险

跨境并购的最优战略就是在最短的时间内使并购重组后的企业在产品方面产生协同效应。要实现这种最优效应，关键在于能否将先进技术转移到并购后的企业生产活动中去，实现创造价值的目的。反观中国企业的跨境并购，即使像联想、华为等国内技术一流的企业要实现同跨境并购企业的技术的整合都非常困难。首先，中国企业并购的海外企业及技术在发达国家属于末端技术，但其技术规范、操作流程、使用效能、检测手段及实用性、匹配程度等与中国本土企业相比都有一定的差距；其次，技术的转移还要受到卖方企业国家的相关法律的制约和限制，许多国家直接禁止向境外企业许可技术使用权；最后，从技术管理层面来讲，即使目标企业是一个弱势企业，并购后作为中国企业子公司，对生产设备的改造、更新，对工艺流程的优化以及配套管理都存在较大的冲突。因此，中国许多跨境并购企业都是在技术的整合过程中，由于并购后重组企业的技术含量、匹配程度、管理模式、研发战略差距太大而惨遭失败。

2. 市场整合风险

市场整合风险是指由于并购双方市场定位、市场策略、销售战略的差异带来的影响企业生产和经营的风险。如何对两个完全不同的市场进行定位分析，制定市场策略，是跨境并购后企业整合面临的又一问题。企业进行跨境并购对市场的预期的最低目标是稳定原有市场的占有率，其次才是通过企业并购拓宽产品销售渠道，扩大产品市场占有率。但市场的整合不是做简单的加法，不同市场的客户特质、市场环境、消费习惯等的差异都会诱发市场整合风险。例如，在进行双方客户资源整合时，并购后的客户流失就是常见而又棘手的问题。

3. 财务整合风险

并购双方企业在并购后期的整合中，由于双方财务管理体系的不同而不可避免地会出现财务整合的风险，除上文中提到的支付风险外，还包括因整合困难而难以达到预期收益的盈利风险，以及因各国税法不同而造成的税务风险。

（1）盈利风险。盈利风险是指买方与卖方在并购完成后能否发生财务协同效应，帮助卖方企业扭亏为盈，实现跨越性发展的不确定性。然而，在实践中，并购后利润水平往往难以达到预期。主要原因是并购后双方企业面临战略不清晰，以及人力物力资源整合等困难，无法保持正常经营状态。同时，许多卖方企业常年亏损，往往会拖累买方企业的利润水平，导致股价下降，使投资者丧失信心。

（2）税务风险。由于地区之间税制法规的巨大差异、各国监管力度的不同，以及税务问题对财务表现及并购后整合的规制，相应风险均会给并购绩效带来重大影响。

从企业内部原因来看，有的中国企业在实施并购时没有关注交易本身在当地的税务合规性，事后遭到当地税务机关的稽查，面临巨额的税款补缴。若在并购时就弄清楚所有的税务影响，以及当地的合规性要求，这笔巨款通常可以在谈判中转嫁给交易出售方，也可能通过交易方式的筹划来规避。中国企业大多习惯于由业务部门主导并购决策继而执行，经常会忽略并购资产的后续运营和退出时税务成本的前瞻性考虑。此外，在并购完成企业经营过程中，国际和国外关联业务增多，对企业日常的税务管理、利润分配也会提出新的挑战。

（四）企业文化整合风险

企业文化体现了一个企业的经营理念和价值取向，是引领企业员工为企业发展而奋斗的最深沉、最稳定的文化现象。因此，跨境并购能否成功，其中一个关键因素就在于企业文化的整合与转换。并购企业和目标企业间广泛而深入的资源和结构整合，必然引起企业文化理念的碰撞。由于信息不对称或地域的不同，可能无法对目标企业的组织文化形成正确的共识。如果并购双方的文化不能很好地整合并相容，则会使企业成员丧失文化的确定感和归属感，继而产生行为的模糊性和降低对企业的依赖，最终影响并购企业预期并购目标的实现。中国企业跨境并购的文化整合风险，主要来自中国企业同西方企业属于东西两大文化体系，加上不同国别企业间存在经营理念、管理模式、绩效考评、薪酬发放、激励机制、企业和员工的沟通、行为方式等差异，因而，企业文化冲突更为突出和激烈。欧美文化强调个人主义，东方文化则强调团队协作和集体主义，因此，在欧美企业的并购案中，员工的薪酬和福利待遇自然成为并购后整合的焦点问题。企业的成功往往取决于企业最高领导人，这与西方企业看重发挥中层管理干部的作用不同，加上中国企业在跨境并购整合中存在中华文化同西方文化的对接，在短期内找不到交融点，这种多元文化并存的状态，自然就加大了企业文化整合的难度和风险。例如，2003 年联想集团外聘员工集体辞职案的主要原因就是中美企业文化差异上的矛盾冲突，美国员工难以接受联想对员工外出工作时间严格监控，且认为中国员工每天早晨做广播体操和开大会之前高唱公司歌曲等行为是不可思议的行为。

（五）人力资源整合风险

在跨境并购整合过程中，人力资源整合风险也是一个关键性风险，这主要是由于各方利益冲突导致的人员整合、工会阻挠等，造成并购双方的人力资源整合系统不能有效融合，从而导致企业并购目标不能实现。

1. 员工整合风险

一般来讲，在跨境并购活动中，中国企业一般为实力较强的买方，在并购后，卖方企业的整合权、管理权由中方企业掌握。然而，中国企业文化相对于西方发达国家企业或其他发展中国家企业来讲是一种完全陌生的文化现象，必然对卖方企业员工造成相当大的冲击。因此，在并购后的员工整合中面临三大难题：一是来自卖方企业员工的抵制。因为跨境并购容易使卖方企业员工产生消极的心理预期，必然面临员工角色模糊感、对未来不确定感、员工之间沟通恶化、权力斗争加剧、团队协作及工作责任心丧失、缺乏工作动力等问题。二是大批关键岗位的人才及技术骨干纷纷跳槽或被撤职，使得卖方企业人心涣散，凝聚力不强。1987年台湾宏基公司收购美国生产微型电脑的康点公司就是一个很好的佐证，其失败的真正原因就是人力资源整合策略出现了问题。收购后的康点公司发生了严重的人才断层危机，管理人员和研究人员流失严重，而宏基公司又缺乏国际企业管理人才，无法派员填补人力资源的缺口。此后三年，公司累积亏损5亿美元。1989年，宏基公司只好撤资，这场并购也以失败告终。三是对企业管理层的聘用和管理。有些被并购企业所在国家的法律明文规定，被并购企业的法人由并购企业派出，但中层管理干部必须是本土员工，而且必须全部接纳卖方企业的全部职工，公司上下层员工彼此不熟悉，会影响决策的执行效果，自然加大了整合难度。

2. 工会干预风险

在目标公司的控制权发生变更时，由于目标公司可能存在强大的工会组织，会使人员方面的经营成本发生改变。中国公司在海外收购大型企业时，往往由于被收购企业职工数量过多、成本过高等原因，导致收购交易需要取得当地工会组织的批准，与工会组织谈判的过程往往十分艰辛，并有可能迫使中国公司为了达成交易而做出让步。在目标公司的控制权发生变更以后，工会组织有可能代表工人与买方就工人的薪资福利、人员精简、工作环境、厂址搬迁等方面进行新一轮的谈判，尤其会对人员精简、厂房关闭等重大敏感问题提出反对意见，从而造成目标公司的实际经营成本与预期收益率之间的巨大差距。同时，也可能在当地引发负面舆论，对中国公司造成不良影响，并引发当地居民对中国企业的排斥，增加了跨境并购的难度。

二、跨境并购整合阶段风险防范措施

（一）战略整合风险的防范

中国企业一系列跨境并购失败的教训告诉我们，将并购和整合割裂开来，"重并购""轻整合"的根源就是由于企业对跨境并购缺乏战略整合意识，没有完整且可操作的整合规划方案。因此，要规避跨境并购的整合风险，首先应当从战略的高度来重视和制定整合的战略规划。依据TNC跨境并购整合的经验及中国企业跨境并购的实践来看，应紧紧围绕如何实现整合协同效应，解决战略目标、组织结构、技术、市场、财务、企业文化和人力资源等要素及资源的配置和组合问题，将整合规划纳入企业并购战略体系；明确整合的方针、原则、步骤、关节点；对整合成本及目标公司风险进行评估及预案。这些要素之间相互影响和制约，缺一不可。只有正确处理它们的相互关系，并购整合才能达到最佳的并购目标。

（二）组织结构整合风险的防范

组织结构整合风险防范是指通过管理制度的整合以及组织机构的融合等，使目标企业纳入整个企业集团整体的管理体制框架结构之下，从而达到防范风险的目的。

1. 管理制度的整合

管理制度的整合主要体现在参与重组各方在各职能管理制度上实现统一规范、优势互补，由此带来管理协同效应。一般并购在管理制度上的整合，往往采取买方为主导或者双方共同参与的方式，而在跨境并购中，由于中国企业往往没有十分明显的优势，要完全改变卖方企业原有的管理制度，将面临更大的困难。尽管如此，要实现管理制度的一体化整合，还是要统一管理制度，一般以整合企业的管理制度为参照标准，进行制订或调整，形成被整体遵循的新管理制度，包括情况报告制度、报表上报制度、业务联系制度等基本工作制度，做到统一工作布置、统一检查考核。

2. 组织机构的融合

加强企业管理，搞好并购企业与目标企业的组织机构的融合，也是改变目标企业面貌，巩固和发展并购成果的重要手段。成功并购的关键是并购企业的管理模式与目标企业的内部管理制度有机融合，使并购双方的管理优势在目标企业生根、开花、结果，增强彼此之间的认可，便于双方管理效率的提高，从而将目标企业真正融合成并购企业的一部分，实现并购价值最大化。

（三）经营整合风险的防范

1. 技术整合风险防范

企业并购后进行技术整合，要考虑双方的利益，整合哪些技术、如何进行整合要与目标方进行协商，制定相关的整合战略，这样才能与企业未来的发展相结合，提高企业的竞争力。因此，可以在建立评估体系的基础上明确企业的并购目标，关注行业的发展动态，针对自身的情况制定整合战略。从中联重科的实践来看，从简单的技术合作到建立"厂中厂"，再到技术平台的搭建，使得中联重科不仅消化了并购来的技术，还以此为基础进行了创新，不断推出新技术，奠定了中联重科在中国乃至世界混凝土行业中的领导地位。对于技术获取型跨境并购而言，其并购的最终目的就是获取与技术相关的资源，这需要买方对目标方所拥有的技术资源有准确的了解，才能有针对性地去整合技术资源。通过评估体系，判断目标方是否满足自身的要求，两者是否存在协同效应，从而有效地防范选择不当的风险。如果盲目地看中某项先进技术，仓促地进行并购，其后果是惨痛的，正如TCL并购汤姆逊彩电业务一样，盲目地接受了市场的看法，在行业发展趋势发生重大变化时没有及时做出反应，导致其最后整合失败。

2. 市场整合风险防范

并购后很容易造成的不利局面就是和卖方企业原有客户关系的恶化，或因客户对企业未来发展的不确定性而失去客户资源，使得原有销售渠道不增反减。客户是企业的衣食父母，如果他们对企业产品供应的持续性及质量、价格、服务等持改变和怀疑的态度就很可能给竞争者以可乘之机，这样原有客户就有可能被竞争者夺走。因此，针对并购后客户流失的风险，企业并购后应当立即发函给主要客户，阐明并购后将实施的经营政策，并且努力向客户证明企业的产品和服务将比原来更好，对主要客户还可以考虑提供更优惠的条件，使客户对企业充满信心。

3. 财务整合风险防范

(1) 制订合理的经营计划。针对后期可能存在的盈利风险，有如下防范措施：第一，收购企业需要制定一套符合行业发展规律的整体经营战略。企业需要分析买方与卖方的优势和劣势，对于双方可能产生协同效益的核心业务板块进行重点培育，而对那些拖累业绩的业务板块也应当果断剥离。第二，在确定整体经营战略以后，再制定具体的营销策略、研发策略、市场开拓策略和未来投资计划。在整体战略的指导下分步骤进行具体方案的细化，将战略落实到细节。第三，在经营过程中，将经营计划与实际情况进行对比，及时分析差异原因，向总部反馈，调整经营方向，确保盈利水平维持稳定。

(2) 建立税务管理体系。对于税务风险的应对贯穿于并购各个阶段，最有效的解决方案是建立高效的税务管理体系，在潜在的关键税务风险点设置相应的控制措施，以企业内控制度的形式自发地应对各种税务风险。高效的税务管理体系是一套从税务战略出发，结合组织架构设置、人员职能界定、控制流程设计、沟通汇报机制，甚至信息系统支持等方面的系统化的体系。税务管理体系要求在并购决策下达前，先有机制了解卖方所在地的税务环境以及并购交易本身在当地的税务合规性要求；在并购交易执行前，有机制将交易方案通过税务筹划的检验；在并购交易执行时，有机制获得税务职能部门对于税务申报的复核。在这些机制都有效运行的情况下，税务稽查发现的补税及被并购资产后续转让或重组发生的税负都能在前期出现预警进而获得规避。

(四) 企业文化整合风险的防范

并购前，并购企业应全面、翔实地分析本企业与目标企业文化的特点和差异，了解目标企业的地域文化、企业精神、价值观念、行为方式和工作作风等，尽量确定差异给企业带来的风险与成本。具体的措施可以从企业抽调相关人员成立文化评估小组，明确影响企业文化的关键因素。文化评估小组通过与目标并购企业的沟通，促进并购双方对双方企业文化的认同。

企业并购完成后是开始文化整合实施的过程。首先，企业可以营造浓厚的文化环境。在企业中建立以人为本的企业制度、和谐的人际关系和畅通的文化网络。加强企业变革宣传力度，大力灌输危机意识，使得企业员工感到压力被迫放弃原有的陈旧思想观念，在此基础上开展以传播新企业价值观念的多种途径的活动，使员工切身感受并改变对企业文化的认识，强化企业价值观念。其次，加强员工培训。使员工接受新文化，进一步强化员工的归属感和认同感。最后，通过非正式沟通来推进企业文化的融合。企业要与非正式组织在企业经营和管理方面进行深入的文化沟通，双方通过变通、妥协、让步把原先的矛盾尽可能化解，实现求大同、存小异。

(五) 人力资源整合风险的防范

1. 全面的评估与审查

(1) 准确的人力资源评估。如果时间和财务上允许，范围越大的审查似乎能带来更好的效果，然而速度对于人力资源整合的重要性使得跨境并购人力资源整合背景下的人力资源评估应集中在高层管理人员和核心人才的审视上。首先，在对目标企业高管人员进行审查中除了常规的高管构成、数量、领导模式和薪酬水平之外，更应该强调对高管人员人际沟通网络的审视，包括了解其家庭背景及其与买方企业高管人际关系情况。其次，鉴于中国企业当下并购多以追求技术资源为主，对于核心人才的鉴别显得尤为重要。

（2）工作冲突审查。不论在横向并购、垂直并购还是斜向混合并购中都会产生工作的冲突领域，这表现在管理职能冲突（双方管理者分工不明确）、业务流程冲突（完成工作的方式存在差异性）和部门设置冲突（两公司存在重合部门），全面而有效的人力资源尽职调查应该集中在冲突领域，降低管理的不协调性，可以有效加快人力资源整合进程。

2. 进行管理层人才储备

对于经验相对缺乏的中国企业而言，联合具备实力的国外投资者固然是获取具有并购人力资源整合经验人才的途径之一，然而从根本上还是需要做好自身人才储备。其一，以内部积累为主要方式。虽然本土企业的并购起步较晚，但是的确有部分企业经历了多次并购整合，像香港利丰贸易、中石油都经历了多起并购整合，这些并购活动都为企业积累并购人力资源整合经验提供了参考途径，本土企业应该围绕核心人才打造跨境并购管理团队。其二，充分保留目标企业管理人才。不可否认，国外并购管理经验方面要优于国内企业，在人力资源整合中应该注重目标企业管理人才的综合评价，对具有丰富跨境并购整合经验的管理人才应充分保留。其三，利用外部独立的咨询机构（顾问）。除去部分频繁多次并购的大企业之外，一般企业很难维持一支数量和结构都相对稳定的并购人才整合团队，这就需要借助于外部独立的咨询机构。

3. 重视工会的影响

总体而言，国外工会更加注重参与公司管理和维护雇员合法权益，同时力量表现形式也更加强硬。并购企业将精力集中在达成交易而忽视工会在人力资源整合中的作用是一种缺乏远见的行为。中国企业必须重视工会对并购人力资源整合进程的影响，具体如下：

（1）建立双向沟通渠道。理查德沃尔顿指出劳资谈判的四个过程：分配谈判、一体化谈判、态度构建、组织内谈判和工会内部协调。并购中的人力资源整合应当建立工会与并购企业之间基于双向共赢的共同利益。如果买方答应不裁员，那么工会就不得不接受改变工作规则的现实，从而提高生产效率。这种共同利益首先来源于保留目标企业主要管理人员、避免带有威胁性的承诺、准确地评价目标企业员工绩效；其次来源于双向沟通机制，即参与而不主导的整合风格、解决目标企业员工实际问题（如晋升）、对员工公开买方企业的相关信息、以一致性的方式对待所有员工。

（2）鼓励工会参与并购整合进程。激烈的竞争环境使企业面临生产效率提高，降低成本的严峻挑战，人力资源整合中任何一宗大型或小规模的争议都有可能使并购企业陷入经营僵局，员工面临失业，因而应当同工会共同努力构建高绩效工作团队，将重心从冲突与不信任转移到共同的未来上,这不仅有利于并购整合的进行,也有利于促进工会组织自身良好运转。

章后案例

南京新百收购英国 HOF 的风险及防范

一、案例概述

三胞集团旗下的 A 股上市公司南京新街口百货商店股份有限公司(南京新百)在 2014 年 8 月 18 日之前获得江苏省发改委、商务部以及中国证监会核准批文,获批以约 1.55 亿英镑收购英国历史最悠久的百货公司弗雷泽百货商店集团(House of Fraser,HOF)约 89% 的股权。这次跨境并购构成了南京新百的重大资产重组,交易对方涉及分布于欧洲多个国家的几十个股东,交易涉及多个国家的法律程序、境内外的披露要求,在各方的紧密配合下,项目于签约后的约 4 个月时间内完成所有境内外程序,于 2014 年 9 月初顺利交割,交易完美收官。项目被称为"中国 A 股有史以来最大的一笔零售业上市公司境外直接收购,同时也是中国企业有史以来最大的零售业境外投资"。

南京新百前身为南京市新街口百货商店,成立于 1952 年,是中国十大百货商店之一和南京市第一家商业企业股票上市公司(股票代码:600682)。1992 年改制为南京新街口百货商店股份有限公司,2014 年,公司营业收入 78 亿元人民币,净利润 4 亿元人民币,同比分别增长 133% 和 196%。弗雷泽百货商店集团(House of Fraser)成立于 1849 年,是一家拥有英王室嘉许和授权荣耀的百货公司,定位"高档"和"时尚",提供自有品牌、采购品牌及特约品牌产品,类别主要覆盖男装、女装、童装、美容、潮流饰品及家居饰品等。其在英国境内开设了 59 家门店,在爱尔兰和阿布扎比各有 1 家门店和 1 家特许经营店,主要面向中产消费者。

二、南京新百收购 HOF 的风险及防范

(一)跨境并购准备阶段

1. 战略决策风险及防范

交易发生前,南京新百亟待进行业态转型,电子商务的崛起使地理区域的间隔不再是开拓市场的主要障碍,传统优质百货企业的区域影响力优势随之相应受到挑战。此外,随着中国经济转型、城镇化发展和消费升级,中国居民对零售业在质和量上都提出了更高的要求。面对市场发展的新趋势以及国内传统百货行业同质化竞争严重的现状,南京新百提出转型战略,要做大市场规模,实现服务和产品升级,在对外拓展

中取得重大突破,才能在未来百货行业竞争中保持优势地位。南京新百在做好自身定位分析的基础上,制定正确的企业并购战略,明确自身需求和实现战略布局的需要,才能在跨境并购中规避战略选择风险,避免盲目并购。

因此,当拥有自己的买手团队及管理体系,丰富自有品牌、采购品牌及特约品牌资源的弗雷泽百货项目出现的时候,南京新百的母公司宏图三胞立刻抓住机会,迅速展开收购事宜,此次收购符合南京新百的战略需求,避免了单纯因管理层意志驱使或对行业了解不清晰而出现的战略决策风险。

2. 目标选择风险及防范

南京新百和 HOF 同属传统百货行业,因而对行业十分熟悉,了解行业发展进程,积累了大量的行业内管理经验,降低信息不对称。HOF 虽是一家欧洲百年企业,但是 2013 年盈利状况不佳,公司价值处于低位,主要股东面临破产清算,急于出售资产变现。

交易双方经营产品相近、产业关联度较高,有利于并购后产生管理协同效应和规模效应,创造协同价值。HOF 的经营危机,为中国企业提供了收购机会,在此基础上进行企业价值评估,有利于减少企业价值高估风险,降低收购成本,减少目标选择风险。

3. 目标企业定价风险

在选定目标企业后,企业需要大量搜集信息,包括目标企业的产业环境信息、财务状况信息、生产经营、管理水平、组织结构、企业文化、市场链等,以改善买方所面临的信息不对称状况,搜集信息亦需委托专业机构进行,跨境并购由于双方所处环境宏观微观均有较大差异,减少信息不对称显得更为必要。

对此,南京新百委托中伦律师事务所进行信息搜集和处理。中伦律师团队和目标公司及英国律师就目标公司的大量问题进行了深入细致地探讨、沟通、核实,包括涉及目标公司主体资格、股权是否存在抵押、劳动人事、股权激励、知识产权、英美法上的跟随权(Tag - along)行使、英美法上的租赁物权是否可视为固定资产等问题。此外,南京新百还聘请了境外多个英国法律顾问、境内外财务顾问、境内外会计师、境内评估师等,均有利于减少目标企业定价风险。

(二) 跨境并购交易阶段

南京新百以现金方式收购 HOF,并仔细分析公司自身所处的环境,分析各种融资方式的利弊,最终选择了较为合适的融资方式。具体融资模式为:(1) 将全资子公司南京东方商城有限责任公司所属部分房产作为抵押物,向中国银行申请等值人民币五亿元并购贷款额度;(2) 向工商银行申请内保外贷项下融资性保函。内保外贷的交易结构为:在境内企业(申请人)向中国境内银行出具无条件、不可撤销反担保的前提下,由中国境内银行为申请人的境外投资企业提供融资性对外担保。南京新百将其全资子公司部分房产为内保外贷项下融资性保函的抵押物,向工商银行申请内保外贷项下融资性保函 4 000 万英镑,用于为公司的全资子公司"新百香港"向中国工商银行(伦敦)有限公司借款提供担保,借款将用于本次交易的部分交易价款的支付，借款期限为五年。同时将新百香港及其下属两家英国子公司的股权按本次融资占本次交易价款的比例向工商银行（伦敦）公司提供股权质押。

南京新百通过中国银行及中国工商银行进行融资，并以融资款作为本次交易的部分交易价款，是较为适合南京新百此时现状的融资方式。上市公司内部自有资金，融资阻力小、保密性好、风险小、不必支付发行费用，但是，内部积累资金有限，容易受到经营现金流量的限制。对于内部自有资金无法满足的资金要求，就必须选择合适的外部融资方式，银行等金融机构贷款融资具有速度快、弹性大、成本低及保密性好的优点，因而是信用等级高的上市公司进行外部融资的一个极好途径，借此减少公司所面临的融资风险也是一个极好途径。

（三）跨境并购整合阶段

1. 战略整合风险及防范

近年来，中国企业跨境并购的失败率居高不下，其中战略整合不利是并购失败的重要原因。企业实施跨境并购的主要目的是为了取得协同效应，提升核心竞争力，使企业获得长久发展的动力。为达到这一目标，双方必须建立统一的总体目标，并能与复杂多变的环境相适应。

本次交易，双方的需求和目标都较为明确统一，收购将大大提升双方品牌影响力。南京新百借助 HOF 的管理和品牌输入后，增加南京新百国内业务的毛利。引入弗雷泽百货成熟的自有品牌和买手制的运营模式，实现从传统百货到现代百货的重大转型。HOF 有自己的买手团队及管理体系，同时其丰富自有品牌、采购品牌及特约品牌资源将有助提升南京新百百货商品差异性和价格控制力，也有利于南京新百借助 HOF 平台引入国外其他畅销品牌。此外 HOF 全渠道拓展较快，线上占比已达 10% 以上，新百有望借助海外成熟经验，加快全渠道转型速度。HOF 通过南京新百带来的资源，降低自身运营成本，其设计团队在英国，但生产在亚洲多个国家。并购后，HOF 利用大股东三胞集团的资源优势，寻找成本更低的 ODM 供应商，极大地优化了 HOF 供应链的效率，并得到了更多资金，有利于其未来的发展。

2. 市场整合风险及防范

当双方处于同一领域企业时，随着经济全球化的发展，极易出现市场重合，由于客户或渠道的重合，变为竞争对手从而产生内耗，所以如何处理同一领域企业的市场定位战略，在并购后整合阶段显得尤为重要。虽然南京新百和 HOF 同属百货零售行业，由于零售行业自身受地域影响有较大的限制，因此双方市场合并前并不重合。

合并后，双方亦各有侧重，南京新百将利用自身渠道优势和市场影响力，为 HOF 进军中国提供便利；同时，南京新百对亚洲市场的熟悉程度也将有利于 HOF 进一步完善自有品牌的供应链，降低生产成本，为 HOF 注入更多资金。本次收购完成后，南京新百的业务范围将扩展到英国市场，销售产品将从单一的"特约品牌"扩展到毛利率更高的"自有品牌"和"采购品牌"，销售渠道将从单一的实体店销售升级到线上线下综合销售，从而实现从传统百货到现代百货的转型；而 HOF 也将摆脱欧洲消费市场增长乏力的约束，通过与南京新百的联合，进入中国市场，分享快速增长的中国零售消费市场的发展机遇。

3. 人力资源整合风险及防范

企业并购后的人员安排是一个极其重要的问题，因为它直接涉及被并购企业员工的切身利益，稍有不慎就会引发矛盾与冲突。HOF 为老牌欧洲百货公司，自有其成熟的管理体系和经营风格，与南京新百相比，两者很可能由于原生文化环境和领导人风格的不同在经营和管理理念上存在较大差异。

为规避这种风险，达到成功整合的目的，在收购完成后，为充分调动 HOF 现有管理层的积极性，南京新百决定保持 HOF 目前经营实体的存续以及原有管理团队的稳定，逐步推进两家公司在财务管理、客户管理、资源管理、业务拓展、企业文化等方面的进一步融合。这一平稳过渡的策略，不仅获得了 HOF 现有管理层和员工的肯定，而且降低了收购整合的风险。

三、小结

2016 年，南京新百公司实现营业收入 162.76 亿元人民币，同比上升 2.67%，实现归属于上市公司股东的净利润 4 亿元人民币，同比上升 9.10%，实现归属于上市公司股东的扣除非经常性损益的净利润 4.18 亿元人民币，同比上年增幅 272.05%。公司本期费用呈下降趋势，其中财务费用下降主要由于本期贷款额的减少和去年英国子公司 HOF 的高息债置换。

从财报可见，南京新百收购 HOF 是较为成功的一次并购。回顾整个收购，从并购准备阶段，南京新百正确判断自身定位，提出下一步战略布局，选择合适的标的企业，通过律所券商等第三方协助详尽收集信息，减少信息不对称，合理估值；在并购交易阶段，积极与券商等第三方沟通，选择适合自身现状的支付方式和融资方式，缓解融资压力，规避支付风险；在交易整合阶段，仔细与标的公司沟通，达成一致的战略目标和发展方向，保持其原有管理层不变，积极进行市场整合。整个并购过程中始终保持积极应对风险的态度，将规避风险意识贯穿始终，最终取得了如今的成绩。

下篇

实践部分

第九章　中国企业跨境并购实践总体分析

——鉴前世之兴衰，考当今之得失

本章通过数据统计描述了中国企业跨境并购的发展现状，梳理了中国企业跨境并购的一般流程与可能涉及的国内外相关法律法规，并介绍了中国企业跨境并购过程中中介机构的作用，以展示中国企业跨境并购的实务概貌。

第一节　中国企业跨境并购的发展与统计

2015年，世界工业生产低速增长，贸易持续低迷，金融市场动荡加剧，大宗商品价格大幅下跌。发达国家经济复苏缓慢，新兴经济体增速进一步回落，世界经济整体复苏疲弱乏力，增长速度放缓。全球外国直接投资逆势上扬，流入总量跃升了38%，创下2008年全球金融危机爆发以来的最高水平，流出总量增长11.8%，创下2011年以来的最好成绩。2015年中国对外直接投资创下1 456.7亿美元的历史最高值，同比增长18.3%，高于全球增幅，流量规模仅次于美国（2 999.6亿美元），并超过日本跃居世界第二位。

2016年，中国境内投资者累计实现对外投资1 701亿美元，同比增长44.1%。2015年全球外国直接投资流出流量1.47万亿美元。以此为基数计算，2015年中国对外直接投资占全球当年流量的9.9%，流量首次位列按全球国家（地区）排名的第2位，相比2014年提升0.8个百分点，如图9-1所示。

随着中国综合国力的不断提升，"一带一路"建设和国际产能合作的加快推进，对外投资政策体系的不断完善，多双边务实合作的深入推进等共同助力中国企业"走出去"，中国对外投资进入了发展快车道。其中，中国企业跨境并购的发展也屡创高峰。

中国企业跨境并购的发展可以划分为三个阶段：第一阶段是2007年以前，中国跨境并购处于萌芽准备阶段，表现为并购规模小、数量少，并购涉及行业以钢铁、航空等垄断行业为主；第二阶段是2008~2012年，中国跨境并购处于蹒跚起步阶段，中国跨境并购数量与金额快速增长，跨境并购的并购重点逐渐向制造业、服务业转

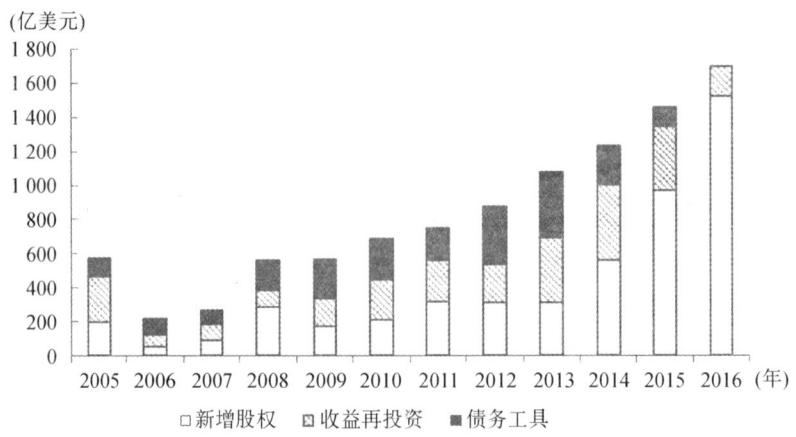

图 9-1　2005~2016 年中国对外直接投资流量构成图

数据来源：中华人民共和国商务部网站。

移；第三阶段是 2012 年以后，中国跨境并购进入蓬勃发展阶段，并购规模与并购数量呈现出井喷式增长，并购涉及行业更为广泛，如图 9-2 所示。

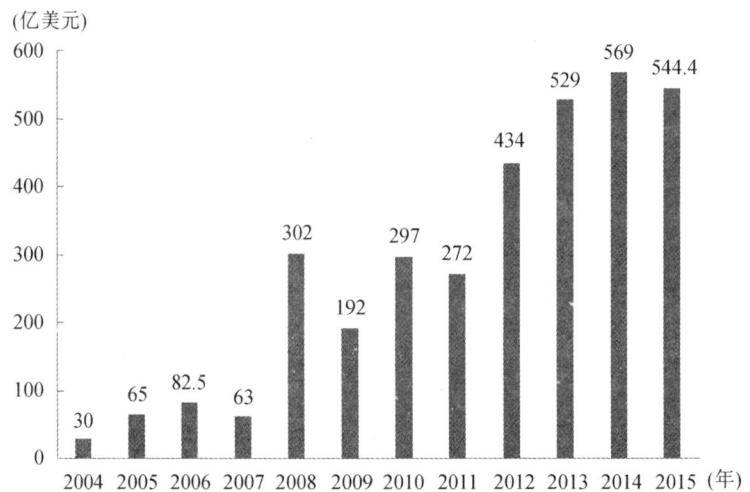

图 9-2　2004~2015 年中国企业对外投资并购概况①

数据来源：商务部：《2015 年度中国对外直接投资统计公告》，中国统计出版社 2015 年版。

---

① 并购事项的统计界定：①境内投资者直接与卖方签订并购境外实体企业（或项目）协议以及实施并购的行为活动纳入并购事项统计。②境内投资者通过其境外企业与卖方签订并购企业（或项目）协议以及实施并购的行为活动纳入并购事项统计。③境内投资者之间的境外企业股权转让不纳入并购事项统计。其中，上述①中所涉及并购企业（或项目）的最终控股比例不得小于 10%，②中所涉及并购事项不受最终控股比例限制。

一、中国跨境并购各阶段发展概况

（一）萌芽准备阶段

2008年之前，中国分别经历了1978年改革开放，2001年加入WTO及2007年次贷危机，此阶段企业的跨境并购动因主要是获取资源。主要特点是海外并购活动日趋活跃，并购数量增多，并购金额较大，并购对象所在地域逐步多元化。

1992年12月，在国务院的推动下，首钢购买了濒临倒闭的秘鲁铁矿公司98.4%的股份及其所属670.7平方公里矿区的永久性开采权、勘探权和经营权，这是中国最早的海外并购案之一。2000年以前中国企业初涉跨境并购市场，进行了大胆且审慎的尝试，主要表现为规模较小、次数较少，经常由于对问题复杂性估计不足而陷入一种进退维谷的两难境界，这一阶段的海外并购都是在国家政策扶植下的产物。

2000年，党中央确立实施"走出去"战略，坚持"引进来"和"走出去"战略同时并举、相互促进。2001年，实施"走出去"战略作为一条重要建议被列入《"十五"计划纲要》。党的十六大报告再次指出，实施"走出去"战略是对外开放新阶段的重大举措。为此，中国政府出台了一系列支持海外并购的政策规定，为中国企业海外并购营造了良好的政策环境。

自2002年开始，伴随着中国经济整体迅猛增长，中国海外投资开始进入井喷时代，海外并购也开始逐渐崭露头角。2003年，TCL先后收购施耐德、汤姆逊的彩电部门和阿尔卡特的手机部门，净资产不到20亿元人民币的京东方以3.8亿美元100%收购韩国现代集团TFT-LCD业务。

2004年10月9日，随着国家发展改革委《境外投资项目核准暂行管理办法》的发布，从减少程序、下放权限、简化内容、提高效率四个方面进行了改革，使中国境外投资管理更为有序和高效，最终把海外并购推向了一个新的高潮。

2005年和2006年通过并购式实现的直接投资分别为65亿美元和82.5亿美元。但在这一阶段由于中国企业海外并购经验不足，一些并购最终夭折，一些则在并购后陷入经营困境。2006年，上汽集团在并购了韩国双龙和大宇公司后遭遇了罢工危机，明基收购西门子手机部门后也面临巨大的亏损。2007年以前是中国跨境并购的萌芽阶段，这段时期的并购为中国企业未来跨境并购的蓬勃发展奠定了基础。

（二）蹒跚起步阶段

2008~2012年作为一个过渡阶段，中国企业跨境并购的动因有了新的变化，由之前侧重于资源获取转变为技术获取，跨境并购特点突出表现为增长势头迅猛，并购行业拓宽。

2008年，通过并购实现的直接投资为302亿美元，较上年增长了379%。2009年，通过并购实现的直接投资为192亿美元，较上年下降36.4%。2010年以并购方式实现的直接投资为297亿美元，同比增长54.7%，占流量总额的43.2%。并购领域涉及采矿业、制造业、电力生产和供应业、专业技术人员服务业、金融业等行业。

2011年以并购方式实现的直接投资为272亿美元，占流量总额的36.4%。并购领域以采矿业、制造业、电力生产和供应业为主。2012年，中国企业共实施对外投资并购项目457个，实际交易金额434亿美元，两者均创历史之高。

（三）蓬勃发展阶段

2012年之后，中国企业跨境并购经历第三个发展阶段，进入蓬勃发展时期，越来越多的国内企业为了获取先进的技术和国际大市场，积极通过跨境并购的方式走出去，所涉及的行业也越来越广泛，如表9-1所示。

表9-1　　　　2012～2015年中国企业对外投资并购数据统计

时间（年）	2012	2013	2014	2015
对外投资并购项目数（起）	457	424	595	579
涉及国家（地区）		70	69	62
实际交易总额（亿美元）	434	529	569	544.4

数据来源：商务部：《2015年度中国对外直接投资统计公告》，中国统计出版社2015年版。

由上表可见，从2012～2015年，无论项目数量还是投资金额都较上一阶段有着明显的上升，截至2015年，中国企业共实施对外投资并购项目579起，涉及62个国家（地区），实际交易总额544.4亿美元。其中，中国化工橡胶有限公司以52.9亿美元收购意大利倍耐力集团公司近60%股份，成为2015年中国企业实施的最大海外并购项目。

二、标的企业行业分布

（一）全球跨境并购被并行业分布特征

按照2010～2015年平均并购金额加以排序的话，位列跨境并购前十位的行业部门有：商务服务（平均57 248亿美元）、采矿和石油（平均52 452亿美元）、金融服务（平均49 055亿美元）、制药行业（平均40 667亿美元）、食品饮料和烟草（平均38 984亿美元）、化学产品（平均28 494亿美元）、电子设备（平均23 059亿美元）、运输仓储（平均19 286亿美元）、其他制造业（平均17 537亿美元）、贸易（平均17 113亿美元）。跨境并购金额最少的五个行业分别是其他服务业、木材及木制品、印刷出版、公共管理和国防、煤炭石油产品和原子能等。这五个行业要么投资准入相对严格（如印刷出版），要么国内垄断程度较高（如煤炭石油产品和原子能、公共管理和国防），要么东道国保护力度相对较大（如木材及木制品等）。

2010年服务业跨境并购占比为40.21%，到2015年上升至41.80%；初级产业跨境并购占比则由2010年的22.98%下降至2015年的4.37%；制造业跨境并购占比则基本保持在42%上下，2015年达到53.83%，如表9-2所示。

表 9-2　　2010~2015年全球跨境并购被并购企业行业结构　　（单位：亿美元）

行业部门	2010年	2011年	2012年	2013年	2014年	2015年
商务服务	384.01	438.81	359.76	500.87	833.1	918.3
采矿和石油	745.46	1 542.2	383.52	-149.1	339.91	285.16
金融	326.49	388.53	171.16	125.26	914.16	1 017.72
制药行业	291.21	338.66	134.7	45.22	509.63	1 120.62
食品饮料和烟草	381.1	453.35	323.82	548.36	345.67	286.74
化学产品	51.17	446.21	173.31	234.14	320.12	484.67
电子设备	210.26	291.98	233.34	132.1	252.8	263.06
运输仓储	124.55	150.23	193.4	134.29	219.03	335.64
其他制造业	67.25	155.33	60.65	84.66	109.09	575.25
贸易	127.74	194.77	147.11	31.73	371.07	154.33
电力天然气和水	-35.68	268.2	166.1	152.2	144.65	171.29
机械设备	79.21	149.05	151.21	113.94	125.43	226.27
信息和通讯	208.76	374.32	365.25	270.97	-712.8	186.15
汽车和其他运输设备	75.04	53.92	25.85	22.82	174.61	198.6
非金属矿物产品	38.77	15.2	23.23	88.84	57.46	312.83
钢铁及其制品	26.48	70.72	107.88	34.85	56.64	132.42
住宿和餐饮服务	51.83	40.37	-1.29	74.05	176.44	79.78
卫生和社会服务	85.44	34.45	54.44	41.54	31.18	80.51
农林渔业	52.04	18.13	78.75	20.23	20.96	30.34
家具制造	1.54	1.53	1.36	1.71	-2.53	205.23
艺术和娱乐	15.37	10.61	4.6	21.03	76.75	38.6
纺织服装和皮革	8.56	27.4	38.02	50.71	23.14	6.7
建筑业	71.09	18.35	6.48	18.52	-2.76	22.28
橡胶和塑料制品	58.81	22.41	27.66	4.89	-36.77	47.98
造纸及纸制品	-21.31	15.57	38.77	7.35	13.75	15.91
教育	21.76	5.97	5.24	6.37	12.59	7.17
其他服务业	11.98	1.41	0.99	22.26	7.79	2.95
木材及木制品	-1.95	8.48	7.33	6.98	2.81	2.14
印刷出版	8.11	-0.25	1.77	0.25	1.94	4.25
公共管理和国防	2.33	6.04	-0.97	0.4	0.09	0.98
煤炭石油产品和原子能	3.5	-7.52	-1.2	-22.27	-61.15	0.69

数据来源：UNCTAD：《世界投资报告2016》，经济管理出版社2016年版。

全球跨境并购已经由过去的以制造业为主逐渐转向以服务业为主。可以预见，未来跨境并购将更多地发生在新兴行业和高科技行业上，如互联网、信息技术和通信、装备制造业、新能源等。传统产业也会随着技术突破和竞争压力而加以并购重组。而这恰恰就是中国企业海外并购的两大重要目标。对于中国企业来说，一方面，通过跨境并购迅速进入新兴行业和高科技行业，把握未来产业发展机遇；另一方面，通过跨境并购低成本获得海外资产和技术，完善自身供应链和生产布局，进一步提升自身的国际竞争力。

（二）中国跨境并购行业分布

2012年并购主要涉及采矿、电力生产供应、文化娱乐、制造、交通运输、建筑、金融等十大领域。2013年中国企业并购涉及采矿业、制造业、房地产、租赁和商务服务业、信息传输、软件和信息技术服务业、批发和零售业等16个行业大类，如表9-3所示。

表9-3　　　　　　2013~2015年中国企业跨境并购行业分布

行业	2013年 金额（亿美元）	2013年 金额占比（%）	2014年 金额（亿美元）	2014年 金额占比（%）	2015年 金额（亿美元）	2015年 金额占比（%）
制造业	73.2	13.79	118.8	20.88	137.2	25.20
信息传输/技术服务业	21.9	4.13	35.7	6.27	84.1	15.45
金融业	0.2	0.04	20.8	3.65	66.1	12.14
采矿业	342.3	64.49	179.1	31.47	53.2	9.77
文化/体育和娱乐业	4.8	0.90	1	0.18	32.3	5.93
租赁和商务服务业	21.9	4.13	25.3	4.45	31.3	5.75
住宿和餐饮业	7.7	1.45	8	1.41	27.1	4.98
批发和零售业	11.4	2.15	15.1	2.65	26.6	4.89
房地产业	30.8	5.80	8.6	1.51	20.7	3.80
科学研究/技术服务业	3.1	0.58	5.8	1.02	17.6	3.23
交通运输/仓储邮政业	0.1	0.02	17.7	3.11	16.1	2.96
建筑业	0.2	0.04	0.6	0.11	11.2	2.06
水利/环境和公共设施	2	0.38	0	0.00	8.8	1.62
卫生和社会工作	0	0.00	0.2	0.04	4.3	0.79
电力/热力/燃气/水	3.5	0.66	93.1	16.36	3.8	0.70
农/林/牧/渔业	5.9	1.11	35.6	6.26	2.6	0.48
居民服务/其他服务业	1.8	0.34	3.6	0.63	1.2	0.22
教育	0	0.00	0.1	0.02	0.2	0.04
合计	530.8	100.00	569.1	100.00	544.4	100.00

数据来源：商务部：《2015年度中国对外直接投资统计公告》，中国统计出版社2015年版。

2014年中国企业对外投资并购涉及采矿业、制造业、电力/热力/燃气及水的生产和供应业、信息传输/软件和信息技术服务业、农/林/牧/渔业、租赁和商务服务业、批发和零售业等17个行业大类。受全球大宗商品市场持续低迷等因素的影响，采矿业并购金额虽保持首位，但从上年的342.3亿美元大幅下滑至179.1亿美元，同比下降47.7%。2014年中国企业涉及制造业、电力/热力/燃气和水的生产和供应业、农/林/牧/渔领域的对外投资并购亮点突出，其中制造业并购167起，并购金额118.8亿美元，同比分别增长29.5%和16.2%；联想集团收购摩托罗拉手机业务、IBM X86服务器业务，东风汽车公司收购法国标致雪铁龙集团14.1%股份的单项并购金额均在10亿美元以上；电力/热力/燃气和水的生产和供应业并购18起，并购金额达93.1亿美元（是上年的26.6倍），国家电网公司以26.3亿美元收购意大利存贷款能源公司35%的股权项目是本领域年度最大金额并购项目；农/林/牧/渔领域并购43起，并购金额35.6亿美元（是上年的6倍），中粮集团公司以15亿美元收购来宝农业有限公司51%股权项目，是迄今为止中国企业涉及农业领域最大金额的对外投资并购项目。

2015年中国企业对外投资并购涉及制造业、信息传输/软件和信息技术服务业、采矿业、文化/体育和娱乐业、租赁和商务服务业等18个行业大类，相比2014年新增了水利/环境和公共设施管理类并购项目。从并购金额上看，制造业137.2亿美元，同比增长15.5%，位居首位，涉及137个项目；信息传输/软件和信息技术服务业84.1亿美元，同比增长135.6%，位列次席，合肥瑞成产业投资公司以18亿美元并购桑巴荷兰有限公司是该领域年度最大金额并购项目；金融业66.1亿美元，同比增长217.8%，主要并购项目有中国民生投资股份有限公司全资收购天狼星保险集团（17.9亿美元）、中国工商银行股份有限公司收购英国工银标准银行（60%股份）和土耳其TEKSTIL银行（75.5%股份）等；受全球大宗商品市场持续低迷等因素的影响，采矿业并购遇冷，从上年的179.1亿美元下滑至53.2亿美元，同比下降70.3%；文化/体育和娱乐业并购21起，并购金额由上年的1亿美元增至32.3亿美元，主要项目有北京万达文化产业集团公司以9亿美元收购美国世界铁人公司100%股份、以7.5亿美元收购瑞士盈方体育传媒有限公司90.4%股份等。

一直以来采矿业与制造业都是跨境并购的重点行业，近年，随着第三产业的发展，流向第三产业的直接投资与海外并购资金的比重越来越高，制造业（汽车制造业、计算机/通信及其他电子设备制造业等）、信息传输与技术服务业、金融业的并购也成了重中之重。

三、标的企业所在区域

（一）全球跨境并购标的企业所在区域

首先，美国一直都是全球跨境并购的首选目的地。1990年以来，除了2004年、2005年和2014年外，美国一直是全球跨境并购的最大资金目的地。1990年美国吸收跨境并购资金354.9亿美元，占当年跨境并购总额的362%；2000年和2010年美国分别吸收并购资金2 529.4亿美元和843.44亿美元，分别占当年跨境并购总额的260.36%和243%。尽管吸收并购资金占并购总额的比重略有下降，但美国作为全球跨境并购首选目的地的地位依然稳固，如表9-4所示。

表9-4　　　　　　　　1990年/2000年/2010年/2015年全球跨境
并购最大的前15个资金目的地　　　　　　　（单位：亿美元）

排名	1990年		2000年		2010年		2015年	
	国家/地区	金额	国家/地区	金额	国家/地区	金额	国家/地区	金额
1	美国	354.9	美国	2 529.4	美国	843.4	美国	2 987
2	英国	183	德国	2 325.8	英国	608.3	英国	710
3	法国	70.36	英国	1 121.6	澳大利亚	271.7	爱尔兰	480
4	阿根廷	62.73	加拿大	799.44	加拿大	132.7	法国	441
5	新西兰	46.88	中国	378.75	中国香港	126.8	中国香港	238
6	德国	43.91	法国	335.79	德国	105.2	南非	210
7	加拿大	42.33	荷兰	287.79	西班牙	103.5	瑞士	174
8	瑞士	40.65	西班牙	200.95	巴西	101.2	荷兰	155
9	比利时	26.39	瑞典	159.9	比利时	94.49	加拿大	146
10	西班牙	22.17	巴西	129.81	巴布亚新几内亚	88.43	德国	146
11	墨西哥	20.05	丹麦	120.17	墨西哥	79.89	意大利	143
12	荷兰	11.93	日本	114.39	挪威	74.45	卢森堡	136
13	意大利	10.67	意大利	113	日本	71.14	西班牙	96.7
14	澳大利亚	10.54	挪威	106.78	中国	67.58	中国	96.6
15	爱尔兰	4.67	阿根廷	96.51	意大利	63.29	澳大利亚	90.9

数据来源：UNCTAD：《世界投资报告2016》，经济管理出版社2016年版。

其次，欧洲核心国家英国、法国、德国吸收跨境并购资金规模仅次于美国，成为并购资金主要流入地。实际上，在发达国家和地区中，除美国外，以英国、法国、德国为代表的欧洲发达经济体在吸引跨境并购资金方面扮演着重要角色。1990年英国和法国分别以183.00亿美元和70.36亿美元位列第二和第三，仅次于美国。2000年德国和英国位列第二和第三，2010年和2015年英国均列第二位。

最后，新兴经济体逐渐成为全球跨境并购的主要目的地。作为吸收外资最多的发展中经济体，中国吸收的跨境并购资金排名稳步提高。1990年中国尚未进入前十五大并购资本输入地，2000年和2010年中国分别位列第五位和第十四位。2014年中国以549.13亿美元位列全球跨境并购首选目的地。

综上所述，全球跨境并购主要仍然在发达经济体之间进行，美国、英国、法国、德国等国家仍然是跨境并购的主角。2008年以来，中国企业跨境并购发展迅速，已经成为全球跨境并购的主要资金来源地和主要目的地。

(二) 中国跨境并购标的企业所在区域

与全球跨境并购趋势相同，欧美地区的发达经济体以及中国香港都是中国大陆地区跨境并购的主要目的地。2015 年受中国"一带一路"政策影响，"一带一路"相关国家也越来越受到中国企业的欢迎。

2014 年中国企业对外投资并购项目共分布在全球 69 个国家（地区），从实际并购金额上看，秘鲁、美国、中国香港、澳大利亚、加拿大、意大利、开曼群岛、德国、法国、荷兰位列前十。2014 年，对外直接投资流向中国香港、开曼群岛、英属维尔京群岛、卢森堡的投资共计 842.07 亿美元，占流量前 20 个国家（地区）的 75.8%，占当年流量总额的 68.4%。中国企业在上述国家（地区）设立的境外企业以商务服务业为主，2014 年主要并购项目大多通过这些境外企业再投资完成，如图 9 - 3 所示。

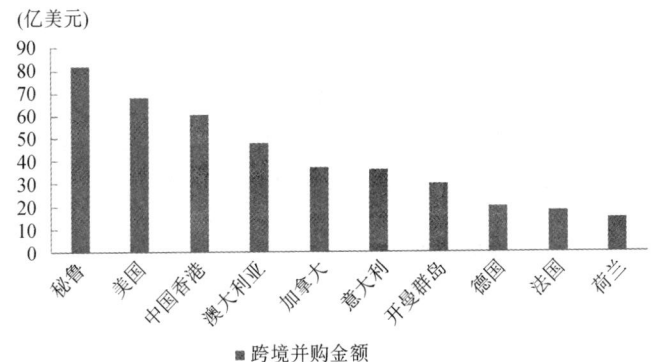

图 9 - 3　2014 年度中国企业跨境并购十大目的地（按并购金额）

数据来源：商务部：《2014 年度中国对外直接投资统计公告》，中国统计出版社 2014 年版。

2015 年中国企业对外投资并购项目分布在全球 62 个国家（地区），从实际并购金额上看，美国、开曼群岛、意大利、中国香港、澳大利亚、荷兰、以色列、百慕大群岛、哈萨克斯坦、英国位列前十，如图 9 - 4 所示。

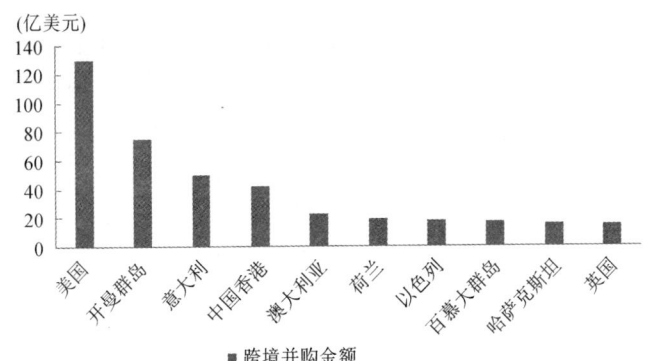

图 9 - 4　2015 年度中国企业跨境并购十大目的地（按并购金额）

数据来源：商务部：《2015 年度中国对外直接投资统计公告》，中国统计出版社 2015 年版。

2015年，中国企业共实施对香港地区企业的并购126起，涉及金额44.8亿美元。同时，中国企业通过其在香港设立的平台公司进行再投资并购活跃，如中国化工橡胶有限公司以52.9亿美元收购意大利倍耐力集团公司近60%股份，上海复兴国际集团以25.2亿美元收购美国Ironshore保险公司100%股份，中石化集团以13.4亿美元收购俄罗斯西布尔控股有限公司20%股份，中国交通建设股份有限公司以10亿美元全资收购澳大利亚John HollandGroup PtyLtd等项目均是通过再投资完成。

2015年，中国企业共对美实施并购项目97个，实际交易金额130.5亿美元，其中通过境外企业再投资实现的并购111.9亿美元，占并购金额的85.7%。包括上海复星国际集团以25.2亿美元收购美国Ironshore保险公司100%股份、安邦保险以19.5亿美元购买华尔道夫酒店、宁波鼎亮汇通股权投资中心以11.1亿美元收购高城开发有限责任公司100%股份、万达集团以8.95亿美元收购世界铁人公司、海航集团以6.9亿美元收购Cronos集装箱租赁公司80%股份项目等。

2015年中国企业对"一带一路"相关国家并购项目101起，并购金额92.3亿美元，占并购总额的17%。其中以色列、哈萨克斯坦、新加坡、俄罗斯、老挝等国家吸引中国企业并购投资超过10亿美元。

四、直接对外投资企业行业分布特征

2005年从境内投资主体的行业分布看，制造业占到投资主体的五成半，主要分布在纺织服装、鞋、帽制造业，纺织业，通信设备、计算机及其他电子设备制造业等。

2010年从境内投资者的行业分布看，制造业占到境内投资者总数的35.8%，是对外投资最为活跃的领域，主要分布在纺织服装、鞋、帽制造业，纺织业，计算机/通信和其他电子设备制造业，电气机械和器材制造业，工艺品及其他制造业，医药制造业，交通运输设备制造业，金属制品业，专用设备制造业等；其次为批发和零售业，占33.1%，再次为农/林/牧/渔业和建筑业，均占3.6%。

2015年从境内投资者的行业分布看，批发和零售业、制造业共计1.31万家，占到境内投资者总数的65%，其中批发和零售业位列首位，占境内投资者的34.4%；其次为制造业占30.6%，主要分布在计算机/通信和其他电子设备制造业、纺织服装/装饰业、纺织业、专用设备制造业、电气机械和器材制造业、金属制品业、医药制造业、化学原料及化学制品制造业、通用设备制造业、汽车制造业、橡胶和塑料制品业等。另外，租赁和商务服务业占8%；农/林/牧/渔业占3.8%；住宿和餐饮业占3.3%；信息传输/软件和信息技术服务业占3.1%；建筑业占3%。

2005~2015年十年间，活跃在对外投资领域的制造业企业从2005年超过一半的比重到2015年只占有30.6%。与此同时，批发和零售业在近年来进行对外投资则愈加活跃，如表9-5所示。

表 9-5　　　2005年/2010年/2015年对外投资主体行业分布　　　（单位：%）

	2005年	2010年	2015年
批发和零售业	12.00	33.10	34.40
制造业	55.00	35.80	30.60
租赁和商务服务业	4.00	4.30	8.00
农/林/牧/渔业	4.00	3.60	3.80
住宿和餐饮业			3.30
信息传输/软件和信息技术服务业		1.50	3.10
建筑业	5.00	3.60	3.00
采矿业	3.00	3.20	2.50
科学研究和技术服务业		2.00	2.20
交通运输仓储业	3.00	1.60	1.70
其他	14.00	11.30	7.40

数据来源：商务部：2005年、2010年、2015年《中国对外直接投资统计公告》，中国统计出版社。

第二节　中国企业跨境并购的一般流程

跨境并购按照操作流程，一般可以分为一对一交易和招标交易两大类。一对一交易参与者仅限于收购方和出售方两家，对于双方的商业机密都有很好的保护，同时对双方来说在推进的时间表和安排上都有较大的灵活性，双方的谈判注意力更加集中，对出售方项目推进的连续性更好。招标交易与一对一类型的并购交易相比，操作流程有不少相似之处，但步骤更为标准化和程式化。下文以中国企业作为并购中的收购方为出发点，对比企业的法律法规，对一对一交易操作流程进行了阐述。

一、并购的准备阶段

战略考量。买方首先需要分析企业行业状况、自身资源、能力状况、并购需求以及企业发展战略以确定自身的综合实力与定位，进而选择并购模式、并购方向并制定并购战略。例如：保持核心竞争优势、整合上下游资源、扩大市场份额等。为理清并购方向、选择并购目标提供清晰的指引。

并购目标搜寻。买方通常根据前期的战略考量设定对并购目标的相关要求，据此进行并购目标的进一步筛选。可考虑的基本方面包括：行业地位、规模、收购标的价值和必要的财务指标等。再按照标准搜集符合标准的企业。最后经过筛选，从中挑选出最符合买方的目标企业。

组成并购团队。经过筛选标的企业，上市公司一般会就并购项目成立专门的并购团队，并委任相关中介机构作为交易顾问。常见的中介机构包括：财务顾问（一般为投资银行)、会计师事务所、律师事务所。如果并购项目规模大或复杂,团队还会聘请评估师、行业和市场顾问、技术顾问、人力资源顾问、环境影响评估团队、宣传顾问、公关公司等。组建了专业团队后,便可进行初步并购项目可行性分析、研究相关财务假设与估值模型、研究可能涉及的审批文件等,进行并购项目的初步了解与规划。

初步接触。层层筛选出最适合公司多方面要求的公司后,买方可初步接触卖方公司。首先建立双方之间顺畅的沟通协调机制和工作机制,交流合并意向。进一步再确定交易流程以及时间规划等并签署保密协议。此处可进行初步尽职调查,明确各方的态度与想法,签署或确认合作意向书和商业条款。

二、并购的尽职调查与方案设计

(一)尽职调查

尽职调查包括法律、财务、业务尽职调查等多方面的调查,其目的在于使买方尽可能地发现卖方的全部情况,发现交易法律风险并判断其性质、程度以及对并购活动的影响和后果,继而合理有效的提出防范或解决措施。尽职调查的过程一般贯穿于整个并购过程中,此处指全面尽职调查。

尽职调查的内容大致包括:卖方的基本情况、经营成果、发展前景、潜在亏损、目标并购地区的相关法律条例等。卖方提供的资料需要进行相应的审核,而尽职调查的范围也不应限于对方提供的资料。通过管理层报告、实地调查、关联方调查等方式进行调查。最后形成尽职调查报告,为建立相应的财务模型提供合理依据。

(二)方案设计

方案设计是并购最核心的步骤,需要全方位的知识体系,通常涉及法律、会计处理方法、支付方式、融资方式、税收等诸多方面。此外,在确定交易结构阶段还要关注可能会出现的风险并尽可能地降低风险,如定价风险、支付方式风险、会计方法选择风险、融资风险等,以争取在风险可控的前提下获得最大收益。

总体来说,方案至少应当包含以下几方面的内容:准确评估卖方公司的价值;确定合适的并购模式和并购交易方式;选择最优的并购财务方式;筹划并购议程。

三、并购的实施阶段

(一)并购谈判

并购谈判通常在尽职调查大部分实质性工作完成时,双方开始准备和谈判收购协议,确立谈判机制与时间安排。一般由买方的法律顾问起草和提出收购协议初稿。经过并购团队的审核与修改后送交至卖方处。

并购交易谈判的焦点问题通常集中在以下方面:交易完成的前置性条件(所需的审批或许可等)、卖方的陈述与保证、竞业禁止、交易价款支付方式、企业经营情况预测、交割事项、担保事项。同时还应确定融资方案，进行融资方面的谈判。双方通过谈判，就主要方面取得一致意见后，一般会签订一份《并购意向书》（或称《备忘录》）。

（二）签订并购合同，向有关部门申报审批

经过多轮反复谈判讨论，双方对收购协议条款达成一致后签署最终收购协议。并购协议应规定所有并购条件和当事人的陈述担保。并购协议的谈判是一个漫长的过程，通常是买方的律师在双方谈判的基础上拿出一套协议草案，然后双方律师在此基础上经过多次磋商、反复修改，最后才能定稿。并购协议至少应包括以下条款：并购价款和支付方式；陈述与保证条款；并购合同中会规定的合同生效条件、交割条件和支付条件；并购合同的履行条件；资产交割后的步骤和程序；违约赔偿条款；税负、并购费用等其他条款。

（三）交易披露、获得审批和项目交割

签署最终交易文件后，买卖双方应进行相关交易披露，包括：交易公告、股东大会召开通知（若有），并获得董事会、股东的批准。

买卖双方均应按照收购协议约定准备和完成收购项目交割的各项条件，如取得各自的董事会和股东大会的同意、取得相关的政府审批等。其中，保持基于监管部门的良好沟通是核心因素之一，交易双方应取得境内外相关监管机构批准，包括反垄断、国家安全等。根据交易架构和双方协议，并购的一方或双方完成交易所涉及资产和股权的重组和特殊目的公司SPV设立（若有）。而后，买方根据融资计划获得相应融资后，并购合同双方依照合同约定完成协议中的其他交割条件，包括合同生效、产权交割、尾款支付完毕等。一个较为审慎的并购协议的履行期间一般分三个阶段：合同生效后，买方支付一定比例的对价；在约定的期限内卖方交割转让资产或股权，之后，买方再支付一定比例的对价；一般买方会要求在交割后的一定期限内支付最后一笔尾款，尾款支付结束后，并购合同才算真正履行结束。

总地来讲，在交割前卖方需要获得政府许可及第三方协议，包括中国相关政府部门的许可（国家发改委、商务部、外汇局、国资委等）、目标公司所在国政府的核准（国家安全审查、反垄断审查等）、标的资产所在国政府的核准等；还需要满足相应的交割条件并准备交割文件，如股权收购中的股票证书、资产收购中的资产所有权证明、卖方公司股东名册、银行水单、高管签署的交割保证书等。

四、并购整合阶段

标的交割后，并购并未结束，还可能涉及价格调整、索赔问题。除此之外还应进行后期的整合。并购的整合阶段主要包括财务整合、人力资源整合、资产整合、企业文化整合等方面事务。具体分为以下五个阶段：设计阶段。成立整合项目管理组织，制定整个整合项目的日程表和任务分工；评估阶段。由并购管理小组总负责，制定衡量整合工作业绩的标准，对公司当前的经营状况进行诊断和分析，重新审查交易的财

务条件和风险评估，并根据整合计划的要求提出改革建议；展开阶段。各个特别工作小组根据分工，执行具体任务，例如解决运营、财务、人力、信息技术等资源方面问题；管理阶段。并购管理小组同各工作小组一起监控整合工作的日程和计划执行情况，并将进展情况报告指导委员会，在必要时可以调整资源配置；收尾阶段。整合项目管理组织向适当的业务部门交接工作。

第三节　中国企业跨境并购涉及法规制度

一、中国跨境并购的法律规范概述

中国企业跨境并购受多个部门的监管，包括证监会、境外投资主管部门、银监会、保监会等部门。

中国证券监督管理委员会主要从证券市场管理以及发行股票等融资方式对上市公司跨境并购进行管理，在上市公司跨境并购中涉及信息公开、按重大资产重组进行并购、按发行股票方式并购与按公司债券、可转换债券等方式进行并购等方面。

境外投资主管部门对跨境并购行政审批方面进行了规范。其中，发改委主要针对投资项目核准与备案方面，商务部对境内企业通过新设、并购等方式在境外设立非金融企业或取得既有非金融企业的所有权、控制权、经营管理权等权益的行为实施管理和监督，负责境内企业对外投资开办非金融企业的核准。

外汇局针对境外投资的外汇收支与外汇管理方面进行监管，包括前期费用的外汇登记、境外投资外汇登记和外汇投资基金汇出手续、重大变更事项外汇备案手续等。

除此之外，国资委从国有资产和国有产权管理等方面对国有企业这一特殊群体的跨境并购进行监管。

同时，上海相关部门也相继出台自贸区《境外投资开办企业备案管理办法》与《境外投资项目备案管理办法》，根据规定，对于不涉及敏感国家和地区投资、敏感行业及额度不超过3亿美元的境外投资项目，相关企业只需在自贸区管委会等部门完成项目备案，就可以直接向外管局申请换汇投向境外，如表9-6所示。

二、目标国相关监管制度

跨境并购的境外监管审批主要分为下面几个方面：国家安全审批、反垄断审批、金融监管机构审批、税务机构审批、卖方公司股东大会（董事会）审批、工会审批以及相关利益方审批。本部分主要就其中最核心的两个方面进行总结，即国家安全审批以及反垄断审批，如表9-7所示。

表 9-6 中国企业跨境并购法律法规

监管机构	分类	法规名称
证监会	信息公开	中华人民共和国公司法
		中华人民共和国证券法
	重大资产重组	公开发行证券的公司信息披露内容与格式准则第 26 号——重大资产重组
		关于规范上市公司重大资产重组若干问题的规定
		上市公司重大重组管理办法
	融资	中华人民共和国证券法
		上市公司证券发行管理办法
		上市公司非公开发行股票实施细则
		发行可转换公司债券实施办法
		公司债券发行与交易管理办法
		商业银行并购贷款风险管理指引
发改委	投资项目核准与备案	境外投资项目核准与备案管理方案
商务部	境外投资非金融行业	境外投资管理办法
外汇局	外汇收支与外汇登记	境内机构境外直接投资外汇管理规定
		境外投资外汇管理办法实施细则
银监会	商业银行跨境并购	中国银行业监督管理委员会中资商业银行行政许可事项实施办法
		中华人民共和国银行业监督管理法
保监会	保险公司跨境并购	保险公司设立境外保险类机构管理办法
		保险资金境外投资管理暂行办法实施细则
国有资产监督管理部门	国有企业跨境并购	中央企业境外国有资产监督管理暂行办法
		中央企业境外投资监督管理暂行办法
		中央企业境外国有产权管理暂行办法
		关于加强中央企业境外国有产权管理有关工作的通知
上海自贸区管委会	自贸区跨境并购监管	境外投资开办企业备案管理办法
		境外投资项目备案管理办法

三、海外并购法律流程

跨境并购法律流程主要分为两个部分,即境内审批流程与境外审批流程。本部分主要讲述境内审批的相关申报流程。

表 9-7　　　　美国、英国、德国、日本国家安全审批以及反垄断审批项目

审批内容	项目分类		美国	英国	德国	日本
反垄断审批	申报方式		事前申报	自愿申报	事前申报	事前申报
	审查期限	第一阶段	30天初始等待期	20~40个工作日	公告之日起1个月	30天
		第二阶段	提交符合要求的补充资料之日后的30天内	24周，特殊原因可以延长8周	公告之日起4个月（可延长）	受理申报方提交报告后的90天内
国家安全审批	审查机构		外国投资委员会（CIFUS）、国会、总统	公平交易署（OFT）、竞争委员会（CC）	经济技术部	大藏省、法务省、经济产业省等
	审查程序		申报、初审、调查、总统决定	—	—	申报、审查、救济及投资者权利保护、对等审查

（一）发改部门—对外投资项目的立项审批

根据发改委 2014 年第 9 号令《境外投资项目核准和备案管理办法》（下称《办法》），中方投资额 3 亿美元及以上的境外收购或竞标项目，投资主体在对外开展实质性工作之前，应向国家发展改革委报送项目信息报告。国家发展改革委收到项目信息报告后，对符合国家境外投资政策的项目，在 7 个工作日内出具确认函。项目信息报告格式文本由国家发展改革委发布。

在买方报送信息报告后，收到确认函前进行并购的实质性活动的企业将被通报批评，责令纠正。情节严重者会有相应处罚。

在完成实质性工作后，下面便需要进行境外投资项目的核准或备案。企业应按《办法》中所述条件判断应核准还是备案。《办法》第七条规定了由发改委进行项目核准的跨境投资项目情况，除第七条规定之外的项目属于备案范畴。有关报送程序，也根据核准和备案的类型不同而不同，如表 9-8 所示。

表 9-8　　　　跨境并购境内审批核准与备案机构

项目	投资额	申请企业类型	审批
不涉及敏感国家和地区、敏感行业	不限投资额	中央企业	国家发改委备案
	3亿美元以下	地方企业	各省、自治区、直辖市及计划单列市和新疆生产建设兵团等省级政府投资主管部门备案
	3亿美元及以上	地方企业	国家发改委备案
	10亿美元及以上	中央企业、地方企业	国家发改委核准

续表

项目	投资额	申请企业类型	审批
敏感国家和地区、敏感行业	不限投资额	中央企业、地方企业	国家发改委核准
	20亿美元及以上	中央企业、地方企业	国家发展改革委提出审核意见报国务院核准

对于境外投资项目前期工作周期长、所需前期费用规模较大的，同样需要对项目前期费用申请核准或备案。经核准或备案的项目前期费用计入项目中方投资额。

（二）商务部门—企业境外投资证书审批

此程序系根据商务部令2014年第3号《境外投资管理办法》的规定而设立，文件中同样规定了核准与备案所适用的不同情形。第六条规定，企业境外投资涉及敏感国家和地区、敏感行业的，实行核准管理。企业其他情形的境外投资，实行备案管理。

对属于备案情形的境外投资，中央企业和地方企业通过"管理系统"按要求填写并打印《境外投资备案表》，加盖印章后，连同企业营业执照复印件分别报商务部或省级商务主管部门备案。

对属于核准情形的境外投资，企业申请境外投资核准需提交以下材料：

（1）申请书，主要包括投资主体再投资情况、境外企业名称、股权结构、投资金额、经营范围、经营期限、投资资金来源、投资具体内容等；

（2）《境外投资申请表》（样式见附件3），企业应当通过"管理系统"按要求填写打印，并加盖印章；

（3）境外投资相关合同或协议；

（4）有关部门对境外投资所涉的属于中华人民共和国限制出口的产品或技术准予出口的材料；

（5）企业营业执照复印件。

商务部和省级商务主管部门通过"境外投资管理系统"对企业境外投资进行管理，并向获得备案或核准的企业颁发《企业境外投资证书》。《证书》由商务部和省级商务主管部门分别印制并盖章，实行统一编码管理。

（三）外管部门—外汇登记及备案

在取得发改委的项目核准文件和商务部门颁发的《企业境外投资证书》后，境外投资企业应向其所在地的外汇管理局办理境外直接投资外汇登记，在办理境外直投外汇登记时，企业须向外管局说明其境外投资外汇资金来源情况。与跨境并购项目申报有关大致两个方面，一是直接投资外汇登记，二是直接投资前期费用汇出。

根据《境内机构境外直接投资外汇管理规定》中所述，办理境外直接投资外汇登记证，应提交以下材料：书面申请并填写《境外直接投资外汇登记申请表》；外汇资金来源情况的说明材料；境内机构有效的营业执照或注册登记证明及组织机构代码证；境外直接投资主管部门对该项投资的核准文件或证书；如果发生前期费用汇出的，提供相关说明文件及汇出凭证。境内企业应凭境外直接投资主管部门的核准文件（即发改委项目核准文件和企业境外投资证书）和境外直接投资外汇登记证，在外汇指定银行办理境外直接投资资金汇出手续。

境内企业需要在设立之前按项目所在地要求支付保证金、投标保证金，或进行市场调查、租用办公场地和设备、聘用人员，以及聘请境外中介机构提供服务的，应当向外管局申请境外直接投资前期费用汇出，前期费用一般不得超过境内企业已向发改委和商务部门申请的境外直接投资总额的15%。申请项目前期费用汇出的，需向外管局提交包括境内机构参与投标、并购或合资合作项目的相关文件在内的一系列材料。

（四）特别流程

国有资产监督与管理部门、银监会、保监会及证监会对跨境并购中的一些情况做出特别规定，此处进行简略介绍。

涉及国有资产的跨境并购，还需要国有资产监督与管理部门（国务院国有资产监督管理委员会及其相关地方分支机构）审批；涉及金融、保险、证券行业，还需要金融监管机构（中国银行业监督管理委员会即"银监会"）、保险监管机构（中国保险监督管理委员会即"保监会"）、证券监管机构（中国证券监督管理委员会即"证监会"）的审批。

第四节 中介机构在中国企业跨境并购中的地位和作用

一、财务顾问

在跨境并购项目中，没有清晰战略目标的企业很难在成熟的国际市场上成功完成收购。其前期繁杂的梳理工作是传统的会所、律所等专业服务机构无法完成的，这也是跨境并购中财务顾问的重要性远高于国内收购交易的原因。

多数情况下，财务顾问的角色由投资银行承担。投资银行是跨境并购中的核心角色，承担着整个并购交易的战略、分析、组织和协调作用。在大规模的跨境并购交易中，并购双方都要选择投资银行充当其顾问和代理人。投资银行作为第一个外部顾问介入项目，从各个方面为委托方降低并购成本，规避并购风险。近年来投资银行对中国企业海外并购的整体水平和质量有显著的推进作用。投资银行的作用具体有以下几个方面：

（一）制定整体并购战略

企业实施跨境并购都有特定的目标和驱动力。制定整体并购战略主要包括目标企业的选择，制定适当的收购价格，购买方式、时间条件、策略的选择，融资计划收购，计划安排和资本结构重组预测并购影响等，为并购顺利进行奠定基础。投资银行具有丰富的并购整合经验，可以多渠道获取信息，帮助企业制定合理的整体并购战略。

（二）确定收购标的

财务顾问在跨境并购中主要的作用之一便是确定收购标的。很多国内公司有跨境并购意愿，比如高端制造业企业需要德国标的，但高端制造的类型、目标市场所在地、规模大小、协同价值的判断、技术领域上的特色等问题很多公司还是没概念。很多公司的态度是"欢迎广大投行或财务中介提供各种并购标的"，但缺乏实际判断力，也很难真正完成成熟的收购。而财务顾问恰恰在这方面有很大的贡献。

（三）法律方面的咨询与审核

在法律方面，财务顾问通常在以下四个方面对跨境并购进行帮助。

（1）对买方进行证券市场规范化运作的辅导，使买方的董事、监事和高级管理人员熟悉有关法律、行政法规和中国证监会的规定，充分了解其应当承担的义务和责任，督促其依法履行报告、公告和其他法定义务；

（2）对买方是否符合《上市公司收购管理办法》的规定及申报文件内容的真实性、准确性、完整性进行充分核查和验证，对收购事项客观、公正地发表专业意见；

（3）接受买方委托，向中国证监会报送申报材料，根据中国证监会的审核意见，组织、协调买方及其他专业机构予以答复；

（4）与买方签订协议，在收购完成后12个月内，持续督导买方遵守法律、行政法规、中国证监会的规定、证券交易所规则、上市公司章程，依法行使股东权利，切实履行承诺或者相关约定。

（四）对目标公司进行尽职调查

投资银行在并购团队中可以合理地协调各业务单位进行多方面的尽职调查。借助自身经验和专业团队，从买方的整体策略出发，配合买方从行业、财务、法律合规、整体协同效应等多方面对卖方企业进行调查，准确掌握标的公司信息，包括公司的股本总额、股权结构、资源优势、业务范围、所在行业内排名、行业前景及竞争程度等，便于买方透彻的了解卖方信息。

（五）设计最佳交易结构

交易结构是交易双方协调与实现最终利益的一系列安排。投资银行能够帮助企业制定最佳的交易结构，从法律、税务等角度最大限度地满足买卖双方的商业意图，在交易双方之间进行平衡。

（六）对目标公司进行合理估值

投资银行对卖方公司进行合理的价值估算，并预测可能产生的多种结果及各种结果下的并购成本与获利水平。对公司进行整体估算需要考虑众多因素，难度很大，特别是在该公司规模较大时，股权分布复杂时就更是难以准确测定。这就需要投资银行帮助雇主公司全面考虑，做好周密准备。

（七）竞价和谈判支持

作为买方的代言人，投资银行会协助律师与目标公司大股东和董事等接触，洽谈收购条件等具体事项。投资银行在与卖方谈判前应该准备一份完整的材料，阐明此并购的利弊，通过共同协商建立起一套保障双方权益的机制，并要有详尽的理由和数据说明其标价是公平的。从而在沟通、协商的基础上，向对方阐明本公司并购的意图、计划、条件，并充分尊重对方的利益，给予合理的补偿价格，尽量说服对方同意接受并购，保证双方的充分交流，以尽可能小的代价实现并购。

（八）搜集其他竞价对手信息

跨境并购中，优质的标的企业往往会引来众多关注。投资银行能够通过丰富的信息渠道，帮助买方充分掌握卖方和其他竞价者的背景和信息，从而有针对性地制定最为有效的竞价策略，使买方在大量的竞争者中脱颖而出。

（九）应对突发情况

在跨境并购的过程中往往会一些突发情况。投资银行能够帮助买方提前排查并购过程中可能存在的障碍，并制定完善的应对措施，防患于未然。

（十）准备书面材料

编制公司公告，详述收购事宜，同时，准备函件给目标公司股东和员工，说明收购原因、条件以及对各项事宜的安排，通过锁定协议、期权与换股交易协议、毁约罚金等一系列保障措施来确保并购安全、平稳地得以完成。

（十一）为企业安排融资

帮助进行融资方案的选择是投资银行的核心功能之一。当买方选择现金方式的并购时，对并购实现的最大约束便是资金问题，特别是在大规模现金收购中，没有融资安排几乎是不可能的。投资银行不仅通过发行证券及贷款安排等为并购企业寻求外部资金支持，有时还提供自有资金。投资银行可结合进度安排融资方案的实施。

（十二）安排善后事宜

帮助买方编制收购财务计划并着手进行财务安排，处理企业完成并购后的一些善后事宜，提供业务及财务整合建议。

此外，投资银行还负有其他责任。例如，投资银行有义务使并购符合法律规范，避免陷入纠纷；不参与有损社会公德的并购活动；维护雇主公司及投资银行自身的社会声誉；在一定时期内保持并购后公司的股票价格稳定等。

二、法律顾问

律师的总体任务是向买方指出收购存在的法律风险，但是律师不能成为阻碍收购最终完成的障碍。所以，并购中的法律顾问既要有风险意识让客户意识到风险的存在，但是也不能因为风险的存在而破坏交易的完成。

（一）中国律师的职责

一方面，中国律师要对公司进行跨境并购交易相关的证券业务进行相关法律服务工作：就与证券业务相关的法律问题开展法律尽职调查；与相关证券业务有关的协议、法律文件；根据法律法规要求，向中国证监会出具相关证券业务的律师工作报告及法律意见书；就相关证券业务向主管部门提交相关申报文件；有关中国法律所要求的信息披露义务，协助审阅或修改相关信息披露文件等方面的工作。

另一方面，中国律师需要承担有关跨境并购交易的工作。例如：①从中国法律角度协助制定买方案；②协助确定满足中国法律监管要求的境外投资架构；③协助确定并购融资方案；④从中国法角度协助起草、审阅、修改意向书、条款单和收购协议及其他交易文件。

（二）备忘录及意向书谈判

在交易双方最初接触的阶段，中国律师便要介入针对交易进行备忘录或者意向书的谈判过程。在这个过程中，律师需要从项目管理的角度为买方提供相应的咨询，帮助买方顺利完成谈判。特别是，律师需要同投行一起对交易的结构和融资方案等安排进行法律上的评估。如果一个融资安排法律上会遇到障碍，将影响整个交易的完成。所以律师在早期介入交易对交易的方向把握具有举足轻重的意义。

国外并购交易当中，备忘录和意向书虽然不具备法律约束力，但是如果交易顺利进行下去，在备忘录和意向书中确定的根本原则是无法随意修改和变动的。比如，有的跨境并购通常把后期的一些难点问题放在最前面的备忘录和意向书中来讨论，如定价、某些债务、债权的处理、员工的问题、政府审批的问题等。这样做可以让一些敏感问题提前解决，避免后置这些问题造成的时间延误。这些问题一旦确定下来，如果没有什么意外。在并购的后期工作中就很难改变。如果一方认为备忘录和意向书本身不具约束力所以可以随时对其中的条款进行修改，会被对方认为不够专业，也缺乏起码的诚信，会导致整个交易中途夭折。所以，虽然备忘录和意向书没有法律约束力，如果诚心完成交易，还是要遵守相应的承诺的。

（三）对目标公司及其资产进行尽职调查

并购交易最初阶段，律师负责对目标企业进行法律上的尽职调查。调查是通过审查目标企业自设立以来所有的法律文件从而发现可能的法律风险。法律尽职调查中应关注公司成立的相关调查、股权所属调查、公司组织结构、章程、劳动合同、租赁合同、房地产登记保险合同、供货商合同、原料采购合同、代理合同，尤其关注知识产权协议、知识产权登记、诉讼状况等各个方面。作为项目经理的律师要有能力组织对所有上述各方面法律文件审理的能力。通过对所有这些文件的审阅以及针对相关管理人的问讯，买方可以对目标企业的法律状况得到全面理解。一旦发现有任何法律风险，买方往往会要求卖方及时处理，或者将相关条件作为付款的前提条件，这样保障买方成为公司的新股东时将不会面临这些法律风险的困扰。

由于律师的法律服务受限于其取得职业资格的司法管辖区，跨境并购及交易中的相关事项应当有目标公司及其资产所在地具有当地职业资格并且有相关行业并购交易经验，熟悉当地法律、政府要求、文化和商业环境的当地律师开展。

（四）交易架构

跨境并购不仅需要从财务、税务、业务、研发、供应、加工、营销、劳动雇佣等方面加以考虑与规划，在考虑交易架构时还应考虑所在国政府监管的具体要求、未来业务整合的需要、并购融资的筹措等因素。因此，在交易架构设计过程中，也需要有买方所在地的中国律师、目标公司及具体资产和业务所在地的当地律师从其各自法律角度分析潜在问题，并参与交易架构的制定，确保交易架构能够实现买方的商业目标。

（五）监管审批

跨境并购会受到相关司法管辖区政府部门的监管，律师在监管审批中起到重要的作用。例如各国政府基于国家安全和外资准入政策对外国投资的审查、达到相关反垄断申报标准的并购交易需要向有关国家和地区反垄断执法机构进行申报、中国上市公司进行跨境并购需要取得中国政府境外投资主管部门的核准和登记。

（六）不同国家和地区律师团队的组织、协调和管理

当目标企业在不同国家有分公司或者子公司的时候（如沃尔沃的企业位于瑞典、比利时、马来西亚等，而且还牵扯中国法律的审批问题），律师对各个法律管辖区下企业法律文件的管理、审查以及同各个国家律师的协调就十分重要。

三、会计师事务所

（一）提供咨询

在并购双方进行谈判时，会计师事务所可以参与其中，为双方提供财务与会计方面的咨询服务，保持双方在财务方面沟通顺畅。

（二）财务报表审计

会计师事务所具有高素质的专业人才，其掌握了科学的程序与方法，能够独立的对被收购企业的经营成果、财务状况、内部控制等方面进行全面分析与判断，准确掌握目标企业的各类信息，从而降低信息不对称、降低估价风险。

会计师事务所通过外部调查可以获得表外信息，例如担保事项、环保影响、安全隐患、利润分配、投资决策等从报表中及会计资料中无法反应的事项。同时对表内信息进行专业判断，剖析其真实及客观的情况。会计师事务所利用其丰富的专业学识及经验将表内及表外信息进行有机结合，形成一份客观的报告，可以有效地帮助并购者评估被买方的价值。

同时，会计师事务所也可查询被买方内部控制等环节的漏洞。每个企业都拥有其内部控制，我们不能将其完全抛弃而新立一套，应该在其基础上进行修改。而会计师事务所通过审计可以勘察出若干漏洞，并在原有的内部控制条件下提出加强与改进的意见，防止该漏洞在并购后危害公司价值。

（三）资产评估

在财务报表审计的基础上，进行标的物资产的价值评估。这是海外并购项目中重要环节之一。对被买方的资产进行评估，进而帮助买方进行合理定价，降低估价风险。

(四) 制定新规定

在并购完成后，会计师事务所仍然可以提供帮助。例如提供并购后公司的管理咨询服务，根据其之前进行的尽职调查的结果，会计师事务所了解可能发生的漏洞方面，可以提供该方面的建议，同时还可以为并购后的公司制定新的会计制度等。

四、资产评估机构

作为专业化的第三方中介服务机构，专业资产评估机构方服务于资产业务的需要，而不从属任何一方。与财务顾问相比相对的更具独立性，提供客观公正的价值参考。

(一) 确定收购标的

资产评估机构在最初准备阶段可以通过专业化的价值评估方法，以战略规划为基准，帮助买方进行收购标的的确认，如发现价值被低估的企业等。评估机构对备选的卖方公司进行相关经营战略、管理能力等企业价值方面的深入研究能够反过来帮助买方理清战略路线，同时也是发现更有价值的公司，确定并购可行性的核心环节。

(二) 资产评估

资产评估不仅是在交易时确定标的物的交易价格，通过尽职调查，资产评估机构充分的了解卖方公司的全部价值，以便降低因信息不对称而引起的交易风险。

并购重组离不开价值评估。资产评估机构评测出的卖方公司价值不是一个绝对性的交易对价，做为一个第三方服务机构，其更多的是提供交易价格的主要参考依据，在双方谈判价格博弈与最后签订合同时起到十分关键的作用。

第十章　中国企业跨境并购经典案例评析

案例一　以小博大：联想集团并购 IBM – PC 业务

【案例简介】

2004 年 12 月 8 日，一个可以改变中国乃至整个世界 PC 格局的日子。联想集团董事长柳传志先生郑重向外界宣布以 12.5 亿美元的现金和股票正式收购 IBM 全球 PC 业务，合并后的新联想集团以 130 亿美元的年销售额一跃成为仅次于戴尔和惠普的全球第三大 PC 制造商，是当时我国跨境并购金额最大的一笔交易。这起在当初最不被管理学界看好的"蛇吞象"并购案，最终以"中国蛇"成功消化"大象"，并成长为"龙"而宣告成功。

此次并购事件符合双方战略发展需求，通过此次并购，联想集团获得了 IBM 世界领先的 PC 研发能力、覆盖全球的品牌认知度以及遍及全球的分销和销售网络，使中国的联想集团成为世界的联想集团。

一、并购发起

（一）并购双方的基本情况

1. 买方：联想集团

1984 年，由中科院计算所投资 20 万元人民币、柳传志等 11 名科技人员创办了联想集团的前身，即中国科学院计算技术研究所新技术发展公司；1991 年，改名为北京联想计算机新技术发展公司；1994 年，北京联想计算机新技术发展公司更名为联想集团，成立微机事业部，同年，联想集团在香港证券交易所成功上市（00992.HK）；1998 年北京联想和香港上市的香港联想整合后，更名为联想集团控股公司；2001 年，联想集团控股公司改制为有限责任公司，更名为联想控股有限公司，并将集团内的 IT 制造业务和 IT 代理业务进行分拆，分拆出联想集团有限公司、神州数码有限公司、联想投资公司、联想融科智地公司。2003 年 4 月，联想集团在北京正式对外宣布启用集团新标识"Lenovo"，并在全球范围内注册，同年，联想集团电脑的国内市场份额达 28.99%，从 1996 年以来连续 9 年位居国内市场销量第一。2004

年,联想成为国际奥委会全球合作伙伴中的首家中国企业。

联想集团以研究、开发、生产和销售自有品牌的计算机系统及其相关产品为主,目前在信息产业的领域已经发展成为一个产品多元化的大型企业集团,主要产品有台式电脑、笔记本电脑、掌上电脑、一体机电脑、服务器、智能电视、手机、打印机、主板等。联想集团在继续巩固其个人电脑业务的同时,不断推进其移动和数据中心业务转型,为长远的增长奠定坚实的基础。

2. 标的:IBM-PC 业务

1981 年 8 月,IBM(International Business Machines Corporation)——"国际商业机器公司"发布了其历史上第一台个人电脑(缩写为"PC"),是当时 IBM 最小和价格最低的电脑,但起初 IBM-PC 主要出售的对象不是家用电脑而是办公室电脑。1983 年 5 月,IBM 再次推出了 PC 的改进型 IBM PC/XT,并突破了当时以苹果电脑为代表的一体化业务模式,与英特尔、微软合作,建立起 PC 行业开放兼容的新规范和新标准,一举夺得全球 PC 市场的领导地位。但从 1999 年开始停止在零售商店销售电脑,2002 年外包了大量 PC 制造业务。

从 1981 年率先打开 PC 市场到 1994 年之前,IBM 一直是 PC 业务领域的领头羊,但至此之后 PC 销售额不断下滑,亏损有增无减,到 1998 年,PC 业务的亏损已达 9.92 亿美元。21 世纪初,IBM-PC 业务的全球市场占有率已远落后于戴尔、惠普。此外,PC 的标准化制造过程使 PC 产业已经度过了它的黄金期,基于此,IBM 把贡献率不断降低的、不符合其战略重点的 PC 业务逐渐转移出去,进而专注于服务与软件业务,为顾客提供完整解决方案。

(二)并购动因分析

本部分主要从联想集团并购 IBM 的动机以及 IBM 缘何剥离 PC 业务两方面来分析联想集团收购 IBM-PC 业务的动因。

1. 联想集团并购 IBM-PC 业务的动因

(1)联想集团多元化战略受阻。21 世纪初,新任 CEO 杨元庆提出联想集团发展新战略:"高科技的联想集团、服务化的联想集团、国际化的联想集团"。在接下来的三年里(2001~2003 年),试图通过多元化战略来突破增长的"天花板",加之国内电脑市场同质化加剧,价格战愈演愈烈。联想集团在多元化战略的规划下,进行了结构上的调整。联想集团以互联网为核心,以全面客户导向为原则,以满足家庭、个人、中小企业、大行业大企业的需求为目标,从产品和服务两个维度构筑多元化的业务,并划分为六大业务群组来满足不同客户的需求,如图 10-1 所示。

但是,新战略未取得预期效果。六大业务群组除了企业 IT 和消费 IT 业务的业绩表现稳中有升之外,其他几大业务在三年间的经营业绩均不理想。在信息运营方面,与"赢时通"合作 1 年后就宣告失败,亏损超过 2 亿港元;在 IT 服务方面,联想集团将汉普的 IT 咨询服务作价 3 亿元转让给亚信;在手持设备方面,联想集团面临着来自诺基亚、摩托罗拉等对手的强大竞争;在合同制造方面,遭遇来自主机板市场的

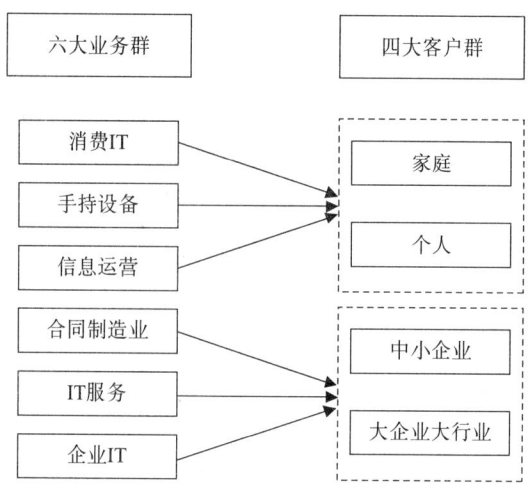

图 10-1 2001 年联想集团多元化结构调整方案

激烈竞争,2003 财年该业务出现亏损,使得集团在年末出售了 50% 的主机板业务。

究其原因,联想集团多元化失败主要在于对客观环境缺乏充分分析和准确判断,对自身能力估计不足,偏离自身优势发展新业务。杨元庆在 2005 年的誓师大会上评价这段经历:"对高增长和多元化的过分追求与有限能力和资源不匹配,以至于造成联想集团业务的广种薄收"。基于此,联想集团认为:要根据自己的能力、资源来选择适合自己的新战略方向,在多元化之前要先学会专业化,将核心产品市场(PC 市场)从中国扩展到全球,而联想集团收购 IBM - PC 业务则是其实现国际化的天赐良机。

(2)PC 行业竞争加剧。进入 21 世纪,PC 市场的环境发生了很大的变化,全球市场经过井喷式的电脑增长之后,速度趋于缓慢,PC 行业已经度过了它的黄金时期,游戏规则也从"正和博弈"转变为"零和博弈",如图 10-2 和图 10-3 所示。

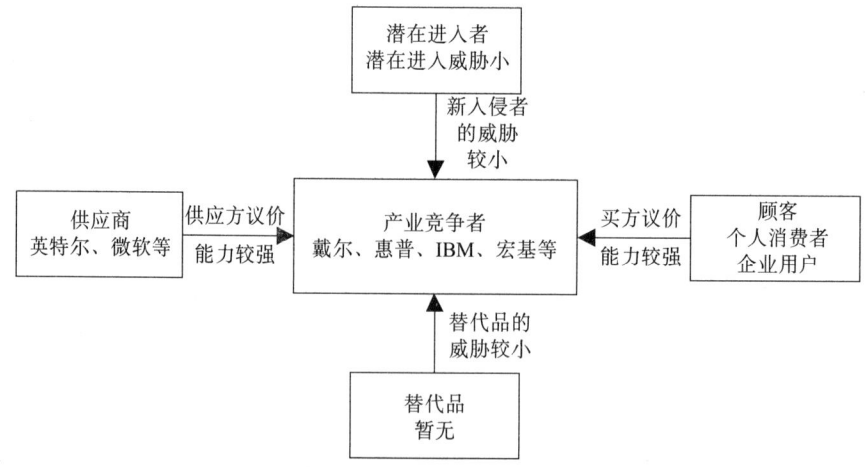

图 10-2 联想集团的波特产业结构五力模型

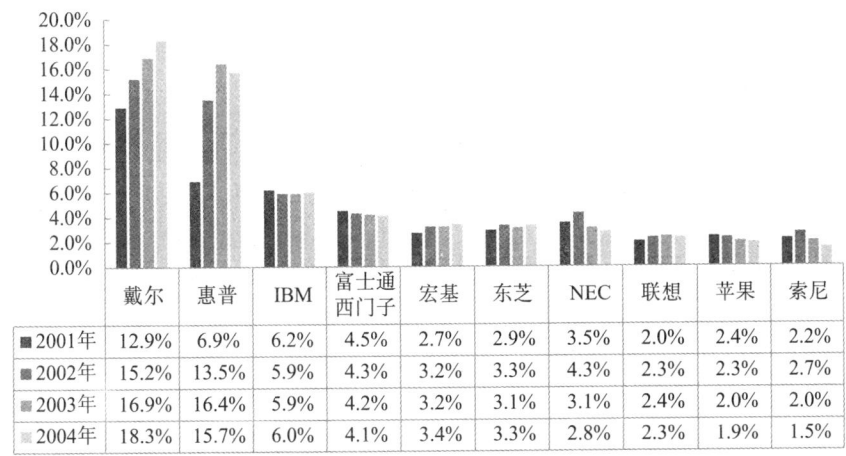

图 10-3 全球前十大 PC 品牌 2001~2004 年市场占有率变化

数据来源：IDC。

2001~2004 年，戴尔、惠普、IBM 稳居前三，特别在其主业 PC 制造与销售上，戴尔已经成为全球 PC 市场增长最快的企业，年增长率超过 50%。相比之下，联想集团在全球 PC 市场的份额与其差距较大。联想集团面对的实际处境是：传统的 PC 制造业，戴尔的魔手正在越收越紧，企图从根本上动摇联想集团的根基；向服务转型，IBM、惠普设置重重壁垒；向家庭综合娱乐转型，三星、索尼早已占据先机。

PC 行业在这一时期，增长趋缓市场容量稳定。除了戴尔、惠普，联想集团、宏基等专业的 PC 品牌外，还有一些国内市场新进入者对 PC 市场的渗透。联想集团依靠自身已难以迅速提升 PC 市场地位。此外，通过分析全球前十大 PC 品牌 2001~2004 年市场占有率变化可知，合并后的新联想集团 PC 业务国际市场份额排名世界第三，规模上的量变将提高新联想集团的国际竞争地位，同时增加自身发展的机会。实施并购战略后，联想集团拥有的资源使其能够在国际市场上与 DELL 和 HP 展开竞争，同时 IBM 这个强劲对手也不存在了。因此，实施并购活动有助于联想集团在站稳国内市场的同时提高其驾驭国际市场的能力。

（3）获取 PC 业务核心技术，提高国际市场占有率。面对多元化业务受阻和 PC 行业竞争激烈的双重压力，联想集团希望借助并购顺利完成它的转型。联想集团成发展过程中有一个很大的阻碍就是核心技术受制于人，而 IBM 的科研能力一直举世闻名，其强大的科研力量支持着其推陈出新的产品。IBM 是国际高端产品的典型代表，在 PC 产品上拥有独特的技术优势，如 IBM 的 Think Vantage 技术，同时 IBM 在全球近乎完美的生产供应、销售链以及一群忠实的用户，特别是 ThinkPad 这一笔记本电脑品牌在国际市场上的魅力几乎无人能挡，都与联想集团形成了很强的互补。实施并购战略有助于联想集团获得 IBM 先进的研发能力，提高其产品的技术含量。

2. IBM 缘何剥离 PC 业务

（1）IBM-PC 业务的发展遇到瓶颈期。"蓝色巨人"IBM 是个人电脑的缔造者，但随着个人电脑市场的不断发展,PC 机的价格持续走低。日益走低的价格和居高不下的用工成本,使 IBM - PC 部门的利润逐年压缩,最终呈现亏损状态。2004 年 12 月 31 日,美国证券交易委员会公布的档案显示,截至 2004 年 6 月 30 日,IBM - PC 业务亏损总额已高达 9.73 亿美元,联想集团收购的其个人电脑业务在过去三年半里持续亏损,已失去金字招牌的光彩,IBM 必然会剥离已成为其负担的 PC 部门。

(2) IBM 战略转型的需要。IBM 是一家追求技术创新的公司,其经营模式要求不断开创智力资本,同时对所做的一切事情进行再创造——包括技术、产品和服务等,这是 IBM 几十年来的品质保证,也是其核心竞争力的体现。长期以来,IBM 把其 PC 业务作为一项非战略性业务,是带动服务、其他硬件和软件的销售量增长的有效动力。在 20 世纪 90 年代,随着 IBM 陷入亏损,开始实施战略转型,即退出 PC 等硬件领域,专注于技术创新以及服务。在 1933 ~ 2002 年,IBM 获得 22 357 项美国专利,远远将惠普、微软等大型 IT 公司抛在脑后,并逐渐淡出了 PC 市场,专心于向企业提供 IT 相关服务以及商业流程建议服务。

2004 年 12 月 9 日,IBM 的 CEO 帕尔米萨诺 (Sam Palmisano) 在解释蓝色巨人出售其 PC 部门的原因时称:"IBM 的市场战略已经与 PC 业务之间的距离越来越远,而中国的联想集团却在 PC 市场占据着优势"。对强调以客户为中心,追求不断创新的 IBM 而言,砍掉逐年亏损的 PC 部门正是满足 IBM 战略转型要求的策略:放弃低利润的硬件业务,走出竞争惨烈的 PC 市场,在利润颇丰的服务器、软件和服务业务中投入更多的精力。

综上,联想集团并购 IBM 符合双方战略发展需求,利于缓解双方发展中遇到的困难或瓶颈。联想集团与 IBM - PC 业务之间有很强的互补性,除了业绩亏损外,IBM - PC 业务能够弥补联想集团所匮乏的竞争力因素,包括获得品牌、强大的研发能力、通道、管理团队等。联想集团在多元化受阻的情况下,决心将 PC 业务进行专业化运营,而专业化运营则可以借助 IBM - PC 业务部门的优势在 IBM 搭建的平台上拓展国际业务而且当时的 IBM 的业务战略重心已不在 PC 业务上,所以,对于联想集团来说,这是并购的好时机。

二、并购过程

(一) 并购交易进程

2004 年 12 月 8 日,联想集团和 IBM 签署了一项重要协议,根据此项协议,联想集团收购 IBM - PC 事业部。所收购的资产包括 IBM 所有笔记本、台式电脑业务及相关业务,包括客户、分销、经销和直销渠道;"Think"品牌及相关专利、IBM 深圳合资公司(不包括其 X 系列生产线),以及位于日本大和与美国罗利的研发中心,具体交易进程如表 10 - 1 所示。

(二) 并购方案

2004 年 12 月 8 日,联想集团与 IBM 共同签署了双方酝酿长达 13 个月的转让协

表 10-1　　　　　　　　　联想集团并购 IBM-PC 业务的交易进程表

时间	进程
2003 年底	联想集团开始对该项目收购进行尽职调查，聘请麦肯锡为战略顾问，全方位地对 IBM-PC 业务进行了解，并详细地分析了与其进行整合的方方面面的可能性
2004 年初	联想集团聘请高盛作为并购的高级顾问，聘请普华永道、安永会计事务所作为财务顾问以及奥美作为公共关系顾问。3 月 26 日，联想集团和 IBM 开始了实质性谈判，谈判始终在高度保密情况下进行
2004 年 12 月 8 日	柳传志代表联想集团向全世界宣布：联想集团以 12.5 亿美元的价格（6.5 亿美元现金 +6 亿美元联想集团普通股）收购 IBM 的全球 PC 业务，以及 5 亿美元的净负债转到联想集团名下，交易总额达到 17.5 亿美元
2005 年 1 月 10 日	美国联邦贸易委员会宣布联想集团 IBM 收购案通过反垄断调查
2005 年 1 月 20 日	联想集团与巴黎银行等六家银行达成 6 亿美元的国际银团贷款协议，用于收购 IBM 全球 PC 业务
2005 年 3 月 9 日	联想集团宣布此案通过美国外国投资委员会审查，审查的通过得益于 IBM 曾邀请包括前国家安全顾问在内的政要出面游说政府部门
2005 年 3 月 31 日	联想集团宣布与全球三大私人股权投资公司德克萨斯太平洋集团、泛大西洋及美国新桥投资集团达成协议，三大私人股权投资公司向联想集团提供 3.5 亿美元的战略投资，其中约 1.5 亿美元将用作收购资金
2005 年 5 月 1 日	联想集团正式宣布完成 IBM 全球 PC 业务的收购，标志着联想集团成为第三大个人电脑公司

议。根据协议，联想集团向 IBM 支付 12.5 亿美元，其中现金支付 6.5 亿美元，另外 6 亿美元则以联想集团 18.9% 的股票作价（具有投票权的 8.9% 股份 + 无投票权的 10% 股份），这个比例在后期战略投资者出现后逐步减少。同时联想集团将承担 IBM 的 5 亿美元债务，这样实际交易额达到 17.5 亿美元。联想重新部署和整合其个人电脑业务，将个人电脑部门总部设在纽约，在北京和罗利（美国北卡罗来纳州）设立主要运营中心。

显而易见，要完成如此大手笔的并购业务，资金的解决渠道是首要问题。第一笔资金来来源于银团贷款，2005 年 3 月 24 日，联想集团表示已获一项 6 亿美元 5 年期的银团贷款，主要用作收购 IBM-PC 业务的现金部分，该项贷款牵头银行为工银亚洲、法国巴黎银行、荷兰银行及渣打银行；第二笔资金来自于全球三大私人股权投资公司德克萨斯太平洋集团（Texas Pacific Group）、美国泛大西洋投资集团（General Atlantic）及美国新桥投资集团（New Bridge Capital LLC），三大私人股权投资公司向联想集团提供 3.5 亿美元的战略投资，以供联想集团收购 IBM 全球 PC 业务之用。在此次战略投资总额中，当中约 1.5 亿美元将用作收购资金，余下约 2 亿美元将用作联想集团日常运营资金及用于一般企业用途，如图 10-4 所示。

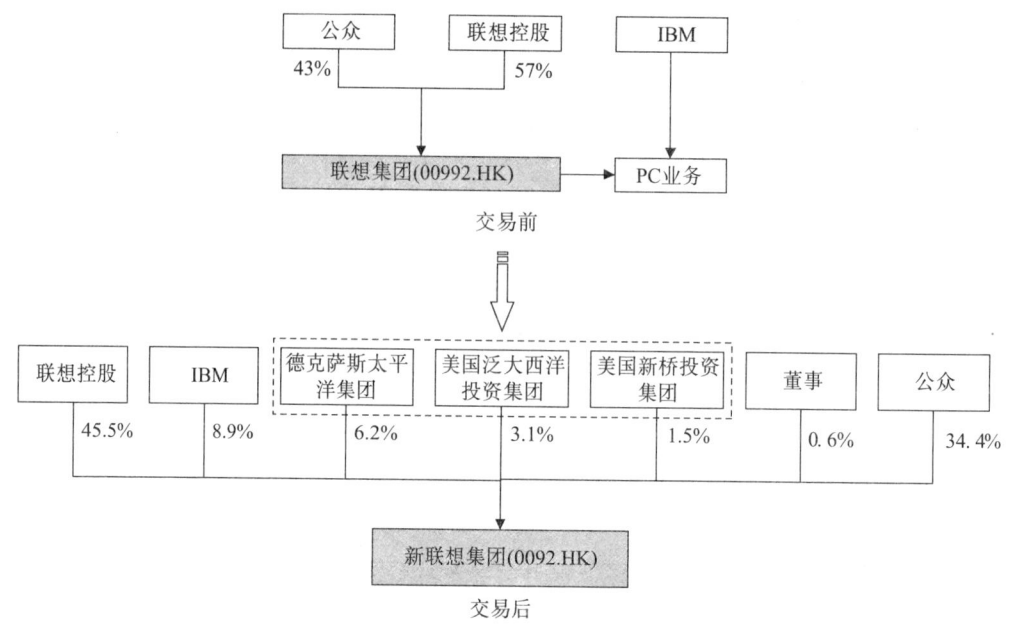

图 10-4 战略投资者引入后联想集团股权结构图

(三) 并购整合

作为当时我国跨境并购金额最大的一笔"蛇吞象"交易,联想集团收购 IBM-PC 业务后的整合工作备受关注。为了实现并购后的有效整合,对于 IBM,联想集团更多的是抱着研究、学习的态度,采用双品牌、双市场的战术,保持过渡期的稳定,并没有急于改造,而是采取了渐进式的过渡方式,在不同的整合阶段[①],采用不同的整合模式,并取得了不错的效果。

1. 整合的预备期——稳定客户、员工的阶段(2005 年 1 月~2005 年 3 月)

该阶段,为了避免原 IBM 员工的离职和客户流失,董事会主席杨元庆和 CEO 斯蒂夫·沃德(前 IBM 高级副总裁兼个人系统部总经理)领导成立了一支由原联想集团和原 IBM 双方不同部门人员组成的文化融合团队,确立了新联想集团的核心价值观(成就客户、创业创新、精准求实、诚信正直),以及沟通融合的六字方针(坦诚、尊重、妥协),以坦诚的态度去尊重 IBM 的企业文化。通过沟通愿景使他们清楚未来公司的发展方向,并承诺不裁减人员和薪酬待遇三年保持不变,经过努力,原 IBM 全球电脑业务的员工离职率不到 2%,骨干一个未流失。此外,对于高管人员也没有变化,任命前 IBM 个人系统集团总经理斯蒂夫·沃德为联想集团 CEO,以其丰富的经验与人脉帮助联想集团稳定客户和员工。事实证明,在这方面的工作取得了成效,90% 的原 IBM 客户看好此次收购,在随后的两个季度内销售额不但没有下降反

---

① 李国刚、徐明华:《联想并购以后——中国最著名的跨国并购案整合纪实》,北京大学出版社 2010 年版。

而有所增长。

2. 短暂的双轨期——以"稳定为要"的整合阶段（2005年5月~2005年9月）

2005年4月~6月，联想集团完成了总部职能（如财务、法务、人力资源、沟通等方面）的整合，这样就形成了一个统一的指挥中心。2005年5月8日，联想集团进入"稳定为要"的整合阶段。这一阶段，整合目标是保护组织能力，提出了"稳定压倒一切"的整合方针。为保证客户和员工的稳定，杨元庆的策略是：在业务领域实行联想集团国际、联想集团中国并行的两套组织，即老联想集团还是要做好中国的业务，并购过来的IBM的PC部门仍按照原来的业务模式进行。所以该阶段，整个联想集团除了一些基本的全球职能，如财务、法务、人力资源等，剩余的业务方面职能，包括供应链、产品、生产、销售等部分开运作、各自独立。

在这个过渡期，联想中国借变革以及流程梳理之际，对中国组织架构做了一个系统的整合、梳理。这次组织架构的变化，是明显的"以流程为导向"的组织设计。这次联想中国的组织设计，特别细化了在各个区域的矩阵管理，每个区域的组织均有中央的相关专业部门相对应。但这个组织架构实际运行刚半年，就在全球加速整合的要求下寿终正寝，是联想史上寿命最短的组织架构，如图10-5所示。

3. 加速的融合期——以"增长为要"的整合阶段（2005年10月~2009年1月）

2005年9月30日，联想集团进入加速整合阶段，全球统一组织架构以及全球业务等方面开始整合。双方并行了5个月的双系统将正式合并，包括产品、供应链、销售等业务体系，这个阶段是联想集团整合最为重要的阶段。

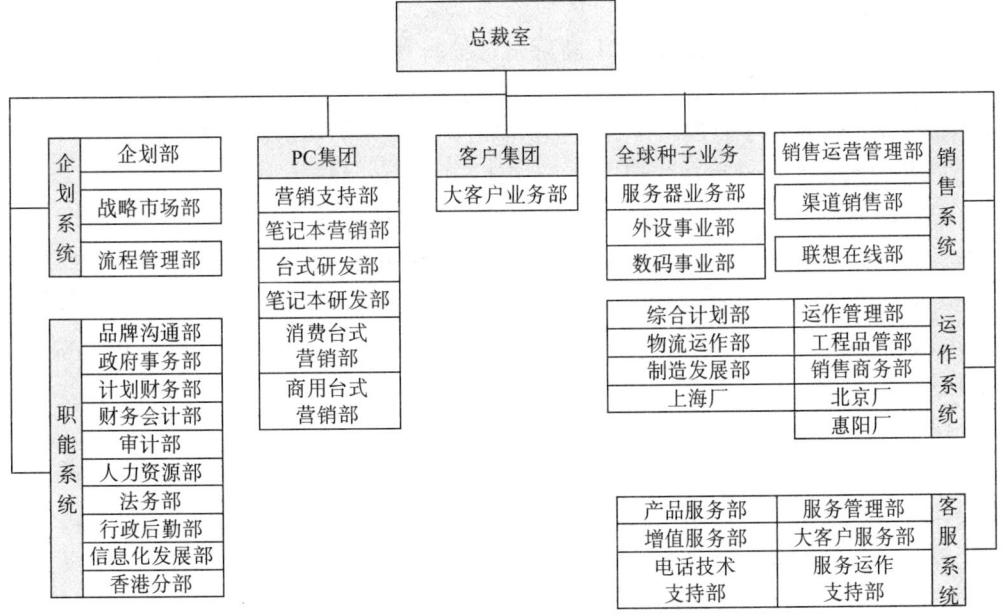

图10-5 2005财年联想中国的组织结构图

（1）组织结构整合。联想集团在经历了并购初期的双组织并行结构后，实现了平稳过渡的目标。随着新联想集团业务在全球的不断扩展，联想集团进入实质性的全球组织整合阶段。开始于2005年10月的整合过程有以下五个关键整合：①联想集团中国各职能系统与全球总部职能垂直整合；②供应链整合：联想集团中国与联想集团国际供应链整合，形成全球供应链（GSC），包括采购、物流、销售支持、供应链战略规划及生产制造等全面运作；③业务整合：将全球的产品和产品营销业务整合为一个新的全球产品集团，下设台式电脑和笔记本电脑两个国际业务群组，同时还设有专门的数码等其他业务、客户服务和质量控制部门；④研发整合：研发系统设置三大研发中心（中国北京、日本大和、美国罗利），并在产品研发上作统一协调；⑤建立联想集团中国平台（负责维护政府关系、公关、媒体、后期等），加强大本营建设。

其中，最重要的是成立三个全新的组织：全球产品集团（负责开发和经营所有联想集团品牌产品，是新构架里面的核心发动机）、全球供应链组织（实现供应链各个环节的整合，是新构架的循环系统）和重建五大区域（美洲区、EMEA区域——欧洲和远东、亚太区、印度区和中国区，根据不同区域的特点，采取不同的战略，扩展交易型和关系型业务模式，从而提高不同地区客户的满意度）。

这个阶段最大的特点就是充分发挥了美国人在构建跨国大型企业组织结构方面的优势，从而为整个集团良好有效地运作提供了很好的保障。出于"营利性增长的考虑"，2006年开始，联想集团进入了新CEO阿梅里奥时代。阿梅里奥开始对联想集团"大动手术"：重组联想集团的组织机构，把全球销售与市场系统重新梳理，划分为四个区域进行管理与考核，18位区域经理以及总部各职能经理向他直接汇报。尤其是突击空降了一批原戴尔或IBM高管，这批高管的到来使联想集团的组织架构得到了"阿梅氏"的改造。随着2008年金融危机到来时，联想集团面临着巨额亏损，联想集团又一次站在了岔路口上，这也标志着阿梅里奥时代的终结。

（2）品牌整合。在联想集团并购了IBM-PC业务之后，面临如何整合Lenovo与IBM品牌的问题。按照交易协议，自收购日起五年内，新联想集团将无偿使用IBM品牌，并获得"Think"系列商标和相关技术。基于此，联想集团确立了三阶段的"双品牌"战略，第一阶段是前18个月（2004年12月~2006年5月），保持IBM-Think品牌的稳定；第二阶段（2006年6月~2008年3月），用Think品牌加Lenovo品牌的"双品牌"运营阶段；第三阶段（2008年4月~2009年12月），全力打造Lenovo品牌。

IBM代表着高科技含量、高品质的品牌，与之相比，联想集团不论是在国内市场还是国外市场并不具备IBM的王者风范。在这种情况下，在并购后，联想集团借用IBM高品牌价值、高科技含量的形象，以ThinkPad（笔记本）和ThinkCenter桌面产品为主打产品进军国际市场；而针对国内市场，则实行以Lenovo品牌产品主打家用市场，以IBM品牌产品主打商用市场。采用两种产品、两个市场的策略，以IBM品牌效应带动Lenovo品牌的拓展，扩大市场份额。同时，抓住都灵和北京奥运的契机，提高 Lenovo 品牌在全球市场的知名度，加快了 Lenovo 向世界性品牌的过渡。联想集团也从不为外国人所知的中国企业，转变成享有较高知名度的国际性公司。

（3）人力资源整合。在完成第一阶段整合之后，由于以沃德为代表的 IBM 高层希望继续保持"高投入、高产出"的经营模式，这与联想集团中期的"营利性增长战略"不符，因此，联想集团从戴尔引进阿梅里奥作为新 CEO，以提高联想集团在压缩成本、提高效率方面的能力。随后联想集团开始大批引入戴尔的高管分别掌管亚太区业务、供应链整合、全球服务、大客户业务等。同时，原 IBM 的高管逐渐从联想集团退出，联想集团形成了"联想集团 + IBM + 戴尔 + 空降高管"的管理团队结构，实现了高管团队从一元化到多元化的转变。

在员工方面，经过前两个整合阶段（2005 年 1 月～2005 年 9 月）使员工队伍稳定之后，联想集团开始对人力资源进行整合。由于 IBM 与联想集团运作模式存在较大差异，原有 IBM 员工薪酬较高，为了配合"营利性增长"战略和"双交易模式"实施，联想集团分别两次海外市场大规模裁员，利于联想集团全球 PC 业务调整战略的实施，符合组织整体的长远利益。此外，在人员招聘上，更加注重多元文化工作背景，加强国际化人才的储备。在薪酬上，对于国内员工的基薪和福利都有所调整和补充，而对国际员工，基薪不降，但在激励上更兼顾挑战性和可实现性。

（4）文化整合。经过整合初期的文化理念微调，原联想集团和原 IBM 各自的文化进入了磨合阶段，即整合深入期的核心文化再造。在该阶段，联想集团主要在两个方面进行融合：一是管理风格认同。在并购后两周年之际，联想集团内部再回顾新联想集团文化和价值观的时候，组织各个层级的员工进行访谈，包括基层骨干员工的小组座谈焦点、高管的访谈，以及在线问卷调查 2 300 名员工对于并购之后新联想集团文化的看法和意见。2007 年 1 月，成立了"全球融合及多元化办公室"促使联想集团全球企业文化的融合。经过这些努力，联想集团完成了对企业文化的整合与过渡，形成了"联想集团全球新文化"；二是全员文化整合。为了推进中外双方员工的文化融合，公司在内部网站上开办鸡尾酒行动的文化大讨论栏目，搜集员工工作中遇到的问题和麻烦，通过这种开诚布公地讨论，分享所见、所闻、所感、所想、访谈、沟通、交流、探讨等方式，使大家深刻的了解到了东西方文化的差异以及处置的方法，开阔眼界的同时增进了理解，拉近了中外员工的距离，加快了文化的融合。

另外，这个阶段是联想集团文化整合最为重要的阶段，有三种文化力量在其中交织冲突，即老联想集团的中国人（求实、进取、有激情、国际化管理经验欠缺、英语不够利落等）、原 IBM 员工（专业、职业、有丰富的经验和国际化视野等）、阿梅里奥引入的一系列戴尔人员（狼性十足、讲究实效、看重效率、为达目标不惜代价等）。三类人员就是在不断地融合和冲突中造就新联想集团的不断成长。

4. 重生期——培育核心竞争力的整合阶段（2009 年 2 月～2010 年 2 月）

2009 年 2 月 5 日联想集团宣布，换掉总是考虑短期业绩、缺少业务尝试和拓展行动的美国籍 CEO 阿梅里奥，其职位由杨元庆接替，柳传志被委任为非执行董事主席，重启了有着"责任心、进取心、事业心"的中国高管团队,让潜伏并学习了4年的中国人重出江湖。这步棋大大激发了联想集团内部的潜能,尤其是老联想集团员工的积极性和工作热情。老联想集团人把在中国实践成功的两类业务模式(其中关系型业务模式是建立、维持并强化同顾客之间的关系;交易型业务模式强调企业与顾客达成交易的目的,提高产品或服务的销售量。)以及消费产品全面推向海外市场,并大获全胜,出现了2009财年业绩的再度辉煌。中国高管回归后采取了以下整合行动:

(1)组织结构整合。2009年初,联想集团进行了并购之后的第二次重大重组,对全球组织架构进行重大调整,着重强调核心战略和运营理念,提出了"二元化"结构。具体而言,包括:一是最高管层的二元化,杨元庆出任集团 CEO,联想集团的企业运营高级副总裁罗里·罗德(Rory Read)出任总裁兼首席运营官;二是在最高层的二元化之下,从区域和客户这个维度,突出两大区域市场,即由陈绍鹏领导的新兴市场(总部在北京)和由范杜尔领导的成熟市场(总部在巴黎);三是特别突出了两大产品系统,由奥沙利文领导的 Think 产品集团,主打关系型业务模式和交易型中小企业市场的高端部分,由刘军领导的 Idea 产品集团,主打消费、新兴以及成熟市场的交易型中小企业市场的主流部分和入门级产品。

(2)文化整合。这个阶段是在加速融合阶段之上,创造新文化的变革阶段,进而带动企业文化向更高层次发展的过程。2009年在柳传志重新担任董事长之后,首先做的就是企业文化的建设。在总结了过去4年的整合经验上,针对联想集团的文化确定了新的联想集团之道——说到做到、尽心尽力,以及著名的"三心"——责任心、进取心和事业心,创新发展中西结合的企业文化。

基于自身战略发展和企业原有文化价值,联想集团文化整合采取循序渐进的策略,先做学生,在充分分析了可能遇到的阻力之后,便坚决地去推进整合步伐。首先,求同存异,兼容并包,打造多元化国际团队;其次,等到团队的文化融合跨过危险期之后,效率便提上日程,如阿梅里奥任新 CEO,沃德辞职;同时,2008~2009年国际金融危机,为联想集团提供了一个加速中国模式和原有文化推进融合的机会,把老联想集团很多的成功文化理念再次改头换面融入新文化中,陈绍鹏将其称为联想集团融合的2.0版本。

5. 并购中的整合风险及防范

并购之后,柳传志在写给全体联想集团人的信中提到:联想集团并购 IBM-PC 业务部门,是一个相对弱势的企业并购强势企业,在这个并购案中大致存在三方面的风险:新企业的品牌能否被国际客户承认、被并购企业的骨干员工是否愿意留任以及文化磨合风险。其中前两种问题是"蛇吞象"并购模式下存在的两种特殊风险,最后的文化磨合问题则占据了联想集团并购案成败的重要位置,三者都取决于联想集团能否成功地整合 IBM-PC 业务部门,是此次并购的主要风险,即整合风险是这次"蛇吞象"并购案存在的主要风险。

(1)品牌整合风险及防范。联想集团并购 IBM-PC 业务部门后的5年内,新联想集团将无偿使用 IBM 品牌,并获得"Think"系列商标和相关技术。但 IBM-PC 是一个很响亮的品牌,在国际市场上拥有着较大的消费群体,且多以高端产品形象自居,如 ThinkPad、ThinkCenter,而联想集团的路线是走中低端市场,因此,需要打造自己的高端产品形象,即务必在短短 5 年内完成高端品牌建设,这是一笔巨大的风险投资。否则,将会造成原 IBM-PC 的客户流失,如 2002 年惠普收购康柏电脑就造成了 18% 的客户资源流失。如何使并购后新联想集团的品牌效应达到最大化,既要利用原 IBM 品牌的功效,也要利用新的联合产品去创造新的品牌,是新联想集团协同战略中一个重要的组成部分。

针对上述风险,联想集团并购了 IBM-PC 业务之后,确立了三阶段的"双品牌"战略,实现从并购品牌到自有品牌的过渡。具体如图 10-6 所示。

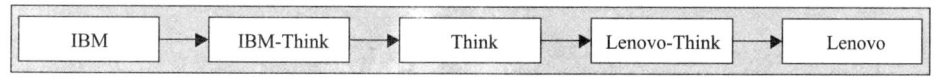

图 10-6 联想集团并购 IBM-PC 业务后品牌过渡图

消费者从认可 IBM 到认可联想集团,得益于消费者逐渐建立起的对 Think 品牌的认可。即从对 IBM 的高度忠诚转向到对联想集团旗下 Think 的高度忠诚,最后到对联想品牌的高度忠诚。

(2) 人力资源整合风险及防范。根据协议,联想集团此次收购,不仅包括 IBM-PC 业务的办公机构、场所、商标等,IBM-PC 业务部门的员工也作为一种重要资源,统一打包给联想集团。不管职位高低、工作年限长短,只要属于电脑业务板块,都将无条件的成为新联想集团的员工。IBM-PC 业务有近万名员工,分别来自十几个国家,业务遍布全球 150 多个国家,社会背景、文化背景、教育背景、工作背景都相差很大,如何管理这些海外员工,对联想集团来说是个巨大挑战。需要磨合的方面包括战略问题、用人标准问题、激励方式问题、思想方法和行为方式问题等。需要磨合的层面上,最重要的是董事长和 CEO 的磨合,如果这个层面的问题解决的好,下面员工层面的问题都会迎刃而解。

针对上述风险,在高管层面,从并购之初的原 IBM-PC 部门不变更 CEO 沃德、从戴尔引进阿梅里奥作为新 CEO、中国高管回归以及最终形成了中西合璧的管理团队;在员工层面,从并购之初联想集团承诺不裁减人员和薪酬待遇三年保持不变、之后两次海外市场大规模裁员以及加强国际化人才的储备,形成了国际化员工队伍。

(3) 文化整合风险及防范。联想集团经过 20 余年的发展,形成了具有自身特色的文化理念,而 IBM 公司的企业文化更加历史悠久,也形成了自身的企业文化内核。中国企业文化管理模式和美国企业文化管理模式也有很大差异,中国企业更强调严格的管理、强调服从,而西方则是讲求自由文化,讲求个人的自律和个人权利,在企业文化管理上产生了挑战。同时,联想集团企业文化有自己的优势,但如何让 IBM 员工接受联想集团企业的文化理念,从而留住员工,则是一个需要解决的重要问题。联想集团是以亚太区为主的公司,要接收管理IBM来自全球50多个国家的PC机构,各地拥有不同的生活特点、文化风俗、管理特色以及法律规则。如何管理这些员工,对联想集团也是一个巨大的挑战。

针对上述风险,联想集团采取渐进式的文化整合模式。通过对整合初期文化理念的微调,确定了新联想集团的核心价值观;通过对整合深入期核心文化的再造,确立了联想集团全球新文化;通过对柳传志重出江湖后的文化纠偏,提出了新的联想集团之道。经过一系列的文化整合,使其平稳地度过整合期,为其克服种种困难打下坚实的基础。

三、并购效果

一项并购交易往往会导致公司股票价格和财务指标产生不同程度的波动和变化,在了解了外部媒体、券商和市场对此次并购事件的反应后,本部分还从联想集团并购后的财务指标、品牌价值、管理能力等软性指标角度进行了分析。

(一)外界评价

2004年12月8日,联想集团以17.5亿美元(包括5亿美元负债)收购IBM-PC业务,交易使其PC销量提高三倍,使联想集团的全球市场占有率居第三位,并获得全球性品牌以及分销渠道。联想集团收购IBM-PC业务尘埃落定,并购之初,各媒体和券商看法不一。

1. 媒体观点

从双方发展需求来看,《经济观察报》认为联想集团从PC到多元化、IT服务,再回归"专注"PC,似乎走了一条战略迂回的路径,而命运又戏剧性的让联想集团和IBM再次相遇。这一次,联想集团对自己曾经的偶像演绎了一场"蛇吞象"的资本戏剧。收购IBM-PC业务为联想集团提供了开拓全球市场的契机,使得联想集团的国际战略变得更为清晰明了,IBM-PC业务是联想集团真正走向世界的一个不错的平台。同样,《华尔街日报》认为新公司成功与否对两家公司都是休戚相关。IBM的销售人员在全球向企业客户销售了数百万台个人电脑,IBM希望继续能够从这些电脑的售后服务和融资业务中获利。而联想集团希望通过收购全球第三大个人电脑制造商来获得规模效应,同时IBM的品牌及其客户群对联想集团也是一笔财富。

但并购的过程中同样要考虑风险,《财经时报》认为联想集团收购IBM-PC业务对于联想集团属于大跃进,将游走于成功和成仁之间。联想集团本次收购看中的并非有形资产,而是蕴含于IBM品牌后巨大的无形资产、客户资源和商誉。当然,联想集团这个巨人此次初试身手,联手IBM进军国际市场,将会缓解部分的国内竞争压力。此交易一旦完成,联想集团将在国际舞台占有一席之地,从规模上也将成为世界级公司。不过,《纽约时报》称联想集团也将面临诸多管理上的挑战,利润也可能被稀释。

2. 券商观点

各券商对此次并购事件看法不一,既有看好又有怀疑。摩根士丹利认为并购将为联想集团带来规模效益,估计 IBM-PC 业务 2005 年将实现盈利 1.53 亿美元,对联想集团提供 26% 的盈利贡献比例,维持持有评级。对于两家公司合作的原因,Gartner 中国首席硬件分析师叶磊认为,IBM 的长期发展策略是向软件、服务转型,而从硬件的发展趋势来看,竞争相当激烈,IBM 希望跳出这一块。相比之下,PC 是联想长远的发展战略,期望能将 PC 做到全球去,这次并购事件可以称之为"强强联手、双赢合作"。

但瑞银中国研究部联席主管张化桥表示,虽然联想集团收购 IBM-PC 业务作价非常便宜,但要以总值 17.5 亿美元代价去收购一个夕阳工业产品,实属不值,因为 PC 业务的高增长期已过,且竞争格局已定。此外,中银国际称,联想集团收购 IBM-PC 业务,不应低估收购后风险。对收益稀释、执行风险以及债务负担的担忧可能超过联想集团广为宣传的有利因素。

(二) 短期市场绩效

2004 年 12 月 8 日联想集团对外正式宣布并购 IBM-PC 业务,消息一经传出,其在香港联交所上市的股价便出现了大幅波动。在 9 日重新开盘后,联想集团股价下跌了 3.74%,收于 2.575 港元,截至 2005 年 1 月 31 日,联想集团股价跌至 2.100 港元,股价累计下跌 21.5%。从交割期间(2004 年 12 月 8 日~2005 年 1 月 31 日)的股价变化看,投资者基本不看好联想集团未来的发展,如图 10-7 所示。

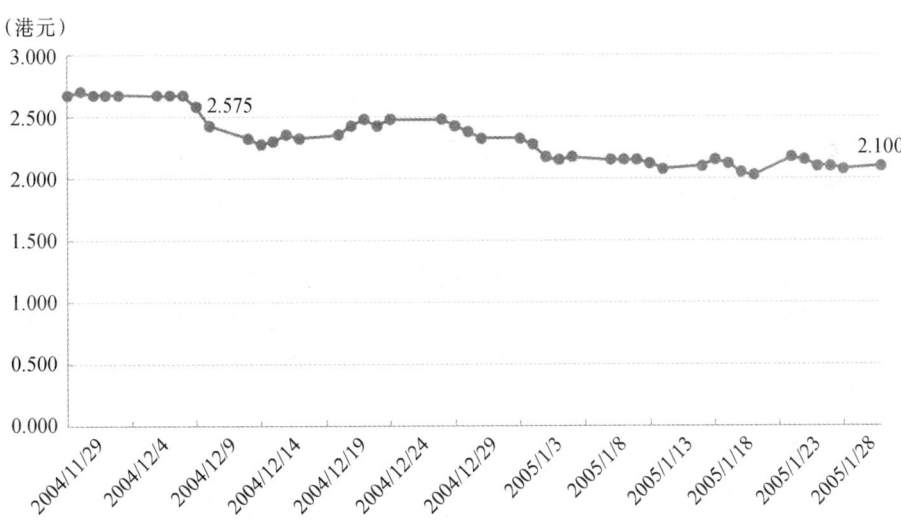

图 10-7 联想集团股价走势图日 K 线(2004 年 11 月 29 日~2005 年 1 月 31 日)

此外,图 10-8 清楚地显示了并购事件宣布及交割期间前后,联想集团股价和恒生指数变动趋势。我们发现,自 2004 年 2 月,联想的股票收益开始落后恒生股指的收益。在宣布并购交易后,联想集团明显跑输"大盘"行情,进一步验证了市场对该并购交易的担忧。

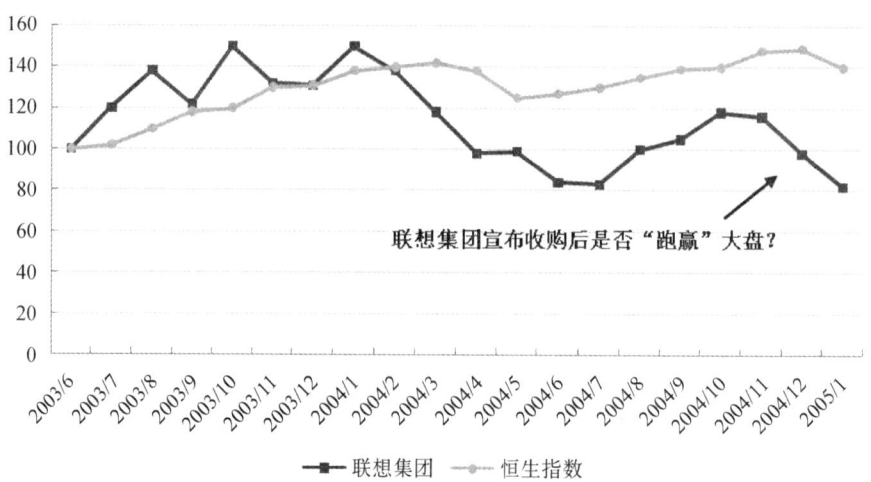

图 10-8 联想集团股价与恒生指数变动示意图

投资者在股票市场看空联想集团,原因主要来自以下四个方面。

(1) 资金压力。在整个并购所需的 12.5 亿美元当中,有 6.5 亿的现金支付给 IBM,一部分是将来自于联想集团的自有资金,另外有一部分需要用银行的借贷来解决,尚有较大的资金筹措风险。

(2) 盈利压力。2003 年 IBM-PC 业务收入 115.6 亿美元,仅占 IBM 全部销售收入的 10%,亏损 1.18 亿美元。连蓝色巨人都束手无策,联想集团如何提升 PC 的产品利润率、扭亏为盈?联想集团在 2004 年全年的利润只有 10.53 亿港元,如果并购之后稍有不慎,联想集团大本营的全年利润将会全部填补 IBM-PC 业务的亏损。

(3) 竞争压力。弗雷斯特研究公司调查显示,IBM 出售 PC 业务后,半数客户将流向惠普和戴尔,特别是海外的客户对中国的联想集团没有任何认知,那么如何继承和稳定 IBM 的渠道和客户是一个问题。

(4) 文化融合的压力。从中西方角度来看,一个是中国 IT 企业领军者,一个是历史悠久的美国高科技产业旗舰、全球产业领军者,文化背景迥异,国际化程度相距甚远。另外,该并购方案还需美国外资投资委员会(CFIUS)的调查审批,不确定性太大。

(三) 长期并购绩效

一般情况下,公司的股市反应能提前显示出公司的业绩变化,而有时候股票价格的表现又滞后于公司的业绩变化[1]。所以,下面将进一步分析并购前后财务、市场占有率、品牌价值等指标变化趋势来厘清并购的效果,同时也检验了联想集团并购 IBM-PC 业务的动因是否实现,如是否获取了 PC 业务的核心技术,国际市场份额是

---

[1] Kathryn Kranhold., 2006, GE Chief Pledges Results at Shareholder Meeting The Wall Street Journal Thursday, April, 27, pp. 9.

否提高等。

1. "量"的提高

（1）市场占有率。截至2004财年第四季度，IBM-PC业务市场占有率为6.0%，而联想集团在全球市场占有率仅为2.3%，两者合计PC市场份额8.3%。并购后，联想集团的全球PC市场份额排名一跃升至第3位，位于戴尔和惠普之后。2010财年，并购整合完成，联想集团PC业务在全球市场份额达到了10.2%，并在此后的几年间呈现快速增长态势。

从图10-9中可以看出，在联想集团宣布并购IBM-PC业务后的第一年，联想集团全球PC市场份额大幅上涨，同比上升4.9个百分点，较并购前市场份额之和略有下降，但之后，联想集团全球PC市场份额一直保持平稳增长，截至2016财年，联想集团的市场份额持续增长并取得历史新高，根据行业初步统计，2016财年其全球PC的市场份额达到21.4%，行业排名稳居首位。

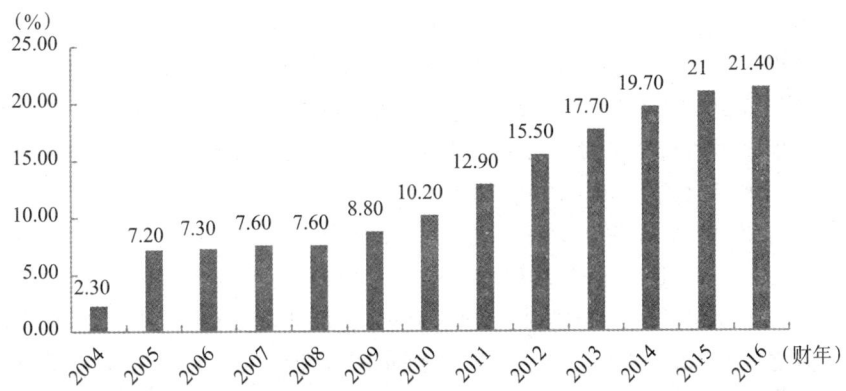

图10-9　2004~2016财年联想集团全球PC市场占有率

数据来源：作者根据2004~2016年联想集团年报整理。

从协同效应来看，并购之前（2001~2004财年），联想集团和IBM的全球PC市场占有率合计年均为8.25%。并购之后，联想集团2005~2008年的全球PC市场占有率均低于并购前合计，协同效应并未体现。全球金融危机过后，并购整合也基本完成，联想集团的全球PC市场占有率逐渐提高，协同效应逐步显现，如图10-10所示。

（2）营业收入和净利率。2004年年底联想集团宣布收购IBM-PC业务，2005年5月1日完成收购，联想集团的营业收入从2004财年的26.09亿美元上升到2005财年的126.8亿美元，增长383%，收入的增长主要来自新收购IBM-PC业务的贡献，但利润从1.40亿美元下降到0.28亿美元，从当时的财务比较来看，联想集团的收购可能只是赚个吆喝，企业营业额翻倍增长，但利润却少得可怜。但到2006财年，利润率开始上升，这至少也表明联想集团度过了最让人担心的平稳整合期。

经过整合的过渡期之后，联想集团的营业额和利润率均保持平稳增长。对于

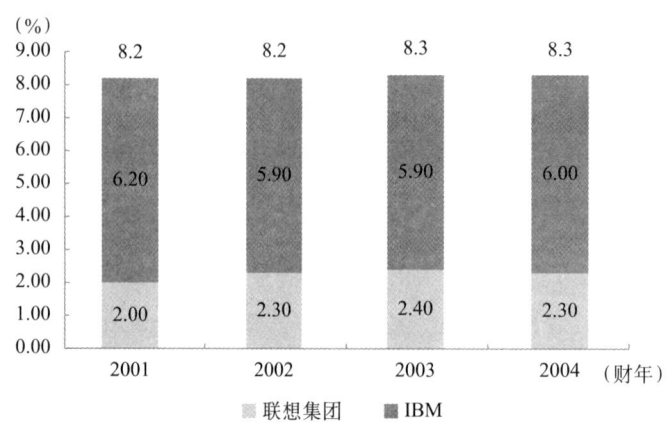

图 10-10 并购前（2001~2004 财年）联想集团和 IBM 全球 PC 市场占有率

数据来源：作者根据 2004~2006 年联想集团年报整理。

2008 年，联想集团的营业额有所下降，利润率为 -1.52%，则主要受全球金融危机的影响，联想集团 PC 销量增长放缓以及经济不景气使得 PC 平均售价的下降幅度高于正常水平。从 2015 财年开始，集团业务的营业额有所下降，若撇去汇率因素影响，主要原因是集团正执行业务转型战略，即 PC 业务放缓，加快其移动业务和数据中心业务转型，具体变化趋势如图 10-11 和图 10-12 所示。

就联想集团 PC 业务收入来看，在联想集团宣布收购 IBM-PC 业务的前一年（2004 财年），其 PC 业务的收入仅为 23.12 亿元人民币，占集团营业收入总额的 89%。而在宣布收购后的一年之内（2005 财年），联想集团的 PC 业务收入较 2014 财年增长 4 倍之多至 123.84 亿元人民币，占到集团营业收入总额的 94%。截至 2010 财年整合完成，联想集团 PC 业务收入一直保持稳定增长（除 2008 年金融危机），在集团营业收入总额中的比例均值约为 95%。随着联想集团在 2014 财年顺利整合摩托罗拉和 System X 的收购交易后，本集团业务更趋多元化，扩大其业务组合，由 PC 业务发展至移动和数据中心业务，这也是 PC 业务收入所占比例有所下降的原因，具体变化趋势如图 10-11 所示。

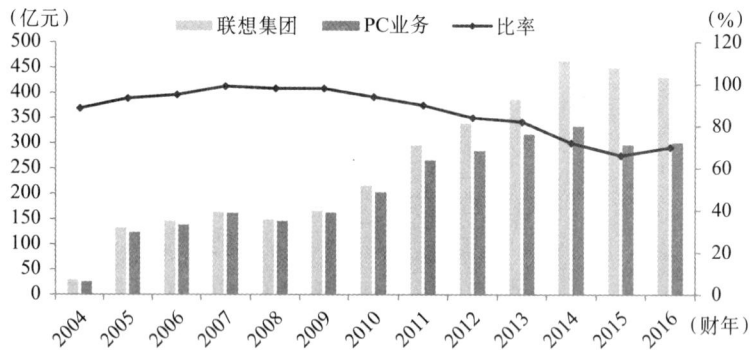

图 10-11 2004~2016 财年联想集团及 PC 业务营业收入变化情况

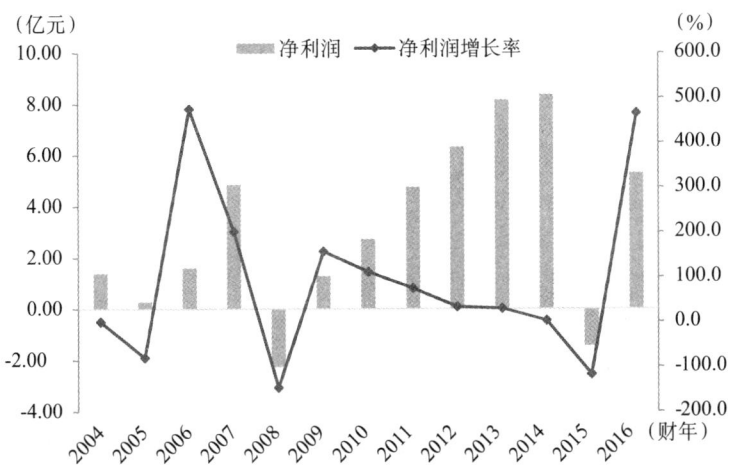

图 10-12 2004~2016 财年联想集团净利润增长情况

PC 作为联想集团的核心业务，在全球 PC 市场已逐渐呈现稳定的趋势下，2014~2016 财年仍维持着年均 5% 左右的销售利润率，主要由效率提高所带动。而更趋多元化的联想集团年均销售利润率却不到 1%，可以看出，PC 业务仍是集团盈利的关键点。具体变化趋势如图 10-13 所示。

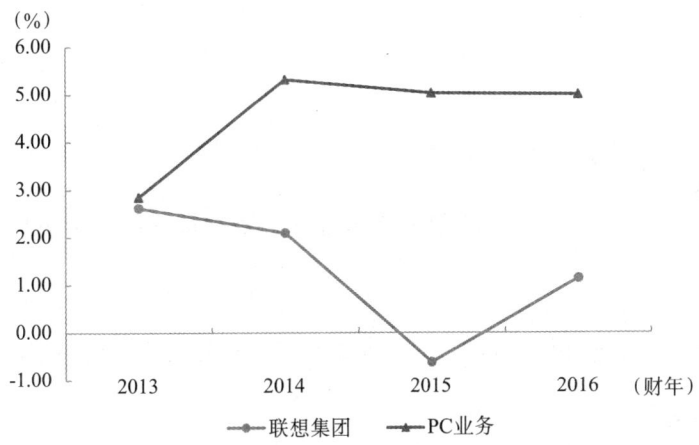

图 10-13 2013~2016 财年联想集团及 PC 业务销售利润率变化情况

2. "质"的飞跃

联想集团并购 IBM-PC 业务，其直接收益是 IBM-PC 产品的技术、Think 品牌和全球的市场，节省了自行研发的时间和成本，节省了拓展品牌的成本以及开发市场、渠道的成本与时间，此外，联想集团还从 IBM 和戴尔公司中学到了很多管理中的"舶来品"。

（1）品牌价值。对于联想集团来说，IBM-PC 品牌在国际市场上的影响力是一笔无形资产。在品牌整合的过渡阶段，联想集团获得 IBM-Think 系列品牌及相关专利,其低端产品与 IBM 的 ThinkPad 系列的高端产品形成互补,有利于提高在国际市场的知名度及品牌影响力。根据世界品牌实验室发布的《中国 500 最具品牌价值》排行榜,联想集团在 2004 年并购前的品牌价值为 601.65 亿元人民币,并购整合完成的 2010 年品牌价值为 608.25 亿元人民币;联想集团分别于 2014 年 10 月 1 日及 10 月 30 日完成对摩托罗拉及 SystemX 的收购,品牌价值从 2013 年底的 1 017.29 亿元人民币增至 2014 年底的 1 168.25 亿元人民币,再到 2016 年底联想集团的品牌价值为 1 351.92 亿元人民币,品牌价值增长一倍多。这说明在并购 IBM 全球 PC 业务后,联想集团实现了品牌价值的提升。

（2）研发水平。并购前,在与全球 PC 巨头的竞争中,联想集团从来没有取得过技术上的竞争优势。通过收购 IBM-PC 部门,从 IBM 得到的两个研发中心（美国罗利和日本大和）大大提升了联想集团的技术水平。此外,IBM 先进的技术研发管理水平还帮助新联想集团原有的技术研发部门发挥了更大的潜能,进一步提升新联想集团的技术优势,使联想集团一跃成为 PC 制造商中的技术领先者（如快速推出新产品系列）。同时联想集团还通过战略联盟,借助 IBM 的研发力量和研发成果,牢牢地把握住相对于戴尔等竞争对手的技术优势。此外,新联想集团拥有了一条从高端到低端的完整产品线,使联想集团原先占领市场的中低端产品线在充分利用 IBM 的技术优势得到改进后也更具有竞争力。

（3）管理能力。整合的 5 年,联想集团高管的视野不断开阔,自信心也得到进一步提升。2001 年,联想集团提出国际化联想集团的愿景并成立了国际业务部,当开始运营国际业务时,联想集团的高管是"不知道自己不知道";2005 年之前,联想集团高管对自己国际化能力是"知道自己不知道",故并购 IBM-PC 业务后,聘请美国人担任 CEO;2009 年,杨元庆重回 CEO 的岗位,是"知道了别人知道的",通过自己看着、跟着、学着洋人如何管理国际化企业,如何运营国际化企业,提高了自身管理国际化企业的能力。经过不断地学习西方管理者的管理知识之后,中方管理者成功的吸收和灵活的运用,创造出了"双业务模式"在全球范围内大获成功,就是联想集团通过并购、整合 IBM-PC 业务部获得先进管理知识的最好的证明。

四、总结与思考

联想集团和 IBM-PC 之间的交易吹响了后来国际并购市场上中国企业做为收购者参与的号角,通过分析整个收购事件,联想集团并购 IBM-PC 业务后有得有失,"得"之处在于拥有了国际化的市场、人才、品牌、研发能力以及学会了国际化的运营管理,"失"之处在于整合阶段的联想集团只是买了一个规模,没有取得利润。基于此,联想集团这次"蛇吞象"的并购案为以后中国企业跨境并购带来的借鉴如下:

（一）并购动因要服务于企业战略

很显然,联想集团并购 IBM-PC 业务是为集团回归 PC 核心业务的专业化战略和国际化战略目标服务的，IBM-PC业务所具备的互补优势是联想集团实现其战略的催化剂。基于此，联想集团在并购协议中以及并购整合过程中都时刻在贯彻专业化和国际化的战略目标，因而业绩不断提升，全球市场占有率不断增加。

（二）并购整合要注重阶段性

联想集团在跨境并购中所采取的阶段式的整合模式成功对其他企业而言是一个很好的借鉴。联想集团在并购IBM-PC业务的不同阶段，矛盾的核心也会有所不同。因此，无论是人力资源整合、组织结构整合、文化整合等，联想集团都在循序渐进地整合，针对某一阶段的重点问题集中解决，是阶段式整合模式的关键。

（三）重视软实力，掌握国际化运营管理

联想集团并购整合的5年实现了"从土生土长的中国品牌到全球知名的世界品牌，从一个指挥管理中国市场的企业到全球运营的跨国公司"的跨越。品牌、技术、市场等表现背后，实际是国际化的运营能力。企业"硬实力"是"果"，企业"软实力"是"因"，联想集团多年的管理基础加之所学的国际化运营，而这融合诞生的"新软实力"，是联想集团这5年整合最大的财富。

案例二　知己知彼：中国五矿高效收购 OZ 矿业

【案例简介】

2009 年 6 月 11 日，中国五矿集团旗下子公司五矿有色以 13.869 亿美元的交易价格收购了澳大利亚 OZ Minerals 公司除 Prominent Hill 铜金矿，印尼 Martabe 金银矿等的剩余主要资产，涉及金、铜、锌、镍等金属矿。

这次并购是中国企业战略导向下主动进行目标选择与跟踪，等待并购时机，制定灵活并购方案的典范，此次并购还被亚洲金融杂志评为 2009 年最佳并购项目。

一、并购发起

（一）买方简介

中国五矿集团公司成立于 1950 年，是以金属、非金属、矿产品的开发、生产、贸易和综合服务为主，兼营金融、房地产、物流业务，进行全球化经营的大型企业集团，由国务院国有资产监督管理委员会直接监管。2007 年，在中央企业业绩考核中，中国五矿评为 A 级。2008 年，中国五矿集团实现营业收入 1 809 亿元，利润达到 71 亿元人民币，位居世界 500 强企业第 331 位，在金属行业位列第 9 名。

中国五矿集团公司经营的产品和物资涉及国计民生的方方面面，广泛应用在国家经济建设的众多领域。1999 年，中国五矿制定了新的发展战略。开始了集团的实业化转型，五矿规划了自己的战略愿景是成为国际领先的金属矿产企业集团，确立了矿产资源开发商、优势金属生产商、综合流通服务商的三商合一的战略定位，以及钢铁及冶金原材料、有色金属是五矿的两大核心主业。作为核心业务之一的有色金属，五矿在国内行业排名稳居前列，对国内优势资源钨、锑、稀土等的产业整合取得了初步成果。但五矿也意识到，仅依靠国内的产业很难满足中国有色金属资源消费持续增长的需要，中国五矿集团迫切地需要扩大矿产资源的储量以缓解我国有色金属的供需矛盾，必须加快国际市场矿产资源的获取、开发和利用。

为打造完整的产业价值链，中国五矿开始深化战略转型、优化资源布局，拓展国际市场，中国五矿集团进行了一系列的跨境投资活动。2005 年，五矿、国家开发银行与智利国家铜业公司签署联合开发智利铜资源项目协议，获取 84 万吨金属铜供应量。智利铜项目是当时中国企业在拉美地区的最大投资项目，其成功标志着我国有色金属行业实施走出去战略的重大突破。2006 年，以 20 亿美元收购智利加维铜矿，之后又以 50 亿美元收购世界第三大锌、第九大铜生产商诺兰达。2007 年，中国五矿通过专业化、市场化运作手段低成本获取南非 1 500 万吨铬矿勘探权，这对我国铬铁供应格局产生重要的战略影响。2008 年，五矿联手江西铜业公司斥资 4.45 亿美元共同收购在加拿大上市的北秘鲁铜业股份公司 100% 股权，获取资源量铜 804 万吨、金

198万吨。

正是基于五矿自身的获取海外资源的发展战略,才出现了2009年中国五矿跨境收购澳大利亚OZ矿业公司。至此,中国五矿集团坚持实施全球矿产资源发展战略,优化配置海外与国内两种资源,建立安全、稳定、经济的全球矿产资源供应体系,发挥着国家主流行业贸易主渠道作用,对稳定市场资源供应、解决国家资源紧缺矛盾做出了一定的贡献。

(二) 标的简介

本次并购的标的是澳大利亚OZ Minerals公司除Prominent Hill铜金矿,印尼Martabe金银矿等的剩余主要资产,包括老挝的Sepon铜及金矿;西澳洲的Golden Grove锌精矿、铜精矿、铅及贵金属精矿;塔斯曼尼亚的Avebury镍矿和Rosebery锌精矿、铜精矿、铅精矿及金银合金矿;昆士兰州的Century澳洲最大的露天锌矿等。

OZ矿业公司是2008年6月由Oxiana公司和Zinifex公司合并而来的,总部位于墨尔本。从2007开始至2008年上半年,全球大宗商品价格持续暴涨,两家公司的市值均超过50亿美元,合并后的OZ矿业公司市值很快就达到了100亿美元,一跃成为澳大利亚排名前三的矿业巨头。OZ矿业公司是澳大利亚大型矿业集团之一,作为澳大利亚第三大多金属矿业公司,OZ矿业公司拥有世界第二大露天锌矿等多种资源。公司在锌、铅铜、镍、金、银等资源上拥有可观储量,如拥有锌1 820万吨,相当于我国2007年探明的锌资源储量的18.74%;铅260万吨,相当于我国2007年探明的铅资源储量的6.28%[①]。OZ矿业的市场范围广,销售体系完善,在多个国家拥有矿产资源和勘探项目,包括澳大利亚、加拿大、东南亚(老挝、泰国、柬埔寨、印尼等)等。OZ矿业还是一个历史比较悠久的一流跨国企业,在管理经验、开采经验及人才等方面很有优势,其管理团队成员都是职业经理人,管理水平高,管理经验丰富,组织结构严密,拥有很好的内控制度。

2008年下半年,国际金融危机全面爆发,OZ矿业公司的股价从2008年7月的2.63澳元狂跌到了0.55澳元,市值缩水达79.1%。由于OZ矿业发展中采用的融资策略相当激进,金融危机的到来导致其资金链很快就断裂。为OZ矿业提供贷款支持的银团急于收回OZ矿业所借的总额约7亿美元的到期贷款,而OZ矿业在金融危机的冲击下难以支付巨额债务,最后在交易所停牌。从年报上获取的信息可以看出在2008年,公司的到期债务高筑;公司总利润亏损巨大,经营活动现金流为负,公司的资金链断裂,这与金融危机下矿产资源需求减少,矿产价格下降以及OZ矿业公司采用激进的融资策略有很大的关系,如表10-2和表10-3所示。

迫于压力,2008年11月28日OZ矿业申请停牌,并于12月2日正式停牌,公司高管在全球奔走寻找合作伙伴以求生存,并意图通过发行股票或债券或出售部分资产来偿还到期贷款。

---

① 新华社:"五矿集团成功收购OZ Minerals公司主要资产",2009年6月12日。

表 10-2　　　　　　　　　　　2008 年底到期债务情况

截至 2008 年 12 月 31 日	6 个月以内	6~12 个月	1~2 年	2~5 年
债务金额（A $ m）	1 173.4	13.2	11.4	167.0

数据来源：OZ Minerals 年报。

表 10-3　　　　　　　　　2008 年利润亏损和经营活动现金流情况

	2008 年
总利润（A $ m）	-2 501.7
ROE	-64%
ROA	-103%
经营活动净现金流	-98.6

数据来源：OZ Minerals 年报。

（三）并购动因

此次中国五矿集团对澳大利亚 OZ 矿业的并购是其战略转型的一大实践。不仅有其内在战略动因，也受国家政策和国际市场环境等外在因素的影响。

1. 满足中国有色金属资源消费持续增长的需要

中国市场的矿产资源进口需求逐年增加，其中有色金属净进口所占的比重相对较大。中国有色金属的进口数量多年持续在 1 000 万吨以上，进口的金额也逐年的上升，如图 10-14 和图 10-15 所示。

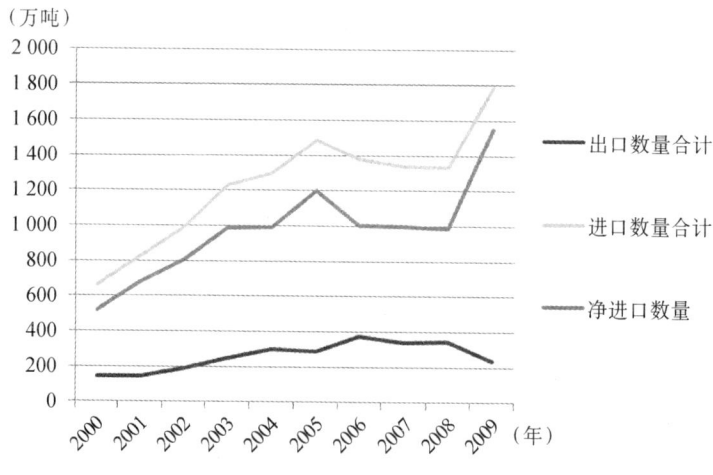

图 10-14　2000~2009 年中国有色金属进出口数量情况

数据来源：国家统计局，嘉德梅洛研究所。

2005 年前后，中国有色金属出口金额开始下降，净进口额进一步扩大。在 2008 年，我国有色金属的贸易逆差约为 220 亿美元，金额巨大，行业发展环境不容乐观。

中国五矿作为国家矿业公司，以保障国家经济发展和矿产安全为己任，将继续保持

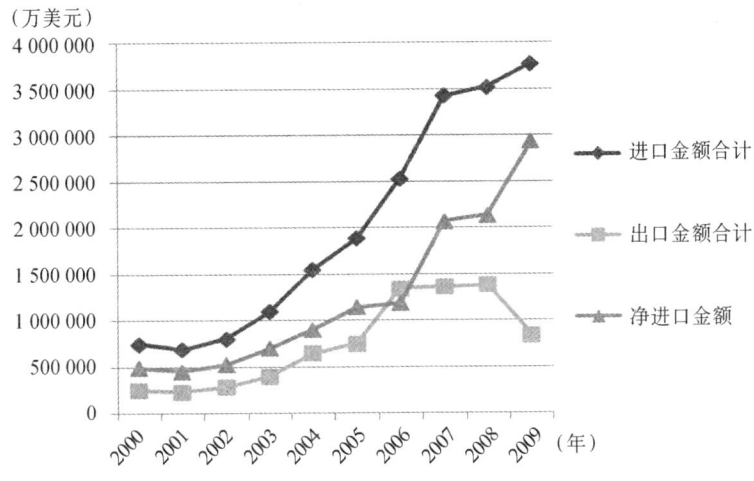

图 10-15　2000~2009 年中国有色金属进出口金额情况

数据来源：国家统计局，嘉德梅洛研究所。

有色金属产量持续稳定增长。国家矿产战略的一个重要方面是"走出去"，从海外获得资源。实现五矿拓展国际市场的战略目标也是五矿并购 OZ 矿业公司的内部动因。一直以来，中国五矿非常注重其境内外整体鲜明的国际化企业形象，积极投身于建立规范统一庞大的境外营销系统。通过此次收购，中国五矿集团能够有效优化矿产资源结构和分布格局，进一步巩固和拓展海外有色金属市场，实现公司发展战略目标，同时有利于中国五矿集团成为提供全球化优质服务的金属矿产企业集团目标的实现。

因此，中国五矿积极筹划跨境并购活动以获取境外的资源。此次跨境并购将有效增加我国锌、铜、铅等主要有色金属矿产资源的储备，大幅提高我国铅、锌精矿的保障程度，缓解我国有色金属的供需矛盾。

2. 金融危机国际市场环境的变化为五矿提供了并购机会

2008 年的金融危机使得有色金属的国际需求下降，大宗矿产品现货价格急剧下降。国际矿产资源的价格下跌，使得此时进军国际市场，能够以低成本获得矿产资源。金融危机之后，国际上矿产资源型企业收购风起云涌，中铝收购力拓英国上市公司（Rio Tinto Plc.）12% 股份，中钢股份收购 Midwest 等。虽然澳大利亚的矿业暂时性受到冲击，但从长远来看，经济回暖后，矿产资源的价格将会回升。并且矿业作为澳大利亚的传统优势行业在管理、销售、挖掘技术等方面都优于其他的国家。因此，国际市场经济环境是十分有利于中国五矿成功收购 OZ 矿业公司。此次国际有色金属价格经过金融危机大幅下跌，正是中国五矿进军澳大利亚的"抄底"的好机会。

可以说，国际金融危机造成的股价市值的波动及 OZ 矿业公司面临巨大的偿债压力给中国五矿带来了并购机会。中国五矿集团对澳大利亚 OZ 矿业公司进行并购，以较低的成本控制资源，既能缓解国内有色金属的供需矛盾、保证我国的能源供给，又能在经济回暖后获得超额利益。

二、并购过程

（一）持续关注等待并购机会

中国五矿对 OZ 矿业可谓青睐已久。中国五矿与 OZ 矿业公司有长期互信的战略合作，甚至在某些矿产资源上，通过双方合作渠道进口的，占到国内进口很大的一个比例。早在 2005 年 10 月，中国五矿在澳大利亚的子公司中国矿业国际有限公司就发现了一个投资关于 Oxiana 公司的投资机会，并将此投资机会报告给了五矿有色以寄希望实现双方更加密切的战略合作。此时五矿有色的管理层并没有对 Oxiana 公司投资达成一致，但却利用全球矿业大会、地质技术交流会等一切机会与 Oxiana 公司高管接触，了解其经营理念、战略发展思想、资产分布及核心资产情况等。通过了解认为，Oxiana 是一个运营良好的公司，是一个在清晰战略指导下有一帮肯干活的人运营的公司。Oxiana 公司希望在未来 3~5 年内，成为领先的国际矿业产业上游企业。这一点与五矿的战略不谋而合。对于五矿而言，国际市场的上游优质矿产资源，配合国内低成本劳动力资源的下游冶炼厂，二者结合会迸发出巨大的协同效应。2006 年，Oxiana 公司的主要资产为铜、铅、锌和黄金，市值约为 10 亿美元。由于当时认为公司价格较高，且五矿刚刚经历"诺兰达事件"，因而双方合作未能取得实质性进展，但两家公司却从此结缘，并保持良好的沟通与合作。

2007 年，五矿有意购买 Oxiana 公司 14.99% 的股份，但当时大宗商品市场持续火爆，Oxiana 公司的市值迅速攀升至 30 亿元左右，该公司认为没有足够的理由接纳五矿入股，此事再度搁浅。但自那时起，五矿与 Oxiana 公司之间的沟通交流进一步深入。

2008 年 1 月，在获得中国五矿管理层的同意后，五矿有色决定收购 Oxiana 公司。2008 年 3 月，五矿再度联合 JP 摩根欲收购 Oxiana 公司，但却传来 Oxiana 公司正和 Zinifex 公司合并的消息。当时商品价格高涨，两家公司的市值均超过 50 亿美元，合并后总市值将超过 100 亿美元。这样的市场估值规模已经超过了五矿的承受范围，并购 Oxiana 公司的脚步也不得不停了下来。

中国五矿曾多次意图收购 OZ 矿业前身，但最终由于种种原因，未能收购成功。在这样长期的交流和合作中，双方建立了良好的伙伴关系。从上述经历可以看出，中国五矿在自己战略的导向下，早已出现并购意图，主动进行了目标选择，等待并购时机的出现。

（二）并购交易进程

2008 年 6 月，Oxiana 公司与 Zinifex 公司正式合并成立 OZ 矿业，两公司合并后一跃成为澳大利亚排名前三的矿业巨头。

2008 年下半年，国际金融危机全面爆发。百年不遇的金融危机，也意味着百年难求的机遇，现在并购的机会出现了，OZ 公司的股价从 2008 年 7 月的 2.63 澳元狂跌至 0.55 澳元，市值缩水达 79.1%。为 OZ 矿业提供贷款支持的银团急于收回其所借的总额约7亿美元的到期贷款。迫于压力，2008年11月28日OZ矿业申请停牌，并于12月2日正式停牌，公开寻求发行股票或债券或出售部分资产的解决方式。

知悉此消息后，中国五矿紧急研究收购OZ矿业的可行性，并很快向OZ矿业提交了方案。由于中国五矿提出的整体收购方案非常有利，获得了OZ矿业公司董事会和管理层高度认可，在五矿提出方案后很短时间就给予了积极答复，并很快由他们的CEO米希尔摩尔（Andrew Michelmore）带领管理团队，上门到中国五矿来，就并购中一些具体问题展开商谈。中国五矿仅用了两个多月的时间，于2009年2月17日，通过五矿有色向FIRB提交了收购申请。

但在2009年3月27日，澳大利亚政府以国家安全为由做出了不能批准五矿有色对OZ矿业整体收购的决定。理由是：在OZ矿业公司的资产中，Prominent Hill铜金矿靠近军事禁区，如果中国五矿收购此处铜金矿，会对澳大利亚国家安全构成威胁。但实际上，虽然Prominent Hill铜金矿靠近军事禁区，但并不构成国家安全方面影响，而且它也是作为OZ矿业上市公司的一部分，一直在进行运营的资产，早就是公开透明的东西了。在OZ矿业公司的资产当中，Prominent Hill铜金矿价值十分可观。所以不排除，澳洲政府当时是迫于民众和反对党的压力，希望以此发出信号，让中国五矿知难而退，放弃此次并购。

对于澳洲政府有关国家利益的表态，五矿表示充分的理解和尊重。但中国五矿的方案没有获得通过，其他的竞购对手却并未闲着，都在积极地接触OZ矿业公司、游说政府、开展公关。如果五矿稍有迟疑，结果很可能是半途而废。

五矿集团决策层和项目团队高效联动紧急研究制定了新的方案，仅三天后，2009年3月31日，五矿有色便与OZ矿业共同协作调整了之前的整体收购方案，新方案排除了Prominent Hill铜金矿和印尼Martabe金银矿等部分资产，但保留了OZ矿业的大部分核心资产，并承诺继续由其原管理团队管理。同时，中国五矿积极地做了澳洲政府、国会方面的工作，力图解释清楚一点，那就是中国五矿对OZ矿业的收购，是完全按照市场规则进行的商业运作，以使他们摘下有色眼镜，消除对于来自中国"央企"的误解和偏见。同时也做出他们在澳洲积极承担社会责任的承诺。为彻底打消澳洲社会公众对于OZ矿业公司外卖后的就业方面担忧，也减轻政府审批中的压力，中国五矿集团党委书记周中枢在接受当地媒体采访时还明确表示：为保证当地就业不因中国五矿收购OZ矿业受到影响，中国五矿不会向OZ矿业派出一名劳务人员。

2009年4月23日，澳大利亚政府正式批准了五矿有色以12.06亿美元收购OZ矿业的申请。为了确保收购方案能够无风险地被6月11日召开的OZ矿业股东大会通过，中国五矿于6月10日紧急在之前报价的基础上提高了1.809亿美元。不负众望，次日，OZ矿业股东大会以高票通过了此项交易。2009年6月18日，OZ矿业被收购后，新成立Minerals and Metals Group公司（下称"MMG"），由五矿有色全资拥有。

在当时市场环境下，澳大利亚政府反对，还面临各个强劲的竞争对手，五矿并没有知难而退，而是灵活机动地调整了收购方案。正是因为五矿对OZ矿业有了充分地了解，才能够比竞购者更快地响应，迅速做出决策及方案的两次调整。其行动之迅速、效率之高，是这次并购最终取得胜利的重要保证。

并购交易进程中关键时间点如表 10 – 4 所示。

表 10 – 4　　　　　　　　　　并购交易进程简表

时间 （2009 年）	事　件
2 月 16 日	五矿通过旗下的五矿有色金属股份有限公司宣布将以 17 亿美元（约合 26 亿澳元）现金收购 OZ 旗下所有的资产
2 月 17 日	五矿有色向 FIRB 提交了收购申请
3 月 27 日	澳大利亚财政部以 OZ 公司的 Prominent Hill 铜金矿资产位于南澳大利亚伍默拉军事禁区为由，否决了五矿全面收购 OZ 公司的方案
4 月 14 日	五矿修改收购澳大利亚 OZ 矿业公司协议，剔除 OZ 旗下的 Prominent Hill 铜金矿和印尼 Martabe 金银矿等部分资产，收购金额也缩减到了 12.06 亿美元（约合 17.5 亿澳元）
4 月 23 日	澳大利亚政府正式批准了五矿有色以 12.06 亿美元收购 OZ 矿业的申请
6 月 10 日	为了确保收购方案能够在 OZ 矿业公司股东大会通过，中国五矿紧急对之前报价提高了 1.809 亿美元
6 月 11 日	股东投票通过了 OZ 矿业公司以 13.869 亿美元的对价向中国五矿出售铜、铅锌和镍矿资产，以及其他处于勘探和开发阶段的资产
6 月 18 日	五矿将收购的资产装入新成立的 Minerals and Metals Group 公司（下称"MMG"），由五矿有色全资拥有。MMG 公司在澳大利亚墨尔本 OZ 矿业公司总部宣告成立，标志着中国五矿集团收购澳大利亚 OZ 矿业公司部分资产的交割最终完成

（三）并购方案

2009 年 3 月 27 日，澳大利亚政府出于国防安全原因，否决了中国五矿出资 17 亿美元（约合 26 亿澳元）全面收购澳大利亚 OZ 矿业的交易。五矿与澳大利亚政府积极协商，迅速做出调整方案，中国五矿收购 OZ 矿业的方案历经两次积极调整，最终成功。

中国五矿提出的调整方案是：放弃收购 OZ 矿业最优质的 Prominent Hill 铜金矿和印尼 Martabe 金银矿等部分资产，并做出必要承诺，如将所购矿产的经营管理总部设置在澳大利亚，以澳大利亚管理团队为主体进行经营，保持和提高当地的就业水平、尊重与当地社区达成的协议等等，化解了跨境并购常常面临的政治阻碍。方案调整后的收购金额为 12.06 亿美元（约合 17.5 亿澳元），同时签订了捆绑协议。一旦 OZ 矿业拒绝被收购，则必须向中国五矿支付 1.2 亿美元的赔偿金。就在中国五矿提出收购 OZ 矿业公司的调整方案期间，澳大利亚本土的一些公司为了阻止这场收购，对 OZ 矿业公司提供了各式各样的融资方案试图阻止中国五矿的收购。如澳咨询公司 PFC 集团和加拿大皇家银行在最后一次股东大会前向 OZ 矿业提出了 12 亿美元的融资替代方案。同时，澳大利亚著名投资银行麦格理集团也向 OZ 矿业提出计划通过 25.4 亿美元的配股发行来筹得 14 亿美元的融资。但面对竞争威胁，中国五矿的捆绑协议对 OZ 矿业公司起到了约束的作用。

最终方案是：2009 年 6 月 11 日，中国五矿集团公司以加价 15%，总价 13.869 亿美元的交易价格收购 OZ Minerals 公司的主要资产。中国五矿并购方案调整过程具体如表 10-5 所示。

表 10-5 并购方案调整表

阶段		方案内容
初始方案	收购对价	中国五矿出资 17 亿美元（约合 26 亿澳元）
	收购标的	全面收购澳大利亚 OZ 矿业公司
调整方案	收购对价	收购金额为 12.06 亿美元（约合 17.5 亿澳元），同时签订了捆绑协议，违约支付 1.2 亿美元赔偿金
	收购标的	放弃收购 OZ 矿业最优质的 Prominent Hill 铜金矿和印尼 Martabe 金银矿等部分资产
最终方案	收购对价	收购资金约为 13.869 亿美元，为全现金收购
	收购标的	除 Prominent Hill 铜金矿，印尼 Martabe 金银矿等的剩余主要资产
	限制条款	1. 五矿需承诺独立经营这些矿山 2. 继续以澳大利亚为总部 3. 由澳大利亚人占主导地位的团队进行管理 4. 遵循国际基准价格和市场准则 5. 保持或增加就业 6. 尊重澳大利亚法律和员工权益 7. 遵守与社区签订的协议

（四）交易结构设计

1. 收购主体设计

五矿有色通过其注册在新加坡的全资子公司爱邦投资在 2009 年 6 月 11 日以 13.869 亿美元的价格收购了澳大利亚 OZ 矿业除 Prominent Hill 铜金矿，印尼 Martabe 金银矿等的剩余主要资产。收购主体设计如图 10-16 所示。

2. 融资方式

本次收购所需资金来源于公司自有资金和银行贷款融资。之所以没有采用股权融资，是基于以下几个原因：一是金融危机过后，经济还没有复苏，资本市场还处于低迷状态，不利于发新股；二是股权融资经济复杂，所需时间较长不利于五矿并购的快速响应；三是一些大的投资机构如基金公司等也不看好大宗商品市场，不愿意承担过大的投资风险，缺少投资者。考虑到股权融资的难度及公司的国有企业性质，通过银行贷款融资和自有资金能够满足中国五矿的融资需求，并且容易实现。为五矿有色金

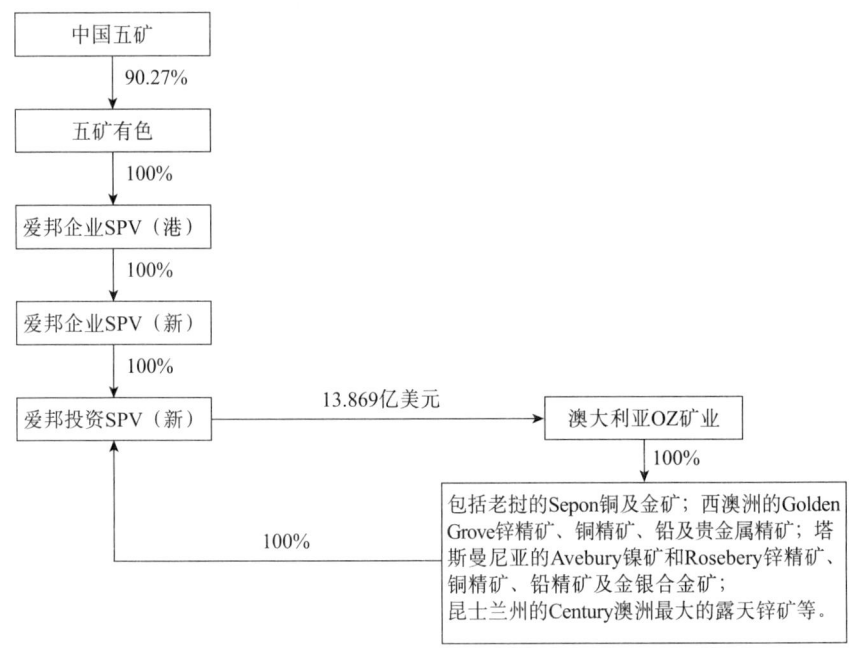

图 10-16 收购主体设计

属股份有限公司收购澳大利亚 OZ 矿业公司主要资产项目提供融资支持的是中国银行和国家开发银行。其中，中国银行利用自身在海外融资项目中的丰富经验，为五矿有色的此次收购项目设计了低成本易操作的融资方案，提供了包括股权收购、债务置换融资及日常营运备用授信等在内的融资支持。

（五）并购风险及防范

此次跨国并购主要面临的风险有不同国家之间的法律差异、国家安全审查风险、目标企业的估值风险，以及并购后面临的一系列不确定的整合风险，五矿在认真分析这些风险的基础上，制定了良好的应对措施，促使了此次并购及并购后整合的成功。

1. 合理规避法律和国家安全审查风险

澳大利亚是一个民主的发达国家，工会制度健全，注重公民的权益和劳动保障。中国五矿如果不能保障 OZ 矿业员工的工作必定会受到当地工会的抵制。而且政府方面担心中国企业全资收购之后削减当地员工，造成就业压力，还可能会有税收的流失。OZ 内部员工也担心中国企业难以管理运营好 OZ，他们个人的前途没有保证。但是，由于长时间的合作，中国五矿对澳大利亚十分了解，在并购方案中也提出由澳大利亚人占主导地位的团队进行管理、保持或增加就业、尊重澳大利亚法律和员工权益以及遵守与社区签订的协议等保障员工权益的限制性条款，这一点对于跨境并购的成功十分关键。

普通民众觉得，OZ 是具备较强运作实力和管理经验的运营中企业，将其"下嫁"给一家中国企业，不仅感情上难以接受，恐怕当地人的利益今后也要受损。另外还有国家意识形态等方面的原因，有些当地人对中国企业在澳洲投资持有偏见，不愿看到中国崛起,更不愿资源被中国拿去。中国五矿最初提出的出资 26 亿澳元全面收购澳大利亚 OZ 矿业的方案被澳大利亚政府出于国防安全原因给否决了。所幸中国五矿及时调整了方案,放弃了靠近军事禁区的 Prominent Hill 铜金矿,最终并购取得了成功。

2. 采取积极行动,降低并购后整合风险

收购企业并不是目的,收购后对目标企业进行整合以获取需要的资源及产生利润才是最终目的所在。从中国五矿整合 OZ 矿业中可以看到,业务整合和文化融合要从企业自身战略出发,结合被重组企业特点,循序渐进,不断推进。整合的过程也面临着一些风险,主要包括战略方面的整合风险和管理方面的整合风险。

就战略方面的整合来说,中国五矿在并购后分析了并购方与被并购方的优势劣势,通过及时完善 MMG 的公司治理结构,重新为其量身打造发展战略并制定一系列推进措施,还集中调动五矿集团在贸易渠道、生产加工等方面的资源,与 MMG 展开了全方位、大纵深的内部业务协同,对于双方可能产生协同效益的核心业务板块进行重点培育,从而在较短时间内完成了各项管理和运营对接,较好地降低了战略整合的风险。同时,中国五矿注重加大企业文化间的交流与融合,较好地实现了业务上的"1+1>2"和文化上的"1+1=1"。以 OZ 为基础重新成立的 MMG 公司由此很快转入良性发展轨道。在 MMG 整合完成后,为促进 MMG 公司跃升一个台阶,2010 年 10 月,五矿专门组织实施了一个"澳宝项目",成功将 MMG 以 18.46 亿美元的对价,注入五矿在香港的上市公司五矿资源①。"澳宝项目"项目的成功实施,不仅实现了当年香港资本市场最大一笔注资交易,兑现了中国五矿对资本市场的承诺,也较好地落实了国家关于"管理好、运作好 OZ 资产"的要求,为 MMG 公司提供了上游基本金属的国际资本平台和更加广阔的发展前景。

在管理方面的整合来说,由于 OZ 矿业原有管理团队的管理水平高、管理经验丰富,因此,中国五矿采取"放权、授权"的方式,由原有团队进行管理,董事会负责决策和监督,只管控住两个重要的点:人和钱。此外,中国五矿具有良好的战略规划和强大的企业实力以及丰富的国内外经营经验,能够帮助其更好地进行并购管理。因此,管理整合风险也非常低。

三、并购绩效

(一) 媒体评价

据 2009 年 6 月的《经济参考报》的报道称,业内人士表示,此次中国五矿收购 OZ 矿业的主要资产的跨境交易将有效增加我国锌、铜、铅等主要有色金属矿产资源的储备,大幅提高我国铅、锌精矿的保障程度,有效缓解我国有色金属的供需矛盾。

据 2010 年 2 月的《中国有色金属报》的报道称,日前,五矿有色金属股份有限

---

① "中国五矿集团公司将 MMG 的资产注入五矿资源",《中国贵金属》,2010 年第 11 期。

公司收购澳大利亚 OZ 矿业公司主要资产，获《亚洲金融》2009 年度最佳跨国并购交易奖。评委会认为，一家中国国有企业和中介团队从原来很有可能被断然拒绝，到现在快速有序地取得成功的事实，无疑应该赢得此奖。五矿基于获取 OZ 矿业绝大部分矿产控制权为目标，快速调整并接受无法获得 OZ 矿业全部矿产的事实，然后关注那些它仍旧感兴趣的资产，经过及时修改提案保证了其所有利益。此次交易为国有企业成功进行海外并购提供了可贵的实践经验。

（二）短期财务绩效

以 OZ 为基础重新成立的 MMG 公司由此很快转入良性发展轨道，在收购完成后的 6 个月里，MMG 公司实现销售收入 8.53 亿美元，利润 1.6 亿美元。截至 2010 年底，MMG 生产锌精矿 92.97 万吨、铅精矿 7.8 万吨、铜精矿及电解铜 15.5 万吨、黄金 19.1 万盎司[①]，并且在海外勘探、新资源开发等方面，取得了十分明显的进展。

2012 年 2 月 8 日，据五矿资源公布，Minerals and Metals Group，2011 年第四季度生产报告中显示：锌精矿生产共 16.88 万吨，上年同期为 17.33 万吨；电解铜 2.1 万吨，上年同期为 1.7 万吨；铜精矿为 7 341 吨，上年同期为 1.05 万吨；金总计 2.08 万吨，上年同期为 2.78 万吨；铅精矿为 1.35 万吨，上年同期为 1.45 万吨。但五矿指出，2011 年全年平均产量及成本均处于年度指导范围内。老挝的 Sepon 成功扩建铜厂后，电解铜产量连续第二个季度再次超过名牌产能 80 000 吨/年工，伦敦金属交易所确认"Sepon"品牌电解铜已列入 A 级铜品牌；由于第四季度锌金属的经营表现强劲，Century 的锌产量超过 2011 年修订后指导范围。十二月创下 54 264 吨锌金属之月产量记录[②]。

五矿资源公布，旗下 Minerals and Metals Group（"MMG"）2012 年第一季度生产报告。锌精矿产量总计 16.3 万吨，同比增 8%；电解铜产量总计 2.2 万吨，同比增 21%；铜精矿产量总计 6 010 吨，同比增 47%；金产量总计 3.4 万吨，同比增 62%；铅精矿产量总计 1.1 万吨，同比增 85%[③]。

从 MMG 公司 2010 年生产报告、2011 年第四季生产报告和 2012 年第一季生产报告来看，公司各类有色金属的生产量持续稳步提升，虽然 2011 年第四季度相比 2010 年第四季度，生产量有一定的下降，但有色金属生产总量保持在公司指导范围内，且铜、锌的产量和质量都达到前所未有的新水平。2012 年第一季度的锌、铜、金及铅产量都比 2011 年第一季度有大幅上升。可见，并购后 MMG 公司的业绩表现，充分表明了中国五矿基于并购动因的并购绩效得以实现，实现了并购后其有色金属资源产量持续稳定地增长。此次并购提升了五矿集团的国际竞争力和有色金属管理能力，使五矿获得了国际先进的管理经验；同时使五矿集团的有色金属结构格局和分布格局得到了优化。

[①] 何先虎："中国五矿收购澳大利亚 OZ 矿业的思考"，首都经济贸易大学硕士学位论文，2013 年 3 月。
[②] 新浪财经："五矿资源公布 MMG 产量"，2012 年 2 月 8 日。
[③] 21CN 财经网："五矿资源公布旗下 MMG 首季生产报告"，2012 年 5 月 2 日。

四、总结与思考

中国五矿对澳大利亚 OZ 矿业的收购，是知己知彼、抓住并购时机的一次成功收购案例，在其收购的过程中，充分体现了其专业的运作方式，并制定了灵活调整方案的举措，保障了这次收购的成功进行。可以说，此次并购是在战略导向下，中国企业主动进行目标选择与跟踪，等待并购时机，并且在交易过程中，制定灵活的交易方案，并及时进行动态调整，于并购前就安排好了并购后整合措施，促使整合高效完成。因此，此次并购对国家、对企业都意义非凡。通过这次并购，我们得到的主要跨境并购启示如下：

（一）跨国并购要符合企业自身战略

跨国并购无论以获取资源、拓展市场，还是获取技术、转移生产能力等为目的，一定要从战略出发，以提升竞争力为宗旨，不能盲目投资、盲目合作。从中国五矿的跨境并购看出五矿之所以收购澳大利亚 OZ 矿业公司，是为了实现其获取及控制海外有色金属优势资源的战略目标，跨国并购符合其自身的战略需要。

（二）把握并购先机，追求高效的并购环节

在中国五矿并购 OZ 过程中，几乎每个审批环节都创下了中国海外并购审批史上耗时最短的纪录。从接洽到谈判再到最终方案总共只用了 3 个多月的时间，相对于其他并购的拉锯战，五矿集团在这次跨国并购中赢得了并购时间。在跨境并购过程中，在选定并购目标后，一定要注意把握并购先机，赢得并购先机，方可在众多竞争对手中取胜，赢得最后的并购胜利。

（三）积极沟通，及时调整并购方案

在整个收购过程中，中国五矿团队之间有高效沟通，而且与澳大利亚相关政府部门、OZ 矿业董事会也保持了及时充分地沟通，甚至与反对党领袖也进行了富有成效地接洽。这使得澳大利亚相关各界明确了中国企业寻求的不是控制澳洲矿产资源，而是寻求得到长期、健康、稳定的能源资源供应。因此，曾经一直反对中铝并购力拓的澳大利亚反对党，对于五矿收购 OZ 矿业并没有言辞过激的行为，对交易表示了肯定。

我国企业，尤其是国有企业，在进行并购的过程中，会出现很多不能灵活应对的各种突发事件，其中就包括不能灵活地应对并购途中杀出的竞争对手。本案例中，五矿集团面对其他竞争者提出的新融资方案，能够迅速做出应对措施，紧急加价 15%，最终取得了并购胜利，这需要有灵活应对的决断。相反，我国很多企业在面临类似突发情况时，由于不能很好地做出应对决策而最终导致并购失败的案例比比皆是。解决这些问题的时候，决策者决不能仅仅将视点停留于表象，而是应该从更深层次的角度预先对可能出现的"特别事件"做出事先的判断和预案。目前很多企业采取的措施包括：一是在并购过程中会签订较高额的毁约协议约束目标公司行为，即一旦终止交易，目标公司将会向并购方支付高额的违约费用；二是在协议中注明，对于第三方出的任何报价，并购方将具有同等条件下的优先购买权等。这种"治未病"的理念会帮助并购方在面临突发情况时"快、狠、准"地化解危机。

案例三　草根的华丽转身：吉利控股并购沃尔沃汽车

【案例简介】

早在 2002 年，吉利集团董事长李书福就萌发了收购国际汽车巨头沃尔沃的念头。随着全球金融危机的蔓延，沃尔沃陷入财务与经营困境，吉利控股迎来了收购良机。2010 年 8 月 2 日，吉利控股经过多轮谈判，最终以 15 亿美元完成对沃尔沃轿车公司 100% 的股权以及相关资产的收购。这宗典型的"蛇吞象"并购是当时我国最大的汽车产业跨境并购案。

本次"蛇吞象"的并购融资颇具特色。其中，吉利控股巧妙地将并购融资与国内生产基地建设紧密捆绑在一起，利用政府对沃尔沃的未来成功预期获取了大庆、上海嘉定区、成都等多个地方政府的融资支持，一定程度上缓解了吉利的融资压力及并购后持续经营的资金压力。

一、并购发起

（一）买方简介

1. 发展历史

吉利集团[①]始建于 1986 年 5 月[②]，1997 年进入汽车领域以来，吉利集团凭借持续的自主创新能力，加之在资本市场的成功运作，取得了快速的发展，目前已成为一家以汽车及汽车零部件生产经营为主的大型民营企业集团。

2002 年，吉利集团开始聘请职业经理人，逐渐完成从家族制企业向现代股份制企业转型。2003 年 3 月 24 日，本起并购的买方浙江吉利控股集团有限公司（以下简称"吉利控股"）成立。

2003~2005 年，吉利控股通过一系列资本运作借助联交所上市公司国润控股有限公司（00175.HK，后更名为吉利汽车控股有限公司，以下简称"吉利汽车"）平

[①] 因为考虑到整个吉利集团层级复杂，本书中"吉利集团"泛指李书福及其一致行动人控制的下属公司。

[②] 1986 年 11 月 6 日，李书福以冰箱配件为起点，开始了吉利创业历程。1989 年，转产高档装潢材料，研制出第一张中国造镁铝曲板。1994 年，进入摩托车行业，当年生产出中国第一辆豪华型踏板式摩托车。1996 年 5 月，成立吉利集团有限公司（注册地在台州市，与后文提及吉利集团有限公司（BVI）不是一家企业），走上了规模化发展的道路。

台使旗下汽车业务资产实现了"买壳"上市①。有了资本市场的支持，吉利汽车迅速实施多基地的扩张发展。短短几年的时间，吉利汽车先后在浙江、上海、甘肃、湖南、山东等多地设立汽车整车和动力总成②制造基地。

随后，吉利控股以"吉利汽车"作为融资平台，陆续将集团成熟的汽车业务整合进上市公司。2006 年，吉利控股将浙江吉利变速器有限公司、上海国邦汽车配件公司注入上市公司。同年，吉利汽车与吉利控股旗下浙江豪情汽车制造有限公司合资成立浙江金刚汽车有限公司（以下简称"浙江金刚"）和浙江路虎汽车有限公司（以下简称"浙江路虎"）。

2007 年 5 月，吉利汽车做出战略转型的决定，将战略定位从之前的"造老百姓买得起的好车"的低价战略转变为"技术领先、质量可靠、服务满意、全面领先"战略，将"造最安全、最环保、最节能的好车，让吉利汽车走遍全世界"作为企业的使命③，争取用 3~5 年的时间完成从单纯的低成本战略向高技术、高质量、高效率、国际化的战略转型，试图通过技术领先来提升吉利汽车的竞争力，获得可持续发展。为此，吉利汽车对旗下产品结构进行了调整，适时更新换代，开展以全球鹰、帝豪和英伦三大品牌为核心的多品牌战略。

2008 年，吉利汽车收购吉利控股旗下的浙江吉利汽车有限公司、湖南吉利汽车部件有限公司、浙江金刚、浙江陆虎、华普国润等 5 家整车企业 44.19% 的股权④。同时，吉利汽车收购了浙江福林汽车零部件有限公司所持浙江国润汽车零部件有限公

---

① 严格来说，吉利控股并未"买壳"或"借壳"。2003 年 3 月 30 日，浙江吉利美日汽车有限公司（后更名为浙江吉利汽车有限公司，成为吉利控股子公司，以下简称"浙江吉利"）与国润控股全资子公司 Centurion Industries Limited 成立合营公司浙江吉利国润汽车有限公司（后更名为浙江吉润汽车有限公司，以下简称"吉利国润"），其中浙江吉利以部分汽车生产设备资产作价 0.57 亿元人民币出资，占有吉利国润 53.2% 的股权。同年 9 月，浙江吉利再次以资产作价 3.06 亿元人民币向吉利国润注资。同时，国润控股全资子公司 Value Century Group Ltd. (BVI) 与吉利控股持股 90% 的上海华普汽车有限公司成立上海华普国润汽车有限公司（以下简称"华普国润"），其中上海华普汽车有限公司以汽车业务资产（包括知识产权）作价 3.25 亿元人民币出资，持股比例为 53.2%。至此，吉利控股通过与国润控股共同设立合资公司的形式，将旗下主要汽车业务与资产置入，吉利控股在获得合资公司实际控制权的同时还获得上市公司注入的 5.2 亿元人民币现金。2004 年 1 月，李书福通过个人全资控股公司吉利集团有限公司 (BVI, Geely Group Ltd.，注册地为英属维尔京群岛，与前文提及的注册地在台州市的吉利集团有限公司不是一家企业) 收购国润控股股东 PG 公司 32% 的股权，与 PG 公司原股东贺学初并列成为 PG 公司第一大股东，间接控制国润控股。同年 3 月，国润控股更名为"吉利控股有限公司"。随后，上市公司又通过资产收购方式进一步将吉利控股汽车业务注入。2005 年，PG 公司原股东贺学初将 PG 公司剩余 68% 的股权以 1.53 亿港元转让给吉利集团有限公司 (BVI)。至此，李书福通过 PG 公司间接持有上市公司 60.68% 的股权。

② 动力总成，英文名称 Powertrain，或者 Powerplant，指的是车辆上产生动力，并将动力传递到路面的一系列零部件组件。广义上包括发动机、变速箱、驱动轴、差速器、离合器等，但通常情况下，动力总成一般仅指发动机、变速器，以及集成到变速器上面的其余零件，如离合器/前差速器等。

③ 李书福："吉利要造'最好'的车"，《经贸实践》，2011 年第 2 期。

④ 2007 年 2 月，吉利汽车按每股 0.89 元港币作价发行 12.89 亿股新股作为对价收购上述五家联营企业 44.19% 的股权，总价 11.47 亿元港币，收购后吉利汽车持有这五家企业 91% 的股权。此前，尽管吉利汽车的利润主要来自这些联营企业，但吉利汽车并不拥有这些企业的控股权。

司的49%的股权，使其成为全资子公司，如图10-17所示。

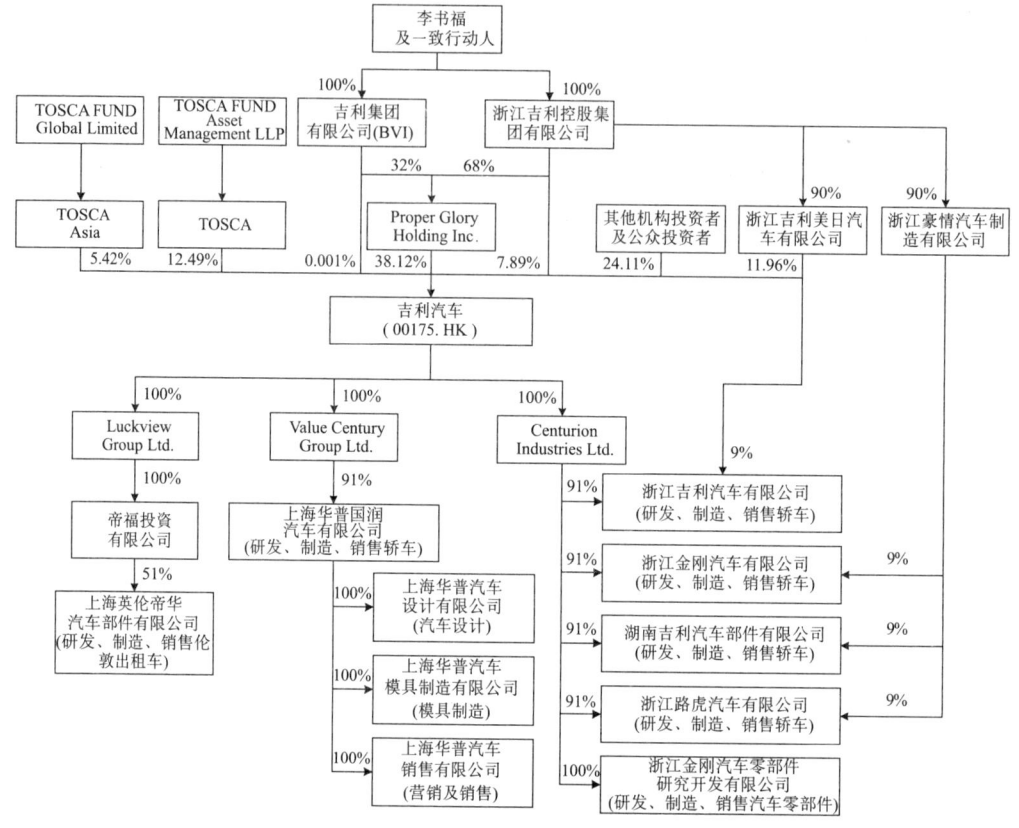

图10-17　2008年吉利集团组织架构图

资料来源：根据吉利汽车2008年年报和国家企业信息公示系统公开信息整理。

至此，吉利控股已将绝大部分汽车业务资产注入上市公司。根据吉利汽车2008年年报，集团资产注入后，吉利汽车已在宁波、上海、临海、路桥及湘潭分别拥有五间生产汽车的基地，按单班生产计算，综合年生产能力已达410 000台轿车。此外，吉利汽车还在上海、宁波和临海拥有三间总共350 000台年产能的发动机生产厂及一间位于宁波的年产能300 000台的变速箱生产厂。

由图10-18吉利汽车1998~2008年的汽车销售量变动趋势图可见，2008年，吉利汽车完成销量20.42万辆，同比增长达12%，销售收入超过42亿元人民币。

2. 发展瓶颈

虽然中国汽车市场经历销量连续几年的"井喷"，但是自2007年起，通用汽车、本田汽车、日产汽车等海外汽车巨头纷纷推出针对中国市场的专属低端品牌，在价格上将足以与中国本土汽车产商一争高下。而国内自主品牌由于技术质量等方面的原因销量低迷，品牌认可度低，市场份额进一步萎缩。吉利汽车在发展中也面临着同样的

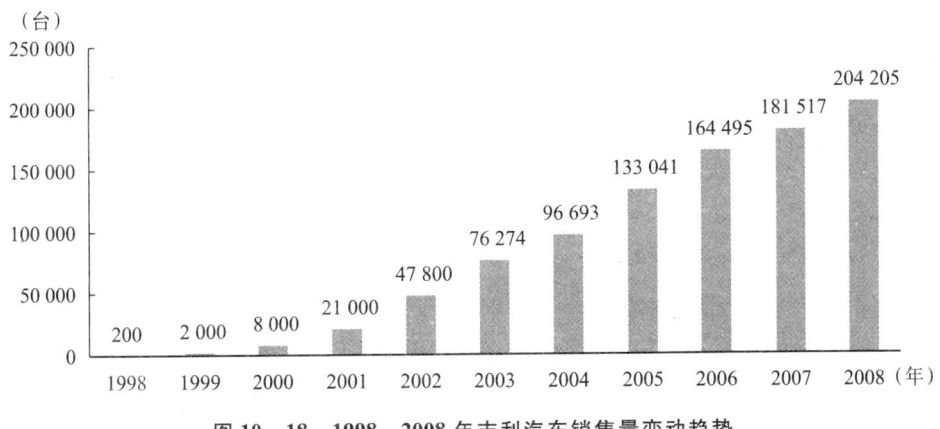

图 10-18　1998~2008年吉利汽车销售量变动趋势

数据来源：吉利汽车2008年年报。

问题，吉利汽车2004~2008年在中国轿车市场的份额见图10-19。

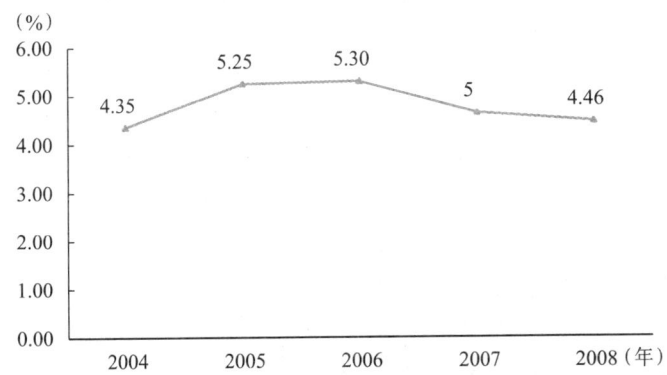

图 10-19　吉利汽车2004~2008年在中国轿车市场的市场份额变动趋势

数据来源：盖世汽车网。

第一，市场份额降低。早期，中国低端轿车市场主要由比亚迪汽车、吉利汽车及奇瑞汽车三家本土汽车生产商控制。随着外资品牌和合资品牌汽车的国产化生产，抢夺吉利汽车等国内品牌的市场份额，对吉利汽车等民族自主品牌的销售产生了极大的冲击，使吉利汽车在轿车市场所占市场份额从2005年的5.25%降至2008年的4.46%，与销售排名靠前的一汽大众、上海大众和上海通用等品牌市场份额差距较大。在自主品牌中，吉利也落后于奇瑞等品牌。

第二，技术发展面临瓶颈。一直以来，我国汽车行业技术落后，与国外有很大差距。而汽车制造技术的提高需要长时间的积累，更需要持续不断的、大量的研发投入。吉利汽车作为仅有十多年历史的后发企业，虽然一直致力于汽车技术的研发，且在2007年实施战略转型后取得了一定的技术突破，但仅凭当时的研发水平和研发投入，难以打造自主品牌高档车型，无法快速扭转吉利长期以来在消费者心目中"质平价廉"的品牌形象,使得吉利汽车一直处于行业价值链的底层。如何提升技术水平,突破吉利汽车在消费者心目中的固有品牌印象,进军高端市场,成为当时吉利发展的当务之急。

(二) 标的简介

沃尔沃汽车公司(Volvo Car Corporation,以下简称"沃尔沃汽车")是世界著名豪华汽车制造商,成立于1927年,总部位于瑞典哥德堡,在全世界拥有超过22 000名员工。沃尔沃汽车在瑞典、比利时和马来西亚设立了生产厂和组装线,并在瑞典设立了发动机厂和零部件厂。1999年4月1日,美国福特汽车公司(Ford Motor Company,以下简称"福特汽车")以64亿美元的价格从沃尔沃集团手中(AB Volvo)收购了沃尔沃汽车100%的股权,沃尔沃汽车成为福特汽车旗下的全资子公司。

沃尔沃汽车作为欧洲的百年品牌,被称为世界上最安全的汽车,其优异的质量和性能不但在北欧享有很高声誉,而且一度成为美国进口最多的汽车品牌。2002年,吉利控股董事长李书福就萌发了收购世界品牌沃尔沃汽车的想法。2007年,吉利开始了对沃尔沃汽车的研究和接触,提出了正式的并购意向,而随后金融危机的爆发给了吉利收购沃尔沃汽车的机会。

在被福特汽车收购后的十多年里,沃尔沃汽车经营状况很不理想,全球销量表现一直平淡,2006年的全球销量只有46万辆,并开始出现巨额亏损。随着全球金融危机的蔓延,沃尔沃汽车销量在2008年进一步缩减为35.9万辆。

除了销量的下降外,沃尔沃汽车在全球豪华车市场的市场占有率也不断下降。1999年被福特汽车收购后,沃尔沃汽车在全球豪华车市场份额非但没有稳步提高,反而很快呈持续下降态势,从收购前1998年的12.6%,一路下滑到2008年的8.2%(见图10-20)。之后,虽然福特汽车投入了大量资金试图帮助沃尔沃汽车走出困境,但是短时间内沃尔沃汽车的经营业绩仍然不见好转。

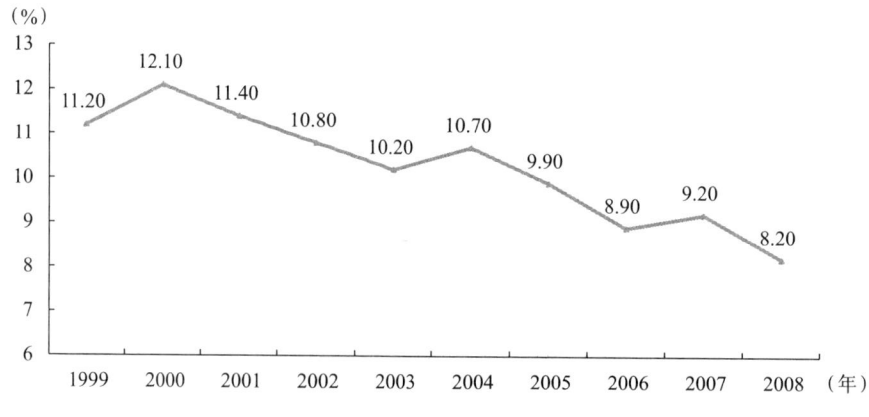

图10-20 1999~2008年沃尔沃汽车在全球豪华车市场份额

数据来源:盖世汽车网。

与此同时，福特汽车在经历了 20 世纪末的全面扩张之后，由于市场变化及公司相对竞争力下降，21 世纪后连续亏损。2008 年福特汽车净亏损 147 亿美元，亟须现金流以度过美国汽车工业的危机。2006 年，新上任的总裁阿伦·穆拉里对福特汽车进行了重大战略调整，确定从扩张战略改为实施"一个福特"的收缩战略，专注于北美市场，专注于其自有核心品牌，这一战略旨在减少集团内地域性品牌并改变福特汽车全球市场过于分割的状态，从而加强福特汽车自身品牌的产品阵营。从 2007 年开始，福特汽车相继出售了欧洲高端品牌阿斯顿马丁、捷豹和陆虎，还减持了马自达股份。此后，沃尔沃汽车也成为福特汽车剥离的目标。2008 年 12 月 1 日，福特汽车宣布出售沃尔沃汽车公司，如图 10-21 所示。

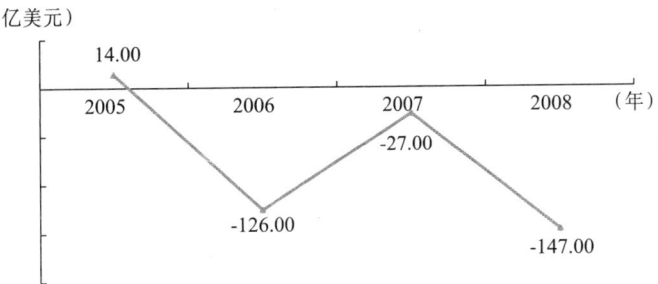

图 10-21 福特汽车 2005~2008 年净利润变动趋势

数据来源：福特汽车 2005~2008 年年报。

（三）并购动因

1. 获取先进技术

2007 年起，外资品牌汽车不断涌入，大举侵占了中国汽车的市场份额，加剧国内汽车市场竞争。汽车价格越来越低，原材料价格却不断上涨，低价车的利润被严重摊薄，生存空间受到挤占，低价模式逐渐使吉利陷入利润困境。

为了突破发展的瓶颈，吉利汽车于 2007 年起实施战略转型。新战略为吉利汽车指明了发展方向，也提出了更大的挑战。为了实现"让吉利汽车走遍全世界"的战略目标，技术是吉利汽车跻身高端市场必须突破的发展瓶颈。而本次并购的标的沃尔沃汽车则拥有丰富汽车技术、专利储备和完善的品质管控体系，这成为吸引吉利汽车的重要原因。沃尔沃汽车自从创立以来，始终注重产品研发，不仅拥有 4 000 多名高素质的研发人才，而且在汽车安全性能和环保这两方面拥有世界领先的技术。首先，沃尔沃汽车被称为世界上最安全的汽车，其"自动制动系统""盲点信息系统""驾驶疲劳预警系统"等安全装置与技术处于全球领先地位。其次，沃尔沃汽车在低碳环保方面的技术研发实力雄厚，拥有三种可以满足欧Ⅵ和欧Ⅶ汽车尾气排放标准的发动机。同时，为了顺应汽车行业发展趋势，福特汽车和沃尔沃汽车投入上百亿美元研究新能源技术。沃尔沃汽车还联合瑞典最大的能源公司 Vattenfall，启动"新型插电式混合动力"汽车项目。

通过并购沃尔沃汽车，吉利能够以较少的投入及时快速地弥补在技术方面的不足，建立强大的研发队伍，为追赶国外汽车巨头赢得时间和空间。同时，收购沃尔沃汽车能帮助吉利抢先进入新能源汽车领域，占据下一代市场竞争的制高点，占领汽车技术的市场先机。

2. 获取市场份额

早在 2003 年，首批吉利汽车出口海外，实现了吉利汽车出口"零的突破"。然而，吉利汽车出口销量后续增长乏力，2009 年出口量仅占全年总销量的 5% 左右。这不仅与其产品有关，也与吉利在国外缺乏销售网络有关。

并购沃尔沃汽车能使得吉利获得进入国内高端市场的机会，夺回被跨国品牌抢去的市场份额。并购沃尔沃汽车还能提高吉利的国际市场份额，帮助吉利实现国际化的战略。沃尔沃汽车作为知名跨国品牌拥有较为广阔的海外销售网络，在全球的 100 多个国家拥有 2 500 多家经销商，因此，并购沃尔沃汽车可以凭借沃尔沃汽车原有的海外销售网络，迅速为吉利汽车打开国际市场，拓展在国外市场的占有率。

二、并购过程

（一）并购交易进程

2002 年，在吉利集团的内部会议上，董事长李书福首次提出了收购沃尔沃汽车的想法，只是当时吉利集团的整体实力还非常弱，还未具备实现这一想法的实力。

2007 年，福特汽车"一个福特"发展战略的提出让吉利集团发现了收购的机会。2007 年 9 月，吉利控股与公关公司博然思雅集团达成合作，通过博然思雅集团向福特汽车传递了吉利控股收购沃尔沃汽车的想法。2008 年，吉利控股正式成立沃尔沃汽车项目组研究收购事宜。同年 12 月，福特汽车宣布考虑出售沃尔沃汽车，并且标出了 60 亿美元的售价，约合人民币 412.4 亿元。吉利控股并购沃尔沃汽车主要进程见表 10-6 所示。

2010 年 8 月 2 日，吉利控股与福特汽车在伦敦签署交割协议，正式完成并购沃尔沃汽车。最终并购金额为 15 亿美元，其中 13 亿美元现金支付，并开具 2 亿美元的票据。

表 10-6　　　　　　　吉利控股并购沃尔沃汽车主要进程

时间	过程
2008 年 12 月	福特汽车宣布出售沃尔沃汽车
2009 年 3 月	吉利控股递交第一轮标书，吉利控股收到国家发改委的排他性支持信函
2009 年 4 月~7 月	福特汽车项目组正式向吉利控股开放数据库，吉利控股项目组进驻沃尔沃汽车，对沃尔沃汽车进行尽职调查
2009 年 7 月	吉利控股完成尽职调查，并向福特汽车提交第二轮标书
2009 年 10 月	福特汽车宣布吉利控股为沃尔沃汽车的首席竞购方

续表

时间	过 程
2009年12月	吉利控股就收购沃尔沃汽车商业条款与福特汽车达成一致
2010年3月	吉利控股与福特汽车签署最终并购协议，确定吉利控股通过特殊目的公司出资18亿美元收购后者旗下沃尔沃汽车100%股权及相关资产（包括知识产权）①
2010年6月~8月	并购交易相继通过美国和欧盟的反垄断审查，并通过中国国家发改委和商务部的审批
2010年8月	吉利控股与福特汽车在伦敦签署交割协议，正式完成并购沃尔沃汽车

(二) 并购方案

1. 并购支付

吉利控股聘请了国际著名的英国投资银行洛希尔集团（LCF Rothschild Group）作为自己的财务顾问。洛希尔集团根据经济周期、股市预期、行业壁垒、沃尔沃汽车的市场份额、收入和利润的增长能力以及并购交易的对价方式、并购方式、融资能力、并购双方的谈判能力等综合判定并购价格区间在15~20亿美元之间。

根据上述评估结果，通过多轮谈判，吉利控股与福特汽车于2010年3月28日签署最终股权收购协议，约定交易价格为18亿美元，其中的2亿美元以票据方式支付，剩余部分则以现金方式支付。

但是，从双方签订股权收购协议到完成资产交割期间，由于当初预算的职工养老金偏高及欧元的贬值②，沃尔沃汽车以欧元计价的资产、工资等大幅降低，吉利借助这样的有利机会，在后期谈判中继续砍价。最终，吉利控股为此次并购开出2亿美元票据并支付13亿美元现金的价格，即总计15亿美元。

2. 并购融资

吉利控股共支付了15亿美元完成了对沃尔沃汽车100%股权和相关资产的收购。除使用自有资金外，吉利控股为本次并购及后续运营的顺利开展还采用了权益融资、债务融资、卖方融资等多种融资方式，融资渠道多样，融资手段丰富，可谓是全过程、多渠道融资，如表10-7所示。

(1) 并购前融资准备。

①上市公司融资。作为并购战略的一部分，吉利控股在正式成为优先竞购方之前就开始进行融资准备。2009年9月23日，在财务顾问洛希尔集团的帮助下，吉利汽车与GS Capital Partners VI Fund, L.P（以下简称"GSCP"，高盛集团联营企业）签

---

① 收购的具体内容包括：9个系列产品，3个高新节能产品平台及其发展升级策略，全时四驱轿车及核心零部件技术，2 000多个全球经销商网络、研发人才及其研发体系、商标和品牌，以及重要的供应商体系。

② 根据UBS Investment Bank. Zurich的报价，自收购协议签约（2010年3月28日）至2010年6月中旬，欧元对美元汇率（EURUSD）由1.34元跌至1.22元。

表 10-7　　　　　　　　吉利控股并购沃尔沃汽车融资情况

项目			内容
并购支付融资	内源融资		吉利控股自有资金 41 亿元人民币
	外源融资	债务融资	中国建设银行伦敦分行约 2 亿美元（约 14 亿元人民币）低息贷款
		权益融资	上海嘉尔沃投资 10 亿元人民币（其中，上海嘉定国资经营公司出资 4 亿元人民币、上海嘉定工业区开发公司出资 6 亿元人民币）
			大庆国资经营公司 30 亿元人民币
		卖方融资	福特汽车卖方信贷 2 亿美元（约 14 亿元人民币）
后续融资（运营）			欧洲投资银行、瑞典银行、中国国家开发银行共提供约 15 亿美元的贷款（约 105 亿元人民币）；荷兰国际集团比利时银行（ING Belgium）1.98 亿欧元贷款（约 18 亿元人民币）

资料来源：根据《风云纪：吉利收购沃尔沃全记录》[1] 和网络公开资料[2]整理。

署协议，GSCP 公司认购吉利汽车发行的 18.97 亿港元可转换债券[3]。虽然这次融资的目的不是直接用于并购沃尔沃汽车项目，但却为吉利控股能够拿出 41 亿元人民币资金，保障集团的正常运营提供了关键性帮助。

②政府资金支持[4]。在运作并购沃尔沃汽车资金过程中，吉利控股将融资与国内建厂紧密捆绑。2010 年 1 月底，成都市国资委下属成都工业投资集团有限公司（以下简称"成都工投"）按银行同期基准利率下浮 10% 的利率通过光大银行和渤海银行以信托和银行理财产品方式为吉利控股融资 20 亿元；此后，成都工投又为吉利控股提供责任担保，由国家开发银行和成都银行各为其提供 20 亿元和 10 亿元低息贷款。而作为交换条件，吉利控股于 2010 年 1 月与成都经济技术开发区签署《沃尔沃乘用车成都基地项目协议》[5]，保证国产沃尔沃在成都建立工厂。

（2）并购价款融资。在吉利控股最终支付的 15 亿美元并购对价中，11 亿美元来自吉利控股为本次并购成立的特殊目的公司，2 亿美元来自中国建设银行伦敦分行提

---

[1] 王自亮：《风云纪：吉利收购沃尔沃全记录》，红旗出版社 2011 年版。
[2] 盖世汽车网："沃尔沃比利时工厂获得 2.61 亿美元贷款"，2010 年 12 月 14 日。
[3] 吉利汽车此次融资分为两个部分：一是向 GSCP 发行 18.97 亿港元（约合 2.45 亿美元）的可转换债券。该债券 2014 年到期，并可以在一定条件下按最初换股价每普通股 1.9 港元转股。2012 年 11 月 29 日，GSCP 行使转换权，以每股 1.8583 元港币的转股价获得吉利汽车 470 256 584 股股票；二是向 GSCP 发行 2.995 亿份认股权证，每一份认股权证可以以每股 2.3 港元认购一股吉利汽车普通股。2012 年 11 月 29 日，GSCP 行使认股权证，以每股 1.9 816 元人民币认购吉利汽车 299 526 900 股股票。
[4] "引沃尔沃入川，成都已备资金 20 亿元"，《天府早报》，2010 年 4 月 10 日。
[5] 协议约定，沃尔沃成都基地将新增投资 55.4 亿元人民币，建设沃尔沃乘用车 "一整车、两主机、三中心"项目，包括一个整车厂、一个发动机和一个变速器厂，以及与业务发展相匹配的沃尔沃（西）研究中心、沃尔沃中国西部零部件采购中心和沃尔沃西部销售中心。

供的低息贷款,另有 2 亿美元为福特汽车卖方融资。

①特殊目的公司融资。在并购沃尔沃汽车过程中,吉利控股组建了中国特殊目的公司——上海吉利兆圆国际投资有限公司(以下简称"吉利兆圆",股权结构如图 10－22 所示),并以此为平台开展并购融资工作。

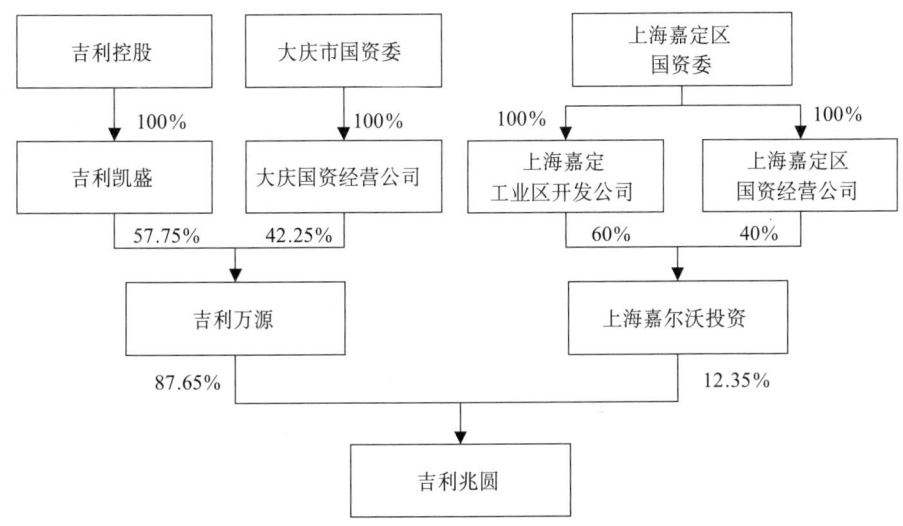

图 10－22　特殊目的公司吉利兆圆股权结构图

这一特殊目的公司由北京吉利万源国际投资有限公司(以下简称"吉利万源")和上海嘉尔沃投资有限公司(以下简称"上海嘉尔沃投资")两大股东组成。其中,股东之一的吉利万源由北京吉利凯盛国际投资有限公司(以下简称"吉利凯盛")投资 2 000 万元人民币设立。其后,吉利凯盛和大庆市国有资产经营有限公司(以下简称"大庆国资经营公司")分别向吉利万源增资①。其中,吉利凯盛由 2 000 万元人民币增至 41 亿元人民币,占注册资本总额比例的 57.75%;大庆市国资经营公司增资 30 亿元人民币,占注册资本总额的 42.25%。同时,吉利控股还与大庆国资经营公司签订了《投资合作协议》,约定了并购后将在大庆建设生产基地,并达成了大庆作为未来吉利和沃尔沃汽车品牌的原材料供应基地的战略合作框架。

另一方股东上海嘉沃尔投资则由上海市嘉定区国有资产经营(集团)有限公司(以下简称"上海嘉定国资经营公司")和上海嘉定工业区开发(集团)有限公司(以下简称"上海嘉定工业区开发公司")分别按 40% 和 60% 比例出资设立,

---

① 2010 年 2 月 7 日,大庆国资经营公司与吉利控股、吉利凯盛签署《股权质押协议》。在该协议中,吉利凯盛自愿向大庆国资提供等值于 30 亿元人民币的吉利万源的股权质押。大庆国资作为质权人将收取质押股权的全部股息、红利及其他任何收益,质押期限是 5 年。

注册资本 10 亿元人民币。为了获得上海市嘉定区①政府的支持，吉利控股与上海嘉定区政府签订了《吉利沃尔沃上海项目框架协议》，协议约定吉利控股并购沃尔沃汽车后，将在上海嘉定区建立沃尔沃中国总部，并在该区设立一个沃尔沃国产工厂②。

至此，在吉利兆圆总注册资金 81 亿元人民币中，具有政府背景的资金支持达 40 亿元人民币。

②福特汽车卖方融资③。按照并购协议，福特汽车将继续在某些业务领域内与沃尔沃汽车进行合作。为确保很好地完成收购中的过渡，福特汽车将继续向沃尔沃汽车不同发展时期提供动力系统、冲压件及其他车辆零部件；在过渡期内福特汽车将向沃尔沃汽车提供工程支持、信息技术及其他特定的服务；按照知识产权协议，双方能推行其各自的业务发展战略，并且确立各自知识产权的合理使用权限。因此，福特汽车也是本次并购的战略联盟方，它向吉利控股提供了 2 亿美元票据的卖方信贷。

（3）后期运营资金融资。并购后整合沃尔沃汽车的营运资本大部分是通过海外银行贷款筹集的。根据吉利控股提交给政府的《融资结构说明》，欧洲投资银行（EIB）、瑞典银行、中国国家开发银行各提供三分之一（约 5 亿美元）的贷款④，作为后期运营资金。此外，荷兰国际集团比利时银行（ING Belgium）向沃尔沃汽车位于比利时的根特（Ghent）汽车工厂⑤提供 5 年期 1.98 亿欧元贷款⑥，用于并购后该工厂的运营。

因此，吉利控股并购融资的特点可归结为全过程、多渠道融资。全过程指并购前、并购中和交割后融资策略；多渠道指内部融资、战略投资者投资、海内外银团贷款、项目基地资金或地方政府注资。

（三）并购整合

收购完成后吉利集团组织架构如图 10-23 所示，沃尔沃汽车与吉利汽车均是吉利控股的下属公司，如何将两公司汽车业务资源进行整合成为了本起并购能否取得成功的关键。为了更好地利用沃尔沃的优势，吉利汽车与沃尔沃汽车于 2010 年 11 月创新性地成立了"沃尔沃——吉利对话与合作委员会"，双方借助这个对话机制在汽车制造、新产品开发、对潜在客户的销售和营销、人才培养等方面实现了充分交流、信息共享。

在管理整合方面，吉利控股会充分尊重欧洲的商业文明，充分尊重沃尔沃汽车优

---

① 上海嘉定区是中国知名的汽车园区，国内知名的大型合资企业上海大众的总部和工厂、上汽自主品牌工厂、F1 赛车场等均坐落于此。
② 协议约定由嘉定工业区出资 10 亿元人民币，并提供 3.36 万平方米建设用地。吉利控股则承诺在该区设立一个总投资 25.76 亿美元、年产能 12 万辆的工厂。
③ "福特发布官方声明，沃尔沃 CEO 期待与吉利合作"，《凤凰网》，2010 年 3 月 29 日。
④ 熊江：《拿下沃尔沃——李书福传奇》，石油工业出版社 2012 年版。
⑤ 比利时根特车厂（Ghent）是沃尔沃在瑞典以外最大的汽车工厂之一。
⑥ 该笔贷款由比利时弗拉芒（Flemish）地区政府做担保。

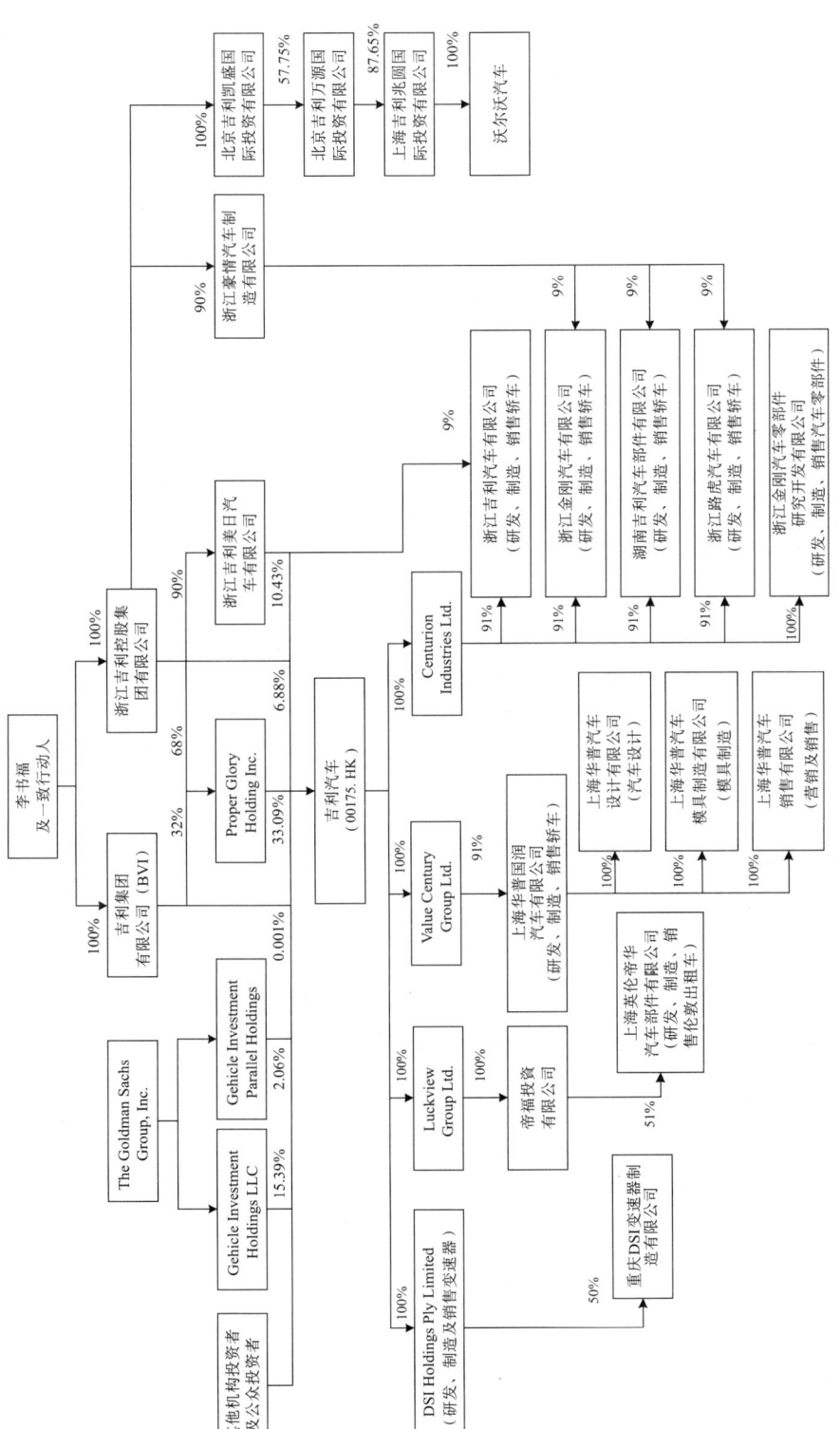

图 10-23　并购完成后吉利集团组织架构图

资料来源：根据吉利汽车 2010 年年报和国家企业信息公示系统公开信息整理。

秀的企业文化①。由于在并购之前，吉利控股下属品牌属于大众化品牌，而沃尔沃汽车属于高端品牌，为降低双方品牌之间的互相干扰，吉利控股采取了"沃人治沃"的管理模式，保持双方品牌和运营的独立性。首先，吉利控股和沃尔沃汽车各自独立运营，保持其原有运营体系。其次，沃尔沃汽车继续保持原来的管理运作模式，延续其注重通过管理层讨论来制定决策的制度。同时，吉利控股尊重沃尔沃汽车原有的人才管理机制，从而保持了沃尔沃汽车生产经营和员工队伍的延续性和稳定性。

基于本次并购的动因，技术整合也是吉利控股重点关注的内容。并购完成后，吉利控股首先在上海建立沃尔沃研发中心，保证新技术的研发；其次在成都和大庆建立生产基地，期望实现沃尔沃的国产化，通过对其技术的融合实现跨越式增长。与此同时，吉利控股还采取浅度整合的方式，通过与沃尔沃签订技术转让协议的方式一边整合一边学习。2012年3月，吉利控股与沃尔沃汽车就沃尔沃汽车向吉利控股旗下公司转让技术达成协议。同年10月，吉利控股与沃尔沃汽车就GMC（中级车型）平台的升级、车内空气质量和GX7车型安全领域签订了3项具体协议。吉利控股逐渐使用沃尔沃汽车授权的先进技术提升吉利汽车的品质、丰富产品系列。

吉利汽车与沃尔沃汽车的合作已取得了一定的成效（详见第三节），未来吉利汽车还将在此基础上在共同开发、共享前沿技术和联合采购等方面同沃尔沃汽车展开更加深入而广泛的合作②。2017年7月20日，吉利汽车宣布与沃尔沃汽车签订备忘录，双方将成立合资公司，通过相互授权的方式，实现整车架构技术、高效清洁动力总成等领域的前沿技术共享与零部件联合采购，由此产生的协同及规模效应将推动吉利控股旗下吉利、沃尔沃、领克品牌的发展进入全新阶段。

三、并购绩效评价

（一）媒体及专家评价

对于吉利控股并购沃尔沃汽车，有业内人士分析认为，吉利收购沃尔沃汽车有助于迅速提升吉利的品牌价值，有利于吉利借助沃尔沃汽车打入欧洲市场。但也有专家持谨慎乐观态度，认为吉利控股在收购后会面临诸如如何整合沃尔沃汽车核心技术，如何使沃尔沃汽车高效运转等挑战。

国家信息中心资源开发部主任徐长明认为，这是首次中国的自主品牌车企全方位收购海外品牌，无疑对中国的自主品牌有一个正面的刺激。对于吉利而言，这将有助于其迅速提升吉利的品牌价值，可以迅速扩大规模，有利于吉利借助沃尔沃汽车打入欧洲市场③。中国首位研究汽车产业的应用经济学博士乔梁表示："从资本市场来看，

---

① 李书福："吉利收购沃尔沃是个案，不可复制"，《新华网》，2011年3月9日。
② 吉利控股董事长李书福表示："吉利控股内部的协同合作正在进入一个全新的阶段。通过共同开发、共享前沿技术和联合采购，公司旗下各品牌将在保持独特定位和差异化配置的前提下更好地实现规模效应，并按照各自的标准和特色满足不同细分市场用户的需求。
③ 徐长明："中国车企抓住了金融危机的机会"，《搜狐网》，2010年3月28日。

此次收购对于吉利来说是一个积极的信号。过去大家对吉利的印象就是低端、不够安全，此次如果能够成功地吸收沃尔沃汽车的核心技术，将它的技术、产品、市场全部转化为自己的东西，将重塑吉利在大众心中的地位和形象。"①

也有不少媒体和专家表达了他们的担忧，关注的焦点是"一个仅有12年汽车制造历史的中国民营企业并购后能否经营好沃尔沃汽车这样具有82年汽车制造历史的世界级品牌？"具体而言，媒体和行业专家的担忧聚焦于吉利控股是否有充足资金完成整合以及能否顺利整合沃尔沃汽车的技术。

对于资金问题，《经济观察报》认为"按照每年约10亿美元的投入，计划中李书福至少还需要向沃尔沃汽车投入30亿美元。在3～5年内，沃尔沃汽车如果不能由输血实现造血，就意味着吉利将背上一个沉重的包袱"②。多数咨询机构也对该起并购表达了相同的忧虑，野村综研③上海咨询公司分析师李大光表示，即使现阶段融资（指并购支付融资）完成，吉利控股仍然将面临维持沃尔沃汽车运营的资金压力。关于技术整合问题，HIS Global Insight④的分析师曾志凌曾表示，如果吉利未能拿到福特汽车的平台技术，那么此次收购意义不大。

（二）基于动因的并购绩效分析

1. 海外市场占有率

吉利控股并购沃尔沃汽车的动因之一就是预期通过沃尔沃汽车的市场地位和渠道优势，积极增加出口比例，扩大旗下自主品牌（主要是吉利汽车旗下品牌）的海外市场占有率。并购后的第一年（2011年），虽然吉利汽车销售量增幅仅为1%，但是销售量中9.39%为外销车辆，该指标较上一年增长约90%。2012年和2013年，吉利汽车销量增长势头强劲，出口汽车增幅更为明显，这从一个侧面体现了并购沃尔沃汽车随吉利汽车自身品牌的海外销售起到了一定作用。2014年后，由于主要出口国家政治经济环境恶化导致销量放缓，吉利汽车的出口量不断下降，甚至回到并购前的水平。可见，吉利控股是否能充分利用沃尔沃汽车的渠道促进自身品牌汽车销售还有待时间进一步验证。如图10-24所示。

2. 技术提升

吉利控股收购沃尔沃汽车的动机除获取市场外，还有希望吉利汽车能顺利整合沃尔沃汽车的核心技术。借助CEVT（China-Euro Vehicle Technology AB）⑤作为合作平台，吉利汽车开始了与沃尔沃汽车的技术合作。目前，CEVT的首要任务是为未来的C级轿车开发新一代模块化架构及相关部件，以满足沃尔沃汽车及吉利汽车双方

---

① "吉利并购沃尔沃的深层次解读"，《新华网》，2010年3月29日。
② "李书福与沃尔沃的分歧与妥协"，《经济观察报》，2010年11月26日。
③ 野村综合研究所（简称NRI）是日本著名的研究机构。
④ IHS Global Insight 为全球最大的经济和金融分析机构之一。
⑤ CEVT（China-Euro Vehicle Technology AB）隶属于吉利控股，是一家独立的研发中心，位于瑞典哥德堡，于2013年9月正式成立，截至2016年12月31日拥有约800名雇员及约1100名顾问。

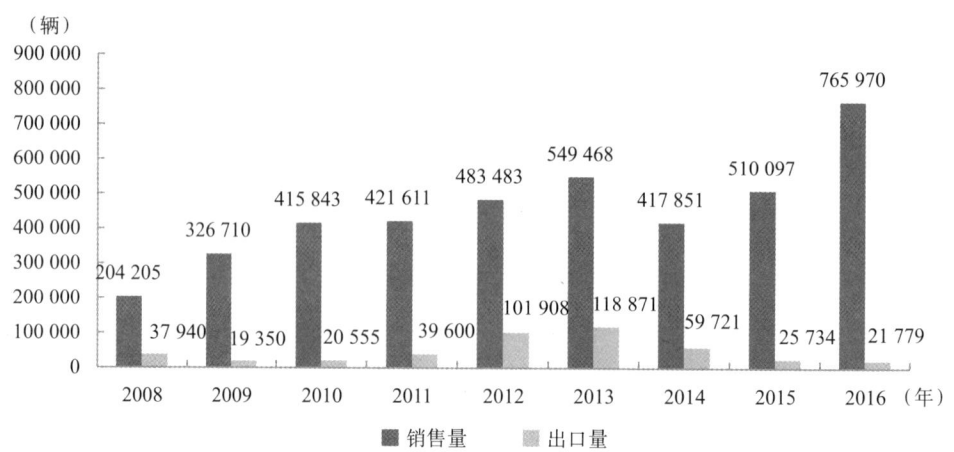

图 10-24 2008~2016 年吉利汽车销售量与出口量变化趋势

资料来源：《2008~2016 年吉利汽车年报》。

今后发展的需求。

实际上，通过与沃尔沃汽车的技术合作，吉利汽车提升了自主研发实力和能力。吉利汽车自主开发的吉利熊猫、帝豪 EC7/EC8、英伦 SC515 先后获得 C-NCAP 五星安全评价，全球鹰 GX7 获得 C-NCAP "超五星"安全评价；自主开发的 4G18CVVT 发动机，升功率①达到 57.2kw，达到"世界先进，中国领先"的水平；自主开发生产的 Z 系列自动变速器，填补了自主品牌生产自动变速器的空白，荣获中国汽车工业科技进步一等奖。从以上吉利汽车在并购完成后取得的研发成果可以看出，通过与沃尔沃汽车的技术合作，吉利汽车成功地引进吸收沃尔沃汽车在安全配置、环保科技等方面的技术优势，并运用到吉利汽车旗下自主品牌车型生产中。

四、总结与思考

通过收购沃尔沃汽车，吉利控股提高了企业知名度，为以后的国际化战略的落实打下基础。同时，该起并购也为我国企业实施跨境并购提供了很多有意义的借鉴。

（一）长期关注，把握并购时机

2002 年，在吉利集团的内部会议上，董事长李书福首次提出了收购沃尔沃汽车的想法，只是当时吉利集团的整体实力还非常弱，尚不具备实现这一想法的实力。但是，吉利集团一直保持着对沃尔沃汽车的关注。2007 年沃尔沃汽车原股东福特汽车"一个福特"战略的提出以及随后金融危机的爆发给吉利控股提供了绝佳的收购机

---

① 升功率是从发动机有效功率的角度对气缸工作容积的利用率做出的总评价。升功率的值越大，发动机的强化程度越高，发出一定有效功率的发动机尺寸越小。因此，升功率是评定一台发动机整机动力性能和强化程度的重要指标之一。

会。吉利控股迅速反应，成功地完成了该起并购。

（二）借力政府，丰富融资渠道

企业跨境并购往往需要耗费庞大的并购资金，而并购一个世界品牌对资金规模的要求更高，随着我国企业跨境并购规模和数量的不断增加，仅凭传统的并购融资方式已经不能满足企业的资金需求。本案例中吉利控股并购沃尔沃汽车的融资是多渠道、全过程的，其中，最重要融资来源是地方政府。吉利控股巧妙地将并购融资与国内生产基地建设紧密捆绑在一起，利用政府对沃尔沃汽车未来成功的预期获取了大庆、上海嘉定区、成都等多个地方政府的融资支持，一定程度上缓解了吉利的融资压力及并购后持续经营的资金压力。

（三）专业团队，并购成功保障

为了并购顺利实施，吉利控股董事长李书福在并购准备阶段就专门组建了负责吉利收购沃尔沃汽车交易的 200 多人全职专业团队。该团队以李书福为首，骨干人员中不乏懂产业、懂市场、懂管理的汽车行业巨擘和拥有丰富并购战略执行操作经验的投行及其他中介机构专业人士。其中，原华泰汽车总裁，曾主持过 JEEP 大切诺基、三菱欧蓝德等七款车型的引进和国产化工作的童志远，原菲亚特集团动力科技中国区总裁沈晖，国际并购专家、长期在英国 BP 伦敦总部负责重大并购项目的袁小林，在汽车产业界颇具声望的罗斯柴尔德银行大中华区总裁俞丽萍等都加入到了该团队中。

此外，著名汽车咨询公司洛希尔集团、富尔德律师事务所、德勤财务咨询服务有限公司、博然思维集团等中介机构在并购中也发挥了重要作用。其中，洛希尔集团作为并购项目的财务顾问，负责项目对福特汽车公司的总体协调，并对沃尔沃汽车资产进行估值分析；富尔德律师事务所负责并购项目包括法律尽职调查在内的所有法律事务；德勤财务咨询服务有限公司负责金融财务方面的尽职调查等并购项目的财务咨询；博然思维集团作为项目的公关顾问，负责项目的总体公关策划、媒体战略制定和实施。正是因为吉利控股组建了如此专业的团队，才使得这一并购活动得以顺利进行。

案例四　买壳进行产业整合：均胜集团收购德国普瑞

【案例简介】

2011年3月4日，均胜集团以16亿元人民币取得了德国普瑞100%的股权。此次并购中均胜集团巧妙地安排了交易结构，首先于2010年8月取得ST辽源得亨的实际控制权，并于次年3月取得了德国普瑞100%的股权，紧接着旗下均胜电子于4月借壳ST辽源得亨上市，随后，均胜集团于2012年3月将德国普瑞的相关资产全部注入均胜电子中并于同年完成股权变更登记，使德国普瑞成为上市公司均胜电子的全资子公司。

本次交易过程最大的亮点就是均胜集团通过买壳进行产业整合，将海外收购资产注入事先买好的壳公司中，实现优质资产的快速上市，加快了产业整合的进程。

一、并购发起

（一）并购双方的基本情况

1. 买方简介

宁波均胜投资集团有限公司（简称"均胜集团"）是注册在浙江省宁波市国家高新区的有限责任公司，主要从事汽车电子零部件制造、房地产开发、项目投资及管理等，连续多年被评为宁波市高新区重点骨干企业和纳税突出贡献企业，2009年荣获宁波市政府成长之星工业企业和创新及信息化标杆企业，2010年、2011年被评为宁波市综合百强、制造业百强企业，如表10-8所示。

表10-8　　均胜集团发展历程

年份	发展历程
2004年	王剑峰先生带领团队创办均胜集团，确立公司的发展方向与目标
	宁波均胜汽车零部件有限公司成立，作为高起点自主研发的发展主体
2005年	长春均胜汽车零部件有限公司成立，作为区域性供应链主体
	集团销售收入突破2 000万元人民币
2006年	浙江博声电子有限公司成立，作为拓展汽车电子产业发展主体
	自主研发产品开始批量给大众配套供货
2007年	晋级成为大众的A级供应商，同年成为通用汽车的全球供应商
2008年	宁波均胜汽车零部件有限公司完成股份制改制，更名为宁波均胜汽车电子股份有限公司，为IPO申报作准备
	控股上海华德塑料制品有限公司，拓展产品线，完善区域性供应链布局
	销售收入突破6亿元人民币

续表

年份	发 展 历 程
2009 年	并购上海麟刚汽车后视镜有限公司，扩张并整合国内产品系，在国内对资源进行优化配置和技术升级
	进行股权整理，开始 IPO 辅导
	产品研发及生产技术与业内同质化竞争无法规避，开始将目光投向海外市场，获取成熟技术与广阔市场，开始寻找海外符合公司发展战略的并购标的
2010 年	均胜集团与德国普瑞合作，成立宁波普瑞均胜汽车电子有限公司，为跨国并购与拓展汽车电子业务做准备
	均胜集团参与辽源得亨（600699）破产重整，受让其他股东让渡的 21.83% 股权，成为其第一大股东
	集团销售收入突破 10 亿元人民币
2011 年	3 月，均胜集团收购德国普瑞控股 75% 股权，间接持有德国普瑞 94.1% 的股权成为宁波市当时最大的一宗海外并购案，也被誉为"中德汽车零部件并购第一案"。这一并购案也被《浙商》杂志评为"2011 中国民企海外并购十大案例"之一
	5 月，均胜集团主导完成对辽源得亨的并购重组，均胜电子得以借壳上市，登陆资本市场，为进一步国际化和产业升级奠定良好基础
2012 年	3 月，均胜电子收购德国普瑞控股剩余 25% 股权，并通过增发方式将德国普瑞收入囊中。此次增发被媒体称为"首单采用增发方式，向国内上市公司注入海外资产，开另类国际板先河"，成为国内汽车电子领军者
2013 年	均胜集团成立汽车电子事业部与汽车功能件事业部，实施并购后的全球资源整合，成为国内汽车电子领军者
	集团销售收入突破 60 亿元人民币
2014～2016 年	一系列海外并购，努力发展成为全球汽车零部件行业中的巨人级企业

2. 标的简介

德国普瑞（Preh GmbH）是一家以研发、生产及销售精细机电、电气产品及电气技术的公司，于 2003 年 5 月 28 日在法兰克福本地法院商业登记处登记，注册资本是 1 000 万欧元。其前身是 1919 年成立的普瑞工厂（Preh-Werke GmbH & Co KG），之后经历数次股权变革，于 2004 年被德国普瑞吸收合并。并购当时德国普瑞的控股股东是德国普瑞控股[①]（原名 DBP-Beteiligungs GmbH，现已更名为 Preh Holding GmbH），持有其 94.90% 的股份。此股权系德国普瑞控股于 2005 年从其控股股东 DBAG（Deutsche Beteiligungs AG，德国一家从事股权投资的基金公司）手中购买所得。

---

① 德国普瑞控股为控股型公司，除了持有德国普瑞的股权外，德国普瑞控股没有直接从事生产经营。

德国普瑞的客户几乎涵盖了全球所有的高端车型生产厂商，作为世界领先的汽车电子部件产品供应商之一，德国普瑞在德国、葡萄牙、罗马尼亚、墨西哥、美国、中国宁波拥有六处制造及销售基地，员工总数超过 2 500 人。德国普瑞在多年经营过程中，顺应汽车行业的发展趋势，始终将技术开发作为企业生存发展的核心要素，持续不断地加大研发投入，近些年德国普瑞研发的年投入占年销售收入比率平均为 8% 左右。拥有超过 500 人的庞大研发团队，建立了完善的研发机构，形成了专业高效的研发流程，注册专利约 200 项，掌握了多项核心技术。德国普瑞始终坚持产品实现过程的垂直整合，研发、制造过程均自主完成，保证了公司拥有领先的技术创新能力、研发和生产的核心技术、面对客户需求的快速反应能力以及杰出的成本控制能力。另外，德国普瑞还设有预研部门专门从事新技术的研究和创新产品的设计，并积极与整车厂客户展开创新合作，共同推进和领导技术更新换代。德国普瑞自主研发的宝马 I-Drive 和奥迪 MMI 等明星产品引领了行业的创新发展，成为业界竞相模仿的对象。

2008 年全球金融危机之后，2009~2010 年德国汽车制造业发展前景低迷，控股的母公司 DBAG 有意出售德国普瑞控股所持有的汽车零配件制造业务。

（二）并购动因分析

1. 技术转型的需求

2008 年前后，均胜集团发现周围汽车零部件厂商林立，竞争激烈，尽管均胜集团旗下的汽车零部件公司投入了大笔资金进行研发，但汽车功能件终究属于技术含量低的领域，大批厂商会通过模仿，很快尾随而至。另外，均胜集团的汽车电子零部件业务受制于汽车电子行业采购体系稳定、质量体系认证、工艺过程审核和产品认证过程复杂且耗时等行业竞争壁垒，在汽车电子零部件市场一直没有取得突破性进展。中国汽车电子 2 000 多亿元人民币的市场，长期以来基本被十余家国外汽车电子大鳄瓜分垄断，民族企业几乎没有汽车电子的核心产品。这种情形下，均胜集团的汽车零部件业务想要脱颖而出，必须将其生产销售转移到高附加值的产品上，这就需要借助技术的转型与创新。于是，均胜集团将寻求突破的目光投向海外，探索性地走上了一条与多数公司不同的成长路径，而德国普瑞正好满足这个要求，其拥有着雄厚的研发和技术实力。一旦均胜集团成功收购德国普瑞，这些技术将帮助均胜集团的汽车零部件业务突破技术壁垒，实现产品升级换代，提高盈利能力。

2. 市场获取的需求

均胜集团收购普瑞将推动引进德国普瑞已有产品和技术在中国的生产、销售，抢占国内市场份额。并购前，德国普瑞拥有稳定的海外销售渠道和涵盖全球所有的高端车型生产厂商的客户群体，是均胜集团打开国门走向世界，获取海外市场最为便利的通道。另外，均胜集团可以在德国普瑞原有的欧美市场采取更为积极的措施，进一步加强和现有客户如宝马、大众、福特和通用等的业务关系，提升销售份额，同时争取在目前业务量有待提高的客户如戴姆勒、标致雪铁龙和菲亚特等方面有较大的销售增长，确保公司在欧美市场销售稳健增长。

(三) 并购能力评估

均胜集团在收购德国普瑞时的并购能力状态呈现如表 10-9 所示。

表 10-9　　　　　　　均胜集团收购德国普瑞并购能力分析

一级要素	二级要素	举例
战略要素	战略资源	公司总体战略明确要加快国际化步伐,特别是汽车电子产品。全球采购、全球销售、全球技术、全球服务是公司全球化发展战略的重要方面
资源要素	人力资源	2009 年,在两家企业初步意向沟通之后,并购程序正式启动时均胜便建立了一个完备的并购团队。包括丰富产业运营及企业管理经验的管理团队及包括投资银行、律师、会计师、公关公司在内的中介服务团队
资源要素	财务资源	公司经过五年的良性发展,已经有了一定的资本积累,同时由于公司出色的业绩表现和一贯的诚信记录,已与多家银行建立紧密的战略合作关系,特别是完成借壳上市后,公司原有资产的证券化为下一步的资本运作奠定了坚实的基础
资源要素	无形资源	公司依照国际化公司的目标和要求建立了均胜集团独特而又包容的风格和文化。各子公司宣传、营造、倡导统一的均胜文化,执行相同的体系标准,积极打造均胜品牌,树立充满魅力、富有活力的国际化公司形象
公共关系要素	国际公共关系能力	公司与主要客户上海大众、一汽大众、上海通用、北美通用等建立了紧密的合作关系,部分零部件产品已由本公司独家供货。上述客户约占国内轿车市场 60% 以上的市场份额,是国内综合实力最强的轿车生产企业,在品牌、技术研发、市场认可度、盈利能力等方面都有较强竞争优势
公共关系要素	谈判能力	均胜集团的诚心成为打动德国普瑞的非常重要的部分。自得知德国普瑞公司股权的出售消息后,均胜集团便与德国普瑞开展了密切的交流。并邀请德国普瑞进行实地考察,均胜集团的管理层通过举例新工业园的战略规划的实现和华德的成功并购,奠定了双方合作的互信基础

二、并购过程

(一) 并购交易进程

均胜集团并购德国普瑞并非一蹴而就,而是基于双方之前的多次沟通,因而其交易初始时间可追溯至 2007 年,直至 2012 年 12 月 14 日结束。同时,该案例的特点之一是并购与买壳上市交织在一起,交易全过程整理如表 10-10 所示。

(二) 交易结构设计

均胜集团并购德国普瑞的过程主要包括两个阶段:

第一阶段:均胜电子母公司均胜集团以自有资金和银行贷款收购德国普瑞控股及德国普瑞,如图 10-25 所示。

表 10-10　　　　　　　　　均胜集团收购德国普瑞交易过程

时间	进程
2007 年	均胜集团与德国普瑞对合资进行初次洽谈失败，但建立双方互访习惯
2008 年	德国普瑞陷入金融危机，控股普瑞的基金公司 DBAG 退出期将至，均胜集团抓住机会进行多轮洽谈
2010 年 8 月 10 日	均胜集团筹划上市事宜，恰逢得亨股份破产重整，受让 ST 辽源得亨公司实际控制人辽源市财政局及其他股东让渡的共计 40 548 463 股份，占比达到 21.83%，成为其第一大股东
2011 年 3 月 4 日	均胜集团以自有资金及银行贷款共计 16 亿人民币受让德国普瑞控股七名股东持有的德国普瑞控股合计 74.90% 股权以及可转让给均胜集团及其关联公司的另外 25.10% 股权的购买期权，另外还购买了德国普瑞除德国普瑞控股持有股份以外的 5.10% 股权，从而控制了德国普瑞 100% 的股权
2011 年 5 月 9 日	均胜集团通过购买辽源得亨定向增发发行的股票将均胜电子 75% 股权、华德塑料 82.3% 股权、华德奔源 100% 股权及长春均胜 100% 股权等优质资产注入上市公司，获得辽源得亨发行后总股本 52.63% 的股份，成为辽源得亨的实际控制人，并承诺三年内将收购的海外资产注入上市公司
2011 年 6 月 27 日	均胜集团收购德国普瑞控股 74.90% 的股权以及德国普瑞 5.1% 的股权完成交割手续，并签署托管协议将德国普瑞交与上市公司托管
2012 年 3 月 16 日	辽源得亨更名为均胜电子
2012 年 3 月 29 日	均胜电子公布非公开发行方案，以 7.82 元每股的价格向均胜集团非公开发行 18 700 万股的股份取得德国普瑞控股 74.90% 的股权，并向其他股东支付 5 974.36 万欧元获取了剩余 25.10% 的股权，至此，均胜电子持有德国普瑞控股 100% 的股权，并直接和间接持有德国普瑞 100% 股权。至此，德国普瑞控股及德国普瑞资产顺利注入上市公司
2012 年 12 月 14 日	德国普瑞和德国普瑞控股均办理完成相关股权的变更登记，德国普瑞控股和德国普瑞成为上市公司均胜电子的全资子公司

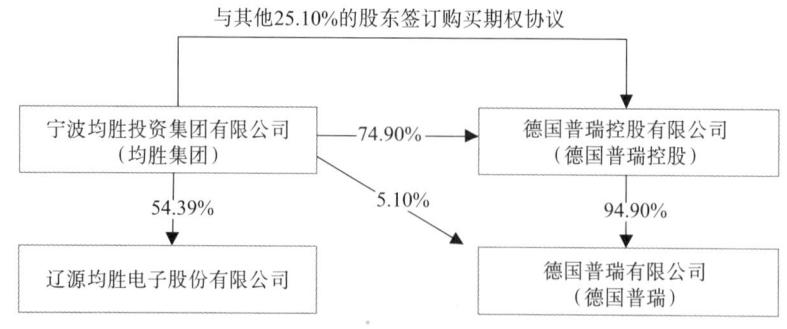

图 10-25　均胜电子并购德国普瑞交易第一阶段

注：此时均胜电子暂未上市。

2011年3月4日,均胜集团与德国普瑞控股的全体七名股东以及持有德国普瑞5.10%股权的股东 PM Beteiligungs GmbH & Co. KG 签署股权转让协议(share purchase agreement relating to the acquisition of Preh Group,以下简称"SPA"),受让德国普瑞控股的七名股东向其转让的德国普瑞控股合计74.90%的股权以及由 PM Beteiligungs GmbH & Co. KG 向其转让的德国普瑞5.10%的股权,收购价格合计确定为12 066.67万欧元,并取得可转让给均胜集团及其关联公司的德国普瑞控股另外25.10%股权的购买期权,以上均由均胜集团通过自有资金和银行贷款融资完成支付。

本阶段方案实施完成后,均胜集团直接持有德国普瑞5.10%的股权,通过持有德国普瑞控股74.90%的股权间接持有德国普瑞71.08%(74.90%×94.90% = 71.08%)的股权。

第二阶段:均胜电子以非公开发行的股份及募集的配套资金收购德国普瑞控股及德国普瑞100%股权,将资产注入上市公司,如图10-26所示。

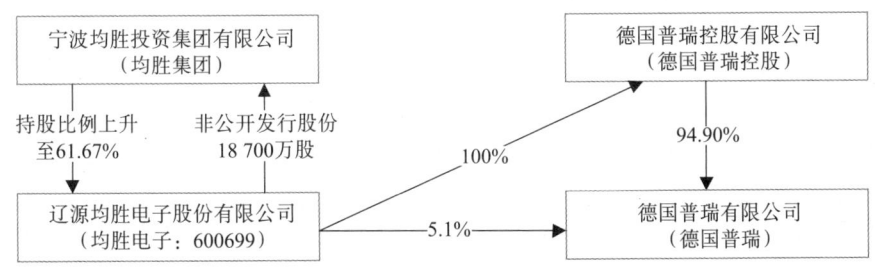

图10-26 均胜电子并购德国普瑞交易第二阶段

均胜电子向均胜集团发行股份购买其所持有的德国普瑞控股74.90%的股权及德国普瑞5.10%的股权,交易价格分别为16 716.32万欧元和1 176.11万欧元(根据2011年12月31日银行间外汇市场人民币汇率中间价,分别折算为人民币136 447万元和人民币9 600万元,合计为人民币146 047万元)。按照向均胜集团发行股份的发行价格7.81元/股计算,向均胜集团定向发行股份数量为18 700万股。同时,以8.53元/股的价格向特定的合格投资者发行5 710万股股份募集配套资金以收购德国普瑞控股另外25.10%的股权。

同时,均胜集团将取得的对德国普瑞控股另外25.10%的购买期权转让与均胜电子。依据相关协议的约定和交易各方协商,德国普瑞控股25.10%股权的交易价格最终确定为6 439.52万欧元,其中,均胜电子支付5 974.36万欧元,剩余465.16万欧元由均胜集团补足。

至此,本次收购圆满结束,均胜电子公司持有德国普瑞控股和德国普瑞100%的股权。均胜集团顺利将海外优质资产注入上市公司,推动上市公司的快速发展。

(三)企业价值评估

2011年3月4日均胜集团收购德国普瑞控股74.90%的股权及德国普瑞5.10%的股权,交易价格为12 066.67万欧元;2012年均胜电子从大股东均胜集团手中收购这两部分股权交易价格却达到17 892.43万欧元,短短一年之内,交易价格相差近6 000万欧元。这其中是否存在大股东侵害上市公司利益的问题?本案例通过对比普瑞控股另外25.10%股权的购买期权行使价格分析其合理性,如表10-11所示。

表10-11　　　　　　均胜电子收购德国普瑞交易价格合理性

项目	2011年12月31日净资产账面价值（万欧元）	2011年12月31日资产基础法评估值（万欧元）	评估增值率（%）	均胜电子交易价格（万欧元）	交易溢价率（%）
德国普瑞控股74.9%股权	5 165.44	17 827.87	245.14	16 716.32	223.62
德国普瑞5.1%股权	475.40	1 260.86	165.22	1 176.11	147.39
合计	5 640.84	19 088.73	238.40	17 892.43	217.19
德国普瑞控股25.10%股权	1 731.00	5 974.36	245.14	6 439.52	272.01

注:交易溢价率 =（交易价格 - 对应股权所占的净资产账面价值的份额）/对应股权所占的净资产账面价值的份额。

从上述表格可以看出,德国普瑞控股25.10%股权的成交价溢价率为272.01%,而相比德国普瑞控股74.90%的股权及德国普瑞5.10%的股权的交易溢价仅为217.19%来看,并未存在价格偏高的情况,因此交易价格仍然处于合理范围内。

产生价格差异的原因主要为以下两点:一是受2008年国际金融危机影响,2009~2010年德国汽车制造业景气度有所下降,因此2009~2010年德国普瑞业绩受到部分负面影响,从而使得均胜集团能够在交易第一阶段中较低的价格获取德国普瑞控股74.90%股权以及德国普瑞5.10%股权。二是在宏观经济不断恢复的交易背景下,德国普瑞经过一年内与均胜合作快速发展,市场与技术的整合,使得企业价值有了很大的提升。因此,均胜电子尽管以超过德国普瑞控股账面价值近两倍的价格获取了其控制权,但该交易价格与评估值相差不大,且还稍低于与第三方的交易溢价,交易价格趋于合理。

（四）并购整合

均胜集团并购德国普瑞这一举措为均胜集团成为汽车零部件行业领头羊打下了坚实的基础,但这么一个庞大的海外资产如何与当前国内市场结合,均胜的产品又如何借助普瑞的优势顺利走上国际市场,仍然需要经历一个长期的整合过程。

1. 市场整合

为迅速完成市场铺设,并购后,由上市公司均胜电子成立汽车功能件事业部,凭借着来自普瑞优质的客户资源,汽车功能件事业部的内外饰业务、功能系统、后视镜业务保持着良好的增长势头,尤其是涡轮增压管业务具备了很好的发展前景。在巩固并积极开拓原有的欧美市场的基础上,还积极发展中国市场,加大国内研发、生产、销售基地的建设,一方面推动引进德国普瑞已有产品和技术在中国的生产、销售,抢占国内市场份额,另一方面通过整合提升国内的研发能力,争取立足中国并向亚洲其他市场辐射。

2. 技术整合

均胜集团通过有效措施,与普瑞高级管理层达成长期服务协议,从而保留了普瑞原有的技术研发团队,消除了客户和员工的顾虑。并购后,均胜集团重点发展先进电子控制单元(ECU),在确保现有的支柱产品技术如空调控制器、驾驶员控制系统等有序发展的同时,推动 ECU 技术、特别是和新能源汽车相关技术的发展,使之在几年内成为公司的支柱产品,促使由技术实现者向技术领导者的角色转换。为迅速将先进技术引入国内,由均胜电子成立均胜普瑞的中国研发中心,参与全球项目开发的同时也开始主导本地项目的进展。在现有研发团队的基础上,2013 年 11 月还组建了均胜新能源汽车研究院,专注于新能源技术的商业化和本地化。

除此之外,均胜集团还组建中国工程中心和研发团队,制定中长期技术研发的发展计划和中德双向培训计划,并得到德国普瑞的全力支持;同时,在国内引进并实施德国先进的项目管理和项目成本控制的方法,为优化均胜总部和均胜国内车间管理机制和管理流程,做出了巨大的贡献。

3. 管理整合

德国普瑞约 60% 的原材料和生产装备是在德国本土采购的,成本居高不下。并购后均胜集团充分发挥国内采购渠道的优势,建立国内的供应链体系,协同普瑞降低了采购成本和制造成本。公司结合德国普瑞成熟的供应商审核、甄选和管理经验,打造和管理以亚洲供应商为主的供应体系,在成本方面提升竞争优势,全面实现国产化目标,提升公司的营运管理能力。同时,吸收消化德国普瑞优异的质量管理经验,将其先进的营运管理模式贯彻延伸到公司旗下其他汽车零部件企业,使公司的营运管理能力达到世界领先水平。

4. 人才资源整合

为保持组织结构的延续性,强调本地化管理,均胜集团与德国普瑞的最高管理层、二级管理层的核心人员、各分公司的总经理和工厂经理达成协议,通过各类激励措施锁定其对公司继续服务的长期承诺。2013 年,均胜电子为进一步保证海外公司利益的一致性,使整合效果最大化,转让全资子公司德国普瑞控股有限公司 1.938% 股权给德国普瑞控股有限公司管理团队,对德国的管理团队进行了股权激励。

跨境并购中文化差异问题是阻碍双方交流的一大难题。均胜集团承认差异性,强调尊重各自文化特点,重视沟通,通过制定和实施有效的企业文化整合计划,实现企业内的无缝融合。在此过程中,公司帮助不同国家的员工识别文化的差异性,提倡相互尊重、理解各自的文化背景,促进团队成员在交流、组织、决策时具备全球化思维和视角,进而形成相互包容,相互信任的企业文化基础。公司还以并购后的新平台为基础，加快引进高端人才的步伐，建立了一支具有国际沟通和管理经验的职业经理团队，并在德国普瑞的帮助下，通过人员交流任职、培训等方式使其能力不断上升，同时将人才培养的经验向公司内其他子公司辐射，从而促进公司管理水平的全面提高。

（五）并购各阶段风险及防范措施

1. 流动性风险及防范

本次交易涉及巨额资金，如果处理不当，将导致均胜集团并购后面临债务过重和到期偿付本息困难的流动性风险。在并购第一阶段中，均胜集团未直接收购普瑞控股100%的股权，而是对剩下25.10%的股权进行了合理的期权安排，并且约定了普瑞控股25.10%股权的转让价格包括固定的购买价格，购买价格的利息以及可变购买价格三部分，其中购买价格利息和可变购买价格与普瑞控股的业绩表现挂钩，从而保障了交易价格的确定性降低了现金支出的压力。同时第二阶段中，通过借壳上市的均胜电子以发行股票的方式将德国普瑞股份收入囊中迅速完成海外资产上市，也避免了上市公司大额资金支出问题，降低了上市公司的流动性风险。

2. 汇率风险及防范

本次交易中涉及的资产评估及合同的履行均将欧元作为主币种，伴随欧元区经济的不稳定及人民币币值变化的影响，会造成交易双方汇率的变动，从而给本次交易带来一定的汇兑风险。同时，由于德国普瑞的参控股子公司分布在多个国家，还涉及除欧元外的多种不同货币，因此，各国汇率变动的不确定性更加剧了跨国并购中的汇率风险。均胜集团收购德国普瑞采用的两阶段交易结构非常巧妙地解决了上市公司承担汇率风险的问题。首先通过集团先行收购德国普瑞控股的股权，再将德国普瑞控股及德国普瑞的股权注入上市公司，上市公司仅承担确定的人民币现金支付责任以及股票发行责任，其交易价格是在一定程度上可控的，也极大地规避了上市公司的汇率风险。

3. 整合风险及防范

德国普瑞具有深厚的企业文化及相对固定的规章制度，且其所处的政治经济环境亦与均胜电子完全不同。因此，均胜集团在收购普瑞之后的磨合问题是并购后面临的首先迫切需要解决的问题。为此，均胜集团积极吸收和借鉴普瑞先进的经营理念和深厚的企业文化，提高自身管理能力。

同时，均胜集团积极与德国普瑞管理层沟通，本着双方战略目标互相契合的前提进行资源整合，为德国普瑞打开了中国市场，提供成本更为优化的生产线，而普瑞提供了自身研发优势和技术实力，也极大地提高了均胜集团的产品档次，通过整合双方产品，渗入对方市场，实现双赢。

三、并购绩效

（一）媒体评价

中国证券报记者马越称，此次跨境并购是继京西重工收购德尔福、吉利收购澳大利亚变速箱企业 DSI、万向集团收购美国 DS 汽车转向轴业务后，我国民营汽车零部件企业再次试水海外并购。由于在汽车电子等高技术含量、高附加值领域，国内企业与国外企业相比还有较大的差距，通过收购德国普瑞，均胜集团可以实现"弯道超车"，在产品研发技术、营运水平、欧美销售渠道等方面获得快速提升，迅速切入国内汽车电子前端市场，提升公司的核心竞争力[①]。

宁波日报记者俞勇均称借力跨国并购，均胜集团顺利切入汽车电子产业链前端市场。过去，公司以风窗洗涤系统、空气管理系统、涡轮增压管道系统等传统汽车零部件为主，尽管不少产品处于国内细分市场第一，但利润率普遍不高。现在，公司研发制造驾驶控制系统、空调控制系统、传感器、电子控制单元 ECU 等核心汽车电子产品，属于汽配领域的高端产品，附加值和利润率都领先国内同行。2011 年下半年以来，在欧美汽车市场普遍不景气的情况下，均胜集团却依然逆风飞扬。来自德国普瑞的最新数据显示，这家由"均胜"控股的企业今年预计销售额达到 4.1 亿欧元，同比增长 10% 以上[②]。

（二）短期市场绩效

2012 年 3 月 29 日均胜电子发布均胜集团将德国普瑞资产注入上市公司的公告《向特定对象发行股份及支付现金购买资产并募集配套资金暨关联交易预案》以及收购德国普瑞剩余全部股权后，12 个交易日内（公告日前 2 个月公司因筹划重大事项停牌），公司股价由 8.27 元人民币一路攀升至 12.33 元人民币，涨幅近 5 成，具体变动幅度如图 10 – 27 所示。

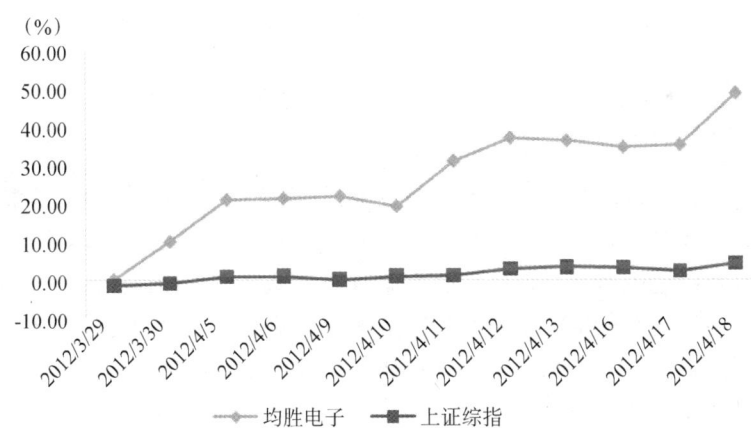

图 10 – 27　德国普瑞注入上市公司后股价变动率[③]与同期上证综指变动率的对比

资料来源：Wind 数据库。

---

① 马越："均胜集团试水海外收购"，《中国证券报》，2011 年 4 月 19 日。
② 俞勇均："借力国际并购完成产品升级　'均胜'打破汽配领域外资垄断"，《宁波日报》，2011 年 12 月 11 日。
③ 以均胜电子复牌前一个交易日 2012 年 3 月 28 日为定价基准日。

(三) 基于并购动因的绩效分析

1. 技术水平及研发能力提高

进入国际化经营阶段之后，为保持和加大领先优势，均胜电子坚持"与主机厂同步研发"的技术发展策略，前瞻性研发投入占销售额的比重逐年递增。以并购后第一年为例，均胜电子投入普瑞的研发费用达 5 000 万欧元，在充分保留普瑞原有研发团队的基础上，海外机构研究人员从 400 多人增至 600 多人，并与美国密歇根大学、德国汉堡大学、上海同济大学等知名高校建立合作项目，为企业发展储备人才。通过不断加大在研发方面的支出，均胜电子原有的汽车电子类产品也借助德国普瑞的研发优势，进行了升级改造，如图 10-28 所示。

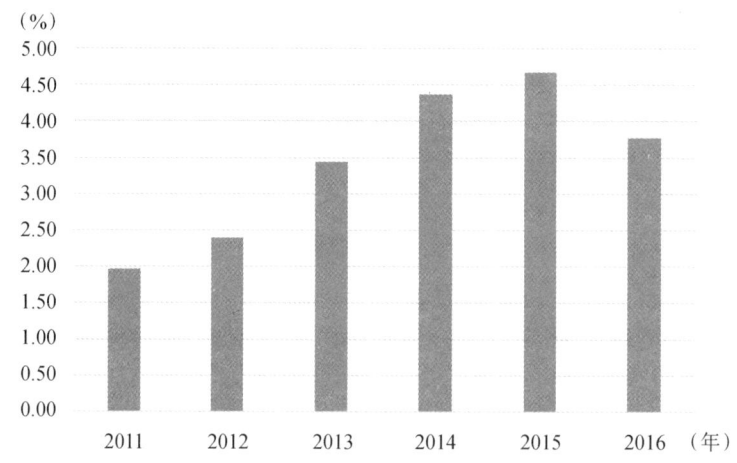

图 10-28 2011~2016 年均胜电子研发费用率①变化趋势

资料来源：均胜电子年报。

此外，通过整合德国普瑞原有的高新技术，均胜电子组建了一支技术精湛、团结合作的高素质技术研发团队，拥有自己的模具加工中心、工装设备设计及制造中心、中心试验室以及研发中心，具备较强的产品研发、模具、工装设计加工能力及产品检测能力，为公司持续发展奠定了扎实的技术实力，并购至今均胜电子技术含量较高的产品盈利能力显著提高，汽车电子类产品和自动化产品的销售毛利水平显著提升，成为企业的明星产品，如图 10-29 所示。

2. 品牌与市场协同效应

均胜电子充分利用与普瑞各自在品牌和市场方面的优势，通过国内外"联动"战略资源整合，取得了显著的品牌和市场协同效应。一方面，通过普瑞的全球顶尖整车厂商客户资源，均胜电子原有的内外饰功能件业务拓展了国际高端市场，提升了品

---

① 研发费用率 = 研发费用/同期主营业务收入总额。2016 年较其他年份有所下降的原因是 2016 年主营业务收入大幅上涨。

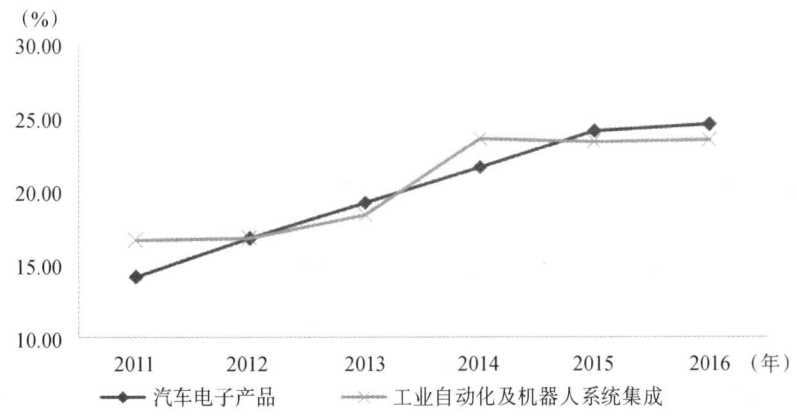

图 10-29　均胜电子技术含量较高产品销售毛利率变化趋势

资料来源：《均胜电子年报》。

牌价值；另一方面，通过均胜电子优质的国内客户资源及核心供应商地位，普瑞产品也在我国及亚洲等地开拓了市场，如图 10-30 所示。

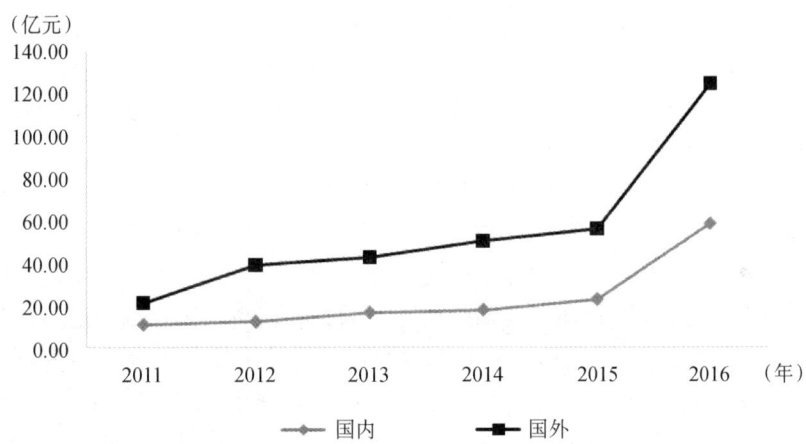

图 10-30　均胜电子国内外市场销售收入①

资料来源：《均胜电子年报》。

并购后，2012 年均胜电子合并主营业务收入增长率高达 61%，之后每年的增长率均保持在 15% 左右。2011～2016 年公司国外市场收入占比均超过 70%，在增长速度上，国外市场营业收入增长率在并购完成当年高达 84.97%，之后每年仍保持 10% 左右的增长速度，同时国内市场的营业收入也一直保持 20% 以上的增长速度。

---

①　2016 年合并主营业务收入大幅增长的原因：报告期内，公司经营状况良好，原有业务（不考虑 KSS 和 PCC 业务并表）实现营收 90.9 亿元人民币，同比增长 13%；并表期间 KSS 和 PCC（2016 年新并购的公司）分别贡献营收 72.9 亿元人民币和 22.5 亿元人民币，使上市公司整体营收增长 129.54%。

四、借鉴及思考

此次并购作为均胜集团早期跨境并购的成功典范，为后续均胜集团并购其他海外公司像德国 IMA、QUIN，美国 EVANA、KSS 以及德国的 TS 道恩等积累了经验，增强了信心，为构建均胜集团的汽车生态圈以及未来产业的创新升级奠定了基础。均胜集团收购德国普瑞这一案例，为我国继续实施跨境并购提供很多有意义的借鉴：

（一）保持清晰的战略定位，准确把握并购时机

均胜集团在早期发展过程中因自身技术创新能力不足，难以与其他竞争者抗衡，但能够很快地意识到自己的不足，并及时寻求了一条适合自己的发展道路，即"走出去，引进来"。"走出去"寻找合适的合作公司，"引进来"全球细分市场领先技术。如此清楚的战略定位得到坚决地贯彻执行，使得均胜集团在发展过程中及时把握住了机会，发现并确定自己的并购目标。在发达经济体疲弱和欧洲债务危机的大背景下，受外部经济环境影响较大，德国普瑞拥有高端的技术并且正在市场上寻找合适的买家，为均胜集团海外并购提供了良好的发展机遇。一方面德国普瑞的产品市场主要集中在欧美地区，配套大众、宝马、通用、福特等主流德系、美系的高端车型，并购后可通过进入中国相关市场配套以及将其技术注入均胜电子的方式，进一步提升均胜集团在国内的销售规模；另一方面，均胜集团的相关零部件也可通过普瑞原有的配套渠道，进一步打开德系、美系整车企业的配套市场空间，提高国外的销售规模。

（二）合理的交易结构安排

均胜集团并购德国普瑞两阶段交易结构设计以及部分股权设置交易过渡期有助于降低并购风险，使得双方的管理、技术、生产运营等方面的交接更加顺畅，保证公司的稳定持续经营。第一阶段，均胜集团通过现金收购德国普瑞控股 74.90% 的股权间接控制德国普瑞，实现了对德国普瑞的实际控制，并取得德国普瑞控股全体外方股东持有的 25.10% 股权的购买期权，同时准备好可以直接上市的壳公司，为下一阶段资产注入做准备。第二阶段，在经过控股整合后再收购剩余股权，将相应资产全部注入上市公司之中，有了前一阶段的缓冲期及最终的完全控股保障，降低了本阶段资产注入的并购风险，既为德国普瑞的优质资产提供了良好的发展平台，又使得双方在并购整合方面进行得更为顺畅，有利于产业整合的快速实现。

目前，我国汽车零部件企业面对日益激烈的市场竞争，并购日益成为企业发展升级、扩充产品线、扩展市场规模、优化市场布局、提升管理水平、技术能力的重要手段之一。相对于传统的自主研发，并购具备研发、工程、生产营运、物流、品牌商誉等支撑的企业可助力收购方快速突破汽车电子行业竞争壁垒，实现企业的跨越式发展。

案例五 从"走出去"到"走上去":海尔系列跨境并购

【案例简介】

海尔集团作为我国家电行业的代表,从 2001 年开始实施国际化战略,近年来进行了一系列跨境并购:2011 年以 5.7 亿元人民币收购日本三洋电机的家电业务;2012 年以 45 亿元人民币收购新西兰斐雪派克电器有限公司;2016 年以 387.92 亿元人民币收购美国通用电气资产等。

顺应不同的产业演进阶段,海尔集团制定了不同的发展战略,跨境并购则是实现其国际化战略的重要手段。通过跨境并购,海尔集团不断提高产品研发能力和全球市场份额,在竞争激烈的全球家电行业实现了逆势增长。

一、并购背景

(一) 买方简介

1. 海尔集团

海尔集团公司(以下简称"海尔集团")前身为青岛电冰箱总厂,1984 年张瑞敏出任总厂厂长后提出了"名牌战略"的思想指导,海尔集团通过技术开发、精细化管理、资本运营以及兼并收购等手段,一步步从一个亏空 147 万元人民币的企业成长为大型跨国企业集团。

海尔集团不断扩展自己的领域,逐渐成为集科研、生产、贸易以及金融等领域于一体的综合性大型企业,其主营业务为白色家用电器,其中包括电冰箱、洗衣机、空调器、展示柜、热水器。除此之外,海尔集团的业务还涉及手机制造、电脑制造、金融保险、物流配送、家居集成、生物工程、饮食服务业及海外工厂。如图 10-31 所示。

根据世界权威市场调查机构欧睿国际发布的 2016 年全球大型家用电器品牌零售量数据显示:海尔大型家用电器 2016 年品牌零售量占全球市场的 10.3%,居全球第一,这是自 2009 年以来海尔第八次蝉联全球第一。其中,冰箱、洗衣机、酒柜、冷柜也分别以大幅度领先第二名的品牌零售量继续蝉联全球第一。

如图 10-32 所示,海尔集团下属公司主要有青岛海尔股份有限公司(以下简称"青岛海尔")、海尔电器集团有限公司(以下简称"海尔电器")、青岛海尔投资发展有限公司、海尔消费金融有限公司和海尔集团财务有限公司等。其中青岛海尔负责产品的设计、研发、制造等;海尔电器负责产品的销售和服务如物流、专卖店、售后服务等;海尔集团财务有限公司为集团企业提供包括存贷款在内的全流程金融服务,以及财务和融资顾问、信用鉴证及相关的咨询;海尔消费金融有限公司作为我国首家由产业发起设立的产融结合消费金融公司,为家庭用户提供包括家装、家居、教育、

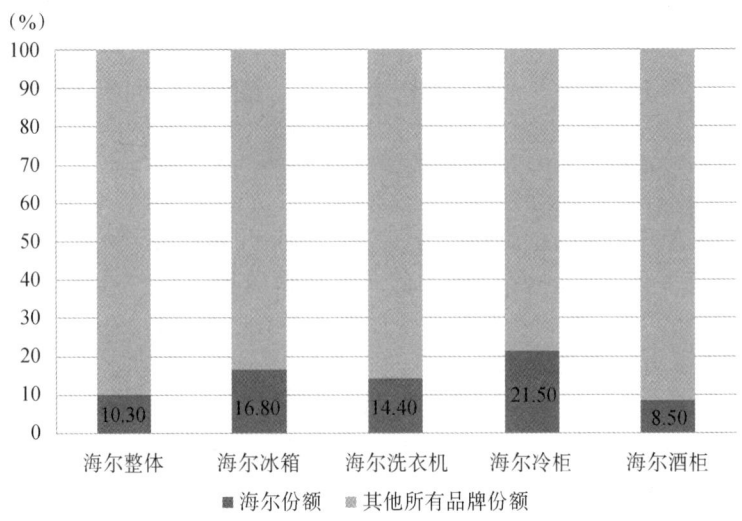

图 10-31 2016 年海尔集团全球市场份额

数据来源：欧睿国际发布的 2016 年全球大型家用电器品牌零售量数据。

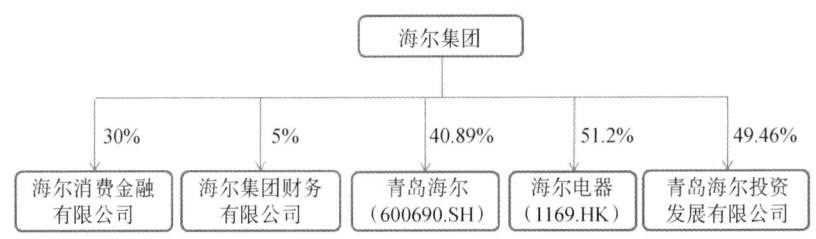

图 10-32 2016 年海尔集团组织架构图

医美、旅行、3C 等在内的综合式金融服务；青岛海尔投资发展有限公司主要为海尔集团内企业提供投资咨询、财务咨询等服务。

截至 2016 年，海尔集团在全球有十大研发中心、21 个工业园、66 个贸易公司、29 个制造基地、19 个海外贸易公司以及 143 330 个销售网点，全球员工超过 8 万人，海尔用户遍布世界 100 多个国家和地区。海尔在全球布局了 10 多个主流品牌：海尔、卡萨帝、日日顺、AQUA、斐雪派克、统帅、DCS、MONOGRAM 等。

2. 青岛海尔

青岛海尔是海尔集团的控股子公司，持股比例为 40.89%，公司于 1993 年 11 月在上交所上市交易。青岛海尔主要从事电冰箱、空调器、电冰柜、洗衣机、热水器、洗碗机、燃气灶等家电及其相关产品生产经营，其财务信息如表 10-12 所示。

（二）产业背景

根据科尼尔产业演进理论，产业演进的过程分为初创、规模化、集聚、平衡和联盟四个阶段，企业所面临的产业环境不同，处于产业演进曲线不同阶段的并购动机也不尽相同。海尔集团为实现其在白色家电行业引领者和规则制定者的目标，也在开放

表 10-12　　　　　　　　　　　青岛海尔财务信息

报表项目	2012 年	2013 年	2014 年	2015 年	2016 年
资产总计（亿元）	496.88	610.16	750.06	759.61	1 312.55
同比增长（%）	—	22.8	22.77	1.27	72.79
营业总收入（亿元）	798.57	864.88	887.75	897.48	1 190.66
同比增长（%）	—	8.3	2.51	1.10	32.59
净利润（亿元）	43.61	55.51	66.92	59.22	66.91
经营活动现金净流量（亿元）	55.19	65.10	70.07	55.80	80.55
关键指标					
ROE（%）	33.78	32.84	27.58	16.22	20.41
ROA（%）	9.75	10.03	9.84	7.85	6.46
销售毛利率（%）	25.24	25.32	27.52	27.96	31.02
销售净利率（%）	5.46	6.42	7.54	6.6	5.62
资产负债率（%）	68.95	67.23	61.18	57.34	71.37

数据来源：青岛海尔公司年报。

的产业环境中积极整合全球资源。

20 世纪 80 年代，我国家电行业处于初创阶段，海尔集团也从电冰箱开始一步步发展起来，在专一做强冰箱之后，开始进行"多点开花"的相关多元化发展战略，其中一个重要的手段就是实施并购。海尔集团从 1991 年起先后兼并了原青岛空调器厂、红星电器公司以及冰柜厂等十多家大中型企业，迅速扩大了市场份额。

随着市场份额的不断扩大，海尔集团顺势而为，于 1997 年兼并了广东顺德洗衣机厂、莱阳电熨斗厂、贵州风华电冰箱厂、合肥黄山电视机厂等十八个企业，实现集团的规模化发展和多元化经营。

随着家电企业的纷纷涌现，行业竞争日益激烈。此阶段我国家电产业已经拥有了巨大的制造能力，逐步形成了一批能主导市场、具有知名品牌和较高营销水平的家用电器企业集团，家电行业正式进入集聚阶段。此时海尔集团选择走出国门，在国外建厂，并建立起相应的设计研发中心和销售中心。海尔集团先后收购日本三洋电机家电业务以及新西兰斐雪派克，在实现全球化品牌战略的同时，来提升自己的核心竞争力，以期在激烈的市场竞争中站稳脚跟，此时的并购主要为了获取核心技术。

到了平衡和联盟阶段，海尔的选择是与世界强手"强强联合"，以此扩大市场份额，孕育新的盈利增长点。例如 2016 年青岛海尔通过并购通用电气旗下家电业务资产帮助海尔高效、迅速地拓展和深入美国家电市场，获取美国家电市场份额，从而进一步助推海尔全球化战略的实施和迈进，提升其在全球家电市场的竞争实力，提高国际市场份额。

(三) 海尔集团发展路径

1. 国际化战略

针对不同的产业演进阶段，海尔集团业也在制定相应的发展战略来适应产业环境的变化。集团先后经历了五个发展阶段：名牌战略发展阶段、多元化战略发展阶段、国际化战略发展阶段、全球化品牌战略发展阶段和网络化战略发展阶段，本案例重点关注海尔集团的国际化战略和后续发展阶段。如图 10-33 所示。

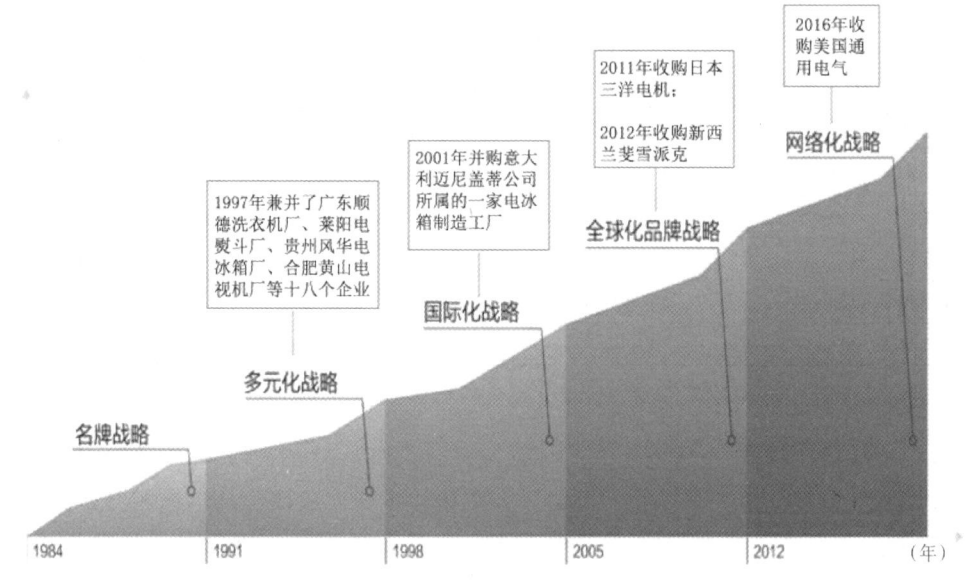

图 10-33　海尔集团战略发展及重大并购事件

在国际化战略阶段，海尔集团抓住了中国加入 WTO 的机遇，以出国创牌而非出口创汇的观念确定定位。为实现这一战略，海尔集团采取了两个举措：1999 年在美国南卡州建立了美国海尔工业园以及 2001 年并购意大利迈尼盖蒂公司所属的一家电冰箱制造工厂。在南卡建厂意味着第一个"三位一体本土化"的海外海尔的成立，即设计中心在洛杉矶、营销中心在纽约、生产中心在南卡州，通过高质量和个性化设计逐渐打开海外市场。并购意大利冰箱工厂也意味着海尔集团在欧洲开始实现了"三位一体"的本土化经营。

而国际化战略的实施并没有给海尔集团的业绩带来突破式增长。以 2004~2009 年为例，海尔集团的销售额由 1 016 亿元人民币增长到 1 243 亿元人民币，年均增幅仅为 4.15%，成长瓶颈非常明显，主要原因包括核心技术的缺失和市场份额的减少。所以海尔集团积极拓展自己的跨境并购之路。

2. 并购动因

（1）获取核心技术、品牌。与国际知名家电企业相比，海尔集团已拥有在劳动力价格和生产效率上的优势，但是在一些核心技术的研发与生产能力上仍落后于其他世界知名品牌。海尔集团一直以来给人的形象是"生产+销售"公司，与其强有力的竞争对手西门子、三星相比，海尔产品多停留在"技术追随者"层面，在国际市场上缺乏领导型产品，缺乏具有开创性意义的技术。同时海尔多年来一直专注于整机制造，工艺制作流程水平也未能达到国际先进行列，因而在产业链的中上游核心零部件领域也需要加大研发力度。

因此海尔集团进行跨境并购，在很大程度上也是为了提升自己的技术水平，获得技术方面的战略资源，弥补技术缺口。例如海尔集团收购三洋在日本和东南亚的业务之后，三洋上游产业链的生产研发优势，包括上游产业链的专利，都被海尔集团收入囊中，海尔集团在日本拥有了两个研发中心和四个制造基地，这样一来弥补了海尔集团在研发技术上的短板，提高了核心技术水平。

（2）开拓国际市场。近年来，家电行业作为我国市场化程度最高的行业之一，早已成为买方市场，行业内竞争已经日趋白热化，竞争加剧的后果是导致利润率迅速降低，而海尔"中国家电老大"的地位也正在受到严重威胁。海尔冰箱、洗衣机在国内市场占有率已经相当高，未来提升空间不大，空调在格力泰山压顶态势下也很难得到提升。根据中怡康的调研数据，2015 年一季度，海尔集团的冰箱、洗衣机、空调占中国市场份额分别是 26.66%、26.5%、12.36%，而 2012 年全年相应的数据是 29.91%、29.88%、13%，几乎可以说是全面下降了。在国内家电市场趋近饱和的状态下，包括海尔集团在内的许多企业都开始致力于开拓海外市场。但若凭借自身能力去占领海外市场，时间成本较高，且失败的可能性也非常大，在这样的情况之下，收购海外企业并凭借其原有的资源与渠道来开拓市场，成为明智的选择。

二、典型并购案例

为了顺应国际化战略，海尔集团近年来实施了一系列跨境并购，其中较为瞩目的当属 2011 年收购日本三洋电机家电业务和 2016 年收购美国通用电气家电业务。

（一）海尔集团并购三洋电机家电业务

1. 卖方简介

三洋电机株式会社（以下简称"三洋电机"）于 1947 年成立，是日本一家拥有 60 多年历史的大型企业集团，总部位于日本大阪，是日本第一家生产销售喷流式电动洗衣机的公司。经过半个多世纪的发展，三洋电机在全球拥有 324 间办公室及工厂与约 10 万名雇员，公司业务范围涉及电池、家用电器、电子产品、信息通讯等众多领域。三洋电机是全球知名的家用电器品牌之一，特别是在高端白电领域，其品牌 AQUA 在过去的几十年里，在日本及东南亚市场所占份额长期居于领先地位。

随着中国、韩国等家电制造商的不断崛起，三洋电机的制造优势和技术优势逐渐丧失，加上错失了转型的最佳时机，三洋电机开始进入连年亏损的状态，最终于 2008 年底被松下株式会社（简称"松下"）收购，成为松下的子公司。截至 2010 年，三洋旗下品牌 AQUA 在日本洗衣机市场上，占有率为 13.4%，总排名第四，虽然在市场中并不是最强的品牌,但是仍有着不小的市场份额。

后来,由于全球经济的不景气以及欧债危机的影响,在日本本国经济疲软的形势下,松下发布了其与三洋电机、松下电工三家公司的重组计划,公司业务被划分为"消费产品""解决方案"和"设备"三个业务领域,但即便如此,松下也同样遭遇到了同业竞争、业务重叠的窘况,最终决定抛售三洋电机的白电业务。

2. 并购过程

海尔集团收购三洋电机的家电业务于2010年提上日程,但是双方早在2002年就成立了合资公司,当时海尔集团主要是利用三洋电机的销售渠道在日本销售家电。2002年2月,海尔集团与三洋电机在大阪成立合资公司"三洋海尔股份公司",其中三洋电机占60%的股份,海尔占40%的股份。之后于2011年海尔集团开始了正式对三洋电机的并购,主要并购过程如表10-13所示。

表10-13　　　　　　　　　　　并购过程一览表

时间	进程
2011年7月	海尔集团和松下就海尔集团意向收购三洋电机在日本、印度尼西亚、马来西亚、菲律宾和越南的洗衣机、冰箱和其他家电业务签署了备忘录
2011年10月	海尔集团与三洋电机于青岛正式签署并购协议,海尔集团以100亿日元正式收购三洋电机的日本、印度尼西亚、马来西亚、菲律宾和越南的白色家电业务
2012年1月	海尔集团与三洋电机进行了首次交割,实现了三洋电机在日本的白电业务转让
2012年3月	双方在新加坡最终完成业务交割,这是双方进行的第二次交割,三洋电机将其在印度尼西亚、马来西亚、菲律宾和越南四国的白电业务转让给海尔集团,为海尔集团收购三洋电机的白电业务正式画上句号

2011年10月18日,海尔集团与三洋电机正式签署并购协议,收购三洋电机多项家电业务,在日本以及东南亚形成两个研发中心、四个制造基地和六个区域的本土化市场营销架构。根据海尔集团与三洋电机签署的并购协议,三洋电机把日本本土包括洗衣机、家用冰箱业务以及东南亚四国的白色家电业务,以及共计九家全资或合资公司股权全部转让给海尔集团。这其中日本四家公司主要开发、生产、销售洗衣机和冰箱;位于越南、印度尼西亚、菲律宾和马来西亚的五家公司主要生产和销售冰箱、洗衣机等家用电器。海尔集团发表声明,上述相关家用冰箱、家用和商用洗衣机的专利、设计和注册商标也将由海尔集团全部获得。海尔集团通过这100亿日元(折合人民币5.7亿元),得到了三洋电机在日本和东南亚的白色家电业务,转让的专利超过1 200项,商标超过50个,涉及员工超过3 000人,其中包括近340名专业人员。

3. 并购风险及防范

此次并购整合阶段涉及中日不同国家企业间的文化及管理的整合风险。例如海尔集团的核心价值观是"创新",强调鼓励个人学习意愿,要求员工"迅速反应"意识。而三洋电机的企业文化具有强烈群体意识,企业文化谨慎、保守,工会及其他员工组织实力强大，注重情感教育。再如在海尔文化中，启用有活力的年轻人是非常重要的，但日本的年功序列制喜欢论资排辈。这两种文化差异较大，在并购整合中难免出现摩擦，造成双方企业的文化冲突。

除此之外，在并购之后还涉及组织结构、人员调整与安置等管理问题。为此海尔集团因地制宜地制定了新的组织结构模式和雇用制度。首先海尔集团结合中日文化，对组织机构进行了创新：让45岁以下的员工来做公司管理，也就是部长级；45岁以上的则作为担当部长，不再主持工作，但有部长的级别。此举旨在给予公司的年轻人才以发展空间和机会，同时给予资历深的老员工以部长级别，也是尊重了日本文化中传统的年功序列和论资排辈的思想。与此同时，海尔集团推出了另一项新的制度——退休人员再雇用制度。这让公司员工感到虽然没有了当部长的机会，但在这个公司工作仍然会受到尊敬，退休以后只要承担相同的目标和责任，仍然可以继续工作，拿到和原先一样的工资，甚至还可以拿到额外的奖金。这些制度一方面安抚了员工情绪，为后续并购整合减小阻力，另一方面也为企业注入了新的活力，有助于进一步发挥并购的协同效应。

4. 并购绩效

（1）媒体券商评价。对于海尔集团收购三洋电机的家电业务，《证券日报》认为："这场收购对海尔而言意义重大。海尔收购的是有技术、有工厂、有团队还有市场的一个体系。这次收购从某种程度上也反映了日本家电企业面临的巨大战略压力，产业的竞争背后是各国货币的竞争，三洋电机家电部分业务出售给海尔正是基于日元升值这一背景下进行的。此举或将推动全球白电进入大规模板块重组期。"

而东兴证券针对海尔集团收购三洋电机的家电业务，认为"此次收购可以有效地帮助海尔拓展在日本和东南亚的市场空间，同时帮助海尔提升研发和制造能力，看好此次收购带给公司的积极影响。"

（2）基于并购动因的长期绩效分析。

①全球营业额。图10-29中汇总了海尔集团2000~2016年期间的全球营业额[①]及增长率，海尔集团的全球营业额一直呈稳步增长的状态，在2016年海尔集团全球营业额实现2 016亿元人民币，同比增长6.8%，净利润实现203亿元人民币，同比增长12.8%，净利润增速是收入增速的1.8倍。以海尔集团并购三洋电机的时间为分界线，纵向分析海尔集团的并购绩效：2007~2011年，海尔集团年均营业额为1 301.8亿元人民币；2012~2016年，海尔集团年均营业额为1 869.2亿元人民币，并购后全球营业额增幅超过43%，涨势明显，如图10-34所示。

②市场份额提升。由表10-14可知，海尔集团的全球市场份额一直呈上升趋势，在并购三洋的当年，海尔集团的全球家电市场份额提升到7.8%，第三次蝉联全球第

---

① 全球营业额指的是海尔集团全球范围内的营业总额，包括海尔国内销售额、海尔品牌出口和海外销售额等。

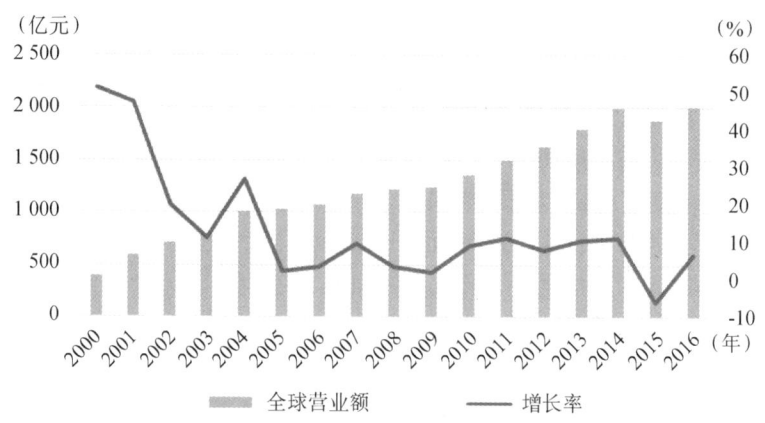

图 10-34　海尔集团 2000~2016 年全球营业额及增长率

数据来源：海尔集团官网。

一。在冰箱、洗衣机和酒柜的市场份额连续蝉联全球第一的同时，冷柜的品牌零售份额也首次成为全球第一。在 2014 年甚至达到 10.2%，市场份额首次突破两位数，第六次蝉联全球第一。

表 10-14　　　　　　　　海尔集团 2009~2014 年市场份额

时间（年）	2009	2010	2011	2012	2013	2014
全球市场份额（%）	5.10	6.10	7.80	8.60	9.70	10.20

海尔集团并购三洋电机的家电业务后，在日本市场实行"海尔"和"三洋"双品牌运营模式，品牌整合效应凸显。据海尔集团发布的数据显示，2012 年其在日本销售额达到 483 亿日元，其中洗衣机日本市场的占有率达到 13%，冰箱达到 11%，均完成了年初制定的 10% 市场占有率的目标。根据全球权威市场研究公司捷孚凯发布的数据可知，截至 2012 年 4 月，海尔集团在日本的两个品牌海尔、AQUA 的合计市场份额已跻进前五行列。

③技术研发。海尔集团在全球范围内以日本、澳洲、美国、欧洲和中国为基地建立了五大研发中心，以五大研发中心为资源结合口，通过兼并、收购、联合等手段整合世界一流的研发资源。并购三洋电机的家电业务后，三洋研发中心也并入海尔集团在日本的研发中心，海尔集团亚洲总部和研发中心正式落户日本，标志着海尔集团五大研发中心体系正式形成。

2012 年以来，海尔集团持续整合旗下三洋电机的优势研发资源和成果，推动产品的高端化和差异化，成功研发出"免清洗"技术和"自适应复式平衡技术"，前者使海尔发布了全球首个免清洗洗衣机标准，填补了行业标准空白；后者则能满足费者对滚筒洗衣机"净""静""智""柔""速"的全部需求。

(二) 青岛海尔并购通用电气家电业务

1. 卖方简介

美国通用电气公司（General Electric Company，以下简称"通用电气"）是一家全球数字化工业企业。通用电气提供的产品和服务范围广阔，涉及发电和水处理、航空、运输、石油天然气、医疗、能源管理、电器与照明等。通用电气在世界范围内雇用了 333 000 名员工，并向全球约 180 个国家的客户提供服务。自 1892 年成立以来，通用电气通过开发新技术和实施兼并收购等途径极大地扩展了它的经营活动范围。公司正积极发展工业互联网，致力于结合数字技术以及在航空、能源、医疗等领域的专业优势，向全球一流的数字化工业企业转型。

2015 年，通用电气正式宣布"通用电气资本退出计划"，计划在两年内通过资产出售来降低其金融板块的规模，仅保留与其工业业务相关的航空、能源以及医疗设备等金融服务。因此出售家电业务也是通用电气战略发展需要的一部分。过去近 10 年里，通用电气曾三次出售家电业务：2008 年，通用电气第一次出售家电业务，海尔曾参与竞标，最终出售未成功；2014 年，通用电气与瑞典公司 Electrolux 达成协议，拟作价 33 亿美元出售通用家电，但交易未能通过美国反垄断审查；2014 年之后，通用电气继续出售家电资产，交易依然采用竞标方式进行，海尔的竞标对手包括三星、美的，最终海尔脱颖而出，竞标成功。

2. 标的简介

本次的交易标的为通用电气所持有的家电业务资产。作为美国通用电气传统起家业务和主要业务部门之一，通用家电技术上传承于发明家托马斯·爱迪生，是全球最大的家用电器制造商之一。作为一个集厨电产品、制冷产品、洗衣产品、洗碗机和家庭护理产品于一体的综合型家用电器制造商，通用电气为消费者提供约 30 种不同类别、数千款不同型号的领先家用电器产品，其业务涵盖冰箱、洗衣机、空调、热水器、厨房电器等多种家电产品，在业内积累了丰富深厚的行业经验、领先的研发水平、强大的战略营销网络和世界级的物流管理能力。截至 2015 年第三季度，通用家电拥有超过一万名员工，2015 年 1 月~9 月实现营业收入 40.58 亿美元（折合 258.24 亿元人民币），其中约 90% 来自于美国市场，并在全美五大洲设有 9 个配套设施完善、生产技术先进、管理模式领先的生产基地。

通用家电作为美国家喻户晓的家电品牌，在美国家电市场拥有领先的市场地位和品牌认可度。欧睿国际的统计数据显示，从整体市场占有率来看，2015 年通用家电以近 20% 的市场占有率位列美国家电品牌第二，仅次于惠而浦。从细分产品来看，通用家电的厨电产品、制冷产品和洗碗机深受广大消费者的认可和信赖。其中厨电产品的市场份额位列全美第一，制冷产品和洗碗机均位列全美第二，通用家电洗衣机则位列全美第四。如表 10-15 所示。

表 10-16 是通用电气家电业务的财务信息：2015 年度的标的资产规模达到 210.21 亿元人民币；2015 年度营业收入为 387.51 亿元人民币，净利润为 14 亿元人

民币,分别较 2014 年度增长 7.69% 和 84.94%。

表 10-15　　　　　　2015 年 1 月~9 月通用家电产品销售收入　　　　　(单位:亿元)

项目	金额(百万美元)	占比(%)
厨电产品	88.18	34.15
制冷产品	74.18	28.73
洗衣产品	49.82	19.29
洗碗机	24.37	9.44
家庭护理产品	21.69	8.40
合计	258.24	100.00

表 10-16　　　　　　　通用电气家电业务财务信息　　　　　　　(单位:亿元)

	2014 年	2015 年
流动资产合计	85.17	92.85
资产合计	193.95	210.21
营业收入	359.85	387.51
净利润	7.57	14.00

数据来源:青岛海尔审计报告。

3. 并购方案与过程

(1) 并购方案。具体来说,本次交易标的分为以下几部分:

①本次交易收购通用电气及其子公司所持有的家电业务资产,范围包括:

a. 住宅和商业用途的电器及相关产品的开发、设计、制造、仓储、分销、交付、安装、回收、采购、营销、广告、推广、出售和服务等,包括用于住宅和商业用途的电冰箱、冰柜、炉灶、炉灶面、烤箱、对流恒温烤箱、电磁炉、电饭锅、电热屉、食物抽真空机、内置咖啡机、微波炉、洗碗机(包括抽屉式清洗机和可携带洗碗机)、压实机、清除器、酒或饮料中心、烤架、快速烤箱、制冰机、急速冷冻机、抽油烟机和排气管、清洗机、烘干机、蒸汽箱和干燥箱;主要用于住宅用途的热水器;主要用于住宅用途的软水器产品、系统和服务;主要用于住宅和全屋水过滤或净化产品;非工业用途的空调及除湿机,以及前述产品的零件、组件、配件和耗材。

b. 运营主要家用电器的售后服务网络。

c. 出售和/或管理主要家用电器的服务合同。

②本次交易购买的标的资产包括股权及非股权资产,同时受让通用电气的相关负债:

a. 股权:10 家全资子公司股权、3 家合资公司股权、3 家公司中的少数股权。

b. 非股权资产:收购或承接的非股权资产的具体内容包括通用电气及其子公司所持有的与业务相关的不动产;相关产品、原材料、库存等;与业务相关的合同权利;相关应收款、预付款和相关追索权；相关知识产权、软件和技术；相关政府许可及授权；与业务相关的档案和记录；与业务相关的商誉；员工协议下的相关资产；相关债券；现金及现金等价物；其他与业务有关的所有资产；GE Brillion 智能化应用程序。

c. 承接的负债：本次交易中青岛海尔会承接通用电气拟转让资产相关的全部负债。

青岛海尔收购通用电气家电业务的最终交易价格为 55.76 亿美元（约合人民币 387.92 亿元），交易总对价以现金方式支付，其中 33 亿美元的并购贷款系由青岛海尔全资子公司 Haier US Application Solutions. Inv. 向国家开发银行股份有限公司申请，该贷款由青岛海尔及海尔集团提供全额担保，折合人民币为 218.55 亿元。

（2）并购过程

表 10-17 展示的是青岛海尔收购通用电气家电业务的具体流程。

表 10-17 并购过程一览表

时间	进程
2014 年 9 月	通用电气拟将家电业务出售给瑞典公司 Electrolux 时，市场上也有传言海尔当时也参与了收购
2015 年 12 月	因美国司法部干预，Electrolux 收购通用电气家电业务失败
2015 年 12 月末	通用电气家电业务重新出售的全球首轮招标展开，冀尽快出售其家电业务，预计规模超 30 亿美元。海尔、美的均参与了 GE 家电业务新一轮的收购出价
2016 年 1 月 14 日	青岛海尔与美国通用电气签署了《股权与资产购买协议》
2016 年 1 月 15 日	青岛海尔公告与通用电气达成收购协议，用 54 亿美金来收购通用电气家电业务相关资产，其中 40% 为自有资金，60% 为融资贷款
2016 年 3 月 12 日	青岛海尔公告收购通用电气家电业务相关资产通过美国等国家的反垄断审查，前期准备工作已顺利完成
2016 年 3 月 14 日	青岛海尔召开董事会审议通过了《青岛海尔股份有限公司关于〈青岛海尔股份有限公司重大资产购买报告书（草案）〉及其摘要的议案》等相关文件
2016 年 3 月 31 日	公司临时股东大会以 99% 的通过率，高票审议通过了关于签署《通用电气公司与青岛海尔股份有限公司股权和资产购买协议》等 12 项议案
2016 年 6 月 7 日	青岛海尔和通用电气宣布，双方已就青岛海尔整合通用电气家电业务的交易签署所需的交易交割文件

4. 并购整合

青岛海尔是国内的上市公司，而通用电气作为美国知名商业企业，在影响力和知名度方面均远超青岛海尔。两者不同的国家文化和公司文化、悬殊的市场知名度使得整合难度较大。但海尔集团已在多次跨境并购中积累了成功的跨文化企业整合经验。集团公司为青岛海尔此次并购整合提出建议为"轻度整合"战略。

"轻度整合"策略包括五个方面：①基于董事会的治理：确保被并购方管理层充

分参与；②珍视品牌：通过搭建品牌委员会机制，确保对被并购方品牌价值的充分保护和升值；③管理独立：坚持并购后的本土化、独立运营，并对关键能力的培育（如研发、品牌、先进制造）提供充分支持；④管理人才保留：提供更广阔的全球范围职业发展平台，并保留现有的组织架构和高管薪酬、考虑积极的人才保留计划；⑤文化融合：评估两家企业的文化共同点和差异点，通过内部员工沟通和文化研讨会等方式，实现最大程度上的文化融合。

青岛海尔收购通用电气家电资产，整合的重点在于确保通用电气原有销售渠道的稳定性、实现通用电气家电品牌的保值、升值。具体措施包括：①在销售渠道方面，通用电气实施有效地客户沟通以提升客户对于并购后企业的信心，并且确保所有经销商和客户合同的延续性，并保证合作方式及商务条款维持现状；②在销售网络和销售组织架构方面，青岛海尔、通用电气的销售网络和销售组织架构保持独立运营，除了少量经验推广和协同项目合作，通用电气的日常销售运营将维持不变；③在品牌方面，通用电气向青岛海尔授予全球范围内使用通用电气商标的许可权。同时青岛海尔也采取了其他措施来防范整合风险，例如成立协同委员会以促进海尔全球业务的协同配合，积极向通用电气员工传达青岛海尔包容的企业文化和灵活的管理机制等。

5. 绩效分析

（1）媒体券商评价。对于青岛海尔收购通用电气，媒体也多是正面评价，《华夏时报》认为本次青岛海尔整合通用电气家电业务将进一步增强青岛海尔的全球竞争力。《证券日报》认为青岛海尔可凭借通用家电业内顶尖的科研水平和创新技术，连通普通家电与智能家居系统，打造更智能、更便利、更高效的现代化生活，从而在智慧家电的研发上实现跨越式发展，进一步夯实青岛海尔作为智慧家电领军者的行业地位。

华泰证券认为青岛海尔并购通用电器是海尔全球化战略的进一步布局，将在产品、供应链、销售网络等方面产生较为显著的协同效应，未来不仅能增厚上市公司的盈利，也将提升全球品牌影响力。广发证券也认为并购通用家电提升了海尔的全球竞争力，影响深远。

尽管青岛海尔的股价在并购公告首日实现0.216%的下跌，但招商证券依然提出市场也许低估了青岛海尔并购通用电气家电业务的积极效应。2016年青岛海尔完成收购通用电气家电业务之后，拥有通用电气等六大家电品牌，成为真正的全球综合家电集团（拥有全球研发、制造、销售和服务协同能力）。2016年完成收购后，海尔不仅有利润的直接增厚，还有协同效应的产生。

（2）基于并购动因的长期绩效分析。

①市场份额提升。海尔集团的知名度虽然高，但是在美国的市场份额只有1%，而青岛海尔收购的通用电气家电部则在美国市场拥有近20%的市场份额，青岛海尔可凭借通用家电在美国全覆盖的销售网络扩大其在美国家电市场的销售份额，并可将通用家电和青岛海尔等在美国的家电业务进行整合，通过资源共享和协同效应的最大

化,实现青岛海尔在美国家电市场的跨越式发展。

通用家电拥有超过百年历史的品牌传承、忠诚的中高端用户群体、经验丰富的管理团队、北美市场自有的物流和分销网络、成熟的质量控制体系等,青岛海尔收购通用电气后,借助这些优质资源,可以带动自己在美国的知名度,大力进军北美市场。此外,青岛海尔还可借助通用家电享誉全球的品牌效应和丰富的国际销售经验积极开拓欧洲、澳洲、日韩等新市场,进一步推进国际化战略的实现。

市场份额提升的同时带来了更强的盈利能力:青岛海尔收购通用电气家电业务之后,2016年实现营业收入1 190.65亿元人民币,同比增长32.59%,归属于母公司的净利润为50.37亿元人民币,同比增长17.03%;其中通用电气的家电业务收入贡献258亿元人民币,净利润贡献4.4亿元人民币。

②技术研发。通用家电已形成了一支多达600多人的业界资深研发团队,平均从业年龄超过20年,已获得上千项专利,并有1 000多项专利正在申请中,覆盖厨具、烤箱、微波炉、冰箱、洗碗机、洗衣机等家电产品。青岛海尔并购通用电气家电业务资产后,海尔集团在全球的五大研发中心将与通用家电的四大研发中心进行资源共享,打造开发世界先进家电产品的研发平台来推动双方创新家电发展。青岛海尔可充分利用通用家电在业内领先的研发实力和技术,实现关键模块及零部件的生产技术和相关专利的共享,以及前瞻科技产品的研发能力协同及创新能力共享。

此外,青岛海尔一直致力于对智慧家电的研发,本次并购案完成后,青岛海尔凭借通用家电业内顶尖的科研水平和创新技术,连通普通家电与智能家居系统,打造更智能、更便利、更高效的现代化生活,从而在智慧家电的研发上实现跨越式发展,进一步夯实青岛海尔作为智慧家电领军者的行业地位。

三、总结与思考

随着我国企业国际竞争力的不断增强,未来会有更多的中国企业利用跨境并购进行海外扩张。尽管并购促进经济增长的故事听起来非常美妙,但是德勤报告指出60%的企业并购都没有实现期望的商业价值,所以我国企业在实施跨境并购的过程中,必须要关注以下问题:

(一)并购要符合企业战略发展的方向

受到金融危机的影响,很多海外的企业和机构陷入了暂时的经营困境,这也为我国企业提供了难得的并购机会。这些海外企业或拥有知名的品牌,完善的国际营销网络,或具备较强的研发能力。与之相对应,我国制造企业的强项是具有全球领先的成本优势。跨境并购无疑更期望获取的是对方的品牌、渠道以及研发资源。因而对于被并购对象的选择,一定要结合自身的战略发展方向,不要因为所谓的"低价"而实施盲目的并购,否则既打乱了自身发展的节奏,又极大地增加了经营成本。

在这方面海尔集团的系列并购可谓是典范。海尔集团开启全球并购之路,正是符合企业国际化战略和全球化品牌战略的需要。2011年收购日本三洋电机,进一步扩大了日本和东南亚的市场份额；2012 年收购新西兰家电制造商斐雪派克，弥补了在高端产品上的缺失，也由此打开了南半球新西兰和澳大利亚市场①；2016 年大手笔收购美国通用电气家电业务，开始进军北美洲及欧洲市场。正是因为在进行跨境并购时与企业战略的紧密结合，海尔集团才实现了海外资源的快速扩展和整合，建成了美国、欧洲、日本、澳洲和中国五大研发中心，形成了全球的资源网络，全球市场份额、产品研发能力都不断提高。

（二）注重并购经验的积累

在青岛海尔收购通用电气家电业务之前，海尔早已在国际化道路上摸索了 16 年。其海外扩张路径，也早已在跨国并购中实现了"双赢"的样板：2011 年 10 月，海尔收购日本三洋电机，打通东南亚市场，并于 2014 年实现首次盈利；2012 年 9 月，海尔收购新西兰国宝级家电品牌斐雪派克，后在决策权、用人权、分配权"三权让渡"的治理机制下，使其品牌价值提升 20%，市场份额增长近 50%，树立了中国与新西兰企业合作的新典范。海尔成功整合以上两个家电品牌以及与其合作拓展国际市场的经验为此次和通用电气的合作提供借鉴。通用家电的收购，潜在买家众多，其中不乏三星、LG、美的等全球知名企业，最后被海尔夺得花魁，一定程度上通用电气就是看中了海尔曾多次整合外资品牌的经验以及资源整合的能力，因而最终选择了海尔。

在青岛海尔收购通用电气家电业务之后，海尔集团可进一步深入了解海外家电行业的市场环境、经营环境、法律环境，进一步丰富海外并购经验和跨国企业管理经验。从海尔的系列并购及其他众多国际并购案例来看，并购经验丰富的企业更易获得交易对方的认可，接触优质并购标的的机遇和成功概率也越大，因此企业也要注重并购经验的积累，使跨境并购真正发挥出"1 + 1 > 2"的作用。

---

① 海尔集团收购日本三洋电机与收购新西兰斐雪派克同属一个战略阶段，本案例基于数据可得性和阶段代表性，未对海尔集团收购斐雪派克展开详细介绍。

案例六 快速响应之战：三一重工收购德国普茨迈斯特

【案例简介】

2012年1月20日，三一重工股份有限公司发布公告称，其控股子公司三一德国有限公司联合中信产业投资基金（香港）顾问有限公司，共同收购普茨迈斯特100%股权。其中，三一德国有限公司出资3.24亿欧元（折合人民币26.54亿元）收购90%的股权，此外，三一德国还承担了普茨迈斯特1.6亿欧元债务；中信产业投资基金管理有限公司旗下的中信产业投资基金（香港）顾问有限公司出资0.36亿欧元（折合人民币2.95亿元）收购10%的股权。

通过此次交易，我们将看到工程机械行业并购浪潮下，中国优秀民营企业为实现技术与市场全部使用自有资金进行的国际化扩张之路，也将看到民营企业借力产业基金进行税务筹划、整个并购交易仅历时四个月就迅速完成。通过此次并购，三一重工进一步成为国际市场工程机械行业有力的竞争者。

一、并购发起

（一）并购双方基本情况

1. 买方简介

（1）三一重工股份有限公司及其控股子公司。三一重工股份有限公司（以下简称"三一重工"）是三一集团有限公司（以下简称"三一集团"）旗下的核心企业，是中国工程机械龙头企业。三一集团始创于1989年，主业是以"工程"为主题的装备制造业。三一重工由三一集团投资创建于1994年，属工程机械行业，主营业务为工程机械产品及配件的开发、生产和销售，主要从事混凝土机械（泵车、拖泵、车载泵、混凝土搅拌车、混凝土搅拌站等）、路面机械（压路机、平地机、摊铺机等）、履带起重机械、桩工机械（旋挖钻）、挖掘机械、汽车起重机械的制造和销售。2003年7月3日，三一重工在上交所上市，股票代码600031。2011年7月1日，三一重工以215.84亿美元的市值入围英国《金融时报》全球市值500强，位列第431位，成为中国机械行业首家进入世界500强的企业。2011年，泵送事业部成为公司首个销售额突破300亿元规模的事业部，进一步巩固了"世界最大混凝土机械制造商"的龙头地位。截至2011年底，三一重工在国内建有上海、北京、沈阳、昆山、长沙等五大产业基地，海外建有印度、美国、德国、巴西等四大研发和制造基地，集团业务已覆盖全球100多个国家和地区，在全球工程机械企业50强榜单中，三一重工名列全球第六，中国领军。

三一重工业务收入主要来源于三个板块，即混凝土机械类、起重机类和挖掘机械类,还有部分收入来自路面机械类、桩工机械类以及配件等,其中混凝土机械类收入占比最大,2011年混凝土机械类业务收入占比达到53%(见图10-35)。

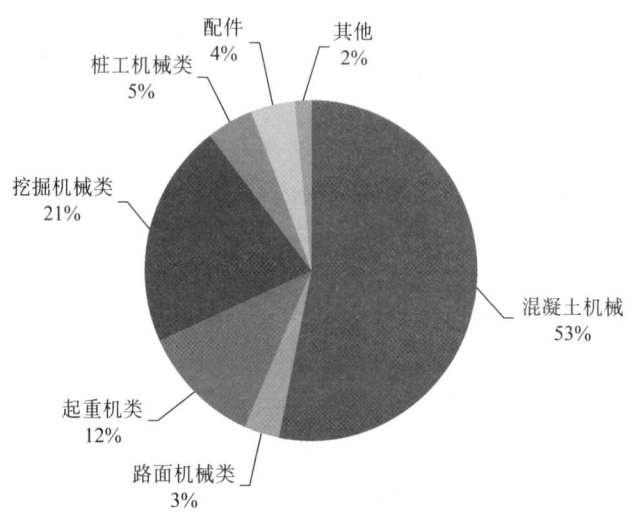

图10-35　2011年三一重工各类产品收入占比图

数据来源:三一重工2011年度报告。

截至2011年底收购交易发生前,三一集团持有三一重工56.38%的股权,为三一重工控股股东。梁稳根先生持有三一集团58.24%的股权,从而通过三一集团间接持有三一重工32.83%的股权。此外梁稳根先生直接持有三一重工3.77%的股权,因此合计持有三一重工36.60%的股权,为三一重工实际控制人,三一重工实际控制人及主要业务板块图如图10-36所示。

三一德国有限公司(以下简称"三一德国")是三一重工于2008年6月19日投资设立的。2008年7月2日与德国贝德堡市RWE POWER Aktiengeselllschaft股份公司签订了24.82万平方米购地合同,用于三一德国产业园建设。2009年1月29日,三一重工总裁梁稳根与德国北莱恩—威斯特法伦州州长签署合作协议,三一重工投资1亿欧元在德国设立欧洲研发中心和机械制造基地,随着同年5月21日,三一重工德国工业园区开工仪式的顺利举行,三一重工在德国的投资计划正式启动。三一德国主要致力于开拓欧洲市场,是三一重工在海外成立的继印度和美国以外的第三家区域总部。三一德国在成立之初是希望吸纳中德双方技术人才创造高品质产品。2015年,三一德国更名为三一欧洲有限公司(以下简称"三一欧洲")。

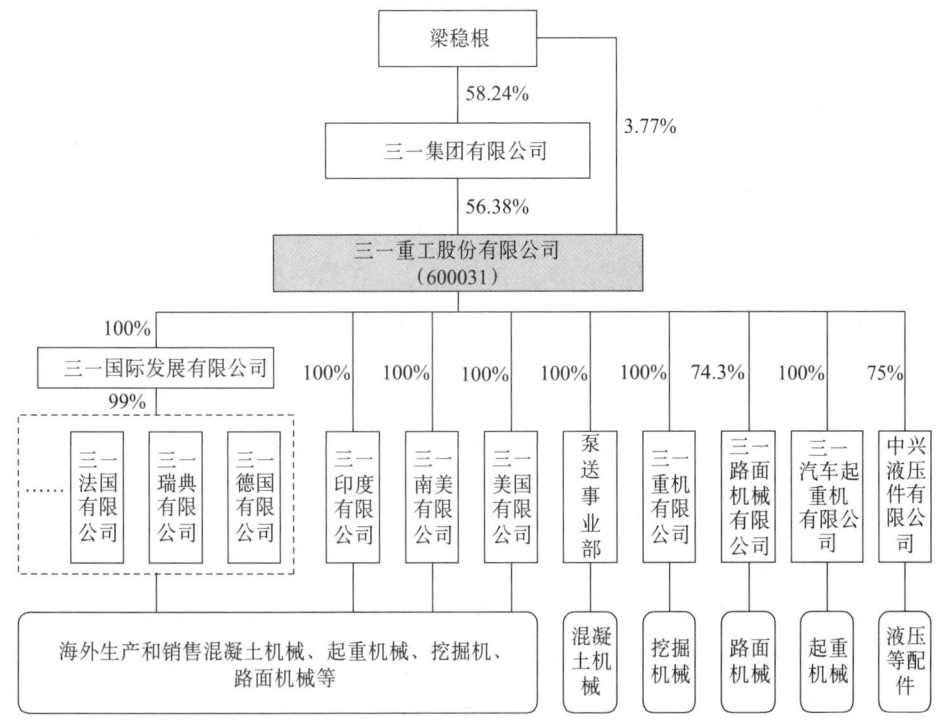

图 10-36　2011 年三一重工实际控制人及主要业务板块图

数据来源：三一重工 2011 年度报告整理。

（2）中信产业投资基金管理有限公司。中信产业投资基金管理有限公司（以下简称"中信产业基金"）是中信证券股份有限公司旗下从事投资业务的专业公司，经国家发展和改革委员会批准于 2008 年 6 月设立。截至 2011 年底，中信产业基金旗下成立了三支基金，分别为规模 93.63 亿元的中信股权投资基金一期（绵阳基金、人民币）、规模 9.9 亿美元的中信股权投资基金二期（美元）以及规模 100 亿元的中信股权投资基金三期（人民币），其中一期与二期均已募集完毕，三期基金尚在募集之中。与此次并购直接相关的中信产业投资基金（香港）顾问有限公司（以下简称"中信产业基金（香港）"）为中信产业基金旗下子公司。

中信产业基金从 2010 年起，便在国内外金融界崭露头角，曾在 2010 年获得美金基金年度最佳募集奖，在 2011 年已经从国内第一梯队的 PE 机构升级为国内顶尖私募机构，被评为年度中国最佳 PE 机构和年度亚洲最佳 PE 机构。

2. 标的简介

德国普茨迈斯特有限公司（Putzmeister Holding GmbH，以下简称"普茨迈斯特"）成立于 1958 年，是一家拥有全球销售网络的集团公司，其总部设在德国斯图加特附近。该集团公司已在世界上十多个国家设立了子公司。普茨迈斯特主要从事开发、生产和销售各类混凝土输送泵，工业泵及其辅助设备，公司主营产品包括：安装于拖车或卡车上的各种混凝土泵、拌浆机、用于隧道建设和煤矿工业的特种泵以及最新研制的机械手装置等。

普茨迈斯特一直创造并保持着液压柱塞泵领域的众多世界纪录,如排量、输送距离、扬程、产品的种类和可输送物料的多样性等。目前,在全球最高建筑——阿联酋的迪拜塔,普茨迈斯特已经创造了603米的最新的混凝土输送高度世界纪录。一方面,普茨迈斯特的"大象"牌是世界混凝土机械的第一品牌,拥有诸多先进的技术;另一方面,普茨迈斯特有着发达的国际销售网络,在德国拥有两家工厂,在土耳其、美国、印度、巴西、法国、西班牙都有分厂。在混凝土泵车制造领域,金融危机爆发前,普茨迈斯特的全球市场占有率长期高达40%,且90%以上的销售收入来自德国之外的110多个国家和地区。

2008年,受到金融危机和经济衰退的影响,普茨迈斯特出现了成立50年来的第一次亏损,亏损1.4亿欧元,更为严重的是普茨迈斯特欠下的银行贷款,一度高达2.8亿欧元。在全球经济持续低迷的状态下,截至2010年12月31日,总资产4.91亿欧元,净资产1.77亿欧元。2010年全年实现销售收入5.5亿欧元,仅为历史最高点的57%,净利润150万欧元[①],这对负债较高的普茨迈斯特的现金流造成了巨大的压力。公司创始人Karl Schlecht无法接受自己奋斗一生的成果走向没落,因此选择出售。

本次并购交易标的为普茨迈斯特公司的100%股权。普茨迈斯特的股权结构是:99%的股份归属于Karl Schlecht Stiftung,1%的股份属于Karl Schlecht Familienstiftung[②]。作为两个基金董事会的主席,Karl Schlecht仍然保留了普茨迈斯特的全部投票权。

(二)并购动因

1. 工程机械行业并购浪潮下的企业国际化经营战略

工程机械是我国国民经济的支柱产业,与我国快速发展的基础设施建设有着密不可分的关系。2008年后,随着金融危机的爆发,国内外工程机械行业掀起了大规模的跨境并购浪潮。国外知名企业如卡特彼勒公司、沃尔沃建筑设备公司加快了并购的步伐,国内有实力的工程机械集团也紧跟步伐,诸如2008年6月20日中联重科收购当时排名世界第三的混凝土机械制造商意大利CIFA公司、2012年1月31日柳工集团收购波兰Huta Stalowa Wola工程机械公司等。国内优势的制造企业通过跨境并购能够迅速实现扩大产业规模,获取规模效应,使得企业在国际竞争中不处于下风。如表10-18所示。

[①] 《三一重工:第四届董事会第十六次会议决议公告》。
[②] Karl Schlecht Stiftung为卡尔·施莱赫特基金会,Karl Schlecht Familienstiftung为卡尔·施莱赫特家族基金会。

表 10-18　　　　　　　　近年来中国工程机械行业跨境并购案例

收购企业	被收购企业	交易金额	首次公告时间	标的资产
中联重科	意大利 CIFA	1.626 亿欧元	2008 年 6 月 20 日	100% 股份
柳工集团	波兰 HSW 公司	3.35 亿欧元	2012 年 1 月 31 日	100% 股权
三一重工	德国普茨迈斯特公司	3.24 亿欧元	2012 年 1 月 20 日	90% 股权
徐工集团	德国施维英公司	未公布	2012 年 4 月 20 日	52% 股权

数据来源：根据各交易公告整理。

三一重工虽然发展迅速，但其主要业务分布在国内市场，在并购前其国际市场的业务收入占比甚至不足 7%。提高国际市场的份额，有利于分散三一重工因过于依赖国内市场所面临的经营风险，也有利于三一重工开拓新的经营业绩增长点。2002 年，三一重工就已经开始尝试国际化的战略，三一重工以往的海外投资策略是绿地投资，公司在美国、德国、印度和巴西建成了自己的制造和研发基地。然而，建立的海外子公司其回报与投入显然不成正比，与国际著名的机械制造巨头相比，三一重工作为后起之秀无论在名气或是市场份额上都难以与老牌制造业巨头抗衡。三一德国工厂建厂四年来（2008～2011 年），可谓举步维艰，收效甚微，挺进德国和建立新厂的挑战极大，三一德国工厂从市场、客户、环境认证、供应商开发甚至人力资源等各方面，都受到欧洲市场的严格审视。

由于美国次贷危机所引发的金融危机席卷全球，中国经济在这场金融危机中也受到了影响。为了保证经济增速，降低金融危机对中国经济的影响程度，国务院出台了四万亿的投资刺激计划，主要用于民生工程和基础设施建设等。得益于基础设施和各项工程的建设以及房地产市场的火爆，三一重工这几年的主营业务收入持续增长，国内市场份额持续扩大，混凝土机械、挖掘机、汽车起重机等主要的产品驱动公司业绩快速增长。然而，随着工程机械行业的不断发展，国内市场开始呈现出饱和态势，加上近几年中央开始进行房地产调控，使得基建业和房地产业需求大幅下滑，公司业绩持续增长的压力增大，遭遇到发展的瓶颈。为使得公司持续发展，做大做强产业，寻求海外扩张对于不少公司来说成为有效途径。通过并购，三一重工能够利用普茨迈斯特发达的全球销售网络，迅速打开海外市场的销售局面，这与其国际化的发展战略是高度一致的，符合其发展的方向。三一重工总裁向文波先生也表示，并购普茨迈斯特可使三一重工的海外市场拓展进程加快 5～10 年。

2. 混凝土机械领域霸主相争下的危机意识

混凝土机械行业为工程机械行业下的细分领域，混凝土机械市场不断扩大。2009～2011 年间，混凝土机械领域内的主要产品混凝土泵和泵车销量增长迅速，国内混凝土泵销量增长率分别达到 15.4%、34.2% 和 54.6%，泵车销量增长率分别达到 29.9%、35.4% 和 51.1%，这其中，作为快速增长的主产品泵车，其集中度最高。2011年，三一重工和中联重科两家企业的产销量占国内全行业产销量的89%，居行业垄断地位。混凝土机械整体发展态势良好，2010年，其销售额占工程机械行业总销售的比例由多年来的15%首次上升至20%，占比显著提高，在这个领域，三一重工和中联重科合计占据行业40%左右的市场份额，占据绝对的霸主地位。

中联重科收购意大利CIFA后混凝土机械业务不断壮大，让三一重工感受到了危机。混凝土机械业务收入为三一重工最大业务收入来源，虽然三一重工一直占据国内混凝土机械市场第一，但在2008年，中联重科完成对CIFA的并购之后，在混凝土机械业务上逐步拉近了与三一重工之间的差距，到了2012年两者在混凝土机械市场上的份额几乎持平。在中国的混凝土机械市场三一重工与中联重科两个霸主相争的环境下，中联重科市场份额的提升必然伴随着三一重工市场份额被蚕食，如表10-19所示。眼看中联重科就要取代三一重工的市场冠军地位，三一重工的管理层感受到了紧迫的危机感。正是在这样的背景下，2011年底，全球最大的混凝土机械制造商德国普茨迈斯特传出出售的消息时，三一重工和中联重科之间再次展开了争夺战。

表10-19　并购发生前后三一重工与中联重科混凝土机械业务收入比较　（单位：亿元）

	2007年	2008年	2009年	2010年	2011年	2012年
三一重工	54	67.91	94.75	178.47	260.46	265.09
中联重科	35.1	46.82	71.57	140.84	212.13	235.96
中联重科/三一重工	65.00%	68.94%	75.54%	78.92%	81.44%	89.01%

资料来源：三一重工和中联重科2007~2012年年报。

事实上，在普茨迈斯特寻找交易对象期间，中联重科采取的行动最为积极，最先向国家发改委提出收购申请并获得批复。在得知竞争对手已经拿到批复，三一集团董事长梁稳根先生亲自出动，秘密飞赴德国参与并购磋商，表达了三一重工对"大象"18年暗恋的情结。最终，Karl Schlecht明确表示只与三一重工商讨并购事宜，并达成初步合作意向，而这一过程仅历时一个月。

倘若普茨迈斯特落入中联重科之手，三一重工将面临国内、外市场混凝土机械的技术优势和市场被全面超越的境地，三一重工管理层紧迫的危机感也是促成并购交易的动因之一。

3. 进军混凝土机械行业高端领域的技术突破

技术是制造业企业尤其是高新技术企业核心竞争力的重要体现。在技术层面，普茨迈斯特在三一重工刚刚成立之时就已经是当时世界上混凝土机械制造的巨头之一，作为一家有着辉煌历史的公司，普茨迈斯特有着历经多年建立的领先技术优势，公司一直创造并保持着混凝土机械制造业的诸多世界纪录，技术长期居于世界领先地位。而作为后起之秀的三一重工，并购后如果能实现技术的学习与吸收，对于三一重工在国内竞争以及国际市场开拓中脱颖而出是必要的。普茨迈斯特在全球拥有混凝土泵车相关专利约200件，在混凝土机械细分市场中主打高端产品路线，技术上优势是其在混凝土行业几十年立于不败之地的保证，其拥有的人才和不俗的研发能力使得其产品拥有良好的口碑。一方面，并购后三一重工将吸收来自普茨迈斯特全球顶尖的质量控制、生产流程、制造技术和工艺；另一方面，也可以通过技术吸收降低生产成本，比如通过应用普茨迈斯特智能臂架技术、EBC臂架减振技术等三项技术简化结构设计，可以将三一重工的主要产品成本——钢材耗用量降低10%。此次并购可以帮助三一重工更为快捷地进入世界工程机械行业的高端领域，巩固其在市场中的地位。

二、并购过程

（一）并购交易进程

本次交易从2011年12月20日普茨迈斯特向三一重工表达竞购邀约意愿，到2012年4月16日完成交割，历时仅4个月。

还值得一提的是，2013年7月2日，三一重工发布公告称三一重工全资子公司三一国际发展有限公司（以下简称"三一国际"）出资5 489.77万美元，折合人民币约3.79亿元，收购中信产业投资基金管理有限公司下属卢森堡公司 CP Machinery Limited 100%的股权，从而获取普茨迈斯特原本由中信集团控制的10%的股权，至此三一重工完全拥有了普茨迈斯特100%的股权，中信产业基金成功退出，在一年左右的时间内投资增值率达到28.5%。

具体的交易进程如表10-20所示。

表10-20　　　　　　　三一重工收购普茨迈斯特进程回顾

时间	事件详情
2011年12月20日	普茨迈斯特CEO诺伯特·肖毅访问了三一重工，并表达了竞购邀约
2011年12月21日	三一重工和普茨迈斯特商量是否可以报备给中国监管部门，得到的回答是"不可以"，也就并未有所行动
2011年12月22日	普茨迈斯特同样向三一重工的同城竞争对手中联重科发出了竞购邀约
2011年12月30日	中联重科收到了国家发改委关于收购普茨迈斯特的批复。此后普茨迈斯特表示为决定最后的合作方将召开竞标会
2011年12月30日后	梁稳根先生和向文波先生秘密飞赴德国与Karl Schlecht先生会面，商讨并购事宜，以诚心打动了Karl Schlecht先生。最终，普茨迈斯特取消了原本定下的竞标会，宣布与三一重工进行合作

续表

时间	事件详情
2012年1月20日	①三一重工召开第四届董事会第十六次会议,审议通过了《关于收购德国普茨迈斯特公司的议案》; ②三一重工控股子公司三一德国联合中信产业基金(香港)与德国普茨迈斯特股东 Karl Schlecht Stiftung 和 Karl Schlecht Familienstiftung 签署《转让及购买协议》
2012年4月1日	三一重工获得国家商务部《不实施进一步审查通知》(商反垄初审函 [2012] 第48号),国家商务部决定对本公司收购德国普茨迈斯特控股有限公司90%股权案不实施进一步审查
2012年4月10日	三一重工获得国家发改委《关于三一重工股份有限公司收购德国普茨迈斯特公司全部股权项目核准的批复》(发改外资 [2012] 944号),国家发改委同意三一重工与中信产业投资基金(香港)顾问有限公司收购德国普茨迈斯特控股有限公司100%股权项目
2012年4月16日	三一重工及中信产业基金(香港)与德国普茨迈斯特的股东 Karl Schlecht Stiftung 和 Karl Schlecht Familienstiftung 在德国完成了普茨迈斯特的股权转让交割手续,标志着三一重工正式完成了对德国普茨迈斯特的收购。其中,三一德国出资3.24亿欧元(折合人民币26.54亿元)收购了90%的股权,中信产业基金(香港)出资0.36亿欧元(折合人民币2.95亿元)收购了10%的股权
2013年7月2日	三一重工发布公告三一重工全资子公司三一国际收购中信产业投资基金管理有限公司下属卢森堡公司 CP Machinery Limited 100%的股权,从而获取普茨迈斯特原本由中信集团控制的10%的股权,至此三一重工将完全拥有普茨迈斯特100%的股权

资料来源:根据万德资讯及公司公告整理。

(二) 并购交易方案

1. 交易实施主体

2012年1月20日,三一重工第四届董事会第十六次会议审议并投票表决通过了《关于收购德国普茨迈斯特公司的议案》,公司控股子公司三一德国联合中信产业基金(香港),于2012年1月20日与德国普茨迈斯特的股东 Karl Schlecht Stiftung (持普茨迈斯特99%股份) 和 Karl Schlecht Familienstiftung (持普茨迈斯特1%股份) 签署了《转让及购买协议》,三一德国和中信产业基金(香港)共同收购普茨迈斯特100%股权,其中三一德国收购90%,中信产业基金(香港)收购10%。三一德国的出资额为3.24亿欧元(折合人民币26.54亿元),占三一重工最近一期经审计净资产的13.5%。该事项不构成关联交易和《上市公司重大资产重组管理办法》规定的重大资产重组,也未达到公司《章程》规定应由股东大会批准的标准,无须提交股东大会审议。除此之外,三一德国由此还承担了普茨迈斯特1.6亿欧元债务。中信产业基金出资0.36亿欧元(折合人民币2.95亿元)收购10%的股权,从收购后的股权结构图可以看出，中信产业基金由其下属子公司 CPE CHINA FUND L. P.（中信开曼）设立在卢森堡的一家全资子公司 CP Machinery Limited S. àr. l 持有这 10% 的股份。如图 10 – 37 所示。

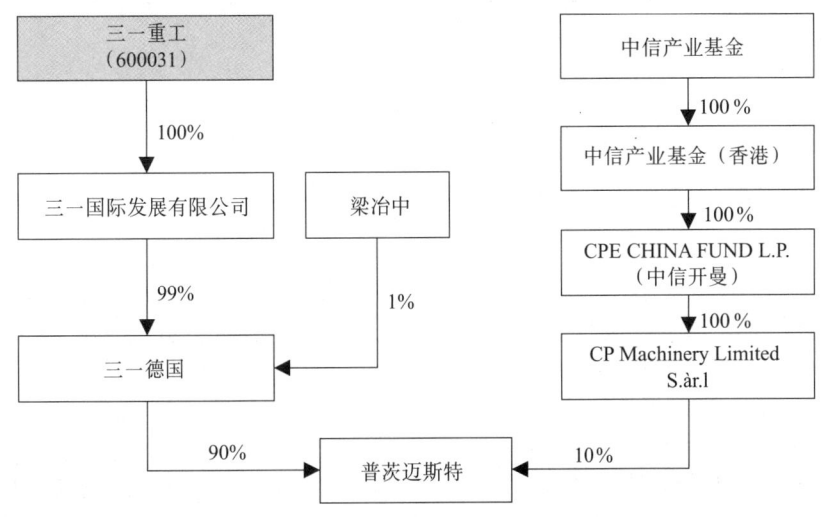

图 10 – 37　收购后普茨迈斯特股权结构图

2. 引入 PE 的相关考虑

中国企业跨境并购会涉及诸多问题，如何构建合理有效的交易结构是整个交易的核心。

具体而言，在三一重工收购普茨迈斯特的案例中，三一重工用其全资子公司——三一德国完成整个的收购行为。这样的目的是从规避责任和避税的角度考虑。同样出于避税方面的考虑，三一德国只收购 90% 的股份，另外 10% 由中信产业基金（香港）收购。因为根据《德国房地产交易税法》规定，收购拥有房地产的企业 95% 以上股份，需交纳 3.5% ~ 4.5% 的房地产交易税。假如普茨迈斯特这样的大型企业有价值 5 000 万欧元的房地产，那么，三一德国仅房地产交易税一项就需支付 200 万 ~ 300 万欧元。所以，出于税收方面的考虑，三一德国仅收购 90% 的股份，另外 10% 由中信产业基金收购。从这一方面可以看出，中信产业基金在此项并购中发挥了重要作用；另一方面，PE 也能为三一重工在跨境并购过程中提供相应的财务、法律等方面的咨询，以及为后续的整合提供先进丰富的管理经验，而作为被收购方的普茨迈斯特 CEO 肖毅也曾指出，中信产业基金在此次并购交易过程中起到了较为重要的推动作用，正是有了中信产业基金在其中的不断协调，才能快速完成此次并购。

3. 资金来源

此次交易的收购方式为现金收购，资金来源全部为三一重工的自有资金，没有向外借债或发行股份。一方面，三一重工营业收入稳定快速增长，营业收入由 2007 年的 91.45 亿元增长到 2011 年的 507.76 亿元，年均增长率达到 54%，净利润由

2007 年的 16.06 亿元增长至 2011 年的 86.49 亿元,增长了约 440%;另一方面,三一重工的经营活动现金流量也得到了明显改善。三一重工账上的货币现金持有量在 2011 年底达到了 102.47 亿元,远远高于收购普茨迈斯特的金额 26.54 亿元。三一重工经营实力的提升以及充足的现金持有量为跨境并购提供了坚实的保障,如表 10-21 所示。

表 10-21　　　　　　　三一重工现金收购能力相关数据表　　　　　　（单位:亿元）

	2007 年	2008 年	2009 年	2010 年	2011 年
营业收入	91.45	137.45	189.76	339.55	507.76
净利润	16.06	12.32	26.4	56.15	86.49
货币现金	26.05	29.38	42.4	59.7	102.47
经营活动现金流量净额	6.31	6.40	46.80	67.49	22.79

资料来源:三一重工 2007~2011 年年报。

(三) 并购整合

整合不利是跨境并购失败的一个最主要的因素。由于三一重工和普茨迈斯特在管理理念、企业文化、技术情况及销售网络等方面存在一定的差异,所以三一重工非常重视此次整合过程。股权交割手续顺利完成后,三一重工方面派出蒋向阳副总裁作为首席联络官,带领一个工作小组进驻普茨迈斯特,主要负责三一重工与普茨迈斯特之间的工作联络、业务协调、项目设计与开发、信息沟通等。伴随着工作小组的进驻以及梁稳根先生与诺伯特·肖毅先生的深入沟通,三一重工与普茨迈斯特的整合逐渐拉开了序幕。

1. 文化融合

德国《明镜》周刊 2012 年 2 月 6 日刊登的一篇文章中指责 Karl Schlecht 将普茨迈斯特卖给了三一重工。Karl Schlecht 不得不承受这种指责。79 岁的 Karl Schlecht 将他毕生的事业普茨迈斯特集团卖给了竞争对手——来自中国湖南长沙的工程机械巨人三一重工,为了给昔日的"偶像"足够的尊严,三一重工不仅聘用 Karl Schlecht 为高级顾问,而且遵循了诸多体现普茨迈斯特传统的主张。

收购完成后,三一重工就对外宣布,普茨迈斯特是三一重工全球(除中国之外)混凝土设备市场的总部,保留普茨迈斯特现有的管理团队和品牌,尽最大限度保留普茨迈斯特的自主性,为此,三一重工与普茨迈斯特 CEO 诺伯特·肖毅签订了五年的聘用协议,并承诺诺伯特·肖毅出任三一重工高级副总裁及三一集团董事。在日常工作中,诺伯特·肖毅也只需对梁稳根和分管混凝土机械业务的执行总裁易小刚两人负责。通过这些行为告诉普茨迈斯特,中国企业的到来不是入侵。

"不同的文化历史决定了,我们不可能有相同的企业文化"诺伯特·肖毅接受采访时曾说。由于三一重工与普茨迈斯特间存在较大的文化差异,尽管三一重工方面做出了巨大的努力,但仍然存在诸多困难。最终,在 2013 年 9 月 10 日,三一重工发布公告，因个人原因，诺伯特·肖毅辞去了公司高级副总裁兼普茨迈斯特控股有限公司首席执行官，辞职后不在公司担任任何职务，普茨迈斯特管理委员会成员 Gerald Karch 博士接替其成为公司高级副总裁兼普茨迈斯特控股有限公司首席执行官。从这一端倪中也可以看出，三一重工收购普茨迈斯特后的文化融合进行的并不是很顺利。

2. 人力资源整合

事实上，在三一重工宣布收购普茨迈斯特的第二天，数百名德国普茨迈斯特工人便举行了抗议活动，他们一是担心会失去工作机会；二是抗议一直被蒙在鼓里。三一重工总裁向文波曾对此表示："不会解雇一名（德国）工人，双方会通过有效的分工和扩充普茨迈斯特的产品线来增加就业"。2012 年 2 月 15 日，在三一重工就收购事项发布公告的一个月内，普茨迈斯特机械（上海）有限公司的员工同样在上海松江政府进行了抗议。

参与集体抗议的员工既包括在德国工作的员工，也包括在中国工作的员工。中国员工的担忧主要来源于对并购后裁员的猜测，三一集团收购时仅就德国员工的去留表态，并没有明确表示如何安置中国员工，使得他们担心自己因为并购而失去工作。而成长于机械强国的德国员工的抗议则主要是出于对三一重工品牌和产品质量的不信任以及对并购的不知情，员工的恐惧感与对企业的不信任使得并购遭遇了一定的人力资源整合风险。

为了有效地缓解人力资源整合风险，在并购完成后，三一重工除了聘用 Karl Schlecht 为高级顾问，与普茨迈斯特 CEO 诺伯特·肖毅签订了五年的聘用协议，还承诺不会裁减任何人员，无论是从普茨迈斯特方面还是从三一德国方面都不会裁员。事实证明，截至 2016 年，普茨迈斯特在德国雇佣的人数始终保持稳定，并承诺会将这种稳定至少持续到 2020 年。

3. 产业整合

在三一重工的支持和推动下，普茨迈斯特开始从专业化生产路线走向产业链整合之路。2012 年 7 月 23 日，三一重工发布公告，普茨迈斯特与 Hans—George Stetter（Intermix GmbH 公司的创始人）签署《股权转让协议》，普茨迈斯特出资 810 万欧元收购了 Hans—George Stetter 持有的 Intermix GmbH 公司 100% 的股权。Intermix GmbH 公司成立于 1984 年，是欧洲第三大混凝土搅拌车以及特种搅拌设备生产商。收购 Intermix 有利于丰富普茨迈斯特的产品组合，增强普茨迈斯特在混凝土机械领域的营销服务及研发创新能力。2013 年 4 月，普茨迈斯特宣布收购意大利的搅拌站设备生产商 Simem 公司。两次并购完成后，普茨迈斯特混凝土机械领域业务更加全面，拥有了搅拌站、搅拌车、泵送全套的业务领域，使得普茨迈斯特混凝土机械产业链更加完整。

在市场定位方面，三一重工并没有将普茨迈斯特的生产转移到中国，而是将市场分割。在中国卖自己生产的产品，而在中国以外的其他地区销售普茨迈斯特在德国生产的产品。其中，普茨迈斯特的产品仍然采用德国设计、并使用来自原采购商的零件。在完善的产业链和明确的市场定位后，作为直接收购普茨迈斯特的企业，三一德国于 2015 年更名为三一欧洲。此次更名不仅有助于改善企业形象,提高三一品牌的知名度,而且体现出三一德国将业务从德国拓展到了整个欧洲乃至全球,更好地反映公司真实的情况,进一步加强了三一德国在全球的业务拓展。因此,作为三一欧洲的子公司,普茨迈斯特更像是三一重工这一母公司的全球分销中心。

(四)并购风险

并购时机也是企业在进行并购时需要考虑的一个重要因素,并购时机不当是跨境并购的一大潜在风险。我们将三一重工收购德国普茨迈斯特的时机与中联重科收购意大利 CIFA 的时机进行比较,分析三一重工在并购时机选择方面存在的风险。

全球工程机械行业 2008~2013 年经历了金融危机低迷、复苏和周期回落三个阶段。2008~2009 年,随着国际金融危机的不断扩大与蔓延,金融危机对实体经济的影响越来越严重,整个工程机械市场出现了明显的衰退。2010~2011 年,全球工程机械市场从 2008 年以来的下降趋势中重新恢复增长,而推动市场复苏最主要的力量是新兴市场特别是国内市场的快速增长,从 2007 年起,国内市场就成为全球最大的单一市场。我们从图 10-38 中看出,中国工程机械市场销量占比在 2010 年达到峰值 52.14%,国内工程机械市场快速发展得益于国家为应对经济快速回落而出台的 4 万亿元经济刺激计划,其中用于铁路、公路、机场、水利等重大基础设施建设、灾后恢复重建领域的资金投入高达 2.5 万亿元,这极大地刺激了国内工程机械行业的发展。2012~2013 年,工程机械市场出现较大程度低迷,2012 年全球市场销售量下降 10%,特别是国内工程机械市场下降幅度较大。一方面是由于整个市场已经进入近十年来的第二个变化周期,市场呈现饱和状态;另一方面是因为政府应对衰退的刺激计划难以长期持续,国内工程机械市场全球占比出现较大程度的下降。

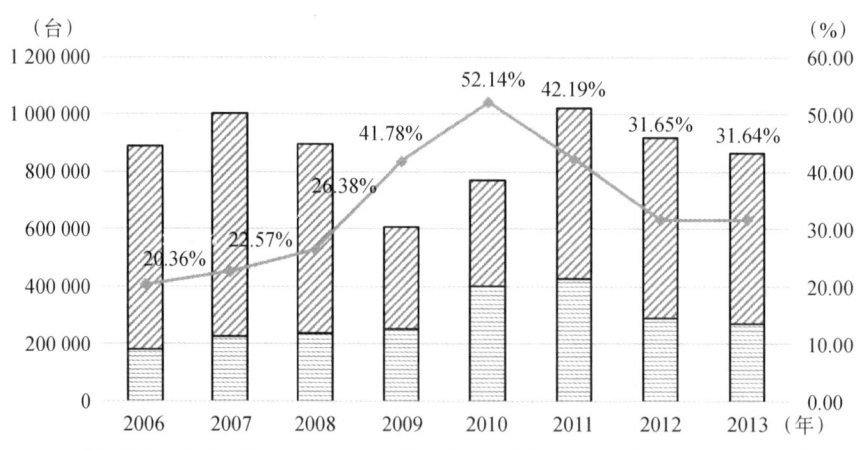

图 10-38 全球工程机械市场 2006~2013 年销量情况

数据来源:英国工程机械咨询有限公司。

中联重科收购 CIFA 的时间是 2008 年，其后三年正是工程机械行业从市场低迷走向复苏的过程，而三一重工收购普茨迈斯特后却是工程机械市场从复苏走向周期回落的过程。从表 10-22 也可以看出，中联重科收购 CIFA 后，得益于市场回暖，营业收入增长较快，而三一重工收购普茨迈斯特后，由于市场低迷，营业收入则直接出现较大幅度下降，这会为并购后续的投资收回埋下风险。

表 10-22　中联重科收购 CIFA 后中联重科与三一重工营业收入情况　　（单位：亿元）

	2008 年	2009 年	2010 年	2011 年	2012 年	2013 年
三一重工	118.76	182.46	329.63	490.66	450.17	363.40
中联重科	135.49	209.31	321.93	459.13	475.55	381.35

数据来源：中联重科与三一重工 2008~2013 年年报。

三、并购绩效

（一）媒体及券商观点

2012 年 1 月 30 日三一重工董事会发布收购德国普茨迈斯特公司的决议，在国内外市场引起了热议。对于收购本身，媒体和公众持正面评价的居多。

1. 媒体观点

媒体纷纷表示三一重工此次收购有助于企业做大做强，同时认为这对中国企业"走出去"也有着良好的示范意义。中国城市发展战略研究会副会长、财经评论员易鹏称三一跨境并购"见证中国对外投资进入精细化时代"，三一重工的做法是值得肯定的。《财经》杂志 2012 年 2 月 12 日刊登文章表示，这一闪电收购，将中国工程机械行业近年来的跨境并购推向高潮，全球行业版图也因此生变。对于长期坚持自建工厂、内生式扩张的三一重工，本次收购是其国际化历程中的一次全新尝试。同时，媒体和业内人士也注意到了相应的风险。中国房产信息集团房商高级分析师、易观新经济观察家裘然的观点集中体现了市场人士的担忧：一是三一重工此前并无并购经验；二是文化整合存在困难；三是当前海外扩张并不见得是最佳时点；四是三一重工与被收购方技术严重同质化。《财经》杂志认为，相比 2008 年中联重科联合弘毅投资、高盛、曼达林三家私募基金对混凝土机械行业排名第三的意大利 CIFA 公司的收购，三一重工此次收购速度之快令人咋舌，可能会加重三一重工的资金链负担。《投资者报》2012 年 2 月 6 日推出文章认为，这起跨国"婚姻"虽然属于强强互补，但三一重工依然面临管理及市场兼容等问题，而持股 10% 的中信产业基金能否获得预期收益，也面临诸多挑战。对于三一重工来说，能否将技术真正放在中国，同时通过该并购获得国际市场，实现国内与国际市场的兼容，这将是三一重工的最大难题。《北京晨报》在 2012 年 2 月 16 日则报道了三一吞象后员工大规模抗议的后遗症。2016 年 6 月，《第一财经》推出文章表示，过去的四年时间里，德国工人对这一起并购从最开始的反对到庆幸，普茨迈斯特在全球的雇员人数维持在 3 300 人左右，在德国的工厂也没有明显的人员变动。

2. 券商观点

券商等研究机构则达成高度一致，纷纷针对这一收购发表研报，赞扬声一片，纷纷给出"推荐""强烈推荐""增持""买入"等评价。看好主要原因在于：首先，收购价格合适。国金证券表示，此次3.6亿欧元的收购总价格低于目前A股市场工程机械公司相应的平均估值水平；其次，此次并购有利于巩固三一重工混凝土机械业务的市场地位；最后，有益于三一重工更好地国际化。中投证券则认为本次收购对公司短期业绩贡献有限，但若能成功整合，收购后中长期协同效应潜力巨大，同时中投证券也提示了宏观调控持续紧缩、原材料成本上升、信用销售等风险。

（二）短期市场绩效

本部分以三一重工并购公告日前后和交割完成日前后一段时间的股价波动情况为观察对象，并将其与行业指数以及市场指数做对比，分析其短期市场绩效。行业指数我们选取的是工程机械行业上市公司收盘价之和，市场指数我们选取的是沪深300指数。沪深300指数的市值覆盖率高，样本股集中了市场中大量优质股票，因此，是反映沪深两个市场整体走势的"晴雨表"。为了使得数据具有可比性，我们选取三个指数的变化率进行比较分析。如图10-39所示。

股票投资者对三一重工并购普茨迈斯特并不持有看好态度。从公告日前后三一重工的股价变化率的变化趋势可以看出，三一重工股价的走势与沪深300的走势基本一致，但在并购公告日后，无论是上涨还是下跌，三一重工的表现基本都略差于工程机械行业。三一重工的股票价格由公告前的上涨趋势变为公告后波动中略降的趋势，表明投资者对此次并购并不看好，主要原因还是该起并购还需有关政府主管部门的批准。如图10-40所示。

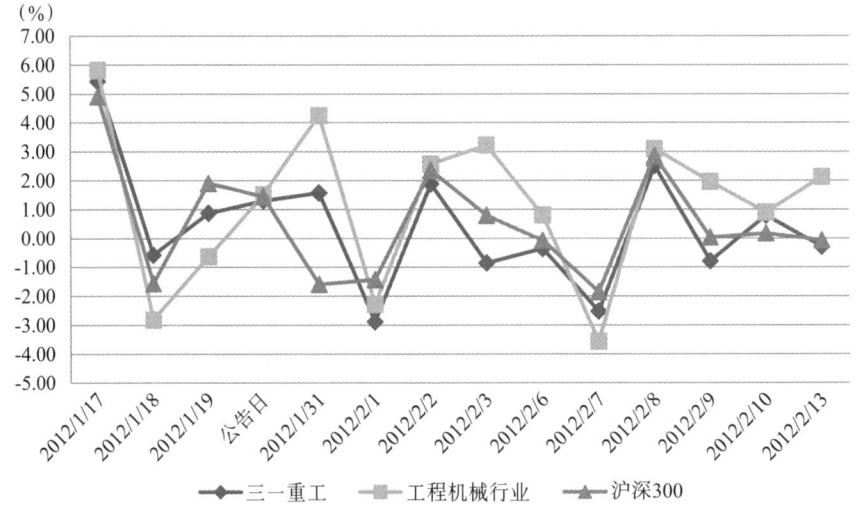

图10-39 三一重工并购公告日前后三一重工股价变化情况

数据来源：Wind数据库。

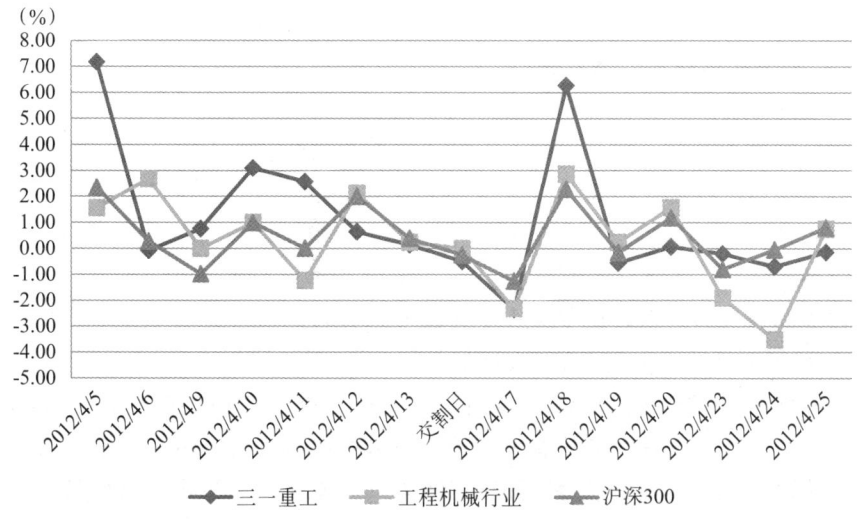

图 10-40 三一重工并购交割完成日前后股价变化情况

数据来源：Wind 数据库。

经分析发现，由于清明假期的闭市，4月1日商务部下发的《不实施进一步审查通知》对股市的影响在4月5日才显现出来，4月5日三一重工股票大涨7.2%，并在接下来的几日保持着较为稳定的增长势头。尤其在4月10日发改委做出同意本次收购案的批复后，股价在10日、11日两日内上涨了5.7%。直到德国时间4月16日完成交割，在中国股市的影响时间则来到了4月18日，股价当天即上涨6.3%，达到当月股价峰值14.57元。此外，在交割完成日前后，三一重工的股价整体走势略好于工程机械行业整体走势和股票市场的整体走势，在陆续得到商务部和发改委的批复后，投资者普遍看好此次并购交易。

（三）长期绩效

距离该起并购完成已经过去五年时间，一般情况下，一场并购效果如何，五年时间基本可以做出判断，基于此，我们分析三一重工收购普茨迈斯特的长期绩效。

出于数据可得性考虑，我们只能获取三一国际层面的数据。三一国际通过三一德国（后更名为"三一欧洲"）持有普茨迈斯特99%股权，另外1%由关联方梁稳根之子梁治中持有。三一国际在欧洲开展投资、销售产品的维修服务、新产品试制、装配加工及配套设施等业务，虽然还控股欧洲其他子公司，但德国作为欧洲主要市场，且欧洲一体化使得欧洲各个子市场环境相似，我们可以通过分析三一国际的长期绩效来分析三一重工收购普茨迈斯特的长期绩效。

三一国际盈利能力堪忧。2013~2016年四年间，在不考虑时间成本的情况下，三一国际累计净利润也仅为4.66亿元（三一重工没有披露2012年三一国际的盈利水平，数据无法获取），即使考虑2012年的盈利水平，三一国际发展五年的累计净利润也远远低于收购金额26.54亿元，如此低的盈利水平也与工程机械市场低迷有关。从这个角度来看,三一重工收购普茨迈斯特的长期绩效并不理想。

(四) 基于并购动因的绩效分析

在前文的分析中,我们发现该起并购的长期绩效并不理想,一方面是由于收购后工程机械行业进入低迷;另一方面,面对体量如此大的被并购方,且在极短的半个月内就达成了协议,并购完成后会出现诸如企业文化冲突、员工安置困难、现金流压力等"消化不良"问题,而三一重工总经理向文波也表示,三一重工此次收购并不是一般的财务性并购,不能用金钱衡量,三一重工看中的是普茨迈斯特的资源及技术。因此,在该部分我们重点分析三一重工并购德国普茨迈斯特后基于并购动因的绩效。

1. 扩宽销售渠道,占领市场份额

作为成立于 1958 年的欧洲老牌企业,一方面,普茨迈斯特已经是全球混凝土行业技术最先进的企业,是一家拥有全球销售网络的集团公司,销售覆盖全球 110 多个国家,普茨迈斯特在美国、巴西、印度、法国、西班牙、葡萄牙等地都有自己的工厂和销售体系;另一方面,普茨迈斯特在国内销售额只占 10% 左右,国际业务占比达 90%。截至 2011 年底,三一重工国内营业收入占比达 93.02%,国内混凝土市场份额达 50%~60%,由此可见,三一重工在国内市场已处于领先水平。在国内市场接近饱和的状态下,三一重工可以利用普茨迈斯特发达的全球销售网络扩展国际业务。2013 年,三一重工海外业务销售首次接近 100 亿元大关。海外业务收入的比例由并购前的不足 10% 增长至 2015 年的 55.77%,如表 10-23 所示。在行业不景气、国内业务收入严重缩水的情况下,三一重工的海外业务收入实现了较为稳定的增长。公司国际化进程进一步提速。

表 10-23　　　并购发生前后三一重工国际业务与国内业务收入比较　　　(单位:亿元)

	2009 年	2010 年	2011 年	2012 年	2013 年	2014 年	2015 年	2016 年
国际业务收入	13.59	21.31	34.25	87.4	108.74	98.22	126.47	92.86
国内业务收入	137.05	308.32	456.41	362.77	254.66	198.83	100.32	134.97
国际业务收入比例	9.02%	6.46%	6.98%	19.41%	29.92%	33.07%	55.77%	40.76%

数据来源:三一重工 2011~2015 年年报。

得益于该起并购,三一重工国际业务拓展迅速,在由世界领先的工程机械信息提供商英国 KHL 集团旗下《国际建设》杂志 (International Construction)[①] 发布的历年全球工程机械制造商 50 强榜单中的排名也得到了较大的提升,如表 10-24 所示。

一方面,三一重工收购普茨迈斯特之后,扭转了混凝土机械市场份额被中联重科蚕食的颓势,三一重工在混凝土机械业务上拉大了与中联重科的距离。并购完成后的第二年,中联重科混凝土机械销售额相对三一重工的百分比,自 2008 年末同比首次

---

① 英国 KHL 集团创立于 1989 年,是世界领先的国际建设和英国制造业领域的资讯出版商;《国际建设》international construction 建设拥有 40 多年的悠久历史,发行遍及 150 多个国家。

表 10-24　　　并购前后国内三家工程机械制造商全球排名情况

	2011 年	2012 年	2013 年
三一重工	6	5	7
中联重科	7	6	8
徐工集团	13	11	11

数据来源：英国 KHL 集团旗下《国际建设》杂志。

下降。截至 2016 年最近一期财报，中联重科混凝土机械销售额相对三一重工的百分比处于持续下降状态。如表 10-25 所示。

表 10-25　　　并购发生前后三一重工与中联重科混凝土机械业务收入比较　　　（单位：亿元）

	2009 年	2010 年	2011 年	2012 年	2013 年	2014 年	2015 年	2016 年
三一重工	94.75	178.47	260.46	265.09	190.3	160.22	104.74	95.03
中联重科	71.57	140.84	212.13	235.96	171.91	105.55	54.77	48.13
中联重科/三一重工	75.54%	78.92%	81.44%	89.01%	90.34%	65.88%	52.29%	50.65%

资料来源：《三一重工 2012~2016 年年报》、《中联重科 2012~2016 年年报》。

另一方面，竞争对手身份转变。通过此次并购，三一重工将竞争对手转化成自己的一部分，充分吸收利用普茨迈斯特的优势来拓展自身的国际业务。从混凝土机械行业来看，全球最大制造商与全球第一品牌制造商的叠加效应，彻底改变了行业全球竞争格局，实现了三一混凝土机械由中国第一品牌向世界第一品牌的跨越，确立了三一在全球混凝土机械行业的领先地位。

2. 企业研发能力升级

三一重工收购普茨迈斯特一个主要的动因便是学习先进的技术。普茨迈斯特的制造技术有很多借鉴之处。通过此次合并，三一重工将 100% 获得德方技术专利（普茨迈斯特在全球拥有泵车相关专利约 200 件）。普茨迈斯特在细分市场中主营高端产品，技术上优势是其在混凝土行业几十年立于不败之地的保证，其拥有的人才和不俗的研发能力使得其产品拥有良好的口碑，普茨迈斯特的产品可连续使用 100 小时无故障，中国的产品尚达不到这个技术水平。为了掌握德国的先进技术，三一重工除了组织人员去德国参观，还把德国老工人请到中国，组织员工进行培训。2012 年 12 月 10 日，三一重工与普茨迈斯特技术合作项目在长沙正式启动，通过项目合作和研发设计论坛等形式，推动技术人员之间的互动交流。2013 年 3 月 18 日，三一重工与普茨迈斯特联合研制的首款混凝土泵车——C8 系列混凝土臂架泵车上市。C8 泵车是在三一重工所有最稳定技术支撑的基础上，融合普茨迈斯特全球领先技术研制而成的。它采用了新研制的臂架一键即定技术，只需一键，轻松实现精准浇注。C8 首创超强智能减振技术，彻底改进与提升泵送的平稳性及泵送效率，新搭载的故障自诊断系统，可以协助解决 200 余项故障，故障排除时间缩短 70% 以上。经过全新的节能技术提升，C8 泵车的泵送效率提升达 25%，油耗则下降 10%。C8 泵车全面融合德国技术之后，工艺和性能得到全面提升。

并购完成后，三一重工陆续推出极具竞争力的创新产品。从申请专利的数量来看，截至 2011 年，三一重工累计共申请专利 2 975 项，授权 944 项，但在并购完成后的第一年即 2012 年当年，三一重工就申请专利 1 553 项，授权 1 484 项，全球排名领先，申请的专利获得授权的比例大幅增加。从产品研发的角度来看，2012 年，三一重工累计下线主机新产品 14 款、部件新产品 5 款、研发新技术 18 项，其中混凝土机械下线主机新产品 7 款、研发新技术 8 项；2013 年，全年累计下线主机新产品 96 款、部件新产品 5 款、研发新技术 58 项。由此可见，并购完成后，公司的创新研发速度及能力得到大幅度提高。得益于此，2012 年在财富中文网发布的 "2012 年最具创新力的中国公司" 榜单中，三一重工排名第三，成为国内工程机械行业排名最高的企业，比 2011 年排名提升 10 位。

四、总结及思考

（一）充分发挥 PE 在跨境并购中优势

在跨境并购中联合 PE 已经成为跨境并购的主流趋势。中联重科收购意大利 CIFA 联合了弘毅投资公司、高盛投资公司和曼达林基金，三一重工收购普茨迈斯特也联合了中信产业基金。一方面可以有效缓解并购资金的压力；另一方面是为了更好的税务筹划。此外，PE 在跨境并购中也能充分发挥自己的优势，比如能够更为迅捷的掌握市场信息，为企业提供更为全面的咨询服务以及拥有较为先进的国际化管理经验，能够帮助企业更为顺利的进行并购整合。因此，在跨境并购中，PE 的介入能够有效降低跨境并购的风险。

（二）并购时机选择

相对于中联重科收购 CIFA 来说，三一重工收购普茨迈斯特的时机较晚。三一重工收购普茨迈斯特时，虽然金融危机已过去四年，但政府投资刺激计划慢慢退出，效应已基本不复存在，工程机械行业进入低迷期，三一重工国内业务收入急剧下降，这无疑会给三一重工的跨境并购加重负担。因此，中国企业在进行跨境并购时机选择时，也要考虑行业周期、国内政策、市场状况的影响。

（三）竞购时，快速是关键

本次交易从 2011 年 12 月 20 日普茨迈斯特向三一重工表达竞购邀约意愿，到中联重科捷足先登，于 2011 年 12 月 30 日收到发改委关于收购普茨迈斯特的批复，再到梁稳根先生亲自出面与 Karl Schlecht 商讨并购事宜，于 2012 年 1 月 20 日与德国普茨迈斯特的股东 Karl Schlecht Stiftung 和 Karl Schlecht Familienstiftung 签署了《转让及购买协议》，最后到 2012 年 4 月 15 日，并购参与各方成功完成股权交割手续，整个交易进程持续时间只有四个月左右，进展不可谓不迅速。快速响应正是三一重工在此次与中联重科的竞购中取胜的关键因素之一。在竞购中，机会稍纵即逝，作为竞购方，一定要根据自身的战略发展和需求，针对合适的标的，果断地出击，才能在与竞购方的竞争中处于优势地位。

案例七　增强全球化布局：中海油收购尼克森

【案例简介】

2013年2月26日，中海油收购加拿大尼克森公司在卡尔加里市完成交割，中海油付出每普通股27.50美元、每优先股26.00加元共计151亿美元对价收购了尼克森100%的股权，并承担尼克森43亿美元负债。

此次收购是当时中国企业最大的海外并购交易[1]，中海油凭借这一收购提升了在加拿大的油砂资产量，并在欧洲地区实现了产量的零突破，全球化布局得到增强。收购时61%的溢价引起了外界的广泛关注，收购后国际油价持续下跌、标的资产价值减损的现实带来了外界对于此次收购的又一轮聚焦。

一、并购发起

（一）买方简介

1982年1月30日，国务院颁布《中华人民共和国对外合作开采海洋石油资源条例》，决定成立中国海洋石油总公司（以下简称"中海油总公司"），以立法形式授予中海油总公司在中国对外合作海区内进行石油勘探、开发、生产和销售的专营权，全面负责对外合作开采海洋石油资源业务。同年2月15日，中海油总公司在北京正式成立。自成立以来，中海油总公司保持了良好的发展态势，由一家单纯从事油气开采的上游公司，发展成为主业突出、产业链完整的国际能源公司，已形成油气勘探开发、工程技术与服务、炼化与销售、天然气及发电、金融服务等业务板块。1999年8月，中国海洋石油有限公司（以下简称"中海油"）在香港特别行政区注册成立，并于2001年2月27日和28日分别在纽交所（CEO.NYSE）和香港联交所（00883.HK）挂牌上市，中海油总公司间接持有其64.45%的股权。

中海油是一家专注于油气勘探、开发和生产的上游公司，以中国海域的渤海、南海西部、南海东部和东海为核心勘探区域，资产分布遍及亚洲、非洲、北美洲、南美洲和大洋洲，是中国海上主要油气生产商，也是世界最大的独立油气勘探及生产公司之一。中国海域是中海油主要的原油和天然气产区，采用"自营作业+以产品分成合同与外国企业合作[2]"两种模式进行勘探开发生产。在海外，中海油主要在印度尼西亚、澳大利亚、尼日利亚、乌干达、阿根廷、美国、加拿大和英国等国家的油气区块持有权益（见表10-26）。

---

[1] 2017年6月8日，中国化工集团430亿美元收购瑞士先正达完成交割，打破了中海油这一纪录。

[2] 中海油总公司拥有与外国石油公司签订产品分成合同、在中国海域合作勘探开发石油天然气的专营权，其已经将所有产品分成合同除管理职能以外的权利和义务转移给中海油，未来新签的产品分成合同也将转移给中海油。

表 10-26　　　　　　　　　中海油 2011 年年底全球业务分布概况

地域		勘探区域	业务情况	相关并购交易
中国	渤海	浅水区	最主要的原油产区，主要产重油	—
	南海西部		最重要的天然气产区之一	—
	南海西部		重要的原油产区，主要产轻质油和中质油	—
	东海		中国海域四大主要产区中勘探程度最低的	—
海外	亚洲	—	中海油海外发展最先进入的区域，在海外的主要油气产区之一，主要在印度尼西亚和伊拉克等地拥有油气资产	2002 年 5.85 亿美元收购印尼 5 个区块油田，2.75 亿美元收购印尼东固天然气；2004 年 9 810 万美元收购 BG 公司在印尼 Muturi 产品分成合同中拥有的 20.77% 的权益
	大洋洲	—	拥有澳大利亚西北大陆架天然气项目（NSW）5.3% 的权益	2003 年 3.48 亿美元收购澳大利亚 NSW 项目 5.3% 的权益
	非洲	—	海外油气储量较大的地区之一，主要位于尼日利亚和乌干达。中海油拥有尼日利亚 OML130 区块 45% 的权益（OML130 区块是一个深水区块）	2011 年中海油 14.67 亿美元收购 Tullow 石油公司乌干达 1、2 和 3A 区块各 1/3 的权益。从而成功进入东非的主要待开发盆地——阿尔伯特湖盆地，该盆地是非洲陆上油气资源前景最佳的盆地之一
	北美洲	美国	主要持有丹佛—朱尔斯堡盆地及粉河盆地、Eagle Ford 页岩气项目各 33.3% 的权益	2010 年 10.8 亿美元收购切萨皮克公司 Eagle Ford 页岩气项目 33.3% 的权益；2011 年 5.7 亿美元收购切萨皮克公司丹佛-朱尔斯堡盆地及粉河盆地油气项目共 33.3% 的权益
		加拿大	加拿大是世界油砂的主要富集地，中海油拥有加拿大 MEG 能源公司 16.69% 的权益、拥有长湖项目（Long Lake）35% 的权益、拥有 Northern Cross（Yukon）Limited 60% 的权益（该公司在加拿大 Yukon 地区拥有油气勘探区块）	2005 年，中海油 1.5 亿加元收购加拿大 MEG 能源公司 16.69% 的权益；2011 年，中海油 21 亿美元收购 OPTI Canada Inc 全部股份①
	南美洲		拥有 Bridas Corporation 50% 的权益，该公司在阿根廷等地从事油气勘探与生产活动	—

---

①　长湖项目（Long Lake）是 OPTI 的主要资产，位于加拿大阿尔伯塔省，是一个蒸汽辅助重力泄油（SAGD）及改质业务运营项目，资产以油砂为主。它是 OPTI 与尼克森的合营项目，尼克森拥有 65% 的权益，OPTI 拥有 35% 的权益。

中海油自成立以来主要从事浅水勘探开发,"致力于储量及产量的增长、拓展天然气业务、保持审慎的财务政策"是中海油长期奉行的发展战略。2010年,中海油开始向深水区发展,当年2月9日中海油的合作伙伴哈斯基石油中国有限公司钻获南海第三个深水发现——流花29-1,同年12月20日,中国自主建造的第一艘大型深水物探船"海洋石油720"下水。2011年12月26日,全球首艘集钻井、水上工程、勘探功能于一体的3 000米深水工程勘察船——"海洋石油708"交付使用,标志着我国海洋工程勘察作业能力从水深500米提升到了3 000米。2012年2月11日,中海油提出"二次跨越"的战略,主要目标是要让中海油"从国内走向国际,从浅水走向深水,从传统公司治理走向现代化企业规范治理",当年5月9日,我国自主设计建造的首台3 000米深水钻井平台"海洋石油981"在南海东部海域成功开钻,标志着"深水战略"迈出实质性步伐。

截至2011年12月31日,中海油总资产为3 842.64亿元,拥有探明储量约31.9亿桶油当量[①],储量寿命为9.3年;2011年全年实现净产量331.8百万桶油当量,实现净利润702.60亿元。

(二)标的简介

中海油此次收购标的为Nexen Inc.(以下简单"尼克森")全部的普通股及优先股股份。尼克森是一家成立于1971年的大型石油和天然气公司,总部设在加拿大艾伯塔省卡尔加里,是加拿大第十四大石油公司,在多伦多和纽约上市,主要在英国北海、西非海域及墨西哥湾深水海域进行常规油气勘探开发、在加拿大西部进行油砂和页岩气开采(见表10-27)。

表10-27　　　　　　　　　　尼克森主要业务概况

业务类别	主要勘探开发区域	概　　况
常规油气	英国北海,西非海域,美国墨西哥湾深水海域	持有Buzzard油田43.2%的权益,掌握深海油气勘测技术,是英国北海海域第二大石油生产商、北海福尔蒂斯(Forties[②])原油的最大供应方;在尼日利亚,持有Usan和Usan West两个海上油田各20%的权益;在墨西哥湾拥有超过200个区块

[①] 油当量是按标准油的热值计算各种能源量的换算指标。此处意为各类能源产出的热值合计为34.9亿桶标准油产生的热值。

[②] 福尔蒂斯与布伦特(Brent)、伊科菲斯克(Ekofisk)和奥塞贝格(Oseberg)共同构成了每日布伦特原油现货基准价格,此基准价格一般由其中价格最低的福尔蒂斯价格决定。

续表

业务类别	主要勘探开发区域	概况
油砂①	加拿大阿萨帕斯卡尔油砂地区	尼克森拥有超过656 000英亩的未开发区域权益,净证实及概算储量13.5亿桶,约有40亿桶潜在可采油砂资源;拥有Long Lake(长湖项目)65%的权益并且是作业者,用原位开采技术生产沥青,加工成合成原油用于最终销售;持有Syncrude Canada Ltd.②油砂采矿及改质设施7.23%的权益,该项目已经成功生产超过34年
页岩气	加拿大不列颠哥伦比亚省西北部Horn River(霍恩河)和Liard(利亚德)盆地	Horn River盆地是北美洲最优质的页岩气区带之一,有300 000英亩页岩气土地,资源开采年限长

资料来源:依据中海油公告《有关对NEXEN之建议收购的主要交易》、尼克森公司官网资料整理。

2011年底尼克森拥有证实储量1 008百万桶油当量、概算储量1 298百万桶油当量以及以加拿大油砂为主的56亿桶油当量的最佳估计潜在资源量③,平均日产量158千桶油当量。尼克森超过90%的资源储量位于经合组织国家,政治环境稳定。

尼克森70%的石油产量定价基于Brent(布伦特)原油,2009~2011年受惠于强劲的布伦特原油价格,尼克森在产量小幅下降的情况下总收入仍然呈上升趋势,分别为4 203百万加元、5 496百万加元和6 169百万加元。但由于尼克森重点发展长湖项目的重油资产,开采成本高于普通油气(以2011年数据为例,原位油砂单桶毛收益率为10.01%,显著低于常规油气及Syncrude油砂),勘探开发支出并未带来显著收益,利润并未稳步上升,流动比率及资金存量也逐年下降(见表10-28、表10-29)。

市场投资者纷纷开始质疑其投资能力和发展前景,股票价格由2008年每股40美元跌至2012年初的17.14美元,市值从150亿美元缩水至不到100亿美元,急需外源资金的注入来改善公司情况,尼克森的股东也急于寻找买家。

(三)并购动因

1. 获取油气资源,拓展发展平台

实现"储量及产量增长"是中海油发展战略的要求之一。中海油与中石油、中

---

① 油砂是一种分布广泛的重油资源,石化企业可以通过从地表挖掘出油砂矿,然后通过蒸汽分离等技术将油砂矿中的沥青分离出来,通过深加工,还可以将沥青转化为合成石油。但是,在这一加工过程中,会产生污染较为严重的尾矿,并且整个提取沥青和合成石油的过程将耗费大量能源,成本较高。

② Syncrude Canada Ltd.(加拿大油砂作业公司)成立于1973年,1978年开始投产,是当时(截至本次收购交易发生年度)在加拿大开采露天油砂的四大主要作业者之一,油砂露天开采技术在全世界处于领先地位。

③ 中海油收购公告。证实储量(Proved Reserves)是指具有较高程度的可予开采确定性的可予估算的储量;概算储量(Probable Reserves)指可予开采的确定性比证实储量低的额外储量;潜在可能资源指使用既有技术或开发中技术从已知累计量中可能开发的数量,但目前因一个或多个潜在可能因素不视为有商业开发价值使得其不能划分为储量。

表 10-28　　　　　　　尼克森单桶收益情况（2011 年）

项目		常规油气	非常规油气		
		英国北海（加元/桶油当量）	加拿大—页岩气（加元/立方英尺）	加拿大—油砂（加元/桶）	
				原位油砂①	Syncrude 油砂
销售价格		103.32	3.44	98.33	101.73
成本	作业成本	10.6	1.65	83.44	37.78
	矿税及其他	0.36	0.23	5.05	8.1
	国家税	42.41	—	—	—
单桶毛收益		49.95	1.56	9.84	55.85
作业成本/售价		10.26	47.97%	84.86%	37.14%
单桶毛收益/售价		48.34%	45.35%	10.01%	54.90%

资料来源：中海油《有关 NEXEN 之建议收购的主要交易》。

表 10-29　　　　尼克森 2009~2011 年主要财务数据　　　（单位：百万加元）

	2009 年	2010 年	2011 年
流动资产	5 551	4 404	3 691
流动负债	3 252	3 318	3 428
流动比率	1.71	1.33	1.08
现金及现金等价物	1 700	1 005	845
资产负债率	67.61%	60.23%	58.28%
销售收入	4 203	5 496	6 169
其中：常规油气（占比）	3 456（82.23%）	4 434（80.68%）	4 712（76.38%）
非常规油气（占比）	641（15.25%）	1 023（18.61%）	1 401（22.71%）
其他（占比）	106（2.52%）	39（0.71%）	56（0.91%）
净利润	536	1 127	697
资本支出——勘探开发	2 742	2 523	2 575
其中：常规油气	980	862	1 995
非常规油气	930	873	521
其他	832	788	59

数据来源：尼克森历年年报。

石化并列为国内三大石油公司，但在资源储量和产量上是这三家公司中最小的（见表 10-30），2008 年中石油、中石化相继获得海上原油勘探开采牌照，中海油"海上霸主"的地位开始受到挑战。在国内油气资源基本被瓜分殆尽的情况下，中海油希

---

① 原位油砂指长湖项目（Long Lake）开采的油砂。

望获得优质资源扩张自身规模,增强竞争优势以与另外"两桶油"相抗衡。

表 10 – 30　　　　　2011 年国内三大石油公司产量及储量情况①

	项目	中海油	中石油	中石化
	油气当量产量(百万桶)	332	1 286	408
储量	原油探明储量②(百万桶)	2 166	11 128	2 848
	天然气探明储量(十亿立方英尺)	6 049	66 653	6 709

资料来源:2011 年中海油、中石油、中石化年度报告。

尼克森拥有的"证实储量 + 概算储量"共计 2 306 百万桶油当量,种类丰富且分布于英国北海、加拿大等多地。一方面中海油可实现储量和产量的增长,进一步促进自身资源结构由传统油气资源向液化天然气、油砂、页岩气等非常规油气资源拓展;另一方面,中海油可以提升在加拿大的油砂资产量、加强在墨西哥湾和尼日利亚海上油气区块的布局并战略性进入资源丰富的英国北海和加拿大新兴页岩盆地 Horn River 地区,在原有的"亚太、美洲、非洲"三大主要油气合作区基础上,增加欧洲油气合作区,全球化布局得到增强。

2. 获取深水开发技术及管理经验

2011 年和 2012 年国际油价一直保持在高位震荡,在油价高企时段,石油产业上游利润是处于高位的。作为石油产业上游企业,中海油于 2012 年 2 月开始全面推进深水勘探开发,希望抓住时机扩大生产规模,强化勘探开采能力。尼克森的勘探业务之一为英国北海的深海油气资源,四十多年来积累了尖端的离岸深海油气勘探技术,有望为中海油开发中国南海储量巨大的深水资源提供技术支持。油砂开采需要较高的技术水平,世界上 85% 的油砂资源分布于加拿大(尼克森的油砂作业区就是加拿大),中海油可以学习尼克森在油砂开发项目上的专业知识、先进技术及管理经验,在国内进行开采探索③。

(四) 并购能力

本案例从资源要素和公共关系要素两方面对中海油的并购能力进行分析,具体情况见表 10 – 31。

二、并购过程

(一) 并购交易进程

跨境并购中获得目标企业所在地政府的批准是必经的一个环节,而石油能源的战

---

① 三家公司均以上市公司披露数据为准,不包含集团内未上市的存续部分。
② 我国石油储量定义中把石油储量划分为探明储量、控制储量和预测储量三级。国际上通常采用3P划分法,将储量划分为证实储量、概算储量、可能储量。我国的储量是指"油藏中的石油总量,即地质储量",国际上所指的储量是"从某一时间以后能从油藏中商业性采出的石油数量",两种分类方法难以直接对应。
③ 中国也是世界油砂矿产资源丰富的国家之一,居世界第五位。

表 10-31　　　　　　　　　中海油收购尼克森能力分析

并购能力要素		中海油的具体情况
资源要素	人力资源	在参与并购人员经验方面，中海油先后在印尼、澳大利亚、加拿大、尼日利亚、阿根廷、美国和乌干达成功进行并购，具有较多海外并购经验。在海外经营方面，中海油有多年海外经营经验，具有大量高素质的海外管理人员，有能力在并购后对于海外资产进行管理
	财务资源	中海油穆迪评级为 Aa3，保证了中海油良好的融资能力；中海油自身财务资源较强，央企背景又为其带来了银行授信额度，较易获得银行贷款
	无形资源	中海油在此次并购前就进行了大量的海外经营活动，经营业务遍布各大洲，所以中海油对海外各国实际情况掌握一定程度的一手资料，较好的掌握了海外信息
公共关系要素		在海外进行并购时，中海油的央企背景会造成当地政府和工作人员的天然排斥，但作为国际石油公司，中海油掌握一定的海外关系网。特别是自 2005 年以来中海油已成为加拿大的重要投资者，合计投入资本 28 亿加元，有与当地政府、居民及社区沟通的经验，有能力在并购过程中化解各方阻碍

略重要性更是加大了获准政府审批的难度。尼克森是一家全球性的能源公司，资产横跨多国，中海油收购尼克森需要尼克森股东、有关监管机构，以及包括加拿大、欧盟、美国和中国政府的批准。这当中有很多不可测因素的影响，而事实上，这次审批过程也确实漫长且曲折。

2012 年 8 月 29 日，中海油向加拿大政府提出收购审批申请，加拿大政府需在 45 天内做出决定。但是该项申请经历了 3 次延期，直至 2012 年 12 月 8 日，加拿大政府才终于批准。在此期间，加拿大和美国政界一些反对并购的声音也不绝于耳，且加拿大机构调查显示，多数民众并不支持收购。2013 年 2 月 12 日，该交易获得美国外国投资委员会的批准，这也是该笔交易所需的最后一组监管许可，意味着这一亚洲国家有史以来最大规模海外并购交易面对的最后障碍已经被消除。主要进程见表 10-32。

表 10-32　　　　　　　　　中海油收购尼克森主要进程回顾

时间	进程
2012 年 7 月 23 日	中海油宣布将分别以每股 27.50 美元和 26.0 加元的价格现金收购加拿大尼克森公司所有流通中的普通股和优先股，交易总价格约为 151 亿美元，尼克森当前的 43 亿美元的债务予以维持
2012 年 8 月 29 日	中海油向加拿大政府提交关于收购的审批申请
2012 年 9 月 20 日	尼克森公司召开股东大会，99% 的普通股持有人和 87% 的优先股持有人赞成并通过此项协议。同日，加拿大法院批准该协议
2012 年 10 月 11 日	加拿大政府决定将审批中海油收购尼克森公司申请期限延长 30 天，延期至 11 月 10 日
2012 年 11 月 2 日	加拿大政府决定将审批中海油收购尼克森公司申请再次延长 30 天，至 12 月 10 日

续表

时间	进程
2012年12月8日	中海油宣布收到加拿大工业部长的通知,称收购尼克森公司的申请已获得部长批准
2013年1月18日	国家发改委网站公告,已于2012年12月批准中海油整体收购加拿大尼克森公司项目
2013年2月12日	美国外国投资委员会正式批准中海油对尼克森公司位于美国墨西哥湾资产的收购
2013年2月26日	当日6点,中海油收购加拿大尼克森公司在加拿大卡尔加里市成功交割
2013年5月2日	中海油通过全资附属公司CNOOC Finance Limited发行40亿美元担保票据,用以偿还并购借入的60亿美元短期贷款中的部分贷款
2013年9月18日	中海油在加拿大多伦多证券交易所以美国存托凭证(ADR)形式挂牌交易

(二)并购交易方案

中海油本次收购尼克森全部普通股及优先股股份的对价合计151亿美元,并承担尼克森43亿美元的债务①,这些债务主要是长期借款,其构成见图10-41。

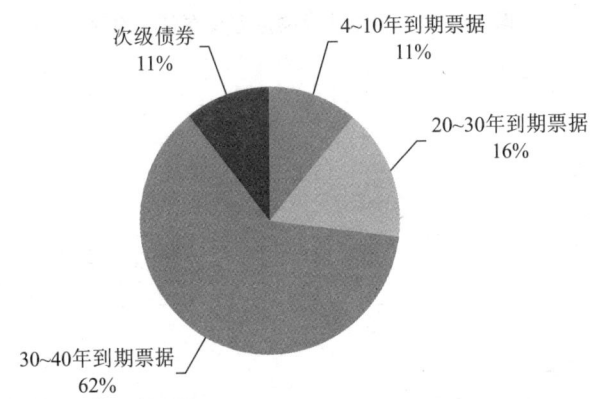

图10-41 尼克森2011年底长期借款

数据来源:尼克森2011年度财务报告。

此次收购的实施主体为中海油在加拿大的全资子公司CNOOC Canada Holding Ltd,其主营业务是投资控股,交易结构如图10-42所示。

2013年2月6日中海油以"自有资金91亿美元+银行贷款60亿美元"完成支付(见图10-43)。现金支付的方式估价简单,中海油选择这一支付方式可以加速并购进程,同时也可以避免证券支付带来的卖方收益不确定性以及股权流通性阻碍等,有助于获得卖方股东的好感从而促成并购。2012年12月31日,中海油账面可动用资金(包括现金及现金等价物、三个月内到期的定期存款等)为550.24亿元,并有617.95亿元可供出售金融资产,完全有能力支付此次收购资金,收购不存在支付风险。从流动性风险来看,中海油2012年经营现金净流量为147美元,在支付91亿美

---

① 收购完成后,中海油在2013年偿还了4.6亿美元次级债务,尼克森于收购日的剩余债务予以维持。

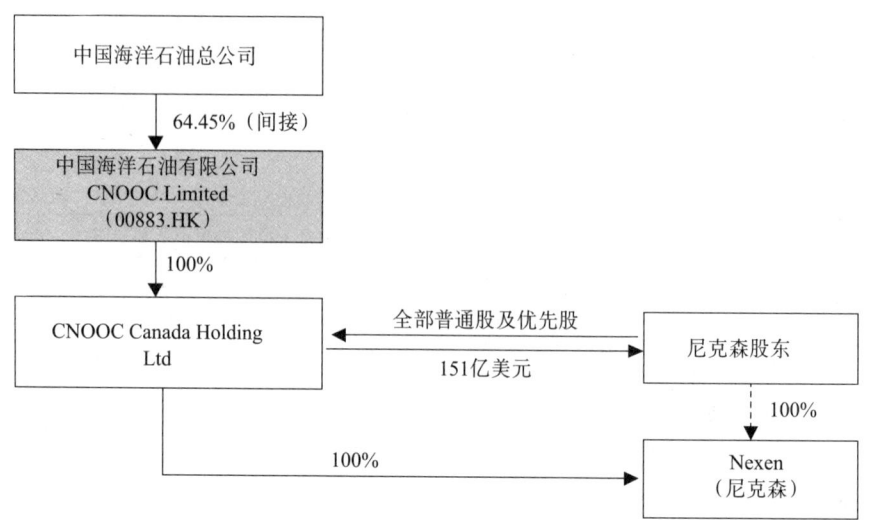

图 10-42 中海油收购尼克森交易结构图

元的对价后,仍然结余 56 亿美元,说明支付对价不会影响企业的正常生产经营,流动性风险较低。

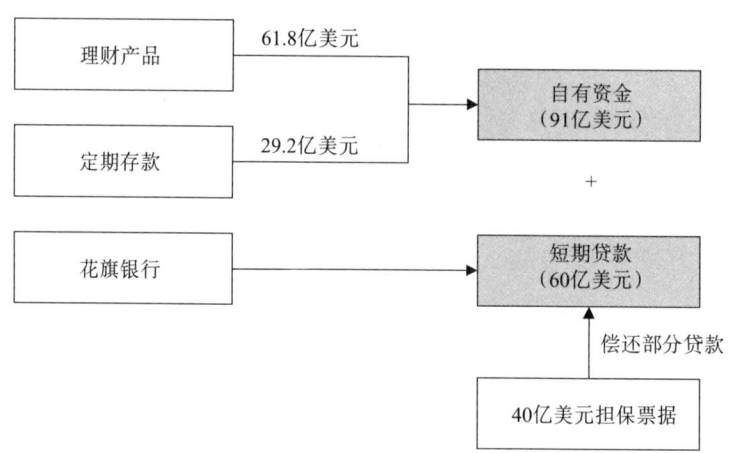

图 10-43 收购资金来源

资料来源:根据中海油披露信息整理。

2013 年 5 月 2 日中海油通过设在英属维尔京群岛的全资附属公司 CNOOC Finance Limited 发行 40 亿美元组合担保票据(见表 10-33),用以偿还借入的 60 亿美元短期贷款中的部分贷款,这是当时中国最大海外美元债券。在发债消息宣布 16 个小时后,就吸引了 238 亿美元的认购资金,来自美国大型机构投资者的认购需求强劲。

表 10-33 中海油组合票据种类

期限（年）	到期时间	年利率（%）	金额（亿美元）
3	2016年5月9日	1.125	7.5
5	2018年5月9日	1.750	7.5
10	2023年5月9日	3.000	20
30	2043年5月9日	4.250	5
	合计		40

资料来源：中海油公告。

收购完成后，中海油将尼克森与其在加拿大的另一家附属公司合并，改名为Nexen Energy ULC 公司，总部建在加拿大卡尔加里，由新公司管理中海油北美洲和中美洲资产及尼克森原有资产。中海油保留了尼克森全部原有的管理层和员工（总数约3 000人），并仍由首席执行官 Kevin Reinhart 继续负责管理，其在尼克森有着18年以上的工作经验。新的董事会由中海油、尼克森现有的管理团队及加拿大籍独立董事组成，中海油总公司副总经理、中海油首席执行官兼总裁李凡担任该公司董事长。这在一定程度上有利于维持公司的稳定运营，并减少并购后人员整合的不确定性。2013年9月18日，中海油的美国存托凭证（ADRs）在多伦多证券交易所（股票代号：CNU）挂牌交易。

（三）定价合理性分析

中海油以每股27.50美元收购尼克森全部普通股，相对于尼克森于公告日（2012年7月23日）在纽约证交所的收盘价溢价61%，此次收购的定价创造了中国企业跨境并购溢价的新纪录，因此广受关注。

时任中海油总经理杨华表示，"收购价格合不合理要看资产价值，尼克森公司的探明可采储量是10亿桶油当量，还有探明+概算储量约为20亿桶油当量，有前景的储量也是一个很大的数字。"显示出对尼克森资源价值的肯定。Martec（迈哲华）投资管理咨询有限公司能源电力总监曹寅认为中海油的收购价格并不算高，"因为收购之时尼克森的价格处在低位，所以收购价比交易时的股价溢价较多，但如果往前推，测算一下尼克森的平均股价，也就是高出20%至30%的水平。"

油气企业收购价格的比较通常以2P储量（探明储量+概算储量）交易价格来测算，此次中海油收购尼克森的交易价格平均为9美元~10美元/桶油当量[①]。2012年中石化收购加拿大塔里斯曼英国子公司49%股份项目时，透露英国北海地区2P储量交易价格平均为14.59美元/桶油当量，对比之下中海油的收购价格是处于较低水平。此外，以2011年12月31日为评估基点，对尼克森未来净收益的现值进行估算（见表10-34），得到未来尼克森可带来27 726百万加元净收益（现值），按2P储量计

---

① 本次收购金额为151亿美元，承担债务约43亿美元，合计总成本约194亿美元。

算即 13.74 加元/桶油当量（折合 13.09 美元/桶油当量），高于中海油此次收购的平均交易价格 9 美元~10 美元/桶油当量。综上所述，按照收购之时尼克森的资源储量及当时对未来油价的预期，中海油此次收购的定价是合理的。

表 10-34　　　　　尼克森未来净收益现值估算（所得税前）

证实加概算储量	总净收益（现值）（百万加元）	单位净收益（现值）	
		加元/桶	加元/千立方英尺
轻质及中质石油	19 596	44.25	—
合成油	6 848	8.54	—
沥青	700	12.63	—
天然气	77	—	0.23
煤层气	93	—	1.09
页岩气	412	—	0.43
合计（现值）	27 726	13.74（加元/桶油当量）	

注：①折现率为 10%。②估值主要假设有：Brent 均价 100 美元~105 美元/桶、WTI 均价 95 美元~100 美元/桶、通货膨胀率为 2%。

资料来源：《NEXEN 独立储量估算师之意见函件》。

（四）并购风险

1. 审查风险

由于石油资源具有战略资源的特殊属性，我国石油企业在海外并购中极易遭受来自东道国政府的政治干预。西方发达国家对我国国有企业的特殊身份背景非常敏感，加上其鼓吹的"中国资源掠夺论"的影响，导致政治风险成为我国石油企业海外并购过程中最常见、风险度最高的风险之一。早在 2005 年，中海油并购美国的第二大能源企业优尼科（Unocal）时，中海油并购报价远高于竞争对手美国雪佛龙公司（Chevron），但当时美国两个议员率先发难，联名写信给时任总统小布什，要求否决中海油收购优尼科，最终这项并购被美国政府以"危害国家重要资源的主权安全"为由阻止，中海油筹备已久的并购至此以失败告终。

本次收购中，尼克森公司有 10% 的资产是在美国墨西哥湾，因此美国国会的态度备受关注。事实上，美国多位议员确实先后发难，以种种理由要求美国政府阻止中海油收购尼克森。2012 年 7 月 27 日，美国民主党参议员舒默（Charles Schumer）向财政部部长盖特纳（Timothy Geithner）谏言，美国政府应阻止中海油收购尼克森公司，除非中国给在其国内的美国企业更多公平机会；美国民主党众议员爱德华—马尔基（Edward Markey）7 月 30 日称，美国政府应该阻止中海油收购尼克森旗下的美国资产，除非合并后公司同意支付全部的海上石油产地使用费，或是剥离这些资产。加拿大方面，尽管加拿大总理哈珀保守党政府对中国企业的投资并购持积极态度，在 2012 年 7 月中海油宣布收购尼克森后，仍然在加拿大政界与民众中激起千层浪。加拿大新民主党以此交易可能对加拿大就业、国家安全和环境产生影响为由,强烈提议对本次收购案进行公开听证,而据2012年8月一项加拿大调查机构的民众调查报告显示,加拿大多数民众也并不支持此次并购。

为弱化政治风险,在正式收购尼克森之前,中海油就非正式地接触了尼克森资产所在地的一些官员,并且展现出对东道国利益的充分尊重,如承诺留用尼克森现有的3 000名管理层团队及雇员,公告披露有意向在加拿大开展多项投资计划,包括在卡尔加里创建中海油地区总部,负责管理尼克森及中海油在加拿大、美国和中美洲的资产等,积极维护并加强对社区及社会的责任。同时,为了进一步摆脱政治困扰,表明该交易只是商业行为,中海油并未直接并购尼克森,而是利用中海油在加拿大设立的一家全资附属公司(CNOOC Canada Holding Ltd.)进行并购。最终,历时近6个月,该项收购终于获得了全部资产所在国政府的审批。

2. 估值风险

资源类企业估值风险的存在与开采成本和商品价格波动密切相关。

只见储量,不见开采成本和经济效益,是很多中国国企海外投资能源和矿业时的弊病之一。加拿大石油公司高级工程师张永柱表示,"国有企业一般会高估储量,因为上报的时候只报储量,购买了几百亿吨的地质储量,但是从来没有考虑开采成本是多少,这也是很多中国公司死在这里(加拿大)的原因。"油砂开采成本和风险高于一般原油,加拿大油砂平均开采成本约为每桶60美元,一旦出现石油价格下滑将很难获利。

中海油宣布收购尼克森时油价在高位(约111美元/桶)震荡,在对尼克森估值时中海油预期未来平均油价在95美元~105美元/桶。2008年金融危机使得油价大幅下降,2009年反弹,至2011年已持续3年高位震荡,观察历史油价(见图10-44)发现高位震荡期约为2~4年,油价在2011年以后存在下跌风险,可能会影响尼克森的价值。为抓住油价高企的时段,加快尼克森油砂的开采速度可能是一个行之有效的弱化风险的方法。

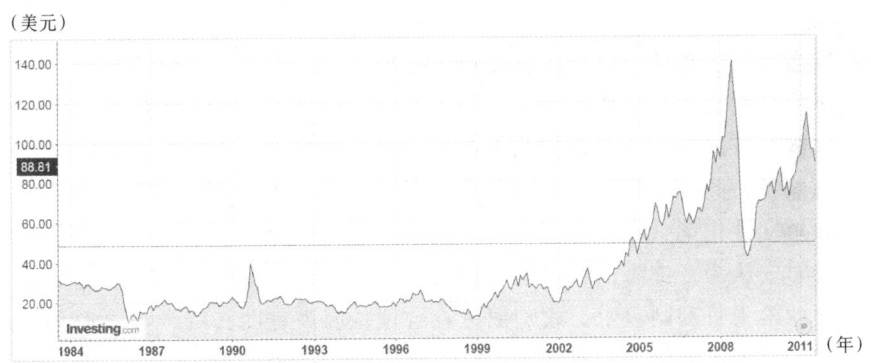

图10-44 1984年~2011年 WTI原油价格走势

资料来源:Investing.com。

三、并购绩效

（一）外界评价

1. 媒体观点

对于中海油的本次收购，媒体在不同阶段的评价也不同。

在中海油刚完成对尼克森的收购时，国际石油价格处于高位，尼克森石油储量情况良好，因此很多媒体对于此次收购总体比较看好。《国际金融报》认为，中海油此次收购虽然付出很大的代价，但这意味着中海油将向全能型的能源企业进一步转型，也获得了深入欧美腹地的机会，同时，此次收购的完成也是中国对外投资的里程碑。《华尔街日报》认为，这次收购将使中海油获得在改写能源市场格局的技术领域中的关键角色，并为其打开与埃克森美孚等油气巨头并肩经营北美油气田的大门。加拿大《环球邮报》也称，此次并购最直接的受益人是尼克森的股东、收购方和加拿大经济；中海油也将具有更大的全球影响力，能在欧洲、北美和世界其他地方获得更多能源资产。然而，也有媒体评论了此次并购面临风险和挑战。《证券时报》认为，跨国并购的风险和挑战不能忽视，如何消化被收购的公司更是中海油未来要着重关注的问题，我国石油企业进入西方市场还面临着商务运作能力、海外社会责任、国际化管理能力以及国际化人才管理等挑战。新华网认为，此次收购成功将使得中海油全球布局得以增强，中海油面临的挑战并未结束，巨额债务和整合运转等后续难题仍然存在。

2014年石油市场冷淡，尼克森的业绩低迷，此次收购对于中海油造成的不利后果再次成为媒体关注的焦点。《新京报》称，尼克森项目在收购完成后一直难以盈利，对中海油贡献利润仅2%，其原因主要是尼克森的高昂生产成本。《中国经营报》认为，2015年中海油对尼克森裁员以及尼克森漏油事件，表现出中海油管理方面的巨大漏洞，显示中海油掌控下的尼克森仍然存在巨大问题。《中国企业家》杂志认为，在国际油价持续低迷的大背景下，油砂正成为中海油亏损的"罪魁祸首"；尼克森是导致中海油净利润大幅下降的主要原因。

2. 券商观点

在收购当时，多数券商也对中海油跨境并购尼克森持比较乐观的态度，但同时也提出并购风险。麦格理发表研究报告指出，中海油收购尼克森溢价高，但这绝非愚蠢，因为收购将有助于中海油拓展北美业务。瑞信认为，基于尼克森在加拿大拥有丰富的油砂蕴藏量，此次交易有助于中海油达到中期产量增长目标，提高其盈利；交易将成为股票短期催化剂，长远来看中海油还可以受益于尼克森页岩气蕴藏及开采经验。而国泰君安认为，中海油收购尼克森价格不便宜，显示出在国际市场收购上游资产的艰难。摩根士丹利则表示，收购尼克森合理，因为有助其资产基础多元化，而估值亦与业内最近的收购价相符；此次收购主要风险包括尼克森能否如期为中海油提升产能，以及中海油与尼克森的整合问题。

由各界媒体和券商的观点可见，此次收购正处在国际石油价格高峰刚刚回落之时，尼克森石油储量前景较好，在当时来看比较适合收购，但文化制度差异和整合的困难也使得此次收购面临较大的风险和挑战。从长期来看，由于国际油价持续低迷等原因，当时面临的风险最终成为现实。

(二) 短期市场绩效

中海油于 2012 年 7 月 23 日首次公告收购尼克森交易，当天中海油收盘价为 15.44 港元，较前一交易日收盘价（15.94 港元）下降 3.14%；24 日收盘价为 14.82 港元，较 23 日收盘价又下跌 4.02%（见图 10 - 45）。显示出市场对高溢价收购的担忧。

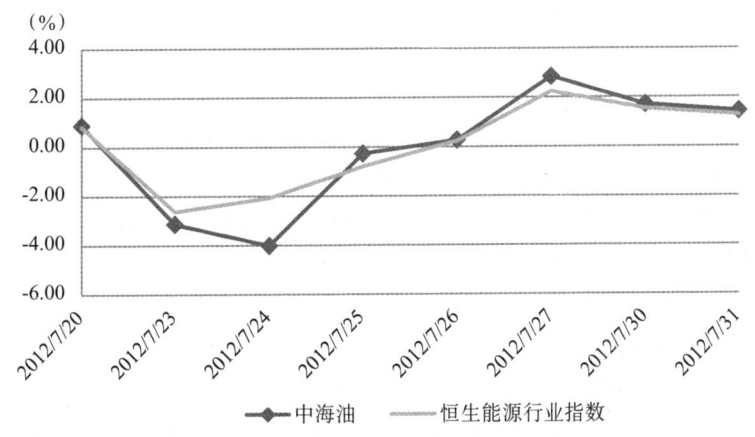

图 10 - 45　中海油股价及恒生能源行业指数波动情况

数据来源：Wind 资讯。

而形成鲜明对比的则是，尼克森 2012 年 7 月 23 日在纽约证券交易所 25.71 美元/股大幅高开，盘中一度上涨至 26.19 美元/股，截至收盘报收 25.9 美元/股，较前一交易日上涨幅度达 51.82%，成交量大幅放大至 1.41 亿美元。

(三) 长期财务绩效

尼克森的资源储量中 64% 为加拿大油砂，其中原位油砂开采成本显著高于当地平均开采成本 60 美元/桶。收购后尼克森的能源支出不断增加，2013 年尼克森能源支出为 165 亿元，占中海油全部能源支出的 18.2%，2014 年能源支出上升 19%，从侧面反映出其开采成本的进一步上升。中海油 2013 年年报显示，尼克森当年为中海油贡献了 6 080 万桶油当量的产品，占当年中海油总产量的 14.6%，而据多家媒体报道，时任中海油 CEO 李凡荣曾透露，2013 年尼克森仅占据了中海油 2% 的利润。这种产量与利润的极不匹配意味着尼克森的盈利能力较为薄弱。2014 年下半年以来国际油价持续走低，当年年底油价跌破 50 美元/桶，至 2016 年油价跌破 40 美元/桶（见图 10 - 46），而尼克森油砂资源平均开采成本超过 60 美元/桶，已无开采的经济价值。

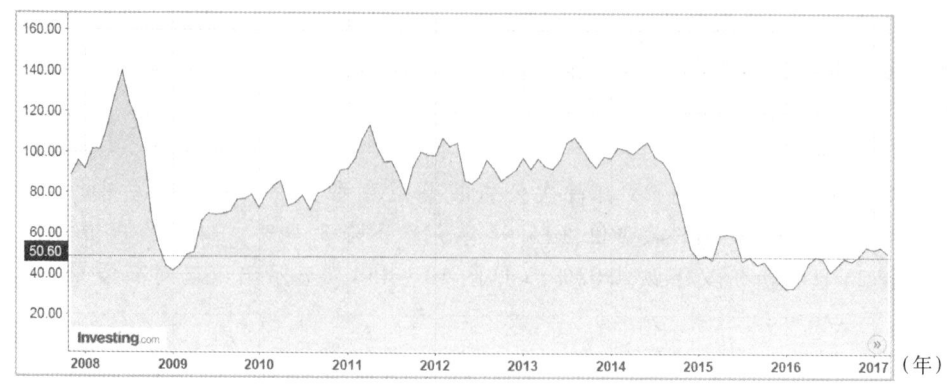

图 10 – 46　2008~2017 年 WTI 原油价格走势

资料来源：Investing.com。

开采成本的升高和油价的巨幅下跌都是中海油始料未及的，为其带来了沉重的负担。2016 年上半年，中海油对海外资产进行 104 亿元的资产减值，是 2015 年同期资产减值的 7 倍多，被减值的资产主要为尼克森旗下的油砂资产。

（四）基于并购动因的绩效分析

1. 全球化布局加强

本次收购于 2013 年完成交割，当年为中海油带来 26.80% 的储量增长，中海油储量替代率[①]由 2012 年的 187% 提升到 2013 年的 337%，储量寿命由 9.8 年提升到 10.5 年。并购后中海油的油气资源在经合组织（OECD）国家比重由 32% 升至 64%，更多的资源处于政治局势稳定、法律环境健全、市场经济成熟的发达地区，有利于提高中海油海外油气资源的稳定性。

收购完成后北美洲成为中海油海外油气储量和产量最大的地区，储量和产量约占中海油整体的 24.5% 和 11.5%，并在加拿大实现了天然气零突破，2013 年至 2016 年共产天然气 1 245 亿立方英尺，石油年产量也较收购前（2012 年）提升约 4 倍。此外，中海油在欧洲地区的产量实现了零突破，2013~2016 年共产石油 136.40 百万桶、天然气 583 亿立方英尺（见表 10 – 35）。

表 10 – 35　2012~2016 年中海油欧洲及加拿大地区产量

年份	欧洲		加拿大	
	石油（百万桶）	天然气（十亿立方米）	石油（百万桶）	天然气（十亿立方米）
2012	—	—	2.90	—
2013	30.5	10.5	14.6	38.7

---

① 储量替代率是在指定年度，探明储量的总增加量除以该年度的产量。

续表

年份	欧洲		加拿大	
	石油 (百万桶)	天然气 (十亿立方米)	石油 (百万桶)	天然气 (十亿立方米)
2014	32.1	18.5	17.6	42.9
2015	37.7	16.6	17.0	25.0
2016	36.1	12.7	14.8	17.9
合计	136.40	58.30	66.90	124.50

数据来源：中海油历年年报。

2. 作业勘探水平提升

收购完成后，新组建的 Nexen Energy ULC 公司负责中海油全部北美洲和中美洲资产及尼克森原有资产的管理，在该地区中海油主要生产油砂和页岩气，尼克森的作业优势在此显现。对比 2011~2016 年中海油北美地区的生产数据发现，单位作业及勘探费用逐年下降，并购前 2012 年较 2011 年下降 5.08%；并购后下降幅度增大，2013 年~2016 年平均下降幅度为 13.55%（见表 10-36），反映出尼克森团队为中海油带来了勘探水平和作业管理水平的提升。

表 10-36　　　　　中海油北美洲地区勘探作业成本情况

项目	2011 年	2012 年	2013 年	2014 年	2015 年	2016 年
作业费用（百万元）	324	1 964	6 816	7 183	5 322	3 789
勘探费用（百万元）	621	1 604	3 513	2 071	1 983	2 577
费用合计	945	3 568	10 329	9 254	7 305	6 366
产量（桶油当量/年）	3 320 040	13 206 795	43 810 950	49 700 590	49 285 950	42 974 370
单位作业及勘探费用 （元/桶油当量）	284.64	270.16	235.76	186.19	148.22	148.13
变动幅度	—	-5.08%	-12.73%	-21.02%	-20.40%	-0.06%

数据来源：中海油历年年报。

四、总结与思考

（一）非正式接触政府，创造友好氛围

中国越来越强大，西方国家的"中国威胁论"给中国企业拓展国际业务时带来了很大的阻力，2005 年中海油并购美国优尼科以失败告终就是一个鲜明的例子。在正式收购尼克森之前，中海油非正式地接触了尼克森资产所在地的一些官员，包括加拿大、美国、英国和尼日利亚，透露收购尼克森的意向。中海油一名高层表示，官员们当时并没有明确答复，但至少态度比较温和，足以叫人放心。以此为鉴，中国企业想要顺利地实现海外并购，有必要提前与国外政府进行必要会晤，让他们明白这是再

正常不过的商业活动,从而为并购解除政治障碍。

(二) 谨慎评估风险,合理认定价值

中海油的收购并非个案,由于在油价高位时收购,不少国际企业也陷入加拿大油砂泥潭,如法国道达尔公司、挪威国家石油公司、美国戴文能源公司等,收购后油价走低使得所收购资产大幅贬值,与大额收购代价形成强烈反差。这些企业相似的遭遇反映出,收购时买方公司低估了收购后存在的风险,一方面是低估了资源类企业商品价格周期性波动的幅度,另一方面是低估了资源开采难度及成本,这两方面的因素共同使得对标的资产的价值认定过于乐观。由此警醒资源类企业在进行并购时对风险的评估要谨慎。

案例八 生死之战:天齐集团并购泰利森

【案例简介】

2013年3月26日,中国锂化工龙头企业天齐集团携手中投公司以每股7.50加元的对价完成了对泰利森100%的股权收购,从洛克伍德手中拦截收购了这一优质锂矿公司,总股权交易价格为8.48亿加元,折合人民币约53.77亿元。2014年5月28日,天齐集团将泰利森注入上市公司天齐锂业。

天齐集团在收购泰利森的过程中,主要特点表现为:一是并购动因突出,此次跨境并购是关乎天齐集团未来发展的生死之战;二是携手中投公司,解决了此次收购案中的资金问题。

一、并购发起

(一) 买方简介

成都天齐实业(集团)有限公司(以下简称"天齐集团")成立于1997年,总部设在四川成都,并在成都双流、四川射洪、四川雅安、加拿大蒙特利尔、荷兰阿姆斯特丹等地建有分支机构、生产和资源基地,是具备国际竞争力的新能源材料和农牧机械制造龙头企业。天齐集团的主要产业集中在锂化工、矿业、农业机械三大领域。集团旗下拥有全球最大的矿石提锂生产商——天齐锂业股份有限公司(以下简称"天齐锂业")。如图10-47所示。

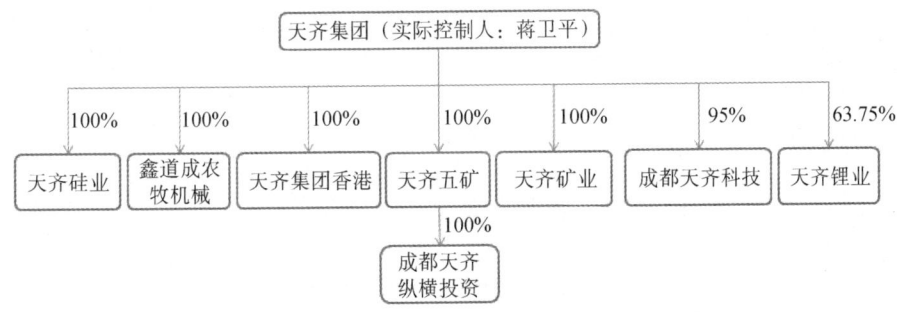

图10-47 2012年天齐集团组织架构示意图

资料来源:天眼查数据库。

早在天齐集团成立前,就有了天齐锂业的前身——四川射洪锂业有限责任公司。2004年天齐集团全资收购了射洪锂业,2007年射洪锂业完成股份制改造,改名为天齐锂业,2010年8月,天齐锂业在深圳证券交易所上市。天齐集团一直保持其第一大股东的地位,截至并购前,天齐集团持有天齐锂业63.75%股权,公司的实际控制人是蒋卫平。

天齐锂业是国内锂电新能源核心材料供应商,致力于锂系列产品的研发、生产和销售,主导产品有电池级碳酸锂、工业级碳酸锂、电池级无水氯化锂、工业级无水氯化锂、电池级氢氧化锂、工业级氢氧化锂以及磷酸二氢锂、高纯碳酸锂和金属锂等。

(二) 标的简介

泰利森锂业有限公司 (Talison Lithium Pty Ltd. 以下简称 "泰利森") 在2009年10月成立,注册地是澳大利亚的珀斯市,2010年9月在加拿大多伦多证券交易所挂牌交易。

泰利森的主要资产是西澳的格林布什矿山 (Greenbushes, West Australia),主营业务为格林布什锂矿的勘探、开采、加工与销售业务,共有员工约160人。截至2012年,澳大利亚格林布什锂矿是已探明的全球最大的锂辉石矿,产出的锂精矿占全球锂资源年供应量约30%的市场份额。格林布什矿经营项目包括开采和加工两个部分,首先从锂矿中开采锂辉石并进行选矿,再通过两个初级加工工厂将锂矿初步加工成主要产品:技术级锂精矿和化学级锂精矿 (以下合称为 "锂精矿")。泰利森将锂精矿销售给下游客户 (主要位于中国,在中国市场上拥有高达80%的市场份额),用于进一步加工成为各类锂盐化学品。表10-37是泰利森2011财年[①]和2012财年的财务状况。

表10-37　　　　　　　　　泰利森财务信息　　　　　　　　　(单位:百万元)

项目	2011年6月30日	2012年6月30日
流动资产合计	957.24	733.76
非流动资产合计	1 032.18	1 189.65
资产总计	1 989.43	1 923.40
流动负债合计	129.13	193.71
非流动负债合计	310.98	319.19
负债合计	440.11	512.90
权益合计	1 549.31	1 410.50
营业收入	720.23	789.59
净利润	150.86	-152.67

资料来源:天齐锂业公司公告。

截至2012年9月30日,格林布什锂矿的总资源量[②]为12 060万吨,锂矿储量[③]合计为6 160万吨。具体情况如表10-38、表10-39所示。

[①] 财年是指财经年度,澳大利亚公司的财年是从7月1日到次年6月30日。例如,2010财年是从2009年7月1日到2010年6月30日。

[②] 格林布什锂矿指所有查明与潜在 (预测) 的矿产资源总量。

[③] 经过详查或勘探,地质可靠程度达到了控制或探明的矿产资源储量。

表 10-38　　　　　　　　　　　格林布什锂矿资源量

类别	储量（万吨）	氧化锂品位①（%）	碳酸锂当量（万吨）
测定锂矿资源量	60	3.2	4
指示锂矿资源量	11 790	2.4	710
推断锂矿资源量	210	2.0	10
锂矿资源总量	12 060	—	724

资料来源：《技术报告》②。

表 10-39　　　　　　　　　　　格林布什锂矿储量

类别	储量（万吨）	氧化锂品位（%）	碳酸锂当量（万吨）
探明锂矿储量	60	3.2	4
推定锂矿储量	6 100	2.8	420
探明及控制储量总计	6 160	—	424

资料来源：《技术报告》。

截至 2012 年，天齐锂业生产所用的主要原材料锂辉石，几乎全部来自泰利森，按照天齐锂业 2011 年年报的描述，泰利森的锂辉石供应数量巨大，品质优良，公司与其建立了长期稳定的合作关系。

（三）并购动因

1. 内部发展战略

天齐集团收购泰利森，是想促进旗下上市公司天齐锂业的发展，反观 2012 年天齐锂业的战略规划：公司将发展战略定位于积极参与国际优质锂资源的并购，解决制约其运营锂资源的供应问题，增强发展的内生动力。天齐集团实际控制人蒋卫平曾公开表示，收购泰利森是为了抢占锂矿资源。对天齐集团而言，高价收购的目的在于拓展锂矿产业的上游资源，掌握锂资源的定价权，集团进行此次收购的主要目的就是拿矿。

天齐集团收购了泰利森，就控制了全球资源禀赋最好的锂辉石矿资源，完善了锂产业链上游资源布局，为扩大中游基础锂产品及高端锂产品的规模奠定了坚实的基础，并为天齐锂业解决了锂资源的供应问题，这对天齐锂业的产业链整合至关重要。

2. 外部环境刺激

按照天齐锂业的战略规划，将泰利森纳入囊中是一个远期计划。但是计划赶不上变化，半路杀出的洛克伍德锂业公司（Rockwood Lithium，以下简称"洛克伍德"）打乱了其阵脚。2012 年 8 月 23 日，洛克伍德发起对泰利森 100% 股权的收购，根据双方签署的协议，洛克伍德以每股 6.50 加元的对价（折合人民币总计 45.54 亿元）

---

① 品位指的是矿石中有用元素或它的化合物含量的百分数，百分数愈大品位愈高。
② 根据贝里多贝尔澳大利亚私人有限公司于 2012 年 12 月 21 日编制的《位于澳大利亚西澳的格林布什锂矿 NI43—101 技术报告》。

全面收购泰利森。

根据咨询公司 Roskill 的统计数据显示，泰利森与洛克伍德分别为 2011 年全球第二、第三大的锂盐生产企业，全球产量占比分别为 17%、16%。若洛克伍德成功收购泰利森，将产生新的全球锂业巨头，市场占比高达 33%。

天齐集团与泰利森长期存在直接的业务往来关系，仅 2011 年 7 月至 2012 年 6 月，天齐锂业和天齐矿业对泰利森矿产的采购量分别达 12.12 万吨和 13.36 万吨，分别占泰利森年锂精矿销量的 35.69% 和 36.56%。泰利森是天齐锂业最大的锂辉石矿供应商，也是其唯一锂精矿供应商。天齐锂业生产所用的主要原材料是锂辉石矿，占产品总成本的比重较大，锂辉石矿价格是影响上市公司天齐锂业盈利水平的重要因素之一。如果该供应商的经营环境发生重大改变，天齐锂业的锂辉石矿供应很可能受到冲击，在采购量以及价格上失去话语权，处于被动地位，从而对天齐锂业的生产和经营状况带来不利影响，最终给集团带来不利影响。

此外锂矿资源与其他矿产品不同，全球的锂矿被几个寡头控制，国内锂矿资源较少，对外的依赖程度非常高。洛克伍德是全球锂化工业的巨头之一，已拥有智利阿卡塔玛盐湖资产。如果洛克伍德成功收购泰利森，将加剧全球锂化工产业的寡头垄断局面。这不仅会对天齐集团造成致命的威胁，也会严重制约我国锂行业的发展。

二、并购过程

（一）并购交易进程

2012 年 9 月 21 日，天齐集团通过其在香港设立的全资子公司 Tianqi Group HK-Co.（简称"天齐集团香港"）在澳大利亚设立了全资子公司 Windfield Holdings Pty Ltd（以下简称"文菲尔德"），自此拉开了收购泰利森的序幕，并出现了竞购方变为合作方的剧情转变，其并购交易关键进程如表 10-40 所示。

表 10-40　　　　　　　　　天齐集团竞购泰利森进程表

时间	进程
2012 年 8 月 23 日	泰利森称与洛克伍德签署 SIA[①]，此后泰利森股价大涨 53%，收于 6.5 加元，并在随后两个多月内一直维持这一价位
2012 年 9 月 21 日	天齐集团香港在澳大利亚珀斯市成立了文菲尔德，100% 持股
2012 年 11 月 12 日	文菲尔德持有泰利森 14.99% 的股份
2012 年 11 月 19 日	泰利森收到天齐集团的收购方案：天齐集团以每股 7.15 加元的价格进行全面收购。此时文菲尔德已合法持有泰利森 22 878 033 股普通股股权，占泰利森发行在外普通股的 19.99%

---

① SIA：Scheme Implementation Agreement，《协议安排实施协议》，协议内容：洛克伍德拟以每股 6.5 加元的对价（对应的收购总价为 7.24 亿加元，按照当时中国人民银行公告的外汇中间价折合人民币约 45.54 亿元）全面收购泰利森。

续表

时间	进　程
2012年12月6日	文菲尔德与泰利森签署了SIA，以每股现金价格7.5加元（约合47.56元人民币）收购泰利森余下80.01%的普通股股权
2012年12月12日	泰利森终止与洛克伍德于8月23日签署的SIA
2012年12月	起草协议安排报告（包括独立专家报告），向澳大利亚证券和投资委员会提交申请，澳大利亚法院第一次听证
2013年2月25日	中国投资有限责任公司的全资子公司立德投资有限责任公司与天齐集团、天齐集团香港和文菲尔德签署《股东协议》和《认购协议》，协议约定中投对文菲尔德增资3亿加元，持股比例35%，用于文菲尔德以协议安排方式全面收购泰利森，天齐集团香港持股比例变为65%，中投公司已于2013年2月26日完成增资
2013年2月27日	泰利森股东大会审议通过文菲尔德的收购协议安排
2013年3月6日	澳大利亚法院第二次听证
2013年3月26日	天齐集团完成了对泰利森公司100%股权的收购
2013年6月8日	天齐锂业发布公告，拟通过非公开发行股票募集资金的方式购买天齐集团香港拥有的文菲尔德65%的股权
2013年11月29日	洛克伍德以5.243亿美元受让了天齐集团香港和立德分别持有的文菲尔德14%和35%的股权，最终天齐集团持有文菲尔德51%的股权，洛克伍德持有文菲尔德49%的股权，立德完全退出文菲尔德
2013年12月8日	天齐锂业发布关于修订非公开发行股票的公告，变更收购文菲尔德51%的股权
2014年2月27日	天齐锂业实施了非公开发行股票，实际发行价格为28.00元/股，发行募集资金总额312 928万元，扣除各项发行费用10 490.75万元后，募集资金净额为302 437.25万元
2014年5月	天齐锂业同意全资子公司Tianqi HK CO., LIMITED（以下简称"天齐锂业香港"）作为交割主体，办理交割手续
2014年5月28日	天齐锂业完成对文菲尔德51%股权的收购

纵观天齐集团竞购泰利森进程表，将此次交易划分为三个阶段。第一阶段：天齐集团实施拦截收购，与中投携手成功阻止洛克伍德，最终天齐集团持有泰利森65%的股权，中投公司持有泰利森35%的股权；第二阶段：中投公司退出泰利森，洛克伍德正式介入，泰利森由天齐集团和洛克伍德双方持有；第三阶段：天齐锂业现金购买天齐集团持有的泰利森51%股权，成为泰利森的控股股东。如图10-48、图10-49所示。

（二）融资方案概述

从天齐集团收购泰利森的交易进程可知：天齐集团首先通过二级市场购买、协议收购等方式收购泰利森19.99%的股权，即22 878 033股普通股，平均每股成本约6.88加元，这一阶段消耗天齐集团10亿元；紧接着天齐集团要以每股现金价格7.5

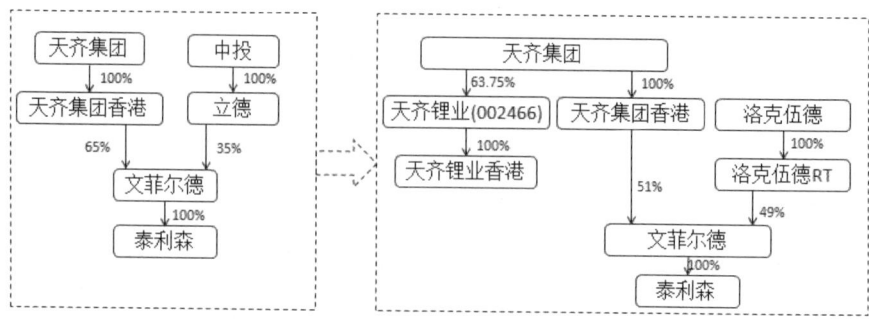

图 10-48　第一、二阶段交易结构图

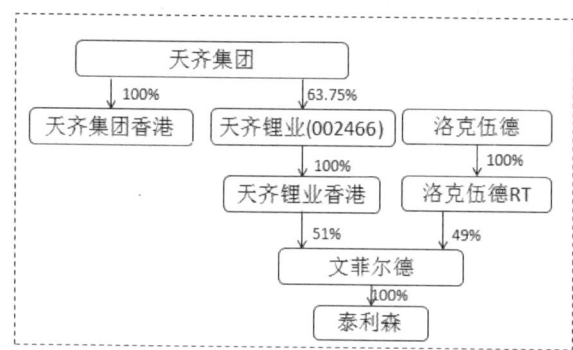

图 10-49　第三阶段交易结构图

加元（约合人民币 47.56 元）收购泰利森剩下 80.01% 的普通股股权，此阶段天齐集团需要支付现金 43.55 亿元；至此，泰利森的价值合计约 8.48 亿加元，天齐集团需要累计支付人民币约 53.77 亿元。

而天齐集团在 2012 年度的现金流不足以支付高达 53.77 亿元的收购价款。为此，天齐集团聘请财务顾问红桥广盛和普华永道，做出如下融资方案：

（1）自 2012 年 10 月 25 日起，天齐集团（持有天齐锂业股份 9 371.7 万股，占总股本的 63.75%）先后将其持有的天齐锂业股权中的 2 000 万股和 3 000 万股分别质押给国家开发银行股份有限公司和中国进出口银行股份有限公司贷款，来解决部分融资问题，截至 2012 年 10 月 26 日，天齐集团累计质押天齐锂业股份 5 000 万股，占总股本的 34.01%。按天齐锂业 2012 年 10 月 25 日的股价（30.17 元/股），推算天齐集团通过股份质押融资 6 亿元①。

（2）2013 年 2 月 25 日，天齐集团通过子公司文菲尔德与中投公司的子公司立德签订合同。按照合同约定，中投公司通过立德对文菲尔德投资约 3 亿加元，折合人民币约 18.4 亿元（持股比例 35%，非控股股东），以用于文菲尔德以协议安排方式全面收购泰利森。

---

① 计算过程：30.17 元/股 × 5 000 万股 × 40% / 10 000 = 6.034（亿元）。

（3）天齐集团及其子公司分别与 Credit Suisse AG（瑞士信贷集团）、中国工商银行股份有限公司、Twenty Two Dragons Ltd（ADM Capital 的子公司）签署了金额分别为 2 亿美元、1.2 亿美元和 5 000 万美元的贷款协议，折合人民币贷款总额为 22.58 亿元，如图 10 - 50 所示。

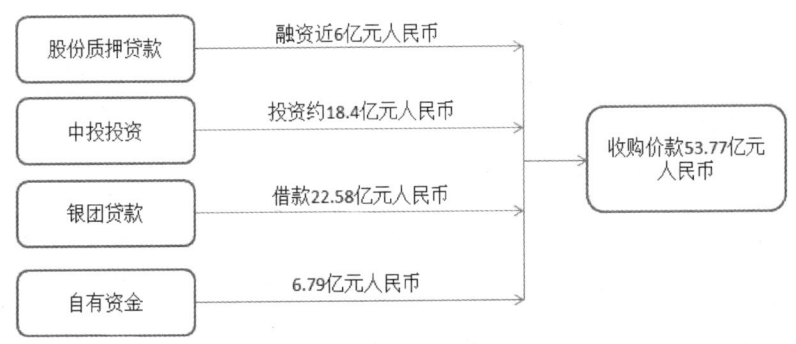

图 10 - 50　并购的主要资金来源

资料来源：天齐锂业第 2013—011 号公告。

（三）并购风险及防范

1. 融资风险

此次收购资金规模巨大，这对天齐集团造成了很大的资金压力。截至收购前夕，天齐集团为收购泰利森股权发生的相关费用折合人民币 367 983 万元，包括股权收购对价、与交易相关的顾问费、律师费，与融资相关的律师费、融资费以及借款利息等，具体情况如表 10 - 41 所示。

表 10 - 41　相关费用明细

序号	相关费用项目	金额（元）
一、	顾问费	
1.	Redbridge Grant Samuel Pte. Limited（红桥广盛）	88 062 025.12
2.	Royal Bank of Canada, Sydney Branch	2 144 914.00
3.	普华永道咨询（深圳）有限公司	5 428 273.35
4.	Kreab Gavin Anderson（Australia）Ltd	603 549.75
	小计	96 238 762.21
二、	律师费	
1.	Allens Linklaters（澳大利亚法域律师）	18 758 270.14
2.	Stikeman Elliot LLP（加拿大法域律师）	2 365 193.61
3.	君合（香港）律师事务所	13 690.02
4.	年利达律师事务所（北京、上海）	13 252 242.64
5.	BOUGHTON PETERSON YANG ANDERSON（中伦香港）	1 398 798.92

续表

序号	相关费用项目	金额（元）
6.	北京中伦律师事务所	2 004 930.00
7.	北京君合律师事务所	437 605.73
8.	诺顿罗氏律师事务所	583 007.70
	小计	38 813 738.75
三、	融资费用与利息	
1.	Twenty Two Dragons Limited 贷款承诺费	16 126 887.04
2.	Credit Suisse Singapore Branch 贷款承诺费	62 485 546.00
3.	中国工商银行贷款承诺费	18 707 880.00
4.	中国进出口银行资金管理费	720 923.50
5.	中国工商银行专项贷款利息	1 750 772.12
6.	Credit Suisse Singapore Branch（新加坡）贷款利息	3 639 444.72
7.	Twenty Two Dragons Limited 第一期和第二期的贷款利息	23 691 273.64
8.	中国进出口银行贷款利息	5 079 014.76
	小计	132 201 741.78
四、	股权收购对价	3 412 584 388.57
	小计	3 412 584 388.57
	相关费用总计	3 679 838 631.31

资料来源：成都天齐集团有限公司为收购泰利森股权发生的成本费用专项鉴证报告。

天齐集团为了收购泰利森，需要支付大额的费用，如果天齐集团不能及时募集到足够的资金，不仅影响收购进程，还可能会对后期的整合效果带来负面影响。同时，此次交易对价全部要求现金付款，这必将导致天齐集团流动资金的减少，从而有可能对集团的日常生产和经营业务造成一定影响。

2. 整合风险

本次收购最大的风险表现为整合风险：泰利森是在加拿大上市的澳大利亚公司，同时还通过加拿大子公司持有智利公司的资产，而此次收购的买方是境内公司天齐集团；买方、标的及标的资产涉及北美洲、澳洲、亚洲和南美洲4个大洲的5个国家和地区，涉及范围较广，而各国企业在企业文化、管理制度，以及所处国家相应的法律制度规定等方面均存在不同，天齐锂业从集团收购泰利森之后，需要从多个方面对原有和新增业务进行梳理，公司的经营风险也随之增大。可见此次并购中人力资源整合、文化整合和业务整合等是天齐锂业的主要风险。

天齐锂业只有通过实施有效措施整合企业文化、强化运营管理和内部沟通，同时把制度化、专业化和扁平化作为整合的突破口，才能实现资源共享，在公司内部形成强大合力，降低成本的同时提高整合效率。通过对人员、文化、业务等方面的整合，天齐锂业从单纯的锂盐加工企业转变成为世界上最大的生产电池级碳酸锂的公司之一,并控制着众多的优质锂矿资源,在锂盐方面成为国际市场的重要参与者。

(四) 后续事件

1. 中投退出,洛克伍德介入

2013 年 11 月 29 日,洛克伍德以 5.243 亿美元(折合人民币 31.95 亿元)受让了天齐集团和中投公司分别持有的文菲尔德 14% 和 35% 的股权,根据北京亚超资产评估有限公司出具的评估报告,截至评估基准日,文菲尔德股东全部权益市场价值为 54.05 亿元,而文菲尔德 49% 权益的评估值为 26.49 亿元,洛克伍德的支付对价较评估值溢价 20.61%。

上述交易完成后,天齐集团持有文菲尔德 51% 的股权,洛克伍德持有文菲尔德 49% 的股权,中投公司在获得 3.745 亿美元的价款(折合人民币 22.82 亿元)后完全退出文菲尔德。洛克伍德从竞购者到投资者角色的转变,值得我们深入探讨,下面从两个方面来分析中投公司退出,洛克伍德介入的原因。

中投公司在这场竞购赛中短暂出现的原因如下:一方面泰利森原本就是天齐集团最为重要的供货商之一,两者之间的经济往来关系非常密切,从 2010 年 7 月至 2011 年 6 月和 2011 年 7 月至 2012 年 6 月,天齐锂业和天齐矿业对泰利森矿产的采购量合计分别为 121 182.73 吨和 133 649.17 吨,而锂资源是制约天齐集团发展的关键要素,此次天齐集团收购泰利森,可以使其上市公司天齐锂业在主营业务不做重大调整的情况下,以资源优势撬动营业收入增长,此次收购虽显突然,但却是策划已久,中投公司正是看好这一关系,才会决定帮助天齐集团收购泰利森。

另一方面立德投资是 2011 年底中投公司架构大调整的产物,虽然注册地在中国,却是一支活跃在全球的并购团队,主要负责能源投资领域。从中投公司以往的投资经历可以看出,其在海外并购中不仅关注收益、净利润等盈利指标,还非常看重对矿石资源的投资。此次收购锂矿资源,符合中投公司的投资专业优势。

而天齐集团与洛克伍德最终实现合作的原因表现为以下几个方面:①洛克伍德持股泰利森以后,同意向泰利森提供不超过 6.7 亿美元的 2 年期贷款,年利率为 8%。②洛克伍德授予天齐集团为期 3 年、以 14 倍于 2013 年 EBITDA[①] 的价格投资洛克伍德锂业(德国)公司(Rockwood Lithium GmbH)20% ~ 30% 权益的期权。③天齐集团同意与洛克伍德共同持有泰利森,是基于其产业链延伸的战略发展目标,交易完成后,天齐集团仍然持有泰利森的控制权,并且取得了对洛克伍德下游锂业务的投资机会。

2. 后续系列并购

2014 年 5 月 28 日,天齐锂业向天齐集团购买其持有的文菲尔德 51% 股权,交易价格为 304 119.89 万元。根据北京亚超资产评估有限公司出具的《评估报告》,截至评估基准日文菲尔德股东全部权益市场价值为 540 546.64 万元,文菲尔德 51% 权益

---

① EBITDA 是指息税折旧摊销前利润。

的评估值为 275 678.79 万元，收购价格较评估值溢价 10.32%。

分析其合理性，体现于以下几个方面：①泰利森在全球锂资源市场所占份额较大，是天齐锂业唯一的原材料来源，收购泰利森不仅保障了天齐锂业原材料锂精矿的稳定供应，而且使得上市公司获得国际锂矿石定价权，而评估值无法体现上述战略利益。②天齐锂业收购泰利森 51% 的股权为上下游整合，评估值难以体现收购整合后在经营、管理、财务等方面的协同效应。

2014 年 8 月，天齐锂业发布重大资产购买预案，收购银河锂业国际公司 100% 股权，以达到收购银河锂业（江苏）有限公司的目的。银河锂业（江苏）有限公司为澳大利亚上市公司银河资源公司通过银河锂业国际公司控制的全资子公司，注册资本为 13 230 万美元，其在江苏省张家港市建立了中国首个全自动化碳酸锂生产线，能够节省泰利森锂精矿运往天齐锂业射洪基地的费用，凸显优质矿业资源与高效加工能力的协同效应。同年，天齐锂业还出资 3.11 亿元收购了西藏日喀则扎布耶锂业高科技有限公司 20% 的股权，该公司持有扎布耶盐湖的相关矿业权利；再加上天齐锂业前期与上海航天结盟打造锂电池生产线，天齐锂业已经完成了"锂矿—锂电材料—锂电池"的全产业链布局，跻身全球锂巨头的行列。

三、并购绩效

并购重组是一个企业发展历程中的重要事件，往往会对企业价值和财务指标产生重大的影响，下文分以下几个方面来分析天齐锂业并购泰利森的绩效。

（一）外界评价

1. 媒体评价

南方财富网认为：天齐锂业成功收购泰利森，保障了公司的长期原材料供应，泰利森格林布什锂辉石矿探明及推定锂矿储量为 6 160 万吨，折合碳酸锂当量 424 万吨；已测定和指示的锂矿资源量为 11 850 万吨，折合碳酸锂当量 714 万吨。泰利森拥有全球锂资源大约 30% 的市场份额，并且供应了国内约 80% 的锂精矿。天齐锂业和天齐矿业对泰利森采购约占泰利森出货量的 40%。泰利森锂辉石矿山矿石稳定性好，天齐锂业未来在资源供应方面有长期保障。

中国经济网发表观点：认为泰利森拥有世界上正在开采的、储量最大、品质最好的锂辉石矿，是全球最大固体锂矿拥有者及供应商，也是天齐锂业唯一的锂精矿供应商。而天齐锂业是泰利森锂辉石的最大销售客户。通过收购泰利森，将有利于天齐锂业加强资源控制，增强公司抵御风险能力，进一步完善公司的产业链，从而实现公司可持续发展。

成都商报也对中投公司介入此次竞购战做出了解读：危难之际，天齐集团找到了中投公司。中投公司决定由其子公司立德投资注资约 3 亿加元（约合人民币 18.4 亿元），获得泰利森 35% 股权。同时对此次并购案予以高度评价：天齐锂业并购泰利森，也为中国民营企业参与大型跨国并购提供了宝贵经验。

中国储能网也发表观点：当今中国产业已经进入全球分工链条，如果不主动参与，只能永远处在价值链的最底端。但在相当长的一段时间里，我国绝大多数大型跨国并购几乎都由央企操盘。近几年来，一些民企开始在海外市场参与并购，正如天齐锂业并购泰利森。

2. 券商评价

各大券商也对天齐集团此次收购案纷纷发表看法，华泰证券认为：泰利森经营表现良好，天齐锂业收购泰利森后，公司性质及盈利来源均会发生质变，由单纯的冶炼加工企业蜕变为世界范围内的集矿业和加工业为一体的产业巨头；同时公司业绩弹性亦随之显著提升，在整体行业呈现"需求加速增长、供应有序释放"景气度长期向上的情况下，公司有望尽享锂产业景气提升向公司盈利的转化，成为锂行业的首选投资标的；同时泰利森因优质的资源禀赋、长期运营经验和74万吨生产规模都将助力天齐锂业的长期发展。

光大证券认为：收购泰利森将成为天齐锂业发展的一个转折点，天齐锂业此次定向增发获得众多机构追捧，最终增发价格溢价14%，并不意外。天齐锂业已实现全产业链布局，相对于其他锂盐生产商更具竞争优势。

由媒体和券商的观点可见，虽然2012年天齐集团收购泰利森实属意外，并购溢价较高，但综合各方观点，普遍认为收购后将产生较好的协同效应，有利于集团内上市公司天齐锂业"锂矿—锂电材料—锂电池"的全产业链布局。而且在此次收购案中，确实亮点颇多，也给国内民营企业参与跨境并购提供了很好的借鉴和参考价值。

（二）并购财务绩效

2014年5月28日，天齐锂业完成对文菲尔德51%股权的收购，正式将泰利森纳入上市公司报表，本部分重点关注天齐锂业将泰利森纳入前后的业绩变化。

1. 营业收入突增

我国金属锂行业的上市公司有5家，分别是*ST金瑞、天齐锂业、赣锋锂业、西藏矿业和湘潭电化，近几年其具体的营业收入情况如表10-42所示。

天齐锂业纳入泰利森后，营业收入增幅明显，在5家上市公司中的市场占比从2013年的11.64%上涨至2014年的29.84%，翻了将近三倍，这给天齐锂业带来了几大好处：第一，参与全球定价权。原来国际几大巨头掌控全球定价权，现在天齐锂业也成为国际锂行业巨头，可以根据公司利益参与行业的定价。第二，主导国内定价权。由于国内的锂资源80%都是从泰利森供应，在天齐锂业收购泰利森后，真正把国内的定价权掌握在手里。第三，定价权上的优势，有利于未来收入的稳定。锂价格的提高，直接与天齐锂业的营业收入相挂钩，为其未来营业收入的稳定发展保驾护航。

表 10-42　　　　　　　　　　营业收入对照表　　　　　　　　　（单位：百万元）

排名	证券简称	2013 年	2014 年	2015 年	2016 年
	最高值	1 048.31	1 420.67	1 860.00	11 536.15
	平均值	711.55	952.16	1 217.55	3 908.71
1	*ST 金瑞	1 048.31	1 299.90	1 358.67	11 536.15①
2	天齐锂业	414.02	1 420.67	1 860.00	3 860.93
3	赣锋锂业	684.54	866.69	1 348.25	2 823.13
4	西藏矿业	708.60	507.66	897.02	675.12
5	湘潭电化	702.28	665.89	623.83	648.23

资料来源：Wind 数据库。

2. 营业收入构成改善

天齐锂业 2012~2016 年的营业收入构成如表 10-43 所示。从营业收入构成来看，从 2014 年开始，锂精矿开始成为天齐锂业收入构成的重要组成部分，每年给天齐锂业提供 10 亿元左右的收入来源，2016 年更创新高，达 10.61 亿元；此外，自 2014 年开始，天齐锂业的衍生锂产品收入也增长迅猛，营业收入较 2013 年翻了 4 倍，此后每年保持 100% 以上的增长率，涨幅明显。

表 10-43　　　　　　　　天齐锂业营业收入构成表

报告期	2012 年	2013 年	2014 年	2015 年	2016 年
产品营业总收入（百万元）	396.83	414.98	1 422.38	1 866.88	3 904.56
衍生锂产品	108.80	114.41	486.32	991.34	2 824.75
锂精矿	—	—	920.23	861.12	1 061.45
碳酸锂产品	285.39	298.82	—	—	—
其他业务	2.63	1.75	15.84	14.43	18.36
产品毛利率（%）	21.41	14.86	32.23	46.94	71.25
衍生锂产品	16.60	12.08	10.99	37.62	74.38
锂精矿	—	—	42.35	56.81	62.57
碳酸锂产品	23.18	16.13	—	—	—
其他业务	29.13	—	96.02	98.62	91.60

数据来源：根据天齐锂业年度报告整理。

---

① 2016 年 *ST 金瑞公司启动了发行股份购买资产并募集配套资金的重大资产重组工作，将其主要金融资产纳入到上市公司，其直接持有五矿资本控股 100% 股权，通过五矿资本控股间接持有五矿证券 99.76% 股权、五矿经易期货 99% 股权、五矿信托 67.86% 股权以及其他相关金融企业股权。公司主营业务发生重大变化，2016 年的营业收入也呈现出异常增长。

3. 毛利率连年上升

在前文中对天齐集团收购泰利森的动因进行分析时,多次强调过天齐集团与泰利森之间密切的经济业务往来关系,泰利森作为天齐锂业非常重要的供应商,锂辉矿石和锂精矿的定价将直接影响天齐锂业的主营业务成本;而天齐集团在特殊背景下毅然决定实施此次收购,一个非常重要的原因是影响并掌握锂资源的定价权。本部分通过分析 2012~2016 年天齐锂业的销售毛利率,可以更直观地看出此次收购给天齐锂业带来的长期绩效影响。如图 10-51 中所示。2012 年天齐锂业的毛利率仅为 21.41%,2013 年跌到最低值 14.86%,2014 年自从泰利森正式纳入上市公司天齐锂业之后,销售毛利率连年上升,截至 2016 年高达 71.25%,由此可见,天齐锂业并购泰利森,实现了资源整合和产业链的优化配置,掌握了锂资源的定价权,控制成本并提高了毛利率。如图 10-51 所示。

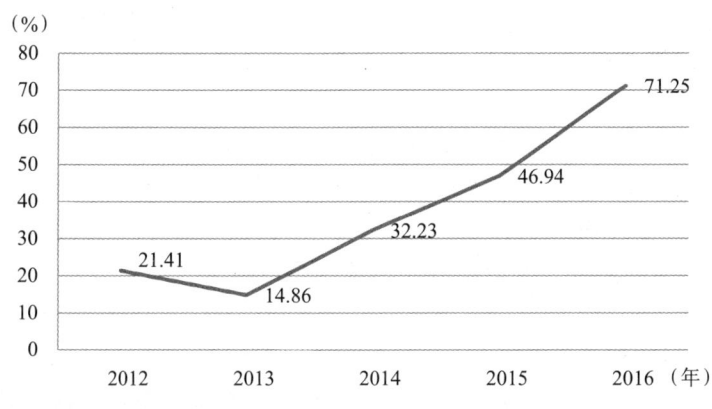

图 10-51 天齐锂业销售毛利率

4. 利润指标良好

由表 10-44 发现:2014 年公司实现营业收入 14.22 亿元,同比增长 33.16%;归属于上市公司股东净利润 1.31 亿元,同比增长 168.31%。从盈利能力来看,天齐锂业收购泰利森后的净资产收益率、总资产收益率和销售净利率都出现了大幅的上涨。净资产收益率由 2013 年的 -14.11% 上涨到 2014 年的 3.73%,至 2016 年达 39.41%;总资产收益率也是由 -8.15% 实现跨越式发展,至 2014 年达 7.21%;销售净利率快速上升,由 2013 年的 -31.90% 至 2014 年的 19.79%。以上三个盈利指标都反映出,天齐锂业在纳入泰利森后的盈利水平大幅提升。

表 10-44　　　　　　　天齐锂业利润指标　　　　　　　（单位:百万元）

利润表摘要	2012 年	2013 年	2014 年	2015 年	2016 年
营业总收入	396.83	414.98	1 422.38	1 866.88	3 904.56
同比(%)	-1.47	4.57	33.16	31.25	109.15
净利润	41.73	-132.36	281.52	425.83	1 786.56

续表

利润表摘要	2012 年	2013 年	2014 年	2015 年	2016 年
归属母公司股东的净利润	41.73	-132.36	130.50	247.86	1 512.05
同比（%）	3.75	-417.15	168.31	89.93	510.03
ROE（%）	4.19	-14.11	3.73	8.24	39.41
ROA（%）	3.10	-8.15	7.21	6.24	19.08
销售净利率（%）	10.52	-31.90	19.79	22.81	45.76

数据来源：根据天齐锂业年度报告整理。

四、总结与思考

（一）注重标的选择

虽然在此次并购案中，天齐集团是迫于洛克伍德的压力才实施的"拦截式"收购，但标的的选择不是空穴来风，泰利森具有优质的固体锂矿资源，天齐集团自1996年起即与泰利森开展合作，至收购前夕已经打了近二十年的交道，双方对经营情况已经彼此非常了解，天齐集团早就萌生了要收购泰利森的想法，只是缺少一个契机。由此可见，此次天齐集团毅然拦截洛克伍德绝不是一时冲动，而是一次蓄谋已久的爆发。正是由于天齐集团对潜在收购目标泰利森关注已久，多方面全方位考察目标企业，已经做到知己知彼，才能在洛克伍德刚想收购时及时介入，并顺利完成这场竞购。

（二）借鉴多种融资方式

在此次并购交易中，融资方式上采取了包括引入外部财务投资者、引入国际金融机构借款及过桥资金、目标公司股权质押贷款等多种手段募集资金，最终成功收购并实现天齐锂业控股泰利森的目标。

银行资本参与跨境并购是近几年的趋势。基于监管原因和较高的资金成本，银行资金比券商的并购基金成本更低，金额更大，可以快速参与到跨境并购的交易中。例如，本案例中总交易价格的重要组成部分都由境内外的银行提供，包括瑞士银行、工商银行、国家开发银行等知名银行，这是一般规模较小的并购基金和产业投资基金无法比拟的。

（三）注重多国法律和多方协调

在本次收购案例中，泰利森是在加拿大上市的澳大利亚公司，同时泰利森还通过加拿大子公司持有智利的资产，而此次收购的买方是境内公司天齐集团；买方、标的及标的资产涉及北美洲、澳洲、亚洲和南美洲4个大洲的5个国家和地区，并购过程中多国法律的协调成为关键。天齐集团聘请了财务顾问红桥广盛、普华永道、澳洲法律顾问、加拿大和智利的律师以及中伦香港、成都和上海等地的律师来协助收购，同时在收购前期还向北京、成都、上海、香港等地的律师申请帮助，使得其并购过程比较顺利。

案例九 医药业的 PE：复星医药的并购之道

【案例简介】

自 1998 年在上交所上市以来，复星医药一直将股权投资作为其发展的重要途径，着力于围绕主业进行投资和并购，被称为"医药业的 PE"。近年来，面对国内市场日益激烈的竞争，复星医药开始利用跨境并购获取国外先进技术及市场，拓展业务范围。

2013 年 5 月，复星医药以 2.2 亿美元完成对 Alma Lasers 95.6% 股权的收购；此后，于 2014 年联手国际知名私募股权基金 TPG 完成对美中互利的私有化；2015 年又与多家产业基金联合收购美国 Ambrx100% 股权；截至 2017 年 6 月底，复星医药对印度制药公司 Gland 86.08% 股权的收购已获得印度外国投资促进委员会审议通过，尚有待印度经济事务内阁委员会批准。经过多年发展，复星医药在对并购标的的选择上已形成一套成熟的逻辑和方法，其奉行的"全球资源，中国市场"的并购之道帮助复星医药快速实现协同作用，提升企业核心竞争力。

一、主并方简介

（一）历史发展及现状

上海复星医药（集团）股份有限公司（以下简称"复星医药"，600196.SH，02196.HK）前身是 1994 年由广信科技、上海永信咨询有限公司、上海复生生物工程研究所和部分内部职工共同投资设立的股份合作制企业上海复星实业公司。

1994 年 12 月，广信科技收购上海永信咨询有限公司、上海复生生物工程研究所等其他股东以及内部职工持有的上海复星实业公司全部股权，并与上海复星高科技（集团）有限公司（以下简称"复星高科技"）共同对股份合作制企业增资并将其改制为有限责任公司，同时更名为"上海复星实业有限公司"。1998 年 5 月，上海复星实业有限公司以净资产折股变更为"上海复星实业股份有限公司"，并于同年 8 月 7 日在上海证券交易所挂牌上市，成为我国第一家民营生物医药类上市公司。2004 年，上海复星实业股份有限公司更名为"上海复星医药（集团）股份有限公司"。2012 年 10 月 30 日，复星医药向全球公开发售 33 607 万股境外上市外资股，并在香港联交所主板挂牌上市。

复星医药作为一家专注现代生物医药健康产业的企业，覆盖制造、研发、分销及终端医疗服务等医药健康产业链多个重要环节，在整个复星集团[①]产业布局中有着重要战略地位。2007 年 7 月 16 日，复星集团中经营实体复星国际有限公司（以下简称

---

① 考虑到整个复星系层级复杂，本书以"复星集团"泛指复星系及下属公司。

"复星国际",00656.HK)在香港联交所主板整体上市。2011年,复星国际确立了"专注中国成长动力的世界一流投资集团"的发展愿景。目前,复星国际围绕富足、健康、快乐三大板块全球战略布局,主要投资方向包括消费及消费升级、金融服务、资源能源及制造业升级等行业,至2016年底,复星系主要业务板块如图10-52所示。

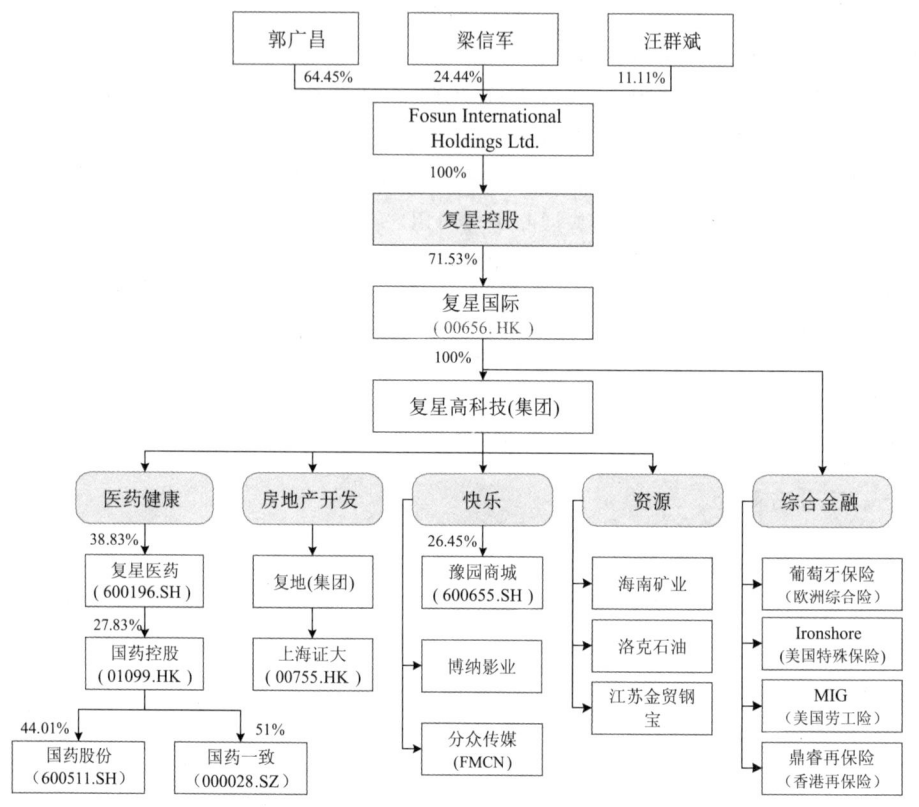

图10-52 2016年底"复星系"主要业务板块

资料来源:根据复星国际、复星医药、国药控股、复地集团年报整理。

复星高科技作为复星国际的境内运营实体,主要负责复星国际产业运营板块业务,其中医院健康板块、房地产板块、钢铁板块①和矿业板块为复星高科技最主要的四个业务板块②。而复星高科技主要通过复星医药、星益③及合资公司星堡老年服务④

---

① 自2015年12月31日起,因投票权委托,复星高科技将南京南钢视作合营企业,钢铁板块业务不再纳入合并范围。因此,自2016年起,复星高科技业务板块不再包含钢铁板块。
② 复星高科技对产业运营各板块的划分与复星国际的划分标准稍有区别。
③ 星益主要致力于面向中高端会员客户,提供一站式、全流程健康管理服务及第三方保险服务。
④ 星堡老年服务是复星国际与Fortress Investment Group LLC(NYSE,FIC)为发展中国养老地产而设立的合资公司。

经营医院健康板块的业务。

上市之初,复星医药主要从事核酸检测试剂、基因工程药品以及广告业务①。经过多年发展,复星医药业务领域已高度契合集团"大健康"战略(如图10-53所示),覆盖医药健康全产业链,业务发展立足中国本土并积极进行全球化布局,形成了以药品制造研发为核心,同时在医疗服务、医学诊断和医疗器械以及医药流通等领域拥有领先的市场地位,在研发创新、市场营销、并购整合、人才建设等方面形成竞争优势的大型专业医药健康产业集团。

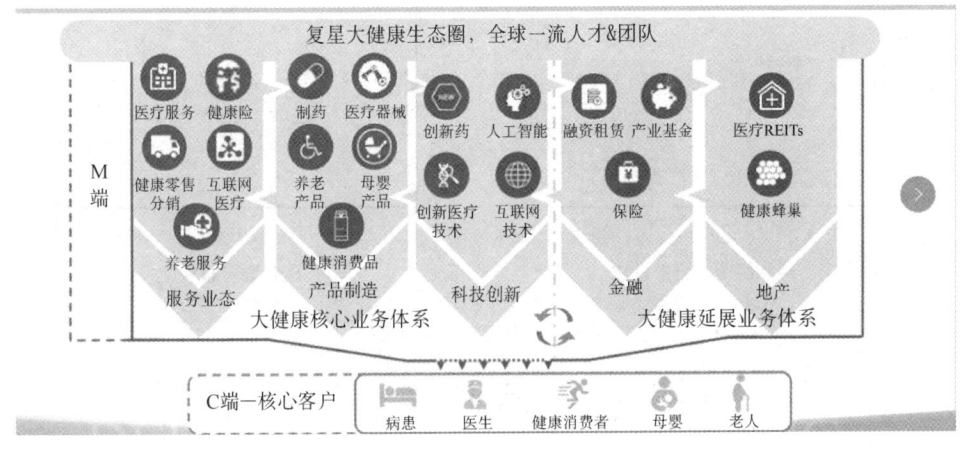

图10-53 复星集团"大健康"战略

资料来源:复星集团官方网站。

相对于其他以单一业务或者单个产品为业务基础的公司而言,复星医药期望通过多元化业务布局以最大限度地分享医药健康行业的持续增长机会,并通过业务板块间的资源共享产生协同效应,同时希望规避单一细分行业的波动带来的业务风险。复星医药直接运营的业务可以细分为药品制造与研发、医疗服务②、医疗器械与医学诊断三大板块。在药品研发与制造业务上,复星医药下属核心制药企业主要包括重庆药友制药有限责任公司(以下简称"重庆药友")、江苏万邦生化医药集团有限公司(以下简称"江苏万邦")、锦州奥鸿药业有限责任公司(以下简称"奥鸿药业")和桂林南药股份有限公司(以下简称"桂林南药")等。2016年,该业务板块实现营业收入1 025 954万元,较2015年增长14.83%。在医疗服务业务上,复星医药已基本形成了沿海发达城市高端医疗、二三线城市专科和综合医院相结合的医疗服务业务战略布局。2016年实现营业收入167 756万元,较2015年增长21.67%。在医疗器械与医学诊断业务上,复星医药目前的运营实体主要包括Chindex Medical Limited(美中

---

① 广告业务指代理新民晚报、解放日报、上海微型计算机等媒体广告及房地产和计算机领域的广告和商务营销策划业务。

② 医疗服务主要指医院的投资、建设和运营。

互利医疗有限公司,以下简称"CML") 和 Alma Lasers Ltd. (以下简称"Alma Lasers")。2016年,该业务板块实现营业收入266 391.28万元,同比增长18.17%,各业务板块营业收入如图10-54。

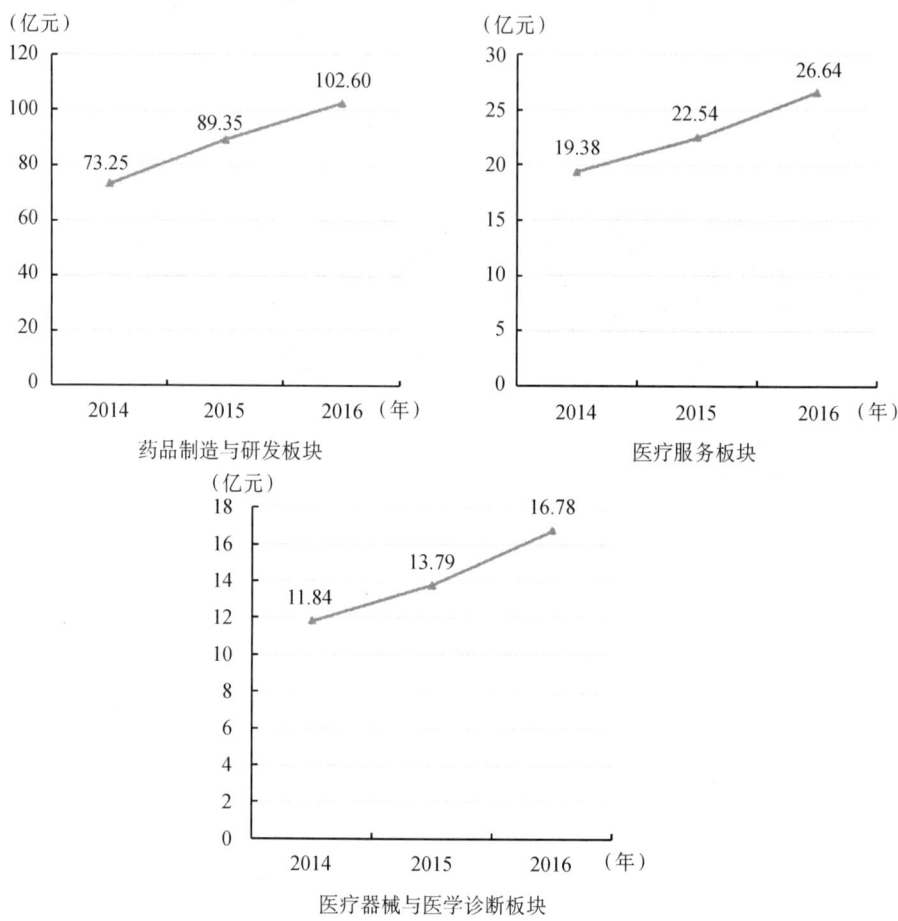

图10-54 2014~2016年复星医药三大业务板块营业收入变化趋势

数据来源:Wind 数据库。

上市后,复星医药的经营业绩保持了较高速度的增长,具体见图10-55和图10-56。在过去十年(2007~2016年)中,复星医药扣除非经常性损益后归属于上市公司股东的净利润实现了约36%的年复合增长。截至2016年年末,复星医药总资产为437亿元,实现营业收入146亿元,净利润28亿元。

(二)行业背景

中国有着世界上最大的医药市场,随着我国经济持续快速发展,人民生活水平提高推动医疗保健需求的增长,我国医药行业呈持续快速增长态势,医药产业已经是我国国民经济的重要组成部分。我国七大类医药工业(包括化学原料药、化学药品

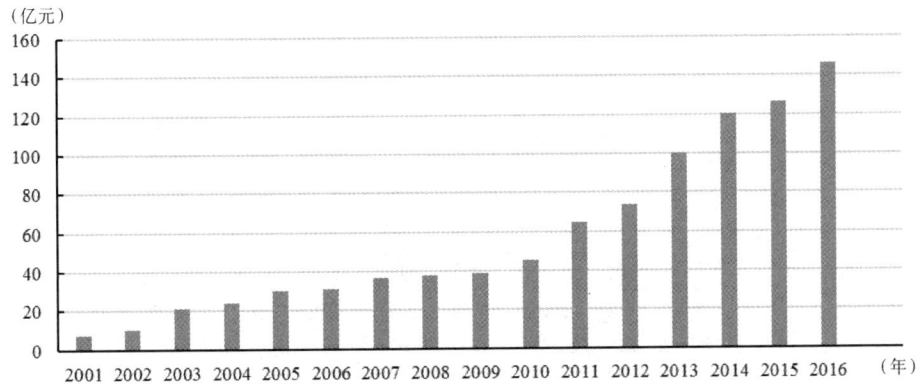

图 10-55 2001~2016 年复星医药营业收入变化趋势

数据来源：Wind 数据库。

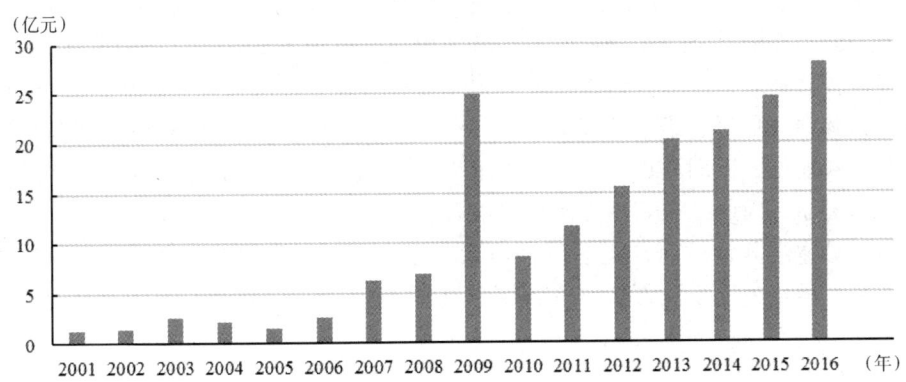

图 10-56 2001~2016 年复星医药净利润变化趋势①

数据来源：Wind 数据库。

制剂、生物制剂、医疗器械、卫生材料、中成药、中药饮片）总产值在"十一五"期间复合增长率达 23.31%，进入"十二五"仍然保持快速增长势头，2012 年、2013 年和 2014 年分别增长 20.10%、18.79% 和 15.70%。根据 IMS 发布的医院终端市场数据显示，2015 年和 2016 年作为医药行业变革年，虽然市场增长有所放缓，但整体保持增长态势，如图 10-57 所示。

面对不断扩张的市场，国内企业竞争激烈程度同样在逐步提升。根据食药监总局 2016 年度统计年报，截至 2016 年 11 月底②，全国共有药品生产企业 4 176 家，虽较

---

① 因公司旗下参股投资的国药控股于 2009 年 9 月在香港联合交易所有限公司挂牌上市，公司对国药控股的权益比例由 47.04% 下降至 34%，按视同处置联营企业，确认股权处置收益 26 亿元计入公司当期损益导致 2009 年净利润较 2008 年增长 200% 以上。

② 国家食品药品监督管理总局食品药品监管统计年报中生产和经营许可情况部分均以当年 11 月底为统计截止时点。

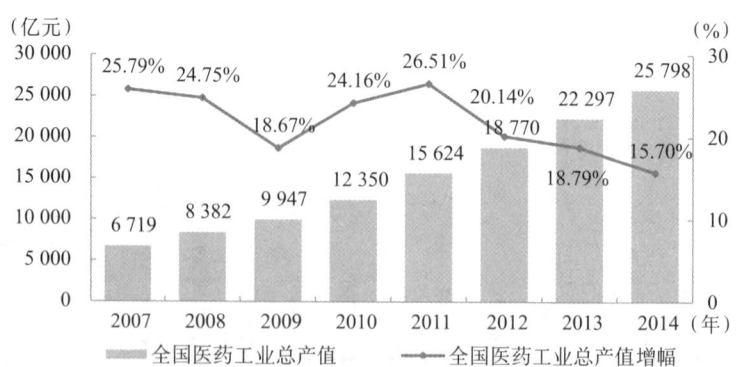

图 10-57　2007~2014 年全国医药工业总产值及增幅

数据来源：南方所：《2015 年中国医药市场发展蓝皮书》。

2015 年有所减少[①]，但我国医药工业在激烈的市场竞争环境下仍呈现规模逐步提升、集中度不断提高的趋势。与此同时，尽管国内药品市场主要被本土企业占据，但由于企业规模普遍较小，难以在研发投入与生产规模上与外资医药巨头匹敌，多个细分行业均由如辉瑞、拜耳、诺华及赛诺菲等外资医药巨头引领。外资药企在一些创新药品上具有垄断地位，而国内以前"以药养医"的行业模式导致医院倾向于使用价格更加昂贵的药品，因此外资药品在医院终端具备一定优势。

而在具体细分领域内，化学原料药工业在"十二五"期间，由于受外贸萎缩的持续影响，增长率逐步放缓，与此同时，化学制剂工业的增速也呈现较大幅度的下滑，如图 10-58 和图 10-59。

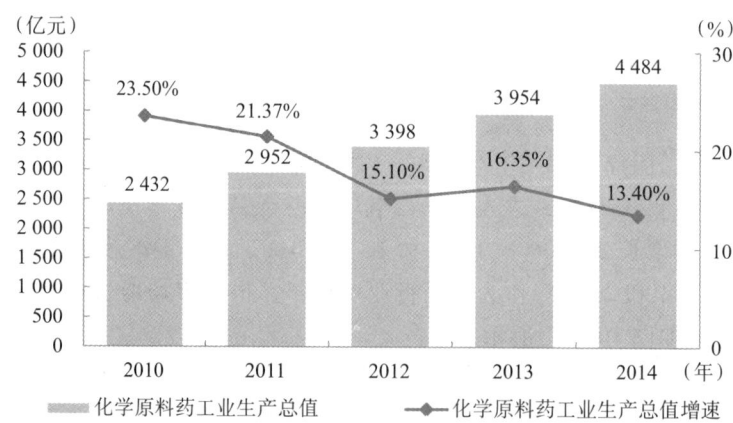

图 10-58　2010~2014 年化学原料药工业发展情况

数据来源：南方所：《2015 年中国医药市场发展蓝皮书》。

---

① 2016 年，药品生产企业数量以及原料药和制剂企业数量均有减少，这是因为生产企业许可证换证期间，一些企业由于未通过 GMP 认证，暂不具备换证条件而暂缓换证。

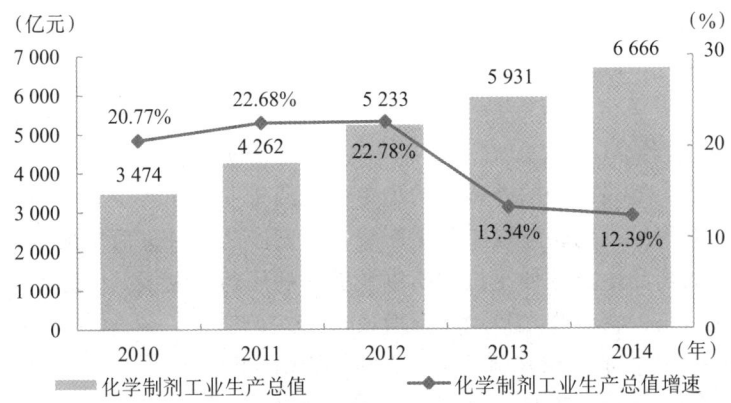

图 10-59　2010~2014 年化学制剂工业发展情况

数据来源：南方所：《2015 年中国医药市场发展蓝皮书》。

与此同时，生物制剂行业是我国医药工业发展的新生力量，"十一五"期间复合年增长率超过 33%，"十二五"期间增速相对放缓，但与制药行业其他板块相比，仍处于高速增长期。如图 10-60。

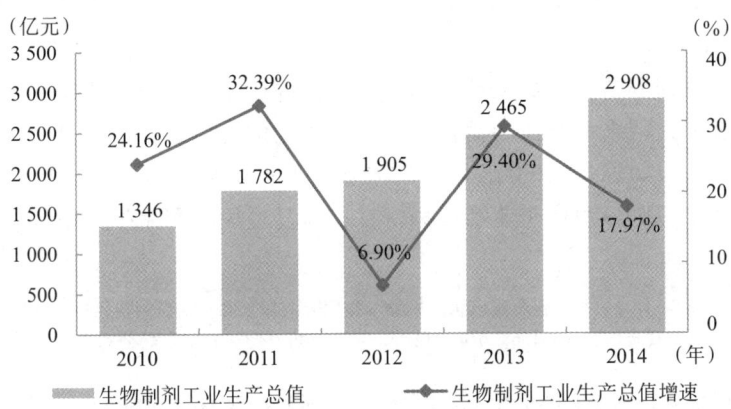

图 10-60　2010~2014 年生物制剂工业发展情况

数据来源：南方所：《2015 年中国医药市场发展蓝皮书》。

因此，面对国内市场的激烈竞争，市场对生物制剂等药品的需求持续扩大，复星医药在国内的并购发展模式已经不足以支撑其发展需求。因此，复星医药开展国际化，追求国际市场份额和先进技术势在必行。

（三）并购历程

一直以来，复星医药的战略发展目标是专注于医药健康产业，致力于医药产业链的资源整合，通过自我发展和兼并收购相结合，打造复星医药产业联合舰队。在不同的发展阶段，复星医药实施了不同的并购策略来实现企业战略目标。

1. 专业化：扩张产品生产线（2000~2004 年）

上市之后，复星医药在药品生产领域进行了频繁地收购，主要是扩张产品生产线、丰富产品品种，因此复星医药选择的目标企业多为与自身业务互补的企业，如收购了以重庆药友①（仿制药②生产与销售）、桂林制药③（抗疟疾药）、江苏万邦④（胰岛素及糖尿病药品的研发、生产、销售）为代表的多家医药企业来扩张生产线。

在这一阶段，复星医药的并购标的集中于医药工业企业，主要收购产品品种比较丰富、市场占有率较高的企业以扩张生产线，丰富产品品种进而增加市场份额。该阶段，复星医药的药品生产延伸至抗疟疾以及糖尿病用药等领域。同时期，复星医药业绩也实现快速增长，营业收入年均复合增速达35.76%。

2. 前向一体化：加强医药流通业（2004～2010年）

我国国内大部分药企不具备自建销售和物流队伍将产品直接销售到终端的能力，普遍采取代理招商模式进行药品营销。这种传统的药品流通模式存在渠道库存积压严重等问题。

2004年，为改变销售渠道不畅通的现状，复星医药及所属上海复星大药房连锁经营有限公司分别受让上海复星产业投资有限公司⑤持有的国药集团医药控股有限公司（2008年完成改制，更名为"国药控股股份有限公司"并在香港联交所上市，以下简称"国药控股"，01099.HK）9%和40%的股权，股权转让价款分别为9 767万元和43 408万元。

当时，国药控股是我国最大的药品、医疗保健产品分销商，拥有并经营中国最大的药品分销及配送网络，其医药销售网络覆盖了全国主要省、市、自治区，拥有遍布全国100多个城市的近2 000家商业客户及数万家医院直销客户。2005年以来，国药控股连续蝉联中国医药商业企业销售额榜首，为复星医药产品扩大销售渠道起到了关

---

① 2002年5月21日，复星实业与重庆化医控股（集团）有限公司、重庆制药六厂员工持股会在重庆签署增资扩股协议，公司以现金出资6 831.68万元人民币，向重庆药友制药有限责任公司增资，占药友制药增资扩股后51%的股权。

② 仿制药是指与原研药具有相同的活性成分、剂型、给药途径和治疗作用的药品。美国FDA（食品与药物管理局，Food and Drug Administration）文件指出，能够获得FDA批准的仿制药必须满足以下条件：和被仿制产品含有相同的活性成分，其中非活性成分可以不同；和被仿制产品的适应证、剂型、规格、给药途径一致；生物等效；质量符合相同的要求；生产的GMP标准和被仿制产品同样严格。

③ 2003年12月29日，复星实业及其控股子公司上海复星医药产业发展有限公司与桂林制药有限责任公司原20名自然人股东签署增资扩股协议书，复星实业及复星医药产业发展有限公司分别以人民币现金出资2 612万元、5 224万元，向桂林制药有限责任公司增资，分别占增资扩股后桂林制药20%、40%的股权。

④ 2004年4月22日，复星医药下属子公司上海复星医药产业发展有限公司分别与徐州海鸥集团有限公司、江苏省高科技产业投资有限公司、山东博瑞达经贸有限公司、徐州海云实业有限公司、上海懋源制衣有限公司、江苏国成投资发展有限公司、朱有泉（自然人）等签署股权转让合同，复星医药产业共计出资13 111.2万元，受让上述7方持有的江苏万邦生化医药股份有限公司合计75.2%的股权。2005年6月30日，复星医药产业发展有限公司又出资3 132万元收购江苏万邦20%的股权。

⑤ 上海复星产业投资有限公司与复星医药受同一控股股东及实际控制人控制。国药控股是上海复星产业投资有限公司以5亿元货币资金与中国医药集团（以下简称"国药集团"）以医药流通业务存量资产出资于2003年共同设立。

键性的作用。

随后，复星医药一方面通过增资维持在国药控股的股权，另一方面加强对其他营销渠道的建设，包括对北京金象大药房医药连锁有限责任公司增资取得控股权[①]等，进一步扩大公司医药零售业务的整体规模，提升公司在医药零售业务方面的议价能力、管理和产品的对接能力。

3. 相关多元化：加强医疗服务投资（2011~2013年）

在这一阶段，随着国内制药企业数量和规模的不断增长，药品降价已经成为必然趋势，为了避免陷入价格的恶性竞争，复星医药在并购策略方面有了较大转变：其一，在药品制造与研发业务上，复星医药的并购标的主要转向具备一定技术壁垒，受国家政策影响较小的细分领域的行业龙头，如大连雅立峰生物制药有限公司[②]、沈阳红旗制药、奥鸿药业、湖南洞庭药业等；其二，随着国家医药政策对民营准入的放宽，公司迅速切入医疗服务领域，开始收购和投资技术全国领先的专科医院和规模相对较小的综合医院，相继收购了安徽济民肿瘤医院[③]、岳阳广济医院、宿迁钟吾医院和佛山禅城区中心医院的部分股权，并控股了部分医院。

4. 全球化：推进国际化战略（2013年以后）

面对国内市场日益激烈的竞争，复星医药的"内生增长+国内并购"发展模式已经不足以支撑其发展需求。因此，复星医药在重视国内新机遇的同时开始密切关注全球经济形势变化带来的投资，利用"中国动力嫁接全球资源"的投资模式，逐渐将并购目标对准海外市场。在标的选择上，复星医药重点关注在中国有一定市场基础或未来能够立足于中国市场的企业。

以2013年并购Alma Lasers为标志，复星医药真正开始实施全球化战略。此后，复星医药的国际化战略一直稳步推进。2014年，复星医药联手国际知名私募股权基金TPG（德太投资集团）以及美中互利创始人之一、首席执行官（CEO）Roberta Lipson（李碧菁）女士[④]等美中互利管理层，共同完成了对美中互利的私有化[⑤]；

[①] 2010年10月10日，复星医药全资子公司复星医投出资现金人民币12 222.22万元对金象大药房进行增资，认缴金象大药房本次新增2 222.22万元注册资本。本次增资完成后，复星医投对金象大药房的直接持股比例由5%增至55%。

[②] 2011年1月27日，复星医药的全资子公司复星实业（香港）有限公司和上海医药产业发展有限公司与大连雅立峰生物制药有限公司股东雅立峰生物技术控股有限公司、北京和鑫博业咨询有限公司签订《股权转让协议》，复星实业出资人民币66 600万元受让雅立峰控股所持有的大连雅立峰74%的股权、产业发展出资人民币900万元受让和鑫博业所持有的大连雅立峰1%的股权。

[③] 2011年8月9日和2011年12月20日，公司全资子公司上海医诚医院投资管理有限公司出资人民币6 017.54万元和人民币2 578.95万元分别受让上海国杏生命科技有限公司和安徽济珉医疗科技有限公司持有的安徽济民肿瘤医院49%和21%的股权。

[④] 本次交易发生时，Roberta Lipson（李碧菁）女士担任美中互利的总裁及董事长，同时担任CML董事。截至私有化交易前，Roberta Lipson（李碧菁）女士持有美中互利903 152股（其中：A类普通股243 152股，B类普通股660 000股），约占截至2014年2月14日美中互利发行在外的股份总数的5.00%。

[⑤] 截至私有化交易前（2014年2月14日），复星医药子公司复星实业已持有美中互利3 157 163股普通股（全部为A类普通股），约占截至2014年2月14日美中互利发行在外的股份总数的17.45%。

2015年又与厚朴投资、光大控股医疗健康基金以及药明康德联合收购美国 Ambrx Inc. 100% 股权[①]；2016 年 7 月，复星医药公告通过控股公司拟出资 126 137 万美元收购印度制药公司 Gland 86.08% 的股权。截至 2017 年 6 月底，该起收购已获得印度外国投资促进委员会审议通过，尚有待印度经济事务内阁委员会批准。

二、跨境并购典型案例简介

（一） 复星医药并购 Alma Lasers Ltd.

2013 年，复星医药联合复星—保德信中国机会基金[②]（Pramerica – Fosun China Opportunity Fund, L. P. ，以下简称"复星—保德信基金"）通过特殊目的公司出资 22 163.15 万美元受让了以色列医疗器械生产企业 Alma Lasers 95.6% 的股权。该起并购是复星医药国际化发展道路上的首个产业控股收购，此次跨境并购的顺利完成，标志着复星医药的国际化发展迈出了至关重要的一步。

1. 标的简介

Alma Lasers（以色列飞顿）成立于 1999 年，是一家总部位于以色列的医疗美容器械生产企业，也是世界著名的医用激光、光子、射频及超声器械生产企业，拥有业内较为综合的产品体系。此外，Alma Lasers 代理销售的"达芬奇手术机器人"是唯一一个已经获得美国 FDA、中国食药监总局许可上市的手术机器人产品，尚无同类竞争产品上市。

自成立以来，Alma Lasers 业绩保持持续快速增长，已成为细分行业内的领先企业，其高端美容动力器械产品占据了全球 15% 的市场份额。同时，Alma Lasers 有成熟的市场体系和忠实的分销商，业务遍及美国、德国、巴西等 60 多个国家和地区，其中约 40% 的业务在亚洲市场。2003 年，Alma Lasers 进入中国，在北京建立了中国区总部，先后在上海、成都、广州、沈阳、西安和武汉等地陆续设立了销售及服务中心，迅速占据业内较大市场份额，成为中国市场高端医疗美容激光器械市场的领导者。

截至 2012 年 12 月 31 日，Alma Lasers 的总资产为 8 277 万美元，股东权益（含优先股股东权益）为 6 203 万美元，负债总额为 2 074 万美元；2012 年度，Alma Lasers 实现营业收入 9 575 万美元，实现净利润 2 323 万美元。

---

① Ambrx 是一家注册于美国专注于发现和研发蛋白质药物的临床研发公司。2015 年 5 月 30 日，复星实业与 Ambrx Biopharma、Ambrx Biopharma Acquisition Corporation、Ambrx、HOPU Reunion Company Limited、Ally Gloss Limited、WuXi Pharma Tech (Cayman) Inc. 以及 Fortis Advisor LLC 签订《合并协议》，约定复星实业出资 4 500 万美元、HOPU Reunion Company Limited 出资 4 000 万美元、Ally Gloss Limited 出资 2 000 万美元、WuXi Pharma Tech (Cayman) Inc. 出资 2 000 万美元共同设立 Ambrx Biopharma，并由 Ambrx Biopharma 成立的全资子公司 Ambrx Biopharma Acquisition Corporation 与 Ambrx 进行合并。交易完成后，Ambrx 将成为 Ambrx Biopharma 全资子公司，Ambrx Biopharma Acquisition Corporation 不再存续，复星实业通过 Ambrx Biopharma 间接持有 Ambrx 36% 的股权。本次交易已于 2015 年 6 月 29 日完成交割。

② 复星—保德信中国机会基金成立于 2011 年，主要从事股权投资，基金的有限合伙人为美国保德信保险有限公司，并委托 Fosun Equity Investment Management Ltd. 作为普通合伙人进行管理，资金总规模为 6 亿美元，主要投资于受益于中国成长动力的消费、金融服务和制造升级领域。

2. 并购动因分析

第一,完善医疗器械板块业务。2013年以前,复星医药在医学诊断与医疗器械业务板块主要以复星长征、输血技术及淮阴医疗器械为核心平台。当时,复星长征已成为国内具有影响力的体外诊断试剂品牌之一;输血技术则专注于生产血袋、输血器、采浆器材、去白细胞器材、病毒灭活器材及配套设备;淮阴医疗致力于医用手术器材的研发、生产和销售,已成为国家普外科手术器械的定点生产基地,同时也是国家行业标准的起草单位。复星医药原有产品如表10-45所示。

表10-45 复星医药2013年前医学诊断及医疗器械板块主要产品

项目	具体产品	企业
输血器材	塑料血袋、白细胞滤器血袋、病毒灭火输血器、机采血浆耗材、配套器材、输血药品等	上海输血技术有限公司
手术耗材	手术刀、手术刀片、钛合金眼科器械、带线缝合针等	淮阴医疗器械有限公司
诊断试剂	生化试剂、酶联免疫试剂、T-SPOT、TB、Mycare等	复星长征

虽然复星医药在上述医疗器械产品上拥有国内较为领先的技术与市场份额,但是上述产品主要为一次性试剂或耗材,未来盈利空间不大。因此,复星医药为了在医疗器械行业获取更多的市场份额,还需要完善产品结构,补充手术设备等医疗设备。而Alma Lasers公司正是医疗器械行业的领先企业,研发创新实力较强,在医疗器械制造领域拥有国际领先的核心研发能力,创新研发的系列产品处于国际细分市场领先地位,能对复星医药医疗器械板块业务形成良好的补充。

第二,获取市场份额和分销网络。Alma Lasers市场占有率高,占据全球高端医疗美容激光器械领域约15%的市场份额。同时,Alma Lasers拥有强大的分销网络,在全球范围内拥有一批非常忠实的分销商。

3. 并购过程

2013年4月26日,复星医药董事会审议通过收购Alma Lasers的议案,同意复星医药子公司能悦公司及其控股的CML与复星—保德信中国机会基金全资子公司Magnificent View Investments Limited三方共同投资设立特殊目的公司SISRAM MEDICAL LTD.(以下简称"SML")收购Alma Lasers如图10-61所示。

截至2013年5月27日[①],SML共计出资22 163.15万美元受让了Alma Lasers 95.6%的股权,其中:能悦公司、CML和复星—保德信基金分别出资4 442万美元、5 350万美元和5 000万美元,其余部分由SML通过银行贷款方式筹集。交易完成后,SML及Alma Lasers被纳入复星医药合并报表范围。

4. 并购绩效

复星医药并购Alma Lasers后,医学诊断与医疗器械板块总体上呈现快速增长趋

---

① 该时间为以色列当地时间。

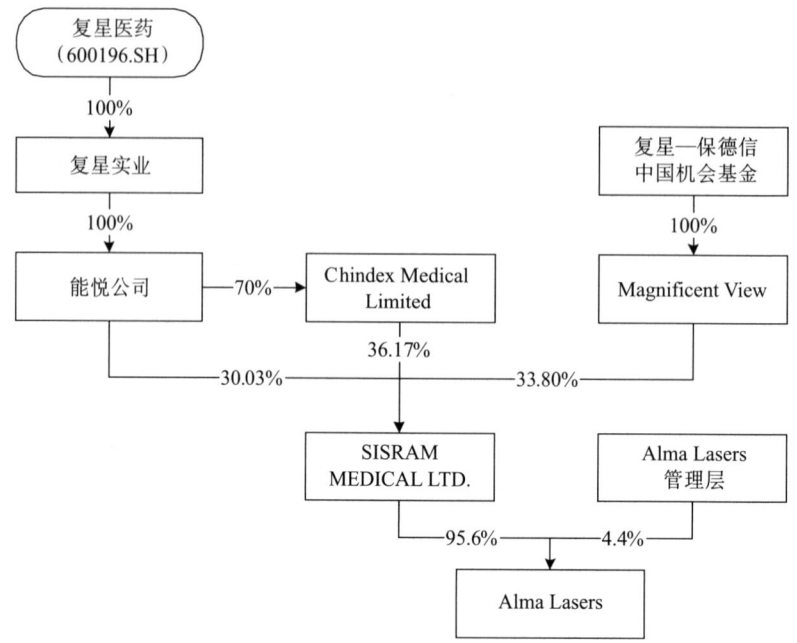

图 10-61　复星医药并购 Alma Laser 交易完成后股权结构图

资料来源：复星医药 2013 年 5 月 29 日收购资产进展公告（临 2013—027）。

势，如表 10-46 所示。这在一定程度上可以说明，双方的整合比较顺利，使得复星医药医疗器械业务板块实力大增。

表 10-46　　复星医药医学诊断与医疗器械板块营业收入增长情况

年份　　收入及增减	营业收入（万元）	同比增减（%）
2013 年	141 525	33.65
2014 年	193 972	37.06
2015 年	225 431	16.22
2016 年	266 391	18.17

　　2013 年，受 Alma Lasers 并表的影响，复星医药医学诊断与医疗器械板块营业收入较 2012 年增长 33.65%。2014 年，复星医药积极推进 Alma Lasers 的业务发展，加快开拓国际市场并重点关注中国、印度等新兴市场。与此同时，Alma Lasers 进一步加强新产品尤其是医用治疗器械的开发，产品线向临床治疗领域拓展，包括 1 470 纳米外科激光系统在内的 5 个产品通过欧盟 CE 认证、3 个产品获得美国 FDA 批准。2014 年，医学诊断与医疗器械板块业务实现营业收入人民币 193 972 万元，同比增长 37.06%。2015 年之后，Alma Lasers 继续加快开拓国际市场并重点关注中国、印度等新兴市场。2015 年和 2016 年，Alma Lasers 分别实现营业收入 68 848 万元和 78 621

万元,带动复星医药医学诊断与医疗器械板块整体营业收入分别同比增长16.22%和18.17%。

(二) 复星医药收购和私有化美中互利

美中互利是一家面向中国市场销售医疗设备并提供医疗健康服务的纳斯达克上市公司。2009~2010年,复星医药通过参与定向增发和二级市场购买等方式取得美中互利19.91%的股权,并与美中互利成立合资公司整合旗下医疗器械业务。2014年,复星医药完成对美中互利的私有化,完成对其医疗服务业务的整合。

1. 标的简介

Chindex International Inc. (以下简称"美中互利",CHDX. NASDAQ) 成立于1981年,是一家面向中国市场提供医疗健康服务并供应大型医疗设备、装备和产品的美国医疗健康公司。在医疗服务领域,美中互利经营的和睦家医院 (United Family Hospital) 和诊所网络已覆盖北京、上海和广州等多个城市。在医疗器械销售领域,美中互利主要为医疗器械制造商提供全方位分销平台,其在产品注册、市场营销、临床支持、产品安装以及售后服务等各方面均拥有明显优势。此外,其在包括输血产品,伤口缝合产品,外科手术室设备等多领域拥有多项国际领先的专利和技术,相关产品销往70多个欧美国家。

截至2009年3月31日,美中互利的总资产为16 264万美元,净资产为9 644万美元;2009财务年度 (2008年4月1日~2009年3月31日),美中互利实现营业收入17 144万美元,实现净利润496万美元。

2. 并购动因分析

第一,获得高端医疗器械销售渠道,强化医疗器械平台。美中互利在中国大陆及香港地区分销各大跨国公司高端医疗产品,如西门子影像设备、达芬奇机器等高端医疗设备,在国内拥有丰富的高端医院合作经验。

第二,获取医疗服务行业市场份额。美中互利旗下"和睦家"品牌系列医院是中国境内较早按国际标准设立、诊疗技术领先的综合性医疗机构。目前,和睦家在北京、上海等一线城市开设了综合性医院或诊所,主要向在中国境内居住的外籍人士以及境内高端消费人群等提供高端医疗服务,在高端医疗服务的竞争中占据先发优势。

3. 并购过程

2009年11月17日,复星医药下属子公司复星实业(香港)有限公司[①] (以下简称"复星实业") 首次通过二级市场购入美中互利普通股共计1 520 835股,占其发行在外该类别普通股总数的11.18%。

[①] 复星实业注册地为中国香港,主要经营范围包括对外投资、中西药物、诊断试剂、医药器械产品的销售和咨询服务,以及相关进出口业务;复星实业注册资本为2 490万美元,其中复星医药全资子公司上海复星生物医药研究院有限公司占100%的股权。

2010年6月14日，复星医药与美中互利签订协议，美中互利有条件地[①]分两阶段以每股15美元的价格向复星实业定向发行共计1 990 447股A类普通股，总价格为2 986万美元。2010年8月27日，美中互利向复星实业发行了第一阶段933 022股A类普通股。此后，复星实业多次在二级市场增持美中互利股票，截至2010年12月27日，复星实业共计持有美中互利3 157 163股A类普通股，占当时美中互利发行在外普通股[②]的19.91%和发行在外A类普通股[③]的21.48%，成为美中互利单一最大股东。如图10-62所示。

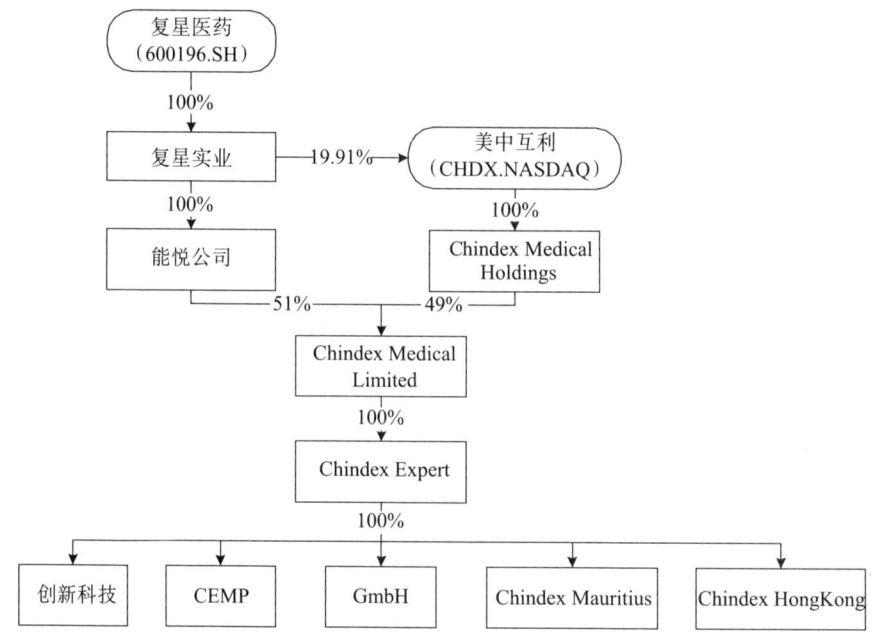

图10-62 合资公司成立后，复星医药医疗器械业务的股权结构图

资料来源：复星医药2010年12月29日关于公司与Chindex International, Inc. 整合医疗器械业务的公告（临2010—078）。

根据双方的合作协议，2010年12月，复星医药与美中互利成立合资公司Chindex Medical Limited（CML）。其中，复星实业子公司能悦有限公司（以下简称"能悦公司"）占51%的股权、美中互利的子公司Chindex Medical Holdings占49%的股权。

[①] 美中互利于2010年8月27日向复星实业发行了933 022股A类普通股；其余1 057 425股A类普通股的发行须待复星医药与美中互利完成合资公司组建、将双方旗下医疗器械业务整合后方可进行。

[②] 美中互利发行在外普通股总数以2011财务年度第一季度报告所披露的截至2010年7月26日其发行在外的普通股总数加上本次发行的A类普通股数加总所得。

[③] 美中互利发行在外A类普通股总数以2011财务年度第一季度报告所披露的截至2010年7月26日其发行在外的A类普通股总数加上本次发行的A类普通股数加总所得。

随后,复星医药和美中互利分别将医疗器械业务注入CML①,CML成为复星医药与美中互利双方原有医疗器械业务的整合平台②。本次交易完成后,CML及其下属控股企业(包括创新科技及本次交易范围内的创新科技下属控股企业)纳入至复星医药合并报表范围。

2014年2月17日,复星医药公告宣布复星实业联合TPG下属公司及美中互利管理层共同参与美中互利通过合并进行私有化并从纳斯达克退市的交易(以下简称"私有化交易")。同日,TPG所属的Healthy Harmony Holdings L. P.③、TPG Asia VI, L. P. 分别与复星实业④及美中互利股东Roberta Lipson女士、Elyse Silverberg女士⑤、Lawrence Pemble先生⑥就私有化交易方案签署协议。如图10-63所示。

2014年4月18日,复星医药向美中互利董事会独立委员会提交了修订后的私有化交易方案。根据该方案,美中互利发行在外股份⑦将通过股份置换及购买股份全部

---

① 美中互利注入CML的医疗器械业务资产主要资产包括Chindex Export、Chindex Export Medical Products, LLC(简称"CEMP")、Chindex Asia Holdings(简称"Chindex Mauritius")、Chindex China - Export GmbH(简称"GmbH")、Chindex Hong Kong Limited(简称"Chindex Hong Kong")、Chindex Tianjin Int'l Trading Co., Ltd(China)(Chindex Mauritius全资子公司)、Chindex Shanghai Int'l Trading Co., Ltd(China)(Chindex Mauritius全资子公司)及Chindex(Beijing)International Trade Co., Ltd.(Chindex Mauritius全资子公司)等。
2010年12月27日,复星医药与Chindex Medical Limite全资子公司Chindex Export签订《股权转让协议》,将其所持有的创新科技100%的股权转让与Chindex Export,转让价格为2 000万美元。创新科技系复星医药医疗器械业务投资和管理平台,其资产主要包括淮阴医疗器械有限公司(以下简称"淮阴医疗")、上海复星医疗系统有限公司、上海输血技术有限公司(以下简称"输血技术")、上海复技医疗器械有限公司、苏州奇天输血技术有限公司、苏州莱士输血器材有限公司、安吉创新科技有限公司及浙江强龙椅业股份有限公司。
② 本次交易的实质是复星医药以其持有的创新科技及下属企业的49%股权公允价值为对价获得美中互利旗下医疗器械业务51%股权。
③ Healthy Harmony Holdings L. P. 是TPG Healthy, L. P. 的全资子公司。TPG Healthy, L. P. 注册地为开曼群岛,由TPG Asia VI, L. P. 全资拥有。TPG(德太投资集团)是世界最大的私募股权投资机构之一,TPG Asia VI, L. P. 是TPG旗下基金之一。
④ 截至2014年2月14日,美中互利发行在外普通股总数为18 096 138股(其中:A类普通股16 933 638股,B类普通股1 162 500股;A类普通股与B类普通股享有的经济权利相同,但每一股B类普通股享有相当于6股A类普通股享有的投票权),每股面值为0.01美元。其中,复星实业持有美中互利3 157 163股普通股(全部为A类普通股),约占截至2014年2月14日美中互利发行在外的股份总数的17.45%。
⑤ Elyse Silverberg女士为美中互利副董事长,同时担任CML的董事、首席运营官。截至2014年2月14日,Elyse Silverberg女士持有美中互利615 856股(其中:A类普通股225 106股,B类普通股390 750股),约占截至2014年2月14日美中互利发行在外的股份总数的3.40%。
⑥ Lawrence Pemble先生为美中互利首席运营官,同时担任CML的首席财务官。截至2014年2月14日,Lawrence Pemble先生持有美中互利195 706股(其中:A类普通股83 956股,B类普通股111 750股),约占截至2014年2月14日美中互利发行在外的股份总数的1.08%。
⑦ 截至2014年4月10日,美中互利发行在外的总计18 244 244股普通股(其中:A类普通股17 081 744股,B类普通股1 162 500股)。其中,复星实业、Roberta Lipson女士、Elyse Silverberg女士、Lawrence Pemble先生分别持有美中互利3 157 163股普通股(全部为A类普通股)、903 152股普通股(其中:A类普通股243 152股,B类普通股660 000股)、631 197股普通股(其中:A类普通股240 447股,B类普通股390 750股)、195 706股普通股(其中:A类普通股83 956股,B类普通股111 750股),分别约占截至2014年4月10日美中互利发行在外的股份总数的17.30%、4.95%、3.46%、1.07%,其余股份由公众股东持有。

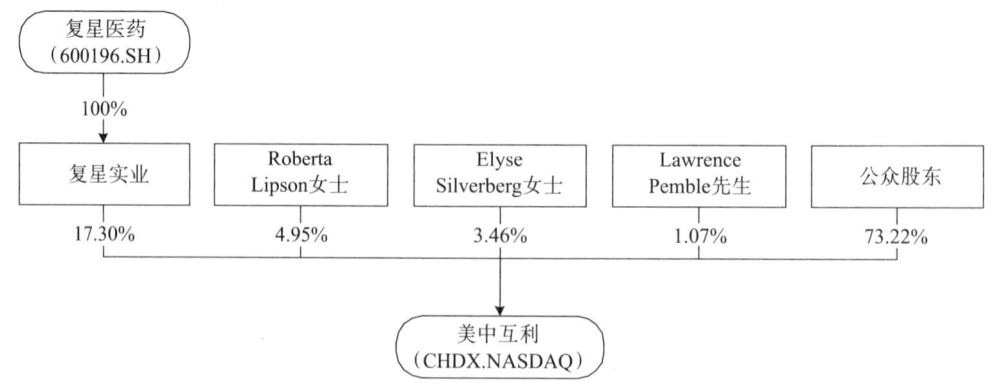

图 10-63　私有化交易完成前（2014 年 4 月 10 日）美中互利股权结构图

资料来源：根据复星医药 2014 年 5 月 15 日 2013 年度股东大会会议资料绘制。

注销，除复星实业、Roberta Lipson 女士和其他不超过 50 位美中互利雇员（如有）所持有的美中互利股份进行换股外和其他换股（如有）以外，其他美中互利股份将由 Healthy Harmony Holdings L. P. 以每股 24.00 美元①购买。

2014 年 9 月 29 日，Healthy Harmony Holdings L. P. 分别向 Roberta Lipson 女士及美中互利其他管理层和复星实业发行有限合伙权益用以置换其持有的同等数量的美中互利股份。同时，复星实业及 TPG Asia VI, L. P. 分别出资认购 Healthy Harmony Holding L. P. 权益，用以购买公众投资者所持美中互利股份及支付其他相关费用。

上述股份置换及购买股份完成后，复星实业、TPG Healthy, L. P. 及 Roberta Lipson 女士等美中互利原管理层成为 Healthy Harmony Holding L. P. 的有限合伙人，分别持有其 48.59%、48.09%、3.32% 的权益。美中互利从纳斯达克退市实现私有化并作为 Healthy Harmony Holding L. P. 的全资子公司存续。同时，复星实业和 TPG Healthy, L. P. 又先后认购 Healthy Harmony Holding L. P. 权益，完成对其增资。私有化及增资完成后，美中互利的股权结构如图 10-64 所示。

本次私有化交易完成后，复星医药通过复星实业持有美中互利的权益增至 48.65%，成为其第一大股东。该次私有化交易有利于扩展复星医药于中国境内的高端医疗网点布局，提升其业务规模和盈利能力。

4. 并购绩效

对于美中互利的医疗器械板块的业务，复星医药已通过成立合资公司的方式完成了整合。因此，对于私有化美中互利，我们主要关注医疗服务业务板块的效果。私有化美中互利后，复星医药在医疗服务业务板块的营业收入呈现出逐年增长的趋势，如表 10-47 所示。

---

① 根据 2016 年 8 月 6 日复星医药对外投资进展公告（临 2016—104），该收购价格乃基于对美中互利过去业绩的增长、其行业品牌、未来业绩增长的预估以及其未来在中国境内的扩张等因素综合考虑而定，约相当于截至 2014 年 4 月 18 日（含当日）美中互利过去 6 个月平均收盘价的 137%。

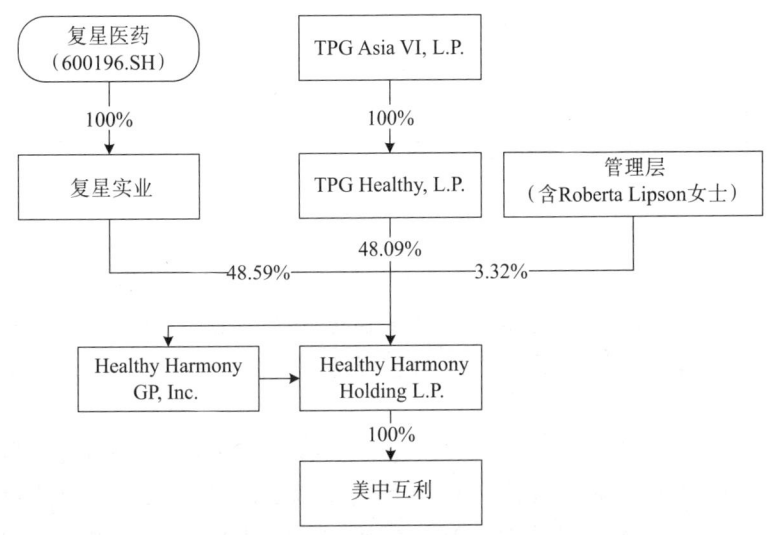

图 10-64 私有化交易完成后美中互利的股权结构图①

资料来源：根据复星医药 2014 年 5 月 15 日 2013 年度股东大会会议资料和 2014 年 10 月 1 日对外投资进展公告（临 2014—064）等绘制。

表 10-47 2014~2016 年复星医药医疗服务板块营业收入增长情况

年份	收入及增减	营业收入（万元）	同比增减（%）
2014		118 589	149.66
2015		137 875	16.26
2016		167 755	21.67

2010 年，复星医药成为美中互利单一最大股东后，就开始支持并推动美中互利旗下高端医疗服务领先品牌"和睦家"医院和诊所网络的发展。2014 年私有化完成后，复星医药继续推动"和睦家"医院和诊所网络的发展和布局。2014 年，北京、上海、天津和睦家医院业务增长明显并呈现良好的增长态势，显示了持续增长的高端医疗需求以及"和睦家"的品牌号召力。2014 年，复星医药医疗服务板块实现营业收入 118 589.37 万元，同比增长 149.66%；2015~2016 年，复星医药加快了"和睦家"医院的布局和建设，陆续在青岛、广州和上海浦东新建了和睦家医院，其中青岛和睦家医院已开业并正式投入运营。2015~2016 年，复星医药医疗服务板块业务也保持了稳定增长，营业收入增长率分别为 16.26% 和 21.67%。

---

① Healthy Harmony GP, Inc. 为 Healthy Harmony L. P. 的合伙事务管理人，其对 Healthy Harmony L. P. 的出资额为 1 美元。复星实业、TPG Healthy, L. P. 及 Roberta Lipson 女士分别持有 Healthy Harmony GP, Inc. 48.1%、47.6%、4.3% 的权益。

(三) 复星医药并购 Gland Pharma Limited

2016年7月，复星医药公告拟通过控股公司出资126 137万美元收购印度制药公司 Gland Pharma 86.08% 的股权①。截至2017年6月底，该起收购已获得印度外国投资促进委员会审议通过，尚有待印度经济事务内阁委员会批准。

1. 标的简介

Gland Pharma Limited（以下简称"Gland"）成立于1978年，总部位于印度海德拉巴，是印度第一家获得美国 FDA 批准的注射剂药品生产制造企业，并已获得全球各大法规市场的 GMP 认证。Gland 目前主要通过共同开发、引进许可，为全球各大型制药公司提供注射剂仿制药品的生产制造服务等，其业务收入主要来自于美国和欧洲。

截至2016年3月31日，Gland 的总资产为人民币2 029.32百万元，所有者权益为人民币1 631.79百万元，负债总额为人民币397.54百万元；2016年1至3月，Gland 实现营业收入总额人民币357.01百万元，实现利润总额人民币112.29百万元，净利润人民币80.77百万元②。

2. 并购动因分析

第一，获取国际市场份额。作为少数专业从事生产制造注射剂药品的公司之一，Gland 在市场同类公司中处于领先地位。Gland 目前主导产品包括肝素钠、依诺肝素钠、罗库溴铵、万古霉素、重组人胰岛素、乙酰半胱氨酸，分别用于防治心肌梗死、血栓性静脉炎、肺栓塞、糖尿病等疾病。其中，肝素钠、依诺肝素钠2016财年销售收入分别达到5 000万美元、3 000万美元，如表10-48所示。

表 10-48   2015~2016 财年 Gland 主要产品销售量及销售额

中文名	适应证	销量（单位：百万支）		销售额（单位：百万美元）	
		2015 财年	2016 财年	2015 财年	2016 财年
肝素钠	抗凝血药	48.31	51.87	44.90	50.79
依诺肝素钠注射液	预防静脉血栓	11.80	14.30	25.53	31.33
罗库溴铵注射液	肌松药	3.63	6.13	9.41	15.22

---

① 该出资额包括收购方将依据 Enoxaparin（以下简称"依诺肝素"）于美国上市销售情况所支付的不超过5 000万美元的或有对价，或有对价的实际支付金额将根据依诺肝素产品市场化进程及销售情况确定。根据复星医药公告，本次交易（含权）对应的企业价值约为13.5亿美元，约相当于 Gland 2016 财年（即期间为2015年4月1日至2016年3月31日财政年度）息税折旧摊销前溢利（EBITDA）的16倍，介于近期印度当地以及全球注射剂制药企业并购案例中企业价值估值倍数的区间（约为 EBITDA 的12~22倍）。

② 数据来源于复星医药拟收购 Gland 的交易中作信息披露使用之目的而编制的财务报表。在复星医药编制上述财务报表时，Gland 的记账本位币卢比参照如下方式折算为人民币：对资产负债表中的资产和负债项目，采用资产负债表日的即期汇率折算；利润表中的收入和费用项目，采用交易发生当期平均汇率折算。按照上述折算产生的外币财务报表折算差额，确认为其他综合收益。

续表

中文名	适应证	销量（单位：百万支）		销售额（单位：百万美元）	
		2015 财年	2016 财年	2015 财年	2016 财年
万古霉素	抗感染	1.57	9.87	3.71	14.50
重组人胰岛素	糖尿病	3.86	10.37	6.48	14.05
乙酰半胱氨酸鼻剂	咯痰困难	2.90	2.16	8.39	9.05
顺式阿曲库铵注射液	肌松药	0.97	0.79	7.43	7.08

资料来源：复星医药 2016 年 7 月 29 日《对外投资公告》（公告编号：临 2016—102）。

根据 IMS[①] 资料，2014 年及 2015 年 Gland 主要药品的同类药品全球市场销售额如表 10-48 所示。可见，虽然 Gland 与 IMS 在统计时间跨度并不完全重合，但是通过对比仍可以发现 Gland 主要产品在国际市场上均占有较大的份额，如表 10-49 所示。

表 10-49　　　　　　2014~2015 年同类药品全球市场销售额

中文名	2014 年销售额（单位：百万美元）	2015 年销售额（单位：百万美元）
肝素钠	738	695
依诺肝素钠	3 541	2 982
罗库溴铵	179	169
万古霉素	733	751
重组人胰岛素	1 189	1 266
乙酰半胱氨酸	677	647
顺式阿曲库铵	288	281

资料来源：复星医药 2016 年 7 月 29 日《对外投资公告》（公告编号：临 2016—102）。

第二，获取国际市场注册申报及销售经验。Gland 具备在以美国为主的法规市场的药品注册申报及销售能力，有成为复星医药国际化药品生产制造及注册平台的较好基础，见表 10-50。未来，复星医药的产品有望借助 Gland 的成熟体系进入全球市场，同时 Gland 获得 FDA 等机构认证的产品有望通过复星医药的渠道开拓国内市场。如表 10-50 所示。

三、连续并购绩效

（一）媒体评价

针对复星医药海外并购，有专业分析人士认为，从复星医药打造全产业链的角度

[①] IMS Health Incorporationed 是全球领先的为医药健康产业提供专业信息和战略咨询服务提供商。

表 10-50　　　　　　　　　　Gland 丰富的国际市场申报经验

申报地区		获批	在审评	在筹备
美国	DMF	6	12	9
	ANDA	53	100	71
加拿大		3	12	13
欧洲		5	6	14
澳大利亚 & 新西兰		6	11	13
南非			9	

看，就目前复星医药的规模，只是在万里长征中迈出了一大步，以后还有很长的一段收购路要走。目前复星医药的业务主要涉及医药工业、医药商业、医药原料、生物制药、医疗器械、医疗服务等几个领域，离医药行业全产业链还有一段不小的距离，如果复星医药保持这些年对药企的收购速度，复星医药实现打造全产业链的目标至少需要 20 年。不过，也有业内人士对复星医药的发展保持乐观，认为复星医药的产业链并购是事半功倍的事，复星医药的全产业链并购在医药行业独树一帜，复星并购对建立健全产业链是有效的①。

（二）并购绩效分析

1. 盈利能力分析

如图 10-65、图 10-66 所示，复星医药总资产收益率明显高于行业平均水平。同时，相对于 2012 年，2013 年复星医药的总资产收益率与医药行业均值之间的差距进一步拉大，这主要得益于 2013 年复星医药对 Alma Lasers 公司的收购。此后，复星医药总资产收益率总体保持稳定上升态势。可见，复星医药通过自身发展和并购不断提升企业的盈利能力。

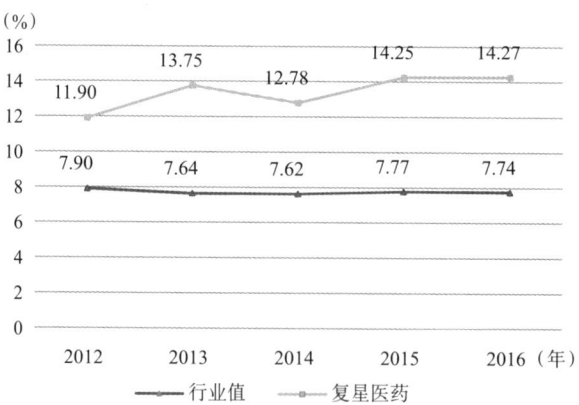

图 10-65　复星医药总资产收益率变化趋势

数据来源：Wind 数据库。

---

① 《华夏时报》："'购物狂'复星医药——疯狂扩张被业内称为医药界 PE"，2013 年 5 月 4 日。

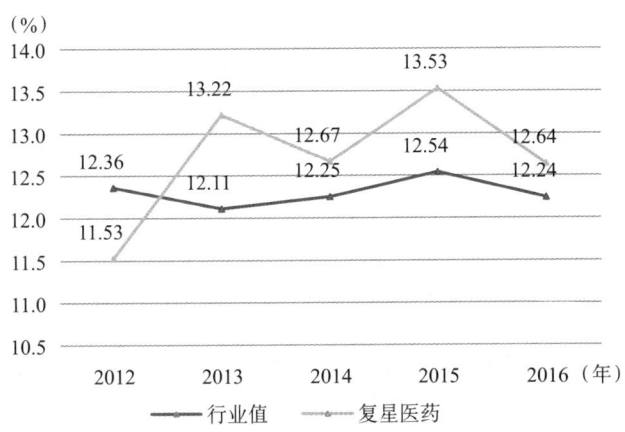

图 10-66　复星医药净资产收益率变化趋势

数据来源：Wind 数据库。

从复星医药净资产收益率与同行业对比中可以看出，在 2012 年之后医药行业整体净资产收益率波动下滑期间，复星医药净资产收益率却一直高出行业值。复星医药的盈利能力除了自身管理提升和核心研发技术的提升外，还源自其前期的连续并购，通过收购获得优质医药行业资源，提升自身竞争力，在行业盈利能力下滑时仍能保持较高的利润。

2. 国际市场收入分析

复星医药通过连续跨境并购，海外市场份额进一步扩大。如图 10-67、图 10-68 所示，2011 年到 2016 年，复星医药主营业务收入和海外收入都呈现增长趋势，2013 年收购以色列 Alma Lasers 及 2014 年私有化美中互利后之后，海外业务收入更是出现明显增长，从 2012 年的 70 404 万元增加到 2014 年的 148 821.08 万元。同时，海外收入占总收入的比重也是持续增长的。可见海外并购不仅仅推动了海外营业收入的快速增长，也带动了复星医药的整体发展。

图 10-67　复星医药 2011~2016 年主营业务收入变化

数据来源：Wind 数据库。

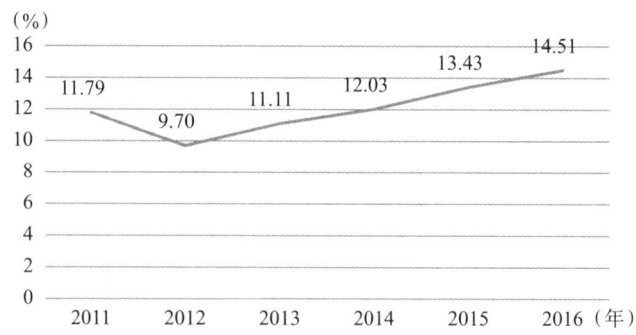

图 10-68 复星医药 2011~2016 年海外收入占比变化趋势

数据来源：Wind 数据库。

四、总结与思考

（一）从参股到控股的渐进式发展模式

对于某些并购标的，尤其是上市公司，如果不能一次完成收购，那么复星医药会采取渗透战略，先参股该公司，再分次收购以达到控股的目的。通过这种方式，复星医药可以较好地规避企业并购中的风险。

（二）"全球资源，中国市场"的并购策略

复星医药与复星集团发展战略高度一致，实行立足于中国本土市场的全球化战略，奉行"全球资源，中国市场"的并购策略，在跨境并购中坚持中国动力嫁接全球资源。中国拥有世界上最大的市场，复星医药出于这种考虑在跨境并购时立足于发现能在中国市场充分施展的海外资源，因而其确定的收购对象必须是在中国有一定市场基础或未来能够立足于中国市场的企业。

案例十　强强联手：双汇国际收购史密斯菲尔德

【案例简介】

2013年5月29日，双汇国际控股有限公司宣布以总价71亿美元（约人民币432亿元）要约收购全球最大的猪肉生产和加工商美国史密斯菲尔德食品公司（Smithfield Foods），包括已发行的价值约为47亿美元的全部股份以及承担24亿美元的净债务。9月26日，双汇国际与史密斯菲尔德联合宣布收购完成，史密斯菲尔德私有化并成为双汇国际的全资子公司。

本次交易中，双汇国际先在BVI注册设立全资子公司Sun Merger Sub（壳公司）收购史密斯菲尔德，收购完成后，史密斯菲尔德退市成为Sun Merger Sub的全资子公司，再由史密斯菲尔德吸收合并Sun Merger Sub，从而成为双汇国际的全资子公司，Sun Merger Sub则注销。收购后双汇国际对史密斯菲尔德迅速展开债务重组，从而缓解了自身对史密斯菲尔德债务的承担压力。区别于以往我国企业为进入海外市场发起的跨境并购，此次并购的战略意义侧重于：双汇国际得以通过史密斯菲尔德低成本获得美国猪肉的上游优质资源，进而以此扩张处于不断增长中的国内高档产品市场。

一、并购发起

（一）并购双方的基本情况

1. 买方简介

双汇国际控股有限公司（以下简称"双汇国际"，2014年1月21日，双汇国际更改公司名称为万洲国际有限公司，并于2014年8月5日在香港上市）总部位于香港，主要从事投资、国际贸易及多元化业务，其实体业务主要通过双汇集团的附属公司或控股子公司（双汇发展、双汇物流、双汇养殖、双汇药业、双汇软件等）开展，主要包括生猪养殖、生鲜猪肉及肉制品的生产、营销、销售、分销，以及其他辅助业务（主要包括制造及销售包装材料、提供物流服务、营运连锁零售店、生产调味料和天然肠衣及销售生物医药材料）。

双汇国际是中国最大的肉类加工企业和最大的肉类上市公司双汇发展（000895.SZ）的控股股东，2013年收购时具体股权结构图[①]如图10-69所示。

其中，由中国双汇管理层和员工设立的兴泰集团全资控股的雄域公司持股30.23%，因双汇国际员工激励计划而设立的运昌公司持股6%，鼎晖投资旗下的四只基金持股总计高达33.7%，马来西亚首富郭鹤年的郭氏集团持股7.4%，国际著名的投行高盛持有5.18%股份，新加坡主权财富基金淡马锡控股的Dunearn Investment

---

[①] 双汇发展2012年年报。

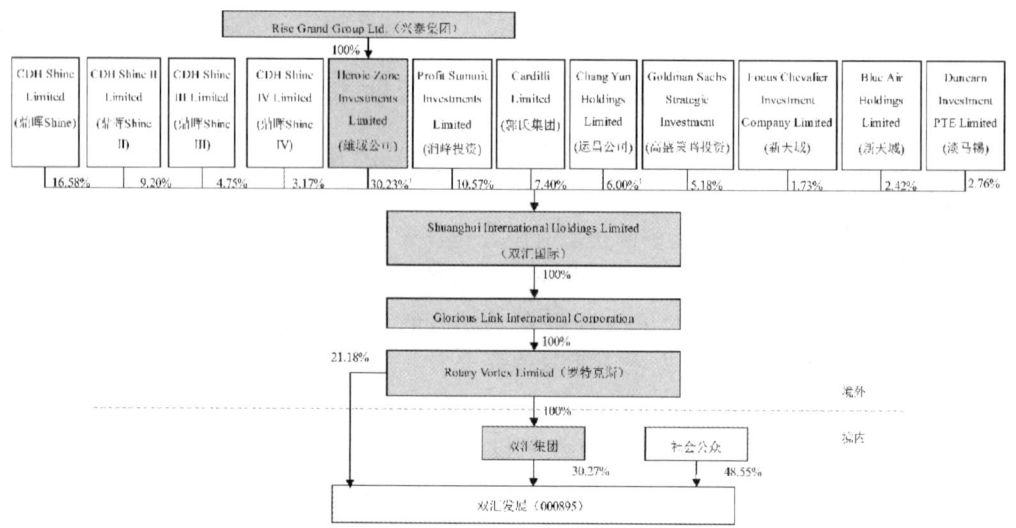

图 10-69 截至 2012 年 12 月 31 日双汇国际股权结构图①

PTE Limited 持股 2.76%，私募基金新天域通过旗下两家机构合计持股 4.15%。

2012 年双汇发展主营业务量数据为：出栏生猪 31 万头、生猪屠宰量 1 142 万头、肉类总产量 270 万吨，实现销售收入 393 亿元，利润总额 38 亿元。其主要营业收入结构如表 10-51 所示。

表 10-51　　　　　　　　　双汇发展主营业务收入结构

行业	产品	2012 年	2011 年	2010 年	2009 年	2008 年	2007 年
屠宰行业	生鲜冻品（%）	38.89	40.39	34.53	33.55	38.08	39.82
肉制品行业	高温肉制品（%）	34.54	32.74	34.29	34.51	33.90	35.20
	低温肉制品（%）	23.39	24.36	24.46	24.39	22.25	19.15
屠宰与肉制品行业	其他产品（%）	2.43	4.74	4.96	4.94	4.14	4.15
其他行业	其他行业产品（%）	0.75	-2.22	1.76	2.60	1.63	1.67

双汇作为国内肉制品加工行业的龙头企业，此前提出了"三个转变"的战略：一是产品由高中低档向中高档转变；二是由过去速度效益型向安全规模型转变；三是

---

① 根据万洲国际于 2010 年 11 月 26 日采纳（于 2013 年 12 月 31 日进一步修改及重列）的本公司经修订组织章程大纲及细则，优先向雄域公司、运昌公司、High Zenith、顺通及裕基授予投票权，据此除需通过特别决议案的事宜外，雄域公司、运昌公司、High Zenith、顺通及裕基各自有权就其所持每股股份投两票。因此，全球发售完成前，尽管鼎晖合共持股比例达约 38.06%，CDH 实体合共于及因此鼎晖被视为能行使或控制于万洲国际股东大会上约 26.69% 的投票权（除需通过特别决议案的事宜外）。因此，于全球发售完成前，鼎晖不会被视为本公司的控股股东。兴泰集团、雄域公司、运昌公司、High Zenith、顺通及裕基有权于本公司大会上直接或间接共同行使或控制行使约 34.08% 的投票权，因此该等订约方于紧随全球发售完成后将被视作万洲国际的控股股东。

把双汇集团做成国际化大公司,努力使双汇早日进入国际肉类行业前列。开拓国际市场、拓展增长空间已经成为其发展战略之一,收购全球最大猪肉企业是其全球化战略的重要一步。此次收购将提高双汇满足中国日益增长的中产阶层需求的能力,同时化解全球第一人口大国对于食品安全的持续担忧。

此外,由于国内粮食、环境等方面的挑战以及农业环境的限制造成生猪养殖成本非常高,双汇国际上游产业链缺口较大。而近年来美国等发达国家的生猪养殖成本低于中国,导致我国主要依赖进口猪肉产品。由此,双汇国际欲求依托美国等发达国家的猪肉产业链上游优质资源增强本企业规模优势,扩大国内猪肉市场份额,进一步开拓中国市场。

2. 标的简介

史密斯菲尔德食品公司(Smithfield Foods,以下简称"史密斯菲尔德")于1936年成立于美国弗吉尼亚州,20世纪80年代发展较快,1998年成为美国排名第一的猪肉生产商,同时也是全球规模最大的生猪生产商、猪肉供应商以及全球领先的猪肉出口企业。史密斯菲尔德包含从饲养到屠宰,再到鲜猪肉的分装以及肉制品的制作等一整套链条,具有行业内最为健全的安全系统以及细致的科学记录。其对整个生产供应链的各个环节都进行科学的把控,具备精湛的产品跟踪实力,每个产品源的具体信息均可追溯到最开始的养猪场。同时,由于史密斯菲尔德的肉制品销售面向全球市场,为满足不允许使用"瘦肉精"国家的监管要求,史密斯菲尔德已经建成两座无"瘦肉精"的猪肉生产基地,并且自2013年6月开始实现了50%的养殖使用不添加莱克多巴胺①的饲料。

史密斯菲尔德是纽交所上市的公众持股公司,公司股东人数众多且较为分散,收购时前五大股东股权情况如图10-70所示。

其业务主要包括于美国、波兰及罗马尼亚进行生猪养殖、加工、营销、销售及分销生鲜猪肉和肉制品,以及于英国的猪肉制品销售及分销。2012年,史密斯菲尔德生猪养殖量为2 800万头,屠宰量约为2 800万头,约占全美屠宰量的38%,肉制品生产量约为130万吨,收入约131亿美元。其中,肉制品中火腿产品、香肠产品和培根产品在食品零售渠道均在美国排名第一,在分销与销售方面为美国肉制品两个渠道的最大供应商:超市和餐饮渠道,是最大的生鲜猪肉出口商。由标的经营业绩分析可知:史密斯菲尔德经营利润由2011年的10.95亿美元减少34.0%至2012年的7.23亿美元,而经营利润率则由2011年的9.0%降至2012年的5.5%。

---

① 莱克多巴胺作为一种新型瘦肉精被一些养猪场使用。自2011年12月5日起在中国境内禁止生产和销售莱克多巴胺。

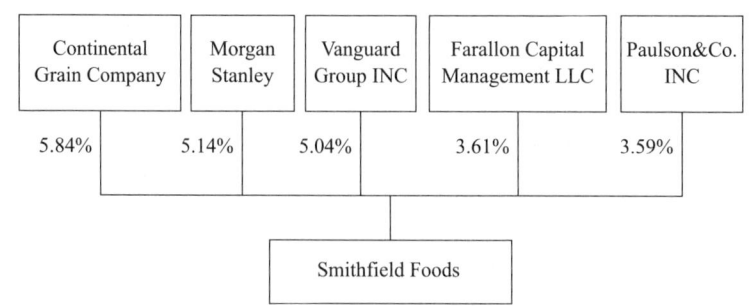

图 10-70　史密斯菲尔德主要股东及持股情况

(二) 并购背景

1. 我国生猪行业现状

中国每年猪肉的消费量在 5 000 万吨左右，以金额计算，规模约达 1 万亿元，是全球最大的猪肉消费市场（已经是美国市场的两倍），占全球消费量的一半左右。我国法规禁止生猪和肉制品的进口，但允许进口猪肉。2008 年以来，中国就已经是猪肉净进口国。据商务部统计，中国 2012 年从海外进口的猪肉及副产品 130 多万吨，从美国进口 50 多万吨，史密斯菲尔德是其中主要的出口商，占据了中国猪肉市场的 1%。

我国在实现肉制品行业现代化方面一直大步前进，但主要方式仍以传统的农户散养为主（分散化）。分散化养殖有以下弊端：首先是缺少相应的规范和监管，质量控制难度大；其次是饲养规模小，技术差，经济效益低；第三是分散化的养殖加工方式导致产供销难以实现一体化，造成市场竞争力低下。

2. 中美生猪生产效率对比

国内的生猪平均养殖成本为每公斤 6.5 元，而美国的平均养殖成本折合人民币仅为每公斤 4.5 元。国外的一头母猪产仔（成活）平均在 20 多头，而国内的一头母猪产仔（存活）只有 8 至 10 头，差距在 10 头左右；在饲料成本方面，国外的玉米、豆粕价格都远低于国内的价格；国外养猪场颇具规模，管理经验丰富，一个工人平均能饲养 5 000 至 10 000 头猪，而国内的一名工人最多能饲养 1 000 头猪。因此，以 2012 年数据为例，全国猪肉平均价格是 26 元/公斤，而国外的进口猪肉价格均价是 15 元/公斤。

(三) 并购动因分析

1. 拓展国内市场的同时，实现国际化战略转型

中国是全球最大的猪肉消费市场，是美国市场的两倍，占全球消费量的一半左右。但近年来，由于粮食、环境等方面的挑战，生猪供应的压力越来越大。双汇收购史密斯菲尔德，能够将美国的猪肉引到中国市场，保证了生猪肉的资源供应，在中国卖更多的猪肉，这有利于双汇在中国开拓出更广阔的市场。

此外，双汇国际实施的是全球化发展战略，旨在世界范围内配置资源，巩固在全球猪肉行业的绝对领先地位，加速全球扩张。双汇国际收购史密斯菲尔德能够实现其提出的全球化战略，有利于其直接获得史密斯菲尔德全球业务和销售渠道，在自己长期积累的行业经验基础上，学习史密斯菲尔德的行业最佳实践、领先品牌和垂直一体化的模式，实现自己的全球化战略。

2. 整合上游产业，避免养殖环节问题

众所周知，2011年央视"3·15"晚会曝光了双汇含有瘦肉精后，双汇被推向了风口浪尖处，企业形象随之一落千丈，遇到了前所未有的难题。一个年销售400亿元的食品行业巨头，被负面新闻所淹没，一时间所有的媒体舆论、社会大众的矛头都指向了双汇。这一血淋淋的事实给了他们惨痛的教训，也给所有的食品企业敲响了警钟。究其原因，主要在于双汇无法对猪肉供应商提供的原料进行安全控制。由于缺乏对上游产业，即生猪养殖的管理控制与监管力度，导致食品安全隐患的产生，严重危害到双汇品牌。此外，近年来美国等发达国家的生猪养殖成本低于中国，导致我国主要依赖进口猪肉产品。

因此，从质量和成本考虑，双汇国际收购史密斯菲尔德可以快速获取优质、低价猪肉，在保障食品安全的同时降低本企业生猪养殖成本。借此，双汇可以在上游产业得到技术和原料的保证。

二、并购过程

（一）并购交易进程

这起规模空前、极具轰动效应的中美两国食品加工企业并购交易进程如表10-52所示。

表10-52　　　　　　　　　　　　并购进程表

时间	进　程
2013年5月下旬	双汇国际与银团谈判，同时双方秘密谈判的消息泄露，引起竞购者的关注。泰国正大集团旗下正大食品、巴西肉类制品巨头JBS集团参与竞购
2013年5月28日	中国银行向双汇国际出具了贷款承诺函，中国银行将向双汇国际发放总额约为40亿美元的优先级担保抵押贷款，贷款利率为LIBOR①加边际利率。其中，25亿美元的三年期贷款利率为LIBOR+3.5%，15亿美元的五年期贷款利率为LIBOR+4.5%
2013年5月29日	双汇国际与史密斯菲尔德发布联合公告，双方已经达成一份最终并购协议。但协议并没有包括排他性条款，史密斯菲尔德在5月29日之后的30天内，可以继续与其他竞购者谈判
2013年6月初	并购协议呈报美国外国投资委员会进行审查，开始了第一阶段为期30天的审查
2013年6月18日	史密斯菲尔德公司董事会一致认为与双汇国际的合并非常符合公司及股东利益，并重申建议股东通过与双汇国际的合并案

---

① 伦敦同业拆借利率（London InterBank Offered Rate，简写LIBOR），是大型国际银行愿意向其他大型国际银行借贷时所要求的利率。它是在伦敦银行内部交易市场上的商业银行对存于非美国银行的美元进行交易时所涉及的利率。

续表

时间	进　　程
2013年7月10日	美国参议院农业、营养和林业委员会举行听证会，对食品安全和外国所有权向史密斯菲尔德CEO发出质疑，议员质疑双汇国际在食品安全上的不良记录，双汇国际收购案将影响史密斯菲尔德的品牌价值，以及将与美国农业企业争夺出口市场。尽管美国国会并不直接影响双汇收购案能否获批，但这一听证会显示了美方对收购案的态度
2013年7月25日	美国外国投资委员会对并购交易展开第二阶段审查
2013年8月30日	双汇国际与共计八家中外银行正式签署银团贷款协议，该协议的签署为此次并购最为关键的突破
2013年9月7日	并购案取得美国外国投资委员会（CFIUS）的审批许可
2013年9月24日	交易获得美国政府批准，史密斯菲尔德股东大会通过了双汇国际的收购案
2013年9月26日	双方完成交易。双汇国际成功收购史密斯菲尔德的100%股份，史密斯菲尔德成为双汇国际的全资子公司

（二）并购结构

1. 交易实施主体设计

本次收购具体的交易结构设计过程如下：

第一步，双汇国际设立全资子公司Sun Merger Sub。双汇国际在BVI注册设立一家全资子公司Sun Merger Sub，以该公司作为此次并购的壳公司。Sun Merger Sub通过银行抵押借款、发行垃圾债券以及双汇国际注入的资金，共同组成收购资金池。

第二步，Sun Merger Sub全面要约收购史密斯菲尔德。双汇国际在完成设立Sun Merger Sub后，依据其与史密斯菲尔德达成的并购重组协议，对史密斯菲尔德已上市发行的普通股按34美元/股的价格（较前交易日溢价31%）发起全面要约收购。双汇国际或合并附属公司以及史密斯菲尔德或史密斯菲尔德的任何全资附属公司持有的史密斯菲尔德普通股股份无权收取任何代价。代价通过史密斯菲尔德与本公司之间公平磋商后厘定，当中考虑多项因素，包括史密斯菲尔德普通股于相关期间的市价以及史密斯菲尔德的现行商业环境及未来前景。此外，所有已售出的史密斯菲尔德股份酬金奖励已转换为收取合并代价的权利减有关奖励的行使价（如有）。有关合并的购买代价总额约为490亿美元。收购完成后，史密斯菲尔德退市并成为Sun Merger Sub的全资子公司。

第三步，史密斯菲尔德吸收合并Sun Merger Sub。Sun Merger Sub完成对史密斯菲尔德的收购后，即由史密斯菲尔德吸收合并Sun Merger Sub（子公司吸收合并母公司，反向三角并购），史密斯菲尔德成为双汇国际的全资子公司，Sun Merger Sub则注销，如图 10-71 所示。

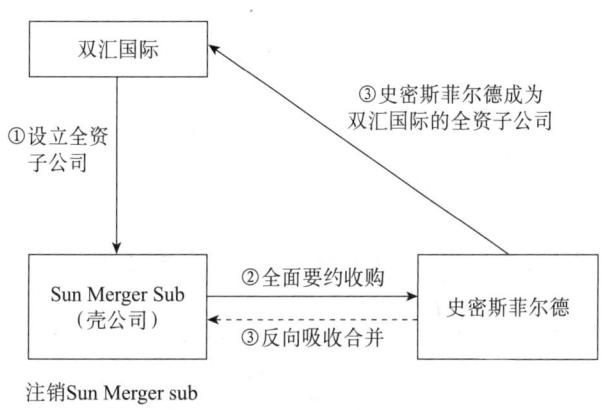

图 10-71 双汇国际收购史密斯菲尔德

经过上述环环相扣的三个步骤，双汇国际得以将史密斯菲尔德收入囊中，一举奠定其在国际肉类加工市场的领先地位。

由于史密斯菲尔德拥有从饲养、屠宰、鲜猪肉的分装以及肉制品制作等一整套链条，与双汇国际下属上市公司双汇发展经营项目重合面较广，如果双汇国际并购史密斯菲尔德并将其带入中国市场，需要考虑双方是否会出现同业竞争情况，是否会损害双汇发展股东的权益。因此，并购后史密斯菲尔德做出承诺，将不会在中国开展可能与双汇发展主要业务构成竞争关系的任何家畜养殖、屠宰、肉类加工及其他肉类相关业务。此外，双汇国际亦已授予双汇发展投资于可能与双汇发展现有的主要肉类相关业务竞争的任何商业机会的优先取舍权。

2. 并购方案

双汇国际 2013 年 5 月 29 日公告，以 34.0 美元/股收购史密斯菲尔德普通股已发行及发行在外股份，约 47 亿美元，而收购当日史密斯菲尔德股价为 25.97 美元/股，此次并购溢价近 3 成。收购价格为双汇国际和史密斯菲尔德公平磋商后敲定，其中考虑多项因素，包括史密斯菲尔德普通股在相关期间的市价、现行的商业环境和未来的前景。按 2012 年史密斯菲尔德 EPS 测算，收购的静态市盈率为 15.38 倍；按市场一致预期的 2013~2015 年 EPS2.01 美元/股、2.57 美元/股、2.65 美元/股测算，本次交易的动态购买市盈率分别为 16.6 倍、13.0 倍、12.8 倍。考虑到双汇国际与史密斯菲尔德的产业协同效应，这一对价被认为在正常范围内。

此外，双汇国际此次收购还承担了史密斯菲尔德 24 亿美元的净债务，为了缓解自身对史密斯菲尔德债务的承担压力，双汇国际对史密斯菲尔德迅速展开债务重组，具体重组方案见表 10-53。

表 10–53　　　　　　　　　　　史密斯菲尔德债务重组方案

序号	现状	调整方案
1	循环贷款额度 14.43 亿美元，发生 1.65 亿美元。剩余有效额度 12.78 亿美元	1. 额度调整为 7.5 亿美元，主要采取 ABL 贷款（资产基础是合格存货和应收账款）的方式加以解决； 2. 利率为同期基准利率或 LIBOR 加边际利率，并随可用额度的变化而变化； 3. 利息每 3 个月（基于 LIBOR 利率）或每季度（基于基准利率）支付一次
2	1. 美国银行 2 亿美元贷款； 2. Rabo 银行 2 亿美元贷款； 3. 4 亿美元可转换债	1. 与循环贷款配合，定期贷款额度为 16.5 亿美元，并对现有债务进行置换赎回； 2. 利率为同期基准利率或 LIBOR 加边际利率； 3. 每季度等额偿还本金，利息每 3 个月（基于 LIBOR）或每季度（基于基准利率）支付一次
3	1. 2022 年到期的 9.95 亿美元债券（10 年期，票面利率 6.625%）； 2. 2017 年到期的 5 亿美元债券（10 年期，票面利率 7.75%）	1. 获得 15 亿美元过桥贷款资金对两笔债券进行置换； 2. 前 3 个月利率为 LIBOR 加边际利率，此后每 3 个月上升调整一次至最高基点； 3. 并购交易完成后 1 年内不会被全部支付，未偿还的部分将转换成交易完成后 8 年到期的定期贷款；并可在满足一定条件下进一步转换为优先级票据

整个债务重组工作由摩根士丹利充当融资顾问，所获得贷款额度和贷款资金全部以史密斯菲尔德的相关资产进行担保或抵押，此次债务重组在很大程度上解决了资金问题。截至 2013 年 10 月 27 日有关史密斯菲尔德的合约责任及商业承担如表 10–54 所示。

表 10–54　　　　　　　按期间划分的到期付款　　　　　　　（单位：百万美元）

	总计	<6 个月	7—30 个月	31—54 个月	>54 个月
长期负债	34 129	4	1 277	11 846	20 966
利息	11 632	927	3 661	3 102	3 942
资本租赁承担，包括利息	294	7	23	16	248
经营租赁	1 564	237	582	358	387
资本支出承担	258	258	—	—	—
购买责任					
生猪采购	5 364	7 761	21 818	15 086	8 975
合约生猪养殖者	14 073	2 684	4 838	2 883	3 668
谷物采购	4 143	3 871	272	—	—
其他	2 861	108	264	278	2 211
总计	122 594	15 893	32 735	33 569	40 397

3. 融资方式

此次并购融资的来源主要包括：①银团定期贷款；②Sun Merger Sub 于 2013 年 7 月 31 日发行的，本金总额为 9 亿美元的无担保优先票据；③双汇国际现有现金；④根据史密斯菲尔德的若干现有融资协议提取的款项。主要资金来源如表 10-55 所示。

表 10-55　　并购的主要资金来源

资金来源	金额（百万美元）
银团定期贷款的所得款项净额	3 925
Sun Merger Sub 所发行优先无抵押债券	900
公司现金	319
根据史密斯菲尔德的现有融资协议提取款项	160
资金来源总额	5 304

资金用途为：购买代价总额 4 903 百万美元；偿还来自美国银行的定期贷款 2 亿美元；费用、开支及其他交易成本 201 百万美元。

在本次并购的融资中，中国银行纽约分行作为牵头银行，联合荷兰合作银行、东方汇理银行、星展银行、法国外贸银行、苏格兰皇家银行、渣打银行与中国工商银行（亚洲）组成财团，为双汇国际此次收购提供了约 39.25 亿美元的贷款（所得净额），包括一笔 25 亿美元的三年期贷款和一笔 15 亿美元的五年期贷款。同时，双汇国际通过 Sun Merger Sub 发行了共计 9 亿美元的无担保优先票据，包括于 2018 年到期的本金总额为 5 亿美元利率为 5.250% 的优先票据，以及于 2021 年到期的本金为 4 亿美元利率为 5.875% 的优先票据。

（三）并购整合

1. 经营整合

收购后，双汇国际将利用全球整合平台及在美国具竞争力的成本结构的优势，增加美国的冰鲜及冷冻猪肉及猪副产品出口到中国和其他市场；凭借史密斯菲尔德的品牌知名度在中国推出肉制品新产品作为安全和优质产品；通过全球平台增加分享运营及财务的最佳实践、技术和市场知识，进一步加强公司的整体竞争力，提高食品安全控制机制，提升生产力并提高盈利能力；整合后台管理系统，如建立综合信息管理系统（即一种预算、信息管理和资本效率的全球性方法）；以及利用长期客户关系的优势，在新市场创造销售机会和建立销售渠道。

此外，双汇国际致力于优化不同种类和地域的产品组合，满足消费者的产品需求。在中国，更加侧重中高端市场，引进美国的原材料、史密斯菲尔德品牌和生产技术，在中国生产销售高端西式产品，包括培根、火腿及香肠等。同时，继续根据中国不同地区的饮食习惯，设计、开发适合当地口味的产品，如适合东北区域口味的哈尔滨红肠、俄式烤香肠，适合华南区域口味的岭南风味脆皮肠，具有华东区域特色的上海风味大红肠等。在美国,则将研发创新重点集中于继续改进包装、推出差异化产品、增加有益健康的产品类别、改良口味、增加便利性等。

2. 人力资源整合

交易完成后,史密斯菲尔德成为双汇国际的全资子公司,继续以"史密斯菲尔德食品"名称经营。并购交易不对史密斯菲尔德的管理层及员工有任何影响,如史密斯菲尔德 CEO Larry Pope 将继续担任史密斯菲尔德总裁兼 CEO,双汇国际仅派遣一名高层前往史密斯菲尔德,负责总部与史密斯菲尔德之间的日常通信联系和常规沟通管理。另外,为支持现有管理层发展企业,其高层和资深员工可获得近 4 800 万美元的留任奖金。

3. 财务整合

交易完成后,双汇国际在财务上注重流程配合,财务整合过程十分规范,有效控制了财务风险。收购前,史密斯菲尔德在弗吉尼亚州的总部利用一套财务报告软件,按月整合美国及其他国际市场的财务数据,各附属公司在每月终结后会向史密斯菲尔德总部提交财务数据以供上载至财务报告软件,或通过互联网直接将财务数据上载至软件。收购后,双汇国际开始执行措施要求在美国及其他国际市场的营运部门提交每天的数据并编制每日报告概要,史密斯菲尔德总部也开始向双汇国际位于香港的全球总部提交综合每日报告概要及每月财务报告。

(四) 并购各阶段风险及防范措施

1. 信息管理风险及防范

双汇国际在并购史密斯菲尔德的过程中,由于并购信息外漏,导致竞争对手不断加价,并购价格也随之不断增高,这充分说明其信息管理风险防范工作不到位。同时,双汇国际没有充分考虑自己的优势和竞争对手的实力,造成了快速加价的困境。泰国正大集团名下的正大食品以及巴西肉类制品巨头 JBS 集团,都曾在史密斯菲尔德集团同意接受双汇国际的收购之前准备提出各自的收购报价,史密斯菲尔德也被允许可以回应两者在之后可能提出的竞购报价。因此,双汇国际与史密斯菲尔德约定,史密斯菲尔德可以在 30 天内向正大食品以及 JBS 提供公司财务数据,并就交易条款进行协商,而其与双汇国际的分手费金额是 7 500 万美元,若达成协议的时间是在 30 天之外,史密斯菲尔德与双汇国际的分手费会升至 1.75 亿美元。

2. 融资风险及防范

双汇国际通过银团贷款融资、发行优先票据融资等方式,成功地融得了并购资金。但是,双汇国际的融资方式比较简单,多数是债务性方式。在贷款活动中,双汇国际签订了很多承诺和保证性的条款,比如承诺其净利润在盈余公积提取完成后的部分不能低于 70%来支付贷款,这很大程度上会制约公司的发展,在偿还贷款期间,不可能增加新的投资项目。因此,双汇国际对史斯密斯菲尔德的原有债务进行重组,使史密斯菲尔德获得更优的资金,从而缓解了自身承担史密斯菲尔德债务的压力。

3. 整合风险及防范

并购后的整合工作是一项重要工作，虽然史密斯菲尔德是一家受全球消费者所信赖的著名企业，但仍是一家西方企业，在管理方式、员工素质以及企业文化等方面与双汇集团存在很大差异，若整合过程中难以实现协同效应，可能造成企业整合困难，从而加剧企业内部风险。此外，由于国别原因，双汇和史密斯菲尔德采用的会计制度也存在差异，加大了财务整合的难度。

针对并购整合风险，双汇国际也实施了各类风险控制措施。渠道方面，双汇国际早在并购之前就表明通过双汇集团的现有销售渠道为史密斯菲尔德在中国开设品牌门店提供便利条件，并推动今后史密斯菲尔德公司在中国市场的发展；人员方面，并购整合最初阶段，企业文化差异明显，双汇国际表示尊重和沿用史密斯菲尔德公司管理理念，维持现有的管理层以及员工的同时，由双汇国际派出两名董事进行日常管理；财务管理方面，双汇国际对其旗下的双汇集团与史密斯菲尔德实施统一的会计信息披露方法，并要求子公司史密斯菲尔德每日、每周、每月都需上报财务报告。

三、并购绩效

（一）媒体评价

1. 并购交易前

2013年9月26日宣布收购完成之前，《财经国家周刊》《21世纪经济报道》等媒体认为，此次并购如若成功，双汇国际受益良多，但并购变数很大，不仅是能否成功签订并购协议，还有之后的并购整合也是较大难题，此外，在美国允许养猪业添加"瘦肉精"，而在中国则属非法，"瘦肉精"被描绘成养猪业为了让猪生长更多好看的瘦肉而添加的化学毒品。

2. 并购交易后

并购公告后，《证券时报》《凤凰财经》《第一财经》等媒体认为此次收购意义深远，双汇国际作为双汇发展（000895.SZ）境外大股东，斥巨资收购全球最大猪肉供应商，有助于双汇进军美国市场，实现国际化战略转变。双汇发展作为旗下肉类资产上市公司，未来的发展规模有望进一步扩大，品牌价值也将进一步提高，有利于长期发展和估值提升。这就意味着，此次合并将是中美两个世界最大经济体内最大猪肉企业的结合，完成后将形成世界最大的猪肉企业。

（二）短期市场绩效

1. 双汇发展股价波动

并购发生时，双汇国际尚未上市，其全资子公司双汇发展并购首次公告日涨幅为8.73%，但随后并没有出现大幅涨幅，主要原因是这次收购的主体是双汇国际，在短期内对双汇发展的影响有限，总体来看，市场对双汇收购史密斯菲尔德持积极态度。如图10-72所示。

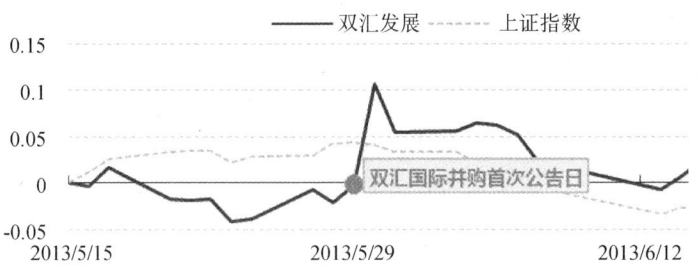

图 10-72 双汇国际并购首次公告日双汇发展的市场反应

2. 史密斯菲尔德股价波动

双汇国际收购史密斯菲尔德交易公告后，2013 年 5 月 29 日，史密斯菲尔德股票大涨 28.42% 至每股 33.35 美元，逼近每股 34 美元的收购价，而在过去十年，史密斯菲尔德大幅度跑输标普 500 指数（落后 59%）和标普 500 食品指数（落后 115%），这说明市场认为本次收购对史密斯菲尔德构成利好。

（三）长期并购绩效

1. 双汇国际绩效指标

2014 年 1 月，双汇国际控股有限公司更名为万洲国际有限公司（以下简称"万洲国际"），并于 2014 年 8 月在港交所挂牌上市。本节选择了万洲国际年报披露的主要运营数据和财务数据来分析其长期绩效。如表 10-56、表 10-57 所示。

表 10-56　　　　　　　　双汇国际主要运营数据

主要营运数据	2011 年	2012 年	2013 年	2014 年	2015 年	2016 年
生猪出栏量（百万头）	0.298	0.300	5.460	17.685	19.077	19.200
生猪屠宰量（百万头）	10.006	11.419	22.772	47.170	48.335	49.300
肉制品销量（百万公斤）	1.454	1.558	2.169	3.227	3.183	3.2000

表 10-57　　　　　　　　双汇国际主要财务数据

主要财务数据	2011 年	2012 年	2013 年	2014 年	2015 年	2016 年
营业额（百万美元）	5 455	6 243	11 253	22 243	21 209	21 534
经营利润（百万美元）	254	567	886	1 614	1 557	1 788
年内利润（百万美元）	188	468	(67)	972	995	1 238

通过收购史密斯菲尔德，双汇国际获益颇多，2011 年其生猪出栏量仅不到 30 万头，并购当年即增至 546 万，截至 2016 年末，其年度报告披露已增至 1 920 万头，翻了六倍之多，生猪屠宰量亦由 1 000 万头增至 4 900 万头以上，肉制品销售量由 145 万吨增至 320 万吨以上，年内利润 2012 年仅 4 亿多美元，收购后第二年便增至 9 亿多美元，2016 年万洲国际（双汇国际）的年内利润已突破 10 亿元大关，高达 12.38

亿美元。

同时，万洲国际已于收购第二年即 2014 年 8 月成功在港交所挂牌上市，收购史密斯菲尔德对此功不可没。由其 2016 年年报可知，截至 2016 年 12 月 31 日，合并杠杆比率（净负债权益比率）改善至 25.3%，较 2014 年降低了 36.5 个百分点。2016 年 7 月，《财富》发布最新世界 500 强排行榜，万洲国际以 212 亿美元的年营收入位列 495 名，是中国上榜公司中唯一一家食品类企业。

双汇国际此次并购动因主要在于通过史密斯菲尔德低成本获得美国猪肉的上游优质资源，进而以此扩张处于不断增长中的国内高档产品市场。基于并购动因分析，反映这一动因的财务指标显示、双汇国际确实在并购后降低了成本，提高了利润率，如表 10-58 所示。

表 10-58　　　　　双汇国际基于并购动因的长期业绩指标

长期业绩指标	2016 年	2015 年	2014 年
销售净利率（%）	5.74	4.68	4.36
销售毛利率（%）	19.54	19.24	14.67
销售成本率（%）	80.46	80.76	85.33

2. 史密斯菲尔德绩效指标

表 10-59　　　　　史密斯菲尔德相关指标

成长能力指标	2013 年 12 月 31 日	2014 年 12 月 31 日	2015 年 12 月 31 日
营业总收入（亿美元）	132.2	150.3	144.4
净利润（亿美元）	1.84	5.56	4.52

由表 10-59、图 10-73 可知，史密斯菲尔德被收购后第一年即 2014 年，其营业收入和净利润均大幅上涨，但 2014 年美国市场上猪肉价格亦呈上涨趋势，说服力稍弱，2015 年营业总收入虽略有下降，但当年美国市场猪肉价格大幅下跌，其仍能取得该营业额和净利润，比 2014 年更有说服力。同时，由万洲国际（双汇国际）2015 年年报可知，截至 2015 年 12 月 31 日，在美国前 25 大食品公司中，史密斯菲尔德品牌肉制品与零售渠道的增长速度排名第二，每公吨 483 美元的单位利润较 2014 年增长 38.6%，创出新高。

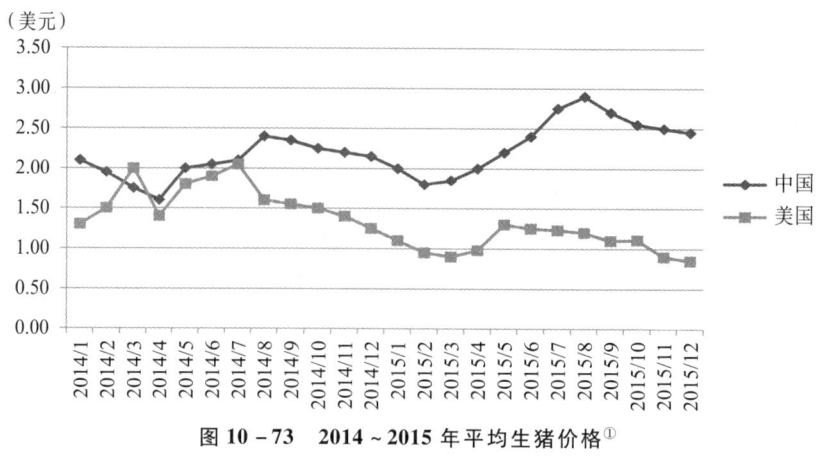

图 10-73 2014~2015 年平均生猪价格①

四、总结与思考

双汇国际并购史密斯菲尔德这一案例中,虽然信息外漏导致被迫加价,但设计的交易框架、采用的融资方式等为我国企业跨境并购提供很多有意义的借鉴。

(一)把握并购时机

双汇国际与史密斯菲尔德早在 2002 年就有生意上的往来,始终保持良好的合作关系,这有助于双方相互了解,尽可能减少由于信息不对称而造成的风险。2006 年以来,史密斯菲尔德的竞争能力越来越不被市场所认可,最突出的反映是其股票的回报长期跑输大市和行业。简单分析,美国资本市场之所以对 SFD 给予较低的估值和预期,主要有以下两个方面的原因。原因一:抗风险能力较差,利润率波动大。美国有三家主要的肉类加工企业,分别是泰森食品(TSN)、荷美尔食品(HRL)和史密斯菲尔德食品(SFD)。这三家企业中规模最大的是 TSN,SFD 居其次,HRL 最小。近几年,三者的营业收入基本保持一个均衡增长或变化的趋势,但净资产收益率的变化情况则各不相同,其中尤以 SFD 的波动幅度为最大。这也就意味着,在面临相同的外部环境下,SFD 对经营成本及风险的控制能力相对较差。原因二:资产负债率偏高,财务费用消耗大。2003~2012 年,SFD 的资产负债率一度达 70%,这在资产负债率普遍偏低的美国上市公司中算是一个异数。高负债率带来的直接后果是 SFD 财务费用(含历年债务重组形成的损失)侵蚀了其大部分营业利润,对 SFD 的盈利能力提升形成很大的制约,并有可能使其陷入高负债—融资成本上升—增加债务重组损失—提高负债率的恶性循环。

2009 年,双汇国际初次提出了并购想法,但届时两家公司对并购事项分歧较大,计划被搁置。此后,由于猪饲料成本较高且美国猪肉价格下降,史密斯菲尔德的经营状况不佳,2011~2013 年毛利率不断下降。因此,此次并购,双汇国际把握住了非

---

① 美国农业部及内部数据。

常好的时机，一举将美国最大的猪肉供应商史密斯菲尔德依据纳入麾下。

（二）设计合适的交易框架

此次收购，双汇国际在 BVI 设立一家壳公司 Sun Merger Sub，用于收购史密斯菲尔德，收购完成后，史密斯菲尔德退市成为 Sun Merger Sub 的全资子公司，再由史密斯菲尔德吸收合并 Sun Merger Sub，Sun Merger Sub 注销。这种注册类似 BVI 或 SPV 等公司进行收购的方式，易于收购中进行结构调整，选择 BVI 能有较低的税负成本、尽可能简单的政府管理程序，被主要的金融服务商（银行、券商等）认可，方便资金流动等优势，可以为其他公司的收购提供借鉴。

（三）注意信息保密，避免细节漏洞

谈判过程中，由于出现信息泄露，引起了其他竞购者的关注。泰国正大集团名下的正大食品以及巴西肉类制品巨头 JBS 集团，都曾在史密斯菲尔德集团同意接受双汇国际的收购之前准备提出各自的收购报价，史密斯菲尔德也被允许可以回应两者在之后可能提出的竞购报价。因此，双汇国际与史密斯菲尔德约定，史密斯菲尔德可以在 30 天内向正大食品以及 JBS 提供公司财务数据，并就交易条款进行协商，而其与双汇国际的分手费金额是 7 500 万美元，若达成协议的时间是在 30 天之外，史密斯菲尔德与双汇国际的分手费会升至 1.75 亿美元。跨境并购中，竞购者的出现会增加并购的难度，可能造成主并方付出更大的代价完成收购。而对此，除提前设置好分手费及其他防范规则，更重要的是在整个过程中加强信息保密，避免泄漏风险。

综合双汇国际并购史密斯菲尔德的过程来看，我国企业在进行跨境并购过程中，要充分利用自身条件和外部中介机构的帮助，选择适合自己的支付和融资方式，并根据并购双方各自的经营状况选择恰当的整合模式，及时发现和防范并购过程中可能出现的各类风险，提高跨境并购的成功率。

案例十一　周期底部出手：洛阳钼业收购世界级资源

【案例简介】

2016年10月1日洛阳钼业收购AA PLC（英美资源集团）旗下AANB及AAFB100%股权和部分债权完成交割，获得了AA PLC的铌、磷业务；同年11月16日收购FCX（自由港集团）旗下FMDRC公司100%股权也完成交割，获得了FCX的铜、钴业务。前者支付现金对价15.75亿美元，后者支付现金对价26.65亿美元，共计42.4亿美元。

本次收购的特色在于洛阳钼业在有色金属行业处于周期底部、国际行业巨头经营堪忧之际出手收购，以较低的代价将世界级优质资源收入囊中，实现了产品品种的多元化扩展，推进了其国际化经营战略，成为全球钼、钨、钴、铌等多领域的龙头企业。值得一提的是，洛阳钼业在2013年收购了澳洲的铜金矿Northparkes Mines并运营整合良好，有力推动了本次两起收购洽谈的成功。

一、并购发起

（一）买方简介

洛阳栾川钼业集团股份有限公司（603993.SH、03993.HK，简称"洛阳钼业"）于2006年8月由洛阳矿业集团有限公司（简称"洛矿集团"）与鸿商产业控股集团有限公司（简称"鸿商控股"）发起成立。2007年6月在港交所上市，洛矿集团持股36.8%为第一大股东，鸿商控股持股35.4%；2012年9月在A股上市，A股发行后，洛矿集团持股占比35.4%，鸿商控股占比34%，两者持股一直较为接近。2014年初鸿商控股通过子公司鸿商国际增持洛阳钼业的股权成为第一大股东，洛阳钼业由国企转为民企，自然人于泳成为洛阳钼业的实际控制人。如图10-74所示。

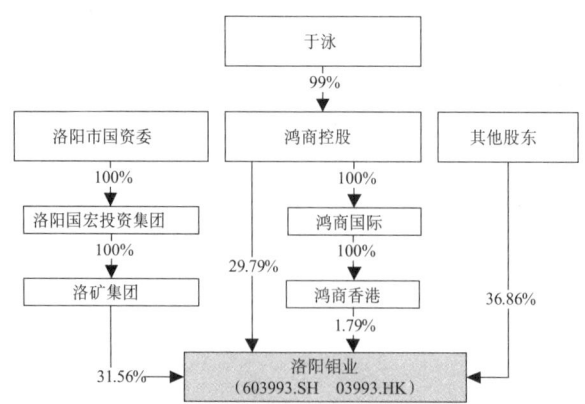

图10-74　洛阳钼业2015年底股权结构图

资料来源：洛阳钼业2015年度财务报告。

洛阳钼业是世界领先的钼生产商之一，同时也是中国最大的钨生产商之一。主要从事钼、钨金属的采选、冶炼、深加工、科研等，拥有上下游一体化的完整产业链条；主要产品有钼铁、仲钨酸铵、钨精矿及其他钼钨相关产品，同时回收副产铜、铼等金属矿物，其生产能力及规模在行业内均处于前列（见表10-60）。

表10-60　　　　　　　　　　洛阳钼业产能情况

项目类别		能力	地位
钼精矿	矿石处理能力	30 000 吨/日	生产规模国内第二、全球第五
	产量	1.7 万吨/年	
钨精矿	矿石处理能力	30 000 吨/日	生产规模国内第二；国内及全球最大的白钨资源综合回收利用企业
	产量	0.98 万吨/年	
钼铁冶炼能力		25 000 吨/年	国内第一
氧化钼焙烧能力		40 000 吨/年	国内第一

数据来源：洛阳钼业公告、招商证券研究报告。

洛阳钼业的资源储量丰富，拥有三道庄钼矿、上房沟钼矿和新疆哈密东戈壁钼矿三个世界级钼矿，共计钼资源量170万吨。主产矿山三道庄钼矿为钨钼伴生矿，也是中国第二大白钨矿床。在该矿山中，白钨精矿的生产直接从钼尾矿的废液中提取，节省了开采等环节，使得钨精矿的生产成本大约在1.2万元/吨，远低于同行业平均水平，钨精矿毛利率一直保持在70%以上。金属钼、钨的应用领域广泛，在国民经济中具有战略性地位（见表10-61）。

表10-61　　　　　　　　　　钼、钨金属应用领域

金属类别	应用领域	地位
钼	一次消费主要用于钢铁，终端消费主要用于能源、基建、交运、航天军工等领域	在大部分应用领域没有直接替代品
钨	广泛应用于军工、航天航空、机械加工、冶金、石油钻井、矿山工具、电子通讯等领域	是国民经济和现代国防领域不可替代的战略性金属

资料来源：洛阳钼业公告。

洛阳钼业致力于创建具有全球视野、深度产业链整合的"受人尊敬的国际化资源公司"。2013年12月1日，洛阳钼业从Rio Tinto PLC（力拓集团）收购了澳洲铜矿Northparkes Mines（以下简称NPM），该铜矿是澳洲四大铜矿之一，为铜金伴生矿，主产品为铜精矿，副产品为黄金。NPM的铜资源储量约为165万吨，品质高且生产成本较低，平均每吨铜的现金成本不足15 000元，远低于铜价（约为51 000元/吨）具有稳定持续的盈利能力。收购NPM后，洛阳钼业从原有的钼、钨拓展到钨、钼、铜、黄金等多金属业务，并成为澳洲第四大铜矿生产商，2015年NPM贡献3归属于上市公司股东净利润人民币3.22亿元。

截至 2015 年 12 月 31 日,洛阳钼业总资产为 308.81 亿元,2015 年经营活动产生的现金净流量约 13.5 亿元,净利润 7.03 亿元。截至 2016 年 9 月 30 日,洛阳钼业账面货币资金为 137.99 亿元。

(二)标的简介

1. 英美资集团铌、磷业务

洛阳钼业于 2016 年 4 月与世界前五大矿业公司 Anglo American PLC(英美资源集团,以下简称"AA PLC")签订协议,收购其旗下 Anglo American Nióbio Brasil Limitada(以下简称"AANB")的铌业务、Anglo American Fosfatos Brasil Limitada(以下简称"AAFB")的磷业务等等。AANB 铌业务包括 1 座在产矿山、3 个加工厂、3 座未运营的矿山和 1 处矿床,以及 Anglo American Marketing Limited(以下简称"AAML")的铌销售业务;AAFB 磷务包括 1 座在产矿山、1 个选矿厂、2 个化学加工厂及 2 处矿床(见表 10 – 62)。

表 10 – 62　　　　　　　　收购境外铌、磷业务主要资产明细

收购项目	类型	业务资产	备注
AANB 铌业务	在产矿山	Boa Vista 铌矿	开采寿命为 16 年
	未开发矿山	Mina I、Mina II、Area Leste	随着这三个矿山的顺利勘探,AANB 所持有的铌矿开采寿命将延长至约 26 年
	矿床	Morro do Padre	
	加工厂	Boa Vista	处理氧化矿石
		Boa Vista Fresh Rock	处理原生矿石
		尾矿处理厂	处理含铌的磷酸盐尾矿
AAFB 磷业务	在产矿山	Chapadão 矿	
	未开发矿床	Coqueiros 与 Morro Preto	
	选矿厂	Ouvidor	
	化工厂	Catalão 与 Cubatão	
AAML	负责 AA PLC 旗下铌产品和其他商品的购买和销售业务的公司,洛阳钼业仅收购 AAML 的铌销售业务		
其他	Capital Luxembourg 持有的对 AAFB 的债权以及 Capital PLC 持有的对 AANB 的债权		

资料来源:洛阳钼业公告、招商证券研究报告。

收购涉及 5 个交易对手方,它们与 AANB 及 AAFB 的关系如图 10 – 75 所示。

AAFB 是巴西第二大化肥生产商,拥有巴西品位最高的 P_2O_5 资源,储量为 4 330 万吨。其磷业务属于上下游一体化,涵盖了磷矿开采、选矿提纯获得五氧化二磷精矿以及生产中间和最终产品。洛阳钼业在本次收购后首次涉足磷业务。

AANB 是全球第二大铌矿石生产商,拥有铌(Nb_2O_5)储量 89.39 万吨,主营业

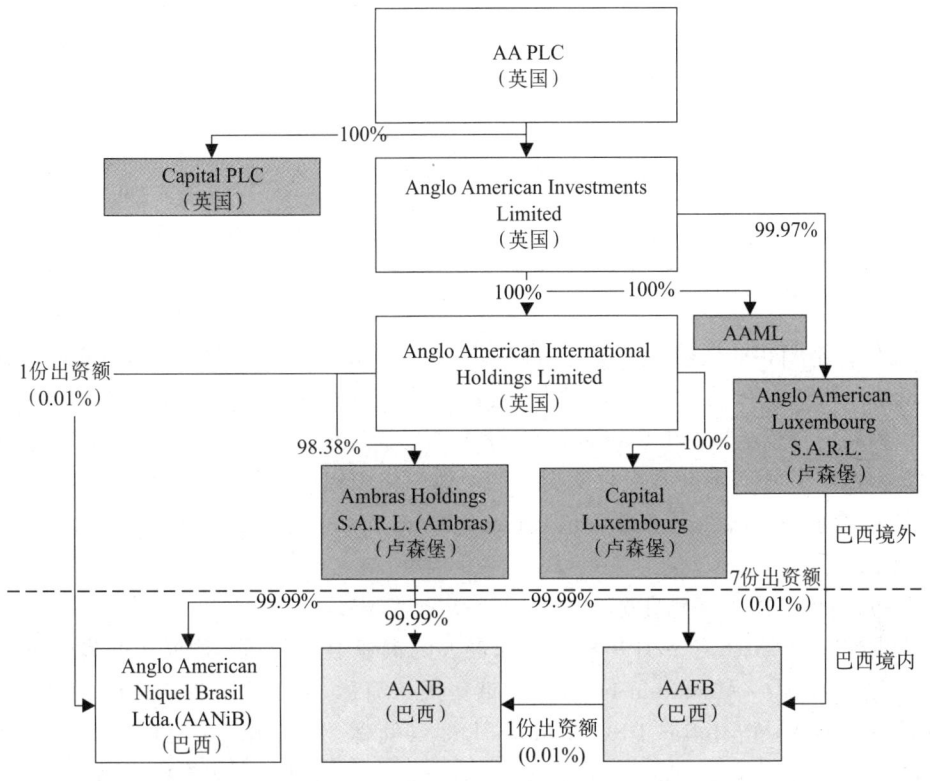

图 10-75　AANB、AAFB 股权结构图

资料来源：洛阳钼业收购草案。

务包括从拥有的铌矿中开采铌矿石，通过破碎、格筛、浓缩、浸出及冶炼等工序对铌矿石进行加工，使之成为符合客户需求的铌产品，主要产成品为铌铁。AANB 负责铌产品的生产和运营，但不负责销售，AANB 将产品销售给 AAML，由 AAML 负责将产品销售给终端客户。铌有工业味精之称，可作为铁基、镍基和锆基超级合金的添加剂提高其强度性能，铌业务的产品下游与钼、钨类似（见表 10-63），具备一定协同效应。本次收购的铌业务可成为洛阳钼业现有钼、钨业务的重要补充，尤其是在特殊合金的生产方面。

表 10-63　AAFB 及 AANB 经营概况

公司	主要产品	生产能力	财务状况（2015 年）
AAFB	高浓度磷肥（MAP、GTSP）、低浓度磷肥（SSG、SSP 粉末等）、动物饲料补充剂（DCP）、中间产品磷酸以及硫酸（硫酸主要自用）以及相关副产品（石膏、氟硅酸）等	年处理的矿石约 600 万吨，矿石生产总量位列巴西第二	资产 336.15 百万美元；负债 135.81 百万美元；年收入 431.12 百万美元；净利润 51.82 百万美元

续表

公司	主要产品	生产能力	财务状况（2015年）
AANB	主要产品为铌铁，用来生产低合金高强度结构钢（HSLA 钢），该种钢材被广泛应用于汽车、卡车、吊车与起重机、桥梁和其他需要较大承重并需要较高强度重量比的建筑，还可用于超导材料、航空航天等领域	2015 年的铌铁产量约为 6 300 吨，占全球总产量的 5% 左右	资产 825.46 百万美元；负债 565.30 百万美元；年收入 110.84 百万美元；净利润 4.61 百万美元

资料来源：洛阳钼业收购草案。

此外，洛阳钼业还收购了部分债权：Capital Luxembourg 持有的对 AAFB 的债权以及 Capital PLC 持有的对 AANB 的债权。这两项债权是源于 Capital Luxembourg 与 AAFB 签署的授信合同①和 Capital PLC 与 AANB 签订的出口商品预付款协议②。在交割日，CMOC LIMITED（本次收购交易的主体，洛阳钼业在香港的全资子公司）依据当时的借款余额一次性支付给 Capital Luxembourg 和 Capital PLC，成为 AAFB 和 AANB 新的债权人。

2. 自由港集团铜、钴业务

洛阳钼业于 2016 年 5 月 9 日与全球最大的铜业上市公司、同时也是世界最大的钼生产商 Freeport-McMoRan Inc（自由港集团，简称"FCX"）签订协议，购买其全资公司 Freeport-McMoRan DRC Holdings Ltd.（简称"FMDRC"）100% 的股权。FMDRC 的主要经营实体是 Tenke Fungurume Mining S. A.（DRC）（简称"TFM"），FMDRC 间接持有 TFM 56% 的股权（见图 10-76），即本次收购使得洛阳钼业控制了 TFM 公司 56% 的股权。

TFM 是一家涵盖铜、钴矿石勘探、开采、提炼、加工和销售的综合一体化矿业公司，拥有 6 个矿产开采权、近 1 500 平方公里的 Tenke Fungurume 矿区、从开采到深度加工铜及钴的全套工艺和流程。如表 10-64 所示。

TFM 拥有的 Tenke Fungurume 矿区位于刚果（金）Katanga 省境内，是全球范围内储量最大、品位最高的铜、钴矿产之一，也是刚果（金）国内最大的外商投资项目。Tenke Fungurume 矿区铜储量为 471.81 万吨，钴储量为 56.90 万吨，未来发展潜力巨大。Tenke Fungurume 铜矿资源品位高，成本低，铜的净现金成本约为 1.21 美元/磅，与之形成鲜明对比的是，汤森路透（Thomas Reuters）研究表明，2015 年全球铜矿净现金成本估测为 3 586 美元/吨（1.62 美元/磅），2015 年全球铜的均价为 5 503美元/吨（2.50 美元/磅），可见 Tenke Fungurume 矿的铜毛利率高于全球平均水平。2014 年 Tenke Fungurume 钴产品毛利率为 36.16%，2015 年受钴产品价格下降影

---

① 2012 年 5 月 24 日，AAFB 作为借款方与 Capital Luxembourg（出借方）签订了信贷额度不超过 2 亿美元的授信合同。截至 2016 年 6 月 30 日，AAFB 根据合同约定向 Capital Luxembourg 提取的借款余额为 5 750 万美元。

② 2012 年 1 月，Capital Luxembourg 与 AANB 签订了授信额度不超过 1.9 亿美元的出口商品预付款协议，截至 2016 年 6 月 30 日，AANB 的借款余额为 1.9 亿美元。

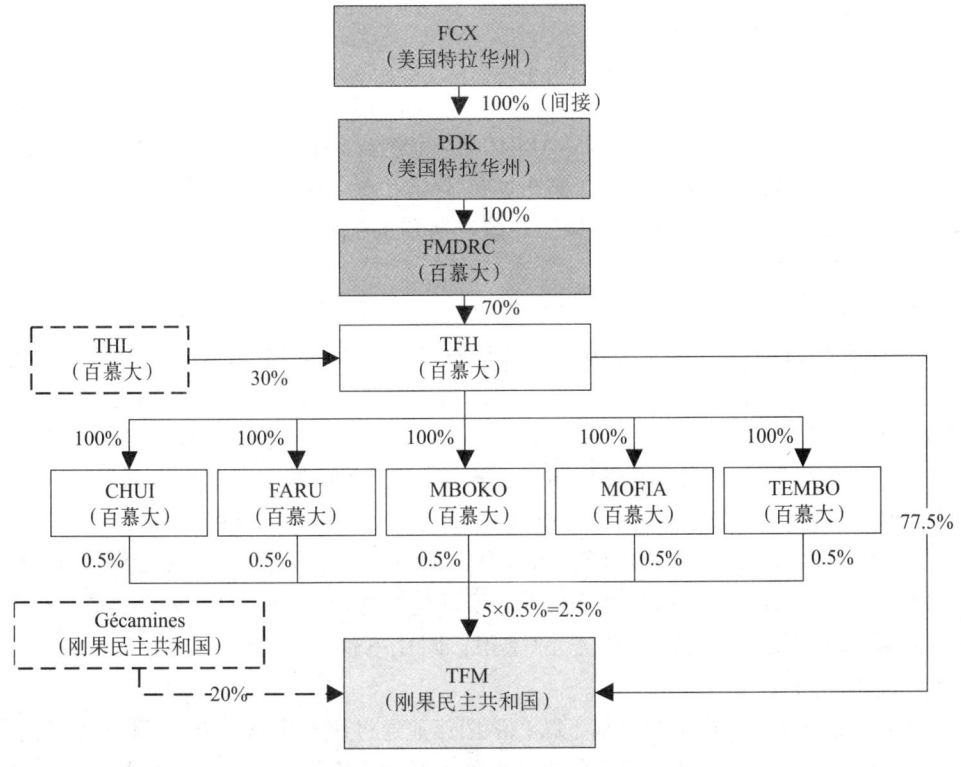

图 10-76 TFM 公司股权结构

资料来源:根据重大资产购买报告书(收购境外铜钴业务)(草案)(修订稿)整理。

表 10-64 TFM 经营概况

主要产品	生产能力	资源储量	财务状况(2015 年)
电解铜及氢氧化钴初级产品	TFM 是全球最大的钴生产企业,2015 年全球钴金属产量 9.8 万吨,TFM 钴产量约为 1.6 万吨,占全球比例为 16.3%。2015 年 TFM 铜产量为 4.49 亿磅	铜:露天矿资源量 1 261.48 万吨,地下矿资源量 1 167.89 万吨,合计 2 429.37 万吨;钴:露天矿资源量 117.72 万吨,地下矿资源量 104.25 万吨,合计资源量为 221.97 万吨	资产 39.44 亿美元;负债 6.48 亿美元;年收入 13.85 亿美元;净利润 2.18 亿美元

资料来源:洛阳钼业收购草案。

响,毛利率降为 19.40%。

铜被广泛应用于电力、电子、建筑、机械制造、军工等行业,其下游需求主要来自于电力、空调制冷、交通运输、电子等行业;钴是世界上最重要的战略矿产之一,是三元电池正极材料中的关键元素,在航空航天所需的耐高温合金中也有广泛的应用①。

---

① 关于两起收购标的市场地位、资源品位等的界定基于洛阳钼业收购公告书。

(三) 并购动因

1. 获取优质资源，打造国际矿业企业

洛阳钼业原本就是国内成本最低、盈利能力最强的钼钨资源开发商，完成对刚果（金）TFM56%的权益和 AANB 和 AAFB100%的权益并购后，有望形成年产钼3.62万吨、钨1.76万吨、铌0.9万吨、磷酸一铵140万吨、铜20.3万吨、钴1.35万吨和金1.3万吨的规模[①]，且均为成本领先、盈利居前的优质资源。

2. 多元化经营分散风险

洛阳钼业主要产品的价格波动性较大，就钨产品而言，受到原油价格下跌等因素影响，石油管道和钻井平台大幅减少，含钨硬质合金和特钢需求量下降，钨行业整体处于产能过剩、供大于求及去库存的状态，钨价走低。2015年国内65%黑钨精矿平均价格为人民币7.14万元/吨，同比下降31.25%；下游产品仲钨酸铵平均价格为人民币11.29万元/吨，同比下降31.49%。此外，自2008年金融危机以来，钼价一路走低，钢厂对钼的消费也大幅下滑，2015年钼价已经低于国内相当部分钼供应商的成本，国内45%钼精矿均价939元/吨度[②]，较2014年下跌30.2%；60%钼铁均价68 000元/吨，较2014年下跌28.2%；国际氧化钼均价6.65美元/磅，较2014年下跌41.7%；欧洲氧化钼均价6.6美元/磅钼，同比下跌42.3%；欧洲钼铁均价17美元/千克，同比下跌40.8%。

面对主要产品市场价格的大幅下跌，洛阳钼业通过成本控制措施，虽依然实现了业绩增长，特别是钨业务板块的成本优势带来的丰厚利润弥补了钼行业亏损带来的负面影响，但是仍需未雨绸缪，提高盈利能力、利润及现金流，进一步增强自身抗风险能力。

本次收购的铌磷业务是 AA PLC 非核心、高盈利业务，能够提供稳定利润和现金流。铌是高品质钢材必不可少的原材料之一、替代品极少、在钢铁生产中的用量较小，使之在钢铁生产中成本占比较低，以上因素使得铌铁需求的价格弹性较低，价格相对稳定，周期性弱于其他金属；巴西是全球重要的农产品出口国之一，是世界第五大化肥消费国，磷肥在巴西农耕地区需求强劲，此次收购的磷资源位于巴西品位最高的矿床，磷肥加工厂紧邻最终消费市场，具备区位优势，而属农业领域的磷业务发展较为平稳，相比有色金属周期性较弱。铌磷业务的稳定盈利能优化公司的资产组合，提高抗风险能力。

收购的 TFM 铜钴矿是全球范围内储量最大、品位最高的铜钴矿产之一，储量丰富且开采成本低，收购完成后，洛阳钼业铜年产量将增加近5倍，钴产量约占全球总量的10%。虽然铜价处于相对低点，但洛阳钼业将受益于标的拥有的较低开采成本和未来铜价的回升。我国是钴的主要消费国，随着新能源汽车的高速发展，三元动力电池用钴需求或将大幅增长，钴业务也有望成为洛阳钼业重要的利润增长点。洛阳钼业完成此次收购后，可迅速成为全球重要的钴供应商。

---

① 2017年洛阳钼业另获得 TFM 24%股权独家购买权，此数据考虑了这一情况。
② 吨度指1吨物质所含的纯度。国内钼精矿报价通常以吨度为单位，"45%钼精矿均价939元/吨度"换算成吨是 42 255 元/吨（939×45＝422 555）。

(四) 并购能力评估

本案例从资源要素及公共关系要素两方面对洛阳钼业的并购能力进行评估（见表 10-65）。资源要素方面，洛阳钼业的管理团队拥有丰富的行业执业经验和海外收购运营整合经验，且公司资金存量充足；公共关系方面，2013 年收购澳洲铜金矿时有与标的所在地审批机构沟通的经验。

表 10-65　洛阳钼业收购巴西铌磷业务、刚果（金）铜钴业务的并购能力评估

并购能力要素		洛阳钼业的具体情况
资源要素	人力资源	高级管理团队在采矿、浮选、冶炼及下游业务领域拥有丰富的行业执业经验并对国内外行业发展趋势有较深的认识和了解，能根据市场动态及时调整公司发展战略，在激烈的国际市场竞争中占得先机
	财务资源	此次两项并购交易金额合计为 41.5 亿美元[1]，约合 275 亿元，截至 2016 年 3 月底，洛阳钼业账面货币资金约 134 亿元，洛阳钼业 2013 年有过并购贷款的经验，有能力寻求并购贷款渠道弥补资金缺口
	实物资源	洛阳钼业拥有国内优质钼钨资源及澳洲优质铜矿资源，有先进的选矿设备，已实现全流程自动化控制
	无形资源	2013 年收购了澳洲铜金矿并且实现较为良好的运营整合效果，累积了丰富的资本市场运作和海外项目管理经验[2]；生产技术优先，所属各个业务板块的现金成本均位于国际行业领先水平，具有较强的国际竞争力；行业声誉高，钼、钨相关产品的生产规模居行业前列
公共关系要素		澳洲的收购项目中洛阳钼业积累了与目标方政府沟通的经验；随后澳洲项目的跨境经营经历也使其具备妥善处理与境外政府的关系以及当地群众的关系

二、并购过程

（一）并购交易进程

洛阳钼业两个大型收购交易同时展开，收购境外铌、磷业务于 2016 年 4 月 27 日签订购买协议，2016 年 10 月 1 日完成交割，历时 5 个月；收购境外铜、钴业务于 2016 年 5 月 9 日签订购买协议，2016 年 11 月 16 日完成交割，历时 6 个月。在这期间，洛阳钼业同步进行项目融资。具体进程见表 10-66。

（二）并购方案概述

2016 年第三季度两项收购交易完成交割，洛阳钼业收购巴西铌、磷业务支付对价 15.75 亿美元，收购刚果铜、钴业务支付对价 26.65 亿美元（此外，还有不超过

---

[1]　两起收购在 2016 年 4 月、5 月分别签订收购协议，共计 41.5 亿美元（铌磷业务对价 15 亿美元、铜钴业务对价 26.50 亿美元），同时约定最终支付对价将根据交割情况做出调整。交割时共支付对价 42.4 亿美元（铌磷业务 15.75 亿美元、铜钴业务 26.65 亿美元）。

[2]　事实上，洛阳钼业两起收购之所以成功，很大程度上也是因为买方看中了其前期的并购及整合运营经验。

表 10-66　　洛阳钼业收购境外铌磷、铜钴业务主要进程回顾

项目	时间	进程
收购铌磷业务	2016 年 4 月 27 日	CMOC Limited、洛阳钼业与 Ambras、AA Luxembourg、AAML、Capital PLC、Capital Luxembourg、AASL 签订了购买协议
	2016 年 4 月 29 日	披露了《重大资产重组停牌公告》
	2016 年 6~7 月	陆续获得国家发展和改革委员会、商务部反垄断局批准
	2016 年 9 月 14 日	以洛阳钼业间接控制的全资子公司卢森堡 SPV、巴西 SPV 作为借款人签订了总贷款额为 9 亿美元的银团贷款协议
	2016 年 9 月 23 日	股东大会通过收购议案
	2016 年 10 月 1 日	完成交割
收购铜钴业务	2016 年 5 月 9 日	PDK、FCX 与 CMOC Limited、洛阳钼业签署了购买协议
	2016 年 5 月 10 日	披露了《重大资产重组停牌公告》
	2016 年 7 月 7 日	获得国家发展和改革委员会、商务部反垄断局批准
	2016 年 9 月 1 日	获得赞比亚竞争主管机关的批准
	2016 年 9 月 9 日	获得南非竞争委员会、百慕大金融管理局批准
	2016 年 9 月 23 日	股东大会通过收购议案
	2016 年 11 月 15 日	以洛阳钼业间接控制的全资子公司刚果 DRC 作为借款人签订了总贷款承诺金额为 15.9 亿美元的银团贷款协议
	2016 年 11 月 17 日	完成交割
定向增发	2016 年 5 月 20 日	洛阳钼业发布非公开发行 A 股股票预案，拟募集资金总额不超过 180 亿元，用于替换两项收购交易的银行借款
	2017 年 1 月 18 日	定向增发获得中国证监会审核通过
	2017 年 7 月 26 日	定向增发完成，募集资金总额为人民币 17 999 999 996.88 元①

资料来源：依据洛阳钼业公告整理。

1.2 亿美元的或有对价，该或有对价取决于 2018~2019 年的铜钴价格），共计 42.4 亿美元，用"自有资金+银行贷款"先行支付。2017 年 7 月 26 日，洛阳钼业以定向增发 A 股的方式融资约 180 亿元，用于置换前期投入的收购资金。

1. 交易主体

洛阳钼业本次两项收购由在香港设立的全资子公司 CMOC LIMITED 发起，交易结构如图 10-77、图 10-78 所示。

2. 融资安排

洛阳钼业两项收购均以美元现金支付，为尽快推动两项收购的顺利实施，其进行的融资安排如下：先自筹资金（自有资金 110 亿元+银行贷款 165 亿元）来完成交割

---

① 本次定向增发后，洛阳钼业控制权未发生变化。

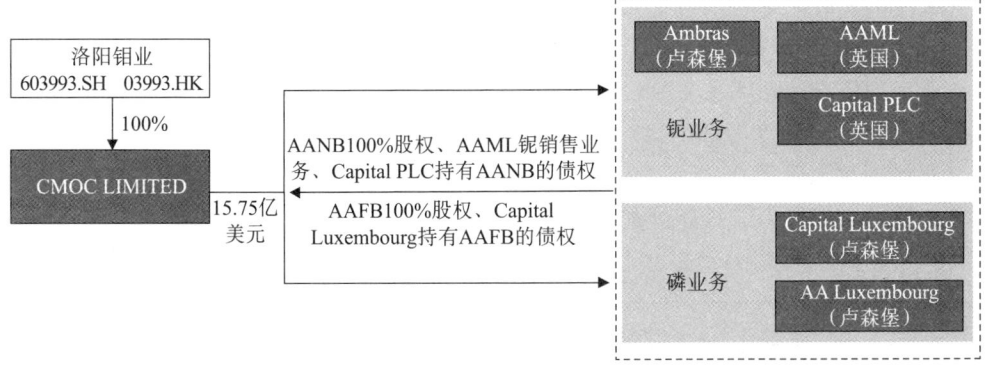

图 10-77　收购境外铌、磷业务交易结构图

资料来源：根据洛阳钼业公告整理。

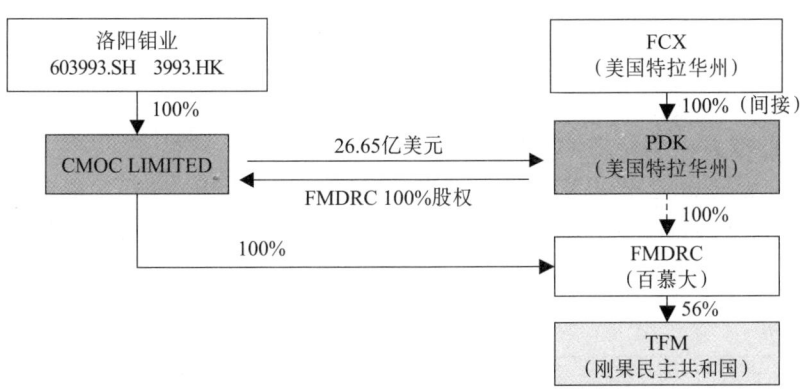

图 10-78　收购境外铜、钴业务交易结构图

资料来源：根据洛阳钼业公告整理。

手续①；然后进行定增，定增融到的资金用来置换前期先行垫付的资金。

截至2016年3月底，洛阳钼业账面结余货币资金约134亿元，足以覆盖所支付对价中的自有资金110亿元。那么，洛阳钼业165亿元银行借款从哪里来呢？洛阳钼业的公告称，为完成境外铌磷业务收购项目，洛阳钼业间接控制的全资子公司卢森堡SPV、巴西SPV作为借款行与中国银行卢森堡分行作为代理行和其他银行作为贷款行于2016年9月14日签订了一项总贷款额为9亿美元的银团贷款协议；为完成境外铜钴业务收购项目，洛阳钼业间接控制的全资子公司刚果DRC作为借款人与中国银行（香港）有限公司作为代理行、其他银行作为贷款行于2016年11月15日签订了一项总贷款承诺金额为15.9亿美元的银团贷款协议。两次并购银团贷款合计24.9亿美元，从而有力地保证了交割资金的到位。

---

① 收购境外铌磷业务于2016年10月1日完成交割；收购境外铜钴业务于2016年11月17日完成交割。

本次两起收购支付的资金中贷款约占60%，2015年底洛阳钼业的资产负债率为42.30%，经测算，债务规模扩大使得交割时资产负债率上升至58.24%，较为接近同行业平均资产负债率水平53.43%[1]。为了进一步降低财务风险，洛阳钼业进行了定增安排，2017年7月26日以3.82元/股的价格非公开发行4 712 041 884股A股股票（每股面值人民币0.20元[2]），筹集资金总额人民币180亿元，用来置换两个收购交易前期投入的资金。具体分配见表10-67。

表10-67　　　　　　　　　非公开发行募集资金用途[3]

项目名称	拟投入募集资金总额（亿元）
巴西铌、磷收购项目	95
刚果（金）铜、钴收购项目	85
合计	180

* 按照1美元=6.63元人民币折算。

资料来源：非公开发行A股股票预案（三次修订稿）。

3. 交割情况

2016年10月1日，洛阳钼业收购境外铌、磷业务完成交割，交割对价净额为157 570.30万美元[4]。交割完成后，洛阳钼业拥有了AAFB、AANB各自100%的股权、AAML的铌销售业务、Capital Luxembourg持有的对AAFB的债权以及Capital PLC持有的对AANB的债权。具体支付情况见表10-68。

表10-68　　　　　　　收购境外铌、磷业务对价支付情况

交易对方	支付金额（万美元）	标的
Ambras	44 004.52	收购AANB 100%的股东权益
AA Luxembourg	71 843.77	收购AAFB 100%股东权益
AAML	2 372.01	收购AAML的铌销售业务
Capital PLC	33 600.00	收购Capital PLC持有的对AANB的债权
Capital Luxembourg	5 750.00	收购Capital Luxembourg持有的对AAFB的债权
合计	157 570.30万美元	

资料来源：重大资产购买实施情况报告书（收购境外铌、磷业务）。

---

[1] Wind资讯—采矿业市值最高前30家公司平均资产负债率。

[2] 洛阳钼业在香港联交所上市时，同时实施股份拆细，将现有股份每股拆细为5股，每股面值由每股1元调整为0.20元。

[3] 洛阳钼业尚未披露所募集资金的实际分配情况。

[4] 计算方式为：中标价格（150 000.00万美元）+预估合计现金余额（16 116.43万美元）-预估合计负债余额（175.05万美元）+预估合计营运资本调整金额（2 709.98万美元）=预估交割对价金额（168 651.37万美元）-预扣巴西所得税（11 081.07万美元）=预估交割对价净额（157 570.30万美元）。

2016 年 11 月 17 日，洛阳钼业收购境外铜、钴业务完成交割，对价为 266 474.17 万美元[①]。至此，洛阳钼业直接持有了 FMDRC 100% 股权，从而间接拥有 TFM 56% 权益。

对于收购境外铜、钴业务双方还订立了或有对价条款，洛阳钼业需根据《Platt's Metals Week》刊登的 2018 年 1 月 1 日至 2019 年 12 月 31 日共 24 个月内的铜、钴现货月平均交割价的均值情况支付相应金额，具体条款见表 10-69。

表 10-69　　　　　　收购境外铜、钴业务或有对价条款

判断标准	或有对价金额	支付时间
LME[②] A 级铜现货月平均交割价的均值大于 3.50 美元/磅	0.60 亿美元	2020 年 1 月 10 日前
LME 钴现货月平均交割价的均值大于 20 美元/磅	0.60 亿美元	2020 年 1 月 10 日前

资料来源：重大资产购买报告书（收购境外铜钴业务）（草案）（修订稿）。

三、并购绩效

（一）外界评价

1. 媒体观点

从各媒体报道来看，业内外对于洛阳钼业跨境收购巴西铌磷、刚果（金）铜钴矿基本持比较乐观的态度。收购公告刚发出时，《21 世纪经济》认为，这次洛阳钼业对巴西铌磷和刚果铜钴的收购具有战略意义，此次收购将帮助洛阳钼业 2017 年每股收益至少增长 2 倍以上。时隔数天后，《智通财经》评论称，洛阳钼业此次收购标的资产的品质之高，非常罕见，是近年来类似矿种交易中的佼佼者，相对于此前主要经营的钼、钨，现在补充进来的钴、铌对中国来说都是稀缺资源，有巨大的发展潜力；全球矿产资源位于阶段性周期底部，为资源类企业的并购整合提供有利契机。对于中国跨境并购一向不太看好的国外媒体对于此次洛阳钼业的跨境并购也给出了积极的评价。伦敦《金融时报》这样写道："洛阳钼业的企业之歌需要更新一下了。现在这首歌颂旭日从洛阳群山间升起的主题歌，已经远远跟不上该公司本身的国际化程度了。"

从 2016 年底这起跨境并购交割完成至 2017 年初看来，此次收购是在比较合适的时机进行的，短期效果比较好。然而还有媒体认为，在这时谈洛阳钼业是否"抄底"成功还为时尚早，且此次的收购也面临着一定的风险。《英才》杂志称，铜钴矿所在地刚果（金）是全球最不发达的国家之一，受限于国内电力设施的落后和管理不善，2015 年仅 10% 的人口获得了稳定的电力供应，位于刚果（金）东南省份铜矿带上的矿产企业均需要通过私有发电机弥补巨大的供电不足。另外，矿产资源生产过程中存

---

① 计算方式为：交易作价（265 000.00 万美元）+ 预估交割现金余额（1 474.17 万美元）= 预估交割对价净额（266 474.17 万美元）。

② London Metal Exchange 的缩写，即伦敦金属交易所。

在发生环境污染的可能，标的公司可能会面临包括警告、罚款或暂停生产的行政处罚措施。

2. 券商观点

多数券商比较看好洛阳钼业的两起收购，但也考虑到其面临的一定风险。在收购公告刚发出时，国联证券评论称，洛阳钼业此番并购两座世界级矿山，将有望令公司利润翻倍。广发证券认为，本次收购的铌磷矿和铜钴矿估值水平整体中等偏低，所收购资产均有稳定的盈利能力和现金流水平，同时全球大宗商品已经跌至底部，随着全球经济的回暖，矿产价格有望逐步回稳增长，本次收购的矿业资源将为公司带来明显的价值提升；然而此次收购还面临全球经济增速持续低迷、收购资源储量不及预期等风险。招商证券评价称，洛阳钼业的运作能力强，未来将受益于需求回暖带来的产品价格回升，业绩潜力巨大。2016 年洛阳钼业定向增发受理时，国泰君安发表研究报告表示，洛阳钼业对巴西磷矿、铌矿业务和刚果铜钴矿的成功收购将显著增加公司的收入和净利润，并为将来提供强劲的增长潜力。2017 年 4 月，华泰证券评论称，2016 年洛阳钼业收购、增发几大举措彰显了其战略之高、视野之广、魄力之足和执行力之有效，目前其国际化资源企业已基本成型，并逐渐享受到钴、铜等金属价格上涨对业绩带来的积极效果。

综合各媒体及券商观点来看，洛阳钼业跨境并购的巴西铌磷项目和刚果（金）铜钴矿起初是被大多数评论看好的，从并购交割完成后几个月的表现来看，其在矿产资源市场前景和标的质量等方面都是较好的选择，符合洛阳钼业的发展战略和状况。当然由于收购标的存在一些客观因素的风险以及宏观市场环境的变化，企业跨境并购的绩效还有待观察。

（二）短期市场绩效

洛阳钼业收购巴西铌磷、刚果（金）铜钴交易分别于 2016 年 4 月 29 日和 2016 年 5 月 10 日首次公告，洛阳钼业 A 股股票在 2016 年 4 月 28 日~2016 年 5 月 25 日停牌，其 H 股股票在 2016 年 4 月 25 日~2016 年 5 月 15 日停牌。洛阳钼业收购前后 H 股、A 股股价波动率及所属行业行情变动情况见图 10-79、图 10-80。

2016 年 4 月 25 日洛阳钼业在香港联交所停牌，前一交易日（2016 年 4 月 22 日）股票收盘价为 1.29 港元/股，2016 年 5 月 16 日复牌当日收盘价为 1.55 港元/股，较停牌前上涨 20.16%。2016 年 4 月 28 日洛阳钼业在上交所停牌，前一交易日（2016 年 4 月 27 日）股票收盘价为 3.33 元/股，2016 年 5 月 26 日复牌当日，收盘价为 3.67 元/股，较停牌前上涨 10.27%[①]。由此看出，港股市场和 A 股市场对于洛阳钼业的两项跨境并购交易呈乐观态度，洛阳钼业跨境并购的短期市场反应良好。

---

① 2016 年 6 月 1 日，洛阳钼业 A 股股票收盘价较前一交易日上涨 10.11%，可能与洛阳钼业日前公布两项收购交易购买预案（修订稿）有关。

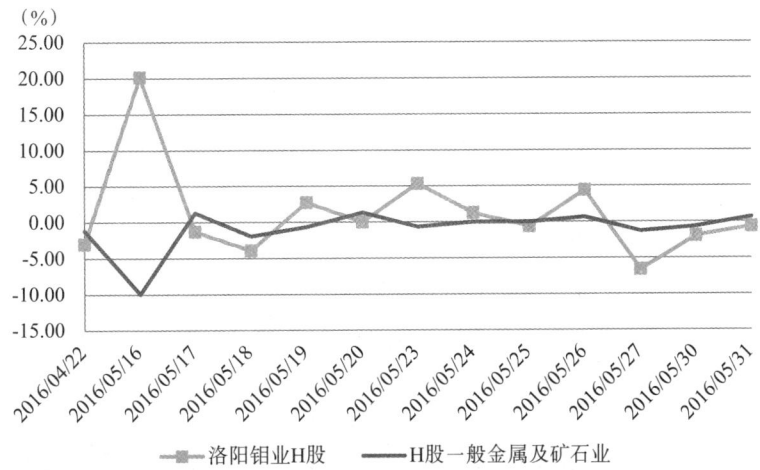

图 10-79　洛阳钼业收购公告日前后 H 股股价波动情况

资料来源：Wind 资讯。

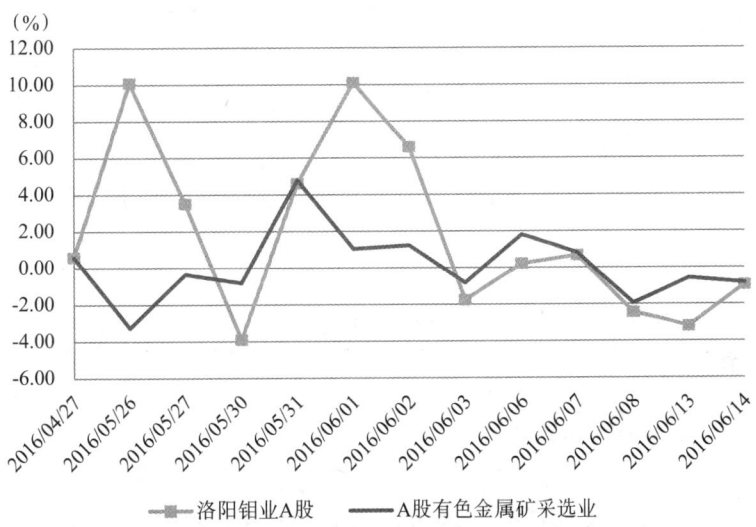

图 10-80　洛阳钼业收购公告日前后 A 股股价波动情况

资料来源：Wind 资讯。

（三）基于并购动因的绩效分析

1. 获取优质矿产资源

洛阳钼业作为矿业开发企业，对资源的依赖性较强，矿产资源的保有储量和品位，直接关系到公司的生存和发展。两起收购后，洛阳钼业的资源储量情况见表 10-70。

表 10-70　　　　收购前后洛阳钼业资源量及储量情况

矿山		种类	资源量/品位	储量/品位	总量
三道庄矿山		钼	0.10%	0.10%	806.06
		三氧化钨	0.09%	0.12%	
		小计（百万吨）	522.01	284.05	
上房沟矿山		钼	0.14%	0.18%	504.22
		小计（百万吨）	463	41.22	
新疆矿山		钼	0.11%	0.14%	582.58
		小计（百万吨）	441	141.58	
NPM		铜	0.56%	0.58%	602.69
		金	0.18%	0.22%	
		小计（百万吨）	481.52	121.17	
收购前资源量及储量合计（百万吨）					2 495.55
Tenke 铜钴矿山		铜	2.89%	2.51%	1 017.6
		钴	0.27%	0.31%	
		小计（百万吨）	836	181.6	
铌磷矿山	矿区一	Nb_2O_5	1.07%	0.90%	831
		小计（百万吨）	107.6	34.1	
	矿区二	Nb_2O_5	0.26%	0.36%	
		P_2O_5	11.40%	11.90%	
		小计（百万吨）	457.5	231.8	
收购后资源量及储量合计（百万吨）					4 344.15

数据来源：洛阳钼业 2016 年报。

总量上，两起收购完成后洛阳钼业资源总量由 2 495.55 百万吨提升至 4 344.15 百万吨，增幅 74.08%；种类上，收购完成后洛阳钼业新增了铌、磷、钴等资源的储备；质量上，前文已提及 AAFB 的 P_2O_5 资源是巴西品位最高的，TFM 拥有的 Tenke Fungurume 矿区是全球范围内储量最大、品位最高的铜、钴矿产之一。

2. 实现风险分散

从业务构成看，收购前洛阳钼业主营钼钨相关产品，占营业额 57.69%，其次为 2013 年收购的铜金矿[1]生产的铜相关产品，占营业额约 34.38%（见图 10-81）。收购完成后主营产品仍然为钼钨相关产品，新增的铜[2]、钴、铌、磷相关产品合计约占营业额的 35.06%（见图 10-82）。两起收购进一步推进了洛阳钼业在有色金属领域的多元化部署，降低了钼钨产品的比例，避免过分依赖钼、钨主业。

---

[1]　洛阳钼业主要从事的业务为铜金属的采选，主要产品为铜金矿。
[2]　收购的 TFM 主要产品为电解铜和氢氧化钴初级产品。

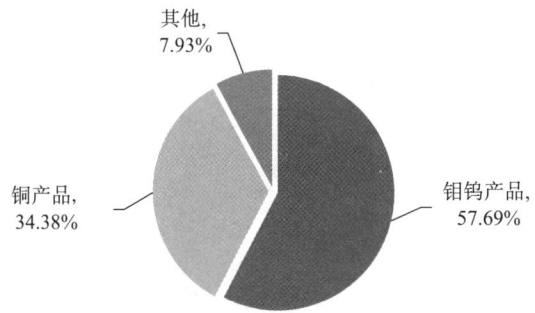

图 10-81　收购前洛阳钼业业务构成

数据来源：依据洛阳钼业 2015 年报数据整理。

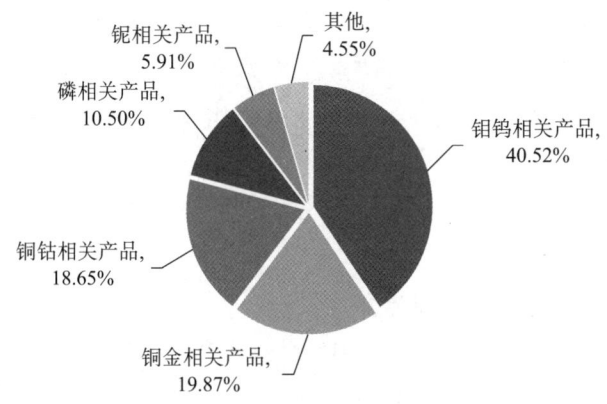

图 10-82　收购后洛阳钼业业务构成

数据来源：依据洛阳钼业 2016 年报数据整理。

从产品价格的波动看，洛阳钼业作为矿业开发企业，金属产品的市场价格会直接影响其利润水平。本节对洛阳钼业主要产品的价格进行了标准化处理①，绘制价格走势如图 10-83 所示：2013~2015 年钼、钨产品价格持续走低，2016 年小幅回暖；铌产品价格平稳，2016 年处于低位；钴价、磷价基本在（-20%，20%）区间内波动；铜价在持续走低后，2016 年 11 月市场行情看涨。可见，洛阳钼业收购的铌、钴、磷的价格相对钼、钨而言更稳定一些，可以起到弱化风险的作用，虽然铜价长期走低，但前文已提及 TFM 生产的铜的成本远低于全球平均水平，具有稳定的盈利能力。收购时点大宗商品价格处于低位，帮助洛阳钼业节约了收购成本，若后续年度能持续受益于价格利好，洛阳钼业有望夯实新的利润增长点。

---

① 初始价格（2013 年 1 月 31 日）标准化为 1。磷酸一铵数据缺失，2013 年 5 月 31 日为初始价格日。

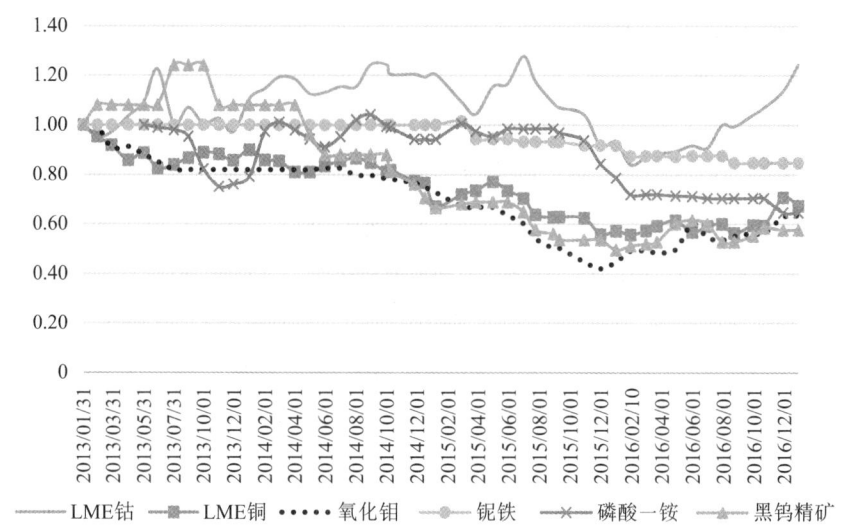

图 10-83　2013~2016 年洛阳钼业主要产品价格走势

数据来源：Wind 资讯。

四、总结与思考

（一）时机、速度是跨境并购关键

2015 年下半年矿业进入严冬期，2016 年初这个冬天到了最寒冷的时刻，当时全球第四大矿业公司 AA PLC 的总市值仅 34 亿美元，全球最大的上市铜生产商 FCX 总市值仅 44 亿美元，只有在这种背景下才更有可能出现交易机会、更有可能达成交易，而卖方恰处于财务困境急于剥离资产，更是增加了买方谈判的筹码。洛阳钼业所购标的资源品位高且储量大，相关技术水平在全球居于前列，2016 年这种全球矿业释放出来的真正高质量乃至世界级资产的交易机会十分难得，"果断"和"速度"正是洛阳钼业赢得交易的关键所在。

（二）资源决定行业地位

资源是矿业公司的立命之本。拥有一流的资源，就是一流的矿业公司；拥有世界级资源，就是世界级矿业公司。洛阳钼业 2013 年从力拓集团收购澳洲铜矿后，成为澳洲第四大铜矿生产商；本次两起收购完成后，成为巴西第二大磷生产商、全球第二大钴生产商、全球第二大铌生产商及全球最低成本大型铜生产商之一。显然，储量丰富的优质资源使得洛阳钼业在全球的行业地位快速提升，本次两起收购与 2013 年收购澳洲铜金矿使得洛阳钼业实现了资源近 1.5 倍的增长。

案例十二　洋媳妇爱上穷小子：艾派克[①]收购 Lexmark[②]

【案例简介】

2016年11月30日，珠海艾派克科技股份有限公司发布公告，宣布正式完成对国际著名打印公司 Lexmark 100%股权的收购。本次收购由珠海艾派克科技股份有限公司联合太盟投资集团、君联资本管理股份有限公司共同参与，收购标的内含企业价值约为40.44亿美元（约合人民币261.65亿元）。

透过本案，我们将看到中国民企艾派克，通过多元化的组合融资方式筹集过百亿元的资金，鲸吞与自己体量悬殊的国际打印公司 Lexmark；同时，我们也将看到国内资本市场史上第二大规模的私募可交换债助力跨境并购[③]。这起并购完成后，艾派克在打印领域的布局将更加完整，在国际打印业的竞争力将显著提升。

一、并购发起

（一）并购双方基本情况

1. 买方简介

（1）上市公司简介。珠海艾派克科技股份有限公司（以下简称"艾派克"）是以集成电路芯片研发、设计、生产与销售为核心，以激光和喷墨打印耗材应用为基础、以打印机产业为未来的高科技企业，是全球行业内领先的打印机加密 SoC 芯片[④]设计企业，也是全球通用耗材行业的龙头企业。目前公司业务主要涵盖通用耗材芯片、打印机 SoC 芯片、喷墨耗材、激光耗材、针式耗材及其部件产品和材料等，可为消费者提供全方位的打印耗材解决方案，产品销往全球100多个国家和地区。其中，通用耗材又称兼容耗材，是指能够替代原装品牌的耗材，主要包括喷墨打印机的墨盒、激光打印机的硒鼓等；打印机耗材零部件产品主要指墨水及碳粉等，主要用于打印机耗材的生产制造；集成电路芯片则主要用于墨盒和硒鼓等产品的识别与控制。

2000年，公司成立，创立格之格品牌，进军墨盒业务。2002年，公司成功研发出耗材兼容芯片，全面进军通用墨盒产业的芯片业务，奠定了其在通用墨盒产业可持续发展的基础。2003年，公司发明墨盒微压阀供墨技术，解决行业内墨盒残墨的环境污染问题，因此当年公司的通用墨盒产量上升为全球第一。2004年，公司研发成

---

① 艾派克指珠海艾派克科技股份有限公司，公司于2017年5月25日变更名称为纳思达股份有限公司。由于截至本案例交割之日，公司仍名艾派克，故为方便读者阅读，案例全文仍使用艾派克作为公司简称。
② 东方花旗证券为艾派克本次收购的独立财务顾问。
③ 截至本案例撰写之日，国内资本市场史上规模最大的私募可交换债为三一集团发行的两期私募可交换债，合计募资规模73.50亿元；艾派克控股股东赛纳科技发行的两期私募可交换债为第二大规模，详情见后文介绍。
④ System on Chip 的缩写，即系统级芯片或片上系统，指可实现完整系统功能、并嵌入软件的芯片电路。

功有自主专利的通用硒鼓技术。2006 年,公司成为通用打印耗材行业领军企业。2007 年,联想控股通过君联资本入股,成为公司的战略合作伙伴。2010 年,公司获得国家级高新技术企业认定,并成立爱丽达电子科技有限公司,发展色带业务。2011 年,公司跻身《福布斯》中国最具潜力企业榜的第四名。2014 年,公司成功登陆资本市场,在深圳证券交易所上市(股票代码:002180)。2015 年,公司成功收购美国芯片公司 Static Control Components,Inc.(简称"SCC"),打造全产业链竞争优势。

公司所处的打印行业是一个依靠技术专利作为进入壁垒的行业,因此公司创立至今始终坚持技术创新,已掌握了打印机和打印耗材加密 SoC 芯片核心技术,掌握了喷墨打印机微压阀供墨技术和百年不褪色的墨水技术,掌握了激光硒鼓的静电成像关键技术和采用嵌入式国产 CPU 打印机 SoC 芯片技术,在打印机的喷墨、激光、集成电路、精细化工等技术领域走在了全球行业的前列。截至 2015 年年末,艾派克拥有打印耗材技术专利 600 多项,累计全球专利 1 000 多项,其中海外专利 200 多项,公司专利覆盖了全球 30 多个国家和地区,并有效覆盖了公司主流产品,为公司及客户的经营自由度提供了基本保障。

根据艾派克年报显示,截至 2015 年年末,公司营业总收入达 20.49 亿元,其中,耗材业务贡献收入 13.05 亿元,占比 63.69%,芯片业务贡献收入 4.43 亿元,占比 21.63%,配件业务仅贡献 2.65 亿元,占比 12.95%;公司全年实现净利润 2.95 亿元,资产总计 31.19 亿元。相对于 Lexmark 的 35.51 亿美元(折合人民币约 229.76 亿元)的营业收入规模和 39.12 亿美元(折合人民币约 253.12 亿元)的资产规模①,两者之间相差悬殊。如表 10-64 所示。

表 10-71 艾派克 2011~2015 年经营情况 (单位:亿元)

	2011 年	2012 年	2013 年	2014 年	2015 年
营业收入	1.58	1.54	1.37	4.80	20.49
营业成本	1.39	1.57	1.46	2.66	17.15
销售及管理费用	0.57	0.71	0.57	0.80	4.69
营业利润	0.18	0.00	-0.06	2.20	3.15
净利润	0.27	0.13	0.02	2.09	2.95
经营活动现金净流量	0.03	-0.18	0.07	2.05	2.13
筹资活动现金净流量	-0.06	-0.01	-0.06	-0.04	7.86
投资活动现金净流量	-0.23	-0.01	0.10	2.75	-3.41

数据来源:Wind 金融终端。

(2)控股股东简介。珠海艾派克科技股份有限公司控股股东为珠海赛纳打印科技股份有限公司,原主营业务一部分为通用耗材及再生耗材的研发、生产和销售,另

---

① 有关 Lexmark 的经营状况参见下文的(二)标的简介。

一部分为激光打印机及原装耗材的研发、生产和销售。2015年艾派克成功收购美国芯片公司SCC后,为避免同业竞争,赛纳科技将完整的通用耗材业务资产顺利注入上市公司。于是,截至艾派克收购Lexmark重大资产购买报告书签署之日,控股股东赛纳科技主营业务仅为奔图激光打印机及专供奔图激光打印机使用的耗材(原装耗材)产品的研发、生产和销售。本次收购,赛纳科技与标的公司ISS业务中的激光打印机业务同样存在同业竞争,为避免与上市公司构成潜在的同业竞争,上市公司实际控制人、控股股东已进行消除同业竞争的安排。

在本案例中艾派克控股股东赛纳科技为艾派克并购Lexmark提供了重要资金支持,其在深交所发行的两单私募可交换债更是成为目前规模第二大的私募可交换债,同时为私募可交换债用于并购提供了借鉴意义。

艾派克公司实际控制人为赛纳科技董事长兼总裁、艾派克科技公司董事长汪东颖、赛纳科技公司董事、艾派克科技公司监事李东飞,赛纳科技公司董事、高级副总裁、首席技术官、艾派克科技监事会主席曾阳云。三人作为一致行动人,是上市公司实际控制人。

珠海艾派克科技股份有限公司与实际控制人的产权及控制关系如图10-84所示①。

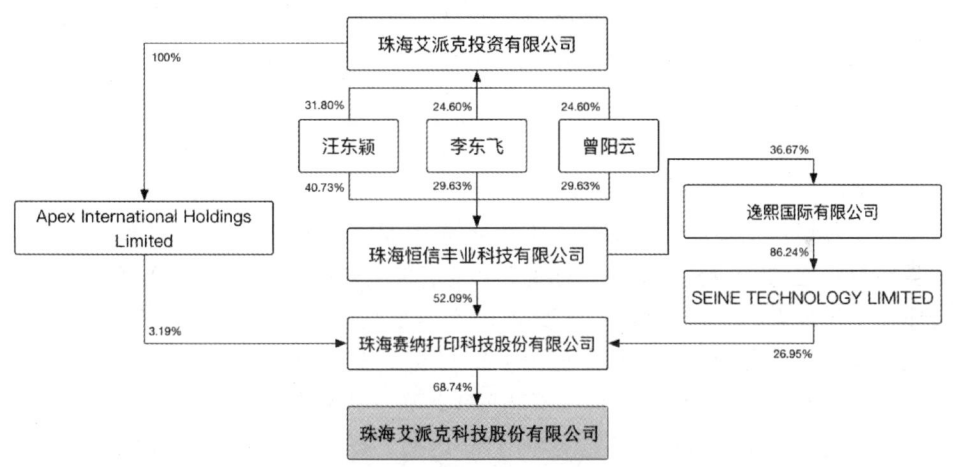

图10-84 公司与实际控制人之间的产权及控制关系

2. 标的简介

Lexmark International, Inc.(以下简称"Lexmark")是一家注册在美国的世界领先打印产品及服务供应商。公司在超过170个国家销售产品和提供服务,是受许多高科技产业分析公司认可的打印行业全球领导者。Lexmark的发展战略在于聚焦金融、医疗等特定行业,通过其激光打印硬件平台、打印管理软件平台以及内容及流程管理

---

① 《艾派克收购Lexmark重大资产购买报告书》。

平台，为企业客户提供集打印、内容管理、流程管理等服务于一身的一站式企业办公解决方案。

Lexmark 于 1990 年 5 月依据特拉华州法律注册设立并有效存续。同年 7 月 Lexmark 的母公司 Lexmark International Group Co., Ltd.（以下简称"集团公司"）设立，并于 1991 年 3 月向 IBM 收购了 IBM Information Products Corporation。1995 年 11 月，集团公司完成股票首次公开发行，以股票代码 LXK 在纽交所上市交易。2000 年 7 月，Lexmark 与其控股母公司进行吸收合并，合并完成后，Lexmark 作为存续的公司。2010 年以来，Lexmark 收购整合了 ReadSoft、Kofax 等几家软件公司，进一步拓展了产品广度。

Lexmark 主营业务包括 ISS 业务[①]和 ES 业务[②]。ISS 业务主要生产和销售多种型号的打印机、相关耗材及打印管理服务，其客户主要包括大型跨国企业，中小型公司和政府公共部门，行业主要集中在金融业、零售业、制造业以及教育、医疗等公共领域，主要涉及的产品及服务包括彩色激光打印设备、黑白激光打印设备、喷墨打印设备、针式打印机、耗材及部件、打印管理服务等。Lexmark 的 ISS 业务拥有一大批的销售和市场开拓人员，2015 年，该部门共实现收入 30.17 亿美元（约合人民币 195.22 亿元）。ES 业务主要是为客户提供一整套的企业软件解决方案，具体包括企业客户沟通管理软件（CCM）、医疗内容管理（HCM）、业务流程管理（BPM）等，客户主要集中在零售业、金融业、保险业、制造业、医疗保健行业以及教育、政府等公共部门。2015 年 ES 部门共实现收入 5.34 亿美元。

Lexmark 作为国际一流的打印机服务提供商，2014 年以前基本保持了较好的经营态势，直至 2015 年，其经营情况发生了重要变化：（1）在 2015 年 Lexmark 的营业利润首次出现亏损。主要原因是其在该年斥资约 10 亿美元收购 Kofax，导致销售管理费用和重组费用增加。（2）Lexmark 的现金流情况发生转折。首先是其经营活动产生的现金净流量出现大幅下滑。Lexmark 此前的经营性现金净流入基本能覆盖支付利息、回购股份及对外投资的资金需求，但到了 2015 年，其经营性现金净流量由 2014 年的 4.23 亿美元下降到 1.08 亿美元，已不能覆盖筹资、投资活动的资金需求；其次是筹资活动产生的现金净流量由负变正。2015 年之前，Lexmark 对外部的融资需求较小，而且还采取了回购股份、积极分红等策略，显示其现金流十分充足。但到了 2015 年，Lexmark 融资需求大大增加，筹资活动现金流变为正数且首次超过了经营活动产生的现金流。

Lexmark 资金状况趋紧的变化，反映在资产负债表上则是杠杆的上升，其资产负债率由 2014 年的 64.97% 提高至 2015 年的 71.42%。对 Lexmark 而言，当时最主要的任务是尽快整合收购项目，降低重组成本和费用，或是出售某些资产以偿还债务，使

[①] Imaging Solutions and Services 的缩写，即成像方案及服务。
[②] Enterprise Software 的缩写，即企业软件。

资产负债率回归到正常水平。最终，Lexmark 在 2015 年 10 月启动了整体出售事宜，且有数十家意向受让方参与了竞标。如表 10-72 所示。

表 10-72　　　　　　Lexmark 2011~2015 年经营情况　　　　（单位：亿美元）

	2011 年	2012 年	2013 年	2014 年	2015 年
营业收入	41.73	37.98	36.68	37.11	35.51
营业成本	26.09	23.96	22.24	23.01	21.54
研发费用	4.06	3.67	2.87	3.55	3.32
销售及管理费用	7.89	8.05	8.10	8.88	10.14
重组相关费用	0.00	0.00	0.11	0.18	0.75
其他费用	0.02	0.36	-0.63	0.00	0.00
营业利润	3.68	1.92	4.09	1.49	-0.25
净利息费用	0.29	0.29	0.41	0.36	0.43
税前利润	3.38	1.62	3.68	1.13	-0.68
经营活动现金净流量	4.01	4.21	4.80	4.23	1.08
筹资活动现金净流量	-2.72	-2.63	-1.08	-3.24	2.47
投资活动现金净流量	-1.07	-3.03	-3.09	-0.56	-4.95

数据来源：Wind 金融终端。

（二）并购动因[①]

为促进中国企业通过海外并购实现全球化发展，中国政府及相关主管部门近年来陆续出台了多项政策支持境内企业实施跨境并购，国家陆续出台的利好政策有力地促进了我国上市公司成功并购境外优质标的。

艾派克此次收购 Lexmark 一方面顺应了国家鼓励中国企业"走出去"的战略；另一方面由于其所处的打印耗材行业在我国经历了快速发展阶段后，竞争不断加剧，已进入整合阶段，加之 Lexmark 经过多年发展，已在核心技术、知识产权、产品种类及人才储备上具备了竞争优势，同时拥有丰富的中高端打印机及打印耗材领域的国际经营经验，并在全球建立了销售渠道并积累了客户资源。因此艾派克此次收购不仅迎合了国家战略和行业趋势，也为收购后更有利于全体股东的利益。具体来说，本次收购的动因包括以下几点。

1. 全面覆盖市场，扩大收入规模

艾派克相关产品的销售主要集中在欧洲及亚太地区的中低端市场，Lexmark 则有全球性的销售渠道，其优势区域在欧美等地区，且在高端办公领域有强大的直销团队和服务团队，具有相当的市场地位。艾派克通过本次收购，不仅能够借助 Lexmark 全球销售渠道和国际服务经验积极开拓海外中高端市场，而且可以将 Lexmark 的商业模

[①] 资料来源于《艾派克收购 Lexmark 重大资产购买报告书》。

式及高端产品引入国内中高端市场,提高公司为国内外中高端客户服务的能力,扩大中高端市场的收入规模。

2. 借助整机品牌,激活销售潜力

Lexmark 打印品牌已在全球市场获得一定程度的市场认知和市场地位,在打印机整机设备领域发展多年,积累了深厚的技术资源和客户资源,此次收购后艾派克可以借助 Lexmark 在打印机整机设备领域的品牌和出货量优势,拉动公司的打印耗材及其他配件销售,形成利用打印机设备整机开拓品牌及市场,利用耗材、配件及打印服务贡献利润的盈利格局。

3. 共享先进技术,提高产品品质

Lexmark 在激光打印耗材及芯片研发领域经验丰富,拥有完整的激光打印技术。Lexmark 拥有自主知识产权和多项专利,以及成熟的打印图像处理、彩色打印、引擎控制、网络信息管理技术等领先技术。通过本次收购,可以为艾派克节约技术研发积累期,在较短时间内突破外国厂商专利封锁,实现产品和技术的完善,进一步提高公司产品品质,实现公司跨越式成长。

4. 整合优质资源,有效降低成本

Lexmark 的打印业务拥有全球供应链和物流网络,在美国、墨西哥设有生产基地,在中国、比利时、阿根廷等地设有物流中心,在美国、印度、俄罗斯等地设有研发中心。而艾派克在本次收购前在全球范围内也有相应的布局,本次收购后,公司可将已有生产基地、物流中心、研发中心与 Lexmark 的供应链和物流网络进行优质资源整合,充分利用各自优势提高运作效率,节约大量生产成本和管理成本。

整体来看,本次收购将使艾派克在市场、技术、品牌等方面向全球化方向更进一步,可以在全球范围内进行资源整合及品牌推广。同时,在产业链布局方面,本次收购将使艾派克在打印领域的布局更加完整,形成从打印复印机整机设备到打印耗材(包含原装和通用)、配件(含芯片)以及打印管理服务一条完整的产业链,使公司有能力在全球范围内与全球打印巨头进行全方位全领域全产品的竞争。

二、并购过程

(一)交易进程回顾

本次交易自 2016 年 1 月 6 日取得发改委确认函至 2016 年 11 月 29 日交割完成共历时约 10 个月时间,具体交易流程中关键时间节点如表 10 - 73 所示。

表 10 - 73　　　　　　　艾派克收购 Lexmark 进程回顾

时间	事件主体	事件详情
1 月 6 日	国家发改委	取得了国家发改委《境外收购或竞标项目信息报告确认函》(发改外资境外确字 [2016] 101 号)
2 月 25 日	艾派克	公司发布关于筹划重大资产重组的停牌公告

续表

时间	事件主体	事件详情
3月8日	艾派克	公司召开第四届董事会第二十八次会议,审议通过了授权董事长汪东颖先生负责办理重大资产重组筹划期间的相关事项
4月19日	艾派克 Lexmark	1. 公司召开第四届董事会第三十次会议,审议通过了关于公司重大资产购买议案及重大资产购买报告书草案等;同时审议通过了关于批准本次交易有关的准则差异鉴证报告、估值报告的议案等与本次交易有关的议案; 2. Lexmark 召开董事会审议并通过本次交易事项
5月10日	艾派克	公司2016年度第三次临时股东大会审议通过了关于公司重大资产收购的议案及与本次交易相关的议案
7月22日	Lexmark	Lexmark 召开股东大会审议并通过本次交易事项和《合并协议》
7月26日	国家发改委	国家发改委颁发了《项目备案通知书》(发改办外资备 [2016] 345号)
8月3日	广东省商务厅	广东省商务厅向公司颁发了《企业境外投资证书》(境外投资证第N4400201601014号)
截至8月	国外反垄断审查	本次交易通过了美国、土耳其、波兰、德国、奥地利、俄罗斯及墨西哥7个国家的反垄断审查
8月16日	CFIUS①	收到 CFIUS 的正式信函,通知本次交易的 CFIUS 审查第一阶段结束并进入第二阶段
9月30日	CFIUS	公司收到 CFIUS 的正式信函,通知本次交易已经通过了 CFIUS 第二阶段的审查,标志着本次交易的 CFIUS 审查已经完成
11月1日	中信银行股份有限公司	中信银行股份有限公司珠海分行就本次交易相关事宜进行了境外投资外汇业务登记
11月18日	艾派克	公司召开第五届董事会第七次会议审议通过了: ①《关于相关条款的议案》; ②《关于公司境外子公司申请银行贷款及公司为公司境外子公司申请银行贷款提供股份质押担保及连带责任保证担保的议案》等与本次交易相关的议案
11月29日	艾派克 Lexmark	本次交易交割完成

资料来源:艾派克公司公告。

(二) 并购方案②

1. 交易实施主体

2016年4月20日,艾派克发布公告称,公司将联合太盟投资(PAG)和君联资

---

① CFIUS 指美国外资投资委员会。
② 本部分资料主要来源于艾派克《重大资产购买报告书》内容以及"并购汪"等知名公众号文章内容。

本,拟以每股 40.5 美元的价格,全资收购在纽交所挂牌上市的国际著名打印机及服务商 Lexmark 100% 股权。交易金额约 27 亿美元(约合人民币 174.69 亿元)。同时,考虑 Lexmark 在 2015 年末全部带息债务及类负债事项的预算后①,此次交易内含企业价值约为 40.44 亿美元(约合人民币 261.65 亿元)。同年 11 月 23 日,艾派克又发布公告,披露公司并购 Lexmark 的交易架构进行调整,并相应细化融资方案。

(1)调整前交易架构。根据 2016 年 5 月艾派克披露的重大资产重组购买报告书修订版来看,交易买方为艾派克、太盟投资、君联资本组成的联合投资者,交易标的为 Lexmark100% 股权,联合投资者将通过设立合并子公司和 Lexmark 合并的方式实施。合并后,合并子公司停止存续,Lexmark 作为合并后的存续主体。因此这是一起典型的反三角收购案例:由收购方财团设立一个全资子公司作为收购实体,再由这个实体与 Lexmark 合并,以 Lexmark 作为合并后的存续公司。

具体来说,公司拟与太盟投资、君联资本在开曼群岛共同设立开曼子公司Ⅰ,然后开曼子公司Ⅰ在开曼群岛设立开曼子公司Ⅱ,后者在美国特拉华州设立合并子公司用于本次合并交易。2016 年 4 月 19 日(纽约时间),艾派克、开曼子公司Ⅰ、开曼子公司Ⅱ、合并子公司与 Lexmark 签署《合并协议》。调整前交易架构如图 10-85 所示。

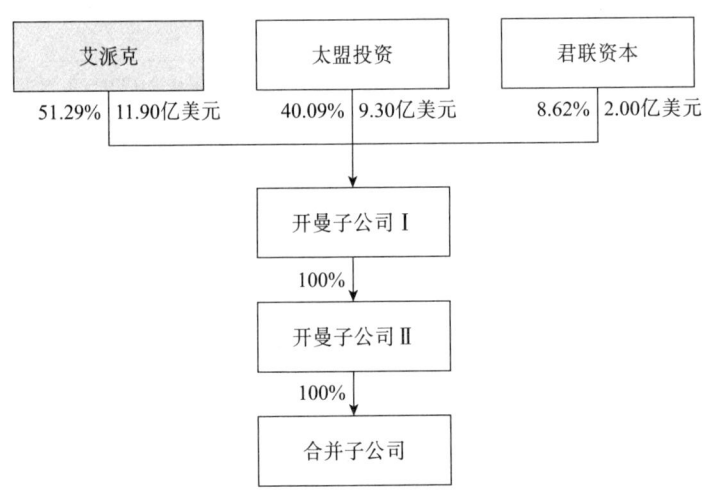

图 10-85 艾派克收购 Lexmark 初始交易架构

对应调整前的交易架构,相应的融资方案为:在开曼子公司Ⅰ层面,艾派克、太盟投资、君联资本均以现金方式出资,总计拟出资 23.20 亿美元(约合人民币 150.11 亿元)或等值人民币,具体出资承诺如下:(1)艾派克拟以现金出资 11.90 亿美元(约合人民币 76.99 亿元)或等值人民币;(2)太盟投资拟以现金出资 9.30 亿美元(约合人民币 60.17 亿元)或等值人民币;(3)君联资本拟以现金出资 2.00

---

① 根据公司公告,类负债事项包括标的公司养老金及其他退休福利、重组费用、2016 年交割前预期分红、控制权变更导致的员工奖励费用、卖方交易费用及其他。

亿美元（约合人民币 12.94 亿元）或等值人民币。剩余款项将由开曼子公司 II 和合并子公司向银行贷款取得。

(2) 调整后交易架构。2016 年 11 月 23 日，艾派克发布公告称对收购 Lexmark 一案的交易架构进行了调整。调整后的交易架构为：

艾派克与太盟投资及君联资本管理的投资机构朔达投资在开曼群岛共同设立开曼子公司 I，开曼子公司 I 在开曼群岛设立开曼子公司 II，开曼子公司 II 在开曼群岛设立开曼子公司 III，开曼子公司 III 在香港设立香港子公司 I，香港子公司 I 在瑞士设立瑞士子公司 I，瑞士子公司 I 控股在美国特拉华州设立的合并子公司用于本次合并交易；另外，香港子公司 I 在香港设立香港子公司 II，香港子公司 II 在香港设立香港子公司 III，香港子公司 III 在瑞士设立瑞士子公司 II。

根据开曼子公司 I、开曼子公司 II、艾派克、太盟投资和朔达投资于 2016 年 11 月 21 日签署的《认购协议》，艾派克、太盟投资和朔达投资以自有资金共计出资约 15.18 亿美元（约合人民币 98.21 亿元），具体为：①艾派克出资现金约 7.77 亿美元；②太盟投资出资现金约 6.52 亿美元；③朔达投资出资现金约 0.89 亿美元。剩余款项将由海外公司向银行申请中长期并购贷款取得，其中，合并子公司作为初始美国借款人、开曼子公司 II 作为开曼借款人，开曼子公司 I、开曼子公司 III、香港子公司 I、香港子公司 II、香港子公司 III、瑞士子公司 I 等作为担保人，瑞士子公司 II 或作为本次交易贷款的担保人或用于交割后的架构调整之目的。调整后交易架构如图 10-86 所示。

(3) 交易架构调整原因分析。根据艾派克收购 Lexmark 披露的交易草案，在最初的融资计划中，艾派克、太盟投资、君联资本拟根据持股比例，分别出资 11.90 亿美元、9.30 亿美元、2.00 亿美元，合计 23.20 亿美元。剩余资金将由开曼子公司 II 和合并子公司向银行贷款取得。中国银行及中信银行已对公司合计提供 15.83 亿美元的授信。因此，在最初的融资方案中，上市公司计划融资 39.03 亿美元，其中贷款占比为 40.56%。

然而，就在交易交割前几天，上市公司公告称本次收购的交易架构和融资安排出现了变化。根据新的公告，艾派克、太盟投资、朔达投资拟根据持股比例，分别出资 7.77 亿美元、6.52 亿美元、0.89 亿美元，合计 15.18 亿美元，同时，开曼子公司 II、合并子公司拟向中信银行广州分行为首的银团申请合计 32.8 亿美元的贷款。因此，在调整后的融资方案中，融资规模上升至 47.98 亿美元，贷款占比为 68.49%。

本次收购交割前为何突然改变交易架构，并突然扩大融资规模、提高贷款比例呢？

一个原因可能是基于上市公司财务资金及税务筹划方面的考虑。在财务资金方面，考虑到 Lexmark 相对买方巨大的体量，单纯用境内并购常见的"股份+现金"的支付方式实施跨境并购难免会遭遇诸多掣肘。于是，本次交易采用现金收购，不过这样一来，融资安排便成了关键的事项。调整后的交易架构将债务融资规模扩大，这样

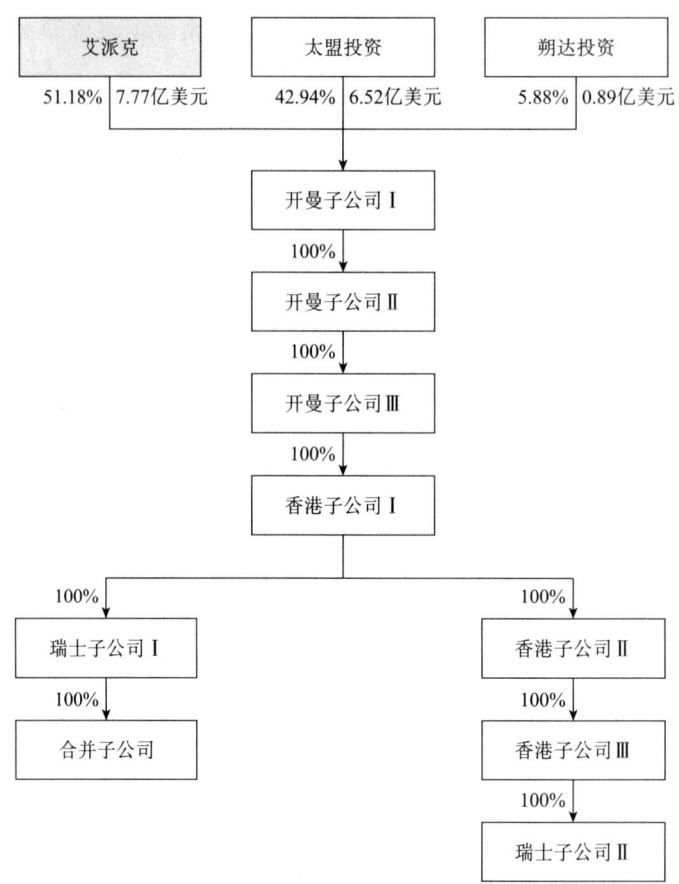

图 10-86 艾派克并购 Lexmark 调整后交易架构

可以减少上市公司及联合投资者的资金投入，也可以减少上市公司对大股东借款的利息支出，缓解对上市公司盈利的冲击，并降低联合投资者未来退出时的退出成本。而在税务筹划方面，调整后的交易架构将设立在避税地的开曼子公司Ⅰ和开曼子公司Ⅱ作为中间控股公司，为买方在交易过程中的合理避税、投融资决策、法规监管、市场准入规避，乃至后续交易完成后的经营管理和资产转移提供了便利。

另一个原因可能是基于业务方面的考虑。一方面，由于本案例采用反三角的合并方式，且在合并同时要实现标的公司的债务替换，因此从合并子公司层面讲，其借款金额不能低于 Lexmark 的最终带息负债 10.2 亿美元。但在调整后的融资方案中，合并子公司拟向银团取得 17.8 亿美元的借款，即在反三角合并之后，Lexmark 多出了大约 7.6 亿美元的现金与负债。这些多出的资金可用于支持 Lexmark 的业务发展以及为收购后的全面整合备足资金。另一方面，在交易架构调整之后，除了设立用于反三角式合并的合并子公司之外，还设置了"瑞士子公司Ⅱ"。这个"瑞士子公司Ⅱ"的设置目的并没有在当时公告中披露。但根据艾派克 2016 年年报及后续公告提供的信息，设置该子公司是因为上市公司计划分拆出售标的。在标的简介部分我们写到，Lexmark 的业务遍布全球，主要分为 ISS 业务和 ES 业务。艾派克此次收购 Lexmark，主要看中 ISS 业务与自身业务的协同效应。因此公司计划将于 2017 年剥离出售 Lexmark 的 ES 部门，最终将所得资金用于偿债。银团提供的 32.8 亿美元贷款的协议中，其中一笔 15 亿美元的借款为"短期周转过桥贷款且不超过根据软件业务出售协议得出的最终价格"。假设分拆计划成功，且出售标的获得较为理想的出售价格，那么上市公司的债务负担可得到减轻。因此，调整后的融资方案中，多出来的贷款，可作为剥离 ES 业务时的过桥资金，也可用于支持 Lexmark 的业务发展。

2. 融资方式

一直以来，以现金进行跨境并购的资金来源，都是市场上最为关注的焦点。此前很多上市公司的跨境并购资金来源较为单一，主要是银行贷款和公司自有资金。但艾派克与 Lexmark 这次体量悬殊的并购，资金来源格外多元化。2015 年营业收入仅 20 亿元的中国民企艾派克，采用"自有资金 + PE 投资 + 银团贷款 + 大股东借款 + 发行可交换债"的多元化融资方案，筹集了数百亿资金，将纽交所上市公司、国际打印巨头 Lexmark 鲸吞。从融资角度来看，艾派克采用这样一套融资组合的方案，值得借鉴。

（1）融资工具分析。在本案例中，艾派克并购 Lexmark 首先采用了上市公司 + PE 的模式。根据最新的交易架构，艾派克联合太盟投资和朔达投资共计投资 15.18 亿美元，剩余款项由银团贷款提供。其中艾派克出资 7.77 亿美元，太盟投资和朔达投资分别出资 6.52 亿美元和 0.89 亿美元；开曼子公司 II 和合并子公司则向银团申请贷款合计 32.8 亿美元。

根据公告，艾派克 7.77 亿美元的现金出资来源为两个部分：上市公司自有资金和向控股股东进行的借款。而控股股东所提供的借款又可以分为两个部分：赛纳科技自有资金以及将其所持有的上市公司股份进行质押发行私募可交换债（以下简称"私募 EB"）所募集到的资金。

所谓的私募 EB 是指上市公司股东通过质押上市公司股份发行的可交换债券。在约定的换股期内，债券持有人可根据约定的换股价格将债券换为股份。假设债券被换为股份，发行人将不需要对债券进行还本付息，相当于发行人被动减持股份。

根据万得所提供的信息，上市公司艾派克及其控股股东赛纳科技此前都没有发行过其他种类的债券，没有评级历史。我们无法获知艾派克和赛纳科技的信用情况，但没有评级的情况下，无论是发行公司债还是直接从银行贷款，所获得的资金规模恐怕都无法满足此次需求。于是，上市公司控股股东选择发行私募 EB。

2016 年 7 月 22 日，艾派克发布公告称，控股股东赛纳科技将从 7 月 21 日起质押 1.4 亿股上市公司股票，募集的资金用于支持上市公司收购 Lexmark。9 月 1 日，艾派克再次发布公告称，控股股东赛纳科技将从 8 月 30 日起质押 1.5 亿股上市公司股票，同样用于支持上市公司收购 Lexmark。而根据公告，赛纳科技当时共持有公司股份 6.8 亿股，占公司股份总数的 68.74%。两次质押，其所持有艾派克股份累计被质押

2.9亿股,占总股本的28.66%。

根据万得提供的数据,上述两次质押分别对应两期私募EB的发行,16赛纳01的规模为29.7亿元,质押股数1.4亿股,16赛纳02规模为30.3亿元,质押股数1.5亿股。两期EB起息日分别为2016年7月28日和2016年9月5日,合计规模高达60亿元,是目前规模第二大的私募EB。

赛纳科技发行的两期EB的期限均为两年,换股期始于债券发行6个月后,其票面利率和初始换股价格保持一致,分别为4.5%和57.15元/股,两者发行时的股价也基本持平,对应的初始溢价率高达80%以上,且均未设置回售条款。同时并未设置换股期前的赎回条款,仅规定在换股期内,如果艾派克股票在任何连续30个交易日中至少15个交易日的收盘价格不低于当期换股价格的130%（含130%）或当本期可交换公司债券未换股余额不足3 000万元,发行人有权决定按照债券面值加当期应计利息的价格赎回全部或部分未换股的可交换公司债券。此外,下修条款对投资者也较为友好（标的股票在任意连续20个交易日中至少10个交易日的收盘价低于当期换股价格的85%时可进行下修,修正后的换股价格应不低于该次董事会决议签署日前1个交易日标的股票收盘价的90%以及前20个交易日收盘价均价的90%）。因此,从条款上看,设置得很高的初始换股价格和没有设置回售条款,让16赛纳债呈现出明显偏债的特性。但事实上,两期EB的票面利率为4.5%,处于中等水平,对比其他明显偏债型EB高达7%、8%的票面利率低了不少。

对于发行EB的大股东来说,4.5%的票面利率,在整个私募EB市场中处于中等偏下水平,相较于公司债也处于中下游水平。但考虑到上市公司大股东资信状况普遍弱于上市公司,因此艾派克此次巨额现金并购,采用赛纳科技利用私募EB进行融资,依然具有一定的优势,也是特色所在。

可交换债券应用于跨境并购实施路径如图10 – 87所示①。

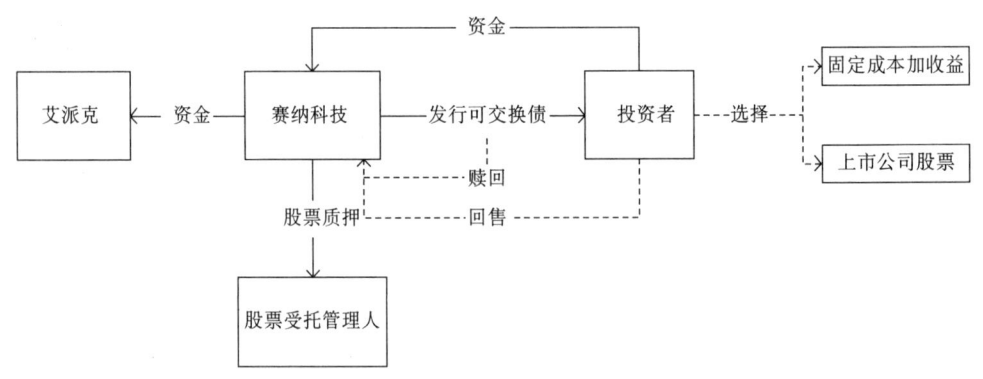

图10 – 87　艾派克可交换债券融资路径

---

①　根据已有资料整理绘制。

除上市公司及联合投资者出资的 15.18 亿美元以外，其余款项均由银团贷款提供。本次银团贷款由中信银行股份有限公司广州分行担任全球牵头行，中信银行（国际）有限公司、中信银行股份有限公司广州分行、中国进出口银行和 BANK OF CHINA LIMITED NEW YORK BRANCH 作为联合牵头安排行，中信银行股份有限公司广州分行作为管理代理行和担保代理行、中国担保代理行等相关方，银团贷款为五年期。

本次银团贷款主要包括两笔，贷款一是开曼子公司 II 向银团申请 9 亿美元的并购贷款，在获得银团内部审批同意的前提下，向银团额外申请 6 亿美元的贷款，或者向银团申请 15 亿美元的短期周转过桥贷款且不超过根据软件业务出售协议得出的最终价格；贷款二是合并子公司向银团申请 11.8 亿美元的并购贷款（其中包括等值于 10.8 亿美元的人民币贷款）、4 亿美元的 Lexmark 现有债券的再融资贷款以及 2 亿美元的流动资金循环贷款。合并子公司与 Lexmark 合并后，将由 Lexmark 承担前述本金不超过 17.8 亿美元的贷款还款义务。

（2）融资成本分析。按照融资优序理论，企业通常首先选择内源融资然后选择外源融资，外源融资优先考虑债务融资，其次考虑股权融资。对于本次交易，Lexmark 早在 2015 年 10 月就已启动整体出售事宜，且有数十家意向受让方参与竞标。如果艾派克要启动大规模的再融资进行收购，需要履行一系列复杂的审批手续，市场机会很有可能稍纵即逝。因此艾派克主要选择了债务融资方式。无论企业如何选择融资方式，都需要考虑融资成本。在本案例中，艾派克选择采用多种融资方式有其各自的融资成本。除了以自有货币资金出资需要承担的机会成本外，其他主要融资工具融资成本分析如下。

①银团贷款。银团贷款成本除贷款利率外，还包括安排费、承诺费、代理费和中介费等相关费用。具体来看，通常由牵头行承诺牵头收取安排费，一般按照银团贷款总额的一定比例一次性支付。承诺费是对银团成员已承诺但借款人尚未提取的贷款额度所造成资金占比成本做出的补偿，一般按未用余额的一定比例按年收取。代理费是对银团贷款管理、资金管理、账户管理等工作应给予的报酬。此外，还包括借款人在银团费用外实际花费的费用。

由于本案例在交易结构调整后受限于数据及信息的可获得性，所以最新银团贷款的成本仅根据先前《重大资产报告书（草案）》中对长期贷款的还款计划和财务费用来测算。根据艾派克公司最新披露的公告，前述银团贷款一具有明显的"过桥性质"，而且上市公司已明确出售 ES 业务，出售所获资金可用于偿还该贷款，因此这笔贷款具备短期性质；而贷款二则包括 11.8 亿美元的并购贷款和 6 亿美元的短期贷款。故本次财务费用测算仅针对银团贷款二中 11.8 亿美元的并购贷款进行，其财务费用明细情况如表 10-74 所示。

表 10-74　　　　　　　　　　　银团贷款二财务费用

项目	2016 年第四季度	2017 年	2018 年	2019 年	2020 年	2021 年前三季度
贷款利息（百万美元）	16.22	63.04	58.03	51.75	43.35	14.92
代理行费（百万美元）	0.07	0.27	0.27	0.27	0.27	—
承诺函手续费（百万美元）	3.74	—	—	—	—	—
合计（百万美元）	20.03	63.31	58.30	52.02	43.62	14.92
合计（亿元人民币）	1.28	4.03	3.71	3.31	2.78	0.95

数据来源：《重大资产购买报告书（草案）（修订稿）》。

②大股东借款。根据艾派克最初披露的融资计划，艾派克拟出资 11.90 亿美元用于并购，其中包括自有资金 7 亿元（约合 1.08 亿美元）、控股股东提供的借款 70 亿元（约合 10.82 亿美元）。2016 年 8 月 30 日，上市公司公告与控股股东签订了《借款协议》，控股股东可向艾派克提供 80 亿元（约 11.90 亿美元）的借款。根据协议，艾派克可根据资金需求情况在前述借款总额内向赛纳科技提取借款，借款期限由双方根据公司的实际资金使用情况决定；考虑到赛纳科技借予公司本金的一部分为其通过发行可交换债券募集的资金，因此，借款利率按照赛纳科技筹集资金的成本计算，确定年利率为 6.9%/年（不含税）。双方同意，上市公司应按季度向赛纳科技支付利息，该笔借款将由上市公司用于支付收购 Lexmark 100% 股份的对价。之后，上市公司的融资计划更改，上市公司的出资额下降至 7.77 亿美元。根据艾派克 2016 年年报披露，赛纳科技最终在 2016 年向上市公司提供了 71.93 亿元贷款，年利率为 6.9%。这个年利率高于赛纳科技发行的私募 EB 的利率，原因艾派克并没有披露，但可能与大股东发债募资以外的其他资金成本较高有关。

表 10-75 对艾派克收购 Lexmark 一案中融资方式进行了总结。

表 10-75　　　　　　　　　　　艾派克融资方式总结

融资类型	内源融资	外源融资		权益融资
		债务融资		
融资工具	自有资金	私募可交换债券	银团贷款	私募股权基金
出资形式	货币资金	股东借款	贷款	私募股权基金
融资时间	至少一周左右	3 个月左右	4~8 周	3 个月左右
融资成本	机会成本	借款利息	贷款利息、代理行费、承诺函手续费	PE 退出时支付现金或发行等价艾派克股票
偿还方式	不用偿还	艾派克现金流偿还	Lexmark 现金流偿还	艾派克筹资偿还
风险	风险较小	还本付息压力	还本付息压力	股权稀释、筹资风险

续表

融资类型	内源融资	外源融资	
		债务融资	权益融资
对财务影响	资金流动性下降、现金流紧张	"长期应付款"增加，资产负债率升高	"长期借款"增加，资产负债率升高	财务风险增加
条件	货币资金扣除必要营运资金外有剩余	股东质押股权	公司信誉良好、前景可观

（三）并购整合[①]

艾派克收购 Lexmark 前，曾于 2015 年 7 月收购了 SCC100% 股权。SCC 于 20 世纪 80 年代中期成立于美国，主营业务为通用打印耗材芯片的设计、生产和销售，属于典型的跨国企业。艾派克收购 SCC 后，通过整合成功打通了上下游产业链，使其产业布局更加完整，同时提高了公司的技术水平、盈利能力和核心竞争力。经过前期对 SCC 的整合，艾派克管理跨国公司的能力得到提升，对本次收购 Lexmark 后的整合提供宝贵的经验。

收购 Lexmark 完成后，艾派克计划采用渐进式并购整合模式，逐步实现并购双方在企业经营和文化上的有序整合。2016 年末，艾派克便开始着手成立专门工作小组与 Lexmark 对接，计划通过下述几方面对标的公司进行有效控制。

1. 经营整合

艾派克此次收购将使其在打印设备相关领域的业务规模大幅增加，服务的客户数量和区域分布也将大幅提升。为了真正实现协同效应，艾派克对需要 Lexmark 的资产及业务进行有效整合，使其符合艾派克整体战略的需要，为上市公司整体业务拓展和协调及全球品牌塑造战略提供支持，实现协同发展，提升公司整体价值。

2. 人力资源整合

艾派克承诺本次收购不影响 Lexmark 员工与 Lexmark 签订的劳动合同关系，原劳动合同关系继续有效。收购完成后，Lexmark 进入上市公司体系之内，但其资产、业务及人员仍保持相对独立和稳定，并采取多种措施维持其原有管理团队稳定性和经营积极性。艾派克通过派驻董事、监事等人员的方式，履行母公司对子公司的管理职能。在董事会层面，委派董事并对董事的选聘拥有决定权；在管理层面，派驻相关财务、人力资源方面的人员，对 Lexmark 的日常运营进行管理；同时，在过渡期间公司也向 Lexmark 派驻观察员，监督过渡期间 Lexmark 的运营情况。在上市公司层面，成立专门的工作小组，在业务、技术、管理上与 Lexmark 进行对接。

[①] 由于本案例交割不久，整合尚未真正开始，因此本部分资料来源于重大资产重组报告书相关内容。

3. 企业文化和管理理念整合

尽管艾派克与 Lexmark 的合并属于同行业并购，但由于分属不同国家，在企业文化、管理理念等方面存在一定差异。艾派克为中国民营企业，主要经营管理人员均来自于中国境内；而 Lexmark 为美国企业，主要经营管理人员为外国公民。因此艾派克在管理机制设计方面充分考虑企业文化和管理理念的差异，并借鉴以往经验，与 Lexmark 共同建立和完善企业文化理念体系，加大企业文化、管理理念方面的融合力度，为协同效应的实现奠定基础。

（四）并购各阶段风险

1. 并购前风险

（1）审批风险。并购交易中的审批风险包括内部审批风险与外部审批风险。通常，内部审批风险比较单一，主要是收购方与被收购方股东大会审议能否通过此次收购的提议；而跨境并购的外部审批风险往往复杂且不可控，不仅包括国内发改委、商务部关于本次跨境收购的备案、艾派克注册地银行对本次收购的境外直接投资外汇登记，还包括美国投资委员会的审批，美国、奥地利、德国、墨西哥、波兰、俄罗斯和土耳其反垄断审批，以及其他依据适用的法律法规需履行的报告、申报、登记或审批程序。上述审批流程均为此次交易的前置条件，任一审批无法获批均会导致此次交易失败。

（2）银行贷款放款风险。

①上市公司是否满足放款条件。根据交易对价以及自有资金初步计算，此次交易的大部分资金需要依靠银团贷款取得。银团贷款金额庞大，且银行审批严格，放款条件诸多，包括贷款相关协议、合并协议的签署，联合收购体对 SPV 股权出资完成，披露相关财务资料等，一旦此类放款条件与放款协议不符，均有可能影响银行正常放款。

②在此次交易实施前银行是否能够按时、足额放款。根据银团的并购贷款承诺函，只要满足放款条件，银行有义务按时足额放款。若银行在满足放款条件的前提下无法按时、足额放款，可以对银行提起诉讼，强制银行放款。本次参与银团贷款的银行几乎都是国有银行，因此降低了不能按时放款的风险。

2. 并购中风险

并购中存在的风险主要是其他潜在竞争者提出更有吸引力的收购条件或者由于并购实施过程中没有通过监管层审批而导致交易失败。在本案例中，艾派克、开曼子公司 I、开曼子公司 II、合并子公司与 Lexmark 签署的《合并协议》中明确表示，若标的公司收到更具有吸引力的收购条件，标的公司有权终止与上市公司的《合并协议》，但需向上市公司支付 9 500 万美元的终止费。此外，外国卖方越来越多的要求中国买方承担中国政府审批及外国政府审批的风险，在本案例中，艾派克及联合投资者在对中国政府审批风险和外国政府审批风险的承担方面做了明确规定，如若中国政府审批不通过，则中方赔给外方 1.5 亿美元，如若外国政府审批不过，则中方赔给外方 9 500 万美元。尽管有终止费的限制，但来自第三方的更具吸引力的收购条件和其他突发事件都有可能会导致本次收购失败。

3. 并购后风险

（1）机构投资者退出的潜在风险。根据协议，在本次交易交割之日起三个完整的会计年度后每一年的审计年报完成两个月内，机构投资者君联资本和太盟投资均有权要求艾派克公司使用现金或发行等值艾派克股份作为对价支付方式收购其所持 SPV 或 Lexmark 的股份，且君联资本和太盟科技在规定时间范围内要求艾派克公司收购其持有股份时，艾派克公司无权拒绝，若公司需再融资或发行债券等方式筹集资金偿还对应款项，将会导致负债率过高、偿债能力降低，甚至现金流断裂。

（2）并购标的后经营不善的风险。Lexmark 在 2014 财年及 2015 财年的净利润分别为 0.80 亿美元和 -0.40 亿美元，如果剔除非经常性损益的影响，Lexmark 在 2014 财年和 2015 财年的净利润分别为 2.53 亿美元和 2.18 亿美元，但本次交易的财务费用和中介费用较大，若在合并完成后上市公司未能顺利实施整合计划，充分发挥协同效应，则艾派克公司存在被该并购拖垮的风险。

三、并购绩效

（一）媒体及券商评价

艾派克收购 Lexmark 于 2016 年 11 月 30 日完成交割过户，对于此次收购，各大媒体发表了自己的看法。

经济参考网 2016 年 12 月 12 日文章中同意艾派克董事长汪东颖的对此次并购的评价，称此次并购案为珠联璧合，锻造"打印王牌军"。目前，国际打印机行业是一个巨人游戏，后进入者面临很高的专利壁垒，市场期待新竞争者带来新的机会。"Lexmark + 奔图[①]"时代，必将推出更符合市场需求的产品和服务，为不同层级，不同需求的打印用户提供更多、更优的选择。

《经济参考报》2016 年 12 月 31 日发表名为《艾派克 39 亿美元收购打印巨头 Lexmark》的文章，认为本次收购为全球打印行业最大规模跨国并购。此次艾派克通过收购 Lexmark，拥有了全线的激光打印机产品和技术，为其加入全球打印市场竞争做好了准备。

路透社 2016 年 12 月 31 日发表文章《路透基点：艾派克签署共计 27 亿美元贷款，为收购 Lexmark 融资——TRLPC》指出收购交易触发三大国际评级机构下调 Lexmark 评级：11 月 30 日，穆迪将 Lexmark 评级从 Baa3 下调至 Ba2；惠誉将评级从 BBB - 调降至 BB。标准普尔将 Lexmark 评级从 BBB - 调降至 BB - ；穆迪表示，仍对 Lexmark 评级保持观察，有下调风险，取决于公司厘清现有债券持有人所能取得的保障方案，以及企业软件部门出售后所得资金的时间及用途。

---

① 奔图为艾派克控股股东赛纳科技的打印机品牌。

对于此次并购后续影响，国信证券认为，艾派克的主营业务是打印机的芯片和耗材，与太盟投资和君联资本联合，收购美国 Lexmark，有利于打造国际化打印机设备材料一体化供应商，也将奠定其国内打印龙头地位。

平安证券认为，Lexmark 的营收体量十倍于艾派克，此次艾派克并购 Lexmark 更加意在并购后的协同整合，充分发挥"1+1>2"的效果。

总之，无论各大媒体和券商如何众说纷纭，并购效果还有待时间和市场的检验。

（二）短期市场绩效

自艾派克宣布收购 Lexmark 后，艾派克股价变动剧烈，收购期间日涨跌幅几乎未低于 1%，远高于同期沪深 300 指数变动幅度。对比艾派克与沪深 300 同期股价波动率，也可以很明显地反映出艾派克在并购期间股价走势远超于大盘，如图 10-88。

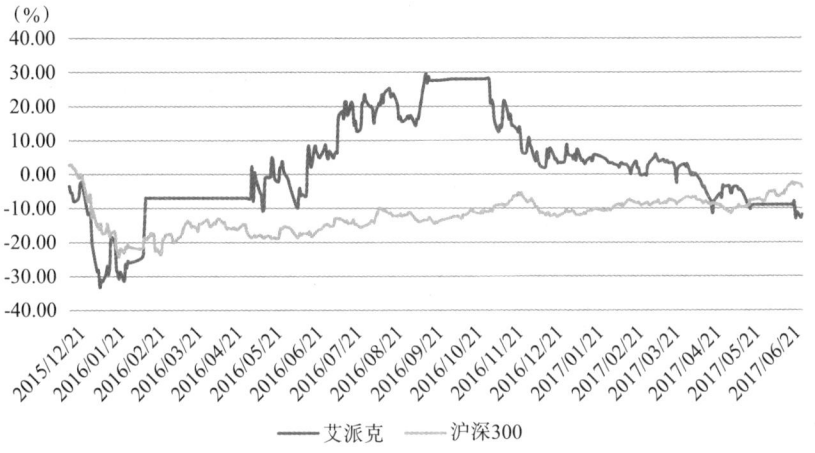

图 10-88　艾派克与沪深 300 指数走势对比

数据来源：Wind 金融终端。

艾派克于 2016 年 2 月 26 日起开始停牌，4 月 19 日披露了本次重大资产购买报告书的草案，5 月 10 日公司复牌，此后股价便一路上扬。复牌当日涨停，上涨 9.98% 后收于 27.83 元。截至 2016 年 9 月 20 日，艾派克最高价达 37.16 元，较第一次停牌日的 25.30 元上涨 46.87%。尽管此后股价略有下跌，但较复牌之前仍有不小涨幅。艾派克自初次停牌至 11 月 29 日宣布收购交割完成，艾派克股价累计上涨 20.94%，同期沪深 300 上涨 16.71%。收购期股价累计跑赢大盘 4.23%，由此反映出投资者支持艾派克收购 Lexmark，看好本次收购为艾派克带来的协同效应。

（三）基于并购动因的绩效分析

由前述内容可知艾派克收购 Lexmark 的主要动因，基于前述动因，我们以市场占有率、业务市场分布、技术优势升级、营业成本占比四个指标来分析艾派克自 2016 年 11 月完成收购以来的绩效。

1. 市场占有率

自 2015 年 3 月《政府采购法实施条例》实施以来，涉及信息安全的办公设备逐步走向国产化，但目前，我国企事业单位集中采购的打印设备大多仍采用国外品牌①。根据前瞻产业研究院统计，截至 2016 年年底，国内市场占有率最高的五家公司均为国外品牌，占比高达 87%，国产品牌联想和奔图的合计份额仅 7%，而艾派克市场占有率尚不足 1%②。条例实施以来，低端打印市场中奔图发展迅速，但国内一直缺少中高端打印产品线。艾派克收购 Lexmark 以后将填补这一缺口，待 Lexmark 通过审核进入政府采购清单后，伴随国产化替代的趋势，奔图在企事业单位的中标趋势将有望在 Lexmark 得以复制。届时，公司不仅能够进入一个毛利更高、单品净值更高的领域，而且将在国内政府采购这块沃土上占领一席之位，逐步实现在国内市场的霸主地位。

在此次收购之前，艾派克已是全球最大的通用耗材芯片厂商。2013 年艾派克在中国通用耗材芯片市场占有率超过 1/3，收购 SCC 后公司芯片业务进一步加强，目前占据全球第一的市场份额。但由于艾派克自身不涉及打印整机设备，因此并未涉足原装耗材领域。收购 Lexmark 后，将打开原装耗材市场，完善耗材市场的产品与服务，进一步扩大市场份额。

2. 业务市场分布

在完成收购 Lexmark 之后，公司主营业务由集成电路芯片、通用打印耗材和再生打印耗材的研究、开发、生产和销售，扩展至打印机整机、原装耗材及打印管理服务领域，完成了自零部件到打印机设备及管理服务的全产业链布局，成为集打印复印整机设备、打印耗材及各种打印配件及打印管理服务于一体的打印综合解决方案提供商。同时，公司在国内外市场上的业务份额也更进了一步。国外市场，艾派克营业收入从收购前 2015 年的 15.51 亿元增加至收购之后 2016 年的 49.45 亿元，增长 218.87%，同期国内市场从 4.98 亿元增加至 8.6 亿元，增长 72.68%。伴随收购整合事项逐步展开，公司全球化战略的目标也即将扬帆起航。

3. 技术优势升级

Lexmark 是世界领先的打印产品及服务供应商，先进的技术及优质的服务使其在全球市场中排名第八。艾派克通过此次收购将 Lexmark 的核心技术统统纳入囊中。收购 Lexmark 之前，艾派克的核心技术主要集中在芯片技术与打印耗材领域，并累计获得发明专利 325 项，实用新型专利 522 项，外观设计专利 115 项。与 Lexmark 合并后，核心技术延伸至激光黑白及彩色打印技术、原装耗材、软件开发等领域。目前，公司拥有已获授权的专利 3 500 多项，其中发明专利 2 682 项，实用新专利 561 项，外观设计专利 218 项，软件著作权与集成电路布图设计 83 项。所获专利无论从数量

---

① 节能产品政府采购清单。
② 广发证券研报："艾派克：国产化替代提空间、产业链整合降成本"。

还是所涉及的范围而言，都表明艾派克的技术得到了全面升级。打印行业全产业链先进技术的融合，将促使公司更好地发挥其技术优势，提高核心竞争力。

四、总结与思考

艾派克收购 Lexmark 这桩以小博大的交易，体现了中国企业在 2016 年跨境并购中的猛烈势头。总资产仅 30 亿元的艾派克公司和两家 PE 机构联手，收购了体量是自己 8 倍之多的 Lexmark。如果以营收论的话，两者差距更大。

在本案例中，资金的问题是最值得我们思考和总结的问题。钱从哪里来、到哪里去、怎么去、最终又怎么退出，艾派克收购 Lexmark 的过程给了我们一个相对完整的图景。其中，充分利用多元融资工具是本案例的一大特色。

（一）利用 A 股高估值，将股权质押运用到极致

艾派克出资一共分为两部分，上市公司自有资金和来自控股股东的借款，控股股东赛纳科技则充分利用 A 股估值高的优势，将上市公司的股权质押发行两单规模共计 60 亿元的私募可交换债，从而助力本次跨境并购。

（二）私募基金大显身手，组建财团助力

尽管控股股东利用私募可交换债筹集了大笔资金，但是距离标的 40 亿美元还有很大差距，私募基金的加入为本次收购缓解了一定资金压力。私募股权机构太盟投资及君联资本，为此次交易提供了共计 7.41 亿美元的资金。而其中，太盟投资非常擅长大型收购、杠杆收购。

（三）巧借杠杆，银团并购贷款 32.8 亿美元

为了扩大融资规模并提高贷款比例，艾派克在交割前调整了交易架构，申请了两笔银团贷款，共计融资 32.8 亿美元。最终艾派克筹资 47.98 亿美元，远远超出标的 40.44 亿美元的内涵企业价值。

回顾整个并购过程，这确实是一起经典的蛇吞象案例。当并购从简单粗暴走向精致简约，进入一个更加有效率、成交更加有难度、利益更加均衡、金融工具越来越多样化的 2.0 时代，专业的力量就显得更为重要。该案例对交易结构等环节的设计就体现了很强的专业力量，促进了本次交易的成功。当然，在这样一起高杠杆收购案例的背后隐藏的潜在风险也是显而易见的，艾派克究竟能否成功消化整合 Lexmark 还有待市场和时间的检验。

参考文献

[1] 程凤朝. 中国上市公司并购重组实务与探索 [M]. 北京：中国人民大学出版社，2013.

[2] 崔永梅，张秋生. 企业并购与重组 [M]. 大连：大连出版社，2013.

[3] 恩里克·R. 阿扎克. 兼并、收购和公司重组 [M]. 北京：机械工业出版社，2011.

[4] 韩复龄. 公司并购重组——理论·实务·案例 [M]. 北京：首都经贸大学出版社，2013.

[5] 黄正东，张亚卿，商建刚. 跨境并购 [M]. 武汉大学出版社，2015.

[6] 克里斯·M. 梅林，弗兰克·C. 艾斯文著. 李必龙，李弈译. 并购估值——如何为非上市公司培育价值 [M]. 北京：机械工业出版社，2014.

[7] 马丁·格劳姆，托马斯·赫特斯莱因特著. 王煦逸译. 兼并重组——企业外部扩张管理 [M]，上海：上海财经大学出版社，2014.

[8] 石建勋，郝凤霞. 企业并购与资产重组——理论、案例与操作实务 [M]. 北京：清华大学出版社. 2012.

[9] 王炫. 并购中目标企业的选择与价值评估方法研究 [C]. 并购论坛2009，北京：中国经济出版社，2010：241-252.

[10] 杨桦，李大勇，徐翌成等. 资本无疆：跨境并购全景透析 [M]. 南京：江苏人民出版社，2013：30-60，132-142.

[11] 伊恩·赫特斯著，宋云玲，纪新伟译. 价值评估——为股东价值进行投资评估 [M]. 北京：经济管理出版社，2011.

[12] 张金鑫. 企业并购 [M]. 机械工业出版社，2016.

[13] 张秋生. 并购学：一个基本理论框架 [M]. 中国经济出版社，2010.

[14] 吕婧怡，郭晓顺. 基于财务指标法的纵向并购协同效应研究——以乐视网并购案为例 [J]. 当代经济，2016 (35)：8-10.

[15] 陈爱雪. 供给侧改革背景下我国钢铁产业产能过剩问题的解决路径研究 [J]. 工业技术经济，2016 (10)：133-137.

[16] 王少杰. 中国企业海外并购主要风险及应对策略 [J]. 特区经济，2016 (09)：142-144.

[17] 王海燕. 中资银行海外并购的现实动因及目标选择策略 [J]. 现代经济信息, 2016 (17): 306-307.

[18] 李妍妮. 对中国企业跨境并购的风险分析 [J]. 质量探索, 2016 (05): 135-136.

[19] 赵卿, 曾海舰. 国家产业政策、区域金融发展与企业债务期限结构 [J]. 经济与管理评论, 2016 (02): 137-144.

[20] 付兰英. 资源型企业跨国并购绩效综合评价模型研究 [J]. 科技广场, 2016 (02): 118-121.

[21] 王冲. 企业跨国并购财务风险识别及防范 [J]. 现代商业, 2016 (05): 155-156.

[22] 胡杰武, 韩丽. 我国上市公司跨国并购的财富效应及影响因素 [J]. 国际商务 (对外经济贸易大学学报), 2016 (01): 150-160.

[23] 安然. 并购绩效与信息不对称——基于中国上市公司的实证研究 [J]. 北京工商大学学报 (社会科学版), 2015 (06): 86-95.

[24] 隋玉明. 谈混合所有制经济中企业并购使用过桥贷款问题 [J]. 中国农业会计, 2015 (11): 6-7.

[25] 郑超. 中国企业跨境资源类并购项目风险管理——以中铝并购力拓西芒杜项目为例 [J]. 现代管理科学, 2015 (11): 60-63.

[26] 朱红超. 跨境并购中的风险分析及防范 [J]. 财经界 (学术版), 2015 (20): 189+293.

[27] 葛结根. 并购支付方式与并购绩效的实证研究——以沪深上市公司为收购目标的经验证据 [J]. 会计研究, 2015 (09): 74-80+97.

[28] 刘畅, 安玉琢. 财务指标法下我国企业海外并购的财务效应研究 [J]. 中国市场, 2015 (32): 128-130+138.

[29] 张伟华. 跨境并购交易中如何把控聘用投行协议风险？[J]. 法人, 2015 (07): 56-57.

[30] 张文佳. 我国企业跨国并购的动因分析 [J]. 金融发展研究, 2015 (03): 3-9.

[31] 刘兴燕, 吴萌萌. 中国企业境外并购一般流程及法律尽职调查实务要点 [J]. 中国律师, 2015 (01): 88-90.

[32] 施继坤, 刘淑莲, 张广宝. 管理层缘何频繁发起并购: 过度自信抑或私利 [J]. 华东经济管理, 2014 (12): 84-90.

[33] 孟格. 基于动因的企业跨国并购绩效分析——以美的并购开利拉美空调业务为例 [J]. 绍兴文理学院学报 (自然科学), 2014 (03): 84-88.

[34] 许丽, 李沛. 中国五矿成功收购OZ矿业案引发的思考 [J]. 对外经贸实务, 2014 (09): 69-71.

[35] 罗兰贝格管理咨询. 海外并购整合六要素 [J]. 商学院, 2014 (09): 60-63.

[36] 刘久. 中国企业借特殊目的并购公司美国上市法律研究 [J]. 法学杂志, 2014 (08): 130-140.

[37] 丘开浪. 并购企业协同效应价值及其评估方法研究 [J]. 中国资产评估, 2014 (06): 6-10.

[38] 徐子茹. 我国民营企业海外并购的特点及发展对策 [J]. 财经界 (学术版), 2014 (10): 98.

[39] 余鹏翼, 王满四. 国内上市公司跨国并购绩效影响因素的实证研究 [J]. 会计研究, 2014 (03): 64-70+96.

[40] 赵息, 刘佳音. 并购支付方式影响我国上市公司并购绩效的实证研究——基于事件研究法与财务报表分析法的比较研究 [J]. 电子科技大学学报 (社科版), 2014 (01): 51-56.

[41] 苏志文, 吴先明. 基于并购的动态能力对企业技术创新的作用机制——多案例研究 [J]. 技术经济, 2014 (01): 33-38+74.

[42] 刘登清. 评估机构在上市公司并购重组中的作用 [J]. 中国资产评估, 2014 (01): 11-14.

[43] 陈仕华, 姜广省, 卢昌崇. 董事联结、目标公司选择与并购绩效——基于并购双方之间信息不对称的研究视角 [J]. 管理世界, 2013 (12): 117-132+187-188.

[44] 顾海峰, 谢晓晨. 中国企业跨国并购绩效评价的理论与实证研究——来自2000-2010年中国企业的经验证据 [J]. 经济与管理评论, 2013 (06): 110-115.

[45] 周绍妮, 文海涛. 基于产业演进、并购动机的并购绩效评价体系研究 [J]. 会计研究, 2013 (10): 75-82+97.

[46] 张合金, 武帅峰. 中国工商银行海外并购的经济绩效研究——以收购南非标准银行和阿根廷标准银行为例 [J]. 经济与管理研究, 2013 (09): 76-85.

[47] 孙立峰. 在德国并购企业的融资相关法律问题——以三一重工并购德国普茨迈斯特有限责任公司为例 [J]. 时代法学, 2013 (04): 108-112.

[48] 朱勤, 刘垚. 我国上市公司跨国并购财务绩效的影响因素分析 [J]. 国际贸易问题, 2013 (08): 151-160+169.

[49] 程凤朝, 刘旭, 温馨. 上市公司并购重组标的资产价值评估与交易定价关系研究 [J]. 会计研究, 2013 (08): 40-46+96.

[50] 郑永彪, 张磊, 张生太, 刘丹. 委托代理问题研究综述 [J]. 中国流通经济, 2013 (05): 63-69.

[51] 李俊杰. 中国企业跨境并购如何规避风险 [N]. 第一财经日报, 2013-05-09 (A07).

[52] 郭建鸾, 胡旭. 中资银行海外并购的现实动因及目标选择策略 [J]. 中央财经大学学报, 2013 (03): 17-22.

[53] 龚小凤. 基于功效系数法的跨国并购整合绩效评价 [J]. 统计与决策, 2013 (03): 55-58.

[54] 韩秀云. 中国上市公司跨境并购的现状、问题及展望 [J]. 国际经济合作, 2012 (06): 59-63.

[55] 朱迪. 我国企业海外并购融资方式研究 [J]. 经济视角 (下), 2012 (06): 91-92.

[56] 张燕. 企业并购融资方式研究 [J]. 中小企业管理与科技 (下旬刊), 2012 (05): 76-77.

[57] 焦绘君, 焦敬芬. 我国企业跨国并购的动因分析 [J]. 中国经贸导刊, 2012 (10): 49-50.

[58] 张金鑫, 张艳青, 谢纪刚. 并购目标识别: 来自中国证券市场的证据 [J]. 会计研究, 2012 (03): 78-84+95.

[59] 马建威, 余芹. 我国企业海外并购历程及经济后果分析 [J]. 财务与会计 (理财版), 2012 (02): 26-28.

[60] 刘维林. 产品架构与功能架构的双重嵌入——本土制造业突破GVC低端锁定的攀升途径 [J]. 中国工业经济, 2012 (01): 152-160.

[61] 李四海, 尹璐璐. 中国汽车企业跨国并购整合风险分析——基于吉利并购沃尔沃的案例研究 [J]. 会计之友, 2011 (31): 52-54.

[62] 董岩艳. 试论企业并购的财务风险及其控制 [J]. 现代商业, 2011 (20): 260+259.

[63] 易明阳, 易振华. 中资商业银行跨国并购现状、动因与效率影响——基于DEA测算及TOBIT模型的实证研究 [J]. 浙江金融, 2011 (06): 33-39.

[64] 崔永梅, 张怡菲. 基于并购全过程的PMI管理模型及其应用研究 [J]. 管理世界, 2011 (06): 170-171.

[65] 魏彩慧, 任宝奎. 中国企业海外并购目标企业的选择 [J]. 对外经贸实务, 2011 (01): 75-78.

[66] 姚彩红. 企业跨国并购动因理论研究综述 [J]. 商业经济, 2010 (20): 32-33.

[67] 李善民, 刘永新. 并购整合对并购公司绩效的影响——基于中国液化气行业的研究 [J]. 南开管理评论, 2010 (04): 154-160.

[68] 赵辉. 从吉利收购沃尔沃看跨国并购中顾问团队的作用 [J]. 中国机电工业, 2010 (05): 72-75.

[69] 董庆辉. 金融危机背景下我国企业跨国并购动因分析 [J]. 经济论坛, 2010 (04): 165-166.

[70] 马策. 金融危机下海外并购的机遇、风险及路径选择 [J]. 对外经贸实务, 2009 (11): 72-75.

[71] 曹翠珍. 基于经济全球化视角的海外并购目标企业的选择分析 [J]. 财会通讯, 2009 (24): 73-75.

[72] 边小东. 并购绩效常用研究方法: 事件研究法 [J]. 财会通讯, 2009 (17): 15-16.

[73] 孟琦佳. 中国上市公司跨国并购动因分析——以联想收购 IBM 个人电脑 (PC) 业务为例 [J]. 现代经济信息, 2009 (10): 66-67.

[74] 赵晓旭. 中资银行海外并购的动因和目标选择策略初探 [J]. 黑龙江对外经贸, 2008 (12): 65-67.

[75] 谢柳芳. 刍议跨国战略并购财务整合的分析 [J]. 经济师, 2008 (06): 90-91.

[76] 唐炎钊, 王子哲, 王校培. 跨国并购文化整合的一个分析框架——论我国企业跨国并购的文化整合 [J]. 经济管理, 2008 (10): 24-29.

[77] 李建惠, 赵华, 芮文豪. 基于事件研究法的并购绩效评价研究综述 [J]. 中国酿造, 2008 (08): 113-114.

[78] 杨博. 中国企业跨国并购的整合风险识别与评估 [J]. 北京市经济管理干部学院学报, 2007 (04): 25-31+50.

[79] 陶莹. 我国企业海外并购目标选择的影响因素分析 [J]. 江苏商论, 2007 (10): 97-99.

[80] 吴国华, 刘立全. 我国石油资源跨国并购风险及其规避对策 [J]. 经济师, 2007 (05): 10-11.

[81] 乃风. 并购, 公共关系新战场 [J]. 国际公关, 2007 (02): 29-31.

[82] 黄聆. 财务分析在并购决策中的运用案例 [J]. 经济师, 2007 (04): 157-158.

[83] 周建雄. 中国企业海外并购支付方式选择 [J]. 对外经贸实务, 2007 (02): 67-70.

[84] 于桂琴. 论中国企业跨国并购的动因、特点与发展趋势 [J]. 贵州财经学院学报, 2006 (05): 61-64.

[85] 杨琳, 吴娟山. 我国企业现阶段跨国并购的特点和动因 [J]. 商业时代, 2006 (15): 30-32.

[86] 冉宗荣. 我国企业跨国并购的整合风险及应对之策 [J]. 国际贸易问题, 2006 (05): 75-79.

[87] 刘红霞. 中国境外投资风险及其防范研究 [J]. 中央财经大学学报, 2006 (03): 63-67.

[88] 李东红. 中国企业海外并购: 风险与防范 [J]. 国际经济合作, 2005

(11): 17-20.

[89] 樊瑞莉. 我国企业跨国并购动因与趋势的战略研究 [J]. 商场现代化, 2005 (26): 184-185.

[90] 杨晓嘉, 陈收. 上市公司并购绩效矩阵评价模型研究 [J]. 财经理论与实践, 2005 (02): 64-68.

[91] 张子刚, 程志勇. 跨国并购的风险防范 [J]. 企业改革与管理, 2004 (06): 38-39.

[92] 沈银萱. 上市公司并购绩效的一种分析方法——财务指标法 [J]. 会计之友, 2004 (03): 23-24.

[93] 陈青, 周伟. 上市公司收购中的要约收购 [J]. 浙江金融, 2004 (Z1): 50-52.

[94] 吴建民. 财务分析在企业并购中的应用 [J]. 上海工业, 2003 (11): 35-36.

[95] 叶勤. 跨国并购的动因及其理论分析 [J]. 国际经贸探索, 2002 (05): 24-27+35.

[96] 赵海城. 析产品生命周期缩短条件下跨国并购的效应 [J]. 现代管理科学, 2002 (09): 11-12.

[97] 陈信元, 张田余. 兼并收购中目标公司定价问题的探讨 [J]. 南开管理评论, 1999 (03): 4-8.

[98] Amit & Schoemarke, Strategic Assets and Organizational Rent [J]. Strategic Management Journal, 1993 (14): 33-46.

[99] Anju Seth, Kean P Song, Richardson Pettit R. Value creation and destruction in cross-border acquisitions: an empirical analysis of foreign acquisitions of U. S. firms. [J]. Strategic Management Journal, 2002, (10): 921-940.

[100] Barney, J. B. Firm Resources and Sustainable Competitive Advantage [J]. Journal of Management, 1991 (1): 99-120.

[101] Basu N, Chevrier M. Distance, information asymmetry, and mergers: evidence from Canadian firms [J]. Managerial Finance, 2011 (1): 21-33.

[102] Cartwright, S. & C. L. Cooper. The role of culture compatibility in successful organizational marriage [J]. Academy of Management Executive, 1993 (2): 57-70.

[103] Datta, D. K. Organizational fit and acquisition performance: Effects of post-acquisition integration [J]. Strategic Management Journal, 1991 (4): 281-297.

[104] Dierkens N. Information asymmetry and equity issues [J]. Journal of Financial and Quantitative Analysis, 1991 (2): 181-199.

[105] Eisenhardt, K. M., Martin, J. A. Dynamic capabilities: What are they? [J]. Strategic Management Journal, 2000 (22): 1105-1121.

[106] G. Hofstede. National cultures in four dimensions [J]. International Studies of Management and Organization, 1983 (13).

[107] Grossman S J, Stiglitz J E. On the impossibility of informationally efficient markets [J]. The American Economic Review, 1980 (3): 393-408.

[108] Haspeslagh, P., Jemison, D. Managing Acquisitions: Creating Value Through Corporate Renewal [M]. New York: Free Press, 1991.

[109] Helfat, C. and Peteraf, M., Understanding Dynamic Capabilities: Progress Along a Developmental path [J]. Strategic Organization, 2009 (1).

[110] Helfat, C. E., Finkelstein, S., Mitchell, W., Peteraf, M., Singh, H., Teece, D. J., Winter, S. Dynamic Capabilities: Understanding Strategic Change in Organizations [M]. Oxford: Blackwell, 2007: 1-19.

[111] Homburg, Christian, Matthias Bucerius. Is Speed of Integration really a Success Factor of Merger and Acquisition? An Analysis of the Role of Internal and External Relatedness [J]. Strategic Management Journal, 2006 (27): 347-367.

[112] Jemison, D. B. & S. B. Sitkin. Corporate Acquisitions: A Process Perspective [J]. Academy of Management Review, 1986 (1): 145-163.

[113] M. C. Jensen and W. Meckling. Theory of the firm: Managerial Behavior, Agency Costs and Ownership Structure [J]. Journal of Financial Economics, 1986 (3): 305~360.

[114] Mark L Sirower, Sumit Sahni. Avoiding the "Synergy Trap": Practical Guidance on M&A Decisions for CEOs and Boards [J]. Journal of Applied Corporate Finance, 2006, Summer: 83.

[115] Myers S C, Majluf N S. Corporate financing and investment decisions when firms have information that investors do not have [J]. Journal of Financial Economics, 1984 (2): 187-221.

[116] Penrose. The Theory of the Growth of the Firm [M]. Oxford university press, 1959.

[117] Rhoades S A.. Power, emoire building, and mergers, Lexington Books, Lexingtong, Mass, 1983.

[118] Roy P, Roy P, The Hewlett Packard - Compaq computers merger: Insight from the resource - based view and the dynamic capabilities perspective [J]. Journal of American Academy of Business, 2004.

[119] Shleifer, A. and Vishny, R. W., Stock Market Driven Acquisitions [J]. Journal of Financial Economics, 2003 (3), 295-311.

[120] Teece, Pisano and Shuen. Dyanmic Capabilities and Strategic Management [J]. Strategic Management Journal, 1997 (7): 509-533.

[121] Wernerfelt, B.. A Resource – Based View of the Firm [J]. Strategic Management Journal, 1984 (2): 171 – 180.

[122] Zollo, M. and Winter, S. G., Deliberate Learning and the Evolution of Dynamic Capabilities [J]. Organization Science, 2002 (3), 339 – 351.